U0901234

统计年鉴

SHANXI STATISTICAL YEARBOOK

山　西　省　统　计　局
国家统计局山西调查总队　编

Compiled by Shanxi Provincial Bureau of Statistics &
Survey Office of the National Bureau of Statistics in Shanxi

总第38期

中国统计出版社
China Statistics Press

图书在版编目（CIP）数据

山西统计年鉴. 2020 = Shanxi Statistical Yearbook 2020：汉英对照 / 山西省统计局, 国家统计局山西调查总队编. -- 北京 ：中国统计出版社, 2020.9
ISBN 978-7-5037-9221-2

Ⅰ. ①山… Ⅱ. ①山… ②国… Ⅲ. ①统计资料—山西—2020—年鉴—汉、英 Ⅳ. ①C832.25-54

中国版本图书馆 CIP 数据核字(2020)第 140843 号

山西统计年鉴-2020

作　　者/山西省统计局　国家统计局山西调查总队
责任编辑/佘竞雄
责任校对/王育民　李　静　田　甜　张奇科
装帧设计/李雪燕　王　芳
出版发行/中国统计出版社有限公司
通信地址/北京市丰台区西三环南路甲 6 号　邮政编码/100073
电　　话/邮购（010）63376909　书店（010）68783171
网　　址/ http://www.zgtjcbs.com
印　　刷/河北鑫兆源印刷有限公司
经　　销/新华书店
开　　本/890mm×1240mm　1/16
字　　数/1370 千字
印　　张/44.75
版　　别/2020 年 9 月第 1 版
版　　次/2020 年 9 月第 1 次印刷
定　　价/390.00 元

本书附同版本 CD-ROM 一张，光盘内容以书面文字为准。
如有印装差错，由本社发行部调换。

Editorial Board

Editorial Staff

编者说明

一、《山西统计年鉴－2020》收录了全省和各地市、县（市、区）、有关部门2019年经济、社会、科技等方面的统计数据，以及多个重要历史年份主要统计数据，是一部全面反映山西省国民经济和社会发展情况的资料性年刊。为便于国际交流，内文全部采用中英文对照。

二、全书共分20个篇章：1. 综合；2. 人口、劳动工资和社会保障；3. 物价；4. 人民生活；5. 财政、金融和保险；6. 能源；7. 固定资产投资；8. 对外经济贸易；9. 农业；10. 工业；11. 建筑业；12. 房地产；13. 批发和零售业；14. 住宿、餐饮业和旅游；15. 交通运输、邮电通信业；16. 教育、科技；17. 文化、体育、卫生、环保；18. 城市概况；19. 地市篇；20. 县（市、区）篇。为方便读者使用，各篇章前绘制了反映总体趋势的统计图，篇末附有《主要统计指标解释》，对主要统计指标的涵义、统计范围和统计方法以及历史沿革予以简要说明。

三、与《山西统计年鉴－2019》相比，本年鉴内容主要做了如下修订："综合"中增加了分行业增加值表，删去了支出法地区生产总值、地区生产总值构成项目等内容；"财政、金融和保险"中，调整了保险公司相关指标；"农业"中对农业生产条件及畜牧业生产指标进行了调整，删去了乡村基本情况表；"工业"中增加了主要年份煤层气产量，主营业务收入（成本）调整为营业收入（成本），主营业务税金及附加调整为税金及附加；"批发和零售业"中增加了城市商业综合体基本情况表；"城市概况"中调整了部分指标内容；根据第四次经济普查结果，对相关指标历史数据进行了修订。

四、本年鉴统计指标口径范围及解释以国家现行统计报表制度为准。资料主要来源于统计年报，部分资料来自于抽样调查和有关部门。

五、为方便读者使用，对个别有变动的指标在表下作了简要注释。本年鉴中涉及到的历史数据，均以最新出版的本年鉴数据为准。

六、本年鉴所使用的度量衡单位，均采用国际统一标准计量单位。部分数据合计数或相对数由于单位取舍不同而产生的计算误差，均未作机械调整。

七、年鉴符号使用说明："空格"表示该项统计指标数据不足本表最小单位数、数据不详或无数据；"#"表示该指标其中的主要项。

COMPILER'S NOTES

Ⅰ . *Shanxi Statistical Yearbook 2020* is an annual statistics publication, which reflects comprehensively the national economic and social development of Shanxi province. It covers data for 2019 and key statistical data in some historically important years at the provincial level and the local levels of prefecture and county. To meet the need of international exchange, this yearbook is made in both Chinese and English.

Ⅱ . The yearbook contains the following twenty parts: 1. General Survey; 2. Population, Labor Wages and Social Security; 3. Price; 4. People's Living Conditions; 5. Public Finance, Banking and Insurance; 6. Energy; 7. Investment in Fixed Assets; 8. Foreign Trade and Economic Cooperation; 9. Agriculture; 10. Industry; 11. Construction; 12. Real Estate; 13. Wholesale and Retail Trade; 14. Hotels, Catering Services and Tourism; 15. Transportation, Post and Telecommunication Services; 16. Education, Science and Technology; 17. Culture, Sports, Public Health and Environmental Protection; 18. General Survey of Cities; 19. Cities at Prefecture Level; 20. Counties, Cities and Districts at County Level. To facility readers, Statistical Charts reflecting total trend are attached at the beginning of each chapter, and Explanatory Notes on Main Statistical Indicators, a brief introduction about the meaning, statistical coverage, statistical methods and historical changes of main statistical indicators, are provided at the end of each chapter.

Ⅲ . Comparing with *Shanxi Statistical Yearbook 2019*, following revision has been made in this new version: In the chapter of General Survey, the new table of value added by sector is added, and tables of gross domestic product by expenditure approach and components of gross domestic product are deleted; In the chapter of Public Finance, Banking and Insurance, related indicators of insurance companies are adjusted; In the chapter of Agriculture, indicators of agricultural production conditions and livestock production are adjusted, the table of basic conditions of rural area is deleted; In the chapter of Industry, coalbed methane output in major years is added, revenue (cost) in major business is adjusted to business revenue (cost) and tax and extra charges of major business is adjusted to tax and charges; In the chapter of Wholesale and Retail Trade, the new table of basic statistics on urban commercial complexes is added; In the chapter of General Survey of Cities, some indicators and contents are adjusted; Historical data of related indicators are revised according to the Fourth China Economic Census.

Ⅳ . The statistical coverage and explanation of indicators in this yearbook are the same as the current national statistical report system. The data in this yearbook are mainly obtained from annual statistical reports, and some are from sample surveys and related departments.

Ⅴ . For the convenience of the readers, brief notes concerning some indicators about their changes in meaning or coverage are given at the lower part of relevant tables. In case of some statistical data issued before being inconsistent with this publication, take the data in this publication as correction.

Ⅵ . The units of measurement used in this yearbook are international standard measurement units. Statistical discrepancies due to rounding are not adjusted in this yearbook.

Ⅶ . Notations used in this book: " (blank) " indicates that the figure is not large enough to be measured with the smallest unit in the table or is not available; " # "indicates the major items of the total.

目 录
CONTENTS

一、综 合
GENERAL SURVEY

二、人口、劳动工资和社会保障

POPULATION, LABOR WAGES AND SOCIAL SECURITY

三、物 价

PRICE

四、人民生活

PEOPLE'S LIVING CONDITIONS

五、财政、金融和保险

PUBLIC FINANCE, BANKING AND INSURANCE

六、能 源

ENERGY

七、固定资产投资

INVESTMENT IN FIXED ASSETS

八、对外经济贸易

FOREIGN TRADE AND ECONOMIC COOPERATION

十、工 业

INDUSTRY

十一、建筑业

CONSTRUCTION

十二、房地产

REAL ESTATE

十三、批发和零售业

WHOLESALE AND RETAIL TRADE

十四、住宿、餐饮业和旅游

HOTELS, CATERING SERVICES AND TOURISM

十五、交通运输、邮电通信业

TRANSPORTATION, POST AND TELECOMMUNICATION SERVICES

十六、教育、科技

EDUCATION, SCIENCE AND TECHNOLOGY

十七、文化、体育、卫生、环保

CULTURE, SPORTS, PUBLIC HEALTH AND ENVIRONMENTAL PROTECTION

十八、城市概况

GENERAL SURVEY OF CITIES

十九、地市篇

CITIES AT PREFECTURE LEVEL

二十、县(市、区)篇

COUNTIES, CITIES AND DISTRICTS AT COUNTY LEVEL

综 合

GENERAL SURVEY

资料整理人员

王俊鹏　李　静　田　甜　高春堂　李世峰
黄翰林　辛忠霞　王亚文　张淑虹

综　合
GENERAL SURVEY

地区生产总值	Gross Domestic Product	17026.7	亿元	(100 million yuan)
第一产业	Primary Industry	824.7	亿元	(100 million yuan)
第二产业	Secondary Industry	7453.1	亿元	(100 million yuan)
第三产业	Tertiary Industry	8748.9	亿元	(100 million yuan)

地区生产总值构成 (%)
Composition of Gross Domestic Product (%)

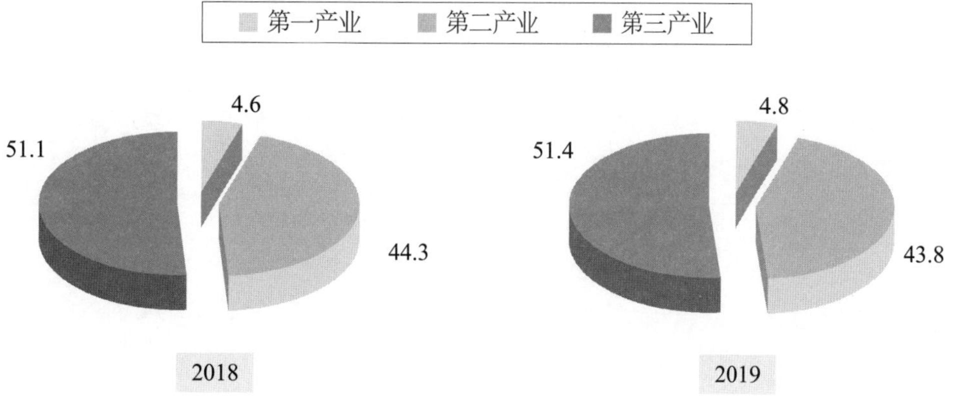

地区生产总值（亿元）
Gross Domestic Product (100 million yuan)

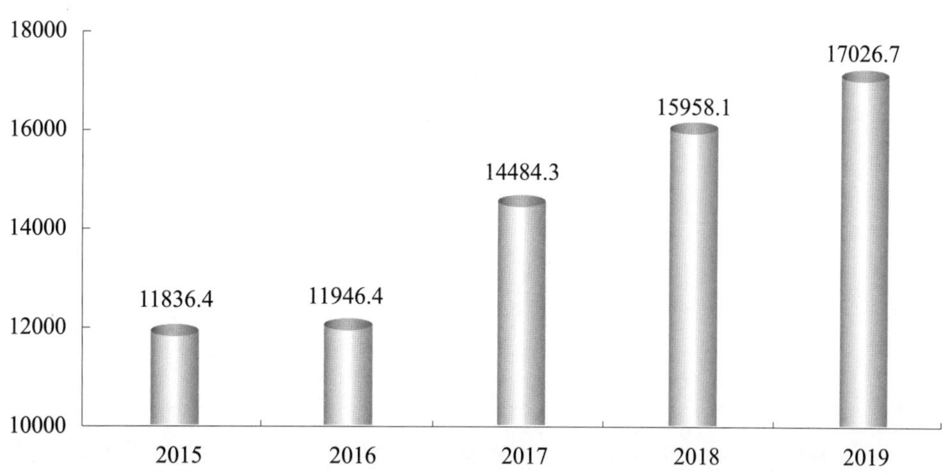

综　合
GENERAL SURVEY

地区生产总值增速	Growth Rate of Gross Domestic Product	6.2	%	(%)
第一产业	Primary Industry	2.1	%	(%)
第二产业	Secondary Industry	5.7	%	(%)
第三产业	Tertiary Industry	7.0	%	(%)
人均地区生产总值	Per Capita Gross Domestic Product	45724	元	(yuan)

地区生产总值增速 (%)
Growth Rate of Gross Domestic Product (%)

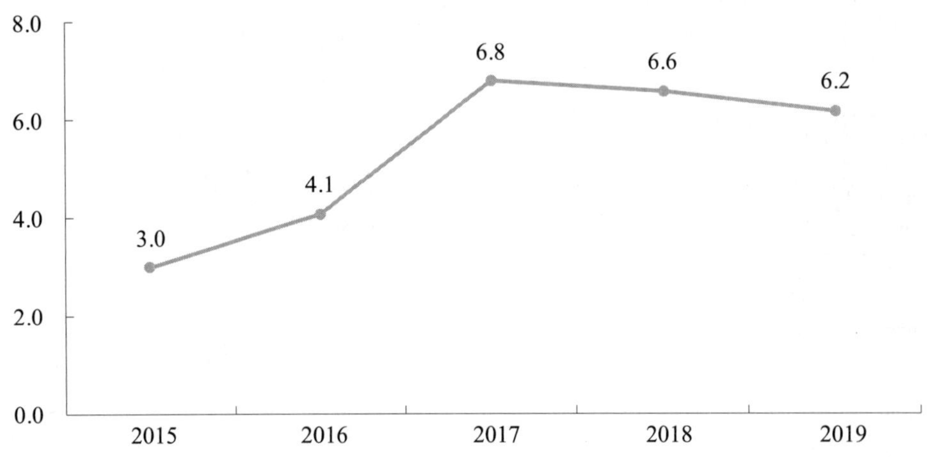

人均地区生产总值（元）
Per Capita Gross Domestic Product (yuan)

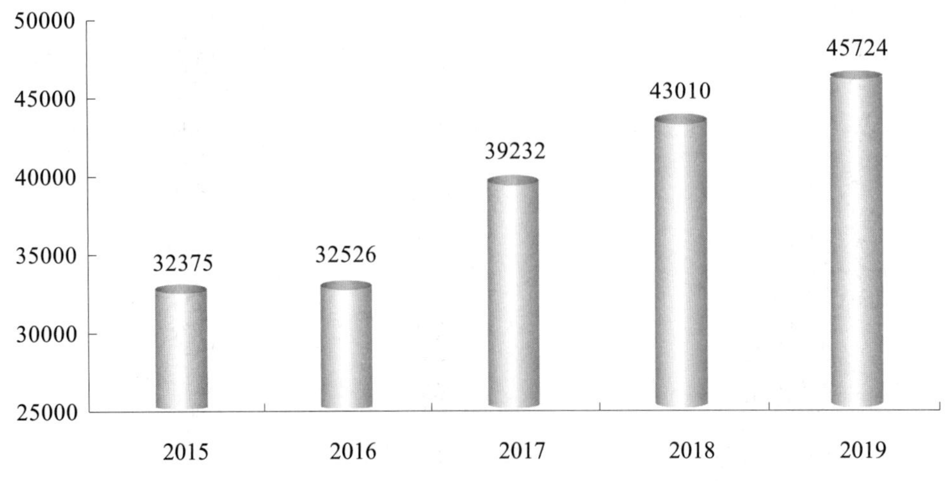

1-1 行政区划(2019年)

ADMINISTRATIVE DIVISION(2019)

市 名 City	城 市 City			市辖区 District under Jurisdiction of Cities	县 County	镇 Town	乡 Township
	合 计 Total	地级市 City at Prefecture Level	县级市 City at County Level				
	22	11	11	26	80	577	612

市 名 City	
太原市 Taiyuan	小店区 Xiaodian; 迎泽区 Yingze; 杏花岭区 Xinghualing; 尖草坪区 Jiancaoping; 万柏林区 Wanbailin; 晋源区 Jinyuan; 清徐县 Qingxu; 阳曲县 Yangqu; 娄烦县 Loufan; 古交市 Gujiao
大同市 Datong	新荣区 Xinrong; 平城区 Pingcheng; 云冈区 Yungang; 云州区 Yunzhou; 阳高县 Yanggao; 天镇县 Tianzhen; 广灵县 Guangling; 灵丘县 Lingqiu; 浑源县 Hunyuan; 左云县 Zuoyun
阳泉市 Yangquan	城 区 Chengqu; 矿 区 Kuangqu; 郊 区 Jiaoqu; 平定县 Pingding; 盂 县 Yuxian
长治市 Changzhi	潞州区 Luzhou; 上党区 Shangdang; 屯留区 Tunliu; 潞城区 Lucheng; 襄垣县 Xiangyuan; 平顺县 Pingshun; 黎城县 Licheng; 壶关县 Huguan; 长子县 Zhangzi; 武乡县 Wuxiang; 沁 县 Qinxian; 沁源县 Qinyuan
晋城市 Jincheng	城 区 Chengqu; 沁水县 Qinshui; 阳城县 Yangcheng; 陵川县 Lingchuan; 泽州县 Zezhou; 高平市 Gaoping
朔州市 Shuozhou	朔城区 Shuocheng; 平鲁区 Pinglu; 山阴县 Shanyin; 应 县 Yingxian; 右玉县 Youyu; 怀仁市 Huairen
晋中市 Jinzhong	榆次区 Yuci; 太谷区 Taigu; 榆社县 Yushe; 左权县 Zuoquan; 和顺县 Heshun; 昔阳县 Xiyang; 寿阳县 Shouyang; 祁 县 Qixian; 平遥县 Pingyao; 灵石县 Lingshi; 介休市 Jiexiu
运城市 Yuncheng	盐湖区 Yanhu; 临猗县 Linyi; 万荣县 Wanrong; 闻喜县 Wenxi; 稷山县 Jishan; 新绛县 Xinjiang; 绛 县 Jiangxian; 垣曲县 Yuanqu; 夏 县 Xiaxian; 平陆县 Pinglu; 芮城县 Ruicheng; 永济市 Yongji; 河津市 Hejin
忻州市 Xinzhou	忻府区 Xinfu; 定襄县 Dingxiang; 五台县 Wutai; 代 县 Daixian; 繁峙县 Fanshi; 宁武县 Ningwu; 静乐县 Jingle; 神池县 Shenchi; 五寨县 Wuzhai; 岢岚县 Kelan; 河曲县 Hequ; 保德县 Baode; 偏关县 Pianguan; 原平市 Yuanping
临汾市 Linfen	尧都区 Yaodu; 曲沃县 Quwo; 翼城县 Yicheng; 襄汾县 Xiangfen; 洪洞县 Hongtong; 古 县 Guxian; 安泽县 Anze; 浮山县 Fushan; 吉 县 Jixian; 乡宁县 Xiangning; 大宁县 Daning; 隰 县 Xixian; 永和县 Yonghe; 蒲 县 Puxian; 汾西县 Fenxi; 侯马市 Houma; 霍州市 Huozhou
吕梁市 Lvliang	离石区 Lishi; 文水县 Wenshui; 交城县 Jiaocheng; 兴 县 Xingxian; 临 县 Linxian; 柳林县 Liulin; 石楼县 Shilou; 岚 县 Lanxian; 方山县 Fangshan; 中阳县 Zhongyang; 交口县 Jiaokou; 孝义市 Xiaoyi; 汾阳市 Fenyang

1-2 国民经济和社会发展总量与速度指标

指　　标	Item	总量指标	
		1990	2000
一、人口与就业（万人）	**Population and Employment (10 000 persons)**		
常住人口	Resident Population	2899.0	3247.8
就业人员	Total Employees	1304.0	1392.4
二、国民经济核算（亿元）	**National Economic Accounting (100 million yuan)**		
地区生产总值	Gross Domestic Product	429.3	1845.7
第一产业	Primary Industry	80.8	179.9
第二产业	Secondary Industry	210.1	858.4
第三产业	Tertiary Industry	138.4	807.5
三、物价指数（上年=100)	**Price Indices (last year=100)**		
居民消费价格指数	Consumer Price Index	102.2	103.9
商品零售价格指数	Retail Price Index	102.1	97.1
四、财　政（亿元）	**Public Finance (100 million yuan)**		
一般公共预算收入	General Public Budget Revenue	51.7	114.5
一般公共预算支出	General Public Budget Expenditure	54.9	225.1
五、固定资产投资（亿元）	**Investment in Fixed Assets (100 million yuan)**		
全社会固定资产投资	Total Investment in Fixed Assets	123.4	625.2
#住　宅	Residential Buildings	22.0	111.3
第一产业	Primary Industry	5.2	12.0
第二产业	Secondary Industry	75.6	289.6
第三产业	Tertiary Industry	42.6	323.6
六、对外贸易（亿美元）	**Foreign Trade (USD 100 million)**		
进出口总额	Total Value of Exports and Imports	3.5	17.6
出　口	Total Value of Exports	2.6	12.4
进　口	Total Value of Imports	0.9	5.3
七、农　业	**Agriculture**		
主要农产品产量（万吨）	Output of Major Farm Products (10 000 tons)		
粮　食	Grain	969.0	853.4
蔬　菜	Vegetables	347.4	920.3
油　料	Oil-bearing Crops	39.4	44.8
肉　类	Meat	31.9	65.0
猪年末存栏　（万头）	Hogs at Year-end (10 000 heads)	363.1	519.5
羊年末存栏　（万只）	Sheep and Goats at Year-end (10 000 heads)	709.6	1058.4
八、房地产开发投资（亿元）	**Investment in Real Estate Development (100 million yuan)**		
本年完成投资	Investment Completed This Year	2.8	39.5
#住　宅	Residential Buildings	2.5	27.2

PRINCIPAL AGGREGATE INDICATORS ON NATIONAL ECONOMIC AND SOCIAL DEVELOPMENT AND GROWTH RATES

Aggregate Data			速 度 指 标 Indices and Growth Rates						
			指数(2019为以下各年%) Index (2019 as percentage of the following years)				平均增长速度 (%) Average Annual Growth Rate (%)		
2010	2015	2019	1990	2000	2010	2015	1991–2019	2001–2019	2011–2019
3574.1	3664.1	3729.2	128.6	114.8	104.3	101.8	0.9	0.7	0.5
1685.9	1872.8	1902.5	145.9	136.6	112.8	101.6	1.3	1.7	1.4
8903.9	11836.4	17026.7	1287.4	483.6	178.1	125.9	9.2	8.6	6.6
510.4	726.2	824.7	246.7	195.2	138.1	110.4	3.2	3.6	3.7
5349.6	5219.7	7453.1	1402.7	495.1	163.9	118.1	9.5	8.8	5.6
3043.9	5890.5	8748.9	1741.7	542.3	201.6	134.8	10.4	9.3	8.1
103.0	100.6	102.7	326.5	151.8	121.5	106.9	4.2	2.2	2.2
102.3	99.3	101.8	228.6	132.8	114.4	105.4	2.9	1.5	1.5
969.7	1642.4	2347.7	4536.8	2050.9	242.1	143.0	14.1	17.2	10.3
1931.4	3423.0	4710.8	8581.2	2093.2	243.9	137.6	16.6	17.4	10.4
6352.6	14137.2								
900.3	2106.8								
281.3	1563.7								
2628.1	5206.0								
3443.2	7367.5								
125.8	147.2	209.7	5990.4	1188.3	166.7	142.5	15.2	13.9	5.8
47.1	84.2	116.9	4445.1	945.2	248.2	138.8	14.0	12.5	10.6
78.7	62.9	92.8	10661.8	1758.4	117.9	147.4	17.5	16.3	1.8
1107.5	1314.0	1361.8	140.5	159.6	123.0	103.6	1.2	2.5	2.3
694.1	837.4	827.8	238.3	89.9	119.3	98.9	3.0	–0.6	2.0
16.6	12.2	13.7	34.8	30.6	82.5	112.4	–3.6	–6.0	–2.1
77.2	99.0	91.0	285.7	139.9	118.0	91.9	3.7	1.8	1.9
528.8	619.2	451.4	124.3	86.9	85.4	72.9	0.8	–0.7	–1.7
769.7	1112.1	868.9	122.5	82.1	112.9	78.1	0.7	–1.0	1.4
592.2	1494.9	1656.5	58151.4	4198.4	279.7	110.8	24.5	21.7	12.1
457.4	1098.3	1296.5	52627.4	4761.6	283.4	118.0	24.1	22.5	12.3

1-2 续表

指　标	Item	总量指标	
		1990	2000
九、工　业	**Industry**		
主要工业产品产量(全社会)	Output of Major Industrial Products (Total Society)		
原　煤　(万吨)	Coal (10 000 tons)	28597	25152
发电量　(亿千瓦小时)	Electricity (100 million kwh)	314.2	624.7
粗　钢　(万吨)	Crude Steel (10 000 tons)	238.6	472.7
钢　材　(万吨)	Steel Products (10 000 tons)	128.8	392.6
水　泥　(万吨)	Cement (10 000 tons)	612.5	1434.0
十、国内贸易 (亿元)	**Domestic Trade (100 million yuan)**		
社会消费品零售总额	Total Retail Sales of Consumer Goods	158.0	692.7
十一、交通运输、邮电	**Transportation, Post and Telecommunication Services**		
货物运输量　(万吨)	Freight Traffic (10 000 tons)	50111	86624
#铁　路	Railways	23332	28779
旅客客运量　(万人)	Passenger Traffic (10 000 persons)	15960	31818
#铁　路	Railways	3226	2953
邮政行业业务总量　(亿元)	Business Volume of Post Services (100 million yuan)		
电信业务总量　(亿元)	Business Volume of Telecommunication Services (10 000 million yuan)		
移动电话用户　(万户)	Number of Mobile Telephone Subscribers (10 000 subscribers)		126
十二、教育、科技、文化、卫生	**Education, Science and Technology, Culture and Public Health**		
教　育	**Education**		
普通高等学校数(所)	Regular Institutions of Higher Education (unit)	26	24
普通高等学校在校学生数 (万人)	Student Enrollment of Regular Higher Education Institutions (10 000 persons)	5.1	12.6
普通中学在校学生数 (万人)	Student Enrollment of Regular Secondary Schools (10 000 persons)	145.1	199.8
普通小学在校学生数 (万人)	Student Enrollment of Regular Primary Schools (10 000 persons)	297.4	343.6
科　技	**Science and Technology**		
全社会R&D经费内部支出 (亿元)	Total Internal Expenditure on R&D (10 000 million yuan)		9.9
文　化	**Culture**		
图书总印数　(万册)	Total Printed Copies of Books (10 000 copies)	12166	10105
期刊总印数　(万份)	Total Printed Copies of Magazines (10 000 copies)	2815	2659
报纸总印数　(万份)	Total Printed Copies of Newspapers (10 000 copies)	54361	62815
卫　生	**Public Health**		
医　院　(个)	Number of Hospitals (unit)		716
执业(助理)医师　(人)	Number of Licensed (Assitant) Docotors (person)	60185	64900

continued

Aggregate Data			速 度 指 标 Indices and Growth Rates						
2010	2015	2019	指数(2019为以下各年%) Index (2019 as percentage of the following years)				平均增长速度 (%) Average Annual Growth Rate (%)		
			1990	2000	2010	2015	1991–2019	2001–2019	2011–2019
74096	96680	98795	345.5	392.8	133.3	102.2	4.4	7.5	3.2
2150.6	2457.5	3361.7	1070.1	538.1	156.3	136.8	8.5	9.3	5.1
3048.8	3847.0	6039.1	2531.2	1277.5	198.1	157.0	11.8	14.3	7.9
2866.4	4267.3	5594.3	4344.0	1424.9	195.2	131.1	13.9	15.0	7.7
3670.3	3786.1	4982.4	813.5	347.4	135.7	131.6	7.5	6.8	3.5
3027.1	5345.1	7030.5	4448.5	1014.9	232.3	131.5	14.0	13.0	9.8
124677	161772	219312	437.7	253.2	175.9	135.6	5.2	5.0	6.5
63836	70509	91321	391.4	317.3	143.1	129.5	4.8	6.3	4.1
39059	30676	24342	152.5	76.5	62.3	79.4	1.5	–1.4	–5.1
5746	7393	8153	252.7	276.1	141.9	110.3	3.2	5.5	4.0
	43.1	116.3							
	468.2	2375.2							
2225	3337	3987		3159.1	179.2	119.5		19.9	6.7
65	79	82	315.4	341.7	126.2	103.8	4.0	6.7	2.6
56.3	74.0	80.2	1563.1	638.2	142.5	108.3	9.9	10.2	4.0
253.7	192.1	180.2	124.2	90.2	71.0	93.8	0.8	–0.5	–3.7
291.1	227.0	229.3	77.1	66.7	78.8	101.0	–0.9	–2.1	–2.6
89.9	132.5	191.2		1932.7	212.7	144.3		16.9	8.7
13183	12439	11185	91.9	110.7	84.8	89.9	–0.3	0.5	–1.8
4000	2573	2250	79.9	84.6	56.3	87.5	–0.8	–0.9	–6.2
206698	203549	196882	362.2	313.4	95.3	96.7	4.5	6.6	–0.5
1201	1274	1398		195.3	116.4	109.7		3.6	1.7
85376	90216	98230	163.2	151.4	115.1	108.9	1.7	2.2	1.6

1-3 山西省水资源总量(2018年)
TOTAL VOLUME OF WATER RESOURCES(2018)

单位：亿立方米 (100 million cu.m)

市 名 City		水资源总量 Water Resources	地表水资源量 Surface Water Resources	地下水资源量 Ground Water Resources	重复计算量 Repetition Statistical Amount	年降水量 Annual Precipitation
全 省	**Total**	**121.93**	**81.28**	**100.29**	**59.65**	**817.18**
太原市	Taiyuan	6.02	3.02	4.70	1.70	35.84
大同市	Datong	9.59	5.46	7.51	3.39	66.98
阳泉市	Yangquan	3.21	3.97	3.20	3.96	23.25
长治市	Changzhi	11.02	7.18	10.05	6.20	69.47
晋城市	Jincheng	12.32	9.68	11.06	8.42	58.44
朔州市	Shuozhou	7.38	2.64	6.92	2.17	55.39
晋中市	Jinzhong	12.64	8.87	9.07	5.31	77.85
运城市	Yuncheng	9.81	3.91	8.61	2.70	70.85
忻州市	Xinzhou	22.05	14.41	17.63	9.99	143.79
临汾市	Linfen	9.12	6.84	8.87	6.59	95.95
吕梁市	Lvliang	18.77	15.31	12.68	9.22	119.38

1-4 山西省实际用水量(2018年)
ACTUAL CONSUMPTION OF WATER(2018)

单位：亿立方米 (100 million cu.m)

市 名 City		总计 Total	农田灌溉 Farmland Irrigation	工业 Industry	城镇生活 Urban Living	农村生活 Rural Living	林牧渔畜 Forestry, Animal Husbandry, Fishery and Livestock	生态 Ecological Utilization
全 省	**Total**	**74.30**	**40.72**	**14.02**	**9.97**	**3.47**	**2.61**	**3.51**
太原市	Taiyuan	7.82	1.61	2.87	2.57	0.28	0.09	0.40
大同市	Datong	6.31	3.67	1.02	0.81	0.31	0.12	0.38
阳泉市	Yangquan	2.01	0.26	0.88	0.52	0.15	0.08	0.12
长治市	Changzhi	5.62	2.31	1.65	0.84	0.35	0.17	0.30
晋城市	Jincheng	4.35	1.33	1.73	0.73	0.21	0.23	0.12
朔州市	Shuozhou	4.95	3.27	0.70	0.42	0.16	0.31	0.08
晋中市	Jinzhong	7.31	4.17	1.23	0.79	0.38	0.29	0.44
运城市	Yuncheng	15.11	11.50	1.19	1.25	0.55	0.47	0.15
忻州市	Xinzhou	6.69	4.25	0.89	0.42	0.27	0.31	0.54
临汾市	Linfen	8.11	5.27	0.87	0.88	0.43	0.32	0.34
吕梁市	LvLiang	6.01	3.08	0.99	0.74	0.36	0.20	0.64

1-5　平均每天主要社会经济活动

MAJOR INDICATORS OF AVERAGE DAILY SOCIAL AND ECONOMIC ACTIVITIES

指　　标	Item	2010	2015	2019
地区生产总值(万元)	Gross Domestic Product (10 000 yuan)	243942	324285	466484
全社会固定资产投资额(万元)	Total Investment in Fixed Assets (10 000 yuan)	174044	387319	
社会消费品零售总额(万元)	Total Retail Sales of Consumer Goods (10 000 yuan)	82934	146442	192616
进出口总额(万美元)	Total Value of Exports and Imports of Customs (USD 10 000)	3446	4032	5744
一般公共预算收入(万元)	General Public Budget Revenue (10 000 yuan)	26566	44996	64322
一般公共预算支出(万元)	General Public Budget Expenditure (10 000 yuan)	52914	93780	129062
主要农产品产量(吨)	Output of Major Farm Products (ton)			
粮　食	Grain	30344	36001	37310
油　料	Oil-bearing Crops	455	334	375
蔬　菜	Vegetables	19015	22943	22680
主要工业产品产量(全社会)	Output of Major Industrial Products (Total Society)			
原　煤　(万吨)	Coal (10 000 tons)	203	265	271
发电量　(万千瓦小时)	Electricity (10 000 kwh)	58919	67327	92101
钢　材　(吨)	Steel Products (ton)	78530	116911	153267
焦　炭　(万吨)	Coke (10 000 tons)	23	22	27
水　泥　(吨)	Cement (ton)	100556	103728	136504
货运量(万吨)	Freight Traffic (10 000 tons)	342	443	601
客运量(万人)	Passenger Traffic (10 000 persons)	107	84	67
图书出版　(万册)	Books Published (10 000 copies)	36.12	34.08	30.64
期刊出版　(万份)	Magazines Issued (10 000 copies)	10.96	7.05	6.16
报纸出版　(万份)	Newspapers Issued (10 000 copies)	566.30	557.67	539.40
出　生　(人)	Births (person)	1043	1000	931
死　亡　(人)	Deaths (person)	525	557	597
结　婚　(对)	Marriages (couple)	988	950	698
离　婚　(对)	Divorces (couple)	73	148	202

1-6 社会经济主要指标人均水平
MAJOR PER CAPITA INDICATORS OF SOCIETY AND ECONOMY

指　标	Item	2010	2015	2019
一、地区生产总值 (元)	**Gross Domestic Product (yuan)**	**25434**	**32375**	**45724**
二、人民生活 (元)	**People's Livelihood (yuan)**			
城镇非私营单位在岗职工平均工资	Average Wage of Fully Employed Staff and Workers in Urban Non-private Units	33544	52960	72207
#国　有	State-owned Units	33119	54953	70628
集　体	Collective-owned Units	21993	44114	54405
城镇居民可支配收入	Disposable Income of Urban Households	15510	25828	33262
城镇居民消费支出	Living Expenditure of Urban Households	10236	15819	21159
农村居民可支配收入	Disposible Income of Rural Households	5263	9454	12902
农村居民消费支出	Living Expenditure of Rural Households	4070	7421	9728
住户存款	Households Deposits	26346	42877	60543
三、主要农产品产量 (公斤)	**Output of Major Farm Products (kg)**			
粮　食	Grain	316	359	366
油　料	Oil-bearing Crops	4.7	3.3	3.7
蔬　菜	Vegetables	198.3	229.1	222.3
肉　类	Meat	22.0	27.1	24.4
四、主要工业产品产量 (全社会)	**Output of Major Industrial Products (Total Society)**			
原　煤　(吨)	Coal (ton)	21.17	26.44	26.53
发电量　(千瓦小时)	Electricity (kwh)	6143.2	6721.6	9027.6
粗　钢　(公斤)	Crude Steel (kg)	870.9	1052.2	1621.8
钢　材　(公斤)	Steel Products (kg)	818.8	1167.2	1502.3
焦　炭　(吨)	Coke (ton)	2.43	2.20	2.60
水　泥　(公斤)	Cement (kg)	1048.4	1035.6	1338.0
布　(米)	Cloth (m)	2.1	2.1	0.6
五、社会消费品零售额 (元)	**Total Retail Sales of Consumer Goods (yuan)**	**8647**	**14620**	**18880**

1–7 国民经济与社会发展结构指标

MAJOR COMPOSITION INDICATORS ON NATIONAL ECONOMIC AND SOCIAL DEVELOPMENT

单位：% (%)

指 标	Item	2010	2015	2019
男女人口比例	**Sex Ratio**			
男 性	Male	51.4	51.3	50.9
女 性	Female	48.6	48.7	49.1
人口抚养比	**Dependency Ratio of Population**			
总抚养比	Gross Dependency Ratio	32.8	32.6	36.3
少儿抚养比	Children Dependency Ratio	22.7	20.6	21.4
老年抚养比	Old People Dependency Ratio	10.1	12.1	15.0
地区生产总值构成	**Composition of GDP**			
第一产业	Primary Industry	5.7	6.1	4.8
第二产业	Secondary Industry	60.1	44.1	43.8
第三产业	Tertiary Industry	34.2	49.8	51.4
城乡居民人均收入比(农民=1)	**Ratio of Per Capita Income of Urban and Rural Households(rural income=1)**	**2.95**	**2.73**	**2.58**
一般公共预算支出构成	**Compositon of General Public Budget Expenditure**			
#教 育	Education	17.0	17.6	14.8
社会保障和就业	Social Security and Employment	14.2	15.6	15.1
卫生健康	Expenditure for Health Care	5.9	8.5	7.8
终端能源消费构成	**Consumption of End–Use Energy Consumption**			
第一产业	Primary Industry	2.4	2.0	1.8
第二产业	Secondary Industry	75.9	74.9	77.0
第三产业	Tertiary Industry	12.0	12.4	12.2
人民生活	People's Livelihood	9.6	10.7	9.0
全社会固定资产投资构成	**Composition of Total Investment in Fixed Assets**			
第一产业	Primary Industry	4.4	11.1	4.7
第二产业	Secondary Industry	41.4	36.8	34.6
第三产业	Tertiary Industry	54.2	52.1	60.7
农林牧渔业总产值构成	**Compositon of Gross Output Value of Farming, Forestry, Animal Husbandry and Fishery**			
农 业	Farming	62.0	59.4	57.6
林 业	Forestry	6.2	6.4	6.2
牧 业	Animal Husbandry	25.7	27.6	29.4
渔 业	Fishery	0.5	0.6	0.4
农林牧渔专业及辅助性活动	Specializing and Supportive Activities for Agriculture, Forestry, Animal Husbandry and Fishery	5.6	6.1	6.3
社会消费品零售总额构成	**Total Retail Sales of Consumer Goods**			
城 镇	Town	80.5	81.5	82.6
乡 村	Village	19.5	18.5	17.4

1-8 人民物质文化生活情况
CONDITIONS OF PEOPLE'S MATERIAL AND CULTURAL LIFE

指　　标	Item	2010	2015	2019
一、城乡居民收入 (元)	**Income of Urban and Rural Households (yuan)**			
城镇居民人均可支配收入	Per Capita Disposable Income of Urban Households	15510	25828	33262
农村居民人均可支配收入	Per Capita Disposable Income of Rural Households	5263	9454	12902
城镇非私营单位在岗职工平均工资	Average Wage of Fully Employed Staff and Workers in Urban Non-private Units	33544	52960	72207
二、平均每人住房面积 (平方米)	**Per Capita Floor Space of Residential Buildings (sq.m)**			
城镇居民住房面积	Urban Households	28.0	32.0	34.3
农村居民住房面积	Rural Households	28.7	33.5	39.9
三、生活、文化、教育、卫生	**Livelihood, Culture, Education and Public Health**			
每百户拥有 (抽 样)	Number of Durable Consumer Goods Owned Per 100 Households by Sample			
彩色电视机 (台)	Color Television Sets (unit)			
城镇居民	Urban Households	111.8	107.2	103.2
农村居民	Rural Households	109.0	104.6	104.4
洗衣机(台)	Washing Machines (unit)			
城镇居民	Urban Households	100.7	98.9	100.0
农村居民	Rural Households	81.0	83.2	89.2
移动电话 (部)	Mobile Telephones (unit)			
城镇居民	Urban Households	146.6	220.6	242.3
农村居民	Rural Households	107.7	201.2	225.3
每人每年拥有期刊 (份)	Number of Magazines per Person per Year (copy)	1.1	0.7	0.6
每百人每天拥有报纸 (份)	Newspapers per 100 Persons per Day (copy)	16.2	15.3	14.5
每万人拥有在校大学生 (人)	Number of Enrollment Students of Regular Institutions of Higher Education per 10 000 Persons (person)	160.8	202.5	215.4
每千人拥有医院床位数 (张)	Number of Hospital Beds per 1 000 persons (unit)	3.1	3.8	4.7
每千人拥有卫生技术人员数 (人)	Number of Medical Technical Personnels Per 1 000 Persons (person)	5.5	5.8	6.7

1-9 主要年份地区生产总值
GROSS DOMESTIC PRODUCT IN MAJOR YEARS

按当年价格计算 (at current prices)

年 份 Year	地区生产总值 (万元) Gross Domestic Product (10 000 yuan)	第一产业 Primary Industry	第二产业 Secondary Industry	第三产业 Tertiary Industry	#工 业 Industry	#建筑业 Construction	人均地区生产总值 (元) Per Capita GDP (yuan)
1952	159978	93831	27484	38663	23447	4037	116
1957	291594	115415	93994	82185	71745	22249	186
1962	324083	110666	121848	91569	109126	12722	188
1965	439158	127041	205199	106918	185889	19310	238
1970	576900	151931	302600	122369	279549	23051	277
1975	698101	208009	346700	143392	321978	24722	301
1978	879946	182040	514685	183221	481225	33460	365
1980	1087619	206348	635098	246173	582107	52991	442
1985	2189896	422629	1200573	566694	1021192	179381	838
1990	4292736	808080	2100746	1383910	1866110	234636	1528
1991	4685100	687700	2362800	1634600	2108100	254700	1592
1992	5511200	829400	2702800	1979000	2404400	298400	1862
1993	6804100	972700	3350300	2481100	2960100	390200	2271
1994	8266600	1238400	3965700	3062500	3471800	493900	2729
1995	10760300	1686900	4944500	4128900	4385000	559500	3515
1996	12921100	1982800	6002100	4936200	5327300	674800	4178
1997	14760000	1918400	7075800	5765800	6263600	812200	4724
1998	16110800	2072500	7612500	6425800	6585500	1027000	5104
1999	16671000	1599600	7854700	7216700	6845500	1009200	5230
2000	18457200	1798600	8583700	8074900	7486500	1097200	5722
2001	20295300	1710900	9560100	9024300	8324500	1235600	6226
2002	23248000	1978000	11343100	9926900	9914400	1428700	7082
2003	28542500	2151900	15207300	11183300	13640100	1567200	8639
2004	34959900	2628700	19316300	13014900	17578200	1738200	10515
2005	40793800	2478200	23895100	14420500	21923100	1972000	12195
2006	47136000	2564100	27992800	16579100	25788900	2203900	14008
2007	59355800	3034600	36023100	20298100	33509400	2514600	17542
2008	72229800	3735800	43889500	24604500	40922500	2967000	21234
2009	71476100	4434600	40912000	26129500	37397600	3528500	20906
2010	89039000	5103500	53496400	30439000	49239200	4274300	25434
2011	108944100	5865600	67501500	35577000	62509900	5007500	30400
2012	116831100	6419700	68527000	41884400	63304000	5249700	32435
2013	119872300	6975700	66843200	46053400	61138800	5740700	33111
2014	120947100	7366200	63779600	49801300	57691700	6129000	33237
2015	118363900	7262100	52196500	58905300	45971700	6262200	32375
2016	119464000	7242800	51136200	61085000	44412200	6766300	32526
2017	144842700	7191600	66353300	71297800	58872500	7528800	39232
2018	159581300	7407500	70744600	81429200	62602200	8198700	43010
2019	170266800	8247200	74530900	87488700	65695100	8947600	45724

注：四经普后，按照国家统计局统一核算要求，对地区生产总值历史数据作了统一修订，后同。

Note: The historical data of GDP has been revised according to the unified accounting requirments of the National Bureau of Statistics since the Fourth National Economic Census. The same applies to the following.

1-10 主要年份地区生产总值构成
COMPOSITION OF GROSS DOMESTIC PRODUCT IN MAJOR YEARS

单位：% (%)

年 份 Year	地区生产总值 Gross Domestic Product	第一产业 Primary Industry	第二产业 Secondary Industry	第三产业 Tertiary Industry	#工 业 Industry	#建 筑 业 Construction
1952	100.0	58.6	17.2	24.2	14.6	2.5
1957	100.0	39.6	32.2	28.2	24.6	7.6
1962	100.0	34.2	37.6	28.2	33.7	3.9
1965	100.0	28.9	46.7	24.4	42.3	4.4
1970	100.0	26.3	52.5	21.2	48.4	4.0
1975	100.0	29.8	49.7	20.5	46.1	3.5
1978	100.0	20.7	58.5	20.8	54.7	3.8
1980	100.0	19.0	58.4	22.6	53.5	4.9
1985	100.0	19.3	54.8	25.9	46.6	8.2
1990	100.0	18.8	48.9	32.3	43.5	5.5
1991	100.0	14.7	50.4	34.9	45.0	5.4
1992	100.0	15.0	49.0	36.0	43.6	5.4
1993	100.0	14.3	49.2	36.5	43.5	5.7
1994	100.0	15.0	48.0	37.0	42.0	6.0
1995	100.0	15.7	46.0	38.3	40.8	5.2
1996	100.0	15.3	46.5	38.2	41.2	5.2
1997	100.0	13.0	47.9	39.1	42.4	5.5
1998	100.0	12.9	47.3	39.8	40.9	6.4
1999	100.0	9.6	47.1	43.3	41.1	6.1
2000	100.0	9.7	46.5	43.8	40.6	5.9
2001	100.0	8.4	47.1	44.5	41.0	6.1
2002	100.0	8.5	48.8	42.7	42.6	6.1
2003	100.0	7.5	53.3	39.2	47.8	5.5
2004	100.0	7.5	55.3	37.2	50.3	5.0
2005	100.0	6.1	58.6	35.3	53.7	4.8
2006	100.0	5.4	59.4	35.2	54.7	4.7
2007	100.0	5.1	60.7	34.2	56.5	4.2
2008	100.0	5.2	60.8	34.0	56.7	4.1
2009	100.0	6.2	57.2	36.6	52.3	4.9
2010	100.0	5.7	60.1	34.2	55.3	4.8
2011	100.0	5.4	62.0	32.6	57.4	4.6
2012	100.0	5.5	58.7	35.8	54.2	4.5
2013	100.0	5.8	55.8	38.4	51.0	4.8
2014	100.0	6.1	52.7	41.2	47.7	5.1
2015	100.0	6.1	44.1	49.8	38.8	5.3
2016	100.0	6.1	42.8	51.1	37.2	5.7
2017	100.0	5.0	45.8	49.2	40.6	5.2
2018	100.0	4.6	44.3	51.1	39.2	5.1
2019	100.0	4.8	43.8	51.4	38.6	5.3

1-11 主要年份地区生产总值指数
INDICES OF GROSS DOMESTIC PRODUCT IN MAJOR YEARS

1952年=100 (year of 1952=100)

年 份 Year	地区生产总值 Gross Domestic Product	第一产业 Primary Industry	第二产业 Secondary Industry	第三产业 Tertiary Industry	#工 业 Industry	#建筑业 Construction
1952	100.0	100.0	100.0	100.0	100.0	100.0
1957	174.0	106.1	371.3	198.2	326.7	629.9
1962	169.2	92.7	404.4	194.3	411.3	334.8
1965	248.5	123.3	705.2	251.1	725.0	537.0
1970	304.2	129.3	982.4	291.7	1025.7	647.1
1975	378.4	160.0	1264.7	334.7	1347.5	634.9
1978	485.1	131.7	1893.0	434.4	2033.7	819.6
1980	543.3	124.4	2117.4	555.5	2240.0	1167.2
1985	939.1	188.3	3565.9	1119.7	3517.1	3447.2
1990	1252.9	220.3	4689.7	1651.0	4847.8	3259.7
1991	1321.8	192.6	5111.8	1827.6	5332.6	3302.1
1992	1487.0	217.4	5669.0	2094.5	5972.5	3354.9
1993	1681.8	237.2	6388.9	2414.9	6772.8	3569.6
1994	1855.1	247.9	7136.5	2673.3	7585.6	3908.7
1995	2077.7	257.3	8092.7	3031.5	8639.9	4221.4
1996	2322.8	287.7	9015.3	3404.4	9564.4	5002.4
1997	2585.3	273.3	10214.3	3901.5	10798.2	5877.8
1998	2841.3	302.0	11154.1	4322.8	11597.3	7453.1
1999	3048.7	251.5	12258.3	4798.3	12710.6	8377.2
2000	3335.2	278.4	13288.0	5302.1	13854.6	8670.5
2001	3672.1	268.4	14723.1	5959.6	15364.8	9563.5
2002	4145.8	304.9	16931.6	6591.3	17684.8	10921.5
2003	4639.1	326.0	19217.3	7329.6	20090.0	12286.7
2004	5205.1	340.6	21984.6	8157.8	23043.2	13761.1
2005	5751.7	322.2	24930.6	8981.7	26246.2	15082.2
2006	6321.1	333.2	28022.0	9610.5	29553.2	16530.1
2007	7155.5	348.9	32001.1	10859.8	33897.5	17852.5
2008	7749.4	353.7	34209.2	12152.1	36372.1	18138.1
2009	8175.6	369.3	34893.4	13573.9	36335.7	23579.6
2010	9058.5	393.7	40127.4	14266.2	42076.7	25230.1
2011	9964.4	418.1	45424.2	14993.8	47925.4	26617.8
2012	10881.1	444.0	49966.6	16238.3	53053.4	26963.8
2013	11860.4	465.3	54663.5	17699.7	57987.4	28851.3
2014	12441.6	487.7	56412.7	19168.8	59901.0	31130.5
2015	12814.8	492.5	55679.3	21334.9	58942.5	32842.7
2016	13340.2	506.8	56291.8	22807.0	59237.3	34583.4
2017	14247.4	521.5	59613.0	24654.3	62850.7	36312.6
2018	15187.7	532.5	62236.0	26873.2	65490.5	38491.3
2019	16129.3	543.7	65783.4	28754.4	69026.9	41570.6

1-12 主要年份地区生产总值指数
INDICES OF GROSS DOMESTIC PRODUCT IN MAJOR YEARS

上年=100 (last year=100)

年 份 Year	地区生产总值 Gross Domestic Product	第一产业 Primary Industry	第二产业 Secondary Industry	第三产业 Tertiary Industry	#工 业 Industry	#建 筑 业 Construction
1953	116.7	105.6	125.7	137.2	124.6	132.0
1957	107.6	89.6	133.0	108.4	122.2	181.5
1962	91.3	105.7	85.2	84.7	84.2	93.9
1965	118.8	103.1	135.2	117.4	136.6	124.5
1970	124.4	99.2	147.0	121.7	150.5	120.0
1975	107.9	108.1	112.0	97.9	113.4	93.0
1978	117.6	89.8	131.2	109.9	130.7	140.9
1980	102.0	87.6	102.9	111.1	104.6	82.6
1985	107.1	82.2	113.1	115.8	110.2	133.3
1990	105.0	112.6	101.4	108.6	100.4	110.7
1991	105.5	87.4	109.0	110.7	110.0	101.3
1992	112.5	112.9	110.9	114.6	112.0	101.6
1993	113.1	109.1	112.7	115.3	113.4	106.4
1994	110.3	104.5	111.7	110.7	112.0	109.5
1995	112.0	103.8	113.4	113.4	113.9	108.0
1996	111.8	111.8	111.4	112.3	110.7	118.5
1997	111.3	95.0	113.3	114.6	112.9	117.5
1998	109.9	110.5	109.2	110.8	107.4	126.8
1999	107.3	83.3	109.9	111.0	109.6	112.4
2000	109.4	110.7	108.4	110.5	109.0	103.5
2001	110.1	96.4	110.8	112.4	110.9	110.3
2002	112.9	113.6	115.0	110.6	115.1	114.2
2003	111.9	106.9	113.5	111.2	113.6	112.5
2004	112.2	104.5	114.4	111.3	114.7	112.0
2005	110.5	94.6	113.4	110.1	113.9	109.6
2006	109.9	103.4	112.4	107.0	112.6	109.6
2007	113.2	104.7	114.2	113.0	114.7	108.0
2008	108.3	101.4	106.9	111.9	107.3	101.6
2009	105.5	104.4	102.0	111.7	99.9	130.0
2010	110.8	106.6	115.0	105.1	115.8	107.0
2011	110.0	106.2	113.2	105.1	113.9	105.5
2012	109.2	106.2	110.0	108.3	110.7	101.3
2013	109.0	104.8	109.4	109.0	109.3	107.0
2014	104.9	104.8	103.2	108.3	103.3	107.9
2015	103.0	101.0	98.7	111.3	98.4	105.5
2016	104.1	102.9	101.1	106.9	100.5	105.3
2017	106.8	102.9	105.9	108.1	106.1	105.0
2018	106.6	102.1	104.4	109.0	104.2	106.0
2019	106.2	102.1	105.7	107.0	105.4	108.0

1-13 分行业增加值
VALUE ADDED BY SECTOR

单位：万元 (10 000 yuan)

指 标	Item	按当年价格计算 at Current Prices		2018年为2017年% 2018 as Percentage of 2017	2019年为2018年% 2019 as Percentage of 2018
		2018	2019		
地区生产总值	**Gross Domestic Product**	**159581300**	**170266800**	**106.6**	**106.2**
按国民经济行业分	**Grouped By Sector**				
农、林、牧、渔业	Farming, Forestry, Animal Husbandry and Fishery	7884200	8748700	102.2	102.2
工 业	Industry	62602200	65695100	104.2	105.4
建筑业	Construction	8198700	8947600	106.0	108.0
批发和零售业	Wholesale and Retail Trade	13282900	13616100	101.5	102.8
交通运输、仓储和邮政业	Transport, Storage and Post	9838000	10068200	108.1	106.6
住宿和餐饮业	Hotels and Catering Services	1934700	2070500	105.3	105.8
金融业	Financial Industry	10810900	11740100	105.6	107.2
房地产业	Real Estate	10357300	10817400	107.9	103.9
其他服务业	Other Services	34672400	38563100	114.2	109.4
按三次产业分	**By Type of Industry**				
第一产业	Primary Industry	7407500	8247200	102.1	102.1
第二产业	Secondary Industry	70744600	74530900	104.4	105.7
第三产业	Tertiary Industry	81429200	87488700	109.0	107.0

1-14 按产业、行业(门类)划分的法人单位数、产业活动单位数及从业人数(2018年)

项　　目	Item	单位数 (个) Number of Units (unit)
总　　计	**Total**	**462193**
按产业分	**By Industry**	
#第二产业	Secondary Industry	73378
第三产业	Tertiary Industry	388779
按行业(门类)分	**By Sector**	
#采矿业	Ming	5942
制造业	Manufacturing	36079
电力、热力、燃气及水生产和供应业	Production and Supply of Electricity, Heat, Gas and Water	4452
建筑业	Construction	28707
批发和零售业	Wholesale and Retail Trade	141041
交通运输、仓储和邮政业	Transport, Storage and Post	14626
住宿和餐饮业	Hotels and Catering Services	8427
信息传输、软件和信息技术服务业	Information Transmission, Software and Information Technology Services	17399
金融业	Financial Industry	2401
房地产业	Real Estate	16757
租赁和商务服务业	Lease and Business Affairs Services	45373
科学研究和技术服务业	Scientific Reseach and Technical Services	21099
水利、环境和公共设施管理业	Management of Water Conservancy, Environment and Public Facilities	5510
居民服务、修理和其他服务业	Resident Services, Repair and Other Services	11377
教　育	Education	15682
卫生和社会工作	Health Care and Social Work	6896
文化、体育和娱乐业	Culture, Sports and Recreation	13635
公共管理、社会保障和社会组织	Public Management, Social Security and Social Organization	59737

注：(1)表中数据来源于山西省第四次全国经济普查资料，汇总范围为从事第二、三产业的法人单位、产业活动单位和兼营第二、三产业活动的农、林、牧、渔业法人单位，后表同；

(2)本表不含注册未经营的单位数据，后表同；

(3)表中从业人数不含兼营第二、三产业的农、林、牧、渔业法人单位数据，后表同。

NUMBER OF CORPORATION UNITS, ACTIVE UNITS AND EMPLOYEES BY TYPE OF INDUSTRY AND SECTOR(2018)

法人单位 Corporation Units			产业活动单位 Active Units	
单产业法人 Single Industry	多产业法人 Multi-industry	从业人数 (人) Employees (person)	单位数 (个) Number of Units (unit)	#多产业法人所属的产业活动单位 Units Belong to Multi-industry Corporation
445638	**16555**	**7734887**	**547430**	**101792**
71596	1782	3088038	79373	7777
374042	14737	4646849	468057	94015
5752	190	1064966	6446	694
35263	816	1194288	37666	2403
4286	166	163140	5594	1308
28063	644	692001	31638	3575
137402	3639	730199	161762	24360
14124	502	389780	20077	5953
8064	363	128597	9791	1727
17167	232	121360	20820	3653
1781	620	489701	11419	9638
15916	841	220865	18504	2588
44423	950	341149	51752	7329
20571	528	178459	24447	3876
5405	105	108073	6342	937
11139	238	63282	12278	1139
14634	1048	604639	23575	8941
6621	275	276589	8796	2175
13432	203	91453	14456	1024
54593	5144	849252	74737	20144

Notes: (1)Data in the table are obtained from the Fourth National Economic Census of Shanxi which carries out statistics on the secondary and tertiary industry corporation units, active units and corporation units of farming, forestry, animal husbandry and fishery that also engaged in secondary and teriary industries at part time. The same applies to the following.

(2)The units which have been registered but haven't been in operation are not included in the table. The same applies to the following.

(3)The employees in the table don't include those in farming, forestry, animal husbandry and fishery corporation units that also engaged in the secondary and teriary industries at part time. The same applies to the following.

1-15 按登记注册类型划分的法人单位数、产业活动单位数及从业人数(2018年)

项目	Item	单位数(个) Number of Units (unit)
总　计	**Total**	**462193**
一、内　资	**Civil Funded Enterprises**	**461562**
国　有	State-owned Enterprises	42882
集　体	Collective-owned Enterprises	5154
股份合作	Share Cooperative Enterprises	79
国有联营	State-owned Joint Owned Enterprises	19
集体联营	Collective-owned Joint Owned Enterprises	55
国有与集体联营	State-owned and Collective-owned Joint Owned Enterprises	15
其他联营	Other Joint Owned Enterprises	17
国有独资公司	Company Exclusively with Investment from State	1903
其他有限责任公司	Other Limited Responsibility Company	36069
股份有限公司	Share Holding Limited Company	3488
私营独资	Enterprise Exclusively with Investment from Private	23523
私营合伙	Private Partner Enterprises	1624
私营有限责任公司	Privately Owned Limited Responsibility Company	290893
私营股份有限公司	Privately Owned Share Holding Limited Company	3988
其　他	Others	51853
二、港澳台商投资	**Enterprises Funded by Hong Kong, Macao and Taiwan**	**219**
与港澳台商合资经营	Joint Venture	108
与港澳台商合作经营	Cooperative Enterprise	8
港澳台商独资	Ventures Exclusively with Hong Kong, Macao and Taiwan Investment	98
港澳台商投资股份有限公司	Share Holding Limited Company	5
其他港澳台商投资	Others	
三、外商投资	**Foreign Funded Enterprises**	**412**
中外合资经营	Joint Venture	223
中外合作经营	Cooperative Enterprises	21
外资企业	Enterprises Funded by Foreign Investment	145
外商投资股份有限公司	Limited Company Funded by Foreign Investment	20
其他外商投资	Others	3

NUMBER OF CORPORATION UNITS, ACTIVE UNITS AND EMPLOYEES BY REGISTRATION STATUS(2018)

法人单位 Corporation Units			产业活动单位 Active Units	
单产业法人 Single Industry	多产业法人 Multi-industry	从业人数(人) Employees (person)	单位数(个) Number of Units (unit)	#多产业法人所属的产业活动单位 Units Belong to Multi-industry Corporation
445638	**16555**	**7734887**	**547430**	**101792**
445079	**16483**	**7561102**	**545228**	**100149**
36712	6170	1661356	73470	36758
4484	670	127083	9802	5318
69	10	3805	244	175
17	2	771	56	39
49	6	587	110	61
13	2	100	30	17
17		71	39	22
1689	214	352691	2977	1288
34320	1749	1835554	47621	13301
2918	570	657138	11671	8753
23179	344	149264	24449	1270
1613	11	18905	1682	69
285148	5745	2295793	315629	30481
3872	116	95129	4628	756
50979	874	362855	52820	1841
192	**27**	**94063**	**1096**	**904**
93	15	49846	184	91
7	1	1369	24	17
88	10	41851	777	689
4	1	997	111	107
367	**45**	**79722**	**1106**	**739**
208	15	38380	296	88
16	5	8720	26	10
124	21	27168	591	467
16	4	5340	143	127
3		114	50	47

1-16 按登记注册类型、从业人数组距划分的法人单位数(2018年)

单位：个

项　目	Item	9人以下 9 Persons Below
总　计	**Total**	**375913**
一、内　资	**Civil Funded Enterprises**	**375627**
国　有	State-owned Enterprises	20963
集　体	Collective-owned Enterprises	3447
股份合作	Share Cooperative Enterprises	47
国有联营	State-owned Joint Owned Enterprises	7
集体联营	Collective-owned Joint Owned Enterprises	34
国有与集体联营	State-owned and Collective-owned Joint Owned Enterprises	10
其他联营	Other Joint Owned Enterprises	15
国有独资公司	Company Exclusively with Investment from State	820
其他有限责任公司	Other Limited Responsibility Company	26977
股份有限公司	Share Holding Limited Company	2060
私营独资	Enterprise Exclusively with Investment from Private	19963
私营合伙	Private Partner Enterprises	1161
私营有限责任公司	Privately Owned Limited Responsibility Company	252966
私营股份有限公司	Privately Owned Share Holding Limited Company	3142
其　他	Others	44015
二、港澳台商投资	**Enterprises Funded by Hong Kong, Macao and Taiwan**	**96**
与港澳台商合资经营	Joint Venture	47
与港澳台商合作经营	Cooperative Enterprise	7
港澳台商独资	Ventures Exclusively with Hong Kong,Macao and Taiwan Investment	42
港澳台商投资股份有限公司	Share Holding Limited Company	
其他港澳台商投资	Others	
三、外商投资	**Foreign Funded Enterprises**	**190**
中外合资经营	Joint Venture	86
中外合作经营	Cooperative Enterprises	10
外资企业	Enterprises Funded by Foreign Investment	80
外商投资股份有限公司	Limited Company Funded by Foreign Investment	12
其他外商投资	Others	2

NUMBER OF CORPORATION UNITS BY REGISTRATION STATUS AND QUANTITY OF EMPLOYEES(2018)

(unit)

10-49人 10-49 Persons	50-99人 50-99 Persons	100-299人 100-299 Persons	300-499人 300-499 Persons	500-999人 500-999 Persons	1000-4999人 1000-4999 Persons	5000人以上 5000 Persons Above
64899	**11101**	**7074**	**1386**	**1063**	**686**	**71**
64757	**11046**	**7000**	**1368**	**1038**	**659**	**67**
13961	4306	2902	415	223	111	1
1282	200	157	43	19	5	1
17	6	5	3	1		
9	1	1	1			
19	1	1				
5						
2						
582	182	178	39	45	48	9
5542	1339	1143	359	400	284	25
674	173	228	117	117	98	21
3190	281	76	10	3		
392	52	17	1	1		
31156	4055	2058	340	206	105	7
619	109	84	16	8	7	3
7307	341	150	24	15	1	
49	**22**	**24**	**6**	**10**	**9**	**3**
21	12	16	3	7	1	1
					1	
25	9	8	3	2	7	2
3	1			1		
93	**33**	**50**	**12**	**15**	**18**	**1**
57	23	30	11	7	9	
2	3	2		1	3	
31	7	17	1	5	3	1
3				2	3	
		1				

主要统计指标解释

地区生产总值 是按市场价格计算的一个地区所有常住单位在一定时期内生产活动的最终成果。地区生产总值有三种表现形态，即价值形态、收入形态和产品形态。从价值形态看，它是所有常住单位在一定时期内所生产的全部货物和服务价值与同期投入的全部非固定资产货物和服务价值的差额，即所有常住单位的增加值之和；从收入形态看，它是所有常住单位在一定时期内所创造并分配给常住单位和非常住单位的初次分配收入之和；从产品形态看，它是最终使用的货物和服务价值与货物和服务价值净出口之和。在核算中，地区生产总值的三种表现形态表现为三种计算方法，即生产法、收入法和支出法。三种方法分别从不同的方面反映地区生产总值及其构成。

三次产业 我国的三次产业划分是：

第一产业是指农、林、牧、渔业（不含农、林、牧、渔服务业）。

第二产业是指采矿业（不含开采辅助活动），制造业（不含金属制品、机械和设备修理业），电力、热力、燃气及水生产和供应业，建筑业。

第三产业即服务业，是指除第一产业、第二产业以外的其他行业。第三产业包括：批发和零售业，交通运输、仓储和邮政业，住宿和餐饮业，信息传输、软件和信息技术服务业，金融业，房地产业，租赁和商务服务业，科学研究和技术服务业，水利、环境和公共设施管理业，居民服务、修理和其他服务业，教育，卫生和社会工作，文化、体育和娱乐业，公共管理、社会保障和社会组织，国际组织，以及农、林、牧、渔业中的农、林、牧、渔服务业，采矿业中的开采辅助活动，制造业中的金属制品、机械和设备修理业。

法人单位 指有权拥有资产、承担负债，并独立从事社会经济活动（或与其他单位进行交易）的组织。

产业活动单位 指位于一个地点，从事一种或主要从事一种社会经济活动的组织或组织的一部分。

Explanatory Notes on Main Statistical Indicators

Gross Domestic Product refers to the final products of all resident units calculated at market prices, in a region during a certain period of time. Gross domestic product is expressed in three different forms i.e. value, income and products respectively. The form of value refers to the total value of all products and services produced by all resident units during a certain period of time minus total value of intermediate input of materials and services of the nature of non-fixed assets or the summation of the value-added of all resident units; the form of income includes all the income created by all resident units and distributed primarily to all resident and non-resident units; the form of products refers to the value of all final goods and services for final use by all resident units plus the value of net exports of goods and services during given period of time. In the practice of national accounting, gross domestic product is calculated with three approaches, i.e. production approach, income approach, and expenditure approach, which reflect gross domestic product and its composition from different aspects.

Three Strata of Industry In China, economic activities are categorized into the following three strata of industry:

Primary industry refers to farming, forestry, animal husbandry and fishery, excluding services supported these industries.

Secondary industry refers to mining (excluding auxiliary activities), manufacturing (excluding repair of metal products, machinery and equipment), production and supply of electricity, heat, gas and water, construction.

Tertiary industry refers to all other industries not included in primary or secondary industry. It includes wholesale and retail trade, transport, storage and post, hotels and catering services, information transmission, software and information technology services, financial industry, real estate, lease and business affairs services, scientific research and technical services, management of water conservancy, environment and public facilities, residents services, repair and other services, education, health care and social work, culture, sports and recreation, public management, social security and social organization, international organization, services of farming, forestry, animal husbandry and fishery, auxiliary activities of mining, repair of metal products, machinery and equipment of manufacturing.

Corporation Units refer to organizations which are entitled to possess assets, assume liabilities and carry out social economic activities (or can trade with other units) independently.

Active Units refer to organizations or a part of it which carry out one or mainly one social economic activities in certain places.

人口、劳动工资和社会保障

POPULATION, LABOR WAGES AND SOCIAL SECURITY

资料整理人员

李渔翔　周俊英　刘晓霞　宫　雪　张敏怡
张国琪　王　喆　王俊鹏

人 口

POPULATION

总户数	Number of Households	1305.81	万户	(10 000 households)
常住人口	Resident Population	3729.22	万人	(10 000 persons)
男 性	Male	1897.80	万人	(10 000 persons)
女 性	Female	1831.42	万人	(10 000 persons)
出生人口	Birth Population	33.97	万人	(10 000 persons)
死亡人口	Death Population	21.79	万人	(10 000 persons)

城乡人口构成 (%)

Composition of Urban and Rural Population (%)

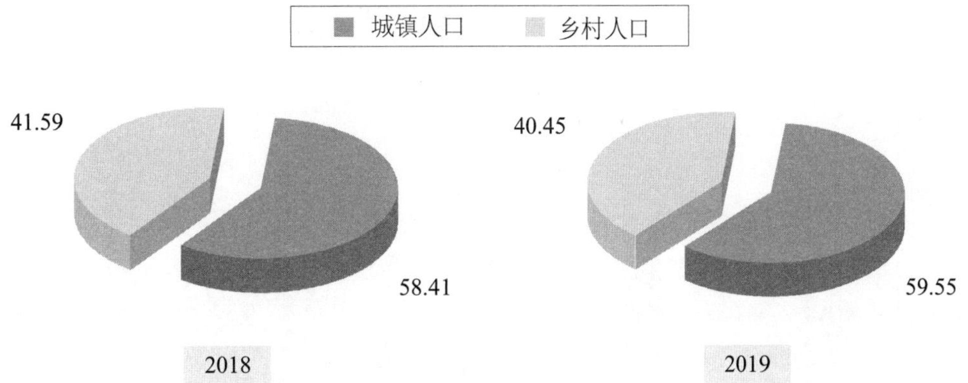

人口出生率、死亡率、自然增长率 (‰)

Birth Rate, Death Rate and Natural Growth Rate of Population (‰)

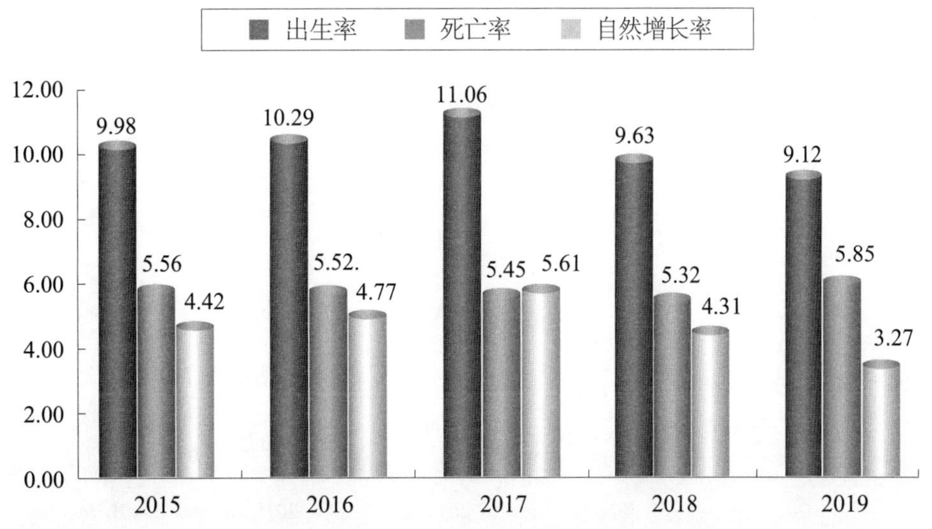

就业人员和平均工资
EMPLOYEES AND AVERAGE WAGE

全社会从业人员	Total Employees	1902.5	万人	(10 000 persons)
第一产业	Primary Industry	666.7	万人	(10 000 persons)
第二产业	Secondary Industry	396.2	万人	(10 000 persons)
第三产业	Tertiary Industry	839.6	万人	(10 000 persons)

全社会就业人员和城镇非私营单位就业人员数（万人）

Number of Employed Persons in Total Society and Urban Non-private Units (10 000 persons)

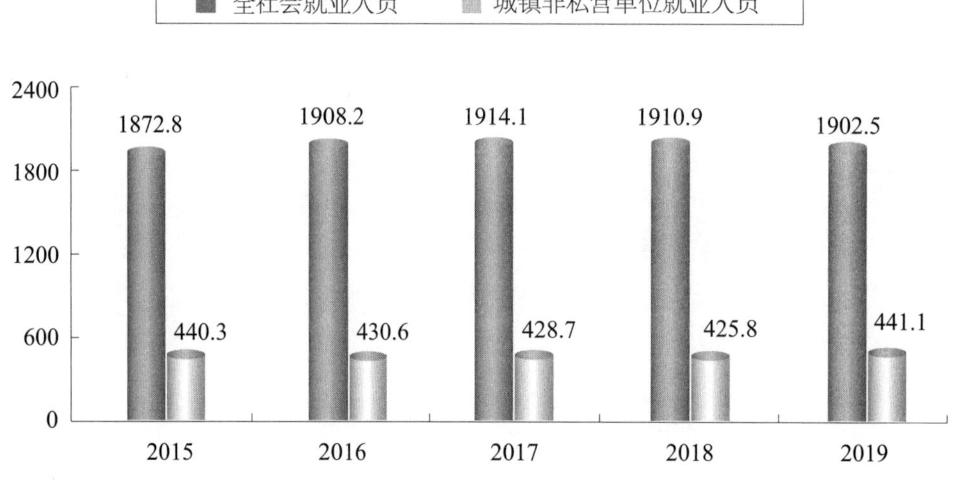

城镇非私营单位就业人员平均工资（元）

Average Wage of Employed Persons in Urban Non-private Units (yuan)

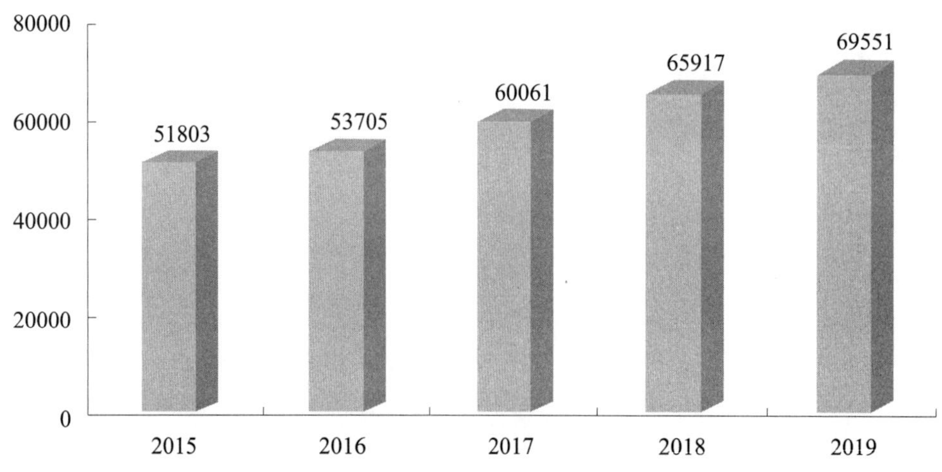

2-1 主要年份总户数、常住人口数

TOTAL HOUSEHOLD AND RESIDENT POPULATION IN MAJOR YEARS

单位：万人 (10 000 persons)

年份 Year	总户数(万户) Number of Households (10 000 Households)	常住人口 Resident Population	按性别分 By Sex		按农业非农业分 By Registered Residence	
			男性 Male	女性 Famle	非农业人口 Non-agriculture	农业人口 Agriculture
1978	558.01	2423.60	1273.07	1150.53	393.79	2029.81
1980	579.71	2476.46	1299.32	1177.14	439.81	2036.65
1985	631.69	2673.51	1403.33	1270.18	536.84	2136.67
1990	740.63	2898.96	1508.62	1390.34	639.22	2259.74
1995	815.23	3077.28	1606.34	1470.94	748.39	2328.89
2000	885.55	3247.80	1680.91	1566.89	861.84	2334.34
2005	1008.04	3355.21	1719.33	1635.88	1010.46	2283.97
2010	1188.84	3574.11	1835.37	1738.75	1144.45	2329.18
2011	1233.13	3593.28	1843.75	1749.52	1162.44	2334.79
2012	1282.40	3610.83	1850.96	1759.87	1171.99	2326.73
2013	1313.25	3629.80	1865.40	1764.40	1189.51	2333.93
2014	1313.35	3647.96	1872.97	1774.99	1192.72	2329.46
2015	1297.74	3664.12	1879.09	1785.03		
2016	1304.35	3681.64	1885.96	1795.68		
2017	1301.73	3702.35	1895.11	1807.24		
2018	1304.87	3718.34	1896.67	1821.67		
2019	1305.81	3729.22	1897.80	1831.42		

注：本表2000年及以后年份农业、非农业人口和2005年及以后年份总户数为公安年报数；2015年起，取消农业户口和非农业户口。

Note: Data of agriculture and non-agriculture population since 2000 and number of households since 2005 are all from public security department. The indicators of agriculture and non-agreculture have been cancelled since 2015.

2-2 主要年份人口自然变动

NATURAL CHANGE OF POPULATION IN MAJOR YEARS

单位：万人 (10 000 persons)

年份 Year	出生 Birth		死亡 Death		自然增长 Natural Growth	
	人数 Population	出生率(‰) Birth Rate	人数 Population	死亡率(‰) Death Rate	人数 Population	增长率(‰) Natural Growth Rate
1978	37.76	15.66	15.80	6.55	21.96	9.11
1980	41.74	16.95	15.98	6.49	25.76	10.46
1985	56.65	21.36	16.87	6.36	39.78	15.00
1990	64.82	22.54	18.87	6.56	45.95	15.98
1995	50.82	16.60	18.73	6.12	32.09	10.48
2000	42.72	13.25	18.59	5.77	24.13	7.48
2005	40.21	12.02	20.07	6.00	20.14	6.02
2010	38.06	10.68	19.18	5.38	18.88	5.30
2011	37.50	10.47	20.10	5.61	17.41	4.86
2012	38.53	10.70	20.99	5.83	17.55	4.87
2013	39.15	10.81	20.17	5.57	18.98	5.24
2014	39.74	10.92	21.58	5.93	18.16	4.99
2015	36.49	9.98	20.33	5.56	16.16	4.42
2016	37.79	10.29	20.27	5.52	17.52	4.77
2017	40.83	11.06	20.12	5.45	20.71	5.61
2018	35.73	9.63	19.74	5.32	15.99	4.31
2019	33.97	9.12	21.79	5.85	12.18	3.27

2-3 城乡人口情况
URBAN AND RURAL POPULATION

单位：万人 (10 000 persons)

年 份 Year	城 镇 Urban Area		乡 村 Rural Area	
	人口数 Population	比 重(%) Proportion	人口数 Population	比 重(%) Proportion
1978	464.85	19.18	1958.75	80.82
1979	484.79	19.81	1962.41	80.19
1980	502.72	20.30	1973.74	79.70
1981	517.06	20.61	1991.71	79.39
1982	546.63	21.47	1999.37	78.53
1983	577.73	22.32	2010.67	77.68
1984	610.77	23.21	2020.71	76.79
1985	645.65	24.15	2027.86	75.85
1986	682.72	25.16	2030.81	74.84
1987	721.80	26.17	2036.31	73.83
1988	763.01	27.18	2044.23	72.82
1989	806.54	28.27	2046.44	71.73
1990	837.80	28.90	2061.16	71.10
1991	854.90	29.06	2086.96	70.94
1992	872.04	29.27	2107.27	70.73
1993	889.93	29.54	2122.69	70.46
1994	908.08	29.82	2137.13	70.18
1995	926.57	30.11	2150.71	69.89
1996	945.53	30.41	2163.73	69.59
1997	964.57	30.71	2176.32	69.29
1998	984.33	31.03	2187.87	68.97
1999	1004.34	31.35	2199.29	68.65
2000	1165.31	35.88	2082.49	64.12
2001	1147.92	35.09	2123.71	64.91
2002	1254.56	38.09	2039.15	61.91
2003	1286.28	38.81	2028.01	61.19
2004	1321.65	39.63	2013.42	60.37
2005	1412.81	42.11	1942.40	57.89
2006	1451.39	43.01	1923.16	56.99
2007	1493.75	44.03	1898.83	55.97
2008	1538.58	45.11	1872.06	54.89
2009	1576.09	45.99	1851.27	54.01
2010	1717.43	48.05	1856.68	51.95
2011	1785.31	49.68	1807.97	50.32
2012	1851.08	51.26	1759.75	48.74
2013	1907.92	52.56	1721.88	47.44
2014	1962.32	53.79	1685.64	46.21
2015	2016.37	55.03	1647.75	44.97
2016	2069.63	56.21	1612.01	43.79
2017	2122.92	57.34	1579.43	42.66
2018	2171.88	58.41	1546.46	41.59
2019	2220.75	59.55	1508.47	40.45

2-4 主要年份人口年龄构成和抚养比
AGE COMPOSITION AND DEPENDENCY RATIO OF POPULATION IN MAJOR YEARS

单位：% (%)

年 份 Year	年龄构成 Age Composition			抚养比 Dependency Ratio		
	0—14岁 Age 0-14	15—64岁 Age 15-64	65岁及以上 Age 65 and Over	总抚养比 Gross Dependency Ratio	少儿抚养比 Children Dependency Ratio	老年抚养比 Old People Dependency Ratio
1953	33.89	61.37	4.74	62.95	55.22	7.72
1964	40.43	55.22	4.35	81.09	73.22	7.88
1982	33.36	61.65	4.99	62.21	54.11	8.09
1990	28.15	66.46	5.39	50.47	42.36	8.11
2000	25.73	67.94	6.33	47.19	37.87	9.32
2005	21.30	71.55	7.15	39.76	29.77	9.99
2010	17.10	75.33	7.58	32.75	22.70	10.06
2011	16.47	75.62	7.91	32.24	21.78	10.46
2012	16.44	75.59	7.97	32.29	21.75	10.54
2013	15.83	75.80	8.37	31.93	20.88	11.04
2014	15.67	75.65	8.68	32.19	20.71	11.47
2015	15.50	75.40	9.10	32.63	20.56	12.07
2016	15.45	75.06	9.49	33.23	20.58	12.64
2017	15.59	74.46	9.95	34.30	20.94	13.36
2018	15.81	73.79	10.40	35.52	21.43	14.09
2019	15.67	73.36	10.97	36.31	21.36	14.95

注：1953、1964、1982、1990、2000、2010年为六次人口普查数据，其余年份为人口抽样调查推算数。

Note: Data of 1953,1964,1982,1990,2000 and 2010 in this table are obtained from six National Population Census, and the rest are caculated from the Sample Survey of Population .

2-5 按三次产业分就业人员数
NUMBER OF EMPLOYEES BY THREE STRATA OF INDUSTRY

单位：万人 (10 000 persons)

年 份 Year	就业人员 Total Employed Persons				构成(%) Composition		
		第一产业 Primary Industry	第二产业 Secondary Industry	第三产业 Tertiary Industry	第一产业 Primary Industry	第二产业 Secondary Industry	第三产业 Tertiary Industry
1952	650.6	561.6	42.7	45.8	86.3	6.6	7.0
1978	965.2	628.1	188.9	148.2	65.1	19.6	15.4
1980	1002.6	611.8	249.2	141.7	61.0	24.9	14.1
1985	1154.1	576.0	337.8	240.3	49.9	29.3	20.8
1990	1304.0	632.8	382.6	288.6	48.5	29.3	22.1
1995	1424.5	636.1	435.9	352.5	44.7	30.6	24.7
2000	1392.4	662.7	353.4	376.3	47.6	25.4	27.0
2005	1500.2	641.8	385.7	472.6	42.8	25.7	31.5
2010	1685.9	638.2	442.9	604.8	37.9	26.3	35.9
2011	1738.9	649.4	468.0	621.5	37.3	26.9	35.7
2012	1790.2	647.1	489.9	653.1	36.1	27.4	36.5
2013	1844.2	650.6	519.1	674.5	35.3	28.1	36.6
2014	1862.3	662.1	505.3	694.9	35.6	27.1	37.3
2015	1872.8	666.6	491.7	714.4	35.6	26.3	38.1
2016	1908.2	670.5	481.1	756.6	35.1	25.2	39.6
2017	1914.1	670.7	483.8	759.7	35.0	25.3	39.7
2018	1910.9	643.8	442.4	824.7	33.7	23.1	43.2
2019	1902.5	666.7	396.2	839.6	35.0	20.8	44.1

2-6 就业基本情况
BASIC STATISTICS ON EMPLOYMENT

单位：万人 (10 000 persons)

项 目	Item	2018	2019
16岁及以上人口	**Population Aged 16 and Over**	**3097**	**3105**
就业人员合计	**Total Number of Employed Persons**	**1910.9**	**1902.5**
第一产业	Primary Industry	643.8	666.7
第二产业	Secondary Industry	442.4	396.2
第三产业	Tertiary Industry	824.7	839.6
按城乡分就业人员	**Number of Employed Persons by Urban and Rural Areas**		
城 镇	Urban Employed Persons	1017.8	1011.5
乡 村	Rural Employed Persons	893.0	891.0
按登记注册类型分城镇非私营单位就业人员	**Number of Employed Person in Urban Non-private Units by Status of Registration**		
国有单位	State-owned Units	176.6	173.7
城镇集体单位	Urban Collective-owned Units	13.2	9.1
股份合作单位	Cooperative Units	0.3	0.3
联营单位	Joint Ownership Units	0.1	0.1
有限责任公司	Limited Liability Corporations	185.4	187.4
股份有限公司	Share-holding Corporations Ltd.	31.2	44.5
港澳台商投资单位	Units with Funds from Hong Kong, Macao & Taiwan	9.1	6.8
外商投资单位	Foreign Funded Units	7.4	9.7
工商登记注册的私营个体就业人员	**Number of Employed Person in Private Enterprises and Self-employed Individuals by Status of Industrial and Commercial Registration**		
城镇私营企业	Private Enterprises in Urban Areas	132.4	123.3
城镇个体	Self-employed Individuals in Urban Areas	261.2	305.6
乡村私营企业	Private Enterprises in Rural Areas	142.5	153.7
乡村个体	Self-employed Individuals in Rural Areas	106.8	110.7
城镇登记失业人数	**Number of Registered Unemployed Persons in Urban Areas**	**24.6**	**21.3**
城镇登记失业率 (%)	**Registered Unemployment Rate in Urban Areas (%)**	**3.3**	**2.7**

2-7 城镇非私营单位就业人员和工资(2019年)

NUMBER AND WAGE OF EMPLOYEES IN URBAN NON-PRIVATE UNITS(2019)

项 目	Item	就业人员(人) Number of Employees (person)	工资总额(万元) Total Wage (10 000 yuan)	平均工资(元) Average Wage (yuan)	
					#在岗职工 Fully Employed
总 计	**Total**	**4410689**	**30603388**	**69551**	**72207**
一、按执行会计标准类别分	**Grouped by Categories of Implementing Accounting Standards**				
1.企 业	Enterprises	2816780	20097366	71362	74401
2.事 业	Institutions	1023927	6902555	67781	70049
3.机 关	Government Agencies	498591	3310710	66692	68642
4.民间非营利组织	Private Non-Profit Organizations	66689	250390	38866	39184
5.其 他	Others	4702	42368	90240	93013
二、按国民经济行业分	**Grouped by Sector**				
1.农、林、牧、渔业	Farming, Forestry, Animal Husbandry and Fishery	9769	45603	45934	46793
2.采矿业	Mining	815141	6668413	81324	82006
3.制造业	Manufacturing	563525	3241565	57348	57654
4.电力、热力、燃气及水生产和供应业	Production and Supply of Electricity, Heat, Gas and Water	158309	1368168	87122	88965
5.建筑业	Construction	289929	1724835	60309	61856
6.批发和零售业	Wholesale and Retail Trade	136106	811103	59115	59999
7.交通运输、仓储和邮政业	Transport, Storage and Post	210564	1968510	93627	94865
8.住宿和餐饮业	Hotels and Catering Services	35494	125800	35024	38054
9.信息传输、软件和信息技术服务业	Information Transmission, Software and Information Technology Services	52343	443420	84761	86243
10.金融业	Financial Industry	299985	2414962	80289	119460
11.房地产业	Real Estate	54959	288816	53620	54927
12.租赁和商务服务业	Lease and Business Services	118158	574634	49040	49948
13.科学研究和技术服务业	Scientific Reseach and Technial Services	77318	604308	79001	80612
14.水利、环境和公共设施管理业	Water, Environmental Protection and Public Facility Management	79533	281238	35325	37869
15.居民服务、修理和其它服务业	Resident Services, Repair and Other Services	8444	38249	47450	48893
16.教 育	Education	552415	3867586	70640	72183
17.卫生和社会工作	Health Care and Social Work	246515	1730397	71111	72992
18.文化、体育和娱乐业	Culture, Sports and Recreation	44305	259000	58952	60188
19.公共管理、社会保障和社会组织	Public Management, Social Security and Social Organization	657877	4146780	63262	65331

注：在岗职工包含劳务派遣工，后同。

Note: Dispatching workers are included in fully employed workers. The same applies to the tables following.

2-8 城镇非私营国有单位就业人员和工资(2019年)

NUMBER AND WAGE OF EMPLOYEES IN STATE-OWNED UNITS(2019)

项 目	Item	就业人员(人) Number of Employees (person)	工资总额(万元) Total Wage (10 000 yuan)	平均工资(元) Average Wage (yuan)	
					#在岗职工 Fully Employed
总 计	**Total**	**1737070**	**11848436**	**68447**	**70628**
一、按执行会计标准类别分	**Grouped by Categories of Implementing Accounting Standards**				
1.企 业	Enterprises	230182	1730172	74626	77006
2.事 业	Institutions	1001322	6755480	67832	70100
3.机 关	Government Agencies	497952	3306589	66697	68646
4.民间非营利组织	Private Non-Profit Organizations	4445	20847	47980	48354
5.其 他	Others	3169	35348	111684	112718
二、按国民经济行业分	**Grouped by Sector**				
1.农、林、牧、渔业	Farming, Forestry, Animal Husbandry and Fishery	6360	31174	48855	49471
2.采矿业	Mining	19405	141003	71841	76018
3.制造业	Manufacturing	19981	136581	67109	68550
4.电力、热力、燃气及水生产和供应业	Production and Supply of Electricity, Heat, Gas and Water	50809	520849	102051	104119
5.建筑业	Construction	18924	86796	44057	46018
6.批发和零售业	Wholesale and Retail Trade	13456	100594	74597	76326
7.交通运输、仓储和邮政业	Transport, Storage and Post	41146	244346	59301	59665
8.住宿和餐饮业	Hotels and Catering Services	10199	39828	39012	39226
9.信息传输、软件和信息技术服务业	Information Transmission, Software and Information Technology Services	8821	76996	86972	89079
10.金融业	Financial Industry	28129	290052	102391	110695
11.房地产业	Real Estate	7676	28797	37830	38412
12.租赁和商务服务业	Lease and Business Services	26146	138108	52899	55208
13.科学研究和技术服务业	Scientific Reseach and Technial Services	44866	340866	75815	77635
14.水利、环境和公共设施管理业	Water, Environmental Protection and Public Facility Management	63855	225931	35518	38537
15.居民服务、修理和其它服务业	Resident Services, Repair and Other Services	1935	9533	49520	51457
16.教 育	Education	466739	3496148	75307	76959
17.卫生和社会工作	Health Care and Social Work	222811	1621557	73713	75703
18.文化、体育和娱乐业	Culture, Sports and Recreation	31920	198424	62221	63261
19.公共管理、社会保障和社会组织	Public Management, Social Security and Social Organization	653892	4120855	63250	65313

2-9 城镇非私营集体单位就业人员和工资(2019年)
NUMBER AND WAGE OF EMPLOYEES IN COLLECTIVE-OWNED UNITS(2019)

项　目	Item	就业人员(人) Number of Employees (person)	工资总额(万元) Total Wage (10 000 yuan)	平均工资(元) Average Wage (yuan)	
					#在岗职工 Fully Employed
总　计	**Total**	**90632**	**479975**	**52354**	**54405**
一、按执行会计标准类别分	**Grouped by Categories of Implementing Accounting Standards**				
1.企　业	Enterprises	74131	384460	51040	53076
2.事　业	Institutions	15018	90505	60741	63044
3.机　关	Government Agencies	316	1790	55415	57518
4.民间非营利组织	Private Non-Profit Organizations	1167	3220	28518	28567
5.其　他	Others				
二、按国民经济行业分	**Grouped by Sector**				
1.农、林、牧、渔业	Farming, Forestry, Animal Husbandry and Fishery	351	1411	41375	42069
2.采矿业	Mining	5424	51035	88525	94340
3.制造业	Manufacturing	20234	79855	39003	39207
4.电力、热力、燃气及水生产和供应业	Production and Supply of Electricity, Heat, Gas and Water	518	1380	26584	26043
5.建筑业	Construction	11424	40504	35338	37514
6.批发和零售业	Wholesale and Retail Trade	9519	25599	26834	27484
7.交通运输、仓储和邮政业	Transport, Storage and Post	2348	13256	52665	53412
8.住宿和餐饮业	Hotels and Catering Services	1007	3262	30599	30997
9.信息传输、软件和信息技术服务业	Information Transmission, Software and Information Technology Services	86	1157	72780	72780
10.金融业	Financial Industry	12454	135159	106032	109363
11.房地产业	Real Estate	3164	7653	24994	25801
12.租赁和商务服务业	Lease and Business Services	4862	15659	31744	32696
13.科学研究和技术服务业	Scientific Reseach and Technial Services	646	3053	47034	47941
14.水利、环境和公共设施管理业	Water, Environmental Protection and Public Facility Management	877	3008	34819	38911
15.居民服务、修理和其它服务业	Resident Services, Repair and Other Services	751	2895	36790	40663
16.教　育	Education	5979	37127	62778	63590
17.卫生和社会工作	Health Care and Social Work	8255	41729	51138	52858
18.文化、体育和娱乐业	Culture, Sports and Recreation	732	2686	36945	37913
19.公共管理、社会保障和社会组织	Public Management, Social Security and Social Organization	2001	13546	68003	70967

2-10 城镇非私营其他单位就业人员和工资(2019年)

NUMBER AND WAGE OF EMPLOYEES IN OTHER-OWNED UNITS(2019)

项 目	Item	就业人员(人) Number of Employees (person)	工资总额(万元) Total Wage (10 000 yuan)	平均工资(元) Average Wage (yuan)	
					#在岗职工 Fully Employed
总 计	**Total**	**2582987**	**18274977**	**70904**	**73939**
一、按登记注册类型分	**Grouped by Registered Kind**				
内 资	Civil Funded Enterprises	2417716	17263267	71618	74775
1.股份合作	Share Cooperative Enterprises	3005	34262	113264	115309
2.联 营	Joint Owned Enterprises	1012	2649	26440	26746
3.有限责任公司	Limited Liability Company	1873712	13309645	71409	73009
4. 股份有限公司	Share Holding Limited Company	445223	3515332	78036	91531
5. 其 他	Others	94764	401378	43583	44064
港、澳、台商投资	Enterprises Funded by HongKong, Macao and Taiwan	67893	393658	54677	55334
外商投资	Foreign Funded Enterprises	97378	618052	65067	67717
二、按执行会计标准类别分	**Grouped by Categories of Implementing Accounting Standards**				
1.企 业	Enterprises	2512467	17982734	71671	74798
2.事 业	Institutions	7587	56571	74918	76967
3.机 关	Government Agencies	323	2331	71275	73296
4.民间非营利组织	Private Non-Profit Organizations	61077	226323	38393	38700
5.其 他	Others	1533	7020	45881	43594
三、按国民经济行业分	**Grouped by Sector**				
1.农、林、牧、渔业	Farming, Forestry, Animal Husbandry and Fishery	3058	13018	40605	41781
2.采矿业	Mining	790312	6476375	81506	82059
3.制造业	Manufacturing	523310	3025129	57686	57938
4.电力、热力、燃气及水生产和供应业	Production and Supply of Electricity, Heat, Gas and Water	106982	845939	80197	81877
5.建筑业	Construction	259581	1597535	62688	64019
6.批发和零售业	Wholesale and Retail Trade	113131	684910	59983	60719
7.交通运输、仓储和邮政业	Transport, Storage and Post	167070	1710908	102739	103811
8.住宿和餐饮业	Hotels and Catering Services	24288	82710	33563	37834
9.信息传输、软件和信息技术服务业	Information Transmission, Software and Information Technology Services	43436	365267	84353	85721
10.金融业	Financial Industry	259402	1989752	76615	122157
11.房地产业	Real Estate	44119	252367	58432	59737
12.租赁和商务服务业	Lease and Business Services	87150	420867	48861	49386
13.科学研究和技术服务业	Scientific Reseach and Technial Services	31806	260389	84309	85677
14.水利、环境和公共设施管理业	Water, Environmental Protection and Public Facility Management	14801	52299	34546	35344
15.居民服务、修理和其它服务业	Resident Services, Repair and Other Services	5758	25821	48273	49083
16.教 育	Education	79697	334311	43226	43667
17.卫生和社会工作	Health Care and Social Work	15449	67111	44164	44529
18.文化、体育和娱乐业	Culture, Sports and Recreation	11653	57891	51154	52664
19.公共管理、社会保障和社会组织	Public Management, Social Security and Social Organization	1984	12379	62396	65781

2-11 城镇非私营企业单位就业人员和工资(2019年)
NUMBER AND WAGE OF EMPLOYEES IN URBAN NON-PRIVATE ENTERPRISES(2019)

项 目	Item	就业人员(人) Number of Employees (person)	工资总额(万元) Total Wage (10 000 yuan)	平均工资(元) Average Wage (yuan)	#在岗职工 Fully Employed
总 计	**Total**	**2816780**	**20097366**	**71362**	**74401**
#国有控股	State Holding Enterprises	1917535	15116950	78622	81960
集体控股	Collective Holding Enterprises	188316	1198024	63541	65326
按国民经济行业分	**Grouped by Sector**				
1.农、林、牧、渔业	Farming, Forestry, Animal Husbandry and Fishery	5141	21282	40215	40964
2.采矿业	Mining	815131	6668345	81324	82006
3.制造业	Manufacturing	563525	3241565	57348	57654
4.电力、热力、燃气及水生产和供应业	Production and Supply of Electricity, Heat, Gas and Water	156118	1359001	87714	89352
5.建筑业	Construction	289922	1724792	60309	61856
6.批发和零售业	Wholesale and Retail Trade	136054	811058	59134	60020
7.交通运输、仓储和邮政业	Transport, Storage and Post	192729	1871545	97293	98348
8.住宿和餐饮业	Hotels and Catering Services	35156	124561	35012	38051
9.信息传输、软件和信息技术服务业	Information Transmission, Software and Information Technology Services	48602	421561	86794	88112
10.金融业	Financial Industry	296759	2376223	79859	119445
11.房地产业	Real Estate	53630	280852	53469	54786
12.租赁和商务服务业	Lease and Business Services	101747	480307	47684	48287
13.科学研究和技术服务业	Scientific Reseach and Technial Services	40179	327545	83547	84807
14.水利、环境和公共设施管理业	Water, Environmental Protection and Public Facility Management	17568	63521	35493	36287
15.居民服务、修理和其它服务业	Resident Services, Repair and Other Services	6945	30872	46918	48092
16.教 育	Education	24565	112356	46515	47015
17.卫生和社会工作	Health Care and Social Work	17383	101588	58936	60403
18.文化、体育和娱乐业	Culture, Sports and Recreation	15537	79752	52503	53921
19.公共管理、社会保障和社会组织	Public Management, Social Security and Social Organization	89	642	76417	76417

2-12 城镇私营单位就业人员和工资(2019年)

NUMBER AND WAGE OF EMPLOYEES IN URBAN PRIVATE UNITS(2019)

项 目	Item	就业人员（人）Number of Employees (person)	工资总额（万元）Total Wage (10 000 yuan)	平均工资（元）Average Wage (yuan)
总 计	**Total**	**2488548**	**9314644**	**37501**
按国民经济行业分	**Grouped by Sector**			
1.农、林、牧、渔业	Farming, Forestry, Animal Husbandry and Fishery	87427	231397	26491
2.采矿业	Mining	120819	607445	50226
3.制造业	Manufacturing	549370	2284787	41538
4.电力、热力、燃气及水生产和供应业	Production and Supply of Electricity, Heat, Gas and Water	19690	75523	41112
5.建筑业	Construction	368279	1563639	42031
6.批发和零售业	Wholesale and Retail Trade	484520	1538010	31839
7.交通运输、仓储和邮政业	Transport, Storage and Post	106512	472836	44189
8.住宿和餐饮业	Hotels and Catering Services	78592	241724	30904
9.信息传输、软件和信息技术服务业	Information Transmission, Software and Information Technology Services	49089	170015	34263
10.金融业	Financial Industry	6006	25648	46238
11.房地产业	Real Estate	137816	458093	33416
12.租赁和商务服务业	Lease and Business Services	192662	703494	37016
13.科学研究和技术服务业	Scientific Reseach and Technical Services	75530	317010	42039
14.水利、环境和公共设施管理业	Water, Environmental Protection and Public Facility Management	28448	76828	27114
15.居民服务、修理和其他服务业	Resident Services, Repair and Other Services	42305	104690	24835
16.教 育	Education	67173	218822	33018
17.卫生和社会工作	Health Care and Social Work	37384	140176	38928
18.文化、体育和娱乐业	Culture, Sports and Recreation	36926	84508	23244

2-13 主要年份城镇非私营单位就业人员平均工资和指数

AVERAGE WAGE AND RELATED INDICES OF EMPLOYEES IN URBAN NON-PRIVATE UNITS IN MAJOR YEARS

单位：元 (yuan)

年 份 Year	就业人员平均工资 Average Wage of Employees	在岗职工平均工资 Average Wage of Fully Employed	在岗职工平均工资指数 (1952年＝100) Average Wage Indices of Fully Employed (year of 1952=100)	
			货币工资 Money Wage	实际工资 Real Wage
1952		375	100.0	100.0
1955		501	133.6	122.1
1960		528	140.8	125.3
1965		638	170.1	141.1
1970		588	156.8	135.8
1975		614	163.7	141.6
1978		632	168.5	145.8
1980		754	201.1	163.2
1982		785	209.3	161.6
1985		1122	299.2	201.9
1990		2111	562.9	228.3
1995		4721	1258.9	258.2
1998		5641	1504.3	279.9
1999		6065	1617.3	299.8
2000		6918	1844.8	323.5
2001	8039	8122	2165.9	381.7
2002	9267	9357	2495.2	449.7
2003	10620	10729	2861.1	507.4
2004	12794	12943	3451.5	590.9
2005	15473	15645	4172.0	702.3
2006	18106	18300	4880.0	807.0
2007	21315	21525	5740.0	911.0
2008	25489	25828	6887.5	1021.6
2009	28066	28469	7591.7	1130.5
2010	33057	33544	8945.1	1301.2
2011	39230	39903	10640.8	1470.0
2012	44236	44943	11984.8	1616.7
2013	46407	47417	12644.5	1655.3
2014	48969	49984	13329.1	1717.4
2015	51803	52960	14122.7	1807.1
2016	53705	54975	14660.0	1856.7
2017	60061	61547	16412.5	2054.7
2018	65917	67669	18045.1	2219.3
2019	69551	72207	19255.2	2305.9

2-14 社会保障基本情况
BASIC STATISTICS ON SOCIAL SECURITY

年 份 Year	参加保险人数(万人) Active Contributors (10 000 persons)				基金收入(亿元) Fund Revenue(100 million yuan)		
	城镇职工养老保险 Basic Pension Insurance of Employees in Urban Units		失业保险 Unemployment Insurance	医疗保险 Basic Medical Insurance	城镇职工养老保险 Basic Pension Insurance of Employees in Urban Units		失业保险 Unemployment Insurance
	企 业 Enterprises	机关事业 Government Agencies and Institutions			企 业 Enterprises	机关事业 Government Agencies and Institutions	
2000	358.81		254.80		53.87		2.43
2001	365.57		286.10	156.00	58.05		2.94
2002	361.24		278.90	217.00	75.91		3.42
2003	364.42	67.13	284.10	272.00	86.27	7.09	3.80
2004	376.08	68.71	286.50	295.00	109.30	9.04	4.22
2005	383.43	80.08	288.50	325.00	118.90	11.96	5.53
2010	494.92	96.11	305.05	935.00	357.13	48.24	13.52
2011	523.93	99.84	309.35	1005.06	516.78	56.93	18.62
2012	548.67	100.02	380.88	1055.90	602.26	64.68	25.05
2013	570.21	102.22	400.98	1086.30	563.51	75.53	34.13
2014	588.73	103.30	407.68	1100.70	580.56	83.35	36.07
2015	604.23	110.00	411.29	1113.81	586.07	102.52	30.61
2016	620.57	139.64	415.15	1121.16	652.11	135.92	27.51
2017	636.70	162.01	420.56	3215.40	790.94	628.46	25.18
2018	659.84	177.81	431.13	3240.46	909.88	407.81	26.02
2019	691.71	179.82	443.91	3266.36	955.56	332.20	23.77

年 份 Year		基金支出(亿元) Fund Expenditure(100 million yuan)				城镇低保人数(万人) Persons Receiving Lowest Cost of Living (10 000 persons)
	医疗保险 Basic Medical Insurance	城镇职工养老保险 Basic Pension Insurance of Employees		失业保险 Unemployment Insurance	医疗保险 Basic Medical Insurance	
		企 业 Enterprises	机关事业 Government Agencies and Institutions			
2000		50.62		1.34		3.06
2001	1.32	51.22		1.49	0.68	28.53
2002	4.13	60.32		2.12	1.53	62.21
2003	10.19	65.18	8.19	3.17	4.80	84.21
2004	17.88	76.30	12.40	2.58	10.98	84.86
2005	25.60	78.37	14.75	2.78	15.75	84.97
2010	86.74	226.81	43.61	6.56	69.65	91.51
2011	106.32	367.39	51.79	5.64	84.07	91.69
2012	141.04	437.23	58.24	4.96	104.24	89.04
2013	160.93	411.31	66.49	5.22	128.25	85.03
2014	163.22	480.56	75.36	13.44	146.54	72.60
2015	178.60	554.76	102.20	13.79	154.17	59.90
2016	187.17	614.57	132.31	11.87	170.25	53.10
2017	371.88	712.48	565.19	12.31	323.09	45.98
2018	428.36	764.64	378.19	11.68	393.61	35.80
2019	472.40	922.92	336.48	14.39	449.51	28.04

注：(1)2017年起，医疗保险包含城镇职工和城乡居民基本医疗保险数据；
(2)2017年机关事业养老保险基金收入为2014年10月至2017年12月期间数据。

Notes：(1)Data of medical insurance has included basic medical insurance of employees and that for urban and rural residents since 2017.
(2)Fund revenue of government agencies and institution of 2017 is a period data which is calculated from October 2014 to December 2017.

主要统计指标解释

人口数 指一定时点、一定地区范围内有生命的个人总和。

年度统计的年末人口数指每年 12 月 31 日 24 时的常住人口数。

常住人口 包括：1.住本乡（镇）街道，户口登记地在本乡（镇）街道；2.住本乡（镇）街道半年以上，户口登记地在其他乡（镇）街道；3.住本乡（镇）街道不满半年，但是已离开户口登记地半年以上；4.户口登记地在本乡（镇）街道，离开不满半年；5.住本乡（镇）街道，户口待定。6.户口登记地在本乡（镇）街道，现居住国外。

城镇人口和乡村人口 城镇人口是指居住在城镇范围内的全部常住人口；乡村人口是除上述人口以外的全部人口。

城镇包括城区和镇区。城区是指在市辖区和不设区的市中，街道办事处所辖的居民委员会地域；城市公共设施、居住设施等连接到的其他居民委员会地域和村民委员会地域。

镇区是指在城区以外的镇和其他区域，其包括镇所辖的居民委员会地域；镇的公共设施、居住设施等连接到的村民委员会地域。

出生率（又称粗出生率） 指在一定时期内（通常为一年）一定地区的出生人数与同期内平均人数（或期中人数）之比，用千分率表示。本资料中的出生率指年出生率，其计算公式为：

出生率=年出生人数/年平均人数×1000‰

式中：出生人数指活产婴儿，即胎儿脱离母体时（不管怀孕月数），有过呼吸或其他生命现象。年平均人数指年初、年底人口数的平均数，也可用年中人口数代替。

死亡率（又称粗死亡率） 指在一定时期内（通常为一年）一定地区的死亡人数与同期内平均人数（或期中人数）之比，用千分率表示。本资料中的死亡率指年死亡率，其计算公式为：

死亡率=年死亡人数/年平均人数×1000‰

人口自然增长率 指在一定时期内（通常为一年）人口自然增加数（出生人数减死亡人数）与该时期内平均人数（或期中人数）之比，用千分率表示。计算公式为：

人口自然增长率=（本年出生人数-本年死亡人数）/年平均人数×1000‰=人口出生率-人口死亡率

总抚养比 也称总负担系数。指人口总体中非劳动年龄人口数与劳动年龄人口数之比。通常用百分比表示。用以表明每 100 名劳动年龄人口大致要负担多少名非劳动年龄人口。用于从人口角度反映人口与经济发展的基本关系。计算公式为：

$$GDR=(P_{0\text{-}14}+P_{65}^{+})/P_{15\text{-}64}\times100\%$$

其中：GDR 为总抚养比；

$P_{0\text{-}14}$ 为 0-14 岁少年儿童人口数；

$P_{15\text{-}64}$ 为 15-64 岁的劳动年龄人口数；

P_{65}^{+} 为 65 岁及 65 岁以上的老年人口数。

老年人口抚养比 也称老年人口抚养系数。指某一人口中老年人口数与劳动年龄人口数之比。通常用百分比表示。用以表明每 100 名劳动年龄人口要负担多少名老年人。老年人口抚养比是从经济角度反映人口老龄化社会后果的指标之一。计算公式为：

$$ODR=P_{65}^{+}/P_{15\text{-}64}\times100\%$$

其中：ODR 为老年人口抚养比；

$P_{15\text{-}64}$ 为 15-64 岁的劳动年龄人口数；

P_{65}^{+} 为 65 岁及 65 岁以上的老年人口数。

少年儿童抚养比 也称少年儿童抚养系数。指某一人口中少年儿童人口数与劳动年龄人口数之比。通常用百分比表示。

以反映每 100 名劳动年龄人口要负担多少名少年儿童。计算公式为：

$$CDR= P_{0-14} / P_{15-64} \times 100\%$$

其中：CDR 为少年儿童抚养比；

P_{0-14} 为 0-14 岁少年儿童人口数；

P_{15-64} 为 15-64 岁的劳动年龄人口数。

就业人员 指在一定年龄以上，有劳动能力，为取得劳动报酬或经营收入而从事一定社会劳动的人员。具体指年满 16 周岁，为取得报酬或经营利润，在调查周内从事了 1 小时（含 1 小时）以上劳动的人员；或由于学习、休假等原因在调查周内暂时处于未工作状态，但有工作单位或场所的人员；或由于临时停工放假、单位不景气放假等原因在调查周内暂时处于未工作状态，但不满三个月的人员。

城镇私营和个体就业人员 城镇私营就业人员指在工商管理部门注册登记，其经营地址设在县城关镇(含县城关镇)以上的私营企业就业人员，包括私营企业投资者和雇工。城镇个体就业人员指在工商管理部门注册登记，并持有城镇户口或在城镇长期居住，经批准从事个体工商经营的就业人员，包括个体经营者和在个体工商户劳动的家庭帮工和雇工。

城镇登记失业人员 指有非农业户口，在一定的劳动年龄内(16 周岁至退休年龄)，有劳动能力，无业而要求就业，并在当地劳动保障部门进行失业登记的人员。

城镇登记失业率 城镇登记失业人员与城镇单位就业人员(扣除使用的农村劳动力、聘用的离退休人员、港澳台及外方人员)、城镇单位中的不在岗职工、城镇私营业主、个体户主、城镇私营企业和个体就业人员、城镇登记失业人员之和的比。

单位就业人员 指报告期最后一日在本单位工作，并取得工资或其他形式劳动报酬的人员数。该指标为时点指标，不包括最后一日当天及以前已经与单位解除劳动合同关系的人员，是在岗职工、劳务派遣人员及其他从业人员之和。就业人员不包括：

1.离开本单位仍保留劳动关系，并定期领取生活费的人员；

2.在本单位实习的各类在校学生；

3.本单位因劳务外包而使用的人员，如：建筑业整建制使用的人员。

工资总额 指本单位在报告期内（季度或年度）直接支付给本单位全部就业人员的劳动报酬总额。包括计时工资、计件工资、奖金、津贴和补贴、加班加点工资、特殊情况下支付的工资，是在岗职工工资总额、劳务派遣人员工资总额和其他从业人员工资总额之和。不论是计入成本的还是不计入成本的，不论是以货币形式支付的还是以实物形式支付的，均应列入工资总额的计算范围。

工资总额是税前工资，包括单位从个人工资中直接为其代扣或代缴的个人所得税、社会保险基金和住房公积金等个人缴纳部分，以及房费、水电费等。工资总额应包含:

1.基本工资。也可称为标准工资、合同工资、谈判工资。指本单位在报告期内（年度）支付给本单位从业人员的按照法定工作时间提供正常工作的劳动报酬。各单位给个人确定的底薪可作为基本工资。包括工龄工资。基本工资不含定时、定额发放的各种奖金、各种津贴和补贴、加班工资，也不包括补发的上一年度的基本工资。

2.绩效工资。也可称为效益工资、业绩工资。指根据本单位利润增长和工作业绩定期支付给本单位从业人员的奖金；支付给本单位从业人员的超额劳动报酬和增收节支的劳动报酬。具体包括：值加班工资、绩效奖金、全勤奖、生产奖、节约奖、劳动竞赛奖和其他名目的奖金；以及某工作事项完成后的提成工资、年底双薪等。但不包括入股分红、股权激励兑现的收益和各种资本性收益。

3.工资性津贴和补贴。指本单位制定的员工相关工资政策中，为补偿本单位从业人员特殊或额外的劳动消耗和因其他特殊原因支付的津贴，以及为保证其工资水平不受物价影响而支付的物价补贴。具体包括：补偿特殊或额外劳动消耗的津贴及岗位性津贴、保健性津贴、技术性津贴、地区津贴和其他津贴。如：过节费、通讯补贴、交通补贴、公车改革补贴、不休假补贴、无食堂补贴、单位发的可自行支配的住房补贴以及为员工缴纳的各种商业性保险等。上述各种项目包括货币性质和实物性质的津补贴以及各种形式的充值卡、购物卡（券）等。

4.其他工资。指上述基本工资、绩效工资、工资性津贴和补贴三类工资均不能包括的发放给从业人员的工资，如补发上一年度的工资等。

在岗职工 指在本单位工作且与本单位签订劳动合同，并由单位支付各项工资和社会保险、住房公积金的人员，以及上述人员中由于学习、病伤、产假等原因暂未工作仍由单位支付工资的人员。

就业人员平均工资 指本单位就业人员在报告期内平均每人所得的工资额。计算公式为：

就业人员平均工资=就业人员工资总额/就业人员平均人数

在岗职工平均工资 指本单位在岗职工在报告期内平均每人所得的工资额。计算公式为：

在岗职工平均工资=在岗职工工资总额/在岗职工平均人数

在岗职工平均货币工资指数 指报告期在岗职工平均工资与基期在岗职工平均工资的比率，是反映不同时期在岗职工货币工资水平变动情况的相对数。计算公式为：

在岗职工平均货币工资指数=报告期在岗职工平均工资/基期在岗职工平均工资×100%

在岗职工平均实际工资指数 在岗职工平均实际工资指扣除物价变动因素后的在岗职工平均工资。在岗职工平均实际工资指数是反映实际工资变动情况的相对数，表明在岗职工实际工资水平提高或降低的程度。计算公式为：

在岗职工平均实际工资指数=报告期在岗职工平均实际工资/基期在岗职工平均实际工资×100%

Explanatory Notes on Main Statistical Indicators

Total Population refers to the total number of people alive at a certain point of time within a given area.

The annual statistics on total population is taken at midnight, the 31st of December.

Resident Population includes (1) population residing in the township or sub-district office area with residence registered here, (2) population residing in the township or sub-district office area more than half a year with residence registered in other places, (3) population residing in the township or sub-district office area less than half a year, but having left place of residence registration more than half a year, (4) population having left the place for less than half a year with residence registered in the township or sub-district office, (5) population residing in the township or sub-district office area with pending residence registration, (6) population now residing in foreign countries with residence registered in the township or sub-district office.

Urban Population and Rural Population Urban population refer to all people residing in cities and towns, while rural population refer to population other than urban population.

City and town include city area and town area. City area refers to the area of residence committees ruled by sub-district office in municipal district or cities with no district, and area of other residence committees which joined by urban public establishment and residence establishment.

Town area refers to the area of township and other areas besides the city zone, including the area of residence committees ruled by town government, and the area of villager's committees which joined by township public establishment and residence establishment.

Birth Rate (Crude Birth Rate) refers to the ratio of the number of birth to the average population (or mid-period population) during a certain period of time (usually a year), expressed in ‰. Birth rate in the chapter refers to annual birth rate. The following formula is used:

Birth Rate=(Number of Births/Average Number of Population) ×1000‰

Number of births in the formula refers to live births, i.e. when a baby has breathed or shown any vital phenomena regardless of the length of pregnancy. Annual average number of population is the average of the beginning of the year and that at the end of the year. Sometimes it is substituted by the mid-year population.

Death Rate (Crude Death Rate) refers to the ratio of the number of deaths to the average population (or mid-period population) during a certain period of time (usually a year), expressed in ‰. Death rate in the chapter refers to annual death rate. The following formula is used:

Death Rate=(Number of Deaths/Annual Average Number of Population) ×1000‰.

Natural Growth Rate of Population refers to the ratio of natural increase in population (number of births minus number of deaths) in a certain period of time (usually a year) to the average population (or mid-period population) of the same period, expressed in ‰. The following formula is applied:

Natural Growth Rate of Population=[(Number of Birth-Number of Death)/Average Number of Population] ×1000‰=Birth Rate-Death Rate

Gross Dependency Ratio also called gross dependency coefficient, refers to the ratio of non-working-age population to the working-age population, express in ‰. Describing in general the number of non-working-age population that every 100 people at working ages will take care of, this indicator reflects the basic relation between population and economic development from the demographic perspective. The gross dependency ratio is calculated with the following formula:

$GDR=P_{0-14}+P_{65}^{+}/P_{15-64}\times 100\%$

Where: GDR is the gross dependency ratio;

P_{0-14} is the population of children aged 0-14;

P_{15-64} is the working-age population aged 15-64;

P_{65}^{+} is the elderly population aged 65 and over.

Old Dependency Ratio also called old dependency coefficient, refers to the ratio of the elderly population to the working-age population, express in ‰. It describes the number of the elderly population that every 100 people at working ages will take care of. Old dependency ratio is one of the indicators reflecting the social implication of population aging from the economic perspective. The old dependency ratio is calculated with the following formula:

$ODR=P_{65}^{+}/P_{15-64}\times 100\%$

Where: ODR is the old dependency ratio;

P_{15-64} is the working-age population aged 15-64;

P_{65}^{+} is the elderly population aged 65 and over.

Children Dependency Ratio also called children dependency coefficient, refers to the ratio of the children population to the working-age population, express in ‰. It describes the number of children population that every 100 people at working ages will take care of. The children dependency ratio is calculated with the following formula:

$CDR=P_{0\text{-}14}/P_{15\text{-}64}\times 100\%$

Where: CDR is the children dependency ratio;

$P_{0\text{-}14}$ is the children population aged 0-14;

$P_{15\text{-}64}$ is the working-age population aged 15-64.

Employed Persons refer to persons above a specified age who had labor capacity and performed some social work for compensation or business gains. Specifically, it refers to persons, aged 16 and over, who performed some work for compensation or business gains for one hour or more during the reference period; or persons who do not work for the reasons of study or on holiday, but had work units or sites during the reference period; or persons temporary absence from a job for disorganization or suspension of work, recession, etc., but not exceeding three months during the reference period.

Persons Employed in Private Enterprises and Self-Employed Individuals in Urban Areas Persons employed in private enterprises refer to the persons employed in the private enterprises which have been registered at the departments of industrial and commercial administration for which the business operation are situated at a county town (i.e. a town where the county government is located), or at urban areas with administrative hierarchy higher than a county town. The self-employed individuals in urban areas refer to persons who hold the certificates of residence in urban areas or have resided in the urban areas for a long time and have been registered at the departments of industrial and commercial administration and approved to be engaged in individual industrial or commercial business, including self-employed persons as well as helpers and hired laborers who work in individual households.

Registered Unemployed Persons in Urban Areas refer to the persons with non-agricultural household registration at certain working ages (16 years old to retirement age), who are capable of working, unemployed and willing to work, and have been registered at the local employment service agencies to apply for a job.

Registered Unemployment Rate in Urban Areas refers to the ratio of the number of the registered unemployed persons to the sum of the number of persons employed in various units (minus the employed rural labor force, re-employed retirees, and Hong Kong, Macao, Taiwan or foreign employees), laid-off staff and workers in urban units, owners of private enterprises in urban areas, owners of self-employed individuals in urban areas, employees of private enterprises in urban areas, employee of self-employed individuals in urban areas, and the registered unemployed persons in urban areas.

Persons Employed in Various Units refer to the total number of employees who work at his unit and obtain wages or other forms of payment at the end of the reporting period. This indicator is a kind of time point index and it equals to the sum of the number of employed staff and workers, labor dispatch personnel and other employed persons. Employed persons do not include:

(1)persons who have left their working units while keeping their labor contract (employment relation) unchanged and receiving regular alimony;

(2)all kinds of enrolled students who do internship in various units;

(3)persons employed due to labor outsourcing, for example, persons employed in the organizational system of construction industry.

Total Wage refers to the total remuneration payment to all employed persons in various units during the reporting period (by quarter or by year). It includes hourly-paid wages, piece-rate wages, bonuses, allowance and subsidies, overtime wages and wages paid under special circumstances. It equals to the sum of total wages of employed staff and workers, dispatch labors and other employed persons. Total wage, whether or not included in cost, whether or not paid in money or in kind, shall be included in the calculation.

Total wage is pre-tax wage, including the individual income tax, social insurance fund, housing fund directly paid or withheld by the unit from individual wage, as well as room charges, utility bills, etc. Total wage includes:

(1)basic salary, which is also called standard wage, contract wage and negotiation wage. It refers to labor remuneration paid to the employed persons in various units during the reporting period (by year). The base pay determined by the units can be regarded as the basic salary. It include seniority pay. It doesn't include bonuses, allowance and subsidies, overtime wages that paid at fixed time and fixed amount, or the basic salary of the previous year.

(2)performance salary(merit pay) is also called benefit pay or performance pay. It refers to bonuses paid to employed persons of the units regularly according to the profits growth and job performance, remuneration payment for extra work for increasing earnings and practicing economy. It includes overtime pay, performance bonuses, full attendance award, production award, saving award, labor competition award and other items of bonus, and commission, double pay at the end of the year, etc. It doesn't include share dividends, income from equity incentive and various capital gains.

(3)wage allowance and subsidies refers to the allowance paid to compensate the employed persons for special or extra labor consumption and other special reasons, and the price subsidies paid to ensure the wage level isn't affected by price, according to wage policy of the units. It includes allowance compensating for special or extra labor consumption, post allowance, health allowance, technical allowance, regional allowance and other allowance. For example, festival allowance, communication subsidies, transportation subsidies, subsidies for government car reform, non-stop holiday subsidies, no canteen subsidies, disposable housing subsidies and various commercial insurance. It includes monetary and physical subsidies, as well as various forms of recharge cards and shopping cards (coupons), etc.

(4)other wage refers to the payment that cannot be included in the above types, such as the retroactive salary of the previous year.

Fully Employed Staff and Workers refer to persons who work in, and receive wages, social insurance and housing funds from their working units, as well as persons who have their work posts, but are temporarily absent from work for reasons of study or on sick, injury or maternal leave and still receive wages from their working units.

Average Wage of Employed Persons refers to the average per capita wage for employed persons at the reference period. It is calculated as follows:

Average Wage of Employed Persons = Total Wage of Employed Persons / Average Number of Employed Persons

Average Wage of Fully Employed Staff and Workers refers to the average per capita wage for fully employed staff and workers at the reference period. It is calculated as follows:

Average Wage of Fully Employed Staff and Workers

= Total Wage of Fully Employed Staff and Workers / Average Number of Employed Staff and Workers

Average Money Wage Indices of Fully Employed Staff and Workers refers to the ratio of average wage of fully employed stuff and workers at reference period to that at base period, which reflects the change of wage of fully employed staff and workers at different period. It is calculated as follows:

Average Money Wage Indices of Fully Employed Staff and Workers

= (Average Wage of Fully Employed Staff and Workers at Reference Period / Average Wage of Fully Employed Staff and Workers at Base Period) ×100%

Average Real Wage Indices of Fully Employed Staff and Workers average real wage of fully employed staff and workers refers to the average wage of fully employed stuff and workers after removing the effects of price changes. Average real wage indices of fully employed staff and workers refers to the change of real wage, which reflects the relative increasing and decreasing level of real wage of fully employed staff and workers. It is calculated as follows:

Average Real Wage Indices of Fully Employed Staff and Workers

= (Average Real Wage of Fully Employed Staff and Workers at Reference Period / Average Real Wage of Fully Employed Staff and Workers at Base Period) ×100%

物 价

PRICE

资料整理人员

周冠宇　朱　军　刘师吟

物　价
PRICE

居民消费价格指数	General Residents Consumer Price Index	102.7
城　市	Urban Residents Consumer Price Index	102.6
农　村	Rural Residents Consumer Price Index	103.0
商品零售价格指数	Retail Price Index	101.8
工业生产者出厂价格指数	Ex-factory Price Index of Industrial Producer	99.7
工业生产者购进价格指数	Purchasing Price Index of Industrial Producer	101.1

物价指数（上年 =100）
Price Index (last year=100)

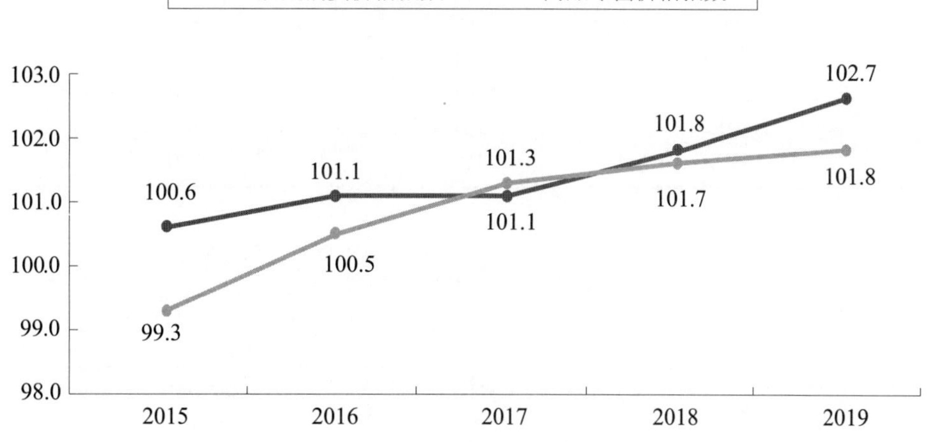

工业生产者价格指数（上年 =100）
Price Index of Industrial Producer (last year=100)

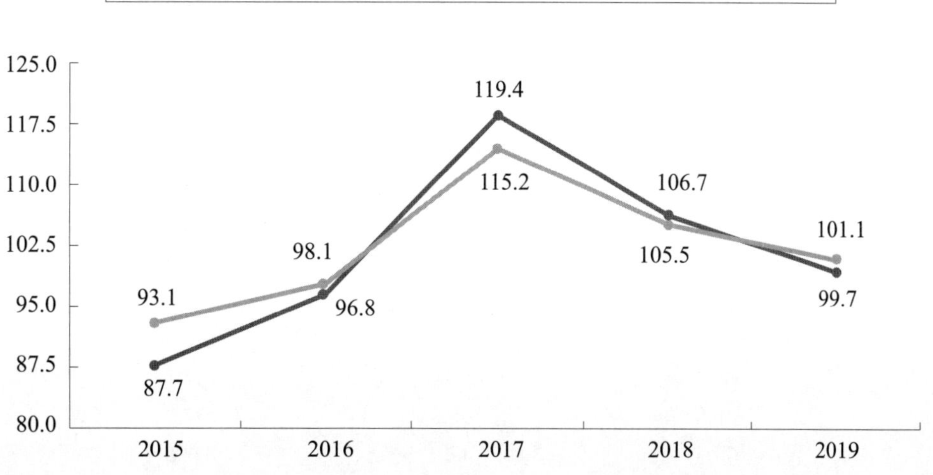

3-1 主要年份各类物价指数
GENERAL PRICE INDICES IN MAJOR YEARS

上年=100 (last year=100)

年 份 Year	全省居民消费价格指数 Residents Consumer Price Index	城市居民消费价格指数 Urban Residents Consumer Price Index	农村居民消费价格指数 Rural Residents Consumer Price Index	全省商品零售价格指数 Retail Price Index
1978		100.0		100.0
1980	103.4	105.5	101.3	103.5
1985	108.5	109.1	107.8	107.6
1990	102.2	101.5	103.0	102.1
1995	116.9	116.7	117.2	115.6
2000	103.9	104.7	103.0	97.1
2005	102.3	101.7	103.7	100.3
2010	103.0	103.1	102.8	102.3
2011	105.2	105.1	105.4	104.9
2012	102.5	102.4	102.6	101.8
2013	103.1	103.0	103.2	101.8
2014	101.7	101.8	101.4	100.6
2015	100.6	100.6	100.7	99.3
2016	101.1	101.1	101.1	100.5
2017	101.1	101.4	100.5	101.3
2018	101.8	101.8	101.8	101.7
2019	102.7	102.6	103.0	101.8

3-1 续表 continued

1978年=100 (year of 1978=100)

年 份 Year	全省居民消费价格指数 Residents Consumer Price Index	城市居民消费价格指数 Urban Residents Consumer Price Index	农村居民消费价格指数 Rural Residents Consumer Price Index	全省商品零售价格指数 Retail Price Index
1978	100.0	100.0	100.0	100.0
1980	104.0	106.6	101.5	104.0
1985	123.4	128.2	118.4	122.0
1990	206.6	213.4	200.5	203.2
1995	391.3	421.6	354.6	356.7
2000	444.2	488.5	391.6	349.9
2005	472.9	508.9	437.4	354.3
2010	554.9	589.6	529.4	406.1
2011	583.8	619.7	558.0	426.0
2012	598.4	634.8	572.6	433.7
2013	617.0	653.8	590.9	441.5
2014	627.5	665.6	599.2	444.1
2015	631.3	669.6	603.4	441.0
2016	638.2	677.0	610.0	443.2
2017	645.2	686.4	613.1	449.0
2018	656.8	698.8	623.9	456.6
2019	674.5	717.0	642.6	464.8

3-2 主要年份城市居民消费价格指数
URBAN RESIDENTS CONSUMER PRICE INDICES IN MAJOR YEARS

年 份 Year	1950年价格=100 Year of 1950=100	1957年价格=100 Year of 1957=100	1965年价格=100 Year of 1965=100	1970年价格=100 Year of 1970=100	1978年价格=100 Year of 1978=100	1980年价格=100 Year of 1980=100	1985年价格=100 Year of 1985=100	1990年价格=100 Year of 1990=100	上年=100 Last Year=100
1978	141.3	104.1	98.6	100.0	100.0				100.0
1980	150.6	110.9	102.1	106.5	106.6	100.0			105.5
1985	181.1	133.5	123.0	128.2	128.2	120.3	100.0		109.1
1990	301.4	222.2	204.7	213.4	213.4	200.2	166.4	100.0	101.5
1995	595.6	439.3	404.6	421.6	421.6	395.8	328.9	197.6	116.7
2000	690.0	508.8	468.7	488.5	488.5	458.6	380.9	229.0	104.7
2005	718.8	530.1	488.3	508.9	508.9	477.7	396.8	238.7	101.7
2010	832.6	614.2	565.8	589.6	589.6	553.4	459.7	276.5	103.1
2011	875.1	645.5	594.7	619.7	619.7	581.6	483.1	290.6	105.1
2012	896.5	661.3	609.2	634.8	634.8	595.8	494.9	297.7	102.4
2013	923.4	681.1	627.5	653.9	653.8	613.7	509.7	306.6	103.0
2014	940.0	693.4	638.8	665.7	665.6	624.7	518.9	312.1	101.8
2015	945.6	697.6	642.6	669.7	669.6	628.4	522.0	314.0	100.6
2016	956.0	705.3	649.7	677.1	677.0	635.3	527.7	317.5	101.1
2017	969.4	715.1	658.8	686.5	686.4	644.2	535.1	321.9	101.4
2018	986.8	728.0	670.7	698.9	698.8	655.8	544.7	327.7	101.8
2019	1012.5	746.9	688.1	717.1	717.0	672.9	558.9	336.2	102.6

3-3 主要年份商品零售价格指数
RETAIL PRICE INDICES IN MAJOR YEARS

年 份 Year	1950年价格=100 Year of 1950=100	1957年价格=100 Year of 1957=100	1965年价格=100 Year of 1965=100	1970年价格=100 Year of 1970=100	1978年价格=100 Year of 1978=100	1980年价格=100 Year of 1980=100	1985年价格=100 Year of 1985=100	1990年价格=100 Year of 1990=100	上年=100 Last Year=100
1978	143.1	104.2	95.4	99.6	100.0				100.0
1980	148.8	108.4	99.3	103.6	104.0	100.0			103.5
1985	174.5	127.0	116.3	121.5	122.0	117.3	100.0		107.6
1990	290.6	211.5	193.8	202.4	203.2	195.4	166.6	100.0	102.1
1995	510.1	371.3	340.3	355.5	356.7	343.1	292.5	175.6	115.6
2000	500.5	364.1	333.7	348.6	349.9	336.5	286.8	172.2	97.1
2005	506.8	368.8	337.9	353.0	354.3	340.6	290.3	174.3	100.3
2010	580.8	422.6	387.4	404.5	406.1	390.4	332.6	199.7	102.3
2011	609.3	443.3	406.4	424.3	426.0	409.5	348.9	209.5	104.9
2012	620.3	451.3	413.7	431.9	433.7	416.9	355.2	213.3	101.8
2013	631.5	459.4	421.1	439.7	441.5	424.4	361.6	217.1	101.8
2014	635.3	462.2	423.6	442.3	444.1	426.9	363.8	218.4	100.6
2015	630.9	459.0	420.6	439.2	441.0	423.9	361.3	216.9	99.3
2016	634.1	461.3	422.7	441.4	443.2	426.0	363.1	218.0	100.5
2017	642.3	467.3	428.2	447.1	449.0	431.6	367.8	220.8	101.3
2018	653.2	475.2	435.5	454.7	456.6	438.9	374.1	224.6	101.7
2019	665.0	483.8	443.3	462.9	464.8	446.8	380.8	228.6	101.8

3-4 居民消费价格分类指数(2019年)

RESIDENTS CONSUMER PRICE INDICES BY CATEGORY OF COMMODITIES(2019)

上年=100　　(last year=100)

指　标	Item	全　省 Total Province Indices	城　市 Urban Indices	农　村 Rural Indices
居民消费价格指数	**Consumer Price Index**	**102.7**	**102.6**	**103.0**
一、食品烟酒	Food, Tobacco and Liquor	106.3	106.1	106.8
1.食　品	Food	108.0	107.7	108.7
粮　食	Grain	100.3	100.0	100.8
薯　类	Tubers	100.1	98.7	103.1
豆　类	Beans	100.8	99.5	103.1
食用油	Oil	99.6	100.3	98.5
菜	Vegetables	103.1	103.1	103.1
鲜　菜	Fresh Vegetables	103.2	103.3	103.0
干菜及菜制品	Dried Vegetables and Processed Products	101.3	100.6	103.8
畜肉类	Meat	128.7	127.0	132.6
猪　肉	Pork	148.4	147.3	150.4
禽肉类	Poultry	113.9	114.0	113.8
水产品	Aquatic Products	99.3	98.9	100.5
蛋　类	Poultry Eggs	107.3	107.2	107.4
鸡　蛋	Eggs	107.6	107.6	107.6
奶　类	Milk	101.0	101.0	100.7
干鲜瓜果类	Dried and Fresh Melons and Fruits	108.7	107.6	111.8
鲜瓜果	Fresh Melons and Fruits	111.1	109.5	115.1
坚　果	Dried Fruits	102.2	102.8	100.2
糖果糕点类	Candy and Cake	100.0	100.2	99.3
调味品	Flavouring	101.1	101.0	101.4
其他食品类	Other Foods	101.2	100.9	101.6
2.茶及饮料	Tea and Beverages	101.2	101.5	100.5
茶　叶	Tea	100.1	100.1	100.1
固体咖啡	Solid Coffee	100.9	101.1	100.1
其他固体饮料	Other Solid Drinks	99.8	100.3	99.3
饮用水	Potable Water	102.5	103.4	100.9
果汁饮料	Fruit Juice	100.9	100.6	101.7
3.烟　酒	Tobacco and Liquor	101.2	101.5	100.7
烟　草	Tobacco	100.5	100.3	100.8
酒　类	Liquor	102.2	103.4	100.5
4.在外餐饮	Dining Out	102.9	103.0	102.6
正　餐	Dinner	103.2	103.3	103.1
快　餐	Snack	102.4	102.4	102.2
地方小吃	Local Snack	103.0	103.5	101.0

3-4 续表1 continued

上年=100 (last year=100)

指 标	Item	全 省 Total Province Indices	城 市 Urban Indices	农 村 Rural Indices
二、衣 着	Clothing	101.1	100.7	102.5
1.服 装	Garments	101.4	101.0	102.8
男式服装	Man's Garments	101.5	101.1	103.0
女式服装	Woman's Garments	101.7	101.6	101.8
儿童服装	Children's Garments	100.1	98.5	105.3
2.服装材料	Garment Material	101.0	101.1	100.4
3.其他衣着及配件	Other Clothing and Accessories	100.6	100.5	101.0
4.衣着加工服务费	Fees for Clothing Manufacturing Services	103.1	102.5	106.4
5.鞋 类	Footwear	100.1	99.5	102.0
鞋	Shoes	100.0	99.4	102.0
鞋类加工服务	Shoes Manufacturing Services	102.8	104.2	100.3
三、居 住	Residence	101.7	101.7	101.8
1.租赁房房租	Rent	103.2	103.0	104.3
2.住房保养维修及管理	Household Maintenance, Renovation and Management	103.2	102.6	104.0
3.水电燃料	Water, Electricity and Fuels	100.3	100.3	100.4
4.自有住房	Private Housing	102.0	102.1	101.7
四、生活用品及服务	Articles for Daily Use and Services	100.4	100.3	100.5
1.家具及室内装饰品	Furniture and Interior Decorations	100.4	100.3	100.8
家 具	Furniture	100.5	100.4	100.8
室内装饰品	Interior Decorations	100.2	100.1	100.5
2.家用器具	Household Appliances	99.3	98.9	100.3
3.家用纺织品	Household Textiles	98.8	98.0	101.1
4.家庭日用杂品	Daily Use Household Articles	100.7	100.7	100.6
5.个人护理用品	Personal Care Articles	101.5	102.1	99.1
6.家庭服务	Household Services	103.6	104.2	101.7
五、交通和通信	Transportation and Communication	98.7	98.9	98.4
1.交 通	Transportation	97.9	97.7	98.3
交通工具	Transportation Facility	98.8	98.5	99.7
交通工具用燃料	Fuels of Transportation Facility	94.3	94.2	94.3
交通工具使用和维修	Use and Repairment of Transportation Facility	105.1	106.2	102.5
交通费	Traffic Fare	97.4	96.7	99.2
市内公共交通	Incity Public Transportation	100.0	100.0	100.0
出租汽车	Taxi	99.8	99.7	100.0
飞 机 票	Plane Ticket	81.0	81.4	77.2
火 车 票	Train Ticket	100.0	100.0	100.0
长途汽车	Coach	99.0	98.8	99.2

3-4 续表2 continued

上年=100 (last year=100)

指　标	Item	全　省 Total Province Indices	城　市 Urban Indices	农　村 Rural Indices
2.通　信	Communication	100.4	101.0	98.6
通信工具	Communication Facility	102.9	104.3	98.9
通信服务	Communication Service	99.5	99.9	98.4
邮递服务	Postal Service	101.4	101.6	100.6
六、教育文化和娱乐	Education, Culture and Recreation	102.9	102.9	102.7
1.教　育	Education	103.5	103.7	103.2
教育用品	Education Articles	102.9	103.5	101.7
教育服务	Education Services	103.5	103.7	103.3
2.文化娱乐	Culture and Recreation	101.7	101.8	101.2
文娱耐用消费品	Durable Consumer Goods for Cultural and Recreational Use	100.6	100.6	100.6
其他文娱用品	Other Cultural and Recreational Articles	102.3	102.8	101.2
文化娱乐服务	Cultural and Recreational Services	100.7	100.9	100.2
旅　游	Touring	102.6	102.5	104.5
七、医疗保健	Health Care	101.8	102.1	101.3
1.药品及医疗器具	Medicine and Medical Appliances	104.4	104.8	103.3
中　药	Traditional Chinese Medicine	104.7	105.3	103.5
西　药	Western Medicine	105.3	105.9	104.1
滋补保健品	Health Care Products	102.1	102.6	100.5
医疗卫生器具	Medical Appliances	102.2	102.7	100.5
保健器具	Health Care Appliances	99.5	99.4	100.4
2.医疗服务	Medical Services	100.1	100.1	100.2
综合医疗类	General Practice	100.1	100.1	100.0
诊断类	Diagnosis	100.1	100.0	100.2
治疗类	Treatment	100.1	100.0	100.2
康复类	Rehabilitation	100.5	100.1	101.3
中医医疗服务类	Traditional Chinese Medical Services	101.9	101.4	102.8
其他医疗服务	Other Medical Services	100.1	100.0	100.2
八、其他用品和服务	Other Articles and Services	102.5	102.3	103.2
1.其他用品类	Other Articles	102.8	102.7	103.1
首饰手表	Jewelry and Watch	105.3	104.9	106.4
其他杂项用品	Other Miscellaneous Articles	99.5	99.5	99.7
2.其他服务类	Other Services	102.3	102.0	103.2
旅馆住宿	Touring Accomodation	100.5	99.3	105.9
美容美发洗浴	Hairdressing, Beauty and Bath	106.4	107.4	104.1
养老服务	Pension Services	101.0	100.4	102.3
金融保险	Financial Insurance	101.0	100.3	103.0
其他服务类	Other Services	102.1	102.8	100.0

3-5 商品零售价格分类指数(2019年)

RETAIL PRICE INDICES BY CATEGORY OF COMMODITIES(2019)

上年=100 (last year=100)

指 标	Item	全 省 Total Province Indices	城 市 Urban Indices	农 村 Rural Indices
商品零售价格指数	**Retail Price Indices**	**101.8**	**101.6**	**102.4**
一、食 品	Food	106.7	106.5	107.8
1.粮 食	Grain	100.3	100.2	100.5
2.薯 类	Starches and Its Products	99.9	99.0	103.3
3.豆 类	Bean and Its Prodrcts	100.4	99.7	102.6
4.食用油	Oil or Fat	99.7	100.1	98.8
5.菜	Meat, Poultry and their Products	103.0	103.0	103.1
6.畜肉类	Eggs	128.0	126.9	132.4
7.禽肉类	Aquatic Products	113.6	113.6	113.7
8.水产品	Vegetables	99.0	98.8	99.8
9.蛋 类	Condiments	107.3	107.2	107.4
10.奶 类	Sugar	100.9	100.8	101.1
11.干鲜瓜果类	Fresh and Dried Fruits	108.4	107.6	111.8
12.糖果糕点类	Cake, Biscuit and Bread	100.0	100.1	99.2
13.调味品	Milk and Its Products	101.1	101.1	101.0
14.其他食品类	Food Eating out	100.9	100.6	101.6
15.在外餐饮	Others	102.8	102.9	102.5
二、饮料、烟酒	Drinking, Tobacco and Liquor	101.3	101.4	100.7
1.茶及饮料	Tea and Drinking	101.2	101.3	100.5
2.烟 草	Tobacco	100.5	100.4	100.8
3.酒 类	Liquor	102.7	103.3	100.5
三、服装、鞋帽	Garments, Shoes and Hats	100.9	100.6	102.5
1.服 装	Garments	101.3	101.0	102.8
2.鞋帽袜	Shoes, Socks and Stockings, Hats	99.9	99.4	101.8
3.其他衣着配件	Others	99.5	99.1	101.1
四、纺织品	Textiles	98.5	97.9	101.0
1.服装材料	Clothing Material	101.1	100.9	102.1
2.床上用品	Bed Articles	98.0	97.3	100.7
五、家用电器及音像器材	Household Appliances and Audiovisual Equipment	99.5	99.4	100.1
1.家庭设备	Household Facilities	99.2	99.0	100.3
2.文娱用耐用消费品	Durable Consumer Goods for Cultural and Recreational Use	100.4	100.5	100.0
3.专业音像器材	Professional Audiovisual Equipment	99.4	99.6	98.0

3-5 续表 continued

上年=100 (last year=100)

指　标	Item	全　省 Total Province Indices	城　市 Urban Indices	农　村 Rural Indices
六、文化办公用品	Culture and Office Articles	100.0	99.7	101.1
七、日用品	Daily Use Articles	100.3	100.3	100.7
1.日用百货	Daily Use Articles	100.2	100.0	101.2
2.厨具餐具茶具	Daily Use Sundry Goods	101.3	101.3	101.4
3.清洗用品	Washing Goods	100.9	101.2	99.5
4.其他日用品	Others	99.8	99.6	100.4
八、体育娱乐用品	Sports and Recreational Articles	100.2	100.5	99.3
1.体育户外用品	Sports Articles	100.1	100.1	100.3
2.娱乐用品	Recreational Articles	100.3	100.5	99.1
九、交通、通信用品	Transportation and Communication Appliances	99.5	99.4	99.5
1.交通运输机械	Transportation Machinery	99.0	98.9	99.3
2.通信器材	Communication Equipment	101.5	101.8	100.2
十、家　具	Furniture	100.6	100.5	100.9
十一、化妆品	Cosmetics	101.4	101.8	99.5
十二、金银饰品	Gold, Silver and Jewelry	105.7	105.5	106.6
十三、中西药品及医疗保健用品	Traditional, Western Medicines and Health Care Products	104.9	105.2	103.4
1.医疗卫生器具	Medical Appliances and Articles	102.3	102.6	100.4
2.中　药	Traditional Chinese Medicine	104.9	105.3	103.6
3.西　药	Western Medicine	106.1	106.5	104.2
4.保健器具及用品	Health Care Equipment and Articles	102.1	102.3	100.7
十四、书报杂志及电子出版物	Newspapers, Magazines and Electronic Publication	106.0	106.4	104.1
1.教材及参考书	Teaching Materials and Reference Books	103.7	104.1	102.2
2.书报杂志	Newspapers and Magazines	110.0	110.4	107.9
3.计算机办公软件	Computer Office Software	100.3	100.4	100.0
十五、燃　料	Fuels	96.6	96.4	97.8
1.煤炭及制品	Coal and Coal Products	96.7	96.3	98.3
2.石油及制品	Petroleum and its Products	96.6	96.4	97.5
十六、建筑材料及五金电料	Building Materials, Hardware and Electrical Materials	102.0	101.6	103.1
1.建筑装璜材料	Decoration Materials	102.2	101.9	103.4
2.五金水暖	Hardware and Electrical Materials	101.2	100.9	102.5

3-6 调查市县居民消费价格指数(2019年)

RESIDENTS CONSUMER PRICE INDICES IN CITIES AND COUNTIES SURVEYED(2019)

上年=100 (last year=100)

市 县 Region		居民消费价格指数 Residents Consumer Price Index	食品烟酒 Food,Tobacco and Liquor	衣 着 Clothing	居 住 Residence	生活用品及服务 Articles for Daily Use and Services
全 省	**Total**	**102.7**	**106.3**	**101.1**	**101.7**	**100.4**
太原市	Taiyuan	102.7	105.8	101.4	101.9	101.2
大同市	Datong	102.5	106.6	99.0	101.6	97.7
阳泉市	Yangquan	102.8	105.5	102.2	100.6	101.6
长治市	Changzhi	102.6	105.3	99.7	100.6	99.2
晋城市	Jincheng	102.6	105.5	100.9	102.7	100.4
朔州市	Shuozhou	102.6	106.7	101.8	100.7	100.8
晋中市	Jinzhong	102.4	106.0	97.5	102.8	99.6
运城市	Yuncheng	101.7	104.7	104.1	100.3	99.6
忻州市	Xinzhou	102.8	106.3	100.7	102.1	100.7
临汾市	Linfen	102.7	107.9	97.8	101.6	100.0
吕梁市	Lvliang	103.2	108.2	100.5	101.3	100.7
浑源县	Hunyuan	103.2	105.8	104.9	101.2	101.0
平遥县	Pingyao	103.2	105.7	103.7	102.8	101.1
永济市	Yongji	103.2	107.4	101.1	103.0	100.8
洪洞县	Hongtong	102.7	107.0	101.6	101.0	99.6
兴 县	Xingxian	103.3	108.2	102.3	101.7	101.8
汾阳市	Fenyang	102.9	107.2	102.3	101.5	100.3

市 县 Region		交通和通信 Transportation and Communication	教育文化和娱乐 Education, Culture and Recreation	医疗保健 Health Care	其他用品和服务 Other Articles and Services
全 省	**Total**	**98.7**	**102.9**	**101.8**	**102.5**
太原市	Taiyuan	99.3	103.7	100.6	102.4
大同市	Datong	98.9	102.1	103.0	102.6
阳泉市	Yangquan	99.3	103.0	104.7	103.1
长治市	Changzhi	98.1	104.9	106.5	101.0
晋城市	Jincheng	98.7	101.2	102.4	103.8
朔州市	Shuozhou	98.2	99.6	104.8	102.4
晋中市	Jinzhong	97.8	104.1	100.8	101.9
运城市	Yuncheng	99.0	99.0	101.0	100.6
忻州市	Xinzhou	98.6	103.3	100.8	101.2
临汾市	Linfen	98.4	101.0	103.9	102.2
吕梁市	Lvliang	97.9	104.5	100.5	102.7
浑源县	Hunyuan	101.2	102.6	102.0	102.6
平遥县	Pingyao	99.0	102.7	101.6	106.3
永济市	Yongji	98.9	101.5	102.0	101.6
洪洞县	Hongtong	96.8	104.7	100.0	102.4
兴 县	Xingxian	97.9	100.7	102.2	101.8
汾阳市	Fenyang	98.5	101.7	101.4	101.7

3-7 调查市县商品零售价格指数(2019年)

RETAIL PRICE INDICES IN CITIES AND COUNTIES SURVEYED(2019)

上年=100 (last year=100)

市县 Region		商品零售价格指数 Retail Price Index	食品 Food	服装鞋帽 Garments,Shoes and Hats	纺织品 Textiles	家用电器及音像器材 Household Appliances and Audiovisual Equipment
全　省	**Total**	**101.8**	**106.7**	**100.9**	**98.5**	**99.5**
太原市	Taiyuan	101.5	106.2	101.3	98.8	99.7
大同市	Datong	101.4	107.2	99.0	92.8	95.9
阳泉市	Yangquan	101.9	106.0	102.2	100.3	101.3
长治市	Changzhi	101.8	105.8	99.6	94.6	103.8
晋城市	Jincheng	101.4	106.0	100.9	100.5	96.2
朔州市	Shuozhou	102.2	107.6	102.0	99.9	99.7
晋中市	Jinzhong	100.6	106.4	97.1	100.9	98.7
运城市	Yuncheng	101.2	105.1	104.2	96.5	97.4
忻州市	Xinzhou	101.8	106.6	100.8	101.6	99.5
临汾市	Linfen	102.2	108.4	97.6	98.5	101.0
吕梁市	Lvliang	101.6	109.2	100.6	100.5	100.9
浑源县	Hunyuan	102.9	106.7	104.8	101.2	99.9
平遥县	Pingyao	102.6	106.7	103.8	103.7	99.6
永济市	Yongji	102.7	108.5	100.9	101.1	100.5
洪洞县	Hongtong	101.5	108.3	101.6	99.3	99.3
兴　县	Xingxian	103.4	109.4	102.3	104.5	99.5
汾阳市	Fenyang	102.5	108.5	102.4	98.5	101.5

市县 Region		日用品 Daily Use Articles	中西药品及医疗保健用品 Traditional,Western Medecines and Health Care Products	燃料 Fuels	建筑材料及五金电料 Building Materials, Hardware and Electrical Materials
全　省	**Total**	**100.3**	**104.9**	**96.6**	**102.0**
太原市	Taiyuan	101.3	101.5	96.0	100.9
大同市	Datong	98.1	107.2	98.2	103.4
阳泉市	Yangquan	100.8	110.4	93.8	102.3
长治市	Changzhi	97.9	113.3	95.7	104.1
晋城市	Jincheng	101.8	105.3	96.1	100.0
朔州市	Shuozhou	100.6	108.4	99.5	100.3
晋中市	Jinzhong	100.2	101.5	95.7	100.7
运城市	Yuncheng	100.1	102.2	95.2	102.1
忻州市	Xinzhou	100.6	101.6	97.4	104.3
临汾市	Linfen	98.7	108.6	97.0	100.4
吕梁市	Lvliang	99.8	101.3	99.0	99.5
浑源县	Hunyuan	100.6	105.2	94.5	103.6
平遥县	Pingyao	100.8	104.4	97.7	103.8
永济市	Yongji	100.6	103.1	99.5	102.4
洪洞县	Hongtong	101.8	100.0	96.6	104.5
兴　县	Xingxian	98.5	106.0	99.5	103.9
汾阳市	Fenyang	100.2	104.4	99.0	101.7

3-8 农业生产资料价格分类指数
INDICES OF AGRICULTURAL PRODUCTIVE MATERIALS BY CATEGORY OF COMMODITIES

上年=100 (last year=100)

类 别	Category	2010	2015	2019
农业生产资料价格指数	**Price Indices of Agricultural Pruductive Materials**	**102.0**	**99.6**	**104.7**
一、农用手工工具	Manipulative Tools for Agruiculture	103.3	100.6	101.7
二、饲 料	Forage	109.7	98.7	105.0
三、仔畜幼禽及产品畜	Commodity Animals	96.1	105.9	156.9
四、半机械化农具	Semi-mechanized Farm Implements	100.0	99.7	99.5
五、机械化农具	Mechanized Farm Implements	99.6	98.7	97.7
六、化学肥料	Chemical Fertilizer	94.7	99.5	99.7
七、农药及农药械	Pesticide and Its Appliances	101.3	99.9	101.3
化学农药	Chemical Pesticide	101.1	99.9	101.3
农药器械	Chemical Pesticide Appliances	102.2	100.0	101.3
八、农用机油	Oil for Farm Machinery	109.8	88.9	94.2
九、其他农业生产资料	Other Agricultural Pruductive Material	105.7	100.1	101.2
十、农业生产服务	Agricultural Pruductive Service	107.2	101.1	101.8

3-9 工业生产者购进价格指数
PURCHASING PRICE INDICES OF INDUSTRIAL PRODUCER

上年=100 (last year=100)

名 称	Item	2010	2015	2019
总 指 数	**Total Price Index**	**109.0**	**93.1**	**101.1**
一、燃料动力类	Fuels	104.9	93.2	99.1
二、黑色金属材料类	Ferrous Metal Materials	110.1	90.6	106.6
钢 材	Steel	103.6	94.0	101.0
其 他	Others	115.7	88.3	110.6
三、有色金属材料和电线类	Non-ferrous Metals	119.9	93.0	97.6
四、化工原料类	Chemical Raw Materials	112.2	90.0	96.6
五、木材及纸浆类	Timber and Paper Pulp	103.5	99.3	98.1
六、建筑材料及非金属矿类	Building Materials and Non-metal Mineral	98.2	94.7	100.4
七、其他工业原材料及半成品类	Other Industrial Raw Materials and Half-products	102.5	99.6	100.6
八、农副产品类	Farm Products	118.8	98.8	98.9
九、纺织原料类	Textile Raw Materials	111.4	93.4	100.6

3-10 工业生产者出厂价格指数
EX-FACTORY PRICE INDICES OF INDUSTRIAL PRODUCER

上年=100 (last year=100)

指　标	Item	2010	2015	2019
全部工业品	**Total Industrial Products**	**109.5**	**87.7**	**99.7**
1.轻工业	Light Industry	101.8	98.1	101.1
以农产品为原料	Using Farm Products as Raw Materials	106.7	98.1	101.3
以非农产品为原料	Using Non-farm Products as Raw Materials	98.4	98.0	100.0
重工业	Heavy Industry	110.2	87.2	99.6
采掘工业	Ming and Quarrying	112.1	82.2	102.6
原料工业	Raw Material Industry	109.8	86.4	97.9
加工工业	Manufacturing Industry	109.6	90.8	100.1
2.生产资料	Productive Materials	109.7	87.2	99.7
采掘工业	Ming and Quarrying	110.7	82.2	102.6
原料工业	Raw Material Industry	110.1	86.3	97.9
加工工业	Manufacturing Industry	107.9	90.9	100.4
生活资料	Living Materials	104.9	99.3	100.0
食　品	Food	105.0	98.6	102.1
衣　着	Clothing	104.9	99.8	99.6
一般日用品	Daily Articles	105.2	101.1	103.1
耐用消费品	Durable Consumer Goods	101.7	99.7	95.2
按工业部门分	**By Department of Industry**			
1.冶金工业	Metallurgical Industry	114.3	85.9	101.3
2.电力工业	Power Industry	105.7	101.0	100.9
3.煤炭及炼焦工业	Coal and Coking Industry	110.5	81.6	98.3
4.石油工业	Petroleum Industry	101.2	96.4	98.3
5.化学工业	Chemical Industry	102.8	98.3	99.0
6.机械工业	Machine Industry	98.9	98.2	99.7
7.建筑材料工业	Building Materials Industry	98.5	97.5	108.6
8.森林工业	Forestry Industry	104.8	100.1	104.0
9.食品工业	Food Industry	105.4	98.3	101.7
10.纺织工业	Textile Industry	116.9	94.7	102.2
11.缝纫工业	Tailoring Industry	104.9	99.8	99.6
12.皮革工业	Leather Industry	104.2	103.5	76.4
13.造纸工业	Paper Making Industry	105.5	98.1	97.3
14.文教艺术用品工业	Cultural, Education & Handicrafts Article	101.8	100.0	99.7
15.其他工业	Other Industry	102.5	98.9	87.2

3-11 工业生产者分行业出厂价格指数
EX-FACTORY PRICE INDICES OF INDUSTRIAL PRODUCER BY SECTOR

上年=100　　(last year=100)

指　标	Item	2018	2019
煤炭开采和洗选业	Coal Mining and Dressing	106.2	97.2
石油和天然气开采业	Petroleum and Natural Gas Extraction	108.4	92.9
黑色金属矿采选业	Ferrous Metals Mining and Dressing	101.4	110.1
有色金属矿采选业	Non-ferrous Metals Mining and Dressing	99.5	114.4
非金属矿采选业	Non-metal Minerals Mining and Dressing	101.5	103.4
农副食品加工业	Farm Products Processing	99.6	101.8
食品制造业	Food Manufacturing	100.8	99.7
酒、饮料及精制茶制造业	Alcohol, Beverage and Refined Tea Manufacturing	104.6	103.1
烟草制品业	Tobacoo Products Manfacturing	100.0	101.8
纺织业	Textile Industry	100.5	102.2
纺织服装、服饰业	Textile, Wearing Apparel and Accessories	100.7	99.5
皮革、毛皮、羽毛及其制品和制鞋业	Leather, Fur, Feather and Related Products and Footwear	87.4	76.4
木材加工及木、竹、藤、棕、草制品业	Timber Processing, Bamboo, Cane, Plam, Fiber and Straw Products	101.8	105.6
家具制造业	Furniture Manufacturing	104.8	100.4
造纸及纸制品业	Papermaking and Paper Products	110.9	97.3
印刷业和记录媒介的复制	Printing and Record Medium Reproduction	99.5	98.8
文教、工美、体育和娱乐用品制造业	Culture, Education, Art and Crafts, Sport and Entertainment Products	100.4	101.4
石油、煤炭及其他燃料加工业	Petroleum, Coal and Other Fuels Processing	121.1	102.4
化学原料和化学制品制造业	Raw Chemical Materials and Chemical Products	106.4	97.6
医药制造业	Medical and Pharmaceutical Products	110.1	104.1
橡胶和塑料制品业	Rubber and Plastic Products	88.6	99.3
非金属矿物制品业	Non-metal Mineral Products	108.9	101.7
黑色金属冶炼及压延加工业	Smelting and Pressing of Ferrous Metals	111.9	100.3
有色金属冶炼及压延加工业	Smelting and Pressing of Non-ferrous Metals	101.8	99.2
金属制品业	Metal Prodcuts	102.5	103.3
通用设备制造业	Ordinary Machinery Manufacturing	102.8	105.2
专用设备制造业	Special Purpose Equipment Manufacturing	102.2	100.7
汽车制造业	Automobile Manufacturing	102.5	98.6
铁路、船舶、航空航天和其他运输设备制造业	Railroad, Marine, Aviation and Other Transport Equipment Manufacturing	101.2	102.7
电气机械及器材制造业	Electric Equipment and Machinery	101.2	101.9
计算机、通信和其他电子设备制造业	Computers, Telecommunication and Other Electronic Equipment Manufacturing	99.2	96.2
仪器仪表制造业	Instruments and Appratus Manufacturing	100.3	100.0
其他制造业	Other Manufacturing	100.0	100.0
金属制品、机械和设备修理业	Metal Products, Machinery and Equipment Repairing	100.0	100.0
电力、热力的生产和供应业	Production and Supply of Electricity and Heat	100.6	100.9
燃气生产和供应业	Production and Supply of Gas	102.8	101.6
水的生产和供应业	Production and Supply of Water	97.4	99.1

主要统计指标解释

居民消费价格指数 反映居民生活消费品及服务项目价格变动趋势和变动程度的相对数，采用链式拉斯贝尔公式，加权平均计算。根据抽样调查方法在全省抽取 17 个调查市、县为填报单位。

商品零售价格指数 反映市场商品零售价格变动趋势和变动程度的相对数，计算方法及样本单位同上。

农业生产资料价格指数 反映农业生产资料价格变动趋势和变动程度的相对数，计算方法同上，根据抽样调查方法在全省抽取 6 个县、市为填报单位。

工业生产者出厂价格指数 是反映全部工业产品出厂价格总水平的变动趋势和程度的相对数，根据全省部分重点企业的产品出厂价格的定期调查资料，按加权算术平均公式计算。

工业生产者购进价格指数 是反映工业企业购进主要原材料、燃料、动力价格水平变动趋势和程度的相对数。根据全省部分重点企业主要原材料、燃料、动力购进价格的定期调查资料，按加权算术平均公式计算。

Explanatory Notes on Main Statistical Indicators

Residents Consumer Price Indices reflect the trend and degree of changes in prices of consumer goods and services purchased by urban and rural residents. They are calculated by the weighted arithmetic mean, using Byes formula. According to sampling survey, draw 17 survey cities and counties in total Province as report units.

Retail Price Indices reflect the general change and degree in retail prices of market commodities. The calculating method and sample unit are the same as above.

Indices of Agricultural Productive Materials refer the trend and degree of changes in price of agricultural productive materials. The calculating method is same as above, and drawing 6 survey cities and counties as report units.

Ex-factory Price Indices of Industrial Producer reflect the trend and degree of changes in ex-factory prices of all industrial products. They are calculated by the weighted arithmetic mean, according to regular survey data of ex-factory price in part of important enterprises in the province.

Purchasing Price Indices of Industrial Producer reflect the trend and degree of changes in prices of industrial enterprises purchasing raw materials and fuels. They are calculated by the weighted arithmetic mean, according to regular survey data of major raw materials and fuels purchasing price in part of important enterprises in the province.

人民生活

PEOPLE'S LIVING CONDITIONS

资料整理人员

任启龙　李泽兴　韩春光　康小梅

人民生活
PEOPLE'S LIVING CONDITIONS

城镇居民人均可支配收入	Per Capita Disposable Income of Urban Households	33262.4	元	(yuan)
城镇居民人均消费支出	Per Capita Living Expenditure of Urban Households	21159.0	元	(yuan)
农村居民人均可支配收入	Per Capita Disposable Income of Rural Households	12902.4	元	(yuan)
农村居民人均消费支出	Per Capita Living Expenditure of Rural Households	9728.4	元	(yuan)

城乡居民恩格尔系数(%)
Engel's Coefficient of Urban and Rural Households (%)

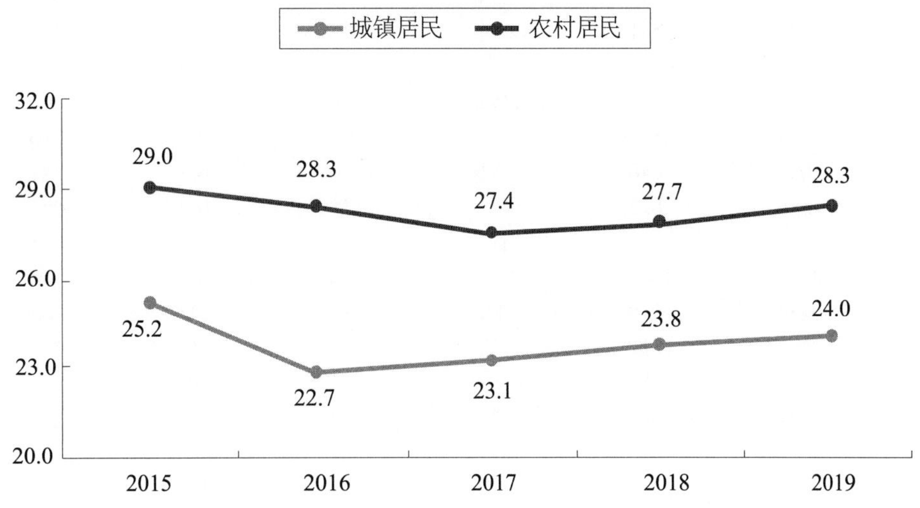

城乡居民家庭人均收入(元)
Per Capita Disposable Income of Urban and Rural Households (yuan)

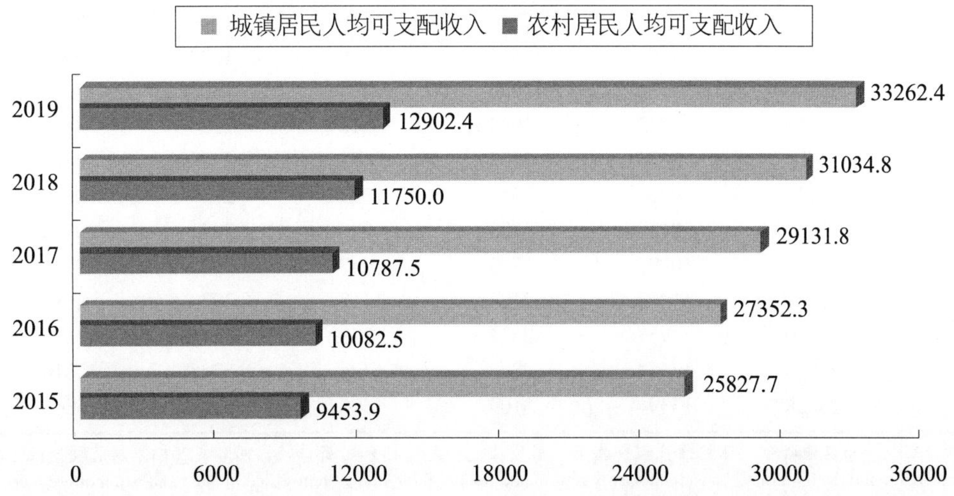

4-1 全省居民人均收支情况

单位：元

年 份 Year	可支配收入 Disposible Income	工资性收入 Wages and Salaries	经营净收入 Net Business Income	财产净收入 Net Property Income	转移净收入 Net Transfer Income	消费支出 Consumption Expenditure	食品烟酒 Food, Tobacco and Liquor
1978	140	120	12	2	6	126	79
1979	184	141	22	2	18	155	92
1980	201	148	31	2	20	179	104
1981	225	161	43	2	19	194	110
1982	271	185	60	3	24	215	127
1983	315	160	133	3	19	246	140
1984	380	178	177	4	21	273	154
1985	416	205	175	5	30	336	176
1986	439	241	159	6	33	375	194
1987	489	275	169	6	38	416	212
1988	576	319	208	8	41	491	248
1989	701	381	260	13	47	574	291
1990	802	401	292	10	99	649	332
1991	813	485	255	9	63	692	355
1992	918	544	281	7	88	730	391
1993	1084	640	332	7	105	883	466
1994	1386	825	402	18	142	1082	562
1995	1840	1059	557	32	192	1444	791
1996	2210	1145	770	33	262	1740	903
1997	2430	1319	780	38	293	1785	882
1998	2567	1332	852	43	340	1755	853
1999	2622	1450	716	37	419	1857	825
2000	2924	1641	777	34	472	2163	851
2001	3196	1865	772	31	528	2283	877
2002	3751	2319	886	61	485	2696	952
2003	4183	2671	988	71	453	2941	1043
2004	4770	3058	1122	126	464	3338	1211
2005	5518	3611	1155	156	595	3902	1341
2006	6235	4088	1208	201	738	4560	1451
2007	7282	4712	1383	291	896	5319	1703
2008	8333	4744	1873	336	1380	5984	1961
2009	8911	5101	1814	464	1532	6449	2021
2010	10149	5796	2056	495	1802	7011	2130
2011	11959	7225	1924	613	2198	8404	2568
2012	13592	8335	2177	651	2429	9446	2765
2013	15120	9424	2338	739	2619	10118	2692
2014	16538	10168	2593	936	2841	10864	2941
2015	17854	10893	2709	987	3265	11729	3089
2016	19049	11305	2693	1112	3939	12683	3098
2017	20420	11957	2624	1228	4611	13664	3325
2018	21990	12552	2809	1304	5325	14810	3688
2019	23828	13396	3109	1306	6017	15863	3997

注：2013年起，国家统计局实施城乡一体化住户调查改革，居民收支相关指标采用新口径，同时对2013年以前数据做了相应调整。

Note: The NBS has conducted the integrated household survey reform and related indicators of household income and expenditure have adopted a new coverage since 2013. Data before 2013 has adjusted according to the new coverage.

PER CAPTIA INCOME AND CONSUMPTION EXPENDITURE OF THE PROVINCIAL HOUSEHOLDS

(yuan)

衣 着 Clothing	居 住 Residence	生活用品及服务 Household Facilities, Articles and Services	交通通信 Transport and Communication	教育文化娱乐 Education, Culture and Recreation	医疗保健 Health Care	其他用品及服务 Others
20	9	9	1	5	1	2
25	15	13	1	6	2	2
29	23	12	1	8	1	2
32	16	17	1	11	2	5
34	16	18	2	11	3	4
38	24	22	2	11	4	5
42	28	21	2	17	4	5
54	32	29	2	27	7	10
54	44	31	2	31	8	11
59	55	35	2	29	9	15
71	43	48	3	39	11	27
84	50	53	4	53	13	27
96	71	54	5	51	21	18
106	59	59	6	57	20	30
115	51	64	6	60	22	23
130	70	74	14	73	26	30
167	72	81	20	94	33	53
215	100	89	38	121	47	43
252	125	102	59	162	76	61
260	137	114	80	164	84	65
226	140	112	65	184	94	80
229	166	131	97	220	108	81
255	229	159	132	272	147	118
260	274	147	147	303	163	112
335	356	152	216	422	182	81
372	382	160	254	464	197	70
398	433	166	305	530	216	79
505	540	197	338	595	295	91
559	693	255	467	683	346	107
604	884	289	579	739	391	130
644	1154	299	573	750	477	126
663	1309	356	641	802	510	148
718	1341	401	779	897	570	173
891	1596	560	905	1024	628	232
974	1929	595	1070	1113	739	261
999	2174	609	1146	1381	836	282
1085	2199	619	1215	1485	1009	312
1147	2297	673	1501	1628	1102	292
1104	2751	680	1709	1811	1228	303
1206	2934	761	1884	1879	1360	316
1261	3229	856	1845	1940	1635	356
1290	3332	911	1980	2136	1821	397

4-2 城镇居民人均收支情况

单位：元

年 份 Year	可支配收入 Disposible Income	工资性收入 Wages and Salaries	经营净收入 Net Business Income	财产净收入 Net Property Income	转移净收入 Net Transfer Income	消费支出 Consumption Expenditure	食品烟酒 Food, Tobacco and Liquor
1978	301	298			3	275	153
1979	338	324			14	305	171
1980	380	352			28	357	195
1981	401	383			18	373	197
1982	433	412			21	390	210
1983	452	430			22	394	216
1984	517	489	1		27	433	231
1985	595	535	4		56	533	262
1986	718	649	5	4	59	635	303
1987	807	724	3	5	74	708	347
1988	945	849	5	11	79	856	404
1989	1176	1037	7	30	102	993	480
1990	1291	994	7	17	273	1048	514
1991	1410	1238	7	15	150	1171	576
1992	1623	1385	10	7	221	1303	658
1993	1957	1628	17	13	299	1560	760
1994	2566	2133	34	12	387	2043	989
1995	3306	2664	36	55	551	2641	1267
1996	3703	2803	63	61	777	3036	1400
1997	3990	2987	79	86	839	3229	1398
1998	4096	2947	64	102	983	3278	1418
1999	4337	3027	72	81	1157	3516	1413
2000	4715	3289	122	58	1246	3982	1384
2001	5377	3805	153	45	1373	4178	1420
2002	6214	4617	307	134	1157	4791	1532
2003	6977	5391	404	140	1042	5210	1713
2004	7866	6114	468	258	1026	5790	1918
2005	8866	6841	513	271	1241	6518	2049
2006	9967	7545	576	350	1496	7395	2240
2007	11487	8613	689	454	1730	8385	2573
2008	13021	8277	1673	520	2550	9145	2897
2009	13883	8859	1666	717	2641	9747	2984
2010	15510	9726	2120	752	2912	10236	2988
2011	17965	11909	1784	1042	3229	11869	3483
2012	20232	13511	2114	1143	3464	12765	3750
2013	22258	14674	2486	1364	3734	13763	3541
2014	24069	15624	2701	1727	4017	14637	3804
2015	25828	16562	2790	1789	4688	15819	3981
2016	27352	16954	2659	2004	5735	16993	3863
2017	29132	17831	2443	2190	6667	18404	4244
2018	31035	18572	2574	2286	7602	19790	4703
2019	33262	19697	2860	2253	8452	21159	5073

PER CAPTIA INCOME AND CONSUMPTION EXPENDITURE OF URBAN HOUSEHOLDS

(yuan)

衣　着 Clothing	居　住 Residence	生活用品及服务 Household Facilities, Articles and Services	交通通信 Transport and Communication	教育文化娱乐 Education, Culture and Recreation	医疗保健 Health Care	其他用品及服务 Others
48	9	31	3	20	4	7
51	12	33	3	23	4	7
59	17	39	4	30	5	8
65	10	40	4	35	2	19
67	15	40	5	34	3	15
71	14	38	6	27	4	17
80	16	40	6	37	5	18
97	15	51	5	65	4	34
105	42	61	5	76	8	35
114	57	73	5	59	10	44
136	22	105	5	85	11	88
160	26	108	7	112	15	85
184	61	106	11	97	23	53
209	32	120	13	106	21	94
236	38	138	11	125	29	68
279	66	169	20	150	36	81
365	81	179	28	195	52	153
473	151	195	95	256	85	118
530	163	202	145	317	146	133
573	201	238	166	322	167	163
472	236	237	138	367	196	215
479	296	292	201	415	210	210
511	377	360	283	502	304	261
516	448	321	314	566	352	241
649	641	288	397	773	369	142
715	700	319	465	789	373	137
734	797	321	568	887	408	156
909	983	366	580	912	547	171
986	1168	450	786	982	600	183
1025	1451	486	969	1020	649	212
1074	1886	473	861	991	770	192
1092	2064	566	1006	1013	791	232
1138	2032	621	1234	1169	784	270
1375	2256	848	1364	1347	864	333
1426	2529	844	1516	1417	915	368
1498	2925	877	1587	1917	1024	394
1616	2899	888	1710	2027	1241	453
1705	3020	948	2148	2208	1394	415
1603	3634	952	2401	2439	1652	450
1774	3867	1094	2658	2559	1741	466
1821	4247	1219	2497	2638	2138	525
1801	4333	1265	2776	2938	2383	589

4-3 农村居民人均收支情况

单位：元

年 份 Year	可支配收入 Disposible Income	工资性收入 Wages and Salaries	经营净收入 Net Business Income	财产净收入 Net Property Income	转移净收入 Net Transfer Income	消费支出 Consumption Expenditure	食品烟酒 Food, Tobacco and Liquor
1978	102	78	15	2	7	91	61
1979	145	96	27	3	20	118	73
1980	156	96	39	3	18	134	80
1981	180	103	55	3	19	148	88
1982	227	123	76	4	24	168	105
1983	276	82	171	4	18	203	118
1984	339	84	230	5	19	224	131
1985	358	101	229	6	22	273	148
1986	345	104	210	7	24	287	157
1987	377	116	229	7	26	313	164
1988	439	121	284	7	27	354	190
1989	514	122	360	7	25	409	216
1990	604	160	408	8	28	488	258
1991	568	177	356	7	27	496	265
1992	627	195	393	7	32	493	281
1993	718	226	464	5	23	599	344
1994	884	269	558	20	37	674	381
1995	1208	367	781	23	37	928	586
1996	1557	421	1079	21	37	1174	686
1997	1738	580	1090	17	51	1145	653
1998	1874	599	1209	17	48	1064	596
1999	1800	693	1026	16	65	1062	543
2000	1950	745	1133	21	51	1175	562
2001	2018	817	1106	24	71	1259	584
2002	2236	905	1243	16	71	1407	595
2003	2410	947	1358	27	79	1502	619
2004	2738	1051	1551	40	95	1728	747
2005	3082	1262	1622	73	125	2000	825
2006	3420	1480	1685	88	167	2421	855
2007	3975	1643	1929	163	240	2908	1019
2008	4480	1840	2037	185	418	3386	1192
2009	4677	1901	1940	248	588	3642	1201
2010	5263	2214	1997	262	791	4070	1349
2011	6225	2751	2057	203	1214	5096	1694
2012	7064	3246	2238	167	1412	6184	1796
2013	7950	4150	2190	111	1498	6458	1839
2014	8809	4570	2482	123	1634	6992	2054
2015	9454	4922	2624	142	1766	7421	2150
2016	10082	5204	2730	149	1999	8029	2272
2017	10788	5462	2824	164	2337	8424	2308
2018	11750	5736	3075	193	2746	9172	2540
2019	12902	6098	3396	210	3198	9728	2751

PER CAPTIA INCOME AND CONSUMPTION EXPENDITURE OF RURAL HOUSEHOLDS

(yuan)

衣 着 Clothing	居 住 Residence	生活用品及服务 Household Facilities, Articles and Services	交通通信 Transport and Communication	教育文化娱乐 Education, Culture and Recreation	医疗保健 Health Care	其他用品及服务 Others
13	9	4	0.5	2	1	1
18	16	8	1	2	1	1
21	24	5	1	2	1	0.5
24	18	11	1	4	2	1
25	16	12	1	5	3	1
28	27	18	1	7	4	1
30	31	16	1	11	4	1
40	38	22	1	14	7	2
37	44	20	1	16	8	3
39	55	22	2	18	9	4
47	52	28	2	21	11	4
55	59	31	2	29	12	4
61	76	33	2	33	20	4
64	70	34	3	36	19	4
65	56	33	4	33	19	4
67	71	35	12	40	21	9
83	68	39	16	51	25	11
103	78	43	14	63	31	10
131	109	59	22	94	45	30
121	109	59	41	94	46	22
115	97	55	32	101	48	19
110	104	53	47	126	59	20
115	149	50	49	147	62	40
121	180	53	57	160	61	43
142	181	68	105	206	68	43
154	180	58	120	258	86	27
178	193	64	132	295	90	29
210	218	75	163	364	111	34
236	335	108	226	457	155	49
272	438	135	272	518	188	66
291	552	157	335	551	235	72
298	666	178	330	622	271	76
335	711	201	365	650	376	84
428	966	286	468	716	403	136
531	1340	350	632	814	565	155
498	1420	340	702	843	647	170
540	1481	344	707	929	770	168
559	1537	382	820	1017	794	162
565	1798	386	962	1132	770	143
578	1902	393	1028	1127	938	151
626	2076	444	1107	1150	1065	165
697	2171	501	1057	1208	1169	174

4-4 居民人均可支配收入和指数

PER CAPITA DISPOSABLE INCOME AND INDEX OF HOUSEHOLDS

单位：元 (yuan)

年 份 Year	全省居民人均可支配收入 Per Capita Disposable Income of the Provincial Households		城镇居民人均可支配收入 Per Capita Disposable Income of Urban Households		农村居民人均可支配收入 Per Capita Disposable Income of Rural Households	
	绝对数 Value	指数(1978年=100) Index (Year of 1978=100)	绝对数 Value	指数(1978年=100) Index (Year of 1978=100)	绝对数 Value	指数(1978年=100) Index (Year of 1978=100)
1978	140	100.0	301	100.0	102	100.0
1979	184	130.4	338	111.1	145	142.8
1980	201	138.3	380	118.2	156	151.0
1981	225	150.9	401	121.0	180	170.8
1982	271	177.5	433	127.8	227	210.5
1983	315	203.1	452	131.3	276	252.2
1984	380	238.9	517	146.0	339	303.5
1985	416	240.7	595	154.1	358	297.8
1986	439	240.7	718	174.6	345	273.5
1987	489	250.0	807	180.9	377	280.3
1988	576	243.4	945	173.4	439	272.6
1989	701	247.9	1176	185.7	514	259.8
1990	802	277.5	1291	200.8	604	296.3
1991	813	268.3	1410	206.6	568	270.9
1992	918	282.6	1623	217.9	627	286.0
1993	1084	289.8	1957	226.4	718	290.7
1994	1386	295.8	2566	235.7	884	287.6
1995	1840	336.0	3306	260.2	1208	335.4
1996	2210	374.0	3703	269.1	1557	402.8
1997	2430	398.9	3990	281.2	1738	436.6
1998	2567	427.4	4096	292.5	1874	477.7
1999	2622	438.3	4337	308.5	1800	465.9
2000	2924	470.4	4715	320.3	1950	490.2
2001	3196	515.2	5377	367.1	2018	505.0
2002	3751	614.5	6214	433.8	2236	563.6
2003	4183	673.1	6977	479.4	2410	592.8
2004	4770	737.4	7866	521.7	2738	638.8
2005	5518	833.8	8866	578.2	3082	693.5
2006	6235	923.8	9967	638.5	3420	750.6
2007	7282	1031.4	11487	706.3	3975	825.5
2008	8333	1101.0	13021	748.2	4480	863.9
2009	8911	1182.1	13883	805.8	4677	893.8
2010	10149	1307.2	15510	873.2	5263	978.5
2011	11959	1464.1	17965	962.3	6225	1097.9
2012	13592	1623.4	20232	1058.4	7064	1214.4
2013	15120	1751.6	22258	1130.4	7950	1324.2
2014	16538	1883.9	24069	1200.8	8809	1447.2
2015	17854	2021.6	25828	1280.8	9454	1542.3
2016	19049	2133.5	27352	1341.7	10082	1626.9
2017	20420	2262.2	29132	1409.3	10788	1732.1
2018	21990	2393.0	31035	1474.8	11750	1853.2
2019	23828	2524.9	33262	1540.6	12902	1975.7

4-5 全省居民家庭生活基本情况
BASIC LIVING CONDITIONS OF THE PROVINCIAL HOUSEHOLDS

指　标	Item	2018	2019
一、调查户数(户)	Number of Households Surveyed (household)	4499	4500
二、调查户常住人口(人)	Number of Resident Population Surveyed (person)	12805	12525
三、平均每户常住人口数(人)	Average Number of Resident Population per Household (person)	2.85	2.78
四、平均每户从业人口(人)	Average Number of Employees per Household (person)	1.56	1.54
五、平均每一从业者负担人数(人)	Average Number of Persons Supported by Each Employee (person)	1.91	1.91
六、平均每人全年可支配收入(元)	Per Capita Annual Disposable Income (yuan)	21990	23828
七、平均每人全年消费支出(元)	Per Capita Annual Living Expenditure (yuan)	14810	15863

4-6 城镇居民家庭生活基本情况
BASIC LIVING CONDITIONS OF URBAN HOUSEHOLDS

指　标	Item	2018	2019
一、调查户数(户)	Number of Households Surveyed (household)	2729	2730
二、调查户常住人口(人)	Number of Resident Population Surveyed (person)	7989	7824
三、平均每户常住人口数(人)	Average Number of Resident Population per Household (person)	2.93	2.87
四、平均每户从业人口数(人)	Average Number of Employees per Household (person)	1.40	1.38
五、平均每一从业者负担人数(人)	Average Number of Persons Supported by Each Employee (person)	2.13	2.14
六、平均每人全年可支配收入(元)	Per Capita Annual Disposable Income (yuan)	31035	33262
七、平均每人全年消费支出(元)	Per Capita Annual Living Expenditure (yuan)	19790	21159
八、平均每人期末住房面积(平方米)	Per Capita Living Space at Year-end (sq.m)	34.01	34.33

4-7 城镇家庭人口状况
POPULATION CONDITIONS OF URBAN HOUSEHOLDS

指　标	Item	2018	2019
一、调查户数 (户)	**Number of Households Surveyed (household)**	**2729**	**2730**
二、调查户常住人口(人)	**Number of Resident Population Surveyed (person)**	**7989**	**7824**
#劳动力数	Labors	5601	5627
#从业人数	Employees	3576	3508
#在校学生	Students Enrollment	1443	1406
按年龄分组	**Grouped by Age**		
5岁及以下	Aged 5 and Under	441	400
6-15岁	Aged 6-15	879	886
16-19岁	Aged 16-19	363	346
20-24岁	Aged 20-24	465	421
25-29岁	Aged 25-29	402	339
30-34岁	Aged 30-34	590	588
35-40岁	Aged 35-40	634	636
41-50岁	Aged 41-50	1453	1380
51-60岁	Aged 51-60	1310	1357
61-65岁	Aged 61-65	563	593
66岁及以上	Aged 66 and Above	780	843

4-8 城镇家庭劳动力状况
LABOR FORCE OF URBAN HOUSEHOLDS

单位：人 (person)

指　标	Item	2018	2019
一、劳动力文化状况	**Cultural Level of Labor Force**		
未上过学	Illiteracy or little literacy	41	35
小　学	Level of Primary School	609	606
初　中	Level of Junior Middle School	2128	2103
高　中	Level of Senior Middle School	1296	1308
大学专科	Level of Specialized Secondary School	905	924
大学本科	Level of Undergraduate	586	610
研究生	Level of Master and Doctor	37	41
二、劳动力从业情况	**Employment of Labor Force**		
(一)第一产业	Primary Industry	259	232
(二)第二产业	Secondary Industry	816	811
采矿业	Mining	250	237
制造业	Manufacturing	214	219
电力、热力、燃气及水生产供应业	Production and Supply of Power, Heat, Gas and Water	129	132
建筑业	Construction	223	223
(三)第三产业	Tertiary Industry	2501	2465
批发和零售业	Wholesale and Retail Trade	390	392
交通运输、仓储和邮政业	Transportation, Storage and Post	281	278
住宿和餐饮业	Hotels and Catering Services	176	167
信息传输、软件业和信息技术服务业	Information Transmission, Software and Information Technology	55	53
金融业	Financial Industry	98	109
房地产业	Real Estate	20	15
租赁和商务服务业	Leasing and Business Services	47	38
科学研究和技术服务业	Scientific Research and Technical Services	12	14
水利、环境和公共设施管理业	Management of Water Conservancy, Environment and Public Facilities	57	52
居民服务、修理和其他服务业	Services to Households, Repair and Other Services	607	589
教　育	Education	213	211
卫生和社会工作	Health and Social Service	156	148
文化、体育和娱乐业	Culture, Sports and Entertainment	75	79
公共管理、社会保障和社会组织	Public Management, Social Security and Social Organization	315	320
国际组织	International Organization		

4-9 城镇居民家庭人均全年总收入
PER CAPITA ANNUAL INCOME OF URBAN HOUSEHOLDS

单位：元 (yuan)

指 标	Item	2018	2019
总收入	**Total Income**	**34054.41**	**36439.90**
一、工资性收入	Income of Wages and Salaries	18572.44	19697.15
二、经营性收入	Business Income	3645.16	4122.86
(一)第一产业	Primary Industry	263.30	257.52
农　业	Farming	132.44	132.48
林　业	Forestry	11.67	4.68
牧　业	Animal Husbandry	119.19	120.36
渔　业	Fishery		
(二)第二产业	Secondary Industry	457.74	362.58
采矿业	Mining		0.22
制造业	Manufacturing	24.33	71.88
电力、热力、燃气及水生产和供应业	Production and Supply of Power, Heat, Gas and Water	0.03	21.77
建筑业	Construction	433.38	268.70
(三)第三产业	Tertiary Industry	2924.13	3502.76
批发和零售业	Wholesale and Retail Trade	1478.39	1494.05
交通运输、仓储和邮政业	Transportation, Storage and Post	598.09	675.76
住宿和餐饮业	Hotels and Catering Services	220.75	651.04
房地产业	Real Estate	0.01	7.10
租赁和商务服务业	Leasing and Business Services	89.69	93.90
居民服务、修理和其他服务业	Resident Services, Repair and Other Services	403.29	371.45
农林牧渔服务业	Services of Agriculture, Forestry, Animal Husbandry and Fishery	12.37	17.37
其　他	Others	121.54	192.09
三、财产性收入	Property Income	2379.71	2341.39
#利息收入	Interest	208.92	133.11
红利收入	Dividend and Bonus	300.76	266.17
储蓄性保险净收益	Net Savings Insurance	22.48	5.72
出租房屋财产性净收入	Net Income of Property Rental	493.55	511.57
四、转移性收入	Transfer Income	9457.10	10278.50
#养老金或离退休金	Pension or Retirement Payments	8043.71	8599.93
社会救济和补助	Social Relief and Subsidy	115.47	108.87
政策性生活补贴	Policy Living Allowances	45.50	48.35
赡养收入	Old Alimony	277.79	325.83
报销医疗费	Reimbursement of Medical Expenses	403.18	554.54
从政府和组织得到的实物产品和服务折价	Goods and Services Discount Received from Governments and Organizations	22.93	15.09
现金政策性惠农补贴	Cash Benefits Policy of Aagricultural Subsidies	4.85	8.14

4-10 城镇居民家庭人均全年总支出
PER CAPITA ANNUAL EXPENDITURE OF URBAN HOUSEHOLDS

单位：元 (yuan)

项　目	Item	2018	2019
总支出	**Total Expenditure**	**27816.12**	**29928.39**
一、消费支出	Living Expenditure	19789.84	21158.99
二、生产经营费用支出	Production and Operation Expenses	921.11	1113.35
(一)第一产业	Primary Industry	114.32	118.08
农　业	Farming	42.52	51.81
林　业	Forestry	2.60	0.74
牧　业	Animal Husbandry	68.87	65.51
渔　业	Fishery	0.33	0.01
(二)第二产业	Secondary Industry	78.17	58.79
采矿业	Mining	2.16	0.03
制造业	Manufacturing	9.48	9.69
电力、热力、燃气及水生产和供应业	Production and Supply of Power, Heat, Gas and Water		
建筑业	Construction	66.54	49.07
(三)第三产业	Tertiary Industry	728.62	936.48
批发和零售业	Wholesale and Retail Trade	444.51	445.55
交通运输、仓储和邮政业	Transportation, Storage and Post	111.18	149.32
住宿和餐饮业	Hotels and Catering Services	79.40	289.60
房地产业	Real Estate	1.01	1.71
租赁和商务服务业	Leasing and Business Services	6.04	0.13
居民服务、修理和其他服务业	Resident Services, Repair and Other Services	73.07	39.90
农林牧渔服务业	Services of Agriculture, Forestry, Animal Husbandry and Fishery	3.74	3.63
其　他	Others	9.66	6.64
三、财产性支出	Property Expenditure	93.58	88.47
生活贷款利息支出	Living Loans Interest Expense	91.88	86.39
其他财产性支出	Other Property Expenditure	1.71	2.09
四、转移性支出	Transfer Expenditure	1855.11	1826.59
个人所得税	Individual Income Tax	168.74	92.56
社会保障支出	Social Security Expenditures	1456.83	1524.70
外来从业人员寄给家人的支出	Expenses of Foreign Employees Sent to The Family	2.02	3.43
赡养支出	Alimony Expenses	129.60	124.42
其他转移性支出	Other Property Expenditure	97.92	81.49
五、部分商业保险支出	Part of the Commercial Insurance Expenses	327.65	311.72
六、购置资产及非经常性转移支出	Acquisition of Assets and Non-recurring Transfer Expenditures	3847.62	4635.71
七、借贷性支出	Borrowing Expenditure	981.21	793.55

4-11 城镇家庭平均每人家庭经营净收入
PER CAPITA NET INCOME FROM HOUSEHOLD BUSINESS OF URBAN HOUSEHOLDS

单位：元 (yuan)

指　标	Item	2018	2019
家庭经营净收入	**Net Income from Household Business**	**2574.26**	**2860.40**
农　业	Farming	84.48	74.96
林　业	Forestry	8.62	3.92
牧　业	Animal Husbandry	48.92	51.56
渔　业	Fishery	-0.33	-0.01
采矿业	Mining	-2.55	0.19
制造业	Manufacturing	14.76	60.97
电力、热力、燃气及水生产和供应业	Production and Supply of Power, Heat, Gas and Water	0.03	19.65
建筑业	Construction	354.70	208.75
批发和零售业	Wholesale and Retail Trade	978.71	986.18
交通运输、仓储和邮政业	Transportation, Storage and Post	439.02	499.51
住宿和餐饮业	Hotels and Catering Services	128.27	345.01
房地产业	Real Estate	-1.01	5.39
租赁和商务服务业	Leasing and Business Services	81.08	87.92
居民服务、修理和其他服务业	Resident Services, Repair and Other Services	321.35	323.56
农林牧渔服务业	Services of Agriculture, Forestry, Animal Husbandry and Fishery	8.63	13.67
其　他	Others	109.59	179.16

4-12 主要年份城镇居民人均可支配收入增长情况
PER CAPITA DISPOSABLE INCOME GROWTH OF URBAN HOUSEHOLDS IN MAJOR YEARS

单位：元 (yuan)

年份 Year	可支配收入 Disposable Income	比上年增加额 Increase Value over Last Year	比上年增长(%) Increase Rate over Last Year	城镇居民消费价格指数(上年=100) Consumer Price Index of Urban Residents (last year=100)	扣除物价上涨因素后 Deducting Price Rising	
					实际收入 Real Income	比上年增长% Increase Rate over Last Year
1978	301.4					
1980	379.7			105.5	359.9	
1985	595.3	78.4	15.2	109.1	545.6	5.6
1990	1290.9	114.8	9.8	101.5	1271.8	8.2
1995	3306.0	740.3	28.9	116.7	2832.9	10.4
2000	4715.0	377.9	8.7	104.7	4503.3	3.8
2005	8865.8	1000.2	12.7	101.7	8717.6	10.8
2010	15510.1	1626.7	11.7	103.1	15043.7	8.4
2013	22258.2	2026.0	10.0	103.0	21609.9	6.8
2014	24069.4	1811.2	8.1	101.8	23643.8	6.2
2015	25827.7	1758.3	7.3	100.6	25673.7	6.7
2016	27352.3	1524.6	5.9	101.1	27054.7	4.8
2017	29131.8	1779.5	6.5	101.4	28729.6	5.0
2018	31034.8	1903.0	6.5	101.8	30486.1	4.6
2019	33262.4	2227.6	7.2	102.6	32419.5	4.5

4-13 主要年份城镇居民人均消费支出增长情况
PER CAPITA LIVING EXPENDITURE GROWTH OF URBAN HOUSEHOLDS IN MAJOR YEARS

单位：元 (yuan)

年份 Year	消费支出 Living Expenditure	比上年增加额 Increase Value over Last Year	比上年增长(%) Increase Rate over Last Year	城镇居民消费价格指数(上年＝100) Consumer Price Index of Urban Residents (last year=100)	扣除物价上涨因素后 Deducting Price Rising	
					实际支出 Real Expenditure	比上年增长% Increase Rate over Last Year
1978	275.4					
1980	356.6	51.8	17.0	105.5	338.0	10.8
1985	533.4	100.1	23.1	109.1	488.9	12.8
1990	1047.7	54.2	5.5	101.5	1032.2	3.9
1995	2640.7	597.4	29.2	116.7	2262.8	10.7
2000	3981.6	465.8	13.3	104.7	3802.9	8.2
2005	6517.8	727.8	12.6	101.7	6408.9	10.7
2010	10236.3	489.3	5.0	103.1	9928.5	1.9
2013	13762.7	997.9	7.8	103.0	13361.8	4.7
2014	14636.9	874.2	6.4	101.8	14378.1	4.5
2015	15818.6	1181.7	8.1	100.6	15724.3	7.4
2016	16992.8	1174.2	7.4	101.1	16807.9	6.3
2017	18404.0	1411.2	8.3	101.4	18149.9	6.8
2018	19789.8	1385.9	7.5	101.8	19439.9	5.6
2019	21159.0	1369.2	6.9	102.6	20622.8	4.2

4-14 城镇居民家庭平均每人食品消费量
PER CAPITA FOOD CONSUMPTION OF URBAN HOUSEHOLDS

单位：公斤 (kg)

指　标	Item	2018	2019
粮　食	Grain	114.86	117.56
油脂类	Oil or Fat	7.02	7.04
蔬菜及菜制品	Vegetables and Processed Products	93.03	102.61
肉　类	Meat	17.84	17.01
禽　类	Poultry	3.05	3.58
水产品	Aquatic Product	3.75	4.26
蛋类及蛋制品	Eggs and Processed Products	12.31	14.43
奶和奶制品	Milk and Processed Products	19.75	21.27
干鲜瓜果类	Fresh and Dried Fruits	69.38	77.51
糖果糕点类	Sweets and Pastry	7.95	8.13
饮　料	Beverage	0.20	0.21
酒	Liquor	3.69	3.70

4-15 城镇居民家庭平均每百户年末耐用消费品拥有量
DURABLE CONSUMER GOODS OWNED PER 100 URBAN HOUSEHOLDS AT YEAR-END

名　称	Item	2018	2019
家用汽车(辆)	Automobile (unit)	36.12	36.12
摩托车(辆)	Motorcycle (unit)	16.16	15.02
洗衣机(台)	Washing Machine (set)	99.01	100.00
电冰箱(台)	Refrigerator (set)	94.32	96.41
微波炉(台)	Microwave oven (set)	37.39	39.08
彩色电视机(台)	Color Television (set)	101.80	103.22
空　调(台)	Air conditioner (set)	38.04	41.79
固定电话(部)	Fixed Telephone (set)	13.63	8.02
移动电话(部)	Mobile Telephone (set)	239.92	242.31
#接入互联网	Mobile Telephone with Internet Access	183.01	193.96
计算机(台)	Computer (set)	60.43	60.04
#接入互联网	Computer with Internet Access	46.04	44.95
照相机(台)	Camera (set)	14.61	14.87

4-16 城镇居民家庭年末居住情况
HOUSING CONDITIONS OF URBAN HOUSEHOLDS AT YEAR-END

单位：% (%)

指　标	Item	2018	2019
一、居住空间样式	Style of Residential Space	100.0	100.0
单栋楼房	Dependent Resident	9.9	9.0
单栋平房	Dependent Bungalow	19.6	19.7
四居室及以上单元房	Apartment with Four and More Bedrooms	1.1	1.0
三居室单元房	Apartment with Three Bedrooms	26.9	27.7
二居室单元房	Apartment with Two Bedrooms	35.4	35.8
一居室单元房	Apartment with One Bedrooms	3.2	3.4
筒子楼或连片平房	Tube-Shaped Apartment or Contiguous Bungalow	3.6	3.4
其　他	Others	0.3	0.1
二、主要建筑材料	Major Building Materials	100.0	100.0
钢筋混凝土	Reinforced Concrete	47.7	48.8
砖混材料	Brick and Concrete Material	43.3	42.8
砖瓦砖木	Tile and Brick	8.8	8.2
竹草土坯	Bamboo, Grass and Adobe	0.04	0.04
其　他	Others	0.2	0.1
三、现住房房屋来源	Current Housing Sources	100.0	100.0
租赁公房	Rent Public Houses	1.6	1.8
租赁私房	Rent Private Houses	5.2	4.4
自建住房	Self-Build Housing	28.2	27.6
购买商品房	Purchased Commercial Housing	39.7	40.8
购买房改住房	Purchased Housing-Reform Houses	10.2	10.1
购买保障性住房	Purchased Security Housing	4.7	4.7
拆迁安置房	Resettlement Housing	6.3	6.5
继承或获赠住房	Inherited or receive Housing	0.6	0.7
免费借用房	Free Rental Housing	1.5	1.6
雇主提供免费住房	Employer-Provided Free Housing	0.9	0.8
其他来源	Other Sources	1.0	1.0

4-16 续表1 continued

单位：%　　　　(%)

指　　标	Item	2018	2019
四、现住房建筑面积	Current Housing Construction Area	100.0	100.0
10平方米以内	Within 10 sq. m		
10-20平方米	10 – 20 sq. m	0.4	0.1
20-30平方米	20 – 30 sq. m	1.6	1.0
30-60平方米	30 – 60 sq. m	16.5	16.5
60-90平方米	60 – 90 sq. m	31.7	31.6
90-120平方米	90 – 120 sq. m	28.7	28.9
120-200平方米	120 – 200 sq. m	17.2	17.8
200平方米以上	Above 200 sq. m	3.9	4.0
五、住宅外道路路面情况	Road Conditions Outside Houses	100.0	100.0
水泥或柏油路面	Cement or Asphalt Road	96.0	96.4
沙石或石板等硬质路面	Sand, Stone and Other Hard Surfacing Road	3.6	3.2
其　他	Others	0.4	0.5
六、取水位置	Water Intaking		100.0
住宅内管道取水	Pipelines inside Houses		93.6
住宅内其他方式取水	Other Ways inside Houses		0.4
院内管道取水	Pipelines in Yards		4.6
院内其他方式取水	Other Ways in Yards		1.0
其他位置取水	Others		0.4
七、住户主要饮用水来源情况	Major Sources of Drinking Water for Households	100.0	100.0
经过净化处理的自来水	Purified Running Water	92.3	93.2
受保护的井水和泉水	Protected Wells and Springs	7.0	6.1
不受保护的井水和泉水	Unprotected Wells and Springs	0.3	0.1
江河湖泊水	River and Lake Water		
收集雨水	Collected Rainwater		
桶装水	Bottled Water	0.4	0.6
其他水源	Other Water sources	0.1	0.04
八、住户厕所类型	Households Toilets		100.0
水冲式卫生厕所(冲入下水道)	Sanitary Flush Toilets (into Sewers)		77.8
水冲式卫生厕所(冲入化粪池)	Sanitary Flush Toilets (into Septic Tanks)		0.8
水冲式卫生厕所(冲入防渗厕坑)	Sanitary Flush Toilets (into Impervious Pits)		1.8

4-16 续表2 continued

单位：% (%)

指　　标	Item	2018	2019
水冲式非卫生厕所(冲入其他地方)	Non-stanitary Flush Toilets (into Other Ways)		7.3
卫生旱厕	Stanitray Pit Latrines		5.7
普通旱厕	General Pit Latrines		6.6
无厕所	No Toilets		0.1
九、住户主要取暖设备状况	Major Heating Equipments for Households	100.0	100.0
由市政或小区集中供暖	Central Heating Supplied by Municipal or Residential Area	76.8	78.3
自行供暖	Self Heating	22.3	19.7
无取暖设备	No Heating Equipments	0.9	2.0
十、住户主要取暖用能源状况	Major Heating Energy for Households	100.0	100.0
柴　草	Firewood	0.1	0.1
煤　炭	Coal	14.4	11.2
罐装液化石油气	Bottled Liquefied Petroleum Gas		
管道液化石油气	Pipelined Liquefied Petroleum Gas		0.1
管道煤气	Pipelined Gas	0.5	0.8
管道天然气	Pipelined Natural Gas	4.6	4.0
电	Electricity	3.8	3.6
燃料用油	Fuel oil		
沼　气	Biogas		
其　他	Others	1.0	0.6
无取暖行为	None	75.6	79.6
十一、主要炊用能源状况	Major Cooking Energy	100.0	100.0
柴　草	Firewood	0.4	0.2
煤　炭	Coal	8.6	6.8
罐装液化石油气	Bottled Liquefied Petroleum Gas	2.5	1.7
管道液化石油气	Pipelined Liquefied Petroleum Gas	0.6	0.6
管道煤气	Pipelined Gas	10.9	11.2
管道天然气	Pipelined Natural Gas	51.9	53.6
电	Electricity	23.6	24.8
燃料用油	Fuel oil		
沼　气	Biogas		
其　他	Others	1.0	0.3
无炊用行为	None	0.5	0.7

4-17 城镇居民家庭五等份分组基本情况(2019年)

按可支配收入分组

指　标	Item	低收入户 (20%) Low Income Households
一、调查户数 (户)	Number of Households Surveyed (household)	546
二、调查户常住人口(人)	Number of Resident Population Surveyed (person)	1786
三、劳动力数(人)	Number of Labors	1147
#从业人数	Number of Employees	731
四、人均期末住房面积 (平方米)	Per Capita Housing Area at the Year-end (sq.m)	30.59
五、平均每百户期末耐用品拥有量	Durable Goods Owned Per 100 Households at the Year-end	
家用汽车(辆)	Automobile (unit)	23.81
摩托车(辆)	Motorcycle (unit)	17.95
洗衣机(台)	Washing Machine (set)	97.80
电冰箱(台)	Refrigerator (set)	89.38
微波炉(台)	Microwave Oven (set)	22.16
彩色电视机(台)	Color Television (set)	100.18
空　调(台)	Air Conditioner (set)	19.41
固定电话(部)	Fixed Telephone (set)	5.68
移动电话(部)	Mobile Telephone (set)	237.36
#接入互联网	Mobile Telephone with Internet Access	180.59
计算机(台)	Computer (set)	46.89
#接入互联网	Computer with Internet Access	32.23
照相机(台)	Camera (set)	3.66
六、平均每人食品消费情况 (公斤)	Per Capita Food Consumption (kg)	
粮　食	Grain	113.25
油脂类	Oil and Fat	6.84
蔬菜及菜制品	Vegetables and Processed Products	84.69
肉　类	Meat	13.31
禽　类	Poultry	2.95
水产品	Aquatic Product	2.79
蛋类及蛋制品	Eggs and Processed Products	12.78
奶和奶制品	Milk and Processed Products	15.58
干鲜瓜果类	Fresh and Dried Fruits	60.19
糖果糕点类	Sweets and Pastry	6.80
饮　料	Beverage	0.21
酒	Liquor	2.72

BASIC CONDITIONS OF URBAN HOUSEHOLDS BY INCOME QUINTILE(2019)

(by the group of disposible income)

中低收入户 (20%) Lower Middle Income Households	中等收入户 (20%) Middle Income Households	中高收入户 (20%) Higher Middle Income Households	高收入户 (20%) High Income Households
546	546	546	546
1782	1620	1419	1218
1213	1183	1090	994
841	761	633	542
33.34	36.49	39.17	45.52
33.88	43.59	39.38	39.93
21.79	16.67	13.92	4.76
102.01	100.18	100.55	99.45
97.62	97.25	98.90	98.90
31.87	39.93	45.60	55.86
103.85	105.13	102.93	104.03
39.38	40.48	47.25	62.45
5.13	7.88	8.79	12.64
259.34	252.20	237.73	224.91
209.16	205.49	192.86	181.68
59.71	62.64	63.37	67.58
46.15	47.99	47.62	50.73
8.06	14.29	18.86	29.49
108.73	122.12	130.53	120.41
6.15	7.41	8.50	6.96
92.08	106.16	117.12	128.23
13.93	19.07	20.53	21.19
3.29	4.09	3.77	4.19
3.24	4.39	5.91	6.32
12.69	15.88	16.06	15.92
19.81	23.92	23.88	27.98
73.67	81.56	89.59	97.86
7.18	8.66	8.23	10.19
0.17	0.16	0.20	0.30
3.87	4.02	4.76	4.36

4-18 城镇居民家庭五等份分组人均收支情况(2019年)

按可支配收入分组

指　标	Item	低收入户 (20%) Low Income Households
一、总收入(元)	**Total Income (yuan)**	**15375.41**
(一)工资性收入	Income of Wages and Salaries	10610.31
(二)经营性收入	Business Income	1585.68
第一产业	Primary Industry	233.97
第二产业	Secondary Industry	54.36
第三产业	Tertiary Industry	1297.35
(三)财产性收入	Property Income	1024.62
#利息收入	Interest	49.89
红利收入	Dividend and Bonus	35.61
储蓄性保险净收益	Net Savings Insurance	1.62
出租房屋财产性净收入	Net Income of Property Rental	202.09
(四)转移性收入	Transfer Income	2154.80
#养老金或离退休金	Pension or Retirement Payments	1053.04
社会救济和补助	Social Relief and Subsidy	187.53
政策性生活补贴	Policy Living Allowances	59.19
赡养收入	Old Alimony	362.17
报销医疗费	Reimbursement of Medical Expenses	162.09
从政府和组织得到的实物产品和服务折价	Goods and Services Discount Received from Governments and Organizations	26.15
现金政策性惠农补贴	Cash Benefits Policy of Aagricultural Subsidies	9.37
二、总支出(元)	**Total Expenditure (yuan)**	**16918.82**
(一)生活消费支出	Living Expenditure	12585.04
食品烟酒	Food, Tobacco and Liquor	3352.32
衣　着	Clothing	1158.14
居　住	Residence	2810.95
生活用品及服务	Household Living Facilities,Articles and Services	631.91
交通通信	Transportation and Communication	1317.93
教育文化娱乐服务	Education, Culture and Recreation Services	2037.40
医疗保健	Health Care	1044.20
其他商品和服务	Other Commodities and Services	232.19
(二)生产经营费用支出	Production and Operation Expenses	376.57
第一产业	Primary Industry	88.26
第二产业	Secondary Industry	65.67
第三产业	Tertiary Industry	222.64
(三)财产性支出	Property Expenditure	31.15
(四)转移性支出	Transfer Expenditure	972.43
(五)部分商业保险支出	Part of the Commercial Insurance Expenses	81.81
(六)购置资产及非经常性转移支出	Acquisition of Assets and Non-recurring Transfer Expenditures	2492.80
(七)借贷性支出	Borrowing Expenditure	379.03
三、可支配收入(元)	**Disposable Income (yuan)**	**13869.79**

PER CAPITA INCOME AND EXPENDITURE OF URBAN HOUSEHOLDS BY INCOME QUINTILE(2019)

(by the group of disposible income)

中低收入户 (20%) Lower Middle Income Households	中等收入户 (20%) Middle Income Households	中高收入户 (20%) Higher Middle Income Households	高收入户 (20%) High Income Households
26414.46	**34004.52**	**45473.31**	**68531.36**
16629.83	18857.84	21321.11	31817.52
3542.62	2904.98	5570.71	6570.33
168.86	193.23	725.71	227.47
164.77	259.30	355.75	673.19
3208.99	2452.46	4489.25	5669.67
1312.00	1862.02	2231.10	5132.55
52.32	78.32	114.78	340.85
26.56	26.96	170.47	755.85
0.67	7.93	19.06	5.48
176.06	386.65	472.15	1428.43
4930.01	10379.68	16350.39	25010.96
3492.58	8957.46	14961.82	21694.30
63.37	31.53	76.49	114.67
45.18	47.36	39.50	39.88
344.51	294.62	148.64	382.29
312.73	342.96	468.24	1680.37
13.67	9.93	5.86	7.02
17.64	8.49	6.45	0.73
23749.33	**28581.70**	**37273.93**	**47922.63**
17376.85	22009.10	26067.60	33344.65
4162.46	5427.26	6182.48	7495.72
1522.19	1901.95	2272.09	2522.72
3560.23	4448.11	5046.30	6847.30
936.69	1368.24	1432.20	2188.46
2781.02	2900.20	3936.85	3728.31
2727.28	3129.83	3712.49	4016.81
1288.60	2246.68	2657.12	5447.03
398.39	586.84	828.08	1098.31
1781.89	888.10	1795.54	1797.21
72.90	49.19	527.67	95.10
27.52	59.40		85.63
1681.48	779.51	1267.87	1616.48
71.26	49.51	109.51	222.66
1351.54	1614.32	2172.49	3192.80
220.55	225.02	166.09	342.81
2361.17	3026.29	5496.85	7673.87
586.07	769.35	1465.85	1348.63
23152.53	**31313.89**	**41311.46**	**63121.19**

4–19 农村居民家庭生活基本情况
BASIC LIVING CONDITIONS OF RURAL HOUSEHOLDS

指 标	Item	2018	2019
一、调查户数 (户)	Number of Households Surveyed (household)	1770	1770
二、调查户常住人口(人)	Number of Resident Population Surveyed (person)	4816	4701
三、平均每户常住人口数 (人)	Average Number of Resident Population per Household (person)	2.72	2.66
四、平均每户从业人口数 (人)	Average Number of Employees per Household (person)	1.80	1.79
五、平均每一从业者负担人数 (人)	Average Number of Persons Supported by Each Employee (person)	1.64	1.63
六、平均每人全年可支配收入 (元)	Per Capita Annual Disposable Income (yuan)	11750	12902
七、平均每人全年消费支出 (元)	Per Capita Annual Living Expenditure (yuan)	9172	9728
八、人均期末住房面积 (平方米)	Per Capita Living Space at Year–end (sq.m)	38.11	39.90

4–20 农村家庭人口状况
POPULATION CONDITIONS OF RURAL HOUSEHOLDS

指 标	Item	2018	2019
一、调查户数 (户)	**Number of Households Surveyed (household)**	**1770**	**1770**
二、调查户常住人口(人)	**Number of Resident Population Surveyed (person)**	**4816**	**4701**
#劳动力数	Labors	3443	3406
#从业人数	Employees	2769	2700
#在校学生	Students Enrollment	828	776
按年龄分组	**Grouped by Age**		
5岁及以下	Aged 5 and Under	225	195
6–15岁	Aged 6–15	475	472
16–19岁	Aged 16–19	230	212
20–24岁	Aged 20–24	259	216
25–29岁	Aged 25–29	213	190
30–34岁	Aged 30–34	221	214
35–40岁	Aged 35–40	239	247
41–50岁	Aged 41–50	777	701
51–60岁	Aged 51–60	1052	1046
61–65岁	Aged 61–65	510	514
66岁及以上	Aged 66 and Above	581	631

4-21 农村居民家庭劳动力状况
LABOR FORCE OF RURAL HOUSEHOLDS

单位：人 (person)

指　标	Item	2018	2019
一、劳动力文化状况	**Cultural Level of Labor Force**		
未上过学	Illiteracy or little literacy	126	135
小　学	Level of Primary School	1030	963
初　中	Level of Junior Middle School	1731	1735
高　中	Level of Senior Middle School	407	412
大学专科	Level of Specialized Secondary School	128	135
大学本科	Level of Undergraduate	21	24
研究生	Level of Master and Doctor		2
二、劳动力从业情况	**Employment of Labor Force**		
(一)第一产业	Primary Industry	1529	1443
(二)第二产业	Secondary Industry	497	516
采矿业	Mining	104	113
制造业	Manufacturing	153	158
电力、热力、燃气及水生产供应业	Production and Supply of Power, Heat, Gas and Water	28	33
建筑业	Construction	212	212
(三)第三产业	Tertiary Industry	743	741
批发和零售业	Wholesale and Retail Trade	91	93
交通运输、仓储和邮政业	Transportation, Storage and Post	145	138
住宿和餐饮业	Hotels and Catering Services	88	91
信息传输、软件业和信息	Information Transmission, Software and	4	6
金融业	Financial Industry	13	10
房地产业	Real Estate		2
租赁和商务服务业	Leasing and Business Services	6	6
科学研究和技术服务业	Scientific Research and Technical Services		1
水利、环境和公共设施管理业	Management of Water Conservancy, Environment and Public Facilities	19	16
居民服务、修理和其他服务业	Services to Households, Repair and Other Services	241	238
教　育	Education	38	44
卫生和社会工作	Health and Social Service	26	27
文化、体育和娱乐业	Culture, Sports and Entertainment	5	5
公共管理、社会保障和社会组织	Public Management, Social Security and Social Organization	67	64
国际组织	International Organization		

4-22 农村居民家庭人均全年总收入
PER CAPITA ANNUAL INCOME OF RURAL HOUSEHOLDS

单位：元 (yuan)

指 标	Item	2018	2019
总收入	**Total Income**	**14641.55**	**16124.39**
一、工资性收入	Income of Wages and Salaries	5735.75	6098.12
二、经营性收入	Business Income	5546.41	6199.39
(一)第一产业	Primary Industry	4390.14	4679.98
农 业	Farming	3277.23	3408.23
林 业	Forestry	37.22	35.80
牧 业	Animal Husbandry	1074.42	1235.82
渔 业	Fishery	1.27	0.14
(二)第二产业	Secondary Industry	89.46	157.85
采矿业	Mining	4.97	2.39
制造业	Manufacturing	30.44	99.05
电力、热力、燃气及水生产和供应业	Production and Supply of Power, Heat, Gas and Water	0.60	0.82
建筑业	Construction	53.46	55.59
(三)第三产业	Tertiary Industry	1066.80	1361.56
批发和零售业	Wholesale and Retail Trade	399.69	492.33
交通运输、仓储和邮政业	Transportation, Storage and Post	334.98	369.53
住宿和餐饮业	Hotels and Catering Services	94.50	191.84
房地产业	Real Estate		
租赁和商务服务业	Leasing and Business Services	8.57	8.02
居民服务、修理和其他服务业	Resident Services, Repair and Other Services	143.08	218.13
农林牧渔服务业	Services of Agriculture, Forestry, Animal Husbandry and Fishery	50.97	58.47
其 他	Others	35.01	23.25
三、财产性收入	Property Income	216.26	217.84
#利息收入	Interest	26.97	34.49
红利收入	Dividend and Bonus	83.90	87.66
储蓄性保险净收益	Net Savings Insurance	0.38	0.49
出租房屋财产性净收入	Net Income of Property Rental	37.37	28.97
四、转移性收入	Transfer Income	3143.14	3609.04
#养老金或离退休金	Pension or Retirement Payments	949.20	960.98
社会救济和补助	Social Relief and Subsidy	247.70	318.37
政策性生活补贴	Policy Living Allowances	159.69	125.31
赡养收入	Old Alimony	482.21	737.21
报销医疗费	Reimbursement of Medical Expenses	189.85	194.31
从政府和组织得到的实物产品和服务折价	Goods and Services Discount Received from Governments and Organizations	47.38	61.37
现金政策性惠农补贴	Cash Benefits Policy of Aagricultural Subsidies	190.83	262.07

4-23 农村居民家庭人均全年总支出
PER CAPITA ANNUAL EXPENDITURE OF RURAL HOUSEHOLDS

单位：元 (yuan)

项目	Item	2018	2019
总支出	**Total Expenditure**	**14890.03**	**16377.81**
一、消费支出	Living Expenditure	9172.22	9728.42
二、生产经营费用支出	Production and Operation Expenses	2297.47	2610.33
(一)第一产业	Primary Industry	1934.54	2144.41
农　业	Farming	1151.46	1342.26
林　业	Forestry	14.34	27.54
牧　业	Animal Husbandry	762.96	773.10
渔　业	Fishery	5.78	1.52
(二)第二产业	Secondary Industry	18.24	34.92
采矿业	Mining	1.49	0.16
制造业	Manufacturing	12.79	34.30
电力、热力、燃气及水生产和供应业	Production and Supply of Power, Heat, Gas and Water		0.31
建筑业	Construction	3.96	0.15
(三)第三产业	Tertiary Industry	344.69	431.00
批发和零售业	Wholesale and Retail Trade	153.96	204.42
交通运输、仓储和邮政业	Transportation, Storage and Post	95.67	79.61
住宿和餐饮业	Hotels and Catering Services	42.41	72.76
房地产业	Real Estate	0.17	0.52
租赁和商务服务业	Leasing and Business Services	3.11	0.75
居民服务、修理和其他服务业	Resident Services, Repair and Other Services	20.37	60.32
农林牧渔服务业	Services of Agriculture, Forestry, Animal Husbandry and Fishery	10.62	6.09
其　他	Others	18.38	6.52
三、财产性支出	Property Expenditure	23.32	7.57
生活贷款利息支出	Living Loans Interest Expense	20.35	7.19
其他财产性支出	Other Property Expenditure	2.98	0.38
四、转移性支出	Transfer Expenditure	397.05	411.10
个人所得税	Individual Income Tax	3.16	3.14
社会保障支出	Social Security Expenditures	350.65	359.45
外来从业人员寄给家人的支出	Expenses of Foreign Employees Sent to The Family	0.72	0.11
赡养支出	Alimony Expenses	30.31	33.97
其他转移性支出	Other Property Expenditure	12.21	14.42
五、部分商业保险支出	Part of the Commercial Insurance Expenses	67.52	48.70
六、购置资产及非经常性转移支出	Acquisition of Assets and Non-recurring Transfer Expenditures	2347.03	3165.36
七、借贷性支出	Borrowing Expenditure	585.42	406.34

4-24 农村居民家庭平均每户土地经营情况

LAND MANAGEMENT OF RURAL HOUSEHOLDS

单位：亩 (mu)

指 标	Item	2018	2019
一、期末实际经营土地面积	**Land Area Under Real Management at the End of the Period**	**9.23**	**9.29**
耕 地	Cultivated Land	7.12	7.15
#有效灌溉面积	Effective Irrigated Area	2.46	2.05
林 地	Forest Land	1.15	1.07
园 地	Orchards	0.95	1.00
二、期内主要粮食播种面积	**Sown Area of Major Crops within the Period**	**5.34**	**5.23**
小 麦	Wheat	0.74	0.81
水 稻	Rice		
玉 米	Corn	4.00	3.99
大 豆	Soybean	0.21	0.10
薯 类	Rubers	0.38	0.33
三、期内主要经济作物播种面积	**Sown Area of Major Commercial Crops within the Period**	**1.45**	**1.22**
棉 花	Cotton		
油 料	Oil-bearing Plants	0.64	0.36
糖料作物	Sugar-yileding Crops	0.00	0.01
蔬 菜	Vegetables	0.12	0.18
#设施蔬菜	Greenhouse Vegetables	0.02	0.04
水 果	Fruit	0.70	0.67
#设施水果	Greenhouse Fruit	0.02	0.02
四、农业生产技术应用情况	**Application of Agriculture Production Technology**		
机耕面积	Area Cultivated by Machine	5.21	5.02
机播面积	Area Sown by Machine	4.00	3.84
机收面积	Area Harvested by Machine	3.06	2.79
机电灌溉面积	Area Irrigated by Machine	1.55	1.40

4-25 农村居民家庭平均每人家庭经营净收入

PER CAPITA NET INCOME FROM HOUSEHOLD BUSINESS OF RURAL HOUSEHOLDS

单位：元 (yuan)

指　标	Item	2018	2019
家庭经营净收入	**Net Income from Household Business**	**3075.23**	**3396.04**
农　业	Farming	2060.98	2001.28
林　业	Forestry	22.87	8.10
牧　业	Animal Husbandry	285.04	419.04
渔　业	Fishery	-4.51	-1.38
采矿业	Mining	3.13	2.14
制造业	Manufacturing	16.23	62.53
电力、热力、燃气及水生产和供应业	Production and Supply of Power, Heat, Gas and Water	0.60	0.50
建筑业	Construction	43.50	54.95
批发和零售业	Wholesale and Retail Trade	235.87	267.73
交通运输、仓储和邮政业	Transportation, Storage and Post	184.72	238.37
住宿和餐饮业	Hotels and Catering Services	50.49	115.45
房地产业	Real Estate	-0.17	-0.52
租赁和商务服务业	Leasing and Business Services	4.66	6.47
居民服务、修理和其他服务业	Resident Services, Repair and Other Services	116.66	152.70
农林牧渔服务业	Services of Agriculture, Forestry, Animal Husbandry and Fishery	39.91	52.09
其　他	Others	15.27	16.59

4-26 主要年份农村居民人均可支配收入增长情况

PER CAPITA DISPOSABLE INCOME GROWTH OF RURAL HOUSEHOLDS IN MAJOR YEARS

单位：元 (yuan)

年份 Year	可支配收入 Disposable Income	比上年增加额 Increase Value over Last Year	比上年增长 (%) Increase Rate over Last Year	农村居民消费价格指数 (上年=100) Consumer Price Index of Rural Residents (last year=100)	扣除物价上涨因素后 Deducting Price Rising	
					实际收入 Real Income	比上年增长% Increase Rate over Last Year
1978	101.6	8.0	8.6			
1980	155.8	10.4	7.1	101.3	153.8	5.8
1985	358.3	19.5	5.8	107.8	332.4	-1.9
1990	603.5	89.6	17.4	103.0	585.9	14.0
1995	1208.3	324.1	36.7	117.2	1031.0	16.6
2000	1950.4	150.7	8.4	103.0	1893.6	5.2
2005	3082.0	344.1	12.6	103.7	2972.0	8.6
2010	5263.3	586.3	12.5	102.8	5119.9	9.5
2013	7949.5	885.6	12.5	103.2	7703.0	9.0
2014	8809.4	859.9	10.8	101.4	8685.4	9.2
2015	9453.9	644.5	7.3	100.7	9388.2	6.6
2016	10082.5	628.6	6.6	101.1	9968.9	5.5
2017	10787.5	705.1	7.0	100.5	10733.8	6.5
2018	11750.0	962.5	8.9	101.8	11542.3	7.0
2019	12902.4	1152.4	9.8	103.0	12526.6	6.6

4-27 主要年份农村居民人均消费支出增长情况

PER CAPITA LIVING EXPENDITURE GROWTH OF RURAL HOUSEHOLDS IN MAJOR YEARS

单位：元 (yuan)

年份 Year	消费支出 Living Expenditure	比上年增加额 Increase Value over Last Year	比上年增长 (%) Increase Rate over Last Year	农村居民消费价格指数 (上年＝100) Consumer Price Index of Rural Residents (last year=100)	扣除物价上涨因素后 Deducting Price Rising	
					实际支出 Real Expenditure	比上年增长% Increase Rate over Last Year
1978	90.6					
1980	134.4	16.1	13.6	101.3	132.7	12.1
1985	272.7	48.4	21.6	107.8	253.0	12.8
1990	487.7	78.4	19.2	103.0	473.4	15.7
1995	928.0	254.4	37.8	117.2	791.8	17.5
2000	1174.8	112.8	10.6	103.0	1140.6	7.4
2005	1999.8	271.6	15.7	103.7	1928.4	11.6
2010	4070.4	428.9	11.8	102.8	3959.6	8.7
2013	6457.7	273.8	4.4	103.2	6257.5	1.2
2014	6991.7	534.0	8.3	101.4	6895.2	6.8
2015	7421.2	429.5	6.1	100.7	7369.6	5.4
2016	8028.8	607.6	8.2	101.1	7938.4	7.0
2017	8424.0	395.2	4.9	100.5	8382.1	4.4
2018	9172.2	748.2	8.9	101.8	9010.0	7.0
2019	9728.4	556.2	6.1	103.0	9445.1	3.0

4–28 农村居民家庭平均每人食品消费量
PER CAPITA FOOD CONSUMPTION OF RURAL HOUSEHOLDS

单位：公斤 (kg)

指　标	Item	2018	2019
粮　食	Grain	163.43	164.60
油脂类	Oil or Fat	7.96	7.83
蔬菜及菜制品	Vegetables and Processed Products	73.10	83.20
肉　类	Meat	12.44	11.95
禽　类	Poultry	1.71	2.03
水产品	Aquatic Product	1.34	1.57
蛋类及蛋制品	Eggs and Processed Products	10.12	12.23
奶和奶制品	Milk and Processed Products	11.03	11.68
干鲜瓜果类	Fresh and Dried Fruits	40.70	44.94
糖果糕点类	Sweets and Pastry	5.29	5.92
饮　料	Beverage	0.13	0.15
酒	Liquor	4.51	4.81

4–29 农村居民家庭平均每百户耐用消费品拥有量
DURABLE CONSUMER GOODS OWNED PER 100 RURAL HOUSEHOLDS

名　称	Item	2018	2019
家用汽车(辆)	Automobile (unit)	18.76	19.21
摩托车(辆)	Motorcycle (unit)	45.02	40.56
洗衣机(台)	Washing Machine (set)	86.50	89.15
电冰箱(台)	Refrigerator (set)	75.93	80.79
微波炉(台)	Microwave oven (set)	7.23	7.63
彩色电视机(台)	Color Television (set)	103.22	104.35
空　调(台)	Air Conditioner (set)	18.48	21.30
固定电话(部)	Fixed Telephone (set)	6.55	3.79
移动电话(部)	Mobile Telephone (set)	219.50	225.31
#接入互联网	Mobile Telephone with Internet Access	141.24	159.60
计算机(台)	Computer (set)	28.48	28.36
#接入互联网	Computer with Internet Access	21.53	21.19
照相机(台)	Camera (set)	1.30	1.30

4-30 农村居民家庭年末居住情况

HOUSING CONDITIONS OF RURAL HOUSEHOLDS AT YEAR-END

单位：% (%)

指　标	Item	2018	2019
一、居住空间样式	Style of Residential Space	100.0	100.0
单栋楼房	Dependent Resident	9.9	8.6
单栋平房	Dependent Bungalow	75.0	78.2
四居室及以上单元房	Apartment with Four and More Bedrooms	0.1	0.1
三居室单元房	Apartment with Three Bedrooms	1.6	1.9
二居室单元房	Apartment with Two Bedrooms	1.0	1.0
一居室单元房	Apartment with One Bedrooms		0.4
筒子楼或连片平房	Tube-Shaped Apartment or Contiguous Bungalow	7.7	7.0
其　他	Others	4.7	2.9
二、主要建筑材料	Major Building Materials	100.0	100.0
钢筋混凝土	Reinforced Concrete	8.6	9.1
砖混材料	Brick and Concrete Material	40.4	43.3
砖瓦砖木	Tile and Brick	45.5	44.4
竹草土坯	Bamboo, Grass and Adobe	2.4	1.0
其　他	Others	3.0	2.3
三、现住房房屋来源	Current Housing Sources	100.0	100.0
租赁公房	Rent Public Houses	0.06	0.06
租赁私房	Rent Private Houses	1.1	1.1
自建住房	Self-Build Housing	91.9	91.1
购买商品房	Purchased Commercial Housing	2.7	3.1
购买房改住房	Purchased Housing-Reform Houses	0.4	0.6
购买保障性住房	Purchased Security Housing	0.4	0.4
拆迁安置房	Resettlement Housing	0.7	1.0
继承或获赠住房	Inherited or receive Housing	1.4	1.4
免费借用房	Free Rental Housing	1.0	0.9
雇主提供免费住房	Employer-Provided Free Housing		0.1
其他来源	Other Sources	0.4	0.2
四、现住房建筑面积	Current Housing Construction Area	100.0	100.0
10平方米以内	Within 10 sq. m		
10-20平方米	10 – 20 sq. m	1.2	0.3
20-30平方米	20 – 30 sq. m	5.7	4.5
30-60平方米	30 – 60 sq. m	20.0	20.5
60-90平方米	60 – 90 sq. m	24.9	25.2
90-120平方米	90 – 120 sq. m	24.6	25.3
120-200平方米	120 – 200 sq. m	19.2	19.2
200平方米以上	Above 200 sq. m	4.5	5.0
五、住宅外道路路面情况	Road Conditions Outside Houses	100.0	100.0
水泥或柏油路面	Cement or Asphalt Road	85.6	87.2
沙石或石板等硬质路面	Sand, Stone and Other Hard Surfacing Road	10.8	10.2
其　他	Others	3.6	2.7
六、取水位置	Water Intaking		100.0
住宅内管道取水	Pipelines inside Houses		50.2
住宅内其他方式取水	Other Ways inside Houses		1.3
院内管道取水	Pipelines in Yards		38.3
院内其他方式取水	Other Ways in Yards		5.9
其他位置取水	Others		4.3

4-30 续表1 continued

单位：% (%)

指 标	Item	2018	2019
七、住户主要饮用水来源情况	Major Sources of Drinking Water for Households	100.0	100.0
经过净化处理的自来水	Purified Running Water	55.2	62.8
受保护的井水和泉水	Protected Wells and Springs	35.7	31.3
不受保护的井水和泉水	Unprotected Wells and Springs	6.4	4.4
江河湖泊水	River and Lake Water	0.11	
收集雨水	Collected rainwater	2.2	1.5
桶装水	Bottled water		0.1
其他水源	Other Water sources	0.3	0.1
八、住户厕所类型	Households Toilets		100.0
水冲式卫生厕所(冲入下水道)	Sanitary Flush Toilets (into Sewers)		5.4
水冲式卫生厕所(冲入化粪池)	Sanitary Flush Toilets (into Septic Tanks)		0.2
水冲式卫生厕所(冲入防渗厕坑)	Sanitary Flush Toilets (into Impervious Pits)		4.0
水冲式非卫生厕所(冲入其他地方)	Non-stanitary Flush Toilets (into Other Ways)		26.2
卫生旱厕	Stanitray Pit Latrines		17.1
普通旱厕	General Pit Latrines		46.8
无厕所	No Toilets		0.2
九、住户主要取暖设备状况	Major Heating Equipments for Households	100.0	100.0
由市政或小区集中供暖	Central Heating Supplied by Municipal or Residential Area	7.2	8.4
自行供暖	Self Heating	87.4	87.9
无取暖设备	No Heating Equipments	5.4	3.7
十、住户主要取暖用能源状况	Major Heating Energy for Households	100.0	100.0
柴 草	Firewood	8.2	6.1
煤 炭	Coal	70.3	65.4
罐装液化石油气	Bottled Liquefied Petroleum Gas	0.1	0.1
管道液化石油气	Pipelined Liquefied Petroleum Gas	0.1	0.1
管道煤气	Pipelined Gas	1.1	1.0
管道天然气	Pipelined Natural Gas	4.5	5.2
电	Electricity	6.4	12.8
燃料用油	Fuel oil		
沼 气	Biogas		0.1
其 他	Others	1.8	0.2
无取暖行为	None	7.7	9.0
十一、主要炊用能源状况	Major Cooking Energy	100.0	100.0
柴 草	Firewood	15.8	12.8
煤 炭	Coal	44.3	41.6
罐装液化石油气	Bottled Liquefied Petroleum Gas	1.4	1.5
管道液化石油气	Pipelined Liquefied Petroleum Gas		
管道煤气	Pipelined Gas	2.3	2.5
管道天然气	Pipelined Natural Gas	5.8	6.7
电	Electricity	28.9	34.5
燃料用油	Fuel oil		
沼 气	Biogas	0.1	0.1
其 他	Others	1.4	0.3
无炊用行为	None	0.1	0.1

4-31 农村居民家庭五等份分组基本情况(2019年)

按可支配收入分组

指 标	Item	低收入户 (20%) Low Income Households
一、调查户数 (户)	Number of Households Surveyed (household)	354
二、调查户常住人口(人)	Number of Resident Population Surveyed (person)	923
三、劳动力数	Number of Labors	627
#从业人数	Number of Employees	476
四、人均期末住房面积 (平方米)	Per Capita Housing Area at the Year-end (sq.m)	36.01
五、户均期末经营土地面积(亩)	Average Land Area under Management at the End of the Period (mu)	8.37
六、平均每百户期末耐用品拥有量	Durable Goods Owned Per 100 Households at the Year-end	
家用汽车(辆)	Automobile (unit)	10.73
摩托车(辆)	Motorcycle (unit)	36.44
洗衣机(台)	Washing Machine (set)	78.53
电冰箱(台)	Refrigerator (set)	70.34
微波炉(台)	Microwave Oven (set)	3.67
彩色电视机(台)	Color Television (set)	100.85
空 调(台)	Air Conditioner (set)	11.02
固定电话(部)	Fixed Telephone (set)	3.67
移动电话(部)	Mobile Telephone (set)	194.92
#接入互联网	Mobile Telephone with Internet Access	125.42
计算机(台)	Computer (set)	14.69
#接入互联网	Computer with Internet Access	10.17
照相机(台)	Camera (set)	
七、平均每人食品消费情况 (公斤)	Per Capita Food Consumption (kg)	
粮 食	Grain	165.46
油脂类	Oil and Fat	7.23
蔬菜及菜制品	Vegetables and Processed Products	75.40
肉 类	Meat	10.08
禽 类	Poultry	1.34
水产品	Aquatic Product	0.98
蛋类及蛋制品	Eggs and Processed Products	10.72
奶和奶制品	Milk and Processed Products	7.73
干鲜瓜果类	Fresh and Dried Fruits	33.20
糖果糕点类	Sweets and Pastry	4.45
饮 料	Beverage	0.10
酒	Liquor	3.21

BASIC CONDITIONS OF RURAL HOUSEHOLDS BY INCOME QUINTILE(2019)

(by the group of disposible income)

中低收入户 (20%) Lower Middle Income Households	中等收入户 (20%) Middle Income Households	中高收入户 (20%) Higher Middle Income Households	高收入户 (20%) High Income Households
354	354	354	354
1023	982	941	833
682	709	719	669
524	571	599	530
34.50	39.20	42.98	48.95
8.84	8.23	10.05	10.94
19.21	18.93	22.60	24.58
39.27	42.37	44.07	40.68
86.72	90.68	94.07	95.76
73.73	83.33	85.31	91.24
4.52	6.21	10.17	13.56
102.26	103.67	108.19	106.78
16.95	23.73	26.27	28.53
3.67	4.80	3.67	3.11
220.06	235.59	238.98	237.01
149.44	168.36	172.88	181.92
25.99	33.05	33.62	34.46
20.06	24.58	24.29	26.84
0.85	2.26	0.85	2.54
152.12	162.69	168.04	179.27
6.86	9.04	8.14	8.89
75.82	78.71	88.54	97.72
10.07	9.79	13.37	16.14
1.78	1.66	2.56	2.67
1.23	1.50	1.97	2.28
10.82	14.15	12.66	14.52
11.64	10.98	14.10	13.21
42.31	42.87	49.46	57.53
5.67	5.73	6.57	7.20
0.12	0.21	0.15	0.18
3.66	4.69	5.88	7.04

4-32 农村居民家庭五等份分组人均收支情况(2019年)

按可支配收入分组

指　标	Item	低收入户 (20%) Low Income Households
一、总收入(元)	**Total Income (yuan)**	**7453.54**
(一)工资性收入	Income of Wages and Salaries	2063.83
(二)经营性收入	Business Income	2881.27
第一产业	Primary Industry	2410.27
第二产业	Secondary Industry	4.02
第三产业	Tertiary Industry	466.97
(三)财产性收入	Property Income	137.34
#利息收入	Interest	4.41
红利收入	Dividend and Bonus	54.05
储蓄性保险净收益	Net Savings Insurance	
出租房屋财产性净收入	Net Income of Property Rental	6.40
(四)转移性收入	Transfer Income	2371.11
#养老金或离退休金	Pension or Retirement Payments	428.78
社会救济和补助	Social Relief and Subsidy	399.45
政策性生活补贴	Policy Living Allowances	61.19
赡养收入	Old Alimony	617.01
报销医疗费	Reimbursement of Medical Expenses	62.99
从政府和组织得到的实物产品和服务折价	Goods and Services Discount Received from Governments and Organizations	59.80
现金政策性惠农补贴	Cash Benefits Policy of Aagricultural Subsidies	206.52
二、总支出(元)	**Total Expenditure (yuan)**	**12806.74**
(一)消费支出	Living Expenditure	7629.65
食品烟酒	Food, Tobacco and Liquor	2295.48
衣　着	Clothing	480.64
居　住	Residence	1782.52
生活用品及服务	Household Living Facilities,Articles and Services	404.96
交通通信	Transportation and Communication	805.25
教育文化娱乐服务	Education, Culture and Recreation Services	854.38
医疗保健	Health Care	862.60
其他商品和服务	Other Commodities and Services	143.83
(二)生产经营费用支出	Production and Operation Expenses	2031.20
第一产业	Primary Industry	1773.98
第二产业	Secondary Industry	1.53
第三产业	Tertiary Industry	255.69
(三)财产性支出	Property Expenditure	9.85
(四)转移性支出	Transfer Expenditure	308.92
(五)部分商业保险支出	Part of the Commercial Insurance Expenses	18.09
(六)购置资产及非经常性转移支出	Acquisition of Assets and Non-recurring Transfer Expenditures	2354.58
(七)借贷性支出	Borrowing Expenditure	454.46
三、可支配收入(元)	**Disposable Income (yuan)**	**4985.62**

PER CAPITA INCOME AND EXPENDITURE OF RURAL HOUSEHOLDS BY INCOME QUINTILE(2019)

(by the group of disposible income)

中低收入户 (20%) Lower Middle Income Households	中等收入户 (20%) Middle Income Households	中高收入户 (20%) Higher Middle Income Households	高收入户 (20%) High Income Households
10949.14	**14626.25**	**18489.15**	**31863.16**
4692.53	6209.24	8116.24	10078.73
3267.46	5185.90	6585.88	14711.70
2687.99	3168.73	5000.47	10836.93
	159.93	56.79	733.30
579.47	1857.24	1528.63	3141.47
106.88	119.81	159.43	625.69
17.18	44.13	23.73	107.74
32.58	28.20	28.31	331.74
0.06			2.69
14.94		15.56	112.66
2882.26	3111.30	3627.60	6447.04
530.60	463.94	903.71	2619.61
360.00	373.58	269.45	206.13
92.77	146.73	203.74	127.19
621.87	563.53	850.21	988.36
126.82	159.37	281.92	337.18
64.67	48.96	49.07	82.57
223.45	165.96	249.95	460.91
12294.86	**20016.98**	**16669.87**	**24473.80**
8520.37	10081.65	10517.31	12761.95
2381.63	2580.10	2970.86	3626.17
628.78	669.54	778.90	958.37
1807.32	2263.27	2340.54	2917.80
399.36	486.07	553.05	704.70
896.51	981.03	1015.66	1710.47
1346.90	1678.97	1244.75	1115.06
927.41	1298.13	1421.91	1456.39
132.45	124.55	191.65	272.99
1225.26	2215.26	2521.06	5593.29
1042.47	1269.61	2057.90	4684.61
	32.85	0.50	180.46
182.79	912.80	462.66	728.23
5.85	7.54	9.93	4.36
399.44	380.08	419.13	558.13
28.28	63.13	28.88	138.40
1942.57	6557.45	2837.75	4752.39
173.09	711.85	335.80	665.29
9167.61	**11894.58**	**15298.83**	**25396.85**

主要统计指标解释

可支配收入 指住户在调查期内获得的、可用于最终消费支出和储蓄的总和，即调查户可以用来自由支配的收入。可支配收入既包括现金，也包括实物收入。按照收入的来源，可支配收入包含四项，分别为：工资性收入、经营净收入、财产净收入和转移净收入。计算公式为：

可支配收入 = 工资性收入 + 经营净收入 + 财产净收入 + 转移净收入

工资性收入 指就业人员通过各种途径得到的全部劳动报酬和各种福利，包括受雇于单位或个人、从事各种自由职业、兼职和零星劳动得到的全部劳动报酬和福利。

经营净收入 指住户或住户成员从事生产经营活动所获得的净收入，是全部经营收入中扣除经营费用、生产性固定资产折旧和生产税之后得到的净收入。计算公式具体为：

经营净收入 = 经营收入 - 经营费用 - 生产性固定资产折旧 - 生产税

财产净收入 指住户或住户成员将其所拥有的金融资产、住房等非金融资产和自然资源交由其他机构单位、住户或个人支配而获得的回报并扣除相关的费用之后得到的净收入。财产净收入包括利息净收入、红利收入、储蓄性保险净收益、转让承包土地经营权租金净收入、出租房屋净收入、出租其他资产净收入和自有住房折算净租金等。

转移净收入 计算公式为：转移净收入 = 转移性收入 - 转移性支出

转移性收入 指国家、单位、社会团体对住户的各种经常性转移支付和住户之间的经常性收入转移。包括政府、非行政事业单位、社会团体对居民转移的养老金或退休金、社会救济和补助、惠农补贴、政策性生活补贴、救灾款、经常性捐赠和赔偿以及报销医疗费等；住户之间的赡养收入、经常性捐赠和赔偿以及农村地区（村委会）在外（含国外）工作的本住户非常住成员寄回带回的收入等。

转移性支出 指住户对国家、单位、住户或个人的经常性或义务性转移支付。包括缴纳的税款、各项社会保障支出、赡养支出、经常性捐赠和赔偿支出以及其他经常转移支出等。

消费支出 指住户用于满足家庭日常生活消费需要的全部支出，包括用于消费品的支出和用于服务性消费的支出。根据用途不同，消费支出可划分为食品烟酒、衣着、居住、生活用品及服务、交通通信、教育文化娱乐服务、医疗保健、其他商品及服务八大类。

Explanatory Notes on Main Statistical Indicators

Disposable Income refers to the disposable income of households which obtained during the survey period, and can be used for final consumption and savings. It includes cash and physical income. It can be divided into four categories, including income of wages and salaries, net business income, net property income and net transfer income by the sources of income. The formula is as follows:

Disposable Income = Income of Wages and Salaries + Net Business Income + Net Property Income + Net Transfer Income

Income of Wages and Salaries refers to total labor rewards and welfare employees received through various channels, including employed by units or individuals, engaged in free occupations, part-time jobs and sporadic jobs.

Net Business Income refers to net income the households or their members received through production and operation activities. It equals to total business income minus business expenses, depreciation of productive fixed assets and production taxes. The formula is as follows:

Net Business Income = Business Income – Business Expenses – Depreciation of Productive Fixed Assets – Production Taxes

Net Property Income refers to net income received as returns deducting related expenses by the households or their members, who owns the financial assets, non-financial assets such as housing and natural resources, by providing them to other institutional units, households or individuals. It includes net interest income, dividend and bonus, net savings insurance, net rental income from transferring management right of contracted land, net rental income from houses, net rental income from other assets, imputed net rental from owner occupied housing and etc.

Net Transfer Income is calculated by the following formula:

Net Transfer Income = Transfer Income – Transfer Expenditure

Transfer Income refers to current transfer payment the state, units, social organizations pay to households and current transfer income among households. It includes pensions or retirement payments, social relief and subsidies, agricultural subsidies, policy living allowances, relief funds, regular donations and compensations and reimbursement of medical expenses, which the government, non-administrative institutions, social organizations transferring to households. It also includes old alimony, regular donations and compensations and incomes that non-resident household members who work away from home including abroad sending or bringing back to the rural area, which transferring among households.

Transfer Expenditure refers to current or compulsory transfer payment households pay to the state, units, households and individuals. It includes taxes, social security expenditures, alimony payments, regular donations and compensations and other current transfer expenditures.

Living Expenditure refers to total expenditure households used to satisfy daily life consumption, which includes consumer goods and services expenditure. It can be classified into eight categories, including expenditure on food, tobacco and liquor, clothing, residence, living articles and services, transportation and communication, education, culture and recreation services, health care, other commodities and services.

财政、金融和保险

PUBLIC FINANCE, BANKING AND INSURANCE

资料整理人员

张艳芳　张艳君

财政、金融和保险
PUBLIC FINANCE, BANKING AND INSURANCE

一般公共预算收入	General Public Budget Revenue	2347.7	亿元	(100 million yuan)
一般公共预算支出	General Public Budget Expenditure	4710.8	亿元	(100 million yuan)
住户存款	Households Deposits	22545.2	亿元	(100 million yuan)
原保险保费收入	Income of Premiums	883.3	亿元	(100 million yuan)

一般公共预算收入（亿元）

General Public Budget Revenue (100 million yuan)

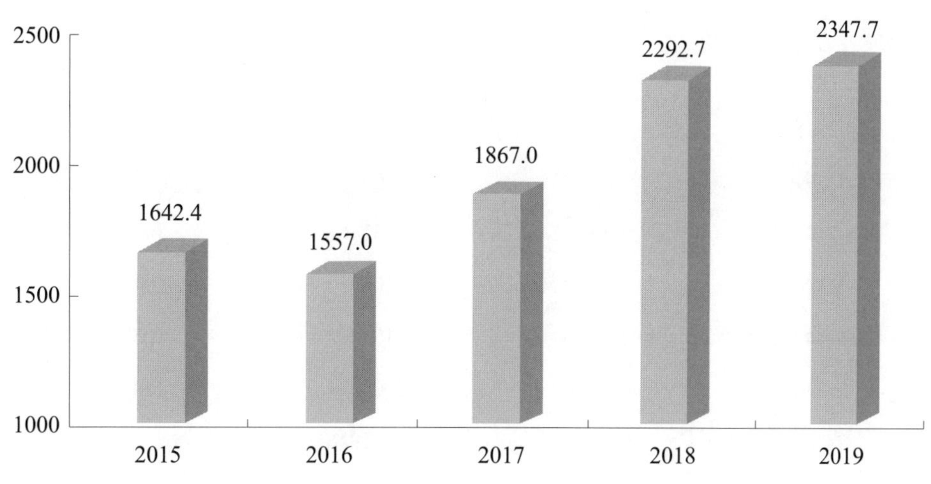

金融机构人民币各项存款余额（亿元）

Deposits Balance in RMB of Financial Institutions (100 million yuan)

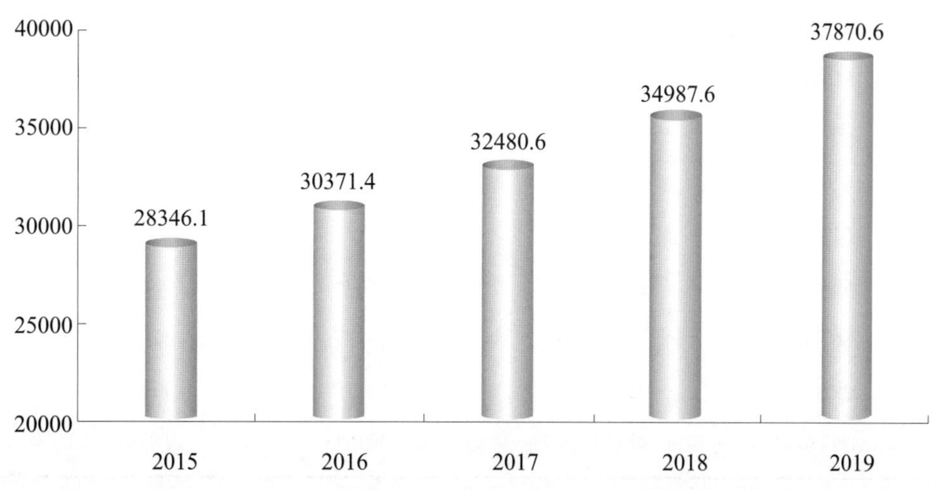

5-1 主要年份财政收支情况
FINANCIAL REVENUE AND EXPENDITURE IN MAJOR YEARS

单位：万元 (10 000 yuan)

年份 Year	一般公共预算收入 General Public Budget Revenue	一般公共预算支出 General Public Budget Expenditure	一般公共预算收支差额 General Public Budget Balance	一般公共预算收支指数(上年=100) General Public Budget Revenue and Expenditure Indices (last year=100)	
				收入 Revenue	支出 Expenditure
1952	18276	10913	7363	138	185
1957	35230	28832	6398	109	95
1962	54001	36423	17578	79	50
1965	68571	51064	17507	115	103
1970	92081	94164	-2083	181	150
1975	123934	149779	-25845	113	98
1978	196419	211118	-14699	148	129
1980	209555	196099	13456	103	95
1985	249906	355483	-105577	92	119
1990	517495	548962	-31467	107	108
1995	722064	1128924	-406860	134	127
2000	1144762	2250554	-1105792	105	121
2005	3683437	6687508	-3004071	144	129
2006	5833752	9155698	-3321946	158	137
2007	5978870	10499228	-4520358	102	115
2008	7480047	13150175	-5670128	125	125
2009	8058279	15617047	-7558768	108	119
2010	9696652	19313641	-9616989	120	124
2011	12134340	23638476	-11504136	125	122
2012	15163780	27594582	-12430802	125	117
2013	17016227	30301263	-13285036	112	110
2014	18206350	30852826	-12646476	107	102
2015	16423546	34229731	-17806185	90	111
2016	15569972	34288617	-18718645	95	100
2017	18670022	37564199	-18894177	120	110
2018	22926982	42839099	-19912117	123	114
2019	23477478	47107629	-23630151	102	110

注：1994年以前一般预算收支为财政收支。
Note: General budget revenue and expenditure refer to financial revenue and expenditure before 1994.

5-2 政府性基金收支额(2019年)
REVENUE AND EXPENDITURE OF GOVERNMENT FUNDS(2019)

单位：万元 (10 000 yuan)

项 目	Item	金 额 Value
收入合计	**Total Revenue**	**11863113**
政府性基金收入	Revenue of Government Funds	11863113
支出合计	**Total Expenditure**	**14524548**
一、文化旅游体育与传媒	Expenditure for Culture, Tourism, Sports and Media	13672
二、社会保障和就业	Expenditure for Social Security and Employment	51924
三、节能环保	Expenditure for Energy Conservation and Environmental Protection	
四、城乡社区	Expenditure for Urban and Rural Community	11660988
五、农林水	Expenditure for Agriculture, Forestry and Water Conservancy	23980
六、交通运输	Expenditure for Transportation	140720
七、资源勘探信息等	Expenditure for Resources Exploration and Information	23624
八、商业服务业等	Expenditure for Business and Services	
九、债务发行费用	Expenditure for Debts Issuance	4003
十、债务付息	Expenditure for Interest Payment on Debts	355770
十一、其他支出	Other Expenditures	2249867

5-3 一般公共预算收入(2019年)
GENERAL PUBLIC BUDGET REVENUE(2019)

单位：万元 (10 000 yuan)

项 目	Item	金 额 Value
收入总计	**Total Revenue**	**23477478**
一、税收收入	**Total taxes**	**17836582**
增值税	Value-added Taxes	7187011
企业所得税	Enterprises Income Taxes	2714835
个人所得税	Individual Income Taxes	367602
资源税	Resource Taxes	3830339
城市维护建设税	Taxes on Urban Construction and Maintenance	780028
房产税	House Property Taxes	431293
印花税	Stamp Taxes	311637
城镇土地使用税	Taxes on Use of Urban Land	349055
土地增值税	Land Value-added Taxes	608414
车船税	Taxes on Use of Vehicles and vessels	242133
耕地占用税	Taxes on Occuping Cultivated Land	105994
契 税	Contract Taxes	750681
烟叶税	Tobacco Taxes	1810
环境保护税	Environmental Protection Taxes	141789
其他税收收入	Other Taxes	13961
二、非税收入	**Non-tax Revenue**	**5640896**
专项收入	Special Incomes	1317689
行政事业性收费收入	Incomes from Administrative Fees	897082
罚款收入	Penalty Incomes	667553
国有资本经营预算收入	Business Budget Revenue of State-owned Properties	16769
国有资源(资产)有偿使用收入	Incomes from State-owned Resource Utilization	2271994
其他收入	Other Incomes	469809

5-4 一般公共预算支出(2019年)

GENERAL PUBLIC BUDGET EXPENDITURE(2019)

单位：万元 (10 000 yuan)

项 目	Item	金 额 Value
支出总计	**Total Expenditure**	**47107629**
一、一般公共服务	Expenditure for General Public Services	3916495
二、国 防	Expenditure for National Defence	38245
三、公共安全	Expenditure for Public Security	2522801
四、教 育	Expenditure for Education	6962768
五、科学技术	Expenditure for Science and Technology	577171
六、文化旅游体育与传媒	Expenditure for Culture, Tourism, Sports and Media	1122438
七、社会保障和就业	Expenditure for Social Security and Employment	7113372
八、卫生健康	Expenditure for Health Care	3666779
九、节能环保	Expenditure for Energy Conservation and Environmental Protection	2261475
十、城乡社区	Expenditure for Urban and Rural Community	4835913
十一、农林水	Expenditure for Agriculture, Forestry and Water Conservancy	6260441
十二、交通运输	Expenditure for Transportation	3207398
十三、资源勘探信息等	Expenditure for Resources Exploration and Information	872852
十四、商业服务业等	Expenditure for Business and Services	141883
十五、金 融	Expenditure for Finance	138235
十六、援助其他地区	Expenditure for Other Regional Assistance	32538
十七、自然资源海洋气象等	Expenditure for Natural Resource, Ocean and Weather	698646
十八、住房保障	Expenditure for Housing Security	1219044
十九、粮油物资储备	Expenditure for Cereals, Oils and Material Reserves	169664
二十、灾害防治及应急管理	Expenditure for Disaster Prevention and Emergency Management	378406
二十一、债务付息	Expenditure for Interest Payment on Debts	678012
二十二、债务发行费用	Expenditure for Debts Issuance	4258
二十三、其他支出	Other Expenditures	288795

5-5 税收分经济类型情况(2019年)

单位：万元

项　目	Item	合 计 Total	内　资			
			国有企业 Stated -owned Enterprise	集体企业 Collective -owned Enterprise	股份合作企　业 Share Cooperative Enterprise	联营企业 Joint Enterprise
税收收入	**Tax Revenue**	**31402664**	**2263548**	**136590**	**25060**	**734**
国内增值税	Domestic Value-added Taxes	14454035	757044	77422	6962	351
#一般纳税人	General Taxpayers	13133154	685081	71775	5328	102
国内消费税	Domestic Consumption Taxes	867262	412465	25		
企业所得税	Enterprises Income Taxes	6512233	389157	35449	13443	26
个人所得税	Individual Income Taxes	919016	43918	4416	2723	1
资源税	Resource Taxes	3830338	238782	1500	2	94
城市维护建设税	Taxes on Urban Construction and Maintenance	779735	71467	4949	372	17
房产税	House Property Taxes	431299	27608	4933	1018	30
印花税	Stamp Taxes	311628	10149	1419	74	2
城镇土地使用税	Taxes on Use of Urban Land	349059	22448	2403	114	26
土地增值税	Land Value-added Taxes	608417	2201	185		
车船税	Taxes on Use of Vehicles and Vessels	242132	7047		276	
车辆购置税	Vehicle Purchase Taxes	804834	1755	408	44	
耕地占用税	Taxes on Occuping Cultivated Land	105963	1719	13		187
契　税	Contract Taxes	750680	9534	2509	28	
环境保护税	Vironmental Protection Taxes	141788	4483	236	4	
其他税收	Other Taxes	294245	263771	723		

TAXES REVENUE BY FORM OF OWNERSHIP(2019)

(10 000 yuan)

Civil Funded Enterprises					港澳台投资企业 Enterprise Funded by Hong Kong, Macao and Taiwan	外商投资企业 Foreign Funded Enterprise	个体经营 Individual
有限责任公司 Limited Responsibility Company	股份公司 Share Holding Limited Company	#国有控股 State Controlling Share	私营企业 Private Enterprise	其他企业 Other Enterprise			
18286311	**4310825**	**2889303**	**3793767**	**259347**	**292385**	**859060**	**1175037**
8547004	1939469	1320171	2291747	62184	163216	362121	246515
7893664	1907336	1303170	1988992	37331	160488	359269	23788
240634	194311	194138	12768		1922	4449	688
3924720	1157930	729090	605291	22419	66289	297509	
404768	159856	96851	87785	81649	6183	16565	111152
2849296	425807	286177	184435	4895	8343	113526	3658
426959	123109	83904	109823	3708	11249	18784	9298
260471	56168	32778	32626	10938	13403	11682	12422
193593	37065	24717	54379	980	5926	4782	3259
235281	18440	12562	52509	3010	6735	7303	790
505771	1397	338	87860	1304	186	4206	5307
48181	168665	90006	6202	39	5	10719	998
95631	1960	1172	151320	5943	4893	1156	541724
44728	218	516	12452	44124	931	1438	153
404049	12802	8368	76734	4834	486	1163	238541
91301	13445	8282	25535	149	2618	3655	362
13924	183	233	2301	13171		2	170

5-6 金融机构信贷收支余额(2019年)

BALANCE OF CREDIT FUNDS OF FINANCIAL INSTITUTIONS(2019)

单位：亿元 (100 million yuan)

项　目	Item	本外币 RMB and Foreign Currency	人民币 RMB
一、各项存款	**Deposits**	**38381.44**	**37870.57**
境内存款	Domestic Deposits	38376.18	37865.80
住户存款	Households Deposits	22636.00	22544.99
#活期存款	Demand Deposits	5583.34	5540.27
非金融企业存款	Non-financial Enterprises Deposits	9718.58	9301.55
#活期存款	Demand Deposits	5199.54	5106.02
广义政府存款	Broad Government Deposits	5660.20	5658.51
非银行业金融机构存款	Deposits of Non-banking Financial Institutions	361.40	360.76
境外存款	Foreign Deposites	5.26	4.77
二、所有者权益	**Creditors' Equity**	**1811.62**	**1811.85**
三、各项贷款	**Loans**	**28119.37**	**27746.18**
境内贷款	Domestic Loans	28119.05	27745.91
住户贷款	Households Loans	5684.06	5683.52
#短期贷款	Short-term Loans	1691.84	1691.30
中长期贷款	Medium and Long-term Loans	3992.22	3992.22
非金融企业及机关团体贷款	Loans to Non-financial Enterprises, Government Departments and Orgnizations	22424.99	22052.39
#短期贷款	Short-term Loans	7437.30	7085.72
中长期贷款	Medium and Long-term Loans	12832.71	12811.84
票据融资	Bill Finance	2063.39	2063.39
非银行业金融机构贷款	Loans to Non-banking Financial Institutions	10.00	10.00
境外贷款	Foreign Loans	0.33	0.27

5-7 金融机构人民币各项存款和贷款余额

BALANCE OF DEPOSITS AND LOANS IN RENMINBI OF FINANCIAL INSTITUTIONS

单位：万元 (10 000 yuan)

年 份 Year	各项存款合 计 Balance of Deposits	#非金融企业存款 Non-financial Enterprises Deposits	#住户存款 Households Deposits	各项贷款合 计 Balance of Loans	#短期贷款 Short-term	#中长期贷款 Medium and Long-term
1980	392088	125522	128705	591107	578830	12277
1985	1050817	401574	529220	1512441	1185224	247760
1990	3141354	847362	2313378	3569045	2877047	571351
1991	3809523	1034918	2915655	4328291	3262954	943164
1992	4607404	1224459	3636711	5148408	3712448	1274798
1993	5702498	1414515	4603533	6381035	4400154	1778957
1994	6854272	2062932	6159495	8020557	5081106	2756760
1995	12882737	2833481	8444641	12231107	7744271	3210760
1996	15699109	3681447	10738217	14201114	9259966	3910686
1997	17923626	4474154	12368354	15249840	11782869	2965442
1998	20811147	4948038	14370605	17417903	13022710	3360439
1999	23572121	5643636	16143945	19092096	13767722	3740309
2000	26283900	6772936	17484210	24531452	14224781	8212709
2001	30907287	8219315	19797268	24084029	14317608	7687055
2002	37087186	9602764	23073176	29031751	16331829	9587870
2003	46815142	12594164	27815374	35522883	19343085	12138826
2004	58116546	15579954	33423062	40161240	20362341	14893336
2005	70886971	17489745	41196865	42289987	21082074	16994250
2006	85774569	22553297	47961838	47885141	23096219	20234188
2007	100418455	26614242	54223930	53944680	26792518	22980302
2008	127667183	32744816	70486087	59603272	27912981	27300364
2009	156984678	42390374	80994287	78147390	33337917	39118456
2010	185756526	53338036	92229697	96343196	37425196	54092971
2011	209204319	93395109	104554604	111693542	42314059	63877414
2012	240505805	107851389	119970319	131062060	51960561	71455443
2013	261053489	111639664	133393743	148875306	59772430	80157833
2014	267794699	108700270	141451816	164327453	63715573	87589237
2015	283460992	69622303	156758537	184586645	59898305	79535966
2016	303713743	74534097	171280459	202285781	77290669	108638948
2017	324805540	81469491	186202942	224638999	81868248	127923217
2018	349875755	87816646	203451895	250570401	82782425	149650713
2019	378705719	93015535	225449882	277461839	87770239	168040651

注：2015年，央行对金融机构存贷款统计口径进行了调整。本表非金融企业存款2015年以前数据为企事业存款口径；住户存款2015年以前数据为城乡居民储蓄存款口径；短期贷款、中长期贷款数据2015年起为非金融企业及机关团体贷款。

Note: PBC adjusted the coverage of deposits and loans of financial institutions in 2015. Non-financial Enterprises deposits before 2015 uses the former data of corporate deposits; households deposits before 2015 uses the former data of saving deposits of urban and rural residents; the coverage of short-term, medium and long-term loans have changed to non-financial enterprises, government departments and organizations since 2015.

5-8 金融机构法定存款利率
OFFICIAL INTEREST RATES OF DEPOSITS OF FINANCIAL INSITITUTIONS

单位：年利率%　　(annual interest rate %)

项　目	Item	2008.10.30 Oct.30,2008	2008.11.27 Nov.27,2008	2008.12.23 Dec.23,2008	2010.10.20 Oct.20,2010
城乡居民和单位存款	**Deposits of Urban and Rural Residents and Units**				
活　期	Demand Savings	0.72	0.36	0.36	0.36
定　期	Time Savings				
整存整取	Lump-sum Deposit and Withdrawing				
三个月	3 Months	2.88	1.98	1.71	1.91
半　年	6 Months	3.24	2.25	1.98	2.20
一　年	1 Year	3.60	2.52	2.25	2.50
二　年	2 Years	4.14	3.06	2.79	3.25
三　年	3 Years	4.77	3.60	3.33	3.85
五　年	5 Years	5.13	3.87	3.60	4.20
零存整取、整存零取、存本取息	Small Savings for Lump-sum Withdrawal, Big Money Saving and Small Withdrawing, Interest Withdrawal on a Principal Deposited				
一　年	1 Year	2.88	1.98	1.71	1.91
三　年	3 Years	3.24	2.25	1.98	2.30
五　年	5 Years	3.60	2.52	2.25	2.50
定活两便	Time-demand Optional Deposit				

项　目	Item	2010.12.26 Dec.26,2010	2011.2.9 Feb.9,2011	2011.4.6 Apr.6,2011	2011.7.7 Jul.7,2011
城乡居民和单位存款	**Deposits of Urban and Rural Residents and Units**				
活　期	Demand Savings	0.36	0.40	0.50	0.50
定　期	Time Savings				
整存整取	Lump-sum Deposit and Withdrawing				
三个月	3 Months	2.25	2.60	2.85	3.10
半　年	6 Months	2.50	2.80	3.05	3.30
一　年	1 Year	2.75	3.00	3.25	3.50
二　年	2 Years	3.55	3.90	4.15	4.40
三　年	3 Years	4.15	4.50	4.75	5.00
五　年	5 Years	4.55	5.00	5.25	5.50
零存整取、整存零取、存本取息	Small Savings for Lump-sum Withdrawal, Big Money Saving and Small Withdrawing, Interest Withdrawal on a Principal Deposited				
一　年	1 Year	2.25	2.60	2.85	3.10
三　年	3 Years	2.50	2.80	3.05	3.30
五　年	5 Years	2.75	3.00	3.25	3.50
定活两便	Time-demand Optional Deposit				

注：定活两便存款按一年期以内定期整存整取同档次利率打六折执行；2014年起不再公布5年期存款基准利率。

Note: Time-demand optional deposit enjoys a 60% preferential interest rate of lump-sum deposit and withdrawing in a year. Five-year benchmark deposit rate doesn't be announced from 2014.

5-8 续表 continued

单位：年利率% (annual interest rate %)

项　目	Item	2012.6.8 Jun.8,2012	2012.7.6 Jul.6,2012	2014.11.22 Nov.22,2014	2015.3.1 Mar.1,2015
城乡居民和单位存款	**Deposits of Urban and Rural Residents and Units**				
活　期	Demand Savings	0.40	0.35	0.35	0.35
定　期	Time Savings				
整存整取	Lump-sum Deposit and Withdrawing				
三个月	3 Months	2.85	2.60	2.35	2.10
半　年	6 Months	3.05	2.80	2.55	2.30
一　年	1 Year	3.25	3.00	2.75	2.50
二　年	2 Years	4.10	3.75	3.35	3.10
三　年	3 Years	4.65	4.25	4.00	3.75
五　年	5 Years	5.10	4.75		
零存整取、整存零取、存本取息	Small Savings for Lump-sum Withdrawal, Big Money Saving and Small Withdrawing, Interest Withdrawal on a Principal Deposited				
一　年	1 Year	2.85	2.60	2.35	2.10
三　年	3 Years	3.05	2.80	2.55	2.30
五　年	5 Years	3.25	3.00		
定活两便	Time-demand Optional Deposit				

项　目	Item	2015.5.11 May.11,2015	2015.6.28 Jun.28,2015	2015.8.26 Aug.26,2015	2015.10.24 Oct.24,2015
城乡居民和单位存款	**Deposits of Urban and Rural Residents and Units**				
活　期	Demand Savings	0.35	0.35	0.35	0.35
定　期	Time Savings				
整存整取	Lump-sum Deposit and Withdrawing				
三个月	3 Months	1.85	1.60	1.35	1.10
半　年	6 Months	2.05	1.80	1.55	1.30
一　年	1 Year	2.25	2.00	1.75	1.50
二　年	2 Years	2.85	2.60	2.35	2.10
三　年	3 Years	3.50	3.25	3.00	2.75
五　年	5 Years				
零存整取、整存零取、存本取息	Small Savings for Lump-sum Withdrawal, Big Money Saving and Small Withdrawing, Interest Withdrawal on a Principal Deposited				
一　年	1 Year	1.85	1.60	1.35	1.10
三　年	3 Years	2.05	1.80	1.55	1.30
五　年	5 Years				
定活两便	Time-demand Optional Deposit				

5-9 保险业基本情况(分险种)

BASIC STATISTICS ON INSURANCE BUSINESS BY TYPE

单位：万元 (10 000 yuan)

项　目	Item	2018	2019
原保险保费收入	**Premium of Primary Insurance**	**8248756**	**8833372**
财产险	Property Insurance	2129401	2273597
企业财产保险	Enterprise Property Insurance	79998	83593
家庭财产保险	Family Property Insurance	10410	9855
机动车辆保险	Motor Vehicle Insurance	1674634	1730007
工程保险	Engineering Insurance	10396	12614
责任保险	Liability Insurance	86705	107826
信用保险	Export Credit Insurance	10249	19292
保证保险	Guarantee Insurance	145852	178604
船舶保险	Ship Insurance	58	41
货物运输保险	Freight Transport Insurance	12328	13344
特殊风险保险	Special Risks Insurance	2897	1317
农业保险	Agriculture Insurance	94186	114893
其他险	Other Insurance	1686	2212
人身险	Personal Insurance	6119354	6559775
意外险	Accident Insurance	164989	185075
健康险	Health Insurance	1082502	1457194
寿　险	Life Insurance	4871863	4917506
普通寿险	Ordinary Life Insurance	2302277	2335149
分红寿险	Participating Life Insurance	2546743	2559655
投资连结保险	Investment-linked Life Insurance	313	349
万能寿险	Universal Life Insurance	22530	22353
赔款及给付	**Claim and Payment**	**2673460**	**2785967**
财产险	Property Insurance	1024465	1191517
人身险	Personal Insurance	1648994	1594450
意外险	Accident Insurance	45816	49641
健康险	Health Insurance	346710	535143
寿　险	Life Insurance	1256468	1009665

5-10 保险公司经营情况(2019年)

BASIC STATISTICS ON BUSINESS OF INSURANCE COMPANIES(2019)

单位：万元 (10 000 yuan)

指 标	Item	合 计 Total	财产险公司 Property Insurance Companies	人身险公司 Personal Insurance Companies
一、原保险保费收入	**Premium of Primary Insurance**	**8833372**	**2564737**	**6268635**
财产险	Property Insurance	2273597	2273597	
人身险	Personal Insurance	6559775	291140	6268635
人寿保险	Life Insurance	4917506		4917506
健康保险	Health Insurance	1457194	218895	1238299
意外伤害保险	Accident Insurance	185075	72245	112830
二、非保险合同本年新增交费	**New Revenue of Non-insurance Contracts in the Year**	**1903552**		**1903552**
保户投资款本年新增交费	Investment from the Insured	1857910		1857910
投连险独立账户本年新增交费	Segregated Accounts of Investment-Iinked Insurance	45642		45642
三、赔付支出	**Payment**	**2785967**	**1389272**	**1396694**
四、资产总额	**Total Assets**	**20067806**	**1525329**	**18542477**

5-11 保险公司保费收入、赔款及给付

PREMIUM, CLAIM AND PAYMENT OF INSURANCE COMPANIES

单位：万元 (10 000 yuan)

年 份 Year	保费收入 Premium	财产险公司 Property Insurance Companies	人身险公司 Personal Insurance Companies	赔款及给付 Claim and Payment	财产险公司 Property Insurance Companies	人身险公司 Personal Insurance Companies
2001	374100			104200		
2002	694621			121023		
2003	905101			156993		
2004	1041413			197050		
2005	1218039			200781		
2006	1409766	391067	1018699	252664		
2007	1803611	517485	1286126	525335	241723	283612
2008	2608864	623297	1985567	735783	316966	418817
2009	2892495	695848	2196646	785450	343523	441927
2010	3652983	957028	2695955	776286	425392	350894
2011	3646683	1165112	2481571	1035324	537913	497411
2012	3846491	1317799	2528692	1193251	670123	523128
2013	4123840	1496297	2627543	1693188	854807	838381
2014	4653746	1628146	3025600	1824737	874976	949761
2015	5867255	1673863	4193392	2002218	946164	1056054
2016	7005480	1839741	5165740	2390159	992062	1398097
2017	8239224	2072099	6167124	2611382	1061891	1549491
2018	8248756	2322803	5925952	2673460	1162816	1510644
2019	8833372	2564737	6268635	2785967	1389272	1396694

5-12 证券业基本情况
BASIC STATISTICS ON SECURITY

年 份 Year	境内上市公司(家) Number of Listed Companies in Mainland(unit)	上交所 Shanghai Stock Exchange	深交所 Shenzhen Stock Exchange	股票筹资额(万元) Raised Capital (10 000 yuan)
2000	17	7	10	1092835
2001	18	8	10	1234761
2002	19	9	10	1306661
2003	21	12	9	1505721
2004	22	13	9	1531281
2005	22	13	9	1531281
2006	25	16	9	4036272
2007	26	16	10	4387204
2008	27	16	11	4869204
2009	28	17	11	5051201
2010	31	18	13	8411601
2011	34	18	16	8638229
2012	34	18	16	9168729
2013	34	18	16	9873152
2014	35	19	16	10451202
2015	37	19	18	13171489
2016	38	20	18	14122089
2017	38	20	18	15562917
2018	38	20	18	17694423
2019	37	19	18	18622923

年 份 Year	#A 股 A Shares	股票总发行股本(万股) Issued Capital (10 000 shares)	股票发行量(万股) Issued Share (10 000 shares)	#A 股 A Shares
2000	1070061	663761	206471	188391
2001	1211987	714403	228688	210608
2002	1283887	733432	240216	222136
2003	1482947	809114	267920	249840
2004	1508507	907871	271920	253840
2005	1508507	907871	271920	253840
2006	4013498	2570003	761526	743446
2007	4364430	2734756	807626	789546
2008	4846430	3343555	851495	833415
2009	5028427	3483585	873895	855815
2010	7358740	4314023	1119875	898926
2011	7585368	4623996	1128522	907573
2012	8111468	4983495	1315198	1083249
2013	8815892	5268694	1514809	1282860
2014	9393942	5624837	1533841	1301892
2015	12114229	6944563	2328559	2086610
2016	13064829	7540697	2708300	2466351
2017	14505647	7980539	2918867	2676918
2018	16637153	8116416	3014167	2772218
2019	17565653	9498463	3187655	2848641

主要统计指标解释

一般公共预算收入 指按照现行财政体制规定列入地方预算，直接缴入地方金库的财政收入。具体由两部分组成：税收收入和非税收入。

税收收入 反映政府税收收入。包括：增值税、企业所得税、个人所得税、城市维护建设税、房产税、印花税、城镇土地使用税、土地增值税、车船税、耕地占用税、契税、烟叶税、环境保护税以及其他税收收入等。

非税收入 反映政府非税收入。包括：专项收入、行政事业性收费收入、罚没收入、国有资本经营收入、国有资源（资产）有偿使用收入以及其他收入等。

一般公共预算支出 是指列入地方预算的财政支出，包括：一般公共服务支出、国防支出、公共安全支出、教育支出、科学技术支出、文化旅游体育与传媒支出、社会保障和就业支出、卫生健康支出、节能环保支出、城乡社区支出、农林水支出、交通运输支出、资源勘探信息等支出、商业服务业等支出、金融支出、自然资源海洋气象等支出、住房保障支出、粮油物资储备支出、灾害防治及应急管理支出、债务还本付息发行支出及其他支出等。

一般公共服务支出 反映政府提供一般公共服务的支出。具体包括人大、政协、政府办公厅（室）及相关机构、发展与改革、统计信息、财政、税收、审计、海关、人力资源、纪检监察、商贸、知识产权、市场监督管理、民族、港澳台、档案、民主党派及工商联、群众团体事务、党委办公厅（室）其相关机构事务、组织事务、宣传事务、统战事务、网信事务、对外联络、其它共产党事务支出、其它一般公共服务支出。

公共安全支出 反映政府维护社会公共安全方面的支出。有关事务包括：武装警察、公安、国家安全、检察、法院、司法、监狱、强制隔离戒毒、国家保密、缉私警察等。

教育支出 反映政府教育事务支出。有关事务包括：教育管理、普通教育、职业教育、中专教育、技校教育、职业高中教育、成人教育、广播电视教育、留学生教育、特殊教育、进修及培训、其他教育支出等。

科学技术支出 反映科学技术方面的支出。有关事务包括：科学技术管理事务、基础研究、应用研究、技术研究与开发、科技条件与服务、社会科学、科学技术普及、科技交流与合作、其他科学技术支出等。

文化旅游体育与传媒支出 反映政府在文化、旅游、文物、体育、广播影视、新闻出版等方面的支出。

社会保障和就业支出 反映政府在社会保障与就业方面的支出。有关事务包括：人力资源和社会保障管理、民政管理、补充全国社会保障基金、行政事业单位离退休、企业改革补助、就业补助、抚恤、退役安置、社会福利、残疾人事业、红十字事业、最低生活保障、临时救助、特困人员救助、补充道路交通事故社会救助基金、其他生活救助、退役军和管理事务等。

卫生健康支出 反映卫生健康方面的支出。有关事务包括：卫生健康管理、公立医院、公共卫生、基层医疗卫生机构、医疗保障、中医药、计划生育事务、医疗救助、医疗保障管理、其他卫生健康支出等。

节能环保支出 反映政府节能环保支出。有关事务包括：环境保护管理、环境监测与监察、污染防治、自然生态保护、天然林保护、退耕还林、风沙荒漠治理、退牧还草、已垦草原退耕还草、能源节约利用、污染减排、可再生能源、循环经济、能源管理、其他节能环保支出等。

城乡社区支出 反映政府城乡社区事务支出。有关事务包括：城乡社会管理、城乡社区规划与管理、城乡社区公共设施、城乡社区环境卫生、建设市场管理与监督、其他城乡社会支出等。

农林水支出 反映政府农林水事务支出。有关事务包括：农业、林业和草原、水利、扶贫、农业综合开发改革、其他农林水支出等。

交通运输支出 反映交通运输和邮政业方面的支出。有关事务包括：公路水路运输、铁路运输、民用航空运输、邮政业、其他交通运输业支出等。

资源勘探信息等支出 反映用于资源勘探、制造业、建筑业、工业信息等方面的支出。有关事务包括：资源勘探、制造业、建筑业、工业和信息产业监管、国有资产监管、支持中小企业发展和管理支出、其他资源勘探信息支出等。

商业服务业等支出 反映商业服务业等方面的支出。有关事务包括：商业流通事务、涉外发展服务支出、其他商业服务业支出等。

金融支出 反映金融部门的行政支出。有关事务包括：金融部门行政支出、金融部门监管支出、金融发展支出、金融调控支出等。

援助其他地区支出 反映援助方政府安排并管理的对其他地区各类援助、捐赠等资金支出。

自然资源海洋气象等支出 反映自然资源管理方面的支出。有关事务包括：自然资源、海洋管理、测绘管理、气象、其他自然资源海洋气象等支出。

住房保障 反映政府用于住房方面的支出。有关事务包括：保障性安居工程支出、住房改革支出、城乡社区住宅支出。

粮油物资储备支出 反映政府用于粮油物资储备方面的支出。有关事务包括：粮油事务、物资事务、能源储备、粮油储备、重要商品储备等。

灾害防治及应急管理支出 反映用于自然灾害防治、安全生产监管及应急管理等方面的支出。有关事务包括：应急管理、消防、森林消防、煤矿安全、地震、自然灾害防治、自然灾害及恢复重建、其他灾害防治及应急管理支出等。

其他支出 反映不能划分到上述功能科目的其他政府支出。包括年初预留和其他支出。

存款 企业、机关、团体或居民根据可以收回的原则，把货币资金存入银行或其他信用机构保管并取得一定利息的一种信用活动形式。根据存款对象的不同可划分：企业存款、财政存款、机关团体存款、城镇居民储蓄存款、农村存款等项目。

住户存款 银行业金融机构通过信用方式吸收的居民储蓄存款及通过其他方式吸收的由住户部门(由住户和为其服务的非营利机构组成的部门)支配的存款。其他方式吸收的存款主要有两部分：一是保证金存款；二是个人委托业务在银行沉淀资金。

非金融企业存款 银行业金融机构吸收的企业定活期存款、保证金存款、应解及临时存款以及企业委托银行业金融机构开展委托业务沉淀在银行的货币资金。

贷款 银行或其他信用机构根据必须归还的原则，按一定利率，为企业、个人等提供资金的一种信用活动形式。我国银行贷款，分流动资金贷款、农业贷款、固定资产贷款等科目。

境内贷款 银行业金融机构对非金融企业、个人、机关团体以贷款、票据贴现、垫款、押汇、福费廷等方式提供的融资总额。

住户贷款 银行业金融机构向住户部门（由住户和为其服务的非营利机构组成的部门）发放的贷款。

票据融资 银行业金融机构通过对客户持有的商业汇票、银行承兑汇票等票据进行贴现提供的融资。

保费收入 指投保人依据保险合同的约定向保险人缴付的保险费。

赔付支出 指保险人根据保险合同的约定，向被保险人或受益人支付的赔款、死伤医疗给付、满期给付和年金给付。

Explanatory Notes on Main Statistical Indicators

General Public Budget Revenue refers to financial revenue arranged to regional budget and directly paid to local treasury according to the current regulation of financial system. It consists of tax revenue and non-tax revenue.

Tax Revenue reflects the government's tax revenue, including value-added tax, enterprise income tax, individual income tax, urban maintenance and construction tax, house property tax, stamp tax, tax on use of urban land, urban land value-added tax, tax on use of vehicles and vessels, tax on occupying cultivated land, contract tax, tobacco tax and etc.

Non-tax Revenue reflects the government's non-tax revenue, including special revenue, incomes from administrative fees, penalty incomes, business revenue of state-owned properties, incomes form state-owned resource utilization and other incomes.

General Public Budget Expenditure refers to financial expenditure arranged to local budget, including expenditure for public services, national defence, public safety, education, science and technology, culture, tourism, sports and media, social security and employment, health care, energy conservation and environmental protection, urban and rural community, agriculture, forest and water conservancy, transportation, resources exploration and information, business and services, finance, natural resource, ocean and weather, housing security, cereals, oils and material reserves, disaster prevention and emergency management, debts service and issuance, and other expenditures.

Expenditure for General Public Services reflect the government's provision of general public service expenditures, specifically including the NPC and CPPCC, government offices and related agencies, development and reform, statistics, finance, taxation, auditing, customs, human resource, discipline inspection and supervision, commerce, intellectual property rights, market supervision, ethnic, Hong Kong, Macao and Taiwan, files, democratic parties and the federation of industry and commerce, mass organizations, party committee offices and related agencies, organization affairs, publicity affairs, united front affairs, cyberspace affairs, external liaison, other CPC affairs and other affairs.

Expenditure for Public Safety reflects the expenditure of government maintaining social public safety. Related affairs include armed police, public security, national security, prosecution, court, justice, prison, compulsory isolation for drug rehabilitation, state secrecy, anti-smuggling police, etc.

Expenditure for Education reflects the government's education expenditure. Related affairs include education administration, regular education, vocational education, specialized secondary education, technical school education, vocational high school education and higher vocational education, adult education, radio and television education, the international education, special education, further education and training, etc.

Expenditure for Science and Technology reflects the expenditure used for science and technology. It includes science and technology management services, basic research, applied research, technology research and development, science and technology and service conditions, social science, science and technology popularization, scientific and technological exchanges and cooperation, etc.

Expenditure for Culture, Tourism, Sports and Media reflects the expenditures government used for culture, tourism, heritage, sports, radio, film and television, press, publishing and other aspects.

Expenditure for Social Security and Employment reflects expenditures government used in the aspects of employment and social security. Related affairs include human resources and social security management, civil administration, addition of the national social security fund, retirement of administrative and institution units, subsidies for enterprises reform, employment subsidies, pension, retirement and placement, social welfare, disabled cause, Red Cross cause, the minimum living guarantee, temporary assistance, assistance for people in special need, supplementary social assistance fund for road traffic accidents, other life assistance, management of veterans and so on.

Expenditure for Health Care reflects expenditures in the aspects of health care. Related affairs include management of medical and health care, public hospitals, public health care, primary medical and health care institutions, medical security, traditional Chinese medicine, family planning affairs, medical assistance, medical security management, etc.

Expenditure for Energy Conservation and Environmental Protection reflects government's expenditure on energy conservation and environmental protection, including expenditures on management of environmental protection, environmental monitoring and supervision, pollution control, natural and ecological protection, natural forests protection, returning farmland to forests, desertification control, restoring grassland from over-grazing and cultivating, energy conservation and utilization, pollution reduction, renewable energy, recycling economy, energy management, etc.

Expenditure for Urban and Rural Community reflects the government's expenditure on urban and rural community affairs, including urban and rural social management affairs, planning and management of urban and rural communities, public facilities in rural and urban communities, urban and rural community sanitation, management and supervision of the construction market and so on.

Expenditure for Agriculture, Forestry and Water Conservancy reflects the government's expenditure on agriculture, forestry and water conservancy affairs. Related affairs include agriculture, forestry, water conservancy, poverty alleviation, comprehensive agricultural development, etc.

Expenditure for Transportation reflects transport and post expenditure. Related affairs include highway and waterway transport, railway transport and civil aviation transport, post, etc.

Expenditure for Resources Exploration and Information reflects the expenditure used on resources exploration, manufacture, construction and industrial information. Related affairs include resources exploration, manufacture, construction, supervision of industry and information, supervision of national assets, development and management on supporting small and medium-sized enterprises, etc.

Expenditure for Business and Services reflects expenditure on business and services aspects. Related affairs include expenditure on commercial circulation affairs, foreign developing service and so on.

Expenditure for Finance reflects expenditure in banking sector. Related Affairs include administrative expenditure of financial department, supervision of financial department, financial development expenditure, financial regulation expenditure, etc.

Expenditure for Aid to Other Regions reflects various aid and donation funds to other regions arranged and managed by the donor government.

Expenditure for Natural Resource, Ocean and Weather reflects expenditure in the aspects of natural resource management. Related affairs include natural resource, ocean management, surveying and mapping management, etc.

Expenditure for Housing Security reflects government's expenditure on housing. Related affairs include affordable housing project expenditure, housing reform expenditure, urban and rural community expenditure.

Expenditure for Cereals, Oils and Material Reserves reflects the government expenditure in the aspects of cereals, oils, and material reserves. Related affairs include cereals and oils affairs, materials affairs, energy reserves, cereals and oils reserves, critical commodities reserves, etc.

Expenditure for Disaster Prevention and Emergency Management reflects expenditure on natural disaster prevention, production safety supervision and emergency management. Related affairs include emergency management, fire control, forest fire control, coal mine safety, earthquakes, natural disaster prevention, recovery and reconstruction, etc.

Other Expenditures reflect other government expenditures that cannot be subjected to the above mentioned functions, including reserve expenditures at the beginning of the year and other expenses.

Deposit is a form of credit activities by which enterprises, institutions, organizations or households can put money into banks and other credit institutions for sake keeping and interest earning under the principle of free withdrawal. According to different depositors, deposits are divided into enterprise deposits, fiscal deposits, government agencies and institutions deposits, saving deposits of urban and rural residents, rural deposits and etc.

Households Deposits refer to the residents saving deposits banking financial institutions absorbed by credit and the deposits at household sector's (consisting of households and non-profit service institutions) disposal by other means. Other means of deposits mainly contain margin deposits and precipitation funds of individual entrusted business.

Non-financial Enterprises Deposits refer to enterprise demand and time deposits, margin deposits, remittances outstanding, temporary deposits and precipitation funds of enterprise entrusted business.

Loan is a form of credit activities by which banks and other credit institutions provide funds at certain interest rate to enterprises and individuals in the light of the principle of unconditional repayment. Loans from Chinese banks include circulating capital loans, agriculture loans, fixed assets loans, etc.

Domestic Loans refer to finance amount that banking institutions provide for non-financial enterprises, individuals, government organizations by loaning, bill discounting, advancing, bill exchanging, forfeiting.

Households Loans refer to loans banking institutions offer to the household sector (consisting of households and non-profit service institutions).

Bill Finance refers to the discount bill financing that banking institutions offer customers by trade bill, bank acceptance, etc.

Income of Premiums refers to the fees paid by the insurant to the insurer according to contract agreed terms.

Indemnity Expenditure refers to the indemnity, payment for death, injury and medical treatment, payment at maturity and annuity payment that the insurer paid to the insurant according to the contract agreed terms.

能 源

ENERGY

资料整理人员

樊梅洁　武鹏程　李伟琨　牛玉龙

能　源
ENERGY

能源消费总量	Total Energy Consumption	20858.82	万吨标准煤	(10 000 tons of SCE)
发电装机容量	Total Installed Electricity Capacity	9249.2	万千瓦	(10 000 kw)
#火 电	Thermal Power	6687.2	万千瓦	(10 000 kw)
全社会用电量	Total Electricity Consumption	2261.9	亿千瓦小时	(100 million kwh)

全社会用电量（亿千瓦小时）
Total Electricity Consumption (100 million kwh)

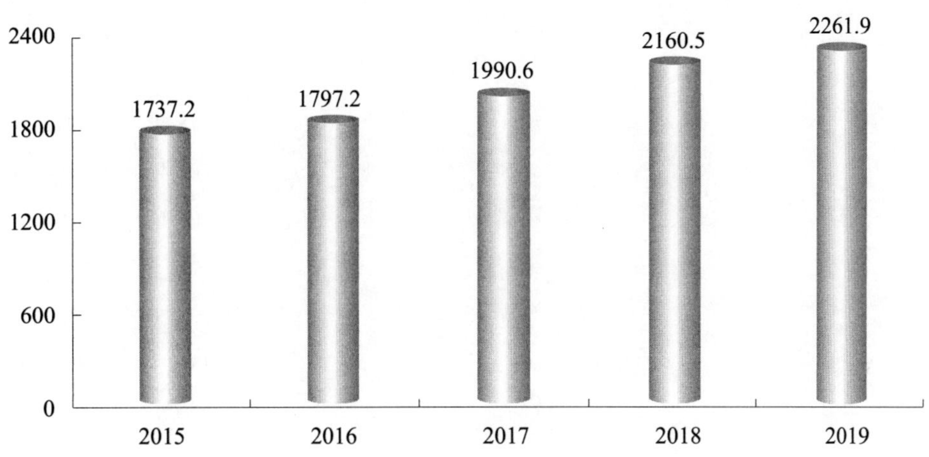

万元地区生产总值能耗降低率 (%)
Decrease Rate of Energy Consumption Per 10 000 Yuan of GDP(%)

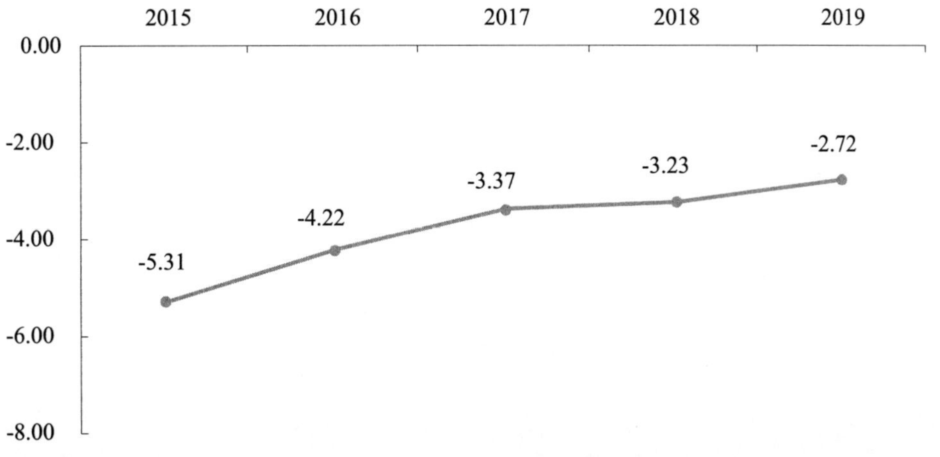

6-1 能源生产、外调、使用平衡表
BALANCE SHEET OF ENERGY PRODUCTION, TRANSFER AND USE

单位：万吨标准煤 (10 000 tons of SCE)

项　目	Item	2015	2018	2019
一、资　源	Resources	80151.28	82683.51	83000.88
年初库存量	Stock of Year Beginning	7050.37	6372.24	5719.25
一次能源生产量	Primary Energy Output	67433.68	63415.33	66696.22
外省市调入量	Transfer from Other Provinces	5081.57	11946.04	9472.96
回收能	Recvery of Energy	585.66	949.90	1112.45
二、加工转换投入产出差额	Margin of Input and Output for Conversion	4236.28	4031.43	4174.96
加工转换投入量	Input for Conversion	66574.27	69124.09	71445.92
加工转换产出量	Output for Conversion	62337.99	65092.65	67270.96
三、外调出省、出口	Transfer to Other Provinces and Export	51695.93	55752.44	55177.41
调给外省市	Transfer to Other Provinces	51695.93	55752.44	55177.41
供应外贸出口	Export			
四、终端消费	Final Consumption	15088.30	16812.28	17473.11
(一)第一产业	Primary Industry	304.46	294.24	308.12
农、林、牧、渔业	Farming, Forestry, Animal Husbandry And Fishery	304.46	294.24	308.12
(二)第二产业	Secondry Industry	11298.26	12954.63	13453.32
工　业	Industry	11136.73	12778.75	13275.47
轻工业	Light Industry	276.76	168.21	142.60
重工业	Heavy Industry	10859.97	12610.55	13132.87
建筑业	Construction	161.53	175.88	177.85
(三)第三产业	Tertiary Industry	1875.21	2076.10	2139.48
交通运输、仓储和邮政业	Transport, Storage and Post	1015.61	1135.19	1152.83
批发、零售业和住宿、餐饮业	Wholesale and Retail Trade, Hotels and Catering Services	384.07	400.34	405.83
其　他	Others	475.52	540.58	580.82
(四)人民生活	Residential Consumption	1610.37	1487.29	1572.19
城　镇	Cities and Towns	969.14	947.02	1038.56
乡　村	Rural Areas	641.23	540.28	533.63
五、损失量	Losses	290.43	305.23	323.20
运输、仓储及输配损失	Losses in Transmission, Storage and Distribution	290.43	305.23	323.20
六、年末库存量	Stock of Year End	8840.34	5782.14	5852.21

注：根据第四次经济普查结果，对2015年以来数据进行调整，后同。

Note: The data since 2015 is revised according to the results of the the Fourth China Economic Census. The Same applies to the following.

6-2 煤炭生产、外调、使用平衡表

BALANCE SHEET OF COAL PRODUCTION, TRANSFER AND USE

单位：万吨 (10 000 tons)

项 目	Item	2015	2018	2019
一、资 源	Resources	110593.32	115699.79	115992.66
年初库存量	Stock of Year Beginning	8813.12	8133.46	7310.18
一次能源生产量	Primary Energy Product	96680.00	92677.30	98795.36
外省市调入量	Transfer from Other Provinces	5100.20	14889.03	9887.12
二、加工转换投入产出差额	Margin of Input and Output for Conversion	38013.73	43812.59	46298.28
加工转换投入量	Input for Conversion	93804.36	99676.75	103491.06
加工转换产出量	Output for Conversion	55790.63	55864.16	57192.78
三、外调出省、出口	Transfer to Other Provinces and Export	55842.55	59449.47	56882.76
调给外省市	Transfer to Other Provinces	55842.55	59449.47	56882.76
供应外贸出口	Export			
四、终端消费	Final Consumption	5866.89	5127.55	5033.33
(一)第一产业	Primary Industry	175.50	137.25	124.25
农、林、牧、渔业	Farming, Forestry, Animal Husbandry And Fishery	175.50	137.25	124.25
(二)第二产业	Secondry Industry	4299.24	3946.56	4159.32
工 业	Industry	4268.60	3940.13	4154.36
轻工业	Light Industry	223.84	52.02	41.19
重工业	Heavy Industry	4044.75	3888.10	4113.17
建筑业	Construction	30.64	6.43	4.96
(三)第三产业	Tertiary Industry	460.95	478.64	327.06
交通运输、仓储和邮政业	Transport, Storage and Post	69.26	71.92	8.88
批发、零售业和住宿、餐饮业	Wholesale and Retail Trade, Hotels and Catering services	170.60	203.65	164.18
其 他	Others	221.09	203.07	154.00
(四)人民生活	Residential Consumption	931.20	565.10	422.70
城 镇	Cities and Towns	277.50	182.02	129.08
乡 村	Rural Areas	653.70	383.09	293.62
五、损失量	Losses			
运输、仓储损失	Losses in Transmission and Storage			
六、年末库存量	Stock of Year End	10870.15	7310.18	7778.29

6-3 焦炭生产、外调、使用平衡表
BALANCE SHEET OF COKE PRODUCTION, TRANSFER AND USE

单位：万吨 (10 000 tons)

项　目	Item	2015	2018	2019
一、资　源	Resources	760.08	746.50	831.84
年初库存量	Stock of Year Beginning	760.08	476.93	472.96
外省市调入量	Transfer from Other Provinces		269.57	358.88
二、加工转换投入产出差额	Margin of Input and Output for Conversion	8039.88	9252.20	9699.53
加工转换投入量	Input for Conversion			
加工转换产出量	Output for Conversion	8039.88	9252.20	9699.53
三、外调出省、出口	Transfer to Other Provinces and Export	5901.31	7140.02	7661.36
调给外省市	Transfer to Other Provinces	5901.31	7140.02	7661.36
供应外贸出口	Export			
四、终端消费	Final Consumption	2083.43	2385.72	2526.53
(一)第一产业	Primary Industry			
农、林、牧、渔业	Farming, Forestry, Animal Husbandry And Fishery			
(二)第二产业	Secondry Industry	2082.63	2385.72	2526.53
工　业	Industry	2082.49	2385.67	2526.53
轻工业	Light Industry	0.11	0.35	0.29
重工业	Heavy Industry	2082.38	2385.32	2526.24
建筑业	Construction	0.14	0.05	
(三)第三产业	Tertiary Industry	0.80		
交通运输、仓储和邮政业	Transport, Storage and Post			
批发、零售业和住宿、餐饮业	Wholesale and Retail Trade, Hotels and Catering services	0.80		
其　他	Others			
(四)人民生活	Residential Consumption			
城　镇	Cities and Towns			
乡　村	Rural Areas			
五、损失量	Losses			
运输、仓储损失	Losses in Transmission and Storage			
六、年末库存量	Stock of Year End	815.22	472.96	343.48

6-4 电力生产、外调、使用平衡表
BALANCE SHEET OF ELECTRICITY PRODUCTION, TRANSFER AND USE

单位：万千瓦小时 (10 000 kwh)

项 目	Item	2015	2018	2019
一、资 源	Resources	1625200	5284300	6747500
一次能源生产量	Primary Energy Output	1388500	3493600	4008700
外省市调入量	Transfer from Other Provinces	236700	1790700	2738800
二、加工转换投入产出差额	Margin of Input and Output for Conversion	23186000	28534000	29305200
加工转换投入量	Input for Conversion			
加工转换产出量	Output for Conversion	23186000	28534000	29305200
三、外调出省、出口	Transfer to Other Provinces and Export	7439100	11061700	12652100
调给外省市	Transfer to Other Provinces	7439100	11061700	12652100
四、终端消费	Final Consumption	16440900	21754300	22336300
(一)第一产业	Primary Industry	409700	429600	490900
农、林、牧、渔业	Farming, Forestry, Animal Husbandry And Fishery	409700	429600	490900
(二)第二产业	Secondry Industry	12802100	17067100	17200300
工 业	Industry	12633700	16820200	16944900
轻工业	Light Industry	342800	346846	259600
重工业	Heavy Industry	12290900	16473354	16685300
建筑业	Construction	168400	246900	255400
(三)第三产业	Tertiary Industry	1630400	2272700	2509500
交通运输、仓储和邮政业	Transport, Storage and Post	543100	725100	792900
批发、零售业和住宿、餐饮业	Wholesale and Retail Trade, Hotels and Catering services	350400	520100	585300
其 他	Others	736900	1027500	1131300
(四)人民生活	Residential Consumption	1598700	1984900	2135600
城 镇	Cities and Towns	999300	1230700	1316800
乡 村	Rural Areas	599400	754200	818800
五、损失量	Losses	931200	1002300	1064300
输配损失	Losses in Distribution	931200	1002300	1064300

6-5 石油制品生产、外调、使用平衡表
BALANCE SHEET OF PETROLEUM PRODUCTS PRODUCTION, TRANSFER AND USE

单位：万吨标准煤 (10 000 tons SCE)

项　　目	Item	2015	2018	2019
一、资　源	Resources	1152.89	1220.19	1174.21
年初库存量	Stock of Year Beginning	72.76	70.85	72.83
外省市调入量	Transfer from Other Provinces	1080.14	1149.34	1101.38
二、加工转换投入产出差额	Margin of Input and Output for Conversion		17.88	254.87
加工转换投入量	Input for Conversion		10.47	1.44
加工转换产出量	Output for Conversion		28.35	256.31
三、外调出省、出口	Transfer to Other Provinces and Export		17.98	169.46
调给外省市	Transfer to Other Provinces		17.98	169.46
四、终端消费	Final Consumption	1082.30	1147.48	1205.58
(一)第一产业	Primary Industry	61.04	73.62	79.83
农、林、牧、渔业	Farming, Forestry, Animal Husbandry And Fishery	61.04	73.62	79.83
(二)第二产业	Secondry Industry	190.06	234.89	232.79
工　业	Industry	129.03	143.07	138.87
轻工业	Light Industry	1.64	1.10	0.97
重工业	Heavy Industry	127.39	141.98	137.90
建筑业	Construction	61.02	91.82	93.92
(三)第三产业	Tertiary Industry	748.25	776.69	820.00
交通运输、仓储和邮政业	Transport, Storage and Post	706.60	729.72	765.50
批发、零售业和住宿、餐饮业	Wholesale and Retail Trade, Hotels and Catering services	14.75	21.58	25.24
其　他	Others	26.90	25.40	29.25
(四)人民生活	Residential Consumption	82.95	62.28	72.97
城　镇	Cities and Towns	37.16	32.80	37.75
乡　村	Rural Areas	45.79	29.48	35.22
五、损失量	Losses	1.79		
运输、仓储损失	Losses in Transmission and Storage	1.79		
六、年末库存量	Stock of Year End	68.81	72.61	54.04

6-6 主要年份一、二次能源生产量及构成

PRODUCTION AND COMPOSITION OF PRIMARY AND SECONDARY ENERGY IN MAJOR YEARS

年 份 Year	一次能源产量(万吨标准煤) Primary Energy Production (10 000 tons of SCE)	占能源产量(%) Percentage			加工转换能源占一次能源产量(%) Conversion As Percentage of Primary Energy (%)			
		原 煤 Coal	风、光、水电 Wind,Solar and Hydro Power	煤层气 Gas		火 电 Thermal Power	洗精煤及其他洗煤 Washed Coal	焦 炭 Coke
1980	10310.32	99.71	0.18	0.04	11.28	4.68	3.02	3.57
1985	18237.45	99.82	0.16	0.02	8.85	4.06	2.23	2.56
1990	24341.19	99.86	0.13	0.01	17.08	5.37	5.29	6.42
1995	29760.94	99.88	0.10	0.02	38.73	6.77	14.67	17.29
2000	21457.60	99.63	0.31	0.06	53.72	11.44	19.79	22.50
2005	47233.52	99.74	0.17	0.09	47.04	11.05	19.58	16.41
2010	63326.74	99.45	0.23	0.32	47.20	13.43	20.77	13.00
2011	74481.77	99.55	0.26	0.19	45.31	12.46	21.05	11.80
2012	78182.88	99.30	0.47	0.23	45.89	12.62	22.57	10.70
2013	68925.26	98.95	0.45	0.60	70.36	11.44	46.13	12.79
2014	68426.78	98.83	0.52	0.65	71.69	11.54	47.71	12.44
2015	72488.91	98.76	0.60	0.64	64.86	9.95	44.14	10.77
2016	63030.18	98.21	0.99	0.80	74.80	11.36	50.82	12.62
2017	65901.20	97.94	1.23	0.83	75.78	11.72	51.71	12.36
2018	70766.55	97.63	1.51	0.87	71.97	11.83	47.43	12.71
2019	75663.09	97.38	1.62	1.00	70.64	11.52	46.66	12.45

6-7 主要年份煤炭消费量

COAL CONSUMPTION IN MAJOR YEARS

单位：万吨 (10 000 tons)

年 份 Year	总 计 Total	生产建设消费 Production and Construction Consumption	#发 电 Electricity Generation	#炼 焦 Coking	生活用 Living Consumption
1980	4326	3378	727	642	948
1985	5566	4539	1028	1169	1027
1990	7292	6451	1692	2383	841
1995	13373	12757	2717	7264	616
2000	12704	12179	3128	6298	525
2005	22631	21811	6550	11208	820
2010	28180	27098	9968	11640	1082
2011	30896	29702	10980	12498	1194
2012	31085	29840	11547	11800	1245
2013	33062	32043	12271	12334	1019
2014	32056	31078	11597	11971	978
2015	28516	27585	10248	10914	931
2016	29355	28418	10324	10969	937
2017	31640	30662	12112	11161	978
2018	33480	32915	13442	12313	565
2019	34907	34484	13931	12812	423

注：本表煤炭消费量包括终端消费量和用于加工转换消费量。

Note: Data of coal consumption in this table includes end-use consumption and consumption during the process of energy conversion.

6-8 主要年份石油制品、焦炭消费量
PETROLEUM PRODUCTS AND COKE CONSUMPTION IN MAJOR YEARS

单位：吨 (ton)

年 份 Year	石油制品(标准煤) Petroleum Products (SCE)	#工业交通 Industry And Transportation	#农 业 Agriculture	焦 炭 Coke	#工 业 Industry	#建筑业 Construction
1980	1084440	684270	351519	2995572	2553669	9840
1985	1582990	913600	462500	3698900	3118000	17500
1990	1987500	1481400	380400	8326800	7611200	12100
1995	2581000	1828700	449300	12764800	10114700	40800
2000	2751900	1988800	455100	12769000	10103000	62000
2005	5374600	4169400	524300	21399000	20405000	89000
2010	11037700	7744300	1001400	25892200	25867300	2000
2011	11105000	8238700	1004700	25585500	25546900	1500
2012	11296100	8331900	1068700	29385500	29344200	1600
2013	11481700	8876600	597500	21455900	21435500	300
2014	10929900	8677400	583400	21776900	21772000	300
2015	10823000	8356300	610400	20834300	20824900	1400
2016	11105200	8644700	619400	18981000	18978200	1200
2017	11367000	8781400	649900	19582700	19549800	1300
2018	11474800	8727900	736200	23857200	23856700	500
2019	12055800	9043700	798300	25265300	25265300	

6-9 主要年份社会用电量
TOTAL ELECTRICITY CONSUMPTION IN MAJOR YEARS

单位：万千瓦小时 (10 000 kwh)

年 份 Year	社会用电量 Total Consumption	#农 业 Agriculture	#工 业 Industry	#电力工业 Electricity	#化学工业 Chemistry	#煤炭工业 Coal	#黑色金属 Ferrous Metal	#交通运输 Transportation	#市政生活 Civicism
1980	1185877	171092	962483	248288	218915	146197	121300	5502	46798
1985	1634743	159100	1343101	321440	268079	232152	173668	37281	85000
1990	2552179	146279	2127321	480095	403856	386180	272555	89230	157301
1995	3782338	232387	3280436	809643	547112	553580	391889	121693	298126
2000	5020917	261338	4114046	939969	684945	603963	493088	147750	392327
2005	9463268	356384	7873556	1704567	1380229	1101659	1223916	310704	701698
2010	14600467	351399	11900099	2725517	1323372	1718512	2096358	456362	1482910
2011	16504098	387461	13451317	2933961	1500490	1943094	2223308	507130	1651314
2012	17657848	373888	14340495	3261393	1646993	2129660	2491088	519249	1659972
2013	18323479	378267	14755243	3252894	1676244	2347403	2624159	557756	1824445
2014	18226274	378518	14521438	3416360	1548017	2339848	2543894	587914	1926674
2015	17372078	409692	13564889	3187532	1511069	2359723	2360362	543134	2012292
2016	17971804	384500	13910563	3334719	1501452	2374025	2166583	584274	2152262
2017	19906135	411497	15451576	3583409	1719173	2588149	2291906	667569	2312858
2018	21605278	429615	16671156	3723253	1745432	2878202	2566796	725063	2654820
2019	22619035	490922	17227651	3952769	1830446	2989951	2517393	792892	2869089

6-10 主要年份能源生产弹性系数

ELASTICITY RATIO OF ENERGY PRODUCTION IN MAJOR YEARS

单位：%　　(%)

年 份 Year	能源生产 比上年增长 Growth Rate of Energy Production Over Preceding Year	电力生产 比上年增长 Growth Rate of Electricity Over Preceding Year	地区生产总值 比上年增长 Growth Rate of Gross Domestic Product Over Preceding Year	能源生产 弹性系数 Elasticity Ratio of Energy Production	电力生产 弹性系数 Elasticity Ratio of Electricity Production
1980	11.10	5.38	2.0	5.55	2.69
1985	14.46	10.18	7.1	2.04	1.43
1990	3.96	3.64	5.0	0.79	0.73
1995	5.26	10.73	12.0	0.44	0.89
2000	1.12	9.62	9.4	0.12	1.03
2005	10.85	21.59	10.5	1.03	2.06
2010	24.87	14.97	10.8	2.30	1.39
2011	15.75	9.01	10.0	1.58	0.90
2012	4.94	8.13	9.2	0.54	0.88
2013	5.62	3.57	9.0	0.62	0.40
2014	−3.22	0.22	4.9	−0.66	0.04
2015	4.19	−7.16	3.0	1.40	−2.39
2016	−13.47	2.16	4.1	−3.29	0.53
2017	−3.30	10.16	6.8	−0.49	1.49
2018	12.39	15.81	6.6	1.88	2.40
2019	5.17	4.02	6.2	0.83	0.65

6-11 主要年份能源消费弹性系数

ELASTICITY RATIO OF ENERGY CONSUMPTION IN MAJOR YEARS

单位：%　　(%)

年 份 Year	能源消费 比上年增长 Growth Rate of Energy Consumption Over Preceding Year	电力消费 比上年增长 Growth Rate of Electricity Consumption Over Preceding Year	地区生产总值 比上年增长 Growth Rate of Gross Domestic Product Over Preceding Year	能源消费 弹性系数 Elasticity Ratio of Energy Consumption	电力消费 弹性系数 Elasticity Ratio of Electricity Consumption
1980	3.92	−4.22	2.0	1.96	−2.11
1985	10.25	14.85	7.1	1.44	2.09
1990	−0.19	2.98	5.0	−0.04	0.60
1995	10.03	10.82	12.0	0.83	0.90
2000	3.60	11.61	9.4	0.38	1.24
2005	8.61	14.24	10.5	0.82	1.36
2010	7.91	15.47	10.8	0.73	1.43
2011	8.97	14.12	10.0	0.90	1.41
2012	5.57	6.10	9.2	0.61	0.66
2013	4.85	3.53	9.0	0.54	0.39
2014	0.51	−0.31	4.9	0.10	−0.06
2015	−4.20	−4.75	3.0	−1.40	−1.58
2016	−0.29	3.82	4.1	−0.07	0.93
2017	3.20	10.93	6.8	0.47	1.61
2018	3.16	14.88	6.6	0.48	2.26
2019	3.27	2.68	6.2	0.53	0.43

6-12 主要年份能源加工转换投入产出情况

EFFICIENCY OF ENERGY CONVERSION IN MAJOR YEARS

年 份 Year	投入及转换总效率 Total Efficiency		发电及供热投入原煤(万吨) Coal Input in Electricity And Heat (10 000 tons)	洗选加工投入原煤(万吨) Coal Input in Washing (10 000 tons)
	投入总量(万吨标准煤) Total Input (10 000 tons of SCE)	投入产出总效率(%) Efficiency(%)		
1980	1512.30	54.35	727.18	617.16
1985	2214.09	61.77	1108.00	802.00
1990	4792.46	73.22	1812.74	2162.71
1995	13076.80	82.56	2946.49	6864.89
2000	12867.25	81.44	3127.88	6958.75
2005	25291.10	79.72	6597.20	14652.96
2010	34407.94	80.18	9977.89	20225.00
2011	39760.22	80.86	11085.49	24827.28
2012	42285.31	81.08	11742.37	28952.95
2013	63122.88	86.20	12566.48	62776.72
2014	62427.14	86.40	12029.82	66236.01
2015	66574.27	87.12	10895.02	71019.77
2016	64933.96	87.33	10625.63	69121.64
2017	59913.95	85.85	12339.77	67641.65
2018	69124.09	86.67	13226.00	71235.84
2019	71445.92	86.74	13393.28	73560.80

年 份 Year	炼焦投入量 Input in Coking		制气投入原 煤(万吨) Coal Input in Making Gas (10 000 tons)	产出总量(万吨标准煤) Total Output (10 000 tons of SCE)
	原 煤(万吨) Coal (10 000 tons)	洗精煤(用于炼焦)(万吨) Cleaned Coal (for Coking) (10 000 tons)		
1980	474.00	168.00		821.90
1985	834.00	234.74		1367.69
1990	1772.80	610.24	72.59	3509.20
1995	3964.26	3298.52	63.97	10796.47
2000	3250.02	3045.74	58.03	10478.69
2005	2633.60	8571.16	136.14	20161.30
2010	223.61	11414.74	33.76	27587.12
2011	297.20	12180.33	55.57	32149.49
2012	67.32	11732.62	55.09	34283.93
2013	25.27	12309.16	52.79	54410.16
2014	26.23	11943.36	42.99	55508.26
2015	32.07	10882.20	24.80	58000.60
2016	32.99	10935.80	99.76	56703.86
2017	123.80	11037.49	95.03	51435.37
2018	21.74	12290.77	146.30	59910.07
2019	3.30	12808.23	115.63	61973.46

注：本表2013-2015年洗选煤产出中的洗精煤(用于炼焦)包括动力洗精煤。

Note: Cleaned coal (for coking) in the washed coal output includes power coal during 2013 to 2015.

6-12 续表 continued

年 份 Year	发电及供热产出 Output of Electricity And Heat		炼焦产出 Output of Coking	
	电 力 (万千瓦小时) Electricity (10 000 kwh)	热 力 (万百万千焦) Heat (10 billion kilo-joule)	焦 炭 (万吨) Coke (10 000 tons)	焦炉煤气 (万立方米) Gas (10 000 cu.m)
1980	1156600		320.95	
1985	1777200	1297.88	568.66	55634
1990	3068800	2324.00	1586.57	81600
1995	4988500	3930.40	5294.97	159800
2000	6087300	2367.70	4967.22	179900
2005	12916500	6020.60	7981.04	1440000
2010	21043500	12089.93	8476.44	1607200
2011	22964500	14472.47	9047.91	1868200
2012	24429600	16014.55	8612.66	1674300
2013	25513000	17916.84	9022.40	1780300
2014	25460100	19810.66	8765.84	1709900
2015	23186000	23630.29	8039.88	1600600
2016	23092900	27215.90	8185.98	1595100
2017	25029900	31548.05	8383.14	1631000
2018	28534000	30699.78	9252.20	1874800
2019	29305200	30981.34	9699.53	2024800

年 份 Year	洗选煤产出 Output of Washed Coal		制气产出 Output of Making Gas	
	洗精煤(用于炼焦) (万吨) Cleaned Coal (for Coking) (10 000 tons)	其他洗煤 (万吨) Others (10 000 tons)	焦炉煤气 (万立方米) Coke Gas (10 000 cu.m)	其他煤气 (万立方米) Others (10 000 cu.m)
1980	409.00			
1985	518.55	158.91		
1990	1429.65	366.30	9400	136400
1995	4850.20	710.59	1100	230000
2000	4818.21	590.05		191800
2005	10275.88	1327.49		417900
2010	14863.17	3537.38		101600
2011	17426.68	4652.97		168300
2012	19604.71	5698.09		156000
2013	34615.00	24428.00		117900
2014	35974.94	24563.82		84600
2015	35551.66	20103.84		54200
2016	22458.30	32452.00		219000
2017	21346.04	32019.97		239000
2018	21075.76	34699.59		438600
2019	20140.23	36995.48		442500

6-13 终端能源消费量和构成(2018年)

单位：万吨标准煤

项 目	Ietm	合 计 Total
能源消费量	**Energy Consumption**	**16812.28**
一、第一产业	Primary Industry	294.24
农、林、牧、渔业	Farming, Forestry, Animal Husbandry And Fishery	294.24
二、第二产业	Secondry Industry	12954.63
工 业	Industry	12778.75
轻工业	Light Industry	168.21
重工业	Heavy Industry	12610.55
建筑业	Construction	175.88
三、第三产业	Tertiary Industry	2076.10
交通运输、仓储和邮政业	Transport, Storage and Post	1135.19
批发、零售业和住宿、餐饮业	Wholesale and Retail Trade, Hotels and Catering Services	400.34
其 他	Others	540.58
四、人民生活	Residential Consumption	1487.29
按产业分构成(%)	**Composition of Industry (%)**	**100.00**
一、第一产业	Primary Industry	1.75
农、林、牧、渔业	Farming, Forestry, Animal Husbandry And Fishery	1.75
二、第二产业	Secondry Industry	77.05
工 业	Industry	76.01
轻工业	Light Industry	1.00
重工业	Heavy Industry	75.01
建筑业	Construction	1.05
三、第三产业	Tertiary Industry	12.35
交通运输、仓储和邮政业	Transport, Storage and Post	6.75
批发、零售业和住宿、餐饮业	Wholesale and Retail Trade, Hotels and Catering Services	2.38
其 他	Others	3.22
四、人民生活	Residential Consumption	8.85
按品种分构成(%)	**Composition of Variety (%)**	**100.00**
一、第一产业	Primary Industry	100.00
农、林、牧、渔业	Farming,Forestry,Animal Husbandry And Fishery	100.00
二、第二产业	Secondry Industry	100.00
工 业	Industry	100.00
轻工业	Light Industry	100.00
重工业	Heavy Industry	100.00
建筑业	Construction	100.00
三、第三产业	Tertiary Industry	100.00
交通运输、仓储和邮政业	Transport,Storage and Post	100.00
批发、零售业和住宿、餐饮业	Wholesale and Retail Trade, Hotels and Catering Services	100.00
其 他	Others	100.00
四、人民生活	Residential Consumption	100.00

CONSUMPTION AND COMPOSITION OF END-USE ENERGY(2018)

(10 000 tons of SCE)

原 煤 Coal	洗精煤及其他洗煤 Washed Coal and Others	焦 炭 Coke	石油制品 Petroleum Products	电 力 Electricity	天然气煤气及其他 Natural Gas, Gas and Others
3083.98	**246.29**	**2274.07**	**1147.48**	**6624.80**	**3435.66**
89.80			73.62	130.83	
89.80			73.62	130.83	
2390.85	196.13	2274.07	234.89	5197.41	2661.27
2386.65	196.13	2274.02	143.07	5122.23	2656.65
34.35	0.11	0.33	1.10	105.62	26.70
2352.30	196.03	2273.69	141.98	5016.60	2629.96
4.21		0.05	91.82	75.19	4.62
313.17			776.69	692.10	294.14
47.06			729.72	220.81	137.59
133.25			21.58	158.39	87.13
132.87			25.40	312.90	69.41
290.16	50.15		62.28	604.46	480.25
100.00	**100.00**	**100.00**	**100.00**	**100.00**	**100.00**
2.91			6.42	1.97	
2.91			6.42	1.97	
77.52	79.64	100.00	20.47	78.45	77.46
77.39	79.64	100.00	12.47	77.32	77.33
1.11	0.04	0.01	0.10	1.59	0.78
76.27	79.59	99.98	12.37	75.72	76.55
0.14			8.00	1.13	0.13
10.15			67.69	10.45	8.56
1.53			63.59	3.33	4.00
4.32			1.88	2.39	2.54
4.31			2.21	4.72	2.02
9.41	20.36		5.43	9.12	13.98
18.34	**1.46**	**13.53**	**6.83**	**39.40**	**20.44**
30.52			25.02	44.46	
30.52			25.02	44.46	
18.46	1.51	17.55	1.81	40.12	20.54
18.68	1.53	17.80	1.12	40.08	20.79
20.42	0.06	0.20	0.65	62.79	15.87
18.65	1.55	18.03	1.13	39.78	20.86
2.39		0.03	52.21	42.75	2.63
15.08			37.41	33.34	14.17
4.15			64.28	19.45	12.12
33.28			5.39	39.56	21.76
24.58			4.70	57.88	12.84
19.51	3.37		4.19	40.64	32.29

6-14 终端能源消费量和构成(2019年)

单位：万吨标准煤

项 目	Ietm	合 计 Total
能源消费量	**Energy Consumption**	**17473.11**
一、第一产业	Primary Industry	308.12
农、林、牧、渔业	Farming, Forestry, Animal Husbandry And Fishery	308.12
二、第二产业	Secondry Industry	13453.32
工 业	Industry	13275.47
轻工业	Light Industry	142.60
重工业	Heavy Industry	13132.87
建筑业	Construction	177.85
三、第三产业	Tertiary Industry	2139.48
交通运输、仓储和邮政业	Transport, Storage and Post	1152.83
批发、零售业和住宿、餐饮业	Wholesale and Retail Trade, Hotels and Catering Services	405.83
其 他	Others	580.82
四、人民生活	Residential Consumption	1572.19
按产业分构成 (%)	**Composition of Industry (%)**	**100.00**
一、第一产业	Primary Industry	1.76
农、林、牧、渔业	Farming, Forestry, Animal Husbandry And Fishery	1.76
二、第二产业	Secondry Industry	76.99
工 业	Industry	75.98
轻工业	Light Industry	0.82
重工业	Heavy Industry	75.16
建筑业	Construction	1.02
三、第三产业	Tertiary Industry	12.24
交通运输、仓储和邮政业	Transport, Storage and Post	6.60
批发、零售业和住宿、餐饮业	Wholesale and Retail Trade, Hotels and Catering Services	2.32
其 他	Others	3.32
四、人民生活	Residential Consumption	9.00
按品种分构成(%)	**Composition of Variety (%)**	**100.00**
一、第一产业	Primary Industry	100.00
农、林、牧、渔业	Farming,Forestry,Animal Husbandry And Fishery	100.00
二、第二产业	Secondry Industry	100.00
工 业	Industry	100.00
轻工业	Light Industry	100.00
重工业	Heavy Industry	100.00
建筑业	Construction	100.00
三、第三产业	Tertiary Industry	100.00
交通运输、仓储和邮政业	Transport,Storage and Post	100.00
批发、零售业和住宿、餐饮业	Wholesale and Retail Trade, Hotels and Catering Services	100.00
其 他	Others	100.00
四、人民生活	Residential Consumption	100.00

CONSUMPTION AND COMPOSITION OF END-USE ENERGY(2019)

(10 000 tons of SCE)

原 煤 Coal	洗精煤及 其他洗煤 Washed Coal and Others	焦 炭 Coke	石油制品 Petroleum Products	电 力 Electricity	天然气 煤气及其他 Natural Gas, Gas and Others
3051.86	**235.85**	**2438.58**	**1205.58**	**6782.86**	**3758.38**
79.22			79.83	149.07	
79.22			79.83	149.07	
2503.91	235.85	2438.58	232.79	5223.21	2818.98
2500.75	235.85	2438.58	138.87	5145.65	2815.77
26.60	0.04	0.28	0.97	78.83	35.88
2474.15	235.81	2438.30	137.90	5066.82	2779.89
3.16			93.92	77.56	3.21
208.53			820.00	762.06	348.89
5.66			765.50	240.78	140.88
104.68			25.24	177.74	98.17
98.19			29.25	343.54	109.84
260.19			72.97	648.52	590.51
100.00	**100.00**	**100.00**	**100.00**	**100.00**	**100.00**
2.60			6.62	2.20	
2.60			6.62	2.20	
82.05	100.00	100.00	19.31	77.01	75.01
81.94	100.00	100.00	11.52	75.86	74.92
0.87	0.02	0.01	0.08	1.16	0.95
81.07	99.98	99.99	11.44	74.70	73.97
0.10			7.79	1.14	0.09
6.83			68.02	11.24	9.28
0.19			63.50	3.55	3.75
3.43			2.09	2.62	2.61
3.22			2.43	5.06	2.92
8.53			6.05	9.56	15.71
17.47	**1.35**	**13.96**	**6.90**	**38.82**	**21.51**
25.71			25.91	48.38	
25.71			25.91	48.38	
18.61	1.75	18.13	1.73	38.82	20.95
18.84	1.78	18.37	1.05	38.76	21.21
18.65	0.03	0.20	0.68	55.28	25.16
18.84	1.80	18.57	1.05	38.58	21.17
1.78			52.81	43.61	1.80
9.75			38.33	35.62	16.31
0.49			66.40	20.89	12.22
25.79			6.22	43.80	24.19
16.91			5.04	59.15	18.91
16.55			4.64	41.25	37.56

6-15 分行业能源消费总量(2018年)

行　业	Sector	能源消费总量(万吨标准煤) Total Energy Consumption (10 000 tons of SCE)
能源消费总量	**Total**	**20199.04**
农、林、牧、渔业	**Farming, Forestry, Animal Husbandry And Fishery**	**294.24**
工　业	**Industry**	**16165.52**
轻工业	Light Industry	185.44
重工业	Heavy Industry	15980.08
按工业行业分	Grouped by Industry Sector	
采矿业	Mining	4444.49
煤炭开采和洗选业	Coal Mining and Dressing	4201.71
石油和天然气开采业	Petroleum and Natural Gas Extraction	15.85
黑色金属矿采选业	Ferrous Metals Mining and Dressing	142.01
有色金属矿采选业	Nonferrous Metals Mining and Dressing	36.04
非金属矿采选业	Nonmetal Minerals Mining and Dressing	13.09
开采辅助活动	Mining Auxiliary Activities	35.79
其他采矿业	Other Minerals Mining	
制造业	Manufacturing	10304.54
农副食品加工业	Farm and Sideline Food Processing	29.57
食品制造业	Food Manufacturing	19.25
酒、饮料和精制茶制造业	Alcohol, Beverage and Refined Tea Manufacturing	20.80
烟草制品业	Tobacoo Manufaturing	1.00
纺织业	Textile Industry	13.76
纺织服装、服饰业	Manufacture of Garments and Accessories	1.66
皮革、毛皮、羽毛及其制品和制鞋业	Manufacture of Leather, Fur, Feather and their Products and Footwear	0.55
木材加工和木、竹、藤、棕、草制品业	Processing of Timber, Manufacture of Wood, Bamboo, Rattan, Palm, and Straw Products	3.34
家具制造业	Manufacture of Funiture	1.06
造纸和纸制品业	Manufacture of Paper and Paper Products	11.37
印刷和记录媒介复制业	Printing and Record Medium Reproduction	1.95
文教、工美、体育和娱乐用品制造业	Manufacture of Articles For Culture, Education and Sport Activity	1.68

TOTAL ENERGY CONSUMPTION BY SECTOR(2018)

煤 炭 (万吨) Coal (10 000 tons)	电 力 (亿千瓦小时) Electricity (100 million kwh)	焦 炭 (万吨) Coke (10 000 tons)	汽 油 (万吨) Gasoline (10 000 tons)	柴 油 (万吨) Diesel Oil (10 000 tons)	天然气 (亿立方米) Natural Gas (100 million cu.m)
33479.65	**2275.66**	**2385.72**	**235.24**	**489.26**	**74.72**
137.25	**42.96**		**12.50**	**37.90**	
32292.22	**1782.25**	**2385.67**	**4.76**	**74.01**	**46.84**
64.96	34.68	0.35	0.40	0.35	1.57
32227.26	1747.57	2385.32	4.36	73.66	45.27
2196.17	355.30	43.52	2.79	52.84	8.51
2158.59	287.82	31.80	2.65	46.74	8.27
	4.48		0.10	0.02	0.25
34.40	37.03	11.72	0.03	3.96	
0.15	10.88		0.01	1.91	
3.04	3.34			0.21	
	11.75				
16832.92	1014.25	2342.15	1.73	19.23	16.68
9.16	7.02		0.09	0.01	0.16
4.11	3.69	0.03	0.12	0.05	0.41
8.25	2.32		0.03	0.04	0.52
	0.21				0.03
6.90	2.41			0.01	0.05
0.53	0.35		0.01		0.02
0.03	0.17				
	1.10				
	0.34		0.01		
17.00	2.51		0.04	0.06	0.01
	0.57		0.03	0.06	
	0.37	0.31	0.01	0.02	0.01

6-15 续表

行 业	Sector	能源消费总量(万吨标准煤) Total Energy Consumption (10 000 tons of SCE)
石油、煤炭及其他燃料加工业	Processing of Petroleum, Coal and Other Fuels	1624.09
化学原料和化学制品制造业	Manufacture Raw Chemical Materials and Chemical Products	1828.75
医药制造业	Manufacture of Medical Products	47.35
化学纤维制造业	Manufacture of Chemical Fibers	12.70
橡胶和塑料制品业	Manufacture of Rubber and Plastic Products	27.02
非金属矿物制品业	Manufacture of Nonmetals Mineral Products	741.36
黑色金属冶炼和压延加工业	Smelting and Pressing of Ferrous Metals	4066.34
有色金属冶炼和压延加工业	Smelting and Pressing of Nonferrous Metals	1503.33
金属制品业	Manufacture of Metal Products	182.52
通用设备制造业	Manufacture of Universal Purpose Equipment	41.70
专用设备制造业	Manufacture of Special Purpose Equipment	18.46
汽车制造业	Manufacture of Motor Vehicles	7.34
铁路、船舶、航空航天和其他运输设备制造业	Manufacture of Railways, Ships, Aviation, Aircrafts and Other Transportation Equipments	24.73
电气机械和器材制造业	Manufacture of Electrical Equipment and Machinery	14.82
计算机、通信和其他电子设备制造业	Manufacture of Computer, Telecommunication and Other Electronic Equipments	24.37
仪器仪表制造业	Manufacture of Measuring Instrument and Machinery	0.31
其他制造业	Other Manufacturing	22.75
废弃资源综合利用业	Comprehensive Utilization of Waste	5.52
金属制品、机械和设备修理业	Repair of Metal Products, Machinery and Equipment	5.11
电力、热力、燃气及水生产和供应业	Production and Supply of Electricity, Heat, Gas and Water	1416.49
电力、热力生产和供应业	Production and Supply of Electricity and Heat	1291.34
燃气生产和供应业	Production and Supply of Gas	75.49
水的生产和供应业	Production and Supply of Water	49.65
建筑业	**Construction**	**175.88**
交通运输、仓储和邮政业	**Transport, Storage and Post**	**1135.18**
批发、零售业和住宿、餐饮业	**Wholesale and Retail Trade, Hotels and Catering Services**	**400.34**
人民生活及其他	**Residential Consumption and Others**	**2027.87**

continued

煤 炭 (万吨) Coal (10 000 tons)	电 力 (亿千瓦小时) Electricity (100 million kwh)	焦 炭 (万吨) Coke (10 000 tons)	汽 油 (万吨) Gasoline (10 000 tons)	柴 油 (万吨) Diesel Oil (10 000 tons)	天然气 (亿立方米) Natural Gas (100 million cu.m)
11309.15	68.98		0.16	3.69	0.02
1395.22	174.54	22.97	0.13	2.43	1.54
18.87	8.90		0.06	0.10	0.32
	4.09				0.02
0.52	7.74		0.04	0.09	0.16
559.79	85.65	4.30	0.16	7.19	5.22
2048.81	341.68	2294.47	0.14	3.56	1.34
1438.61	207.79	0.87	0.04	1.19	5.22
11.35	47.83	18.69	0.12	0.27	0.65
0.93	13.25	0.01	0.11	0.09	0.03
0.01	4.11	0.05	0.18	0.18	0.11
1.40	0.87	0.44	0.07	0.11	0.24
1.75	5.68		0.03	0.04	0.42
0.04	4.43		0.05	0.01	0.04
	6.87		0.04	0.03	0.10
	0.08		0.04		
0.38	7.30				0.02
0.11	1.72	0.01			0.02
	1.67		0.02		
13263.13	412.70		0.24	1.94	21.64
13262.78	372.33		0.12	1.92	21.51
	24.17		0.09	0.01	0.14
0.35	16.21		0.03	0.01	
6.43	**24.69**	**0.05**	**14.21**	**48.02**	**0.18**
71.92	**72.51**		**142.36**	**321.20**	**9.63**
203.65	**52.01**		**8.70**	**5.68**	**4.58**
768.17	**301.24**		**52.71**	**2.45**	**13.49**

6-16 分行业能源消费总量(2019年)

行 业	Sector	能源消费总量(万吨标准煤) Total Energy Consumption (10 000 tons of SCE)
能源消费总量	**Total**	**20858.82**
农、林、牧、渔业	**Farming, Forestry, Animal Husbandry And Fishery**	**308.12**
工 业	**Industry**	**16661.18**
轻工业	Light Industry	139.90
重工业	Heavy Industry	16521.29
按工业行业分	Grouped by Industry Sector	
采矿业	Mining	4487.81
煤炭开采和洗选业	Coal Mining and Dressing	4318.37
石油和天然气开采业	Petroleum and Natural Gas Extraction	38.69
黑色金属矿采选业	Ferrous Metals Mining and Dressing	118.04
有色金属矿采选业	Nonferrous Metals Mining and Dressing	7.35
非金属矿采选业	Nonmetal Minerals Mining and Dressing	5.36
开采辅助活动	Mining Auxiliary Activities	
其他采矿业	Other Minerals Mining	
制造业	Manufacturing	10383.75
农副食品加工业	Farm and Sideline Food Processing	17.09
食品制造业	Food Manufacturing	14.05
酒、饮料和精制茶制造业	Alcohol, Beverage and Refined Tea Manufacturing	21.95
烟草制品业	Tobacoo Manufaturing	0.86
纺织业	Textile Industry	8.71
纺织服装、服饰业	Manufacture of Garments and Accessories	1.01
皮革、毛皮、羽毛及其制品和制鞋业	Manufacture of Leather, Fur, Feather and their Products and Footwear	0.01
木材加工和木、竹、藤、棕、草制品业	Processing of Timber, Manufacture of Wood, Bamboo, Rattan, Palm, and Straw Products	1.00
家具制造业	Manufacture of Funiture	0.27
造纸和纸制品业	Manufacture of Paper and Paper Products	13.87
印刷和记录媒介复制业	Printing and Record Medium Reproduction	1.44
文教、工美、体育和娱乐用品制造业	Manufacture of Articles For Culture, Education and Sport Activity	0.85

TOTAL ENERGY CONSUMPTION BY SECTOR(2019)

煤 炭 (万吨) Coal (10 000 tons)	电 力 (亿千瓦小时) Electricity (100 million kwh)	焦 炭 (万吨) Coke (10 000 tons)	汽 油 (万吨) Gasoline (10 000 tons)	柴 油 (万吨) Diesel Oil (10 000 tons)	天然气 (亿立方米) Natural Gas (100 million cu.m)
34906.52	**2340.06**	**2526.53**	**247.64**	**500.20**	**90.87**
124.25	**49.09**		**14.50**	**39.90**	
34027.55	**1800.92**	**2526.53**	**5.36**	**69.22**	**56.15**
55.10	25.96	0.29	0.24	0.40	2.01
33972.45	1774.96	2526.24	5.12	68.82	54.14
2112.77	348.18	60.85	2.39	47.99	11.18
2082.61	305.17	46.95	2.25	42.45	9.62
	11.90		0.09		1.56
25.91	28.87	13.90	0.04	3.89	
0.08	1.67		0.01	1.51	
4.17	0.57			0.14	
17996.23	938.05	2465.68	1.52	19.15	22.12
7.36	2.88		0.04	0.06	0.20
2.87	2.07		0.06	0.05	0.47
5.54	2.33		0.03	0.04	0.78
	0.17				0.03
3.45	1.45			0.02	0.05
0.08	0.19		0.01	0.01	0.03
0.01					
	0.33				
	0.09				
17.31	3.56		0.01	0.07	0.02
	0.41		0.02	0.05	
0.01	0.14	0.29	0.01	0.02	

6-16 续表

行　业	Sector	能源消费总量(万吨标准煤) Total Energy Consumption (10 000 tons of SCE)
石油、煤炭及其他燃料加工业	Processing of Petroleum, Coal and Other Fuels	1846.85
化学原料和化学制品制造业	Manufacture Raw Chemical Materials and Chemical Products	2024.99
医药制造业	Manufacture of Medical Products	59.31
化学纤维制造业	Manufacture of Chemical Fibers	0.47
橡胶和塑料制品业	Manufacture of Rubber and Plastic Products	12.57
非金属矿物制品业	Manufacture of Nonmetals Mineral Products	756.15
黑色金属冶炼和压延加工业	Smelting and Pressing of Ferrous Metals	3976.84
有色金属冶炼和压延加工业	Smelting and Pressing of Nonferrous Metals	1387.97
金属制品业	Manufacture of Metal Products	95.35
通用设备制造业	Manufacture of Universal Purpose Equipment	7.90
专用设备制造业	Manufacture of Special Purpose Equipment	21.99
汽车制造业	Manufacture of Motor Vehicles	34.08
铁路、船舶、航空航天和其他运输设备制造业	Manufacture of Railways, Ships, Aviation, Aircrafts and Other Transportation Equipments	18.10
电气机械和器材制造业	Manufacture of Electrical Equipment and Machinery	18.87
计算机、通信和其他电子设备制造业	Manufacture of Computer, Telecommunication and Other Electronic Equipments	37.74
仪器仪表制造业	Manufacture of Measuring Instrument and Machinery	0.26
其他制造业	Other Manufacturing	
废弃资源综合利用业	Comprehensive Utilization of Waste	2.70
金属制品、机械和设备修理业	Repair of Metal Products, Machinery and Equipment	0.50
电力、热力、燃气及水生产和供应业	Production and Supply of Electricity, Heat, Gas and Water	1789.62
电力、热力生产和供应业	Production and Supply of Electricity and Heat	1754.24
燃气生产和供应业	Production and Supply of Gas	15.40
水的生产和供应业	Production and Supply of Water	19.98
建筑业	**Construction**	**177.85**
交通运输、仓储和邮政业	**Transport, Storage and Post**	**1152.83**
批发、零售业和住宿、餐饮业	**Wholesale and Retail Trade, Hotels and Catering Services**	**405.83**
人民生活及其他	**Residential Consumption and Others**	**2153.01**

continued

煤 炭 (万吨) Coal (10 000 tons)	电 力 (亿千瓦小时) Electricity (100 million kwh)	焦 炭 (万吨) Coke (10 000 tons)	汽 油 (万吨) Gasoline (10 000 tons)	柴 油 (万吨) Diesel Oil (10 000 tons)	天然气 (亿立方米) Natural Gas (100 million cu.m)
12264.80	85.42		0.15	3.05	0.08
1418.09	173.04	19.86	0.14	2.30	3.59
18.47	11.92		0.06	0.08	0.41
	0.08				0.02
0.26	2.94		0.04	0.10	0.23
635.15	77.66	0.06	0.17	7.82	6.58
2109.56	317.33	2426.22	0.12	3.17	1.85
1502.04	198.44	0.71	0.03	1.49	6.18
10.71	18.32	18.47	0.12	0.27	0.72
0.42	2.19	0.03	0.12	0.10	0.05
	5.71	0.04	0.16	0.22	0.07
0.10	10.14		0.03	0.13	0.15
	3.26		0.03	0.03	0.43
	5.67		0.07	0.03	0.05
	11.43		0.03	0.03	0.09
	0.06		0.05		
	0.67				0.04
	0.15		0.02	0.01	
13918.55	514.69		1.45	2.08	22.85
13918.24	503.56		1.29	2.07	22.62
	4.64		0.13		0.23
0.31	6.49		0.03	0.01	
4.96	**25.54**		**14.92**	**48.83**	**0.10**
8.88	**79.29**		**145.18**	**331.38**	**9.91**
164.18	**58.53**		**10.78**	**6.03**	**5.58**
576.70	**326.69**		**56.90**	**4.84**	**19.13**

主要统计指标解释

能源消费总量 指一定地域内，国民经济各行业和居民家庭在一定时期内消费的各种能源的总和。包括：原煤、原油、天然气、水能、核能、风能、太阳能、地热能、生物质能等一次能源；一次能源通过加工转换产生的洗煤、焦炭、煤气、电力、热力、成品油等二次能源和同时产生的其他产品；其他化石能源、可再生能源和新能源。其中水能、风能、太阳能、地热能、生物质能等可再生能源，是指人们通过一定技术手段获得的，并作为商品能源使用的部分。在核算过程中，一次能源、二次能源消费不能重复计算。能源消费总量分为终端能源消费量、能源加工转换损失量和能源损失量三部分。

1.终端能源消费量：指一定时期内，全省生产和生活消费的各种能源在扣除了用于加工转换二次能源消费量和损失量以后的数量。

2.能源加工转换损失量：指一定时期内，全省投入加工转换的各种能源数量之和与产出各种能源产品之和的差额。该指标是观察能源在加工转换过程中损失量变化的指标。

3.能源损失量：指一定时期内，能源在输送、分配、储存过程中发生的损失和由客观原因造成的各种损失量，不包括各种气体能源放空、放散量。

能源生产弹性系数 是研究能源生产增长速度与国民经济增长速度之间关系的指标。计算公式：

$$能源生产弹性系数=\frac{能源生产量年平均增长速度}{国民经济年平均增长速度}$$

电力生产弹性系数 是研究电力生产增长速度与国民经济增长速度之间关系的指标。一般来说，电力的发展应当快于国民经济的发展，也就是说电力应超前发展。计算公式为：

$$电力生产弹性系数=\frac{电力生产量年平均增长速度}{国民经济年平均增长速度}$$

能源消费弹性系数 反映能源消费增长速度与国民经济增长速度之间比例关系的指标。计算公式为：

$$能源消费弹性系数=\frac{能源消费量年平均增长速度}{国民经济年平均增长速度}$$

电力消费弹性系数 反映电力消费增长速度与国民经济增长速度之间比例关系的指标。计算公式为：

$$电力消费弹性系数=\frac{电力消费量年平均增长速度}{国民经济年平均增长速度}$$

能源加工转换效率 指一定时期内，能源经过加工、转换后，产出的各种能源产品的数量与同期内投入加工转换的各种能源数量的比率。该指标是观察能源加工转换装置和生产工艺先进与落后、管理水平高低等的重要指标。计算公式为：

$$能源加工转换效率=\frac{能源加工转换产出量}{能源加工转换投入量}\times100\%$$

Explanatory Notes on Main Statistical Indicators

Total Energy Consumption refers to the total consumption of energy of various kinds by the production sectors of the economy and the households in a given period of time. It includes the primary kinds of energy such as coal, crude oil, natural gas, hydro-power, nuclear power, wind power, solar power, geothermal power and bio-energy; the secondary kinds of energy and their products which are transformed from the primary energy such as washed coal, coke, coal gas, electricity, heating, and petroleum products; and other kinds of fossil energy, renewable energy and new energy. The renewable energy, including hydro-power, wind power, solar power, geothermal power and bio-energy, refers to the part attained with some given technical means and used for commercial purposes. Total energy consumption can be divided into three parts: end-use energy consumption; loss during the process of energy conversion; and energy loss.

1. End-use Energy Consumption: It refers to the total energy consumption by the production sectors and the households in the province in a given period of time. It does not include the consumption during the conversion of primary energy into secondary energy and the loss in the process of energy conversion.

2. Loss during the Process of Energy Conversion: It refers to the total input of various kinds of energy for conversion, minus the total output of various kinds of energy in the province in a given period of time. It is an indicator to show the loss that occurs during the process of energy conversion.

3. Energy Loss: It refers to the total of the loss of energy during the course of energy transport, distribution and storage and the loss caused by any objective reason in a given period of time. The loss of various kinds of gas due to gas discharges and stocktaking is not included.

Elasticity Ratio of Energy Production is an indicator to show the relationship between the growth rate of energy production and the growth rate of the national economy. The formula is:

$$\text{Elasticity Ratio of Energy Production} = \frac{\text{Average Annual Growth Rate of Energy Production}}{\text{Average Annual Growth Rate of National Economy}}$$

The average annual growth rate of the national economy can be measured by indicators such as the Gross National Product and the Gross Domestic Product, depending on the purposes or needs. The Gross Domestic Product has been used in the calculation of the ratio in this Yearbook.

Elasticity Ratio of Electricity Production is an indicator to show the relationship between the growth rate of electricity production and the growth rate of the national economy. Generally speaking, the growth rate of electricity production should be higher than that of the national economy. Its formula is:

$$\text{Elasticity Ratio of Electricity Production} = \frac{\text{Average Annual Growth Rate of Electricity Production}}{\text{Average Annual Growth Rate of National Economy}}$$

Elasticity Ratio of Energy Consumption is an indicator to show the relationship between the growth rate of energy consumption and the growth rate of the national economy. The formula is:

$$\text{Elasticity Ratio of Energy Consumption} = \frac{\text{Average Annual Growth Rate of Energy Consumption}}{\text{Average Annual Growth Rate of National Economy}}$$

Elasticity Ratio of Electricity Consumption is an indicator to show the relationship between the growth rate of electricity consumption and the growth rate of the national economy. The formula is:

$$\text{Elasticity Ratio of Electricity Consumption} = \frac{\text{Average Annual Growth Rate of Electricity Consumption}}{\text{Average Annual Growth Rate of National Economy}}$$

Efficiency of Energy Processing and Conversion refers to the ratio of the total output of energy products of various kinds after processing and conversion to the total input of energy of various kinds for processing and conversion in the same reference period. It is an important indicator to show the current conditions of energy processing and conversion equipment, production technique and management. The formula is:

$$\text{Efficiency of Energy Processing and Conversion} = \frac{\text{Output of Energy after Processing and Conversion}}{\text{Input of Energy for Processing and Conversion}} \times 100\%$$

固定资产投资

INVESTMENT IN FIXED ASSETS

资料整理人员

郝志军　芦巧娟　宋雅静　任启龙　李泽兴

固定资产投资
INVESTMENT IN FIXED ASSETS

固定资产投资增速	Growth Rate of Investment in Fixed Assets	9.3	(%)
第一产业	Primary Industry	16.3	(%)
第二产业	Secondary Industry	5.3	(%)
第三产业	Tertiary Industry	11.4	(%)

固定资产投资总额构成 (%)
Composition of Investment in Fixed Assets (%)

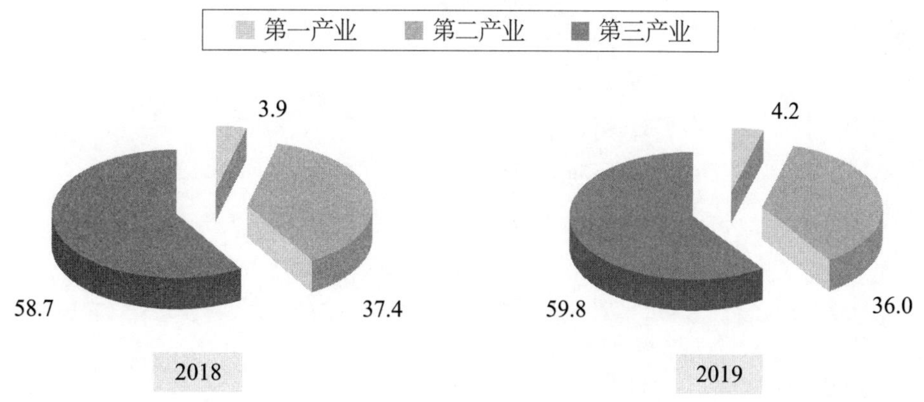

固定资产投资增速 (%)
Growth Rate of Investment in Fixed Assets (%)

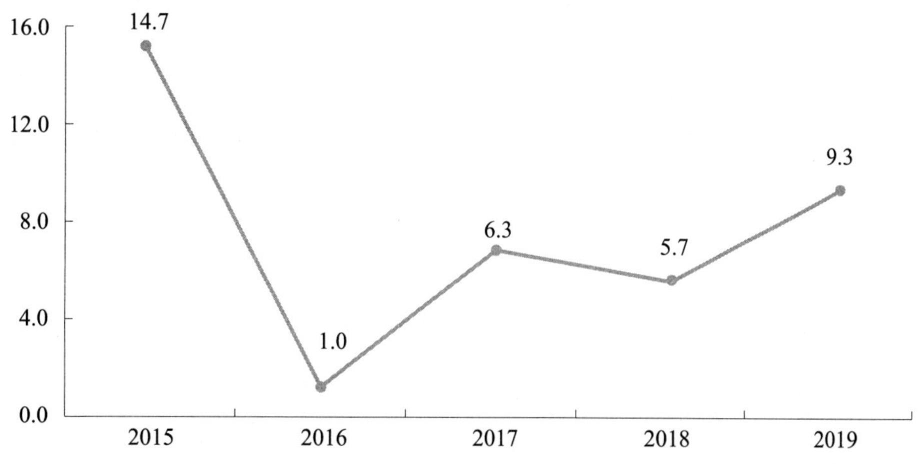

7-1 全社会固定资产投资主要指标增长速度(2019年)
GROWTH RATE OF MAJOR INDICATORS OF TOTAL INVESTMENT IN FIXED ASSETS(2019)

单位：% (%)

指　标	Item	2019
一、投资总额	**Total**	**6.8**
#房地产开发投资	Real Estate Investment	20.3
#农户投资	Rural Households Investment	-30.6
1.按登记注册类型分	Grouped by Type of Registration Status	
内　资	Domestic-funded Enterprises	8.0
港、澳、台商投资	Enterprises with Investment from Hong Kong, Macao and Taiwan	-40.4
外商投资	Enterprises with Foreign Investment	33.7
2.按控股情况分	Grouped by Share Holding	
国有控股	State-owned Enterprises	8.1
集体控股	Collective-owned Enterprises	-9.2
私人控股	Private Enterprises	8.5
港澳台商控股	Enterprises with Investment from Hong Kong, Macao and Taiwan	-42.2
外商控股	Enterprises with Foreign Investment	44.4
其　他	Others	-0.4
3.按构成分	Grouped by Composition	
建筑安装工程	Construction and Installation	6.6
设备工器具购置	Purchase of Equipment and Instruments	-5.6
其他费用	Other Expenses	23.3
4.按三次产业分	Grouped by Type of Industry	
第一产业	Primary Industry	7.3
第二产业	Secondary Industry	5.3
第三产业	Tertiary Industry	7.6
二、房屋建筑面积(万平方米)	**Floor Space of Buildings (10 000 sq.m)**	
本年房屋施工面积	Floor Space of Buildings Under Construction This Year	23106
#住　宅	Residential Buildings	16006
本年房屋竣工面积	Floor Space of Buildings Completed This Year	4382
#住　宅	Residential Buildings	3300
三、本年资金来源小计	**Total Sources of Funds This Year**	**13.0**
国家预算内资金	State Budgetary Appropriation	34.3
国内贷款	Domestic Loans	-8.3
利用外资	Foreign Investment	289.6
自筹资金	Self-Raised Funds	18.2
其　他	Others	7.6

注：2018年起,固定资产投资项目到位资金统计范围由计划总投资500万元以上调整为5000万元及以上项目,增速为可比口径,后同。

Note: Since 2018, the new coverage of actual funds for investment in fixed assets has changed from 5 million yuan and above to 50 million yuan and above. The growth rate is comparable. The same applies to the relevant tables following.

7-2 按国民经济行业分全社会固定资产投资增长速度(2019年)

GROWTH RATE OF TOTAL INVESTMENT IN FIXED ASSETS BY ECONOMIC SECTOR(2019)

单位：% (%)

行　业	Sector	全社会固定资产投资 Total Investment in Fixed Assets	#农户投资 Rural Households Investment
总　计	**Total**	**6.8**	**-30.6**
农、林、牧、渔业	Farming, Forestry, Animal Husbandry and Fishery	11.0	-23.1
采矿业	Mining	19.5	
制造业	Manufacturing	0.1	-11.5
电力、热力、燃气及水生产和供应业	Production and Supply of Electricity, Heat, Gas and Water	4.1	
建筑业	Construction	-63.6	-13.0
批发和零售业	Wholesale and Retail Trade	9.6	-14.1
交通运输、仓储和邮政业	Transport, Storage and Post	13.4	-29.7
住宿和餐饮业	Hotels and Catering Services	32.9	-14.5
信息传输、软件和信息技术服务业	Information Transmission, Software and Information Technology Services	23.3	
金融业	Banking and Insurance	-9.9	
房地产业	Real Estate Trade	8.6	-37.6
租赁和商务服务业	Lease and Business Affairs Services	-3.6	0.1
科学研究和技术服务业	Scientific Reseach and Technical Services	72.0	
水利、环境和公共设施管理业	Management of Water Conservancy, Environmental and Public Facilities	0.1	
居民服务、修理和其他服务业	Resident Services, Repair and Other Services	-0.7	-1.9
教　育	Education	21.3	0.4
卫生和社会工作	Health Care and Social Work	-4.2	-6.0
文化、体育和娱乐业	Culture, Sports and Recreation	2.2	-7.8
公共管理、社会保障和社会组织	Public Management, Social Security and Social Organization	-37.2	

7-3 固定资产投资主要指标增长速度(2019年)

GROWTH RATE OF MAJOR INDICATORS OF INVESTMENT IN FIXED ASSETS(2019)

单位：% (%)

指　标	Item	2019
一、投资总额	**Total Investment**	**9.3**
#国有经济控股	State-Controlled Share Holding	10.1
#工　业	Industry	5.4
1.按隶属关系分	Grouped by Administrative Relationship	
中　央	Central Investment	24.6
地　方	Local Investment	8.5
2.按登记注册类型分	Grouped by Type of Registration Status	
内　资	Domestic-Funded Enterprises	9.7
港、澳、台商投资	Enterprises with Investment from Hong Kong, Macao and Taiwan	-40.4
外商投资	Enterprises with Foreign Investment	33.7
3.按构成分	Grouped by Composition	
建筑安装工程	Construction and Installation	9.4
设备工器具购置	Purchase of Equipment and Instruments	-3.7
其他费用	Others	24.4
4.按建设性质分(不含房地产投资)	Grouped by Type of Construction	
新　建	New Construction	3.6
扩　建	Expansion	-15.4
改建和技术改造	Reconstruction and Technical Reformation	33.9
单纯建造生活设施	Construction of Living Facilities	-40.8
其　他	Others	42.3
5.按三次产业分	Grouped by Type of Industry	
第一产业	Primary Industry	16.3
第二产业	Secondary Industry	5.3
第三产业	Tertiary Industry	11.4
二、建设项目(个)	**Construction Projects (unit)**	
施工项目	Projects Under Construction	10871
#本年新开工	Projects Newly Started This Year	6250
本年投产项目	Projects Put into Use This Yesr	4864
三、房屋建筑面积(万平方米)	**Floor Space of Buildings (10 000 sq.m)**	
本年施工房屋面积	Floor Space Under Construction	21858
#住　宅	Residential Buildings	14769
本年竣工房屋面积	Floor Space Completed	3156
#住　宅	Residential Buildings	2089
四、投资资金来源合计	**Grouped by Source of Funds**	
上年结余资金	Balance of Funds Last Year	55.5
本年资金来源小计	Subtotal Source of Funds This Year	16.9
国家预算内资金	State-budgetary Appropriation	27.4
国内贷款	Domestic Loans	-3.3
利用外资	Foreign Investment	289.6
自筹资金	Self-raised Funds	23.7
其　他	Others	9.7

7-4 按国民经济行业分固定资产投资增长速度(2019年)

GROWTH RATE OF INVESTMENT IN FIXED ASSETS BY ECONOMIC SECTOR(2019)

单位：% (%)

行 业	Sector	2019
总 计	**Total**	**9.3**
农、林、牧、渔业	Farming, Forestry, Animal Husbandry and Fishery	20.6
农 业	Farming	2.8
林 业	Forestry	80.1
畜牧业	Animal Husbandry	5.8
渔 业	Fishery	17.2
农、林、牧、渔服务业	Farming, Forestry, Animal Husbandry and Fishery Services	77.2
采矿业	Mining	19.5
煤炭开采和洗选业	Coal Mining and Washsing	16.7
石油和天然气开采业	Extraction of Petroleum and Natural Gas	55.0
黑色金属矿采选业	Mining and Dressing of Ferrous Metals	43.2
有色金属矿采选业	Mining and Dressing of Nonferrous Metals	-5.0
非金属矿采选业	Mining and Dressing of Nonmetal Ores	16.2
开采辅助活动	Mining Auxiliary Activities	15.3
其他采矿业	Others	
制造业	Manufacturing	0.1
农副食品加工业	Farm and Sideline Food Processing	-32.4
食品制造业	Food Manufacturing	15.5
酒、饮料和精制茶制造业	Alcohol, Beverage and Refined Tea Manufacturing	-25.1
烟草制品业	Tobacoo Manufaturing	142.4
纺织业	Textile Industry	-61.5
纺织服装、服饰业	Manufacture of Garments and Accessories	1.8
皮革、毛皮、羽毛及其制品和制鞋业	Manufacture of Leather, Fur, Feather and their Products and Footwear	24.4
木材加工和木、竹、藤、棕、草制品业	Processing of Timber, Manufacture of Wood, Bamboo, Rattan, Palm, and Straw Products	-2.4
家具制造业	Manufacture of Funiture	-20.2
造纸和纸制品业	Manufacture of Paper and Paper Products	-5.3
印刷和记录媒介复制业	Printing and Record Medium Reproduction	-12.6
文教、工美、体育和娱乐用品制造业	Manufacture of Articles For Culture, Education and Sport Activity	16.4
石油加工、炼焦和核燃料加工业	Petroleum Processing ,Coking and Nuclear Fuel Processing	148.2
化学原料和化学制品制造业	Manufacture Raw Chemical Materials and Chemical Products	-30.8
医药制造业	Manufacture of Medical Products	19.1
化学纤维制造业	Manufacture of Chemical Fibers	-25.7
橡胶和塑料制品业	Manufacture of Rubber and Plastic Products	23.6
非金属矿物制品业	Manufacture of Nonmetals Mineral Products	-13.2
黑色金属冶炼和压延加工业	Smelting and Pressing of Ferrous Metals	37.4
有色金属冶炼和压延加工业	Smelting and Pressing of Nonferrous Metals	-37.4
金属制品业	Manufacture of Metal Products	81.8
通用设备制造业	Manufacture of Universal Purpose Equipment	51.9
专用设备制造业	Manufacture of Special Purpose Equipment	28.3
汽车制造业	Manufacture of Motor Vehicles	-0.7

7–4 续表1 continued

单位：%　　(%)

行　业	Sector	2019
铁路、船舶、航空航天和其他运输设备制造业	Manufacture of Railways, Ships, Aviation, Aircrafts and Other Transportation Equipments	–37.2
电气机械和器材制造业	Manufacture of Electrical Equipment and Machinery	–60.2
计算机、通信和其他电子设备制造业	Manufacture of Computer, Telecommunication and Other Electronic Equipments	–9.9
仪器仪表制造业	Manufacture of Measuring Instrument and Machinery	59.3
其他制造业	Other Manufacturing	–80.0
废弃资源综合利用业	Comprehensive Utilization of Waste	57.1
金属制品、机械和设备修理业	Repair of Metal Products, Machinery and Equipment	59.7
电力、热力、燃气及水生产和供应业	Production and Supply of Electricity, Heat, Gas and Water	4.1
电力、热力生产和供应业	Production and Supply of Electricity and Heat	–2.7
燃气生产和供应业	Production and Supply of Gas	27.4
水的生产和供应业	Production and Supply of Water	87.5
建筑业	Construction	–73.5
房屋建筑业	Buildings Construction	241.6
土木工程建筑业	Civil Engineering	–97.4
建筑安装业	Building Installation	
建筑装饰和其他建筑业	Building Decoration and Other Construction	
批发和零售业	Wholesale and Retail Trade	12.9
批发业	Wholesale Trade	36.8
零售业	Retail Trade	–12.3
交通运输、仓储和邮政业	Transport, Storage and Post	29.9
铁路运输业	Railway Transport	–24.5
道路运输业	Highway Transport	47.8
水上运输业	Water Transport	–71.9
航空运输业	Air Transport	477.3
管道运输业	Transport Via Pipelines	199.6
装卸搬运和运输代理业	Loading, Unloading and Other Transport Services	–95.4
仓储业	Storage	–42.7
邮政业	Post	213.8
住宿和餐饮业	Hotels and Catering Services	45.6
住宿业	Hotels	76.5
餐饮业	Catering Services	–63.3
信息传输、软件和信息技术服务业	Information Transmission, Software and Information Technology Services	23.3
电信、广播电视和卫星传输服务	Transimission Services of Telecommunication, Broadcast, Television and Satellite	–12.6
互联网和相关服务	Internet and Relative Services	93.9
软件和信息技术服务业	Software and Information Technology Services	–58.7
金融业	Banking and Insurance	–9.9
货币金融服务	Monetary Banking	–9.9

7-4 续表2 continued

单位：% (%)

行　业	Sector	2019
资本市场服务	Capital Market	
保险业	Insurance	
其他金融业	Other Financial Activities	
房地产业	Real Estate Trade	12.4
房地产业	Real Estate Trade	12.4
租赁和商务服务业	Lease and Business Affairs Services	-3.7
租赁业	Leasing	-77.2
商务服务业	Business Affairs Services	-0.8
科学研究和技术服务业	Scientific Reseach and Technical Services	72.0
研究和试验发展	Reserch and Experimental Development	-4.3
专业技术服务业	Professional Technical Services	29.9
科技推广和应用服务业	Services of Science and Technology Exchanges and Promotion	204.9
水利、环境和公共设施管理业	Management of Water Conservancy, Environment and Public Facilities	0.1
水利管理业	Water Conservancy	9.4
生态保护和环境治理业	Ecological Protection and Environmental Management	23.2
公共设施管理业	Public Facilities	-6.9
土地管理业	Land Management	188.1
居民服务、修理和其他服务业	Resident Services, Repair and Other Services	
居民服务业	Residence Services	31.8
机动车、电子产品和日用产品修理业	Repair of Motor Vehicles, Electronic Products and Daily Products	15.0
其他服务业	Other Services	-74.3
教　育	Education	21.7
教　育	Education	21.7
卫生和社会工作	Health Care and Social Work	-4.2
卫　生	Health Care	4.8
社会工作	Social Work	-22.9
文化、体育和娱乐业	Culture, Sports and Recreation	2.2
新闻和出版业	Journalism and Publishing Activities	
广播、电视、电影和影视录音制作业	Broadcasting, Movies, Televisions and Audiovisual Activities	502.6
文化艺术业	Culture and Arts Activities	5.4
体　育	Sports Activities	-50.5
娱乐业	Entertainment	36.6
公共管理、社会保障和社会组织	Public Management, Social Security and Social Organization	-37.2
中国共产党机关	Organs of CPC	66.5
国家机构	Government Agencies	-52.2
社会保障	Social Security	-95.8
群众团体、社会团体和其他成员组织	Mass Organizations, Social Organizations and Other Member Organizations	-0.6
基层群众自治组织	Grass Roots Self-governing Organizations	-72.8

7-5 按登记注册类型分固定资产投资增长速度(2019年)

GROWTH RATE OF INVESTMENT IN FIXED ASSETS BY REGISTRATION STATUS(2019)

单位：%　　(%)

行　业	Sector	本年完成投资 Investment Completed This Year	内 资 Domestic-Funded Enterprises
总　计	**Total**	**9.3**	**9.7**
农、林、牧、渔业	Farming, Forestry, Animal Husbandry and Fishery	20.6	20.5
农　业	Farming	2.8	2.8
林　业	Forestry	80.1	80.1
畜牧业	Animal Husbandry	5.8	5.7
渔　业	Fishery	17.2	17.2
农、林、牧、渔服务业	Farming, Forestry, Animal Husbandry and Fishery Services	77.2	77.2
采矿业	Mining	19.5	19.7
煤炭开采和洗选业	Coal Mining and Washsing	16.7	16.2
石油和天然气开采业	Extraction of Petroleum and Natural Gas	55.0	68.0
黑色金属矿采选业	Mining and Dressing of Ferrous Metals	43.2	43.2
有色金属矿采选业	Mining and Dressing of Nonferrous Metals	-5.0	-1.2
非金属矿采选业	Mining and Dressing of Nonmetal Ores	16.2	16.2
开采辅助活动	Mining Auxiliary Activities	15.3	15.3
其他采矿业	Others		
制造业	Manufacturing	0.1	1.2
农副食品加工业	Farm and Sideline Food Processing	-32.4	-33.3
食品制造业	Food Manufacturing	15.5	15.5
酒、饮料和精制茶制造业	Alcohol, Beverage and Refined Tea Manufacturing	-25.1	-23.7
烟草制品业	Tobacoo Manufaturing	142.4	142.4
纺织业	Textile Industry	-61.5	-61.5
纺织服装、服饰业	Manufacture of Garments and Accessories	1.8	1.8
皮革、毛皮、羽毛及其制品和制鞋业	Manufacture of Leather, Fur, Feather and their Products and Footwear	24.4	24.4
木材加工和木、竹、藤、棕、草制品业	Processing of Timber, Manufacture of Wood, Bamboo, Rattan, Palm, and Straw Products	-2.4	-2.4
家具制造业	Manufacture of Funiture	-20.2	-20.2
造纸和纸制品业	Manufacture of Paper and Paper Products	-5.3	-5.3
印刷和记录媒介复制业	Printing and Record Medium Reproduction	-12.6	-12.6
文教、工美、体育和娱乐用品制造业	Manufacture of Articles For Culture, Education and Sport Activity	16.4	16.4
石油加工、炼焦和核燃料加工业	Petroleum Processing ,Coking and Nuclear Fuel Processing	148.2	114.4
化学原料和化学制品制造业	Manufacture Raw Chemical Materials and Chemical Products	-30.8	-26.7
医药制造业	Manufacture of Medical Products	19.1	22.5
化学纤维制造业	Manufacture of Chemical Fibers	-25.7	-25.7
橡胶和塑料制品业	Manufacture of Rubber and Plastic Products	23.6	23.0
非金属矿物制品业	Manufacture of Nonmetals Mineral Products	-13.2	-13.1
黑色金属冶炼和压延加工业	Smelting and Pressing of Ferrous Metals	37.4	37.4
有色金属冶炼和压延加工业	Smelting and Pressing of Nonferrous Metals	-37.4	-37.4
金属制品业	Manufacture of Metal Products	81.8	85.0
通用设备制造业	Manufacture of Universal Purpose Equipment	51.9	54.7

7-5 续表1 continued

单位：% (%)

行 业	Sector	本年完成投资 Investment Completed This Year	内 资 Domestic-Funded Enterprises
专用设备制造业	Manufacture of Special Purpose Equipment	28.3	28.1
汽车制造业	Manufacture of Motor Vehicles	-0.7	-2.5
铁路、船舶、航空航天和其他运输设备制造业	Manufacture of Railways, Ships, Aviation, Aircrafts and Other Transportation Equipments	-37.2	-27.7
电气机械和器材制造业	Manufacture of Electrical Equipment and Machinery	-60.2	-61.0
计算机、通信和其他电子设备制造业	Manufacture of Computer, Telecommunication and Other Electronic Equipments	-9.9	77.3
仪器仪表制造业	Manufacture of Measuring Instrument and Machinery	59.3	59.3
其他制造业	Other Manufacturing	-80.0	-80.0
废弃资源综合利用业	Comprehensive Utilization of Waste	57.1	57.1
金属制品、机械和设备修理业	Repair of Metal Products, Machinery and Equipment	59.7	-4.5
电力、热力、燃气及水生产和供应业	Production and Supply of Electricity, Heat, Gas and Water	4.1	5.7
电力、热力生产和供应业	Production and Supply of Electricity and Heat	-2.7	-0.9
燃气生产和供应业	Production and Supply of Gas	27.4	22.5
水的生产和供应业	Production and Supply of Water	87.5	90.0
建筑业	Construction	-73.5	-73.5
房屋建筑业	Buildings Construction	241.6	241.6
土木工程建筑业	Civil Engineering	-97.4	-97.4
建筑安装业	Building Installation		
建筑装饰和其他建筑业	Building Decoration and Other Construction		
批发和零售业	Wholesale and Retail Trade	12.9	12.9
批发业	Wholesale Trade	36.8	36.8
零售业	Retail Trade	-12.3	-12.3
交通运输、仓储和邮政业	Transport, Storage and Post	29.9	29.7
铁路运输业	Railway Transport	-24.5	-24.5
道路运输业	Highway Transport	47.8	48.0
水上运输业	Water Transport	-71.9	-71.9
航空运输业	Air Transport	477.3	477.3
管道运输业	Transport Via Pipelines	199.6	199.6
装卸搬运和运输代理业	Loading, Unloading and Other Transport Services	-95.4	-95.4
仓储业	Storage	-42.7	-44.9
邮政业	Post	213.8	213.8
住宿和餐饮业	Hotels and Catering Services	45.6	45.1
住宿业	Hotels	76.5	75.8
餐饮业	Catering Services	-63.3	-63.3
信息传输、软件和信息技术服务业	Information Transmission, Software and Information Technology Services	23.3	26.9
电信、广播电视和卫星传输服务	Transimission Services of Telecommunication, Broadcast, Television and Satellite	-12.6	-28.6
互联网和相关服务	Internet and Relative Services	93.9	157.5
软件和信息技术服务业	Software and Information Technology Services	-58.7	-58.7

7-5 续表2 continued

单位：% (%)

行　业	Sector	本年完成投资 Investment Completed This Year	内　资 Domestic-Funded Enterprises
金融业	Banking and Insurance	-9.9	-9.9
货币金融服务	Monetary Banking	-9.9	-9.9
资本市场服务	Capital Market		
保险业	Insurance		
其他金融业	Other Financial Activities		
房地产业	Real Estate Trade	12.4	12.2
房地产业	Real Estate Trade	12.4	12.2
租赁和商务服务业	Lease and Business Affairs Services	-3.7	-3.7
租赁业	Leasing	-77.2	-77.2
商务服务业	Business Affairs Services	-0.8	-0.8
科学研究和技术服务业	Scientific Reseach and Technical Services	72.0	72.0
研究和试验发展	Reserch and Experimental Development	-4.3	-4.3
专业技术服务业	Professional Technical Services	29.9	29.9
科技推广和应用服务业	Services of Science and Technology Exchanges and Promotion	204.9	204.9
水利、环境和公共设施管理业	Management of Water Conservancy, Environment and Public Facilities	0.1	0.1
水利管理业	Water Conservancy	9.4	9.4
生态保护和环境治理业	Ecological Protection and Environmental Management	23.2	23.3
公共设施管理业	Public Facilities	-6.9	-6.9
土地管理	Land Management	188.1	188.1
居民服务、修理和其他服务业	Resident Services, Repair and Other Services	-0.1	-0.1
居民服务业	Residence Services	31.8	31.8
机动车、电子产品和日用产品修理业	Repair of Motor Vehicles, Electronic Products and Daily Products	15.0	15.0
其他服务业	Other Services	-74.3	-74.3
教　育	Education	21.7	21.7
教　育	Education	21.7	21.7
卫生和社会工作	Health Care and Social Work	-4.2	-4.2
卫　生	Health Care	4.8	4.8
社会工作	Social Work	-22.9	-22.9
文化、体育和娱乐业	Culture, Sports and Recreation	2.2	2.2
新闻和出版业	Journalism and Publishing Activities		
广播、电视、电影和影视录音制作业	Broadcasting, Movies, Televisions and Audiovisual Activities	502.6	502.6
文化艺术业	Culture and Arts Activities	5.4	5.4
体　育	Sports Activities	-50.5	-50.5
娱乐业	Entertainment	36.6	36.6
公共管理、社会保障和社会组织	Public Management, Social Security and Social Organization	-37.2	-37.2
中国共产党机关	Organs of CPC	66.5	66.5
国家机构	Government Agencies	-52.2	-52.2
人民政协、民主党派	PPCC and Democratic Parties		
社会保障	Social Security	-95.8	-95.8
群众团体、社会团体和其他成员组织	Mass Organizations, Social Organizations and Other Member Organizations	-0.6	-0.6
基层群众自治组织	Grass Roots Self-governing Organizations	-72.8	-72.8

7-5 续表3 continued

单位：% (%)

行 业	Sector	港澳台商投资 Enterprises with Investment from HongKong, Macao and Taiwan	外商投资 Enterprises with Foreign Investment
总 计	**Total**	**-40.4**	**33.7**
农、林、牧、渔业	Farming, Forestry, Animal Husbandry and Fishery		
农 业	Farming		
林 业	Forestry		
畜牧业	Animal Husbandry		
渔 业	Fishery		
农、林、牧、渔服务业	Farming, Forestry, Animal Husbandry and Fishery Services		
采矿业	Mining	-2.9	16.6
煤炭开采和洗选业	Coal Mining and Washsing	231.3	34.8
石油和天然气开采业	Extraction of Petroleum and Natural Gas		0.9
黑色金属矿采选业	Mining and Dressing of Ferrous Metals		
有色金属矿采选业	Mining and Dressing of Nonferrous Metals	-88.3	
非金属矿采选业	Mining and Dressing of Nonmetal Ores		
开采辅助活动	Mining Auxiliary Activities	17.6	
其他采矿业	Others		
制造业	Manufacturing	-72.5	107.5
农副食品加工业	Farm and Sideline Food Processing		2.8
食品制造业	Food Manufacturing		
酒、饮料和精制茶制造业	Alcohol, Beverage and Refined Tea Manufacturing		-100.0
烟草制品业	Tobacoo Manufaturing		
纺织业	Textile Industry		
纺织服装、服饰业	Manufacture of Garments and Accessories		
皮革、毛皮、羽毛及其制品和制鞋业	Manufacture of Leather, Fur, Feather and their Products and Footwear		
木材加工和木、竹、藤、棕、草制品业	Processing of Timber, Manufacture of Wood, Bamboo, Rattan, Palm, and Straw Products		
家具制造业	Manufacture of Funiture		
造纸和纸制品业	Manufacture of Paper and Paper Products		
印刷和记录媒介复制业	Printing and Record Medium Reproduction		
文教、工美、体育和娱乐用品制造业	Manufacture of Articles For Culture, Education and Sport Activity		
石油加工、炼焦和核燃料加工业	Petroleum Processing ,Coking and Nuclear Fuel Processing	-100.0	
化学原料和化学制品制造业	Manufacture Raw Chemical Materials and Chemical Products	-41.1	-93.8
医药制造业	Manufacture of Medical Products	-39.6	
化学纤维制造业	Manufacture of Chemical Fibers		
橡胶和塑料制品业	Manufacture of Rubber and Plastic Products		
非金属矿物制品业	Manufacture of Nonmetals Mineral Products		-31.6
黑色金属冶炼和压延加工业	Smelting and Pressing of Ferrous Metals		
有色金属冶炼和压延加工业	Smelting and Pressing of Nonferrous Metals	-37.7	
金属制品业	Manufacture of Metal Products	-100.0	-40.1
通用设备制造业	Manufacture of Universal Purpose Equipment	-95.7	

7-5 续表4 continued

单位：% (%)

行业	Sector	港澳台商投资 Enterprises with Investment from HongKong, Macao and Taiwan	外商投资 Enterprises with Foreign Investment
专用设备制造业	Manufacture of Special Purpose Equipment		
汽车制造业	Manufacture of Motor Vehicles		752.2
铁路、船舶、航空航天和其他运输设备制造业	Manufacture of Railways, Ships, Aviation, Aircrafts and Other Transportation Equipments	-100.0	-48.5
电气机械和器材制造业	Manufacture of Electrical Equipment and Machinery	244.3	
计算机、通信和其他电子设备制造业	Manufacture of Computer, Telecommunication and Other Electronic Equipments	-80.9	28.1
仪器仪表制造业	Manufacture of Measuring Instrument and Machinery		
其他制造业	Other Manufacturing		
废弃资源综合利用业	Comprehensive Utilization of Waste		
金属制品、机械和设备修理业	Repair of Metal Products, Machinery and Equipment		
电力、热力、燃气及水生产和供应业	Production and Supply of Electricity, Heat, Gas and Water	-20.2	-20.7
电力、热力生产和供应业	Production and Supply of Electricity and Heat	-31.8	-21.6
燃气生产和供应业	Production and Supply of Gas	818.3	-100.0
水的生产和供应业	Production and Supply of Water	3.5	
建筑业	Construction		
房屋建筑业	Buildings Construction		
土木工程建筑业	Civil Engineering		
建筑安装业	Building Installation		
建筑装饰和其他建筑业	Building Decoration and Other Construction		
批发和零售业	Wholesale and Retail Trade		
批发业	Wholesale Trade		
零售业	Retail Trade		
交通运输、仓储和邮政业	Transport, Storage and Post		152.6
铁路运输业	Railway Transport		
道路运输业	Highway Transport		-69.4
水上运输业	Water Transport		
航空运输业	Air Transport		
管道运输业	Transport Via Pipelines		
装卸搬运和运输代理业	Loading, Unloading and Other Transport Services		
仓储业	Storage		1721.3
邮政业	Post		
住宿和餐饮业	Hotels and Catering Services		
住宿业	Hotels		
餐饮业	Catering Services		
信息传输、软件和信息技术服务业	Information Transmission, Software and Information Technology Services	-16.4	59.6
电信、广播电视和卫星传输服务	Transimission Services of Telecommunication, Broadcast, Television and Satellite		711.8
互联网和相关服务	Internet and Relative Services	-16.4	13.8
软件和信息技术服务业	Software and Information Technology Services		

7-5 续表5 continued

单位：% (%)

行 业	Sector	港澳台商投资 Enterprises with Investment from HongKong, Macao and Taiwan	外商投资 Enterprises with Foreign Investment
金融业	Banking and Insurance		
货币金融服务	Monetary Banking		
资本市场服务	Capital Market		
保险业	Insurance		
其他金融业	Other Financial Activities		
房地产业	Real Estate Trade	107.9	49.1
房地产业	Real Estate Trade	107.9	49.1
租赁和商务服务业	Lease and Business Affairs Services		
租赁业	Leasing		
商务服务业	Business Affairs Services		
科学研究和技术服务业	Scientific Reseach and Technical Services		
研究和试验发展	Reserch and Experimental Development		
专业技术服务业	Professional Technical Services		
科技推广和应用服务业	Services of Science and Technology Exchanges and Promotion		
水利、环境和公共设施管理业	Management of Water Conservancy, Environment and Public	-39.6	40.5
水利管理业	Facilities Water Conservancy		
生态保护和环境治理业	Ecological Protection and Environmental Management	-39.6	40.5
公共设施管理业	Public Facilities		
土地管理业	Land Management		
居民服务、修理和其他服务业	Resident Services, Repair and Other Services		
居民服务业	Residence Services		
机动车、电子产品和日用产品修理业	Repair of Motor Vehicles, Electronic Products and Daily Products		
其他服务业	Other Services		
教 育	Education		
教 育	Education		
卫生和社会工作	Health Care and Social Work		
卫 生	Health Care		
社会工作	Social Work		
文化、体育和娱乐业	Culture, Sports and Recreation		
新闻和出版业	Journalism and Publishing Activities		
广播、电视、电影和影视录音制作业	Broadcasting, Movies, Televisions and Audiovisual Activities		
文化艺术业	Culture and Arts Activities		
体 育	Sports Activities		
娱乐业	Entertainment		
公共管理、社会保障和社会组织	Public Management, Social Security and Social Organization		
中国共产党机关	Organs of CPC		
国家机构	Government Agencies		
人民政协、民主党派	PPCC and Democratic Parties		
社会保障	Social Security		
群众团体、社会团体和其他成员组织	Mass Organizations, Social Organizations and Other Member Organizations		
基层群众自治组织	Grass Roots Self-governing Organizations		

7-6 按构成分固定资产投资增长速度(2019年)

单位：%

行 业	Sector	本年完成投资 Investment Completed This Year
总 计	**Total**	**9.3**
农、林、牧、渔业	Farming, Forestry, Animal Husbandry and Fishery	20.6
农 业	Farming	2.8
林 业	Forestry	80.1
畜牧业	Animal Husbandry	5.8
渔 业	Fishery	17.2
农、林、牧、渔服务业	Farming, Forestry, Animal Husbandry and Fishery Services	77.2
采矿业	Mining	19.5
煤炭开采和洗选业	Coal Mining and Washsing	16.7
石油和天然气开采业	Extraction of Petroleum and Natural Gas	55.0
黑色金属矿采选业	Mining and Dressing of Ferrous Metals	43.2
有色金属矿采选业	Mining and Dressing of Nonferrous Metals	-5.0
非金属矿采选业	Mining and Dressing of Nonmetal Ores	16.2
开采辅助活动	Mining Auxiliary Activities	15.3
其他采矿业	Others	
制造业	Manufacturing	0.1
农副食品加工业	Farm and Sideline Food Processing	-32.4
食品制造业	Food Manufacturing	15.5
酒、饮料和精制茶制造业	Alcohol, Beverage and Refined Tea Manufacturing	-25.1
烟草制品业	Tobacoo Manufaturing	142.4
纺织业	Textile Industry	-61.5
纺织服装、服饰业	Manufacture of Garments and Accessories	1.8
皮革、毛皮、羽毛及其制品和制鞋业	Manufacture of Leather, Fur, Feather and their Products and Footwear	24.4
木材加工和木、竹、藤、棕、草制品业	Processing of Timber, Manufacture of Wood, Bamboo, Rattan, Palm, and Straw Products	-2.4
家具制造业	Manufacture of Funiture	-20.2
造纸和纸制品业	Manufacture of Paper and Paper Products	-5.3
印刷和记录媒介复制业	Printing and Record Medium Reproduction	-12.6
文教、工美、体育和娱乐用品制造业	Manufacture of Articles For Culture, Education and Sport Activity	16.4
石油加工、炼焦和核燃料加工业	Petroleum Processing ,Coking and Nuclear Fuel Processing	148.2
化学原料和化学制品制造业	Manufacture Raw Chemical Materials and Chemical Products	-30.8
医药制造业	Manufacture of Medical Products	19.1
化学纤维制造业	Manufacture of Chemical Fibers	-25.7
橡胶和塑料制品业	Manufacture of Rubber and Plastic Products	23.6
非金属矿物制品业	Manufacture of Nonmetals Mineral Products	-13.2
黑色金属冶炼和压延加工业	Smelting and Pressing of Ferrous Metals	37.4
有色金属冶炼和压延加工业	Smelting and Pressing of Nonferrous Metals	-37.4
金属制品业	Manufacture of Metal Products	81.8
通用设备制造业	Manufacture of Universal Purpose Equipment	51.9

GROWTH RATE OF INVESTMENT IN FIXED ASSETS BY COMPOSITION(2019)

(%)

建筑安装工程 Construction and Installation	设备工器具购置 Purchase of Equipment and Instruments	其他费用 Others
9.4	**-3.7**	**24.4**
15.1	7.2	86.2
-3.3	-21.0	74.1
67.8	60.3	159.8
1.0	13.8	53.6
-13.2	277.0	764.9
75.9	167.4	39.0
17.3	37.1	-3.9
8.8	43.2	-3.4
74.5	-66.7	-24.2
23.3	133.0	87.7
-6.1	-8.6	24.0
31.1	-5.1	6.7
66.4	-67.0	-97.9
15.8	-22.0	0.9
-30.6	-13.7	-69.0
91.8	-66.5	-82.7
-40.9	60.4	-51.9
236.6	13.2	57.4
-71.2	-23.3	-67.9
-8.0	34.5	508.4
42.6	-49.3	
9.5	-6.8	-72.0
-6.5	-75.9	-14.0
-15.7	23.3	-27.0
56.5	-20.4	-99.9
-26.8	112.1	356.2
155.0	208.2	86.2
-17.4	-48.0	-20.6
23.9	27.4	-31.5
-24.9	-29.5	20.0
12.6	55.0	0.1
-10.6	-17.2	-16.1
17.5	80.3	-10.7
-16.6	-65.7	-50.1
164.0	-25.4	133.1
51.9	27.3	94.5

7–6 续表1

单位：%

行 业	Sector	本年完成投资 Investment Completed This Year
专用设备制造业	Manufacture of Special Purpose Equipment	28.3
汽车制造业	Manufacture of Motor Vehicles	–0.7
铁路、船舶、航空航天和其他运输设备制造业	Manufacture of Railways, Ships, Aviation, Aircrafts and Other Transportation Equipments	–37.2
电气机械和器材制造业	Manufacture of Electrical Equipment and Machinery	–60.2
计算机、通信和其他电子设备制造业	Manufacture of Computer, Telecommunication and Other Electronic Equipments	–9.9
仪器仪表制造业	Manufacture of Measuring Instrument and Machinery	59.3
其他制造业	Other Manufacturing	–80.0
废弃资源综合利用业	Comprehensive Utilization of Waste	57.1
金属制品、机械和设备修理业	Repair of Metal Products, Machinery and Equipment	59.7
电力、热力、燃气及水生产和供应业	Production and Supply of Electricity, Heat, Gas and Water	4.1
电力、热力生产和供应业	Production and Supply of Electricity and Heat	–2.7
燃气生产和供应业	Production and Supply of Gas	27.4
水的生产和供应业	Production and Supply of Water	87.5
建筑业	Construction	–73.5
房屋建筑业	Buildings Construction	241.6
土木工程建筑业	Civil Engineering	–97.4
建筑安装业	Building Installation	
建筑装饰和其他建筑业	Building Decoration and Other Construction	
批发和零售业	Wholesale and Retail Trade	12.9
批发业	Wholesale Trade	36.8
零售业	Retail Trade	–12.3
交通运输、仓储和邮政业	Transport, Storage and Post	29.9
铁路运输业	Railway Transport	–24.5
道路运输业	Highway Transport	47.8
水上运输业	Water Transport	–71.9
航空运输业	Air Transport	477.3
管道运输业	Transport Via Pipelines	199.6
装卸搬运和运输代理业	Loading, Unloading and Other Transport Services	–95.4
仓储业	Storage	–42.7
邮政业	Post	213.8
住宿和餐饮业	Hotels and Catering Services	45.6
住宿业	Hotels	76.5
餐饮业	Catering Services	–63.3
信息传输、软件和信息技术服务业	Information Transmission, Software and Information Technology Services	23.3
电信、广播电视和卫星传输服务	Transimission Services of Telecommunication, Broadcast, Television and Satellite	–12.6
互联网和相关服务	Internet and Relative Services	93.9
软件和信息技术服务业	Software and Information Technology Services	–58.7

continued

(%)

建筑安装工程 Construction and Installation	设备工器具购置 Purchase of Equipment and Instruments	其他费用 Others
39.0	15.5	5.8
-24.3	36.4	0.8
-28.7	-59.0	-41.7
-19.9	-72.9	-60.7
199.4	-51.5	208.1
78.5	-0.9	0.8
-82.8	14.2	
73.4	26.4	32.6
95.3	-37.9	
10.6	-5.4	12.5
1.2	-8.0	5.4
22.5	44.8	104.5
97.0	44.1	117.4
-87.8	212.9	-100.0
61.8		
-100.0	-49.7	-100.0
12.5	-35.1	123.9
38.0	-22.2	183.4
-15.0	-50.1	82.6
31.5	31.8	18.5
-23.7	-99.8	-26.1
52.6	41.5	21.9
-71.9		
171.6	494.7	13534.4
117.1	1350.8	-100.0
-95.4	-90.7	-100.0
-44.7	-26.1	-31.6
213.8		
44.5	-60.7	185.0
73.4	-38.7	202.0
-57.4	-98.6	-100.0
-0.5	62.8	25.8
-18.7	-16.0	361.7
43.8	190.1	22.8
-54.8	-62.3	-68.4

7-6 续表2

单位：%

行 业	Sector	本年完成投资 Investment Completed This Year
金融业	Banking and Insurance	-9.9
货币金融服务	Monetary Banking	-9.9
资本市场服务	Capital Market	
保险业	Insurance	
其他金融业	Other Financial Activities	
房地产业	Real Estate Trade	12.4
房地产业	Real Estate Trade	12.4
租赁和商务服务业	Lease and Business Affairs Services	-3.7
租赁业	Leasing	-77.2
商务服务业	Business Affairs Services	-0.8
科学研究和技术服务业	Scientific Reseach and Technical Services	72.0
研究和试验发展	Reserch and Experimental Development	-4.3
专业技术服务业	Professional Technical Services	29.9
科技推广和应用服务业	Services of Science and Technology Exchanges and Promotion	204.9
水利、环境和公共设施管理业	Management of Water Conservancy, Environment and Public Facilities	0.1
水利管理业	Water Conservancy	9.4
生态保护和环境治理业	Ecological Protection and Environmental Management	23.2
公共设施管理业	Public Facilities	-6.9
土地管理业	Land Management	188.1
居民服务、修理和其他服务业	Resident Services, Repair and Other Services	-0.1
居民服务业	Residence Services	31.8
机动车、电子产品和日用产品修理业	Repair of Motor Vehicles, Electronic Products and Daily Products	15.0
其他服务业	Other Services	-74.3
教 育	Education	21.7
教 育	Education	21.7
卫生和社会工作	Health Care and Social Work	-4.2
卫 生	Health Care	4.8
社会工作	Social Work	-22.9
文化、体育和娱乐业	Culture, Sports and Recreation	2.2
新闻和出版业	Journalism and Publishing Activities	
广播、电视、电影和影视录音制作业	Broadcasting, Movies, Televisions and Audiovisual Activities	502.6
文化艺术业	Culture and Arts Activities	5.4
体 育	Sports Activities	-50.5
娱乐业	Entertainment	36.6
公共管理、社会保障和社会组织	Public Management, Social Security and Social Organization	-37.2
中国共产党机关	Organs of CPC	66.5
国家机构	Government Agencies	-52.2
人民政协、民主党派	PPCC and Democratic Parties	
社会保障	Social Security	-95.8
群众团体、社会团体和其他成员组织	Mass Organizations, Social Organizations and Other Member Organizations	-0.6
基层群众自治组织	Grass Roots Self-governing Organizations	-72.8

continued

(%)

建筑安装工程 Construction and Installation	设备工器具购置 Purchase of Equipment and Instruments	其他费用 Others
5.3	-100.0	-100.0
5.3	-100.0	-100.0
4.4	13.1	36.1
4.4	13.1	36.1
29.4	-41.5	-60.9
-84.4	-76.7	
31.7	-25.0	-61.2
97.1	59.3	-41.2
-1.6	83.4	-82.5
51.6	-8.0	-67.8
268.0	158.6	5.7
-2.5	24.4	14.2
2.3	-42.6	178.9
15.8	28.6	159.2
-7.7	36.1	-9.4
135.9	-4.5	2503.7
-10.6	36.5	125.7
19.3	6.3	967.6
1.6	88.0	24.1
-78.5	-41.5	
15.8	-25.4	128.2
15.8	-25.4	128.2
-0.3	-43.2	21.8
3.9	-27.0	348.4
-9.9	-81.0	-69.2
-6.1	20.1	77.8
232.8		
-20.3	281.2	184.6
-48.2	-74.3	-58.7
43.0	3.6	-9.3
-37.3	7.9	-73.3
75.6	178.3	-89.7
-56.3	63.3	-74.8
-95.8		
1.7	-100.0	
-70.9	-97.5	113.8

7-7 按建设性质分固定资产投资增长速度(2019年)

单位：%

行 业	Sector	本年完成投资 Investment Completed This Year
总 计	**Total**	**6.0**
农、林、牧、渔业	Farming, Forestry, Animal Husbandry and Fishery	20.6
农 业	Farming	2.8
林 业	Forestry	80.1
畜牧业	Animal Husbandry	5.8
渔 业	Fishery	17.2
农、林、牧、渔服务业	Farming, Forestry, Animal Husbandry and Fishery Services	77.2
采矿业	Mining	19.5
煤炭开采和洗选业	Coal Mining and Washsing	16.7
石油和天然气开采业	Extraction of Petroleum and Natural Gas	55.0
黑色金属矿采选业	Mining and Dressing of Ferrous Metals	43.2
有色金属矿采选业	Mining and Dressing of Nonferrous Metals	-5.0
非金属矿采选业	Mining and Dressing of Nonmetal Ores	16.2
开采辅助活动	Mining Auxiliary Activities	15.3
其他采矿业	Others	
制造业	Manufacturing	0.1
农副食品加工业	Farm and Sideline Food Processing	-32.4
食品制造业	Food Manufacturing	15.5
酒、饮料和精制茶制造业	Alcohol, Beverage and Refined Tea Manufacturing	-25.1
烟草制品业	Tobacoo Manufaturing	142.4
纺织业	Textile Industry	-61.5
纺织服装、服饰业	Manufacture of Garments and Accessories	1.8
皮革、毛皮、羽毛及其制品和制鞋业	Manufacture of Leather, Fur, Feather and their Products and Footwear	24.4
木材加工和木、竹、藤、棕、草制品业	Processing of Timber, Manufacture of Wood, Bamboo, Rattan, Palm, and Straw Products	-2.4
家具制造业	Manufacture of Funiture	-20.2
造纸和纸制品业	Manufacture of Paper and Paper Products	-5.3
印刷和记录媒介复制业	Printing and Record Medium Reproduction	-12.6
文教、工美、体育和娱乐用品制造业	Manufacture of Articles For Culture, Education and Sport Activity	16.4
石油加工、炼焦和核燃料加工业	Petroleum Processing ,Coking and Nuclear Fuel Processing	148.2
化学原料和化学制品制造业	Manufacture Raw Chemical Materials and Chemical Products	-30.8
医药制造业	Manufacture of Medical Products	19.1
化学纤维制造业	Manufacture of Chemical Fibers	-25.7
橡胶和塑料制品业	Manufacture of Rubber and Plastic Products	23.6
非金属矿物制品业	Manufacture of Nonmetals Mineral Products	-13.2
黑色金属冶炼和压延加工业	Smelting and Pressing of Ferrous Metals	37.4
有色金属冶炼和压延加工业	Smelting and Pressing of Nonferrous Metals	-37.4
金属制品业	Manufacture of Metal Products	81.8
通用设备制造业	Manufacture of Universal Purpose Equipment	51.9

注：本表不含房地产开发投资。
Note: Investment in this table doesn't include investment in real estate development.

GROWTH RATE OF INVESTMENT IN FIXED ASSETS BY TYPE OF CONSTRUCTION(2019)

(%)

#新 建 New Construction	#扩 建 Expansion	#改建和技术改造 Reconstruction and Technical Reformation
3.6	**–15.4**	**33.9**
18.0	41.6	38.7
–0.6	43.7	2781.1
75.1	47.6	134.5
3.2	31.7	11.5
17.2		
91.0	105.4	–57.1
4.7	–23.3	37.1
–5.1	–22.9	34.5
83.8	–19.5	515.8
13.6	110.1	58.1
–41.9	–75.6	55.9
31.4	–58.5	46.8
50.1		–40.3
–2.3	–20.5	16.0
–30.1	–59.5	–33.2
28.1	67.9	–96.5
–25.9	–70.7	–16.8
142.4		
–64.9		–66.8
3.1	–4.5	–11.0
24.4		
–8.4	–30.7	116.1
	–100.0	–41.8
–9.5	–49.2	618.4
0.8	437.4	33.8
–25.2		–100.0
23.3	–17.7	65.7
204.1	17.2	–28.7
–40.8	–34.3	90.8
8.9	13.7	–100.0
–18.9	–4.3	731.7
17.5	–35.8	5.8
–15.1	–100.0	51.1
22.2	154.3	–16.5
–48.1	–63.4	37.1
106.1	–8.5	–6.2
81.5		

7-7 续表1

单位：%

行 业	Sector	本年完成投资 Investment Completed This Year
专用设备制造业	Manufacture of Special Purpose Equipment	28.3
汽车制造业	Manufacture of Motor Vehicles	-0.7
铁路、船舶、航空航天和其他运输设备制造业	Manufacture of Railways, Ships, Aviation, Aircrafts and Other Transportation Equipments	-37.2
电气机械和器材制造业	Manufacture of Electrical Equipment and Machinery	-60.2
计算机、通信和其他电子设备制造业	Manufacture of Computer, Telecommunication and Other Electronic Equipments	-9.9
仪器仪表制造业	Manufacture of Measuring Instrument and Machinery	59.3
其他制造业	Other Manufacturing	-80.0
废弃资源综合利用业	Comprehensive Utilization of Waste	57.1
金属制品、机械和设备修理业	Repair of Metal Products, Machinery and Equipment	59.7
电力、热力、燃气及水生产和供应业	Production and Supply of Electricity, Heat, Gas and Water	4.1
电力、热力生产和供应业	Production and Supply of Electricity and Heat	-2.7
燃气生产和供应业	Production and Supply of Gas	27.4
水的生产和供应业	Production and Supply of Water	87.5
建筑业	Construction	-73.5
房屋建筑业	Buildings Construction	241.6
土木工程建筑业	Civil Engineering	-97.4
建筑安装业	Building Installation	
建筑装饰和其他建筑业	Building Decoration and Other Construction	
批发和零售业	Wholesale and Retail Trade	12.9
批发业	Wholesale Trade	36.8
零售业	Retail Trade	-12.3
交通运输、仓储和邮政业	Transport, Storage and Post	29.9
铁路运输业	Railway Transport	-24.5
道路运输业	Highway Transport	47.8
水上运输业	Water Transport	-71.9
航空运输业	Air Transport	477.3
管道运输业	Transport Via Pipelines	199.6
装卸搬运和运输代理业	Loading, Unloading and Other Transport Services	-95.4
仓储业	Storage	-42.7
邮政业	Post	213.8
住宿和餐饮业	Hotels and Catering Services	45.6
住宿业	Hotels	76.5
餐饮业	Catering Services	-63.3
信息传输、软件和信息技术服务业	Information Transmission, Software and Information Technology Services	23.3
电信、广播电视和卫星传输服务	Transimission Services of Telecommunication, Broadcast, Television and Satellite	-12.6
互联网和相关服务	Internet and Relative Services	93.9
软件和信息技术服务业	Software and Information Technology Services	-58.7

continued

(%)

#新 建 New Construction	#扩 建 Expansion	#改建和技术改造 Reconstruction and Technical Reformation
24.7	-25.3	15.6
-1.9	29.5	-32.5
-43.8		190.4
-65.1	-84.2	-38.3
23.3	-96.3	-6.5
125.4		-88.8
-79.6		
49.5	-9.1	
59.7		
-2.2	11.4	72.6
-7.3	-2.7	61.4
20.6	32.9	71.9
71.6	99.8	142.0
-87.7		
61.8		
12.0	-4.2	45.7
35.5	31.7	181.2
-11.9	-81.7	-5.5
26.1	-31.5	77.2
-24.8	42.9	-48.7
44.7	-8.4	77.2
-71.9		
370.0		213.9
199.6		
-95.4		
-42.4	-52.0	112.4
213.8		
46.9	-60.9	140.0
85.6	-76.1	140.0
-72.8	-28.3	
35.0	-17.3	-62.0
-13.1	-21.0	59.4
133.8		
-68.7	-32.6	39.0

7-7 续表2

单位：%

行 业	Sector	本年完成投资 Investment Completed This Year
金融业	Banking and Insurance	-9.9
货币金融服务	Monetary Banking	-9.9
资本市场服务	Capital Market	
保险业	Insurance	
其他金融业	Other Financial Activities	
房地产业	Real Estate Trade	-24.6
房地产业	Real Estate Trade	-24.6
租赁和商务服务业	Lease and Business Affairs Services	-3.7
租赁业	Leasing	-77.2
商务服务业	Business Affairs Services	-0.8
科学研究和技术服务业	Scientific Reseach and Technical Services	72.0
研究和试验发展	Reserch and Experimental Development	-4.3
专业技术服务业	Professional Technical Services	29.9
科技推广和应用服务业	Services of Science and Technology Exchanges and Promotion	204.9
水利、环境和公共设施管理业	Management of Water Conservancy, Environment and Public Facilities	0.1
水利管理业	Water Conservancy	9.4
生态保护和环境治理业	Ecological Protection and Environmental Management	23.2
公共设施管理业	Public Facilities	-6.9
土地管理业	Land Management	188.1
居民服务、修理和其他服务业	Resident Services, Repair and Other Services	-0.1
居民服务业	Residence Services	31.8
机动车、电子产品和日用产品修理业	Repair of Motor Vehicles, Electronic Products and Daily Products	15.0
其他服务业	Other Services	-74.3
教 育	Education	21.7
教 育	Education	21.7
卫生和社会工作	Health Care and Social Work	-4.2
卫 生	Health Care	4.8
社会工作	Social Work	-22.9
文化、体育和娱乐业	Culture, Sports and Recreation	2.2
新闻和出版业	Journalism and Publishing Activities	
广播、电视、电影和影视录音制作业	Broadcasting, Movies, Televisions and Audiovisual Activities	502.6
文化艺术业	Culture and Arts Activities	5.4
体 育	Sports Activities	-50.5
娱乐业	Entertainment	36.6
公共管理、社会保障和社会组织	Public Management, Social Security and Social Organization	-37.2
中国共产党机关	Organs of CPC	66.5
国家机构	Government Agencies	-52.2
人民政协、民主党派	PPCC and Democratic Parties	
社会保障	Social Security	-95.8
群众团体、社会团体和其他成员组织	Mass Organizations, Social Organizations and Other Member Organizations	-0.6
基层群众自治组织	Grass Roots Self-governing Organizations	-72.8

continued

(%)

#新 建 New Construction	#扩 建 Expansion	#改建和技术改造 Reconstruction and Technical Reformation
9.5		–55.5
9.5		–55.5
–21.3	–12.9	1043.5
–21.3	–12.9	1043.5
–3.3	–43.1	12.8
–76.8		
–0.3	–43.1	12.8
71.5	126.9	228.1
–15.5		972.7
32.9	126.9	
214.0		4.2
2.1	–22.6	8.7
15.6	41.2	–44.2
29.8	–36.4	22.6
–5.7	–22.4	6.3
172.6		577.5
1.9	–69.6	176.4
37.9	–100.0	176.4
11.3	–27.3	
–68.9	–100.0	
25.8	–24.1	54.0
25.8	–24.1	54.0
7.7	–57.0	63.4
36.5	–56.2	–6.2
–25.5	–64.8	1290.6
8.5	–10.5	–32.3
499.0		
–1.9	33.9	57.2
–35.1	–17.1	–81.9
41.6	–19.1	619.6
–29.8	–51.4	–58.7
66.5		
–57.5	–40.4	–58.7
	–95.8	
43.1	–19.3	
–83.3	–67.7	

7-8 按控股情况分固定资产投资增长速度(2019年)

单位：%

行 业	Sector	本年完成投资 Investment Completed This Year
总 计	**Total**	**9.3**
农、林、牧、渔业	Farming, Forestry, Animal Husbandry and Fishery	20.6
农 业	Farming	2.8
林 业	Forestry	80.1
畜牧业	Animal Husbandry	5.8
渔 业	Fishery	17.2
农、林、牧、渔服务业	Farming, Forestry, Animal Husbandry and Fishery Services	77.2
采矿业	Mining	19.5
煤炭开采和洗选业	Coal Mining and Washsing	16.7
石油和天然气开采业	Extraction of Petroleum and Natural Gas	55.0
黑色金属矿采选业	Mining and Dressing of Ferrous Metals	43.2
有色金属矿采选业	Mining and Dressing of Nonferrous Metals	-5.0
非金属矿采选业	Mining and Dressing of Nonmetal Ores	16.2
开采辅助活动	Mining Auxiliary Activities	15.3
其他采矿业	Others	
制造业	Manufacturing	0.1
农副食品加工业	Farm and Sideline Food Processing	-32.4
食品制造业	Food Manufacturing	15.5
酒、饮料和精制茶制造业	Alcohol, Beverage and Refined Tea Manufacturing	-25.1
烟草制品业	Tobacoo Manufaturing	142.4
纺织业	Textile Industry	-61.5
纺织服装、服饰业	Manufacture of Garments and Accessories	1.8
皮革、毛皮、羽毛及其制品和制鞋业	Manufacture of Leather, Fur, Feather and their Products and Footwear	24.4
木材加工和木、竹、藤、棕、草制品业	Processing of Timber, Manufacture of Wood, Bamboo, Rattan, Palm, and Straw Products	-2.4
家具制造业	Manufacture of Funiture	-20.2
造纸和纸制品业	Manufacture of Paper and Paper Products	-5.3
印刷和记录媒介复制业	Printing and Record Medium Reproduction	-12.6
文教、工美、体育和娱乐用品制造业	Manufacture of Articles For Culture, Education and Sport Activity	16.4
石油加工、炼焦和核燃料加工业	Petroleum Processing ,Coking and Nuclear Fuel Processing	148.2
化学原料和化学制品制造业	Manufacture Raw Chemical Materials and Chemical Products	-30.8
医药制造业	Manufacture of Medical Products	19.1
化学纤维制造业	Manufacture of Chemical Fibers	-25.7
橡胶和塑料制品业	Manufacture of Rubber and Plastic Products	23.6
非金属矿物制品业	Manufacture of Nonmetals Mineral Products	-13.2
黑色金属冶炼和压延加工业	Smelting and Pressing of Ferrous Metals	37.4
有色金属冶炼和压延加工业	Smelting and Pressing of Nonferrous Metals	-37.4
金属制品业	Manufacture of Metal Products	81.8
通用设备制造业	Manufacture of Universal Purpose Equipment	51.9

GROWTH RATE OF INVESTMENT IN FIXED ASSETS BY SHARE HOLDING(2019)

(%)

#国有控股 State-owned	#集体控股 Collective-owned	#私人控股 Private
10.1	**-9.2**	**12.5**
86.5	38.9	11.9
89.2	31.1	0.5
91.3	112.1	136.3
6.9	21.4	12.6
		18.5
99.1		22.4
28.8	-33.9	6.8
22.5	-38.8	9.3
84.1		-25.6
278.4		13.3
1.9		-8.2
		15.0
30.3		-18.0
-1.7	-35.4	10.4
-29.3	629.7	-35.3
50.6		-2.9
22.2	546.3	-44.8
142.4		
27.1		-73.2
377.1		5.3
-90.7		446.4
		-2.4
		-19.8
		-15.2
-49.3		27.6
		51.2
-40.9		246.6
-38.6	-63.6	-25.8
202.2		9.6
		-50.3
13.7	27.7	31.8
11.2	-74.4	-8.5
102.8		29.5
-61.3		2.4
244.1	-83.4	100.6
536.0		4.8

7-8 续表1

单位：%

行 业	Sector	本年完成投资 Investment Completed This Year
专用设备制造业	Manufacture of Special Purpose Equipment	28.3
汽车制造业	Manufacture of Motor Vehicles	-0.7
铁路、船舶、航空航天和其他运输设备制造业	Manufacture of Railways, Ships, Aviation, Aircrafts and Other Transportation Equipments	-37.2
电气机械和器材制造业	Manufacture of Electrical Equipment and Machinery	-60.2
计算机、通信和其他电子设备制造业	Manufacture of Computer, Telecommunication and Other Electronic Equipments	-9.9
仪器仪表制造业	Manufacture of Measuring Instrument and Machinery	59.3
其他制造业	Other Manufacturing	-80.0
废弃资源综合利用业	Comprehensive Utilization of Waste	57.1
金属制品、机械和设备修理业	Repair of Metal Products, Machinery and Equipment	59.7
电力、热力、燃气及水生产和供应业	Production and Supply of Electricity, Heat, Gas and Water	4.1
电力、热力生产和供应业	Production and Supply of Electricity and Heat	-2.7
燃气生产和供应业	Production and Supply of Gas	27.4
水的生产和供应业	Production and Supply of Water	87.5
建筑业	Construction	-73.5
房屋建筑业	Buildings Construction	241.6
土木工程建筑业	Civil Engineering	-97.4
建筑安装业	Building Installation	
建筑装饰和其他建筑业	Building Decoration and Other Construction	
批发和零售业	Wholesale and Retail Trade	12.9
批发业	Wholesale Trade	36.8
零售业	Retail Trade	-12.3
交通运输、仓储和邮政业	Transport, Storage and Post	29.9
铁路运输业	Railway Transport	-24.5
道路运输业	Highway Transport	47.8
水上运输业	Water Transport	-71.9
航空运输业	Air Transport	477.3
管道运输业	Transport Via Pipelines	199.6
装卸搬运和运输代理业	Loading, Unloading and Other Transport Services	-95.4
仓储业	Storage	-42.7
邮政业	Post	213.8
住宿和餐饮业	Hotels and Catering Services	45.6
住宿业	Hotels	76.5
餐饮业	Catering Services	-63.3
信息传输、软件和信息技术服务业	Information Transmission, Software and Information Technology Services	23.3
电信、广播电视和卫星传输服务	Transimission Services of Telecommunication, Broadcast, Television and Satellite	-12.6
互联网和相关服务	Internet and Relative Services	93.9
软件和信息技术服务业	Software and Information Technology Services	-58.7

continued

(%)

#国有控股 State-owned	#集体控股 Collective-owned	#私人控股 Private
342.4		-20.2
4.9		-8.8
-23.0		-30.4
-55.0		-61.0
-47.2		144.2
		59.4
-89.0		137.9
159.3		61.3
-36.9		37.8
-0.8	25.3	20.1
-7.6	29.1	13.1
-5.8	-21.1	85.8
85.0	-3.8	54.1
		46.7
		241.6
		-84.3
44.9	-77.6	26.1
99.8		57.9
-61.8	607.4	2.5
36.6	-6.0	-26.9
-21.8		-52.6
42.5	14.7	14.5
-71.9		
326.2		7725.2
		120.7
		-95.4
-24.0	-66.8	-41.9
		194.5
616.8		-18.9
823.7		-4.2
		-70.7
-35.1		160.4
-26.7		
-31.2		468.4
-51.5		-72.7

7-8 续表2

单位：%

行　业	Sector	本年完成投资 Investment Completed This Year
金融业	Banking and Insurance	-9.9
货币金融服务	Monetary Banking	-9.9
资本市场服务	Capital Market	
保险业	Insurance	
其他金融业	Other Financial Activities	
房地产业	Real Estate Trade	12.4
房地产业	Real Estate Trade	12.4
租赁和商务服务业	Lease and Business Affairs Services	-3.7
租赁业	Leasing	-77.2
商务服务业	Business Affairs Services	-0.8
科学研究和技术服务业	Scientific Reseach and Technical Services	72.0
研究和试验发展	Reserch and Experimental Development	-4.3
专业技术服务业	Professional Technical Services	29.9
科技推广和应用服务业	Services of Science and Technology Exchanges and Promotion	204.9
水利、环境和公共设施管理业	Management of Water Conservancy, Environment and Public Facilities	0.1
水利管理业	Water Conservancy	9.4
生态保护和环境治理业	Ecological Protection and Environmental Management	23.2
公共设施管理业	Public Facilities	-6.9
土地管理业	Land Management	188.1
居民服务、修理和其他服务业	Resident Services, Repair and Other Services	-0.1
居民服务业	Residence Services	31.8
机动车、电子产品和日用产品修理业	Repair of Motor Vehicles, Electronic Products and Daily Products	15.0
其他服务业	Other Services	-74.3
教　育	Education	21.7
教　育	Education	21.7
卫生和社会工作	Health Care and Social Work	-4.2
卫　生	Health Care	4.8
社会工作	Social Work	-22.9
文化、体育和娱乐业	Culture, Sports and Recreation	2.2
新闻和出版业	Journalism and Publishing Activities	
广播、电视、电影和影视录音制作业	Broadcasting, Movies, Televisions and Audiovisual Activities	502.6
文化艺术业	Culture and Arts Activities	5.4
体　育	Sports Activities	-50.5
娱乐业	Entertainment	36.6
公共管理、社会保障和社会组织	Public Management, Social Security and Social Organization	-37.2
中国共产党机关	Organs of CPC	66.5
国家机构	Government Agencies	-52.2
人民政协、民主党派	PPCC and Democratic Parties	
社会保障	Social Security	-95.8
群众团体、社会团体和其他成员组织	Mass Organizations, Social Organizations and Other Member Organizations	-0.6
基层群众自治组织	Grass Roots Self-governing Organizations	-72.8

continued

(%)

#国有控股 State-owned	#集体控股 Collective-owned	#私人控股 Private
1153.7	–43.8	
1153.7	–43.8	
–4.8	–15.3	20.2
–4.8	–15.3	20.2
–13.6	461.0	2.5
–92.9		–68.5
–12.8	461.0	9.2
103.8		40.8
19.5		–16.1
–17.0		64.0
297.4		62.5
4.0	64.5	–22.3
9.1	–17.8	33.0
32.1	228.1	2.6
–1.8	46.1	–37.9
201.1		144.1
61.8		–29.0
81.0		–58.0
		11.8
–37.7		–82.0
15.5	–82.4	123.2
15.5	–82.4	123.2
6.3	–69.4	–33.1
9.4	–67.6	–17.9
–6.3	–70.7	–44.2
14.8	37.8	–4.5
2958.9		55.2
54.0	871.5	–47.8
–50.4		–48.7
171.9	–89.4	31.6
–50.2	–76.8	–69.2
66.5		
–53.0	–67.6	–33.4
–95.8		
–71.4		–77.5
–79.5	–92.8	

7–9 按资金来源分固定资产投资增长速度(2019年)

单位：%

行　业	Sector	本年资金来源小计 Total Source of Funds
总　计	**Total**	**16.9**
农、林、牧、渔业	Farming, Forestry, Animal Husbandry and Fishery	24.5
农　业	Farming	-10.7
林　业	Forestry	152.3
畜牧业	Animal Husbandry	-4.9
渔　业	Fishery	33.0
农、林、牧、渔服务业	Farming, Forestry, Animal Husbandry and Fishery Services	480.7
采矿业	Mining	17.4
煤炭开采和洗选业	Coal Mining and Washsing	13.2
石油和天然气开采业	Extraction of Petroleum and Natural Gas	53.4
黑色金属矿采选业	Mining and Dressing of Ferrous Metals	118.5
有色金属矿采选业	Mining and Dressing of Nonferrous Metals	-19.9
非金属矿采选业	Mining and Dressing of Nonmetal Ores	51.5
开采辅助活动	Mining Auxiliary Activities	-25.6
其他采矿业	Others	
制造业	Manufacturing	9.0
农副食品加工业	Farm and Sideline Food Processing	-28.7
食品制造业	Food Manufacturing	-26.0
酒、饮料和精制茶制造业	Alcohol, Beverage and Refined Tea Manufacturing	-2.4
烟草制品业	Tobacoo Manufaturing	-67.2
纺织业	Textile Industry	-11.0
纺织服装、服饰业	Manufacture of Garments and Accessories	-39.9
皮革、毛皮、羽毛及其制品和制鞋业	Manufacture of Leather, Fur, Feather and their Products and Footwear	-5.9
木材加工和木、竹、藤、棕、草制品业	Processing of Timber, Manufacture of Wood, Bamboo, Rattan, Palm, and Straw Products	67.1
家具制造业	Manufacture of Funiture	-5.1
造纸和纸制品业	Manufacture of Paper and Paper Products	80.8
印刷和记录媒介复制业	Printing and Record Medium Reproduction	-32.9
文教、工美、体育和娱乐用品制造业	Manufacture of Articles For Culture, Education and Sport Activity	-9.4
石油加工、炼焦和核燃料加工业	Petroleum Processing ,Coking and Nuclear Fuel Processing	146.2
化学原料和化学制品制造业	Manufacture Raw Chemical Materials and Chemical Products	-21.7
医药制造业	Manufacture of Medical Products	18.2
化学纤维制造业	Manufacture of Chemical Fibers	1.5
橡胶和塑料制品业	Manufacture of Rubber and Plastic Products	37.5
非金属矿物制品业	Manufacture of Nonmetals Mineral Products	-12.5
黑色金属冶炼和压延加工业	Smelting and Pressing of Ferrous Metals	63.2
有色金属冶炼和压延加工业	Smelting and Pressing of Nonferrous Metals	-38.7
金属制品业	Manufacture of Metal Products	106.3
通用设备制造业	Manufacture of Universal Purpose Equipment	22.6

GROWTH RATE OF INVESTMENT IN FIXED ASSETS BY SOURCE OF FUNDS(2019)

(%)

国家预算内资金 State Budgetary Appropriation	国内贷款 Domestic Loans	利用外资 Foreign Investment	自筹资金 Self-raised Funds	其他资金 Others
27.4	**-3.3**	**289.6**	**23.6**	**9.7**
99.3	212.7	-84.2	16.9	36.6
464.1	175.3	-70.7	-19.4	138.9
-7.3			419.2	-54.2
85.5	39.1	-100.0	-8.5	79.0
			37.8	-100.0
343.2			639.2	514.8
-92.8	-25.7		21.9	-18.7
-100.0	-19.9		16.5	-7.7
-100.0	-100.0		65.7	-98.5
			118.5	
			-19.3	-100.0
	-82.5		55.2	
-100.0			101.9	-100.0
135.7	-50.7	236.5	13.8	-7.5
-100.0	-23.0		-27.7	-47.2
	-70.8		-18.7	-99.6
	1842.9		-6.4	-0.8
			-67.2	
	-56.1		16.2	-43.3
	-100.0		-38.7	
			-82.9	
			67.1	
			-23.7	
	17.3		88.4	75.4
			-32.9	
			-9.4	
	-83.7		361.8	10.5
	-15.8		-27.7	208.2
-100.0	-85.9		29.5	10.7
			-8.6	
	74.9		36.5	
	118.4	-61.8	-17.6	47.9
			63.2	
-100.0	-98.9		-26.1	23.6
-100.0			101.3	382.5
	20400.0		-3.7	-75.3

7-9 续表1

单位：%

行 业	Sector	本年资金来源小计 Total Source of Funds
专用设备制造业	Manufacture of Special Purpose Equipment	56.8
汽车制造业	Manufacture of Motor Vehicles	3.9
铁路、船舶、航空航天和其他运输设备制造业	Manufacture of Railways, Ships, Aviation, Aircrafts and Other Transportation Equipments	-53.7
电气机械和器材制造业	Manufacture of Electrical Equipment and Machinery	-53.1
计算机、通信和其他电子设备制造业	Manufacture of Computer, Telecommunication and Other Electronic Equipments	-16.2
仪器仪表制造业	Manufacture of Measuring Instrument and Machinery	37.5
其他制造业	Other Manufacturing	-89.0
废弃资源综合利用业	Comprehensive Utilization of Waste	100.1
金属制品、机械和设备修理业	Repair of Metal Products, Machinery and Equipment	-94.0
电力、热力、燃气及水生产和供应业	Production and Supply of Electricity, Heat, Gas and Water	12.3
电力、热力生产和供应业	Production and Supply of Electricity and Heat	3.0
燃气生产和供应业	Production and Supply of Gas	85.0
水的生产和供应业	Production and Supply of Water	221.0
建筑业	Construction	-100.0
房屋建筑业	Buildings Construction	
土木工程建筑业	Civil Engineering	-100.0
建筑安装业	Building Installation	
建筑装饰和其他建筑业	Building Decoration and Other Construction	
批发和零售业	Wholesale and Retail Trade	27.8
批发业	Wholesale Trade	48.7
零售业	Retail Trade	6.2
交通运输、仓储和邮政业	Transport, Storage and Post	25.7
铁路运输业	Railway Transport	-28.1
道路运输业	Highway Transport	39.5
水上运输业	Water Transport	
航空运输业	Air Transport	178.0
管道运输业	Transport Via Pipelines	1966.1
装卸搬运和运输代理业	Loading, Unloading and Other Transport Services	-92.1
仓储业	Storage	-25.0
邮政业	Post	-100.0
住宿和餐饮业	Hotels and Catering Services	188.0
住宿业	Hotels	215.3
餐饮业	Catering Services	-54.7
信息传输、软件和信息技术服务业	Information Transmission, Software and Information Technology Services	-0.8
电信、广播电视和卫星传输服务	Transimission Services of Telecommunication, Broadcast, Television and Satellite	-8.1
互联网和相关服务	Internet and Relative Services	100.8
软件和信息技术服务业	Software and Information Technology Services	-82.9

continued

(%)

国家预算内资金 State Budgetary Appropriation	国内贷款 Domestic Loans	利用外资 Foreign Investment	自筹资金 Self-raised Funds	其他资金 Others
			51.2	1012.6
	136.3		2.4	36.1
			-43.7	-96.0
	-43.4		-53.3	-66.5
			-10.9	-98.7
			37.5	
			-82.1	-100.0
			97.4	267.5
	-93.9		-100.0	-100.0
148.7	-31.0	-52.0	21.3	42.2
91.5	-30.5	-85.1	10.1	49.8
317.8	-81.5	81.2	155.0	-79.7
539.8	633.4		98.4	344.3
-100.0	-100.0		-100.0	-100.0
-100.0	-100.0		-100.0	-100.0
			22.4	41.9
			44.7	-100.0
			-1.9	52.3
13.8	28.2	-100.0	29.6	26.1
	-47.0		21.3	-85.1
14.6	43.8	-100.0	66.1	31.2
-100.0			66.9	263.4
			1423.8	
			-92.1	
			-24.3	-56.6
			-100.0	
-100.0	-100.0		41.1	
-100.0	-100.0		53.7	
			-54.7	
-11.8	-65.3		29.4	-93.7
126.7	-61.7		-3.3	
-30.7	81.6		139.3	-94.7
	-100.0		-74.6	-93.4

7-9 续表2

单位：%

行　业	Sector	本年资金来源小计 Total Source of Funds
金融业	Banking and Insurance	-21.9
货币金融服务	Monetary Banking	-21.9
资本市场服务	Capital Market	
保险业	Insurance	
其他金融服务	Other Financial Activities	
房地产业	Real Estate Trade	17.4
房地产业	Real Estate Trade	17.4
租赁和商务服务业	Lease and Business Affairs Services	23.3
租赁业	Leasing	-74.3
商务服务业	Business Affairs Services	27.1
科学研究和技术服务业	Scientific Reseach and Technical Services	119.5
研究和试验发展	Reserch and Experimental Development	36.6
专业技术服务业	Professional Technical Services	-26.7
科技推广和应用服务业	Services of Science and Technology Exchanges and Promotion	322.9
水利、环境和公共设施管理业	Management of Water Conservancy, Environment and Public Facilities	21.3
水利管理业	Water Conservancy	66.8
生态保护和环境治理业	Ecological Protection and Environmental Management	63.6
公共设施管理业	Public Facilities	5.9
土地管理业	Land Management	951.8
居民服务、修理和其他服务业	Resident Services, Repair and Other Services	-5.5
居民服务业	Residence Services	-82.9
机动车、电子产品和日用产品修理业	Repair of Motor Vehicles, Electronic Products and Daily Products	408.0
其他服务业	Other Services	-100.0
教　育	Education	37.8
教　育	Education	37.8
卫生和社会工作	Health Care and Social Work	44.8
卫　生	Health Care	62.3
社会工作	Social Work	6.8
文化、体育和娱乐业	Culture, Sports and Recreation	0.1
新闻和出版业	Journalism and Publishing Activities	
广播、电视、电影和影视录音制作业	Broadcasting, Movies, Televisions and Audiovisual Activities	
文化艺术业	Culture and Arts Activities	-34.9
体　育	Sports Activities	-43.3
娱乐业	Entertainment	68.5
公共管理、社会保障和社会组织	Public Management, Social Security and Social Organization	-34.1
中国共产党机关	Organs of CPC	143.0
国家机构	Government Agencies	-50.8
人民政协、民主党派	PPCC and Democratic Parties	
社会保障	Social Security	
群众团体、社会团体和其他成员组织	Mass Organizations, Social Organizations and Other Member Organizations	-26.7
基层群众自治组织	Grass Roots Self-governing Organizations	-68.5

continued

(%)

国家预算内资金 State Budgetary Appropriation	国内贷款 Domestic Loans	利用外资 Foreign Investment	自筹资金 Self-raisied Funds	其他资金 Others
			-21.9	
			-21.9	
-16.1	13.1		39.2	3.0
-16.1	13.1		39.2	3.0
1204.7	244.7		4.5	-1.5
			-75.1	-100.0
1204.7	243.3		7.8	6.4
297.0	-100.0		42.7	6552.7
108.9	-100.0		23.0	
-95.3			-12.5	
			95.2	6531.2
20.4	7.2	145.5	8.5	79.7
66.7	-17.7		102.4	133.2
130.6	1370.1	168.1	47.0	170.1
7.9	2.2	-23.5	-19.1	70.4
-10.0			17717.9	287.5
-76.2			79.9	-100.0
			-64.9	-100.0
			408.0	
-100.0			-100.0	
3.3	246.3	5354.5	29.0	128.7
3.3	246.3	5354.5	29.0	128.7
51.6	146.2		45.4	12.9
93.9	146.2		51.2	26.7
-71.1			37.0	-54.5
-55.8	-41.4		-5.0	260.4
-1.5	-50.0		-76.5	362.7
-77.1			-28.0	876.9
	-5.1		76.0	-16.1
-13.2	-78.5		-38.1	20.2
			-50.6	
-52.8	-78.5		-36.9	20.2
			-28.3	
			-68.5	

7-10 固定资产投资规模及新增生产能力(2019年)

生产能力(或效益)名称		Item	建设规模 Construction Scale
原煤开采	(万吨/年)	Coal Mining (10 000 tons/year)	15743
焦　炭	(万吨/年)	Coke (10 000 tons/year)	2492
天然气开采	(亿立方米/年)	Extraction of Natural Gas(100 million cu.m/year)	117
石油加工：蒸馏设备能力	(处理万吨/年)	Petroleum Processing: Capacity of Distillation Equipment (10 000 tons/year)	5
石油加工：裂化设备能力	(处理万吨/年)	Petroleum Processing: Capacity of Cracking Equipment (10 000 tons/year)	3
铁矿开采(原矿)	(万吨/年)	Iron-Ore Mining (10 000 tons/year)	821
生　铁	(万吨/年)	Pig Iron (10 000 tons/year)	244.5
粗　钢	(万吨/年)	Crude Steel (10 000 tons/year)	317.5
钢　材	(万吨/年)	Rolled Steel (10 000 tons /year)	1515
铝冶炼	(吨/年)	Oxide Aluminium (ton/year)	54455
原铝(电解铝)	(吨/年)	Primary Aluminium (ton/year)	432000
铝加工材	(吨/年)	Aluminum Processing Material (ton/year)	10000
发电机组容量	(万千瓦)	Capacity of Power Generating Sets (10 000 kw)	19187
火力发电	(万千瓦)	Fire Power (10 000 kw)	1968
风力发电	(万千瓦)	Wind Power (10 000 kw)	2266
太阳能发电	(万千瓦)	Solar Power (10 000 kw)	374
其　他	(万千瓦)	Others (10 000 kw)	14579
输电线路长度(110千伏及以上)	(公里)	Length of Power Transmission Line (≥110 kv) (km)	2452
水　泥	(万吨/年)	Cement (10 000 tons/year)	1014
轮胎外胎	(万条/年)	Tires (10000 tires/year)	23
汽车制造	(辆/年)	Motor Vehicles (unit/year)	190600
载货汽车制造	(辆/年)	Trucks (unit/year)	40000
客车制造	(辆/年)	Passenger Motor Vehicles (unit/year)	20000
轿车制造	(辆/年)	Cars (unit/year)	130000
其他汽车制造	(辆/年)	Others (unit/year)	600

SCALE OF INVESTMENT IN FIXED ASSETS AND NEWLY INCREASED PRODUCTION CAPACITY(2019)

本年施工规模 Construction Scale This Year	#本年新开工 Newly Started This Year	累计新增生产能力 Accumulated Newly Increased Production Capacity	#本年新增 Newly Increased This Year
9190	4032	3921	2105
1959	1040	15	10
34	13	24	16
5		5	
177	137	167	127
184.5	184.5		
317.5	317.5		
1004	923	354.0	151.0
125000		432000	125000
1000	1000	10000	1000
7001	6056	808	549
532	79	371	210
965	553	225	175
223	152	193	146
5281	5271	20	17
2202	670	1487	1417
554	354	784	324
23	20	3	3
53900	215	200	200
23700			
30000	15		
200	200	200	200

7-10 续表

生产能力(或效益)名称		Item	建设规模 Construction Scale
机制纸浆	(万吨／年)	Machine-made Paper Pulp (10 000 tons/year)	9.9
新建铁路里程	(公里)	Length of Railways Newly Built (km)	441
电气化铁路里程	(公里)	Length of Electrified Railways (km)	79
新建公路	(公里)	Length of Newly Built Highways (km)	2615.1
#高速公路	(公里)	Express Way (km)	588.0
一级公路	(公里)	First Class (km)	246.4
二级公路	(公里)	Second Class (km)	184.1
改建公路	(公里)	Reconstructed Highways (km)	13217.0
#高速公路	(公里)	Express Way (km)	32.2
#一级公路	(公里)	First Class (km)	181.6
二级公路	(公里)	Second Class (km)	368.5
新建独立公路桥梁	(延长米)	Independent Highway Bridges Newly Built (extended m)	14644.9
新建独立公路桥梁	(座)	Independent Highway Bridges Newly Built (unit)	33
新建独立公路隧道	(延长米)	Independent Highway Tunnels Newly Built (extended m)	533
新建独立公路隧道	(处)	Independent Highway Tunnels Newly Built (unit)	2
新(扩)建港口码头		Newly-built or Expanded Ports	
年吞吐量	(万吨)	Annual Handling Capacity (10 000 tons)	20
泊　位	(个)	Berths (unit)	4
新(扩)建公路客、货运站	(个)	Highway Passenger and Freight Station of Newly Built or Extended (unit)	7
新(扩)建公路客、货运站	(平方米)	Highway Passenger and Freight Station of Newly Built or Extended (sq.m)	147429
候机楼	座	Airport Terminal (unit)	2
候机楼	平方米	Airport Terminal (sq.m)	93365
城市自来水供水能力	(万吨／日)	City Tap Water Supply Capacity (10 000 tons/day)	50.1
城市污水处理能力	(万吨／日)	City Sewage Treatment Capacity (10 000 tons/day)	169.3

continued

本年施工规模 Construction Scale This Year	#本年新开工 Newly Started This Year	累计新增生产能力 Accumulated Newly Increased Production Capacity	#本年新增 Newly Increased This Year
42	2.0	17	
3		47	3
1691.6	885.3	935.9	558.5
338.2	93.7	195.0	103.9
101.0	7.8	28.6	25.6
152.7	129.7	88.1	83.1
8302.7	5827.3	6674.9	5365.3
32.2	2.4		
91.5	45.0	77.9	77.9
297.0	220.1	211.6	205.6
11232.4	10412.1	8866.8	7339.8
23	20	13	13
530		533	530
1		2	1
7	6	1	1
43053	33771	79000	7085
2	1		
41733	29733		
31.4	12.4	13.4	10.2
116.4	83.3	88.2	70.9

7-11 农户固定资产投资主要指标增长速度

GROWTH RATE OF MAJOR INDICATORS OF RURAL HOUSEHOLDS INVESTMENT IN FIXED ASSETS

单位：%　　(%)

指　标	Item	2018	2019
一、本年新增固定资产原值	Original Value of Newly Increased Fixed Assets This Year	−20.5	−26.5
二、本年固定资产投资完成额	Completed Investment in Fixed Assets This Year	−19.1	−30.6
按投资来源分	Grouped by Source of Funds		
国内贷款	Domestic Loans	−4.4	−27.8
自筹资金	Self−raised Funds	−21.0	−31.0
其他资金	Others	−12.5	−36.9
按投资构成分	Grouped by Composition		
建筑工程	Construction	−26.7	−34.4
#水　利	Conservancy	2.3	−14.2
房　屋	Buildings	−29.3	−35.3
#住　宅	Residential Buildings	−29.5	−37.6
安装工程	Installation		
设备工器具购置	Purchase of Equipment and Instruments	−5.2	−26.4
#生产设备	Production Equipment	−5.2	−26.4
其　他	Others	−9.9	−18.3
按具体投资项目分	Grouped by Investment Projects		
房　屋	Buildings	−29.3	−35.3
#住　宅	Residential Buildings	−29.5	−37.6
道　路	Roadway		
桥　梁	Bridge		
设　备	Equipment	−5.2	−26.4
水　利	Conservancy	2.3	−14.2
其　他	Others	19.1	−17.1
三、本年施工房屋面积(万平方米)	Floor Space of Buildings Under Construction This Year (10 000 sq.m)	−30.5	−34.9
#住　宅	Residential Buildings	−34.6	−30.7
#当年新开工	Newly Started in The Current Year	−24.2	−39.6
四、本年竣工房屋面积(万平方米)	Floor Space of Buildings Completed This Year (10 000 sq.m)	−27.5	−34.1
#住　宅	Residential Buildings	−30.9	−28.8
五、本年竣工房屋投资额	Investment in Buildings Completed This Year	−21.2	−35.0
#住　宅	Residential Buildings	−23.8	−35.7

主要统计指标解释

全社会固定资产投资 是以货币形式表现的在一定时期内全社会建造和购置固定资产的工作量以及与此有关的费用的总称。该指标是反映固定资产投资规模、结构和发展速度的综合性指标,又是观察工程进度和考核投资效果的重要依据。全社会固定资产投资按登记注册类型可分为国有、集体、联营、股份制、私营和个体、港澳台商、外商、其他等。

固定资产投资（不含农户） 指城镇和农村各种登记注册类型的企业、事业、行政单位及城镇个体户进行的计划总投资500万元及500万元以上的建设项目投资和房地产开发投资,包含原口径的城镇固定资产投资加上农村企事业组织项目投资,该口径自2011年起开始使用。

固定资产投资的实际到位资金 根据固定资产投资的资金来源不同，分为国家预算资金、国内贷款、利用外资、自筹资金和其他资金。

(1)国家预算资金 国家预算包括一般预算、政府性基金预算、国有资本经营预算和社保基金预算。各类预算中用于固定资产投资的资金全部作为国家预算资金填报，其中一般预算中用于固定资产投资的部分包括基建投资、车购税、灾后恢复重建基金和其他财政投资。各级政府债券也应归入国家预算资金。

(2)国内贷款 指报告期固定资产项目投资单位向银行及非银行金融机构借入用于固定资产投资的各种国内借款,包括银行利用自有资金及吸收存款发放的贷款、上级主管部门拨入的国内贷款、国家专项贷款（包括煤代油贷款、劳改煤矿专项贷款等），地方财政专项资金安排的贷款、国内储备贷款、周转贷款等。

(3)利用外资 指报告期收到的境外（包括外国及港澳台地区）资金(包括设备、材料、技术在内)。包括对外借款(外国政府贷款、国际金融组织贷款、出口信贷、外国银行商业贷款、对外发行债券和股票)、外商直接投资、外商其他投资(包括利用外商投资收益在国内进行固定资产再投资活动的资金)。不包括我国自有外汇资金(国家外汇、地方外汇、留成外汇、调剂外汇和国内银行自有资金发放的外汇贷款等)。各类外资按报告期末的外汇牌价（中间价）折成人民币计算。

(4)自筹资金 指固定资产投资单位在报告期收到的，由各企、事业单位筹集用于固定资产投资的资金，包括各类企事业单位的自有资金和从其他单位筹集的用于固定资产投资的资金，但不包括各类财政性资金、从各类金融机构借入资金和国外资金。

(5)其他资金 指在报告期收到的除以上各种资金之外的用于固定资产投资的资金，包括社会集资、个人资金、无偿捐赠的资金及其他单位拨入的资金等。

固定资产投资按国民经济行业分 指根据其从事的社会经济活动性质对各类单位进行的分类。应根据建设项目建成投产后的主要产品种类或主要用途及社会经济活动种类来划分，不能根据项目单位本身的行业类别来划分。如果项目投产后有几种产品，应根据主要产品来确定行业类别。一般情况下，一个建设项目只能属于一种国民经济行业。

固定资产投资按隶属关系分 是按建设单位或企业、事业、行政单位的主管上级机关确定的。

(1)中央 是指中共中央、人大常委会和国务院各部、委、局、总公司以及直属机构直接领导的建设项目和企业、事业、行政单位。这些单位的固定资产投资计划由国务院各部门直接编制和下达，统一组织或委托下级实施。包括有中央垂直管理的部门（如国家统计局各级调查队）和中央直属企业、事业单位（如工商银行、中国电信、中国石油）等。

(2)地方 是由省（自治区、直辖市）、地（区、市、州、盟）、县（区、市、旗）三级政府及业务主管部门直接领导和管理的建设项目、企业、事业、行政单位。地方项目还包括不隶属以上各级政府及主管部门的建设项目和企业、事业单位，如外商投资企业和无主管部门的企业等。

固定资产投资按建设性质分 按整个建设项目情况来确定。建设项目的性质一般分为新建、扩建、改建和技术改造、单纯建造生活设施、迁建、恢复、单纯购置。房地产开发单位、农户投资不划分建设性质。

(1)新建 指从无到有“平地起家”开始建设的项目。现有企业、事业、行政单位投资的项目一般不属于新建。但如有的单位原有基础很小，经过建设后新增的固定资产价值超过该企业、事业、行政单位原有固定资产价值（原值）三倍以上的，也应作为新建。

(2)扩建　指在厂内或其他地点，为扩大原有产品的生产能力(或效益)或增加新的产品生产能力，而增建的生产车间(或主要工程)、分厂、独立的生产线的企业、事业单位。行政、事业单位在原单位增建业务性用房(如学校增建教学用房、医院增建门诊部、病房等)也作为扩建。

现有企、事业单位为扩大原有主要产品生产能力或增加新的产品生产能力，增建一个或几个主要生产车间(或主要工程)、分厂，同时进行一些更新改造工程的，也应作为扩建。

(3)改建和技术改造　指现有企业、事业单位对原有设施进行技术改造或更新(包括相应配套的辅助性生产、生活福利设施) 的建设项目。改建项目包括现有企业、事业单位为适应市场变化的需要，而改变企业的主要产品种类(如军工企业转民产品等) 的建设项目，原有产品生产作业线由于各工序(车间)之间能力不平衡，为填平补齐充分发挥原有生产能力而增建不增加本企业主要产品设计能力的车间的建设项目。技术改造是指企业、事业单位在现有基础上，用先进的技术代替落后的技术，用先进的工艺和装备代替落后的工艺和装备，以改变企业落后的技术经济面貌，实现以内涵为主的扩大再生产，达到提高产品质量、促进产品更新换代、节约能源、降低消耗、扩大生产规模、全面提高社会经济效益的目的。技术改造具体包括以下内容：机器设备和工具的更新改造；生产工艺改革、节约能源和原材料的改造；厂房建筑和公共设施的改造；保护环境进行的“三废”治理改造；劳动条件和生产环境的改造等。

固定资产投资按构成分

(1)建筑工程　指各种房屋、建筑物的建造工程，又称建筑工作量。这部分投资额必须兴工动料，通过施工活动才能实现，是固定资产投资额的重要组成部分。

(2)安装工程　指各种设备、装置的安装工程，又称安装工作量。

在安装工程中，不包括被安装设备本身价值。

(3)设备工具器具购置　指报告期内购置或自制的，达到固定资产标准的设备、工具、器具的价值。新建单位及扩建单位的新建车间，按照设计或计划要求购置或自制的全部设备、工具、器具，不论是否达到固定资产标准均计入“设备工具器具购置”中。

(4)其他费用　指在固定资产建造和购置过程中发生的，除建筑安装工程和设备、工器具购置投资完成额以外的应当分摊计入固定资产投资的费用，不指经营中财务上的其他费用。

施工项目个数　是指本年正式进行过建筑或安装施工活动的建设项目个数。包括本年新开工项目，以前年度开工跨入本年继续施工项目，本年全部建成投产项目、以前年度全部停缓建在本年恢复施工的项目，本年进行过施工又在本年内全部停缓建的项目。施工项目个数可以反映一定时期固定资产投资的实际规模，与同期全部建成投产项目个数相比，可以从建设速度的角度反映固定资产投资的效果。

本年投产项目个数　指报告期内按设计文件规定建成主体工程和相应配套的辅助设施，形成生产能力或工程效益，经过验收合格，并且已正式投入生产或交付使用的建设项目。

新增生产能力(或工程效益)　指通过固定资产投资活动而增加的设计能力(或工程效益)。主要指标包括建设规模、本年施工规模、自开始建设累计新增生产能力(或工程效益)、本年新增生产能力(或工程效益)等。

建设规模　指建设项目或工程设计文件中规定的全部设计能力(或工程效益)。包括已经建成投产和尚未建成投产的工程的生产能力(或工程效益)。

本年施工规模　指报告期内施工的单项工程（或更新改造项目）的设计能力(或工程效益)，包括报告期以前已开工跨入本年继续施工的工程的设计能力和报告期新开工工程的设计能力。也包括报告期内建成投产或报告期施工后又停缓建的单项工程设计能力。不包括在报告期以前建成投产或已经停、缓建的工程，以及报告期内尚未正式开工的工程的设计能力。

自开始建设累计新增生产能力(或工程效益)　指自开始建设至本年底止建成投产的全部单项工程累计新增生产能力(或工程效益)。

本年新增生产能力(或工程效益)　指在本年度内按照新增生产能力(或工程效益)的计算条件和标准，实际建成投入生产或交付使用的生产能力(或工程效益)。

Explanatory Notes on Main Statistical Indicators

Total Investment in Fixed Assets in the Whole Society refers to the volume of activities in construction and purchases of fixed assets of the whole society and related fees, expressed in monetary terms during the reference period. It is a comprehensive indicator which shows the size, structure and growth of the investment in fixed assets, providing a basis for observing the progress of construction projects and evaluating results of investment. Total investment in fixed assets in the whole society includes, by type of ownership, the investment by state-owned units, collective-owned units, joint ownership units, share-holding units, private units, individuals as well as investments by entrepreneurs from Hong Kong, Macao and Taiwan, foreign investors and others.

Investment in Fixed Assets (Excluding Rural Households) refers to the investment in construction projects with a total planned investment of 5 million yuan and over by enterprises of various ownerships, institutions, administrative units and urban self-employed individuals, and the investment in real estate development in both urban and rural areas. Since 2011, it covers the urban investment in fixed assets under the previous statistical coverage plus project investments by rural enterprises and institutions.

Actual Funds in Place for Investment in Fixed Assets are categorized as funds from the State budget, domestic loans, foreign investment, self-raised funds, and others, depending on the sources of investment.

(1) Fund from the State budget: State budget consists of general budget, government fund budget, operation budget of state-owned assets and social security fund budget. Funds for investment in fixed assets from various budgets are reported as fund from the state budget, of which, the general budget utilized on fixed assets investment includes investment on infrastructure construction, vehicle purchase tax, post-disaster restoration and reconstruction funds and other financial investment. Government bonds at all levels should also be included.

(2) Domestic loans refer to loans of various forms borrowed by investing units from banks and non-bank financial institutions during the reference period for the purpose of investment in fixed assets, including loans issued by banks from their self-owned funds and deposit, loans appropriated by higher responsible authorities, special loans by government (including loan for substituting petroleum with coal, special loans for reform-through-labour coal mines), loans arranged by local government from special funds, domestic reserve loan, and revolving loan, etc.

(3) Foreign investment refers to overseas (including foreign countries, Hong Kong, Macao and Taiwan) funds received during the reference period (covering equipment, materials and technology), including foreign borrowings (loans from foreign governments and international financial institutions, export credit, commercial loans from foreign banks, issue of bonds and stocks overseas), foreign direct investment and other foreign investments (including funds from foreign direct investment income that are reinvested in fixed assets domestically). Excluded from this category is capital in foreign exchanges owned by China (foreign exchanges owned by the central and local governments, foreign exchanges retained by enterprises, foreign exchanges by enterprises through the regulating mechanism, loans in foreign exchanges issued by the Bank of China with its own fund, etc.). In calculating the utilization of foreign capital, foreign currencies are converted into Chinese RMB applying the exchange rate (central parity rate) at the end of the reference period.

(4) Self-raised funds refer to funds for investment in fixed assets received during the reference period by investing units, including investment in fixed assets using own funds of various enterprises and institutions or funds raised from other units other than financial funds, funds borrowed from financial institutions and overseas funds.

(5) Others refer to funds for investment in fixed assets received from sources other than those listed above, including funds raised from individuals and through donations, and funds transferred from other units.

Investment in Fixed Assets by Sector refers to the classification of investment by the nature of social economic activities the investing units are engaged in. The classification of construction projects by sector is determined by the major products or the purpose of the projects when they are put into production or use, and by the nature of their social economic activities, instead of being determined by industrial classification of the project enterprises. The project will be classified according to major product if there are several kinds of products yielded. In general, one project can only be classified into one sector.

Investment in Fixed Assets by Jurisdiction of Management refers to the classification of investment by the competent authorities under which investment is made by construction units, enterprises, institutions or administrative units.

(1) Central investment refers to the investment in projects or by enterprises, institutions or administrative units which are under the direct leadership and management of the State Council and of the national commissions, ministries, agencies and State-owned large corporations. Various ministries and departments of the State Council prepare and implement plans through unified organization or lower-level commissions, which include departments direct under central government (i.e. survey offices at all level of the National Bureau of Statistics) and enterprises and institutions directly under central government (like the Industrial and Commercial Bank of

China, China Telecom and China National Petroleum Corporation).

(2) Local investment refers to the investment in projects or by enterprises, institutions or administrative units which are under the direct leadership and management of competent departments and governments at the level of province (autonomous regions and municipalities directly under the Central Government), prefecture （prefectures, cities and leagues） and county (districts, cities and banners). Also included are projects by foreign-invested enterprises and enterprises without competent managing authorities.

Investment in Fixed Assets by Type of Construction Construction projects in general can be classified, by the type of construction, into new construction, expansion, reconstruction and technical transformation, purely construction of living facilities, moving, restoration and purely purchasing. However, investment by type of construction is not applied to investment by real-estate development units and investment by rural households.

(1) New construction in general refers to construction projects, which start from scratch. The existing projects invested by enterprises, institutions and administrative agencies cannot be classified as new construction. In case the size of the existing unit is quite small, and the value of newly added fixed assets is more than three times of the original value, the expansion will be considered as new construction.

(2) Expansion refers to construction of new production workshop, branch factory or independent production line within a factory or in other locations, for the purpose of increasing the production capacity (or improving efficiency) or adding new production capacity by enterprises and institutions. Newly constructed accommodation for the operation of institutions and administrative organizations (such as newly constructed buildings for teaching in schools, buildings for clinics or wards in hospitals, etc.) are also classified as expansion.

Also included in expansion are investments by existing enterprises or institutions in building major production lines or branch factories along with some work on innovation, for the purpose of expanding the production capacity of original products or producing new products.

(3) Reconstruction and technical transformation refers to construction projects by existing enterprises or institutions in innovation or technical transformation of the old facilities (including auxiliary production equipment and welfare facilities). Also considered as reconstruction is the construction of new workshops by the existing enterprises or institutions to change the variety of products to meet the market demand (such as the production of civil products by defence industries), or to bring the designed production capacity into full play through a more balanced production process on production lines. Technical transformation refers to replacement of old technology or equipment by new technology or equipment, in order to expand the reproduction through improvement of technology contents in production, to improve product quality, to promote new products, to save energy, to reduce consumption, to expand the production scale and to improve overall social-economic efficiency. Contents of technical transformation include: updating of machinery, equipment and tools; reforming production process by using energy or materials saving technology; construction of factory workshops and transformation of public facilities; treatment transformation of "three wastes" (waste gas, waste water and industrial residue) aiming at environmental protection; improvement of working conditions and environment, etc.

Investment in Fixed Assets by Structure

(1) Construction refers to the construction of houses and buildings, also known as work volume of construction. This part of investment can only be achieved through construction activities, it is the major component of the total investment in fixed assets.

(2) Installation refers to the installation of various kinds of equipment and instruments, also known as work volume of installation.

The value of equipment installed itself is not included in the value of installation projects.

(3) Purchase of equipment and instruments refers to the total value of equipment, tools, and instruments purchased or self-produced which come up to the cut-off point for fixed assets during the reference period. Equipment, tools and instruments purchased or self-produced for new workshops by newly established or expanded units are categorized as "purchase of equipment and instruments" no matter whether they come up to the cut-off point for fixed assets.

(4) Other expenses refer to expenses arising during the construction or purchase of fixed assets other than those expenses on construction, installation and purchase of equipment and instruments. Other financial expenses arising in operation are not included.

Number of Projects under Construction refers to number of all projects with actual construction or installation activities in current year, including newly started projects, projects started previously and extended into the current year, projects completed and put into operation in current year, projects suspended previously and resumed in current year, and projects started this year but suspended or postponed in current year. The number of projects under construction can reflect the actual size of investment in fixed assets during a given period, and when compared with the number of projects completed and put into use during the same period, it demonstrates the results of investment in fixed assets from the angle of the speed of the construction.

Number of Projects Put into Use This Year refer to projects have completed the main construction and correspondent auxiliary facilities in accordance with the design documents, resulting in forming production capacity (efficiency) and have been checked and accepted after relevant tests, and have been formally delivered for use.

Newly Increased Production Capacity (or Project Efficiency) refers to the increase in design capacity (or project efficiency) through investment in fixed assets. The main indicators include: construction scale, scale of projects under construction in current year, the accumulated newly increased production capacity (project efficiency) since the start of the projects and the newly increased production capacity (project efficiency) of current year.

Construction Scale refers to the total designed production capacity (project efficiency) of the construction projects in accordance with the design document, including those have been put into operation and those that have not been completed.

Scale of Projects under Construction in Current Year refers to the designed production capacity (project efficiency) of a single project (or renovation project) under construction in the reference period, including the designed production capacity of projects that have been started previously and still under construction in the current year, the newly started projects, and projects that have been completed and put into operation in the reference period or those have been started but suspended or postponed in the reference period. Projects that have been completed and put into operation, suspended or postponed before the reference period, and projects that have not been officially started in the reference period are not included.

The Accumulated Newly Increased Production Capacity (or Project Efficiency) since the Start of the Projects refers to the accumulated newly increased production capacity of all the single projects which have been put into use from the beginning of the projects till the end of current year.

The Newly Increased Production Capacity (or Project Efficiency) of Current Year refers to the production capacity(project efficiency) that has been completed and put into operation in current year according to the calculation conditions and standards on newly increased production capacity (project efficiency).

对外经济贸易

FOREIGN TRADE AND ECONOMIC COOPERATION

资料整理人员

王玉凤

对外经济贸易
FOREIGN TRADE AND ECONOMIC COOPERATION

进出口总额	Total Value of Imports and Exports	209.7	亿美元	(USD 100 million)
出口总额	Total Value of Exports	116.9	亿美元	(USD 100 million)
进口总额	Total Value of Imports	92.8	亿美元	(USD 100 million)
实际利用外资额	Actual Utilization of Foreign Capital	22.8	亿美元	(USD 100 million)

进出口总额（亿美元）
Total Value of Imports and Exports（USD 100 million）

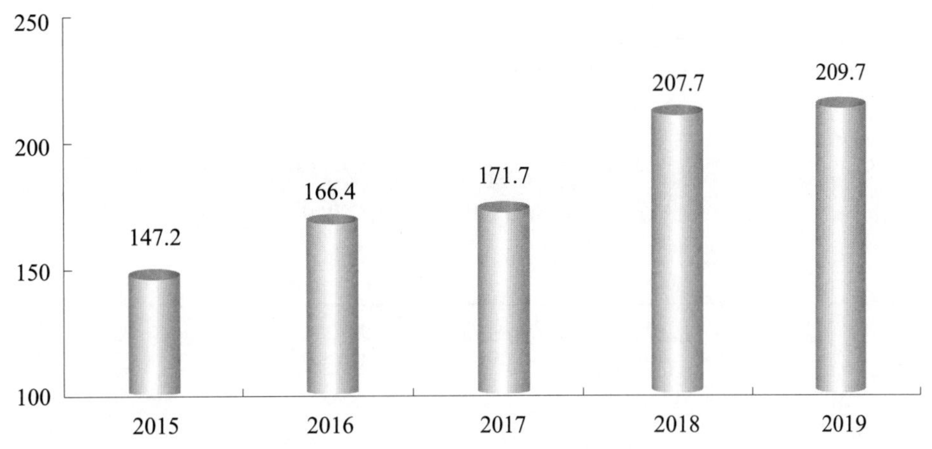

外商直接投资额（亿美元）
Foreign Direct Investment (USD 100 million)

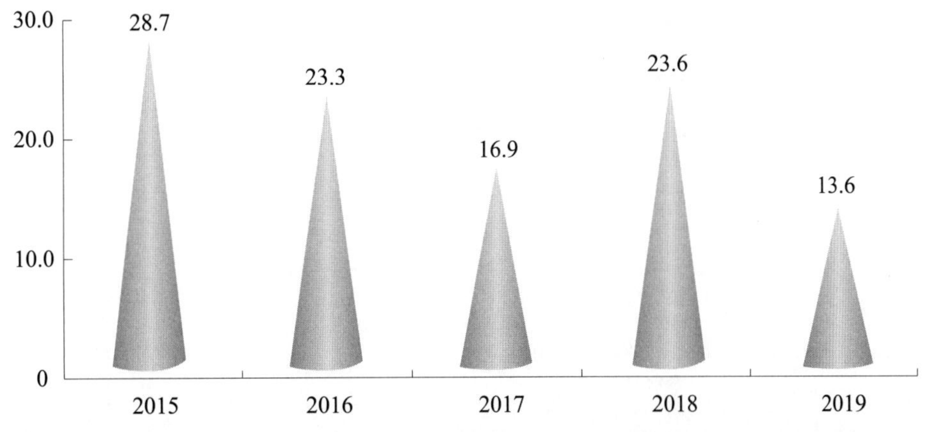

8-1 主要年份进出口贸易总额
TOTAL VALUE OF IMPORTS AND EXPORTS IN MAJOR YEARS

单位：万美元 (USD 10 000)

年 份 Year	进出口总额 Total	出口总额 Exports	进口总额 Imports
1990	35000	26300	8700
1995	140769	114367	26402
2000	176438	123687	52751
2005	554597	352871	201726
2010	1257839	470930	786909
2011	1475981	542823	933158
2012	1504325	701620	802705
2013	1579785	799649	780136
2014	1624852	894222	730631
2015	1471541	842091	629449
2016	1664428	993219	671210
2017	1717225	1019681	697544
2018	2077473	1226981	850491
2019	2096651	1169074	927577

8-2 进出口贸易总额(2019年)
TOTAL VALUE OF IMPORTS AND EXPORTS(2019)

单位：万元 (10 000 yuan)

项 目	Item	进出口总额 Total	出口总额 Exports	进口总额 Imports
总 额	**Total**	**14468887**	**8068699**	**6400188**
一、按企业性质分	**Grouped by Ownership**			
国有企业	State-Owned Enterprises	3437057	1423650	2013408
外商投资企业	Foreign Funded Enterprises	8235067	5039694	3195373
合作企业	Sino-Foreign Cooperative Operation Enterprises	96	95	1
合资企业	Sino-Foreign Joint Ventures Enterprises	8076830	4973511	3103320
独资企业	Solely Foreign-Funded Enterprises	158140	66088	92052
民营企业	Non-State-Owned Enterprises	2776068	1594821	1181247
集体企业	Collective-owned Enterprises	219836	24117	195720
私人企业	Private-owned Enterprises	2548834	1563306	985528
个体工商户	Self-employed Business	7398	7398	
其 他	Others	20695	10535	10160
二、按贸易方式分	**Grouped by The Mode of Trade**			
一般贸易	Original Trade	5155688	2393737	2761951
国家间、国际组织无偿援助和赠送的物资	Aid and Donation between Countries and from International	14779	14779	
加工贸易	Processing Trade	8670955	5403062	3267893
来料加工装配贸易	Processing and Assembly Trade for Income Material	5318	2699	2619
进料加工贸易	Processing Trade for Imported Material	8665637	5400362	3265274
加工贸易进口设备	Processing Trade for Imported Equipment	10527		10527
对外承包工程出口货物	Exported Goods on Contracted Projects	137207	137207	
租赁贸易	Leasing Trade	1323	1323	
外商投资企业作为投资进口的设备、物品	Equipments and Goods Imported as Foreign Investment	441		441
保税仓库进出境货物	Goods of Bonded Warehouse	450708	107455	343253
保税区进出境仓储或转口货物	Storage and Transit Goods of Bonded Area	4533	305	4228
其 他	Others	22726	10831	11895

8-3 进出口主要商品分类总额(2019年)

TOTAL VALUE OF IMPORTS AND EXPORTS BY CATEGORY OF MAIN COMMODITIES(2019)

单位：万元 (10 000 yuan)

项　目	Item	出口总额 Exports	进口总额 Imports
合　计	**Total**	**8068699**	**6400188**
1.活动物;动物产品	Live Animals; Animal Products	5009	1300
2.植物产品	Vegetables Products	46735	6851
3.动,植物油,脂,蜡及其分解产品	Animal or Vegetable Oils, Fats and Waxes and their Cleavage Products	97	11592
4.食品,饮料,酒及醋;烟草及制品	Foods, Beverages, Liquor and Vinegar; Tobacco and Its Products	34304	1063
5.矿产品	Mineral Products	82692	1656467
6.化学工业及其相关工业的产品	Chemicals and Related Products	524069	20714
7.塑料及其制品;橡胶及其制品	Plastics and Related Products; Rubber and Related Products	62355	58962
8.生皮,皮革,毛皮及其制品	Raw Hides, Leather, Furs and Related Products	2517	9
9.木及木制品;其他编结材料制品	Wood and Wooden Products; Plaited Products of Other Materials	2603	1867
10.纸浆;纸,纸板及其制品	Paper Pulp; Paper, Paperboard and Their Products	988	12408
11.纺织原料及纺织制品	Textile Materials and Products	61231	4685
12.鞋帽伞杖鞭;羽毛制品;人造花	Footwear, Headgear, Umbrellas, Canes, Whips; Feather Products; Artificial Flowers	1030	87
13.石料及其制品;陶瓷玻璃及制品	Building Stone and Its Products; Ceramics, Glass and Glassware	121206	832
14.珍珠,宝石,贵金属;仿首饰;硬币	Pearls, Precious Stones, Precious Metals; Imitation Jewelery; Coins	89	3750
15.贱金属及其制品	Base Metals and Related Products	1294829	1068424
16.机器,电子产品,电气设备及零件	Machinery, Electronic Products, Electric Equipment and Accessoris	5502165	3364426
17.车辆,航空器,船舶及运输设备	Vehicles, Aircraft, Vessels and Trasportation Equipment	200172	64617
18.光学,检测,医疗设备;钟表,乐器	Optical, Testing, Medical Apparatus, Clocks and Watches, Musical Instruments	32986	111005
19.杂项制品	Miscellaneous Products	83006	953
20.艺术品,收藏品及古物	Works of Art, Collectors' Pieces and Antiques		
21.特殊交易品及未分类商品	Special Trading Goods and Non-classified Goods	10613	10178

8-4 分国别(地区)进出口贸易总额(2019年)
TOTAL VALUE OF IMPORTS AND EXPORTS BY COUNTRY(REGION)(2019)

单位：万元 (10 000 yuan)

国 别 (地区)	Country (Region)	进出口总额 Total	出口总额 Exports	进口总额 Imports
总 计	**Total**	**14468887**	**8068699**	**6400188**
亚 洲	**Asia**	**6607095**	**2738307**	**3868788**
#韩 国	Republic of Korea	589086	290240	298846
日 本	Japan	1006896	542853	464042
印 度	India	403517	364346	39171
哈萨克斯坦	Kazakhstan	167225	20948	146277
印度尼西亚	Indonesia	272178	65242	206936
中国香港	Hong Kong, China	168195	168096	99
中国台湾	Taiwan, China	1298967	260630	1038337
新加坡	Singapore	252076	158397	93679
土耳其	Turkey	175618	160711	14907
马来西亚	Malaysia	145410	92404	53005
泰 国	Thailand	108457	103042	5415
越 南	Vietnam	577491	172436	405055
非 洲	**Africa**	**664460**	**122667**	**541794**
#南 非	South Africa	502307	36718	465590
欧 洲	**Europe**	**2231329**	**1863299**	**368030**
#荷 兰	Netherlands	347412	346152	1260
德 国	Germany	189930	74627	115304
意大利	Italy	373038	309901	63137
俄罗斯联邦	Russia	293709	281682	12028
英 国	United Kingdom	350106	340451	9654
捷 克	Czech Republic	250988	241570	9418
拉丁美洲	**Latin America**	**1042952**	**359795**	**683156**
#巴 西	Brazil	328155	172001	156153
墨西哥	Mexico	180491	88357	92134
智 利	Chile	155823	32072	123751
哥伦比亚	Colombia	173016	19540	153476
北美洲	**North America**	**2957085**	**2789652**	**167433**
#加拿大	Canada	344092	246379	97713
美 国	United States	2612993	2543274	69720
大洋洲	**Oceania**	**955743**	**194978**	**760765**
#澳大利亚	Australia	733552	190534	543018
新喀里多尼亚	New Caledonia	217813	69	217744
东盟组织	**ASEAN**	**1498067**	**643236**	**854831**
欧盟组织	**EU**	**1816708**	**1564538**	**252170**
一带一路	**B&R**	**3299835**	**2066609**	**1233227**

8-5 实际利用外资额
ACTURAL UTILIZATION OF FOREIGN CAPITAL

单位：万美元 (USD 10 000)

项 目	Item	2010	2015	2019
总 计	**Total**	**116512**	**325840**	**228460**
一、对外借款	**Foreign Loans**	**45091**	**38855**	**92556**
外国政府贷款	Government Loans	4874	4637	967
国际金融组织贷款	Loans form International Financial Organizations	12480	5918	4293
一般商业贷款	General Commercial Loans	20589	28300	87296
买方信贷	Buyer Credit	7147		
二、外商直接投资	**Foreign Direct Investments**	**71421**	**286985**	**135904**
独资企业	Solely Foreign-Funded Enterprises	34009	96802	23351
合资企业	Joint Ventures Enterprises	34900	164537	97822
合作企业	Cooperative Operation Enterprises	2512	25646	14731

注：2011年起，实际利用外资额为全口径，后同。
Note: The coverage of actural utilization of foreign capital has changed to whole society since 2011.The same applies to the following.

8-6 主要年份实际利用外资额
ACTURAL UTILIZATION OF FOREIGN CAPITAL IN MAJOR YEARS

单位：万美元 (USD 10 000)

年 份 Year	利用外资总额 Total	对外借款 Foreign Loans	外商直接投资 Foreign Direct Investments	外商其他投资 Other Foreign Investments
1985	176	55	43	78
1990	3763	3006	340	417
1995	16085	7662	6383	2040
2000	63188	40716	22472	
2005	106369	78853	27516	
2006	132438	85239	47199	
2007	191471	57188	134283	
2008	172174	69892	102282	
2009	82646	33331	49315	
2010	116512	45091	71421	
2011	249530	42252	207278	
2012	276711	26332	250379	
2013	299096	18429	280667	
2014	335672	40486	295186	
2015	325840	38855	286985	
2016	343355	110113	233242	
2017	267653	98604	169049	
2018	359037	122866	236171	
2019	228460	92556	135904	

8-7 主要年份合同利用外资金额(外商直接投资)

CONTRACT UTILIZATION OF FOREIGN CAPITAL IN MAJOR YEARS(DIRECT INVESTMENT)

年 份 Year	项目投资总 额 Total Value of Project Investment	合同利用外资情况 Contract Utilization of Foreign Capital	独资企业 Solely Foreign -funded Enterprises	合资企业 Joint Venture Enterprises	合作企业 Cooperative Operation Enterprises	外商投资股份制 Foreign-funded Joint-stock
一、新批项目(企业)(个) New Projects and Enterprises (unit)						
1985		4		4		
1990		26		24	2	
1995		178	26	138	14	
2000		71	11	48	12	
2005		85	28	35	21	
2006		150	51	71	28	
2007		152	39	98	15	
2008		77	25	37	15	
2009		58	20	25	13	
2010		52	15	28	6	3
2011		62	35	21	6	
2012		39	12	18	7	2
2013		48	24	23	1	
2014		50	22	26	2	
2015		36	20	13	3	
2016		30	14	15	1	
2017		48	14	23	9	2
2018		47	21	21	4	1
2019		72	31	38	1	2
二、合同金额(万美元) Contracted Value (USD10 000)						
1985	201	53		53		
1990	2160	1194		458	736	
1995	40058	23133	3206	17223	2704	
2000	44409	26174	732	15028	10414	
2005	244292	110208	30712	35877	43619	
2006	338880	134207	53339	37109	43759	
2007	834379	247174	50496	175153	21525	
2008	171644	107758	48949	30175	28634	
2009	109438	66893	22326	22548	22019	
2010	132039	100301	32528	56198	7436	4139
2011	291687	155636	50325	7157	11539	86615
2012	144834	35605	6734	24009	4574	288
2013	286998	96152	27089	64083	4980	
2014	262216	96785	67251	23791	5743	
2015	184554	98210	59577	21471	16450	712
2016	228154	83030	29899	28141	24990	
2017	957424	223636	129946	16951	73692	3047
2018	1127069	411258	241714	55983	32094	81467
2019	1097411	244613	63501	50183	122261	8668

8-8 按行业分利用外商直接投资额(2019年)
UTILIZATION OF FOREIGN DIRECT INVESTMENT CAPITAL BY SECTOR(2019)

单位：万美元 (USD 10 000)

行 业	Item	新批项目(企业)(个) New Projects & Enterprises (unit)	合同金额 Contract Value	实际使用金额 Actual Value
总 计	**Total**	**72**	**244613**	**135904**
农、林、牧、渔业	Farming, Forestry, Animal Husbandry and Fishery	3	604	363
采矿业	Mining		1805	18575
制造业	Manufacturing	22	33826	78966
电力、热力、燃气及水生产和供应业	Production and Supply of Electricity, Heat, Gas and Water	4	167471	28435
建筑业	Construction	2	780	624
批发和零售业	Wholesale and Retail Trade	8	2289	461
交通运输、仓储和邮政业	Transportation, Storage and Post	4	3281	305
住宿和餐饮业	Hotels and Catering Services	1	4	717
信息传输、软件和信息技术服务业	Information Transmission, Software and Information Technology Services	1	3407	2347
金融业	Financial Industry			
房地产业	Real Estate Trade	2	3044	
租赁和商务服务业	Lease and Business Affairs Services	2	9	1953
科学研究和技术服务业	Scientific Reseach and Technical Services	18	3922	424
水利、环境和公共设施管理业	Management of Water Conservancy, Environment and Public Facilities	3	23716	2735
居民服务、修理和其他服务业	Resident Services, Repair and Other Services			
教 育	Education			
卫生和社会工作	Health Care and Social Work	1	448	
文化、体育和娱乐业	Culture, Sports and Recreation	1	7	

8-9 按国别(地区)分利用外商直接投资额(2019年)
UTILIZATION OF FOREIGN DIRECT INVESTMENT CAPITAL BY COUNTRY(REGION)(2019)

单位：万美元 (USD 10 000)

国 别(地区)	Country (Region)	新批项目(企业)(个) New Projects and Enterprises (unit)	合同金额 Contract Value	实际使用金额 Actual Value
合 计	**Total**	**72**	**244613**	**135904**
#中国香港	Hong Kong, China	31	82895	56161
新加坡	Singapore	4	7461	4865
韩 国	Republic of Korea	4	1451	55
日 本	Japan	1	–284	1580
中国台湾	Taiwan, China	9	131657	5462
泰 国	Thailand			
塞舌尔	Seychelles			4
英 国	United Kingdom			89
德 国	Germany	3	131	438
意大利	Italy			1
英属维尔京群岛	British Virgin Is.	1	2500	9131
加拿大	Canada	1	160	833
美 国	United States	5	9396	7121
巴哈马	Bahamas			
澳大利亚	Australia		–53	11806
荷 兰	Netherlands			889
卢森堡	Luxembourg			
法 国	France			11
以色列	Israel			
投资性公司投资	Investment Companies	5	4811	36330

8-10 主要年份对外承包工程和劳务合作

CONTRACTED PROJECTS AND LABOR COOPERATION WITH FOREIGN COUNTRIES OR REGIONS IN MAJOR YEARS

年 份 Year	新签合同份数 (个) Number of New Contracts (unit)	新签合同额 (万美元) New Contracted Value (USD 10 000)	完成营业额 (万美元) Value of Business (USD 10 000)	派出人数 (人) Persons Posted Abroad (person)	年末在外人数 (人) Persons Abroad at Year-end (person)
1985	1	101	132		
1990	12	186	118		73
1995	43	1537	728		574
2000	50	5563	3892		1518
2005	55	22187	20200	1195	2263
2010	8	48179	72228	1224	6147
2011	71	42187	70018	2447	5934
2012	42	64018	44927	3264	3513
2013	20	23599	76505	1816	4073
2014	14	34586	73542	1511	4232
2015	26	34875	73754	1595	5010
2016	20	22266	68641	2441	7587
2017	18	104648	71249	2066	5202
2018	34	101763	140296	4651	8322
2019	17	142877	142928	2714	3549

8-11 开发区综合发展情况

KEY STATISTICS OF DEVELOPMENT ZONE

单位：亿元 (100 million yuan)

指 标	Item	2018	2019
当年规上工业企业总产值	Gross Industry Output Value	7021.1	9736.1
当年进出口总额	Total Value of Imports and Exports	891.6	998.8
出口总额	Total Value of Exports	576.7	600.8
进口总额	Total Value of Imports	314.9	398.0
当年税收收入	Tax Revenue	440.9	638.0
实际到位外资金额	Paid-in Foreign Funds	93.1	58.3
实际到位境内省外资金额	Paid-in Funds from Other Provinces	622.2	542.6
全区从业人员 (万人)	Employees (10 000 persons)	92.3	99.9
“四上”企业主营业务收入	Major Business Revenue of 4 Types of Enterprises above Designated Size	9761.7	12513.4

8-12 各开发区综合发展情况(2019年)

KEY STATISTICS OF DEVELOPMENT ZONES(2019)

单位：亿元 (100 million yuan)

开 发 区	Development Zone	"四上"企业主营业务收入 Major Business Revenue of 4 Types of Enterprises above Designated Size	规上工业企业总产值 Gross Output Value of Industrial Enterprises above Designated Size	税收收入 Tax Revenue	进出口总额 Total Value of Imports and Exports
总 计	**Total**	**12513.4**	**9736.1**	**638.0**	**998.8**
山西转型综改示范区(太原区)	Shanxi Transformation and Comprehensive Reform Demonstration Zone (Taiyuan)	3940.5	2730.3	111.9	790.9
清徐经济开发区	Qingxu Economic Development Zone	380.3	260.4	21.7	0.1
太原不锈钢产业园区	Taiyuan Stainless Steer Industrial Park	95.7	93.6	6.5	0.6
阳曲现代农业产业示范区	Yangqu Modern Agriculture Demonstration Zone	0.6	0.3	0.1	
大同经济技术开发区	Datong Eco-Tech Development Zone	252.4	188.1	14.5	39.3
左云经济技术开发区	Zuoyun Eco-Tech Development Zone	0.2	0.2		
新荣经济技术开发区	Xinrong Eco-Tech Development Zone	22.0	26.4	1.3	
朔州经济开发区	Shuozhou Economic Development Zone	136.8	100.9	16.1	0.6
右玉生态文化旅游示范区	Youyu Eco-Cultural Tourism Demonstration Zone	18.2	16.3	1.7	0.1
怀仁经济技术开发区	Huairen Eco-Tech Development Zone	74.0	81.0	1.7	1.3
平鲁经济技术开发区	Pinglu Eco-Tech Development Zone	36.5	35.3	3.4	0.2
应县经济技术开发区	Yingxian Eco-Tech Development Zone	5.4	7.8	0.2	
山阴经济技术开发区	Shanyin Eco-Tech Development Zone	98.0	75.1	8.1	
忻州经济开发区	Xinzhou Economic Development Zone	241.5	134.8	16.5	1.8
原平经济技术开发区	Yuanping Eco-Tech Development Zone	66.4	51.7	4.7	
繁峙经济技术开发区	Fanshi Eco-Tech Development Zone	51.4	48.9	1.9	0.3
阳泉经济开发区	Yangquan Economic Development Zone	129.5	71.8	6.3	4.8
平定经济技术开发区	Pingding Eco-Tech Development Zone	50.7	51.3	1.9	0.8
吕梁经济技术开发区	Lvliang Eco-Tech Development Zone	51.0	44.2	6.2	
孝义经济开发区	Xiaoyi Economic Development Zone	484.1	468.2	23.0	1.2
文水经济开发区	Wenshui Economic Development Zone	63.6	63.0	1.6	9.0
交城经济开发区	Jiaocheng Economic Development Zone	202.9	211.0	8.5	12.0
汾阳杏花村经济技术开发区	Fenyang Xinghuacun Eco-Tech Development Zone	233.5	155.4	46.8	3.7
兴县经济技术开发区	Xingxian Eco-Tech Development Zone	156.6	153.5	21.8	
岚县经济技术开发区	Lanxian Eco-Tech Development Zone	56.6	58.8	3.8	
交口经济技术开发区	Jiaokou Eco-Tech Development Zone	40.8	40.7	2.4	
山西转型综改示范区(晋中区)	Shanxi Transformation and Comprehensive Reform Demonstration Zone (Jinzhong)	545.2	336.0	34.4	6.2
祁县经济开发区	Qixian Economic Development Zone	42.0	35.2	2.6	0.1
介休经济技术开发区	Jiexiu Eco-Tech Development Zone	352.4	346.2	21.1	2.6
太谷经济技术开发区	Taigu Eco-Tech Development Zone	26.5	22.6	1.3	2.0

8-12 续表 continued

单位：亿元 (100 million yuan)

开 发 区	Development Zone	"四上"企业主营业务收入 Major Business Revenue of 4 Types of Enterprises above Designated Size	规上工业企业总产值 Gross Output Value of Industrial Enterprises above Designated Size	税收收入 Tax Revenue	进出口总额 Total Value of Imports and Exports
左权生态文化旅游示范区	Zuoquan Eco-Cultural Tourism Demonstration Zone	27.1	56.3	1.3	
晋中农业高新技术产业示范区	Jinzhong Agricultural High-Tech Industry Demonstration Zone	55.1	53.4	3.2	2.5
灵石经济技术开发区	Lingshi Eco-Tech Development Zone	241.0	225.5	16.0	0.2
榆社经济技术开发区	Yushe Eco-Tech Development Zone	39.9	37.1	1.7	
平遥经济技术开发区	Pingyao Eco-Tech Development Zone	39.3	37.4	1.0	0.9
长治高新技术产业开发区	Changzhi High-Tech Industrial Development Zone	426.8	328.5	29.3	2.4
壶关经济开发区	Huguan Economic Development Zone	52.8	68.5	2.3	0.5
襄垣经济技术开发区	Xiangyuan Eco-Tech Development Zone	87.2	130.5	6.8	0.1
长治经济技术开发区	Changzhi Eco-Tech Development Zone	129.1	116.6	19.3	0.8
屯留经济技术开发区	Tunliu Eco-Tech Development Zone	94.0	96.6	18.7	0.2
潞城经济技术开发区	Lucheng Eco-Tech Development Zone	187.9	158.4	8.0	0.2
上党经济技术开发区	Shangdang Eco-Tech Development Zone	22.3	21.1	3.6	0.1
沁源经济技术开发区	Qinyuan Eco-Tech Development Zone	25.5	29.6	3.8	
沁县现代农业产业示范区	Qinxian Modern Agricultural Industry Demonstration Zone	5.1	5.2	0.1	
晋城经济技术开发区	Jincheng Eco-Tech Development Zone	429.6	400.7	23.5	44.3
高平经济技术开发区	Gaoping Eco-Tech Development Zone	77.0	72.9	4.4	0.7
沁水经济技术开发区	Qinshui Eco-Tech Development Zone	80.2	75.3	7.3	
阳城经济技术开发区	Yangcheng Eco-Tech Development Zone	26.3	25.8	2.8	0.3
临汾经济开发区	Linfen Eonomic Development Zone	327.2	21.9	6.0	5.0
侯马经济开发区	Houma Econmic Development Zone	179.0	4.9	2.1	0.2
洪洞经济技术开发区	Hongtong Eco-Tech Development Zone	117.7	101.7	1.8	
襄汾经济技术开发区	Xiangfen Eco-Tech Development Zone	141.1	137.8	5.9	
安泽经济技术开发区	Anze Eco-Tech Development Zone	78.4	77.9	10.7	
运城经济技术开发区	Yuncheng Eco-Tech Development Zone	317.6	199.3	8.7	3.9
盐湖高新技术产业开发区	Yanhu High-Tech Industrial Development Zone	207.4	151.8	6.9	0.4
绛县经济开发区	Jiangxian Economic Development Zone	57.5	59.4	0.8	2.4
风陵渡经济开发区	Fenglingdu Economic Development Zone	52.8	28.9	3.7	0.5
闻喜经济技术开发区	Wenxi Eco-Tech Development Zone	244.3	254.1	10.4	5.7
永济经济技术开发区	Yongji Eco-Tech Development Zone	84.4	88.4	2.6	3.4
河津经济技术开发区	Hejin Eco-Tech Development Zone	366.4	340.5	13.7	0.1
稷山经济技术开发区	Jishan Eco-Tech Development Zone	112.6	112.9	3.8	17.9
新绛经济技术开发区	Xinjiang Eco-Tech Development Zone	219.4	209.3	11.9	0.3
垣曲经济技术开发区	Yuanqu Eco-Tech Development Zone	105.9	98.9	4.1	28.2

8-13 人民币对主要外币年末汇价(中间价)

YEAR-END EXCHANGE RATE OF RMB YUAN AGAINST MAIN CONVERTIBLE CURRENCIES (MIDDLE RATE)

单位：人民币元 (RMB yuan)

年 份 Year	100美元 100 US Dollars	100日元 100 Japanese Yen	100港元 100 Hong Kong Dollars	100欧元 100 Euros
1985	293.66	1.25	37.57	
1986	345.28	2.07	44.22	
1987	372.21	2.58	47.74	
1988	372.21	2.91	47.70	
1989	376.51	2.74	48.28	
1990	478.32	3.32	61.39	
1991	532.33	3.96	68.45	
1992	551.46	4.36	71.24	
1993	576.20	5.20	74.41	
1994	861.87	8.44	111.53	
1995	835.10	8.92	107.96	
1996	831.42	7.64	107.51	
1997	828.98	6.86	107.09	
1998	827.91	6.35	106.88	
1999	827.83	7.29	106.66	
2000	827.84	7.69	106.18	
2001	827.70	6.81	106.08	
2002	827.70	6.62	106.07	800.58
2003	827.70	7.15	106.24	936.13
2004	827.68	7.66	106.23	1029.00
2005	819.17	7.45	105.30	1019.53
2006	797.18	6.86	102.62	1001.90
2007	760.40	6.46	97.46	1041.75
2008	694.51	6.74	89.19	1022.27
2009	682.78	7.68	88.11	1020.76
2010	662.27	8.11	85.09	878.96
2011	633.59	8.19	81.29	843.89
2012	630.00	7.67	81.30	816.73
2013	613.76	6.02	79.16	830.72
2014	611.62	5.14	78.85	745.22
2015	649.36	5.39	83.78	709.52
2016	693.70	5.96	89.45	730.68
2017	653.42	5.79	83.59	779.79
2018	686.32	6.19	87.62	784.73
2019	697.62	6.41	89.58	781.55

主要统计指标解释

进出口总额 指实际进出我国国境的货物总金额。包括对外贸易实际进出口货物，来料加工装配进出口货物，国家间、联合国及国际组织无偿援助物资和赠送品，华侨、港澳台同胞和外籍华人捐赠品，租赁期满归承租人所有的租赁货物，进料加工进出口货物，边境地方贸易及边境地区小额贸易进出口货物(边民互市贸易除外)，中外合资经营企业、中外合作经营企业、外商独资经营企业进出口货物和公用物品，到、离岸价格在规定限额以上的进出口货样和广告品(无商业价值、无使用价值和免费提供出口的除外)，从保税仓库提取在中国境内销售的进出口货物，以及其他进出口货物。进出口总额用以观察一个国家在对外贸易方面的总规模。我国规定出口货物按离岸价格统计，进口货物按到岸价格统计。

实际利用外资 指我国各级政府、部门、企业和其他经济组织通过对外借款、吸收外商直接投资以及用其他方式筹措的境外现汇、设备、技术等。

对外借款 是我国利用外资的主要部分。包括我国通过外国政府贷款、国际金融组织贷款、外国银行商业贷款、出口信贷以及对外发行债券、股票等方式，从境外筹措的资金。

外商直接投资 是指外国企业和经济组织或个人(包括华侨、港澳台同胞以及我国在境外注册的企业)按我国有关政策、法规，用现汇、实物、技术等在我国境内开办外商独资企业，与我国境内的企业或经济组织共同举办中外合资经营企业、合作经营业或合作开发资源的投资(包括外商投资收益的再投资)以及经政府有关部门批准的项目投资总额内企业从境外借入的资金。

对外承包工程 包括各对外承包公司以招标议标承包方式承揽下列业务：(1)承包国外工程建设项目；(2)承包我国对外经援项目；(3)承包我国驻外机构的工程建设项目；(4)承包我国境内利用外资进行建设的工程项目；(5)与外国承包公司合营或联合承包工程项目时我国公司分包部分；(6)以服务成果向业主收费的技术服务项目(包括承揽地形地貌测绘；地质资源勘探与普查；建区域规划；提供设计文件、图纸、生产工艺技术资料和工程技术经济咨询；工程项目的可行性考察、研究和评估；进行技术指导和培训人员等)；(7)对外承包兼经营的房屋开发业务。对外承包工程的营业额是以货币表现的本期内完成的对外承包工程的工作量，包括以前年度签订的合同和本年度新签订的合同在报告期完成的工作量。

Explanatory Notes on Main Statistical Indicators

Total Value of Imports and Exports refers to the real value of commodities imported and exported across the border of China. They include the actual imports and exports through foreign trade, imported and exported goods under the processing and assembling trades and materials, supplies and gifts as aid given gratis between governments and by the United Nations and other international organizations, and contributions donated by overseas Chinese, compatriots in Hong Kong and Macao and Chinese with foreign citizenship, leasing commodities owned by tenant at the expiration of leasing period, the imported and exported commodities processed with imported materials, commodities trading in border areas (excluding mutual exchange goods), the imported and exported commodities and articles for public use of the Sino-foreign joint ventures, cooperative enterprises and ventures with sole foreign investment. Also included is import or export of samples and advertising goods for which CIF or FOB value are beyond the permitted ceiling (excluding goods of no trading or use value and free commodities for export), imported goods sold in China from bonded warehouses and other imported or exported goods. The indicator of the total imports and exports at customs can be used to observe the total size of external trade in a country. In accordance with the stipulation of the Chinese government, imports are calculated at CIF, while exports are calculated at FOB.

Actual Utilization of Foreign Capital refers to remittance, equipment and technology financed from abroad, by loans, foreign direct investment and other forms undertaken by the Chinese governments at all levels, by various departments, enterprises and other economic units.

Foreign Borrowings refer to funds borrowed from abroad through formal signing of borrowing agreements with foreign institutions, including loans of foreign governments, loans of international financial institutions, commercial loans of foreign banks, export credit, and funds raised by Chinese bonds (and shares before 1996) issued abroad. It is an important part of China's utilization of foreign capitals.

Foreign Direct Investment refers to the investments inside china by foreign enterprises and economic organizations or individuals (including overseas Chinese, compatriots from Hong Kong and Macao, and Chinese enterprises registered abroad), following the relevant policies and laws of china, for the establishment of ventures exclusively with foreign own investment, Sino-foreign joint ventures and cooperative enterprises or for cooperative exploration of resources with enterprises or economic organizations in China. It includes the re-investment of the foreign entrepreneurs with the profits gained from the investment and the funds that enterprises borrow from abroad in the total investment of projects which are approved by the relevant department of the government.

Contracted Projects with Foreign Countries or Regions refer to projects undertaken by Chinese contractors (project contracting companies) through bidding process. They include：(1)overseas civil engineering construction projects financed by foreign investors; (2)overseas projects financed by the Chinese government through its foreign aid programs; (3)construction projects of Chinese diplomatic missions, trade offices and other institutions stationed abroad; (4)construction projects in china financed by foreign investment; (5)sub—contracted projects to be taken by Chinese contractors through a joint umbrella project with foreign contractor(s); (6)projects with charges for technical services from overseas operators. it includes geographic and topographic mappings geological resource prospecting and survey planning of construction areas provision of design documents blueprints materials on production process and techniques as well as engineering technical and economic consultation feasibility study research and evaluation of projects technical supervising and staff training. (7)housing development projects. The business income from international contracted projects is the work volume of contracted projects completed during the reference period, expressed in monetary terms, including completed work on projects signed in previous years.

农 业

AGRICULTURE

资料整理人员

程英翠　郭俊德　李怀民　郝静敏　王　辉
陈　琰　王宇霞　高　敏　马军军

农 业
AGRICULTURE

农作物播种面积	Sown Areas of Farm Crops	3524.42	千公顷	(1 000 ha)
#粮　食	Sown Areas of Grain	3126.17	千公顷	(1 000 ha)
粮食产量	Output of Grain	1361.8	万吨	(10 000 tons)
油料产量	Output of Oil-bearing Crops	13.7	万吨	(10 000 tons)
肉类产量	Output of Meat	91.0	万吨	(10 000 tons)

农林牧渔业总产值构成 (%)

Composition of Gross Output Value of Farming, Forestry, Animal Husbandry and Fishery (%)

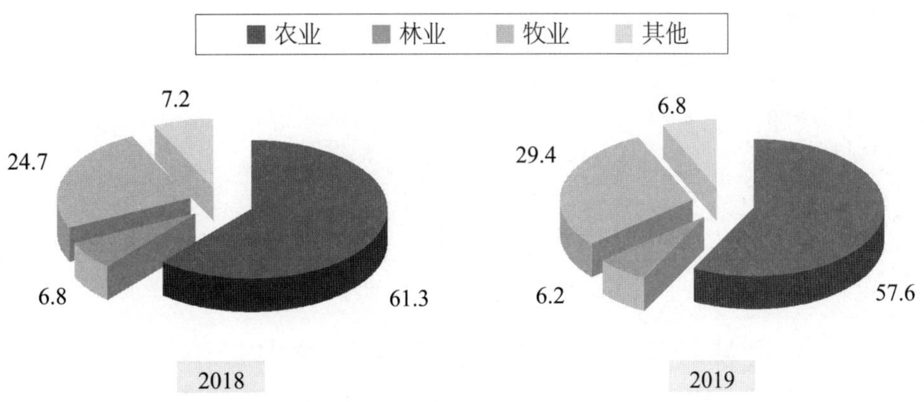

粮食总产量（万吨）

Output of Grain (10 000 tons)

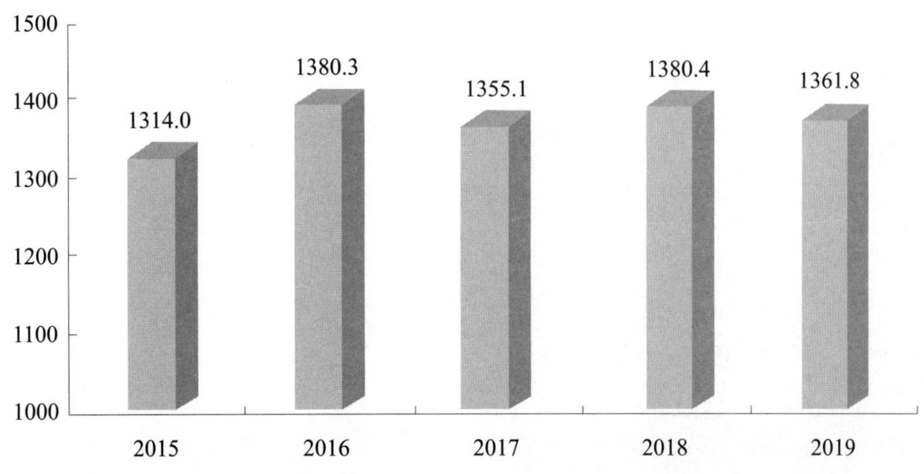

9-1 主要年份农林牧渔业总产值

GROSS OUTPUT VALUE OF FARMING, FORESTRY, ANIMAL HUSBANDRY AND FISHERY IN MAJOR YEARS

按当年价格计算 (at current price)

年 份 Year	农林牧渔业总产值(万元) Total (10 000 yuan)	农 业 Farming	林 业 Forestry	牧 业 Animal Husbandry	渔 业 Fishery	农林牧渔专业及辅助性活动 Specializing and Supportive Activities for Agriculture, Forestry, Animal Husbandry and Fishery
1978	290133	239742	17391	32934	66	
1980	382302	286574	40154	55492	82	
1985	629163	484341	41218	102941	663	
1990	1247781	889037	78275	276170	4299	
1995	2996751	2033892	133136	817463	12260	
2000	3223544	2183303	127258	896667	16316	
2005	4837972	2817384	165153	1485882	26945	342608
2010	10164065	6299625	630003	2610390	55047	569000
2011	11634010	7116094	706389	3108030	65999	637500
2012	12659821	7743453	754326	3384811	71981	705250
2013	13720159	8390636	852565	3632998	78960	765000
2014	14405971	8725551	924834	3840043	79749	835794
2015	14249630	8468670	907813	3927425	78621	867100
2016	14299148	8244205	927435	4155926	76382	895200
2017	14187298	8618934	976551	3588444	76889	926480
2018	14609439	8949469	998981	3615290	68808	976891
2019	16265442	9367617	1013068	4785697	69090	1029970

9-2 农林牧渔业总产值及增加值(按当年价格计算)

GROSS OUTPUT VALUE AND VALUE ADDED OF FARMING, FORESTRY, ANIMAL HUSBANDRY AND FISHERY(AT CURRENT PRICE)

单位：万元 (10 000 yuan)

指 标	Item	2018	2019
一、农林牧渔业总产值	**Gross Output Value**	**14609439**	**16265442**
农 业	Farming	8949469	9367617
林 业	Forestry	998981	1013068
牧 业	Animal Husbandry	3615290	4785697
渔 业	Fishery	68808	69090
农林牧渔专业及辅助性活动	Specializing and Supportive Activities for Agriculture, Forestry, Animal Husbandry and Fishery	976891	1029970
二、农林牧渔业中间消耗	**Intermediate Material Consumption**	**6725273**	**7511097**
农 业	Farming	3848617	4020322
林 业	Forestry	539095	545737
牧 业	Animal Husbandry	1805953	2385160
渔 业	Fishery	31376	31503
农林牧渔专业及辅助性活动	Specializing and Supportive Activities for Agriculture, Forestry, Animal Husbandry and Fishery	500233	528375
三、农林牧渔业增加值	**Value Added**	**7884166**	**8754345**
农 业	Farming	5100852	5347295
林 业	Forestry	459886	467331
牧 业	Animal Husbandry	1809337	2400537
渔 业	Fishery	37433	37587
农林牧渔专业及辅助性活动	Specializing and Supportive Activities for Agriculture, Forestry, Animal Husbandry and Fishery	476658	501595

9-3 农作物播种面积
SOWN AREA OF FARM CROPS

单位：千公顷 (1 000 ha)

指 标	Item	2010	2015	2019
农作物总播种面积	**Total Sown Area**	**3643.34**	**3610.07**	**3524.42**
一、粮 食	**Grain**	**3210.28**	**3256.34**	**3126.17**
(一)谷 物	Cereal	2730.81	2845.88	2716.54
#稻 谷	Rice	1.09	0.78	2.53
小 麦	Wheat	678.79	575.88	546.80
玉 米	Corn	1635.25	1894.48	1715.04
谷 子	Millet	195.24	203.56	211.55
高 粱	Sorghum	32.47	20.61	66.49
燕 麦	Nakedoats	59.52	53.81	55.15
(二)豆 类	Beans	298.69	242.22	225.67
#大 豆	Soybean	172.47	137.40	129.14
(三)薯 类	Tubers	180.78	168.25	183.95
#马铃薯	Potato	162.69	151.02	162.38
二、油 料	**Oil-bearing Crops**	**154.06**	**110.06**	**99.76**
#花 生	Peanuts	8.10	5.89	5.18
油菜籽	Rapeseeds	5.71	12.61	22.90
芝 麻	Sesame	4.01	1.96	1.72
胡麻籽	Benne	62.71	42.83	26.98
葵花籽	Sunflower Seeds	41.39	27.11	25.63
三、棉 花	**Cotton**	**43.31**	**5.71**	**2.26**
四、生 麻	**Rough Bast Fiber**	**0.02**	**0.02**	**0.08**
五、甜 菜	**Beetroots**	**5.59**	**1.19**	**0.02**
六、烟 叶	**Tobacco**	**2.80**	**1.97**	**1.29**
七、药 材	**Medicinal Materials**	**21.05**	**30.18**	**61.04**
八、蔬 菜	**Vegetables**	**168.62**	**165.06**	**180.39**
#设施蔬菜	Greenhouse Vegetables	20.03	41.68	36.98
九、瓜果类	**Melons**	**21.34**	**17.83**	**17.24**
十、其他作物	**Others**	**16.26**	**21.70**	**36.17**
#青饲料	Green feed	14.57	18.71	31.13

9-4 主要年份主要农作物播种面积

SOWN AREAS OF MAJOR FARM CROPS IN MAJOR YEARS

单位：千公顷 (1 000 ha)

年 份 Year	总播种面积 Total Sown Area	#粮食作物 Grain Crops	#谷 物 Cereal	#油 料 Oil-bearing Crops	#棉 花 Cotton	#瓜果类 Melons	#蔬 菜 Vegetables
1978	4389.25	3692.43	3279.15	165.16	237.53	13.00	105.18
1980	4266.60	3508.76	3117.22	231.46	224.31	22.07	92.37
1985	3978.23	3055.05	2634.17	505.61	121.14	32.89	104.94
1990	4016.89	3290.79	2755.55	356.33	130.34	20.41	110.59
1995	3895.55	3151.48	2425.09	342.42	127.10	25.40	156.79
2000	4042.42	3186.46	2326.74	417.06	43.04	49.19	242.13
2005	3795.35	3033.59	2333.37	273.38	97.45	30.39	244.93
2010	3643.34	3210.28	2730.81	154.06	43.31	21.34	168.62
2011	3696.70	3259.28	2805.28	148.03	38.14	18.73	181.14
2012	3692.31	3267.53	2819.77	138.54	24.63	20.30	187.88
2013	3660.38	3245.20	2809.56	133.33	13.46	25.09	189.36
2014	3659.98	3256.77	2830.51	124.36	10.88	21.98	192.16
2015	3610.07	3256.34	2845.88	110.06	5.71	17.83	165.06
2016	3591.57	3227.31	2807.45	118.03	3.56	14.75	158.77
2017	3577.61	3180.92	2757.88	114.08	2.87	14.52	169.85
2018	3555.16	3137.06	2711.80	111.86	2.58	16.18	176.94
2019	3524.42	3126.17	2716.54	99.76	2.26	17.24	180.39

9-5 主要年份主要农作物产量

OUTPUT OF MAJOR FARM CROPS IN MAJOR YEARS

单位：吨 (ton)

年 份 Year	粮 食 Grain	1. 谷 物 Cereal	#稻 谷 Rice	#小 麦 Wheat	#玉 米 Corn	#谷 子 Millet
1978	7069560	6363715	58990	1288415	2711625	891140
1980	6857060	6201675	69290	1184780	2628820	960370
1985	8226767	7408051	58472	2950507	2098065	883671
1990	9690053	8643731	54429	3192990	3054441	876631
1995	9171000	8162190	41450	2701000	4035207	627530
2000	8533500	7029713	32770	2151500	3547500	602218
2005	9780000	8820582	8974	2022800	6161300	381889
2010	11075424	10616494	4837	2168894	8094496	193284
2011	12254032	11760406	4897	2204466	9145880	247143
2012	13094036	12569613	6432	2333639	9803388	251314
2013	13620056	13044258	7271	2038926	10494470	298545
2014	13872494	13275335	6800	2247070	10454832	353240
2015	13140206	12583730	5164	2315442	9747113	317546
2016	13803322	13105466	5503	2291486	10179585	378328
2017	13550954	12800561	5201	2323958	9778692	415886
2018	13803952	12932182	5568	2285888	9816207	472643
2019	13618048	12667748	17556	2262112	9393703	504951

9-5 续表 continued

单位：吨 (ton)

年 份 Year		2. 豆 类 Beans		3.薯 类 Tubers		油 料 Oil-bearing Crops
	#高 粱 Sorghum		#大 豆 Soybean		#马铃薯 Potato	
1978	959400	137420	137420	568425		42290
1980	766805	130620	130620	524765		133672
1985	770607	176898	176898	641818	477197	444478
1990	767132	302242	302242	744080	585814	393810
1995	519119	366840	220104	641970	430120	222635
2000	299801	577822	359542	925965	704063	448259
2005	111894	366750	259806	592668	461451	212620
2010	50661	214589	134461	244340	202550	166037
2011	50715	211596	136696	282030	236058	176898
2012	57639	232112	147498	292310	243938	182816
2013	64217	249121	160845	326676	273374	181028
2014	68166	247711	155714	349448	290362	164463
2015	51322	233158	146332	323318	269578	121945
2016	56543	274216	167020	423639	370492	159474
2017	66005	283065	170875	467329	408732	150425
2018	115349	356154	235961	515616	453338	154676
2019	232301	342370	214689	607929	527256	137007

年 份 Year	棉 花 Cotton	生 麻 Rough Bast Fiber	甜 菜 Beetroots	烟 叶 Tobacco	蔬 菜 Vegetables	瓜果类 Melons
1978	69430	5000	54605	1650	1888975	122315
1980	77500	5792	117024	1001	1804220	228910
1985	73455	3779	248541	4702	2915412	649195
1990	111526	1048	431641	8860	3474121	473778
1995	90817	2155	396978	10455	5428701	452951
2000	44796	680	210313	16319	9203364	1141231
2005	102907	38	39617	6327	9015370	689523
2010	46698	16	251185	7412	6940604	592158
2011	43536	10	204632	6951	7786117	524722
2012	28821	3	407233	7301	8616973	617403
2013	16543	10	204989	7001	9322640	755989
2014	12722	6	65123	7356	9734576	752506
2015	7279	37	54779	6280	8374328	520082
2016	4884	97	32374	6060	7779429	473631
2017	4000	134	6433	5217	8067422	465133
2018	3610	103	1183	3911	8218711	529861
2019	2958	444	623	3474	8278305	545073

9-6 主要年份主要农作物单位面积产量
MAJOR FARM CROPS OUTPUT PER HECTARE IN MAJOR YEARS

单位：公斤/公顷 (kg/ha)

年 份 Year	粮 食 Grain	谷 物 Cereal	稻 谷 Rice	小 麦 Wheat	玉 米 Corn	谷 子 Millet	高 粱 Sorghum
1978	1915	1941	5207	1169	3419	1579	3171
1980	1954	1989	5670	1191	3541	1743	3269
1985	2693	2812	6871	2912	4221	2234	4315
1990	2945	3137	5923	3141	4797	2296	4532
1995	2910	3366	6436	2945	5253	2101	4430
2000	2678	3021	7234	2409	4470	2150	4393
2005	3224	3780	3349	2805	5205	1764	2903
2010	3450	3888	4440	3195	4950	990	1560
2011	3760	4192	4530	3391	5190	1275	1830
2012	4007	4458	5940	3766	5415	1307	2160
2013	4197	4643	6840	3406	5715	1548	2430
2014	4260	4690	6885	3841	5595	1800	2475
2015	4035	4422	6645	4021	5145	1560	2490
2016	4277	4668	7000	4063	5471	1932	2760
2017	4260	4641	6810	4146	5412	2088	2936
2018	4400	4769	6960	4080	5617	2390	3503
2019	4356	4663	6930	4137	5477	2387	3494

年 份 Year	豆 类 Beans	薯 类 Tubers	油 料 Oil-bearing Crops	棉 花 Cotton	甜 菜 Beetroots	蔬 菜 Vegetables	瓜果类 Melons
1978	1188	1910	256	292	6067	17959	9408
1980	943	2074	578	346	12077	19533	10372
1985	1066	2517	879	606	23034	27782	19738
1990	1200	2627	1105	856	25556	31414	23213
1995	884	2061	650	715	18243	34624	17833
2000	1194	2465	1075	1041	27819	38010	23200
2005	1059	1674	778	1056	32473	36808	22689
2010	718	1352	1078	1180	44939	41160	27751
2011	773	1565	1195	1188	27516	42984	28016
2012	854	1661	1320	1258	47693	45865	30419
2013	952	1879	1358	1307	44341	49233	30130
2014	972	2038	1322	1259	37078	50658	34235
2015	963	1922	1108	1364	46118	50734	29168
2016	1140	2363	1351	1464	61431	48998	32117
2017	1188	2530	1319	1395	50892	47496	32039
2018	1420	2954	1383	1399	46408	46448	32755
2019	1517	3305	1373	1308	35403	45892	31618

9-7 主要年份主要油料作物产量

OUTPUT OF MAJOR OIL-BEARING CROPS IN MAJOR YEARS

单位：吨 (ton)

年 份 Year	花 生 Peanuts	油菜籽 Rapeseeds	芝 麻 Sesame	胡麻籽 Benne Seeds	葵花籽 Sunflower Seeds
1978	888	2229	968	20437	3488
1980	5025	2800	2214	54932	31452
1985	50247	6766	11810	80071	164865
1990	48539	7758	23469	75102	139664
1995	48611	14759	11716	28820	78645
2000	41404	8638	19081	51279	257370
2005	28583	7676	4268	37889	102668
2010	17277	6253	3633	56395	52306
2011	18201	5749	3955	60211	52524
2012	17562	6558	2689	72961	47594
2013	15822	7190	2657	69651	47996
2014	13997	7212	2116	69289	44387
2015	10104	12788	1802	41205	38755
2016	12598	15179	1618	42136	63314
2017	13050	17759	1471	35376	60266
2018	13386	23705	1942	35217	58985
2019	13518	22201	1643	29262	50487

9-8 主要年份造林和果园面积

AREA OF AFFORESTATION AND ORCHARDS IN MAJOR YEARS

年 份 Year	当年造林面积 (千公顷) Afforestation Area in the year (1 000 ha)	#经济林 Economic Forest	零星植树 (万株) Planting Trees Piecemeal (10 000 unit)	年末果园面积 (千公顷) Area of Orchards (1 000 ha)	#苹果园面积 Area of Apple Orchards
1978	173.65	13.20	21992	64.00	37.57
1980	221.57	23.00	23129	68.21	40.80
1985	243.33	22.30	28764	111.47	56.98
1990	191.05	61.30	21057	184.71	101.15
1995	405.18	171.40	21418	286.34	188.47
2000	404.86	113.10	17176	288.89	177.98
2005	140.26	4.10	10596	279.69	151.40
2010	291.10	52.30	11098	291.07	136.25
2011	302.53	80.70	10803	320.71	145.38
2012	307.22	61.70	10415	336.89	152.84
2013	303.00	84.40	10504	346.47	156.99
2014	307.99	85.80	10062	354.90	160.52
2015	280.94	56.90	10023	359.54	160.34
2016	266.69	31.10	10131	357.35	152.99
2017	311.97	77.50	10775	359.53	152.06
2018	340.15	79.44	10775	363.27	147.54
2019	347.36	16.76	10857	374.86	145.94

9-9 造林和果园面积
AREA OF AFFORESTATION AND ORCHARDS

单位：千公顷 (1 000 ha)

指 标	Item	2010	2015	2019
一、当年造林面积	**Afforestation Area in the Year**	**291.1**	**280.9**	**347.4**
#经济林	Economic Forest	52.3	56.9	16.8
防护林	Shelter Forest	223.7	131.7	316.5
二、育苗面积	**Area of Growing Seedings**	**40.0**	**71.3**	**77.7**
#本年新育	Area of Growing Seedings in the Year	19.2	21.8	17.2
三、零星植树(万株)	**Planting Trees Piecemeal (10 000 unit)**	**11098**	**10023**	**10857**
四、年末果园面积	**Area of Orchards at Year-end**	**291.1**	**359.5**	**374.9**
#苹果园	Apple Orchards	136.2	160.3	145.9
梨 园	Pear Orchards	28.7	35.9	44.2
葡萄园	Grape Orchards	8.6	12.7	14.2

9-10 主要林产品和水果产量
OUTPUT OF MAJOR FOREST PRODUCTS AND FRUITS

单位：吨 (ton)

指 标	Item	2010	2015	2019
一、主要林产品产量	**Output of Major Forest Products**			
核 桃	Walnuts	65156	168076	237250
板 栗	Chinese Chestnut	1346	1951	2016
二、水果产量	**Output of Fruits**	**4416081**	**7811497**	**8081591**
#苹 果	Apples	2682760	4634959	4218827
梨	Pears	417478	747519	861005
葡 萄	Grapes	148713	279016	311879
红 枣(鲜枣)	Red Jujube(Fresh Jujube)	397827	766246	657084
柿 子(鲜柿)	Persimmon(Fresh Persimmon)	88291	109718	188055
桃	Peach	535180	1028788	1513481

9-11　渔业生产情况
PRODUCTION OF FISHERY

指　标	Item	2010	2015	2019
水产品总产量(吨)	**Total Aquatic Products (ton)**	**31700**	**52427**	**46307**
#鱼类产量	Fish	30514	51850	43648
1.养殖产量	Aquaculture Products	30869	51264	44040
#池　塘	Pond	18933	34389	31747
湖　泊	Lakes	917	2114	38
水　库	Reservoir	10682	14473	12101
河　沟	Brook	240	94	
2.捕捞产量	Fishing Products	831	1163	2267
水产养殖面积(公顷)	**Aquaculture Area (ha)**	**14840**	**15715**	**12418**

9-12　主要年份肉类产量和猪牛羊数量
OUTPUT OF MEAT AND NUMBER OF HOGS, CATTLE, SHEEP AND GOATS IN MAJOR YEARS

年 份 Year	肉类总产量(万吨) Total Output of Meat (10 000 tons)	#猪 肉 Pork	猪年末头数(万头) Hogs at Year-end (10 000 heads)	牛年末头数(万头) Cattle at Year-end (10 000 heads)	羊年末只数(万只) Sheep and Goats at Year-end (10 000 heads)	#山 羊 Goats
1978			578.50	108.19	872.04	532.45
1980	17.34	16.20	531.16	109.35	909.87	535.73
1985	22.34	17.67	372.12	140.94	414.28	174.06
1990	31.86	22.45	363.14	179.29	709.58	303.92
1995	60.97	43.44	560.99	251.65	915.01	408.03
2000	65.05	44.90	519.52	225.01	1058.42	474.86
2005	90.59	60.97	626.07	245.22	1196.35	488.82
2010	77.15	56.86	528.83	85.79	769.72	370.25
2011	77.12	56.88	510.39	81.03	825.37	391.33
2012	85.15	62.43	556.82	85.49	894.33	390.48
2013	93.03	68.98	606.34	87.08	952.51	420.35
2014	99.48	73.61	638.46	91.56	1012.81	436.56
2015	99.01	70.32	619.16	90.60	1112.09	484.40
2016	99.35	68.30	588.62	94.36	1022.81	408.45
2017	93.32	62.67	544.11	100.73	943.18	382.10
2018	93.09	62.46	549.48	101.97	875.63	344.11
2019	91.02	56.78	451.41	103.83	868.90	343.00

9–13 畜牧业生产情况
NUMBER OF LIVESTOCK AND LIVESTOCK PRODUCTS

指 标	Item	2010	2015	2019
一、大牲畜年末存栏 (万头)	**Larger Animals at Year–end (10 000 heads)**	**120.97**	**109.53**	**118.88**
1.牛 (万头)	Cattle (10 000 heads)	85.79	90.60	103.83
2.马 (万匹)	Horses (10 000 heads)	1.59	1.06	0.90
3.驴 (万头)	Donkeys (10 000 heads)	17.85	11.67	11.37
4.骡 (万头)	Mules (10 000 heads)	15.74	6.21	2.77
二、猪年末存栏 (万头)	**Hogs at Year–end (10 000 heads)**	**528.83**	**619.16**	**451.41**
#能繁殖的母猪	Reproducible Hogs	57.36	60.36	48.67
三、羊年末存栏 (万只)	**Sheep and Goats at Year–end (10 000 heads)**	**769.72**	**1112.09**	**868.90**
1.山 羊	Goats	370.25	484.40	343.00
2.绵 羊	Sheep	399.48	627.68	525.90
四、家禽年末存栏 (万只)	**Poultry at Year–end (10 000 heads)**	**6283.54**	**11052.91**	**12128.95**
五、养兔年末存栏 (万只)	**Rabbits at Year–end (10 000 heads)**	**240.33**	**116.36**	**77.07**
六、猪、牛、羊出栏	**Slaughtered Hogs, Cattle and Sheep**			
猪全年出栏 (万头)	Slaughtered Hog in the Year (10 000 heads)	729.65	906.39	739.90
牛全年出栏 (万头)	Slaughtered Cattle in the Year (10 000 heads)	34.98	40.23	44.75
羊全年出栏 (万只)	Slaughtered Mutton in the Year (10 000 heads)	424.94	537.86	554.60
七、畜禽产品产量	**Output of Animal and Poulty Products**			
1.肉类总产量 (万吨)	Total Output of Meat (10 000 tons)	77.15	99.01	91.02
#猪 肉	Pork	56.86	70.32	56.78
牛 肉	Beef	4.92	5.88	6.61
羊 肉	Mutton	5.87	7.67	8.03
禽 肉	Poultry	7.85	14.10	18.74
兔 肉	Rabbit	0.75	0.42	0.26
2.禽蛋产量 (吨)	Poultry Eggs (ton)	781305	1089922	1118151
3.奶类产量 (吨)	Milk (ton)	622683	768442	922888
#牛 奶	Cow Milk	605559	759772	918140
4.山羊毛产量 (吨)	Output of Wool (ton)	1473	2703	2504
#山羊绒	Cashmere	680	1197	1149
5.绵羊毛产量 (吨)	Sheep Wool (ton)	6098	9172	7792
6.蜂蜜产量 (吨)	Honey (ton)	3081	5042	6922
7.蚕茧产量 (吨)	Silkworm Cocoons (ton)	5376	5498	2246

9-14 农业现代化情况
AGRICULTURAL MODERNIZATION

指 标	Item	2010	2015	2019
一、农田水利情况	**Irrigation and Drainage**			
年末有效灌溉面积 (千公顷)	Effective Irrigated Area at Year-end (1 000 ha)	1274.15	1460.28	1519.34
机电排灌面积 (千公顷)	Mechanical and Electrical Irrigated Area (1 000 ha)	961.90	1111.71	1198.50
灌溉机电井数量 (眼)	Electromechanical Well for Irrigation (unit)	81166	91276	96161
二、.农村用电情况	**Electricity Consumption**			
农村用电量 (万千瓦小时)	Electricity Consumed in Rural Areas (10 000 kwh)	811763	968311	1049000
三、农用化肥情况	**Consumption of Chemical Fertilizers**			
农用化肥施用折纯 (吨)	Effective Component of Chemical Fertilizers (ton)	1103663	1185472	1084085
1.氮 肥	Nitrogenous Fertilizer	400203	335291	226104
2.磷 肥	Phosphate Fertilizer	199996	160235	102335
3.钾 肥	Potash Fertilizer	85069	104235	84600
4.复合肥	Compownd Fertilizer	418395	585710	671046
四、农业机械化情况	**Agricultural Mechanization**			
1.当年实际机耕地面积 (千公顷)	Area Cultivated by Machine at This Year (1 000 ha)	2560	2737	2630
2.当年机械播种面积 (千公顷)	Area Sown by Machine at This Year (1 000 ha)	2182	2647	2583
占总播种面积 (%)	Percentage to Total Sown Area (%)	59.8	73.3	73.3
3.当年机械收获面积 (千公顷)	Mechanical Harvest Area at This Year (1 000 ha)	1027	1825	1911
占总播种面积 (%)	Percentage to Total Sown Area (%)	28.2	50.6	54.2

9-15 主要年份农业生产条件
CONDITIONS OF ARICALTURAL PRODUCTION IN MAJOR YEARS

年 份 Year	耕地总资源 (千公顷) Resoruces of Cultivated Area (1 000 ha)	有效灌溉面积 (千公顷) Effective Irrigated Area (1 000 ha)	农用化肥施用量 (折纯量,吨) Consumption of Chemical Fertilizer (ton)	农村用电量 (万千瓦小时) Electricity Consumption in Rural Areas (10 000 kwh)
1978	3923.41	1092.48	355990	122683
1980	3921.46	1115.14	302904	135870
1985	3761.09	1079.10	397907	151085
1990	3692.51	1134.45	565624	259437
1995	3645.09	1201.99	780568	460583
2000	4341.94	1105.04	869882	531441
2005	3793.19	1088.59	956999	669390
2006	4054.3	1172.1	983000	692109
2007	4053.45	1255.69	1008000	759390
2008	4055.82	1254.56	1034042	789864
2009	4068.4	1261	1043239	811966
2010	4064.18	1274.15	1103663	811763
2011	4064.51	1324.78	1145667	865984
2012	4064.19	1319.16	1182795	949517
2013	4061.73	1382.79	1210196	997819
2014	4056.84	1408.17	1196138	970811
2015	4058.79	1460.28	1185472	968311
2016	4056.78	1487.21	1170719	975220
2017	4056.32	1511.21	1119984	992646
2018	4056.78	1518.68	1096108	1014160
2019		1519.34	1084085	1049000

9-16 农业机械年末拥有量
AGRICULTURAL MACHINERY AT YEAR-END

年末数 (end of year)

指 标		Item	2010	2015	2019
农业机械总动力	**(万千瓦)**	**Total Power of Agricultural Machinery(10 000 kw)**	**2809.17**	**3351.65**	**1517.57**
柴油发动机动力	(万千瓦)	Diesel Engine Power(10 000 kw)	2369.83	2871.04	1229.21
汽油发动机动力	(万千瓦)	Gasoline Engine Power(10 000 kw)	86.17	70.61	32.39
电动机动力	(万千瓦)	Motor Power(10 000 kw)	353.17	410.00	255.93
大中型农用拖拉机	(台)	Large and Medium Tractors for Agriculture (unit)	73178	130685	104580
	(万千瓦)	(10 000 kw)	261.25	475.86	494.74
小型农用拖拉机	(台)	Mini-tractors for Agriculture (unit)	299453	357935	279847
	(万千瓦)	(10 000 kw)	276.82	332.47	274.54
拖拉机配套机具	(部)	Tractor Towing Farm Machinery (unit)	542264	767971	555810
联合收割机	(台)	Combine Harvesters (unit)	12771	34363	32734
机动脱粒机	(台)	Motorized Threshers (unit)	60629	91441	52663

9-17 农民家庭平均每户生产性固定资产原值
ORIGINAL VALUE OF PRODUCTIVE FIXED ASSETS PER RURAL HOUSEHOLD

单位：元 (yuan)

指 标	Item	2018	2019
一、农业生产性固定资产原值	**Original Value of Agricultural Productive Fixed Assets**		
生产性用房及建筑物	Productive Houses and Buildings	645.98	949.42
役 畜	Draught Animals	266.90	222.66
产品畜	Commodity Animals	1367.55	1593.90
农业设施	Agricultural Facilities	102.83	245.21
农业机械	Agricultural Machinery	1710.05	1567.33
农林牧渔服务业	Services of Farming, Forestry, Animal Husbandry and Fishery	20.07	11.98
二、非农产业固定资产原值	**Original Value of Nonagricultural Fixed Assets**		
采矿业	Mining	113.02	112.99
制造业	Manufacturing	71.76	83.05
电力、热力、燃气及水生产和供应业	Production and Supply of Power, Heat, Gas and Water		33.90
建筑业	Construction	353.17	53.67
批发和零售业	Wholesale and Retail Trade	486.81	629.07
交通运输、仓储和邮政业	Transportation, Storage and Post	2885.18	2662.26
住宿和餐饮业	Hotels and Catering Services	108.50	103.44
房地产业	Real Estate		
租赁和商务服务业	Leasing and Business Services	42.38	39.55
居民服务、修理和其他服务业	Resident Services, Repair and Other Services	258.52	290.17
其他行业	Others	66.68	5.42

9-18 农民家庭平均每百户拥有主要生产性固定资产数量
MAJOR PRODUCTIVE FIXED ASSETS PER 100 RURAL HOUSEHOLDS

指 标	Item	2018	2019
生产性用房及建筑物(平方米)	Productive Houses and Buildings (sq.m)	777.85	1023.11
大中型农用拖拉机（台）	Large and Medium-sized Agricultural Tractors (unit)	1.75	1.58
小型农用拖拉机 （台）	Small Agricultural Tractors (unit)	16.38	14.63
农用排灌动力机械（台）	Machinery forAgricultural Drainage and Irrigation (unit)	0.34	0.56
插秧机（台）	Rice Transplanters (unit)	0.28	0.34
收割机（台）	Harvesters (unit)	0.40	0.40
脱粒机（台）	Threshing Machines (unit)	1.30	1.19
产品畜（头）	Commodity Animals (head)	70.80	80.45

9-19 农民家庭平均每人生产和销售的主要农林产品
PER CAPITA MAJOR FARM AND FOREST PRODUCTS PRODUCED AND SOLD BY RURAL HOUSEHOLDS

单位：公斤 (kg)

指 标	Item	生产量 Output		出售量 Sales	
		2018	2019	2018	2019
谷 物	Cereal	1065.41	1011.18	876.84	882.31
薯 类	Tubers	27.86	27.06	12.73	12.01
豆 类	Beans	14.52	10.54	12.46	8.87
棉 花	Cotton	0.13			
油 料	Oil-bearing Crops	11.55	5.60	9.63	6.63

主要统计指标解释

农林牧渔业总产值 指以货币表现的农、林、牧、渔业全部产品和对农林牧渔业生产活动进行的各种支持性服务活动的价值总量，它反映一定时期内农林牧渔业生产总规模和总成果。1957 年以前的农林牧渔业总产值中包括了厩肥和农民自给性手工业（如农民自制衣服、鞋、袜，自己从事粮食初步加工等）。1958 年及以后，林业中增加了村及村以下竹木采伐产值；牧业中取消了厩肥产值；副业中取消了农民自给性手工业产值，增加了村及村以下办的工业产值；渔业中增加了海洋捕捞水产品产值。1980 年及以后，在副业中增加了农民家庭兼营工业商品部分的产值。从 1984 年起村及村以下工业产值划归工业。从 1993 年起取消副业，将野生动物的捕猎划入牧业，野生植物采集和农民家庭兼营商品性工业划归农业。从 2003 年起，执行新的国民经济行业分类标准，农林牧渔业总产值中包括了农林牧渔服务业产值。林业中增加了森林采运业产值。农业中取消了家庭兼营商品性工业产值，将野生林产品的采集划归林业。2010 年执行《统计用产品分类目录》，对 2009 年的农业、林业产值做了调整，将原林产品中的核桃、板栗和花椒产值调整到农业行业中。从 2018 年开始，将农林牧渔服务业名称改为农林牧渔专业及辅助性活动。

农林牧渔业总产值的计算方法通常是按农、林、牧、渔业产品及其副产品的产量分别乘以各自单位产品价格求得；少数生产周期较长，当年没有产品或产品产量不易统计的，则采用间接方法匡算其产值；然后将四业产品产值及农林牧渔专业及辅助性活动产值相加即为农林牧渔业总产值。

粮食产量 指农业生产经营者日历年度内生产的全部粮食数量。按收获季节包括夏收粮食、早稻和秋收粮食，按作物品种包括谷物、薯类和豆类。其产量计算方法：谷物按脱粒后的原粮计算，豆类按去豆荚后的干豆计算；薯类（包括甘薯和马铃薯，不包括芋头和木薯）1963 年以前按每 4 公斤鲜薯折 1 公斤粮食计算，从 1964 年开始改为按 5 公斤鲜薯折 1 公斤粮食计算，2014 年开始按鲜薯计算；城市郊区作为蔬菜的薯类（如马铃薯等）按鲜品计算，并且不作粮食统计。

棉花产量 指全社会的产量。包括春播棉和夏播棉。产量按皮棉计算。不包括木棉。

油料产量 指全部油料作物的生产量。包括花生、油菜籽、芝麻、向日葵籽、胡麻籽（亚麻籽）和其他油料。不包括大豆、木本油料和野生油料。花生以带壳干花生计算。

水产品产量 指渔业（捕捞和养殖）生产活动的最终有效成果，包括全部海水和淡水鱼类、甲壳类（虾、蟹）、贝类、头足类、藻类和其他类渔业产品的最终产量。水产品产量是通过各级水产部门逐级上报取得数据。1995 年及以前，贝类中牡蛎按鲜肉计算；蚶、蛤、蛏按 5 斤鲜品折 1 斤计算。1996 年以后则统一按鲜品计算。

猪、牛、羊肉产量 指当年出栏并已屠宰、除去头蹄下水后带骨肉（即胴体重）的重量。包括全社会范围内的产量。1996 年以前为全面统计并逐级上报数据。1996 年第一次农业普查以后，根据普查结果，对畜牧业主要年报数据进行了修正。1999 年以后，国家统计局在部分地区开展了猪、牛、羊、禽等主要畜禽品种的抽样调查，并用抽样数据作为国家定案数据使用。未开展抽样调查的地区和品种，仍使用各级统计部门逐级上报数据。2007 年，根据第二次农业普查结果，对 2000–2006 年畜牧业主要年报数据进行了修正。2008 年，建立了主要畜禽监测调查制度，猪、牛、羊、禽等主要畜禽数据均以抽样调查数为法定数据。2018 年，根据第三次农业普查结果，对 2007–2017 年畜牧业主要年报数据进行了修正。

期初（末）畜禽存栏头（只）数 指报告期初（末）农村各种合作经济组织和国营农场、农民个人、机关、团体、学校、工矿企业、部队等单位以及城镇居民饲养的大牲畜、猪、羊、家禽等畜禽的数量。数据上报方式及数据调整情况同猪、牛、羊肉产量。

农作物播种面积 指农业生产经营者应在日历年度内收获农作物在全部土地（耕地或非耕地）上的播种或移植面积。凡是本年内收获的农作物，无论是本年还是上年播种，都算为播种面积，但不包括本年播种，下年收获的农作物面积。

耕地灌溉面积 指具有一定的水源，地块比较平整，灌溉工程或设备已经配套，在一般年景下能够进行正常灌溉的耕地面积。在一般情况下，耕地灌溉面积应等于灌溉工程或设备已经配套，能够进行正常灌溉的水田和水浇地面积之和。它是反映我国农田水利建设的重要指标。

农用化肥施用量 指本年内实际用于农业生产的化肥数量，包括氮肥、磷肥、钾肥和复合肥。化肥施用量要求按折纯量计算数量。折纯量是指把氮肥、磷肥、钾肥分别按含氮、含五氧化二磷、含氧化钾的百分之百成份进行折算后的数量。复合肥按其所含主要成分折算。公式为：

折纯量=实物量×某种化肥有效成份含量的百分比

农业机械总动力 指全部农业机械动力的额定功率之和。农业机械是指用于农业生产及其产品初加工等相关农事活动的机械及设备。农机总动力按使用能源不同分为以下四部分：

柴油发动机动力：指全部柴油发动机额定功率之和；

汽油发动机动力：指全部汽油发动机额定功率之和；

电动机动力：指全部电动机（含潜水电泵的电动机）额定功率之和；

其他机械动力：指采用柴油、汽油、电力之外的其他能源，如水力、风力、煤炭、太阳能等动力机械功率之和。

这个指标的统计数据主要来源于农机部门。

Explanatory Notes on Main Statistical Indicators

Gross Output Value of Agriculture, Forestry, Animal Husbandry and Fishery refers to the total value of products of agriculture, forestry, animal husbandry and fishery, and total value of services in support of agriculture, forestry, animal husbandry and fishery activities. It reflects the total scale and results of agricultural production during a given period. Prior to 1957, China's gross agricultural output value included barnyard manure and handicraft products for self-consumption (clothes, shoes, stockings, and initial grain processing undertaken by peasants). Since 1958, cutting and felling of bamboo and trees by villages and other cooperative organizations under villages have been included in forestry; value of barnyard manure has been excluded from animal husbandry; self consumed handicrafts have not been included from sideline occupations, while the output value of industries run by villages and cooperative organizations under village has been included in sideline occupations; and the output value of fish catches by motor fishing boats has been added to fishery. Since 1980, the value of handicraft products made for sale by individuals in households has been added to sideline occupations. Since 1984, industries run by villages and under villages have been included in the sector of industry. Since 1993, the subdivision of sideline occupations has been cancelled, and the hunting of wild animals has been classified into animal husbandry, and the gathering of wild plants and commodity industry run by rural household have been included in farming. A new industrial classification of economic activities was introduced in 2003. Under the classification, value of services to agriculture, forestry, animal husbandry and fishery is included in the gross output value of agriculture, value of wood felling and transport is included in forestry, value of industrial output by rural households is not included in agriculture, gathering wild forest products is included in forestry. "The Classification of Products for Statistical Purposes" implemented in 2010 made relevant revision on the output value of agriculture and forestry in 2009, and value of walnut, Chinese chestnut and Chinese prickly ash is included in farming. In 2018, agriculture, forestry, animal husbandry and fishery services was renamed specializing and supportive activities for agriculture, forestry, animal husbandry, and fishery.

Gross output value of agriculture is obtained by multiplying the output of each product or by-product by its price, resulting in the output value of each single item. For a small number of products, annual output of which is not available or difficult to get due to the long production (growing) process involved, the output value is estimated through an indirect approach. The sum of output values of all products of agriculture, forestry, animal husbandry and fishery and services in support to those industries is then equal to the gross output value of agriculture.

Grain Output refers to the total output of grains produced by agricultural producers within a calendar year. It includes summer grain, early rice and autumn grain if classified by harvest seasons; it covers cereal, tubers and beans if classified by type of crops. Output of cereal should be limited to husked grain only. Output of beans refers to dry beans without pods. The output of tubers (sweet potatoes and potatoes, not including taros and cassava) are converted into that of grain at the ratio 4:1, i.e. 4 kilograms of fresh tubers were equivalent to 1 kilogram of grain up to 1963. Since 1964 the ratio for conversion has been 5:1, and from 2014, the ratio for conversion has been 1:1. Tubers supplied as vegetables (such as potatoes) in cities and suburbs are calculated as fresh vegetables and their output is not included in the output of grain.

Cotton Output refers to cotton production in the whole country including cotton planted in spring and in autumn. Output is measured as the weight of ginned cotton. Ceiba is not included.

Output of Oil-bearing Crops refers to the total production of oil-bearing crops of various kinds, including peanuts (dry, in shell), rapeseeds, sesame, sunflower seeds, flax seeds, and other oil-bearing crops. Soybeans, oil-bearing woody plants, and wild oil-bearing crops are not included.

Output of Aquatic Products refers to final output actually yielded from fishing production (fishery and breeding), including all output of marine and freshwater fish, crustaceans (shrimps, crabs), shellfish, cephalopod, seaweed and other fishery products. Data on output of aquatic products are reported by aquatic product agencies level by level. Before 1995, among the shellfish, oyster was counted as fresh meat; 5 kilograms of ark shell, clams and frogs are equivalent to 1 kilogram of fresh aquatic products; they have all been counted as fresh aquatic products since 1996.

Output of Pork, Beef, and Mutton refers to the meat of slaughtered hogs, cattle, sheep and goats with head, feet, and offal taken away. Data refers to the production of the whole country. Before 1996, it was a comprehensive reporting from the lower level to the upper one. The First Agricultural Census of China in 1996 revealed some discrepancy between the production of animal products from the annual reports and that from the census. Efforts were made to adjust the output value of animal husbandry to make the figures from the annual reports consistent with the census data. Since 1999, the NBS conducted sample surveys for the major animal husbandry products, such as hogs, cattle, sheep and goats and fowls, and the data from sample surveys are used as national finalized data. Those products, which are not covered by the sample survey, are still reported by statistical agencies level by level. In

2007, the data on animal husbandry from 2000 to 2006 were revised according to the results of the Second Agriculture Census of China. In 2008, a monitoring and survey program was set up on main livestock, the data on the main livestock such as hog, cattle, sheep and poultry became the official data based on the sampling survey. In 2018, the data on animal husbandry from 2007 to 2017 were revised according to the results of the Third Agriculture Census of China.

Number of Livestock or Poultry in Stock at Beginning (or End) of Period refers to the total number of large animals, pigs, sheep, fowls, etc. raised by rural cooperative organizations, State farms, rural individuals, government agencies, schools, industrial and mining enterprises, army, and urban residents at the beginning (or end) of the reference period. Data reporting system and data adjustment are the same as that in the output of pork, beef and mutton.

Sown Area of Crops refers to area of all land (cultivated or non-cultivated area) sown or transplanted with crops that are harvested within the calendar year by agricultural producers. All crops harvested within the year are counted as sown area, regardless of being sown in this year or the previous year. Crops sown this year but will be harvested in the coming year are excluded.

Irrigated Area of Cultivated Land refers to area of land that are effectively irrigated, i.e. relatively level land, where there are water sources or complete sets of irrigation facilities to lift and move adequate water for irrigation purpose under normal conditions. Under normal situations, irrigated area of cultivated land is the sum of watered fields and irrigated fields where irrigation systems or equipment have been installed for regular irrigation purpose. It is an important indicator to reflect the farmland water conservancy construction in China.

Consumption of Chemical Fertilizers in Agriculture refers to the quantity of chemical fertilizers applied in agriculture in the year, including nitrogenous fertilizer, phosphate fertilizer, potash fertilizer, and compound fertilizer. The consumption of chemical fertilizers is calculated in terms of volume of effective components by means of converting the gross weight of the respective fertilizers into weight containing effective component (e.g. nitrogen content in nitrogenous fertilizer, phosphorous pentoxide contents in phosphate fertilizer, and potassium oxide contents in potash fertilizer). Compound fertilizer is converted in regard to its major components. The formula is:

Volume of effective component = physical quantity × effective component of certain chemical fertilizer (%)

Total Power of Agricultural Machinery refers to the total rated capacity of all agricultural machinery. Agricultural machinery refers to the machineries and equipment which are used for activities of planting, animal husbandry, fishery, primary processing of agricultural products, agricultural transport and infrastructure construction of farmland. Total power of agricultural machinery is grouped into four parts according to the energy used:

Diesel engine power refers to the total rated capacity of all diesel engines.

Gasoline engine power refers to the total rated capacity of all gasoline engines.

Motor power refers to the total rated capacity of all motors (include submersible pump motors).

Other mechanical powers refer to the total mechanical capacity of the sources of energy besides diesel, gasoline and motor power, such as hydro power, wind power, coal and solar energy.

Data are mainly from agricultural machinery agencies.

工业

INDUSTRY

资料整理人员

刘香元　文明佳　黄岩峰

工　业
INDUSTRY

规模以上工业企业单位数	Number of Industrial Enterprises above Designated Size	4793	个	(unit)
产品产量(全社会)	Output of Products(Total Society)			
原　煤	Coal	98795	万吨	(10 000 tons)
发电量	Electricity	3361.7	亿千瓦小时	(100 million kwh)
粗　钢	Crude Steel	6039.1	万吨	(10 000 tons)
生　铁	Pig Iron	5557.1	万吨	(10 000 tons)

工业增加值构成 (%)

Composition of Value Added of Industry (%)

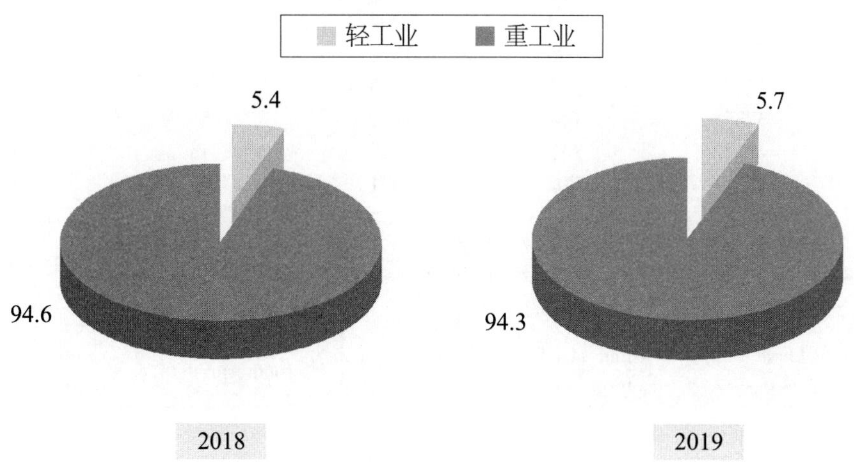

工业增加值增速 (%)

Growth Rate of Industrial Value Added (%)

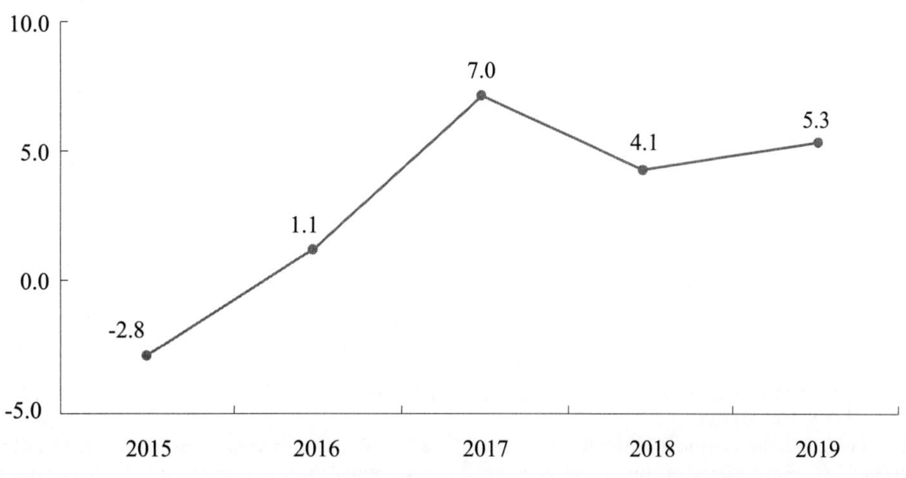

10-1 主要年份工业企业单位数
NUMBER OF INDUSTRIAL ENTERPRISES IN MAJOR YEARS

单位：个 (unit)

年 份 Year	工业企业单位数 Number of Industrial Enterprises	按轻重工业分 Grouped by Light & Heavy Industry		按经济类型分 Grouped by Ownership		
		轻工业 Light Industry	重工业 Heavy Industry	国有经济 State-owned Enterprise	集体经济 Collective-owned Enterprise	其他经济 Other Ownership
1978	9381	4463	4918	2547	6834	
1980	9533	4528	5005	2524	7009	
1985	11004	4875	6129	2421	8577	6
1990	12122	4922	7200	2776	9318	28
1995	12086	4080	8006	3042	8698	346
2000	3275	944	2331	1537	766	972
2005	4441	761	3680	879	928	2634
2010	4240	737	3503	266	181	3793
2011	3673	546	3127	227	114	3332
2012	3905	569	3336	237	97	3571
2013	3979	586	3393	110	72	3797
2014	3906	614	3292	84	56	3766
2015	3845	625	3220	74	45	3726
2016	3548	595	2953	56	39	3453
2017	3835	654	3181	54	38	3743
2018	4212	683	3529	48	36	4128
2019	4793	702	4091	50	30	4713

年 份 Year	按企业规模分 Grouped by Size of Enterprises				按隶属关系分 Grouped by Jurisdiction of Management	
	大型企业 Large Enterprises	中型企业 Medium-sized Enterprises	小型企业 Small Enterprises	微型企业 Microenterprises	中央企业 Central Enterprise	地方企业 Local Enterprise
1978	36	117	9228		100	9281
1980	50	94	9389		112	9421
1985	75	144	10785		168	10836
1990	97	169	11856		187	11935
1995	122	252	11712		183	11903
2000	137	228	2910		110	3165
2005	87	757	3597		95	4346
2010	149	970	3121		120	4120
2011	300	924	2297	152	135	3538
2012	295	889	2513	208	150	3755
2013	277	913	2542	247	148	3831
2014	246	898	2547	215	144	3762
2015	219	854	2476	296	147	3698
2016	223	843	2313	169	148	3400
2017	254	843	2516	222	171	3664
2018	271	840	2701	400	209	4003
2019	298	895	3110	490	210	4583

注：(1)规模以上工业企业统计范围1998-2006年为国有企业、大中型企业和年产品销售收入500万元及以上非国有企业；2007-2010年为年主营业务收入500万元以上的工业法人企业；2011年及以后为年主营业务收入2000万元以上的工业法人企业。

(2)2011年起企业规模划分采用新标准。

Notes: (1)Enterprises in this table contains enterprises which is state-owned, large & medium-sized and non-state-owned with sales above 5 million yuan from 1998 to 2006; enterprises whose major business revenue is above 5 million yuan from 2007 to 2010; enterprises whose major business revenue is above 20 million yuan since 2011.

(2)New standards of enterprise size have been used since 2011.

10-2 主要年份主要工业产品产量
OUTPUT OF MAJOR INDUSTRIAL PRODUCTS IN MAJOR YEARS

年 份 Year	原 煤 (万吨) Coal (10 000 tons)	发电量 (亿千瓦小时) Electricity (100 million kwh)	生 铁 (万吨) Pig Iron (10 000 tons)	粗 钢 (万吨) Crude Steel (10 000 tons)	钢 材 (万吨) Steel Products (10 000 tons)	氧化铝 (万吨) Aluminum Oxide (10 000 tons)	原 铝 (万吨) Electrolyzed Aluminum (10 000 tons)
1978	9825	106.63	150.39	119.99	74.04		0.50
1980	12103	120.24	171.39	149.38	86.42		0.63
1985	21418	184.59	229.54	183.74	110.80		1.00
1990	28597	314.16	454.88	238.58	128.78		1.88
1995	34731	505.97	1438.29	339.80	217.09		6.44
2000	25152	624.71	1628.00	472.73	392.60		17.65
2005	55426	1316.50	3229.80	1654.72	1368.60	151.19	34.52
2010	74096	2150.56	3402.43	3048.82	2866.35	358.94	80.57
2011	87228	2344.00	3786.08	3490.42	3371.16	500.93	104.72
2012	91333	2534.99	4009.64	3950.17	3799.47	508.63	105.57
2013	92167	2641.10	4310.66	4671.44	4487.04	784.59	104.19
2014	92794	2642.81	4059.29	4325.39	4701.01	903.01	82.69
2015	96680	2457.45	3576.38	3846.96	4267.25	1272.91	66.03
2016	83044	2510.51	3641.09	3936.13	4278.97	1414.14	86.82
2017	87221	2765.53	3951.86	4429.68	4335.40	1928.26	98.50
2018	92634	3087.63	4761.30	5386.20	4903.30	2024.50	93.30
2019	98795	3361.67	5557.06	6039.05	5594.24	1996.26	78.90

年 份 Year	焦 炭 (万吨) Coke (10 000 tons)	铜 (吨) Copper (ton)	水 泥 (万吨) Cement (10 000 tons)	平板玻璃 (万重量箱) Plate Glass (10 000 weight cases)	化学肥料 (折有效成份100%, 万吨) Chemical Fertilizer (10 000 tons)	#氮 肥 Nitrogenous	初级形态的塑料 (万吨) Primary Form of Plastics (10 000 tons)
1978	356.51	13583	255.87	47.09	32.33	30.24	0.57
1980	320.95	26607	287.88	52.74	40.15	34.91	0.55
1985	417.34	24400	458.68	113.33	39.31	37.41	0.94
1990	1609.27	25147	612.47	181.58	71.94	60.06	1.82
1995	5297.62	27530	1169.85	241.44	102.31	83.31	2.64
2000	4967.00	28544	1434.00	357.98	170.17	137.55	3.04
2005	7981.00	27225	2310.68	360.24	353.51	336.35	29.28
2010	8502.10	80610	3670.29	1673.37	331.84	321.60	20.24
2011	9047.91	87785	4101.47	1847.64	363.75	353.73	46.32
2012	8612.66	98134	5076.21	1975.81	389.07	379.23	51.86
2013	9022.40	88564	5269.09	2065.28	446.13	439.79	48.54
2014	8765.90	144489	4801.96	1758.92	461.67	453.36	49.36
2015	8039.88	180935	3786.09	1400.82	464.96	455.69	65.46
2016	8185.99	195596	3851.54	1648.08	443.54	431.16	67.24
2017	8383.14	192287	3760.27	1702.60	373.92	368.29	79.47
2018	9256.16	180000	4376.79	2121.70	361.25	342.37	89.10
2019	9699.53	138091	4982.40	1846.90	400.50	392.60	97.82

注：本表产量为全社会口径。

Note: Coverage of products in the table is total society.

10-2 续表 continued

年 份 Year	轮胎外胎 (万条) Tires Cover (10 000 units)	矿山设备 (吨) Mining Equipment (ton)	纱 (吨) Yarn (ton)	布 (万米) Cloth (10 000 m)	白 酒 (千升) White Spirit (kiloliter)
1978	9.97	18214	72193	32756	
1980	14.44	9349	84145	38652	
1985	29.25	16345	77762	37555	
1990	57.33	25717	94237	42948	
1995	112.45	23675	72165	35593	
2000	154.30	6857	84765	33253	
2005	135.11	109570	149828	36256	77199
2010	173.51	329442	53913	7381	112022
2011	164.86	354327	54012	8139	145722
2012	170.26	434304	61575	7499	130691
2013	166.57	430963	56923	7553	111881
2014	165.20	255155	55125	8172	93597
2015	154.98	260185	52826	7720	83568
2016	145.76	223304	53769	4176	103239
2017	73.23	260521	32243	3668	139907
2018	78.47	324226	21591	2399	167227
2019	83.09	412156	24891	2094	209323

年 份 Year	食 醋 (吨) Vinegar (ton)	卷 烟 (万箱) Cigarettes (10 000 cases)	机制纸及纸板(万吨) Machine-made Paper and Paperboard (10 000 tons)	合成洗涤剂(吨) Synthetic Detergents (ton)	煤层气 (亿立方米) Coalbed Mehane (100 million cu.m)
1978		16.77	9.35	14409	
1980		18.62	11.55	18505	
1985		18.72	18.75	60746	
1990		24.17	35.44	68951	
1995		28.43	59.69	135359	
2000		30.34	27.00	189235	
2005		25.00	40.49	162303	
2010	385452	29.50	21.78	119774	29.9
2011	455262	31.00	20.48	98419	27.3
2012	550278	31.20	33.39	101898	33.6
2013	550229	31.70	34.17	108199	35.6
2014	474644	32.70	25.87	92683	38.1
2015	673052	32.70	35.34	87713	39.8
2016	626955	31.10	41.67	79342	43.2
2017	567275	30.00	45.55	72305	46.8
2018	518232	29.80	46.07	68306	52.7
2019	488801	31.00	60.90	70128	64.6

10-3 规模以上主要工业产品产量

OUTPUT OF MAJOR INDUSTRIAL PRODUCTS ABOVE DESIGNATED SIZE

指 标		Item	2018	2019
原 煤	(万吨)	Coal (10 000 tons)	89340	97109
发电量	(亿千瓦小时)	Electricity (100 million kwh)	3041.7	3228.7
生 铁	(万吨)	Pig Iron (10 000 tons)	4761.3	5557.1
粗 钢	(万吨)	Crude Steel (10 000 tons)	5386.2	6039.1
钢 材	(万吨)	Steel Products (10 000 tons)	4903.3	5594.2
氧化铝	(万吨)	Aluminum Oxide (10 000 tons)	2024.5	1996.3
原 铝	(万吨)	Electrolyzed Aluminum (10 000 tons)	93.3	78.9
焦 炭	(万吨)	Coke (10 000 tons)	9256.2	9699.5
铜	(万吨)	Copper (10 000 tons)	18.0	13.8
水 泥	(万吨)	Cement (10 000 tons)	4127.3	4982.4
平板玻璃	(万重量箱)	Plate Glass (10 000 weight cases)	2121.7	1846.9
硫 酸	(折纯，万吨)	Sulfuric Acid (10 000 tons)	49.9	49.5
化学肥料	(折纯，万吨)	Chemical Fertilizer (10 000 tons)	360.4	398.5
化学农药	(吨)	Chemical Pesticide (ton)	1444	1230
初级形态的塑料	(万吨)	Primary Form of Plastics (10 000 tons)	89.1	97.8
轮胎外胎	(万条)	Tires Cover (10 000 units)	78.5	82.1
矿山设备	(吨)	Mining Equipment (ton)	324226	412156
金属切削机床	(台)	Metal-cutting Machine Tools (unit)	12	12
工业锅炉	(蒸发量吨)	Industrial Boiler (ton)	4064	4554
变压器	(万千伏安)	Transformer (10 000 kva)	1506.7	785.2
泵	(台)	Pump (unit)	159170	95711
纱	(吨)	Yarn (ton)	21591	24891
布	(万米)	Cloth (10 000 m)	2398	2067
白 酒	(千升)	White Spirit (kiloliter)	167227	209323
啤 酒	(千升)	Beer (kiloliter)	175158	180954
卷 烟	(万箱)	Cigarettes (10 000 cases)	29.8	30.6
机制纸及纸板	(万吨)	Machine-made Paper and Paperboard (10 000 tons)	46.1	60.9
合成洗涤剂	(吨)	Synthetic Detergents (ton)	65806	67528
煤层气	(亿立方米)	Coalbed Methane (100 million cu.m)	51.2	64.1
手 机	(万台)	Mobile Phones (10 000 unit)	1979.4	1862.2
化学药品原药	(吨)	Chemical Medicine (ton)	27830	26749
食 醋	(吨)	Vinegar (ton)	518232	488801
太阳能电池	(千瓦)	Solar Cell (kw)	3493379	4841694
新能源汽车	(辆)	New Energy Motor Vehicles (unit)	43778	57764

10-4 工业企业主要财务指标(2019年)

单位：万元

指标	Item	单位数(个) Number of Enterprises (unit)	#亏损企业 Loss-making Enterprises
总计	**Total**	**4793**	**1392**
一、按登记注册类型分	Grouped by Registered Kind		
内资企业	Civil Funded Enterprises	4652	1361
国有企业	State-owned Enterprises	50	18
集体企业	Collective-owned Enterprises	30	8
股份合作企业	Share Holding Cooperative Enterprises	3	3
联营企业	Joint Owned Enterprises		
有限责任公司	Limited Liability Corporations	1587	482
国有独资公司	State Sole Funed Corporations	145	33
其他有限责任公司	Other Limited Liability Corporations	1442	449
股份有限公司	Share Holding Limited Corporations	147	26
私营企业	Private Enterprises	2835	824
私营独资企业	Private-funed Enterprises	133	32
私营合伙企业	Private Partnership Enterprises	12	3
私营有限责任公司	Private Limited Liability Corporations	2575	762
私营股份有限公司	Private Share Holding Limited Corporations	115	27
其他企业	Others		
港、澳、台商投资企业	Enterprises Funded by Hong Kong, Macao and Taiwan	54	10
合资经营企业(港或澳、台资)	Joint Venture Enterprises	33	9
合作经营企业(港或澳、台资)	Cooperative Enterprises		
港澳台商独资企业	Solely Owned Enterprises	19	1
港澳台商投资股份有限公司	Share Holding Limited Corporations	2	
其他港澳台商投资企业	Others		
外商投资企业	Foreign Funded Enterprises	87	21
中外合资经营企业	Joint Venture Enterprises	58	15
中外合作经营企业	Cooperative Enterprises	4	
外资企业	Solely Owned Enterprises	23	6
外商投资股份有限公司	Share Holding Limited Corporations	1	
其他外商投资企业	Others	1	

MAIN FINANCIAL INDICATORS OF INDUSTRIAL ENTERPRISES(2019)

(10 000 yuan)

资产总计 Total Assets	流动资产合计 Total Current Assets	负债合计 Total Liabilities	所有者权益合计 Total Creditors' Equity	营业收入 Business Revenue	营业成本 Business Cost
415602749	**170757026**	**299132095**	**116065782**	**213347379**	**173495249**
388434697	154842922	281538746	106518796	197045866	159530489
15719187	3084543	10953897	4700070	13313516	12299326
736154	243913	692481	42305	680265	478831
14166	11230	9423	4744	7490	6915
255210679	90319662	191682029	63383372	93383241	70158435
44221803	20261090	31545282	12655047	14283063	10435383
210988876	70058572	160136747	50728325	79100178	59723052
43547766	21205230	24381095	19166670	23310171	18804061
73206745	39978343	53819820	19221636	66351183	57782922
642620	468349	494797	131560	982420	909575
82070	42595	47621	34448	181801	162907
65847675	36025754	49110377	16588274	59757978	52119330
6634381	3441646	4167026	2467354	5428984	4591110
13908111	9880367	10302368	3605742	9291335	8691318
12434962	9467309	9515808	2919153	9003920	8577912
1394667	394653	734821	659846	278469	108450
78482	18405	51739	26743	8946	4956
13259942	6033737	7290981	5941245	7010179	5273443
7250711	2673858	4532583	2690411	3392753	2560153
1799433	591331	729595	1069838	1198366	755407
3474115	2287899	1716725	1757389	2190755	1753640
565997	440630	217457	348540	216502	193435
169686	40020	94620	75066	11804	10807

10–4 续表1

单位：万元

指　　标	Item	单位数 (个) Number of Enterprises (unit)
二、在总计中: 亏损企业	Of the Total: Loss–making Enterprises	1392
在总计中: 国有控股企业	Of the Total: State–Controlled Share Holding Enterprises	1104
在总计中: 轻工业	Of the Total: Light Industry	702
重工业	Heavy Industry	4091
在总计中: 大型企业	Of the Total: Large Enterprises	298
中型企业	Medium–sized Enterprises	895
小型企业	Small Enterprises	3110
微型企业	Microenterprises	490
三、按工业行业大类分	Grouped by Sector	
采矿业	Mining	1476
煤炭开采和洗选业	Coal Mining and Dressing	1286
石油和天然气开采业	Petroleum and Natural Gas Extraction	19
黑色金属矿采选业	Ferrous Metals Mining and Dressing	126
有色金属矿采选业	Nonferrous Metals Mining and Dressing	24
非金属矿采选业	Nonmetal Minerals Mining and Dressing	20
开采专业及辅助性活动	Mining Professional and Auxiliary Activities	1
其他采矿业	Other Mining Industry	
制造业	Manufacturing	2819
农副食品加工业	Farm Products Processing	154
食品制造业	Food Manufacturing	75
酒、饮料和精制茶制造业	Wine, Beverages and Refined Tea Manufacturing	55
烟草制品业	Tobacoo Products Manfacturing	1
纺织业	Textile Industry	24
纺织服装、服饰业	Textile, Wearing Apparel and Accessories	17
皮革、毛皮、羽毛及其制品和制鞋业	Leather, Fur, Feather and Related Products and Footwear	2
木材加工和木、竹、藤、棕、草制品业	Timber Processing,Bamboo,Cane,Palm Fiber and Straw Products	6

continued

(10 000 yuan)

#亏损企业 Loss-making Enterprises	资产总计 Total Assets	流动资产合计 Total Current Assets	负债合计 Total Liabilities	所有者权益合计 Total Creditors' Equity	营业收入 Business Revenue	营业成本 Business Cost
1392	99267281	36690895	95044982	4194488	35955148	33878017
321	269462217	92486864	195625399	73688807	102900366	79390484
160	14779904	7970631	7754449	6976237	10673066	7505525
1232	400822846	162786395	291377646	109089546	202674313	165989724
55	231926014	100815384	157800933	74125077	118779878	96067850
309	105224835	37097442	83115714	22109118	46884996	36335908
885	63235739	28557779	46671108	16542302	44017781	38193684
143	15216162	4286421	11544340	3289285	3664725	2897807
522	201938546	78688999	147451033	54422316	74441795	52230065
469	194035476	75872120	142709586	51288000	71319906	49787070
9	3545378	970150	2065424	1479953	935572	684517
26	3661548	1525027	2190480	1454267	1801942	1478177
13	522098	203510	348068	164710	250146	189613
5	127044	75604	93502	32357	106926	65427
	47002	42588	43973	3029	27303	25261
733	154908343	78249490	108465317	46117133	113140623	98387545
28	1674381	777649	926302	722762	2413976	2209142
13	1459755	680023	721323	738431	1235817	971737
14	3209793	2086733	1581397	1628395	1932413	871552
	494343	301716	112124	382219	458856	167459
10	241410	124146	129999	111411	211920	194044
2	306256	178340	195531	110725	240852	194502
	14595	10948	2154	12441	4357	3890
3	226865	142213	65511	9817	112560	102341

10-4 续表2

单位：万元

指　　标	Item	单位数 (个) Number of Enterprises (unit)
家具制造业	Furniture Manufacturing	4
造纸和纸制品业	Paper Making and Paper Products	29
印刷和记录媒介复制业	Printing and Record Medium Reproduction	24
文教、工美、体育和娱乐用品制造业	Culture, Education, Art and Crafts, Sport and Entertainment Products	9
石油、煤炭及其他燃料加工业	Petroleum, Coal and Other Fuels Processing	143
化学原料和化学制品制造业	Raw Chemical Materials and Chemical Products	296
医药制造业	Medical and Pharmaceutical Products	99
化学纤维制造业	Chemical Fiber Manufacturing	1
橡胶和塑料制品业	Rubber and Plastic Products	74
非金属矿物制品业	Nonmetal Mineral Products	621
黑色金属冶炼和压延加工业	Smelting and Pressing of Ferrous Metals	128
有色金属冶炼和压延加工业	Smelting and Pressing of Non-ferrous Metals	104
金属制品业	Metal Prodcuts	274
通用设备制造业	Ordinary Machinery Manufacturing	146
专用设备制造业	Special Purpose Equipment Manufacturing	218
汽车制造业	Automobile Manufacturing	57
铁路、船舶、航空航天和其他运输设备制造业	Railroad, Marine, Aviation and Other Transport Equipments Manufacturing	37
电气机械和器材制造业	Electrical Machinery and Equipment Manufacturing	96
计算机、通信和其他电子设备制造业	Computers, Telecommunication and Other Electronic Equipments Manufacturing	48
仪器仪表制造业	Equipments and Instruments Manufacturing	26
其他制造业	Other Manufacturing	6
废弃资源综合利用业	Comprehensive Utilization of Waste Resources	15
金属制品、机械和设备修理业	Metal Products, Machinery and Equipment Repair	30
电力、热力、燃气及水生产和供应业	Production and Supply of Electricity, Heat, Gas and Water	498
电力、热力生产和供应业	Production and Supply of Electricity and Heat	387
燃气生产和供应业	Production and Supply of Gas	81
水的生产和供应业	Production and Supply of Water	30

continued

(10 000 yuan)

#亏损企业 Loss-making Enterprises	资产总计 Total Assets	流动资产合计 Total Current Assets	负债合计 Total Liabilities	所有者权益合计 Total Creditors' Equity	营业收入 Business Revenue	营业成本 Business Cost
2	38871	25948	12327	26544	27076	23601
8	363309	165875	237305	126004	331268	312547
5	297296	131864	168571	104827	164945	138123
3	206851	106065	219959	-13108	88308	76776
47	28580753	13448083	21691523	6912864	20557244	18162218
83	17714731	6149918	14026229	3634997	8521449	7389107
22	4517062	2309028	2181335	2335726	2335843	1290499
	89188	25110	58063	31125	3508	3426
19	807185	462385	535362	245772	516331	450376
188	10193260	5160307	7497821	2650924	6166492	5070749
53	31217818	11742262	21421406	9796918	31134924	27768333
47	11838860	4331823	8426604	3399808	8650234	8072201
43	3650721	2301454	2047952	1602766	3371795	2960568
24	2890035	1877749	1959645	925263	1399617	1136200
34	8051879	5859888	5833246	2211008	3658743	3069067
24	4126179	2623076	2904594	1221584	4032010	3691934
7	3319340	2008824	1818358	1500982	1767677	1420424
22	3783760	2415969	2560157	1223601	2059844	1734917
18	12708722	11082851	9165070	3543651	9801416	9206704
1	684579	400958	384203	300376	280002	201650
2	1579394	905484	1142390	437004	980691	850077
9	239697	101941	126365	113332	427983	424685
2	381455	310861	312489	68965	252475	218697
137	58755860	13818537	43215745	15526333	25764961	22877639
101	49853512	10356713	36647594	13192138	21864184	19491403
23	7366081	3006027	5753440	1612640	3533276	3091149
13	1536267	455797	814712	721555	367502	295088

10-4 续表3

单位：万元

指 标	Item	税金及附加 Tax and Extra Charges
总 计	**Total**	**4902665**
一、按登记注册类型分	Grouped by Registered Kind	
内资企业	Civil Funded Enterprises	4719788
国有企业	State-owned Enterprises	83347
集体企业	Collective-owned Enterprises	29303
股份合作企业	Share Holding Cooperative Enterprises	46
联营企业	Joint Owned Enterprises	
有限责任公司	Limited Liability Corporations	3558846
国有独资公司	State Sole Funed Corporations	528193
其他有限责任公司	Other Limited Liability Corporations	3030653
股份有限公司	Share Holding Limited Corporations	504777
私营企业	Private Enterprises	543469
私营独资企业	Private-funed Enterprises	7482
私营合伙企业	Private Partnership Enterprises	898
私营有限责任公司	Private Limited Liability Corporations	492174
私营股份有限公司	Private Share Holding Limited Corporations	42915
其他企业	Others	
港、澳、台商投资企业	Enterprises Funded by Hong Kong, Macao and Taiwan	42652
合资经营企业(港或澳、台资)	Joint Venture Enterprises	39465
合作经营企业(港或澳、台资)	Cooperative Enterprises	
港澳台商独资企业	Solely Owned Enterprises	3158
港澳台商投资股份有限公司	Share Holding Limited Corporations	29
其他港澳台商投资企业	Others	
外商投资企业	Foreign Funded Enterprises	140225
中外合资经营企业	Joint Venture Enterprises	54850
中外合作经营企业	Cooperative Enterprises	71318
外资企业	Solely Owned Enterprises	12745
外商投资股份有限公司	Share Holding Limited Corporations	1145
其他外商投资企业	Others	168

continued

(10 000 yuan)

销售费用 Costs of Sales	管理费用 Costs of Administration	财务费用 Costs of Finance	利润总额 Total Profits	亏损企业亏损总额 Total Loss of Loss-making Enterprises	应交增值税 Value Added Taxes Payable	平均用工人数(万人) Average Employees (10 000 persons)
6612726	**9702391**	**6831507**	**11646916**	**4901941**	**6674329**	**187.0**
6407029	9327186	6624978	10385603	4706707	6347189	174.1
30284	425246	209055	235674	91906	241649	8.2
42257	51478	15436	67876	18203	46233	1.2
248	552	2	−166	166	97	
3613170	5914392	4952271	5711175	3797385	3838940	100.4
734327	966306	790730	1052855	223190	460530	13.2
2878843	4948086	4161541	4658320	3574195	3378411	87.2
623657	1037020	405951	1673863	222790	643574	19.8
2097414	1898497	1042262	2697181	576257	1576696	44.6
27228	16262	4921	17383	6294	27423	0.6
2386	1845	97	13658	156	4390	0.1
1912194	1730514	920214	2397786	546125	1466186	41.0
155606	149875	117030	268354	23682	78697	3.0
79117	134432	70537	180880	115705	78230	5.6
42049	119040	48423	89932	115650	65854	5.4
37033	14850	21236	88250	56	12376	0.2
35	543	878	2699			
126581	240773	135992	1080433	79528	248910	7.3
94990	147286	117972	429122	67151	120777	2.7
15370	28886	5371	322130		86009	0.7
9101	57906	10435	327926	12377	38439	3.7
7120	3636	2216	778		3639	0.2
	3060	−2	477		46	

10-4 续表4

单位：万元

指　　标	Item	税金及附加 Tax and Extra Charges
二、在总计中: 亏损企业	Of the Total: Loss-making Enterprises	676651
在总计中: 国有控股企业	Of the Total: State-Controlled Share Holding Enterprises	3633189
在总计中: 轻工业	Of the Total: Light Industry	542423
重工业	Heavy Industry	4360241
在总计中: 大型企业	Of the Total: Large Enterprises	2822056
中型企业	Medium-sized Enterprises	1638285
小型企业	Small Enterprises	415231
微型企业	Microenterprises	27093
三、按工业行业大类分	Grouped by Sector	
采矿业	Mining	3758882
煤炭开采和洗选业	Coal Mining and Dressing	3686279
石油和天然气开采业	Petroleum and Natural Gas Extraction	7916
黑色金属矿采选业	Ferrous Metals Mining and Dressing	43723
有色金属矿采选业	Nonferrous Metals Mining and Dressing	15798
非金属矿采选业	Nonmetal Minerals Mining and Dressing	5124
开采专业及辅助性活动	Mining Professional and Auxiliary Activities	42
其他采矿业	Other Mining Industry	
制造业	Manufacturing	1004967
农副食品加工业	Farm Products Processing	3225
食品制造业	Food Manufacturing	4907
酒、饮料和精制茶制造业	Wine, Beverages and Refined Tea Manufacturing	283744
烟草制品业	Tobacoo Products Manfacturing	213344
纺织业	Textile Industry	678
纺织服装、服饰业	Textile, Wearing Apparel and Accessories	1601
皮革、毛皮、羽毛及其制品和制鞋业	Leather, Fur, Feather and Related Products and Footwear	14
木材加工和木、竹、藤、棕、草制品业	Timber Processing,Bamboo,Cane,Palm Fiber and Straw Products	113

continued

(10 000 yuan)

销售费用 Costs of Sales	管理费用 Costs of Administration	财务费用 Costs of Finance	利润总额 Total Profits	亏损企业亏损总额 Total Loss of Loss-making Enterprises	应交增值税 Value Added Taxes Payable	平均用工人数 (万人) Average Employees (10 000 persons)
909931	2483183	2598604	-4901941	4901941	740384	51.4
3483779	6147726	4990029	5556160	3760375	3925665	103.0
1115173	592585	121331	761370	101374	384278	16.1
5497553	9109807	6710176	10885546	4800567	6290050	171.0
3743448	5112524	3434037	7524346	1768144	3645286	98.6
1322357	2971879	2047307	2444960	2076900	1957532	55.9
1487406	1504073	1033058	1440437	847828	1011964	29.7
59515	113916	317105	237173	209068	59547	2.9
3251259	5306994	3542523	6831960	2714208	4157723	86.1
3206440	5144887	3472808	6422013	2650871	4037313	83.1
3975	41619	26485	267828	20557	23181	0.6
21222	86088	37956	127174	25922	78615	1.8
5146	26304	4762	2332	15460	13430	0.5
14475	7136	517	11561	1398	5223	0.1
	961	-4	1051		-39	
3144844	3722278	2050754	3961804	1505338	2060862	87.8
37234	55414	28228	91493	30956	1100	2.1
84803	67645	15347	92096	13558	21237	1.6
322102	148712	1770	300864	19569	139349	2.7
6477	29277	-3391	38822		42314	0.1
4715	8658	756	2593	983	3064	0.5
13073	17085	4827	8844	202	5657	0.6
122	69	38	226		26	
1379	1212	3116	4813	454	438	0.1

10-4 续表5

单位：万元

指　　标	Item	税金及附加 Tax and Extra Charges
家具制造业	Furniture Manufacturing	170
造纸和纸制品业	Paper Making and Paper Products	2663
印刷和记录媒介复制业	Printing and Record Medium Reproduction	941
文教、工美、体育和娱乐用品制造业	Culture, Education, Art and Crafts, Sport and Entertainment Products	406
石油、煤炭及其他燃料加工业	Petroleum, Coal and Other Fuels Processing	120602
化学原料和化学制品制造业	Raw Chemical Materials and Chemical Products	41802
医药制造业	Medical and Pharmaceutical Products	22949
化学纤维制造业	Chemical Fiber Manufacturing	126
橡胶和塑料制品业	Rubber and Plastic Products	2387
非金属矿物制品业	Nonmetal Mineral Products	41863
黑色金属冶炼和压延加工业	Smelting and Pressing of Ferrous Metals	113108
有色金属冶炼和压延加工业	Smelting and Pressing of Non-ferrous Metals	39130
金属制品业	Metal Prodcuts	11250
通用设备制造业	Ordinary Machinery Manufacturing	7462
专用设备制造业	Special Purpose Equipment Manufacturing	20158
汽车制造业	Automobile Manufacturing	13039
铁路、船舶、航空航天和其他运输设备制造业	Railroad, Marine, Aviation and Other Transport Equipments Manufacturing	9499
电气机械和器材制造业	Electrical Machinery and Equipment Manufacturing	7664
计算机、通信和其他电子设备制造业	Computers, Telecommunication and Other Electronic Equipments Manufacturing	34819
仪器仪表制造业	Equipments and Instruments Manufacturing	1455
其他制造业	Other Manufacturing	1059
废弃资源综合利用业	Comprehensive Utilization of Waste Resources	3209
金属制品、机械和设备修理业	Metal Products, Machinery and Equipment Repair	1581
电力、热力、燃气及水生产和供应业	Production and Supply of Electricity, Heat, Gas and Water	138816
电力、热力生产和供应业	Production and Supply of Electricity and Heat	120482
燃气生产和供应业	Production and Supply of Gas	9727
水的生产和供应业	Production and Supply of Water	8608

continued

(10 000 yuan)

销售费用 Costs of Sales	管理费用 Costs of Administration	财务费用 Costs of Finance	利润总额 Total Profits	亏损企业亏损总额 Total Loss of Loss-making Enterprises	应交增值税 Value Added Taxes Payable	平均用工人数(万人) Average Employees (10 000 persons)
694	955	199	1307	192	1000	
9766	13351	3910	1717	4183	19555	0.3
5741	14076	3328	4510	1507	2774	0.4
5038	5568	1198	-516	1864	659	0.2
630644	518891	389706	824946	235333	463090	9.7
259567	411378	432415	-87993	420254	119117	7.9
579904	164364	37722	185123	11703	112654	3.1
133	646	960	601			
19627	27265	9393	-1699	15955	8827	0.9
235888	320945	144951	337560	103262	211446	8.9
397926	602220	478335	1313785	93709	447253	13.1
109034	217616	219841	-44580	257211	139378	4.5
85352	143020	35240	116138	13087	60289	5.1
41708	112807	31884	47712	7704	30491	2.6
98959	247728	140427	2564	124503	85330	4.5
60270	137056	14710	89737	75737	3265	2.6
42016	128093	16932	149410	12045	27848	2.2
56244	97236	41096	66267	16513	17014	1.9
14077	133811	-11712	328791	23423	43538	10.3
15167	22017	3109	25876	96	7593	0.3
1846	44470	2699	47453	13945	542	0.9
1573	12658	2489	6196	7001	36453	0.1
3768	18036	1234	7150	389	9563	0.7
216623	673119	1238229	853152	682395	455744	13.2
34469	519201	1109318	770306	585099	412427	10.0
166851	97992	116057	95977	62358	33379	1.9
15303	55926	12855	-13131	34938	9938	1.2

10-5 国有控股工业企业主要财务指标(2019年)

单位：万元

指　标	Item	单位数(个) Number of Enterprises (unit)	#亏损企业 Loss-making Enterprises
总　计	**Total**	**1104**	**321**
按工业行业大类分	Grouped by Sector		
采矿业	Mining	443	154
煤炭开采和洗选业	Coal Mining and Dressing	424	145
石油和天然气开采业	Petroleum and Natural Gas Extraction	11	7
黑色金属矿采选业	Ferrous Metals Mining and Dressing	3	
有色金属矿采选业	Nonferrous Metals Mining and Dressing	3	2
非金属矿采选业	Nonmetal Minerals Mining and Dressing	1	
开采专业及辅助性活动	Mining Professional and Auxiliary Activities	1	
其他采矿业	Other Mining Industry		
制造业	Manufacturing	369	85
农副食品加工业	Farm Products Processing	5	1
食品制造业	Food Manufacturing	6	
酒、饮料和精制茶制造业	Wine, Beverages and Refined Tea Manufacturing	9	2
烟草制品业	Tobacoo Products Manfacturing	1	
纺织业	Textile Industry	1	
纺织服装、服饰业	Textile, Wearing Apparel and Accessories	5	1
皮革、毛皮、羽毛及其制品和制鞋业	Leather, Fur, Feather and its products and Footwear		
木材加工和木、竹、藤、棕、草制品业	Timber Processing, Bamboo, Cane, Palm Fiber and Straw Products		
家具制造业	Furniture Manufacturing		
造纸和纸制品业	Paper Making and Paper Products		
印刷和记录媒介复制业	Printing and Record Medium Reproduction	4	
文教、工美、体育和娱乐用品制造业	Culture, Education, Art and Crafts, Sport and Entertainment Products	1	

MAIN FINANCIAL INDICATORS OF STATE-HOLDING INDUSTRIAL ENTERPRISES(2019)

(10 000 yuan)

资产总计 Total Assets	流动资产合计 Total Current Assets	负债合计 Total Liabilities	所有者权益合计 Total Creditors' Equity	营业收入 Business Revenue	营业成本 Business Cost
269462217	**92486864**	**195625399**	**73688807**	**102900366**	**79390484**
157322208	56463142	115409804	41873921	46834237	30766389
153406343	55749269	113445108	39932072	45666152	29861340
2659915	581917	1583787	1076128	661210	488144
1117580	69136	281623	835957	444521	361157
87868	17640	51934	26614	33038	28817
3501	2591	3380	121	2012	1669
47002	42588	43973	3029	27303	25261
63662961	25322827	44362566	19190871	32934892	27782463
92275	41725	63004	7800	27667	16275
74873	31864	51547	23326	94858	80414
2069553	1541072	1011590	1057963	1335903	421456
494343	301716	112124	382219	458856	167459
44846	25807	18180	26667	33959	27759
153851	84310	99258	54593	78432	65182
59683	19878	41064	18619	29849	22906
58515	29033	113521	-55006	1913	932

10-5 续表1

单位：万元

指　　标	Item	单位数（个） Number of Enterprises (unit)
石油、煤炭及其他燃料加工业	Petroleum, Coal and Other Fuels Processing	25
化学原料和化学制品制造业	Raw Chemical Materials and Chemical Products	53
医药制造业	Medical and Pharmaceutical Products	6
化学纤维制造业	Chemical Fiber	1
橡胶和塑料制品业	Rubber and Plastic Products	10
非金属矿物制品业	Nonmetal Mineral Products	41
黑色金属冶炼和压延加工业	Smelting and Pressing of Ferrous Metals	11
有色金属冶炼和压延加工业	Smelting and Pressing of Non-ferrous Metals	20
金属制品业	Metal Prodcuts	17
通用设备制造业	Ordinary Machinery Manufacturing	25
专用设备制造业	Special Purpose Equipment Manufacturing	59
汽车制造业	Automobile Manufacturing	12
铁路、船舶、航空航天和其他运输设备制造业	Railroad, Marine, Aviation and Other Transport Equipments Manufacturing	15
电气机械和器材制造业	Electrical Machinery and Equipment Manufacturing	15
计算机、通信和其他电子设备制造业	Computers, Telecommunication and Other Electronic Equipments Manufacturing	4
仪器仪表制造业	Equipments and Instruments Manufacturing	4
其他制造业	Other Manufacturing	5
废弃资源综合利用业	Comprehensive Utilization of Waste Resources	
金属制品、机械和设备修理业	Metal Products, Machinery and Equipment Repair	14
电力、热力、燃气及水生产和供应业	Production and Supply of Electricity, Heat, Gas and Water	292
电力、热力生产和供应业	Production and Supply of Electricity and Heat	217
燃气生产和供应业	Production and Supply of Gas	51
水的生产和供应业	Production and Supply of Water	24

continued

(10 000 yuan)

#亏损企业 Loss-making Enterprises	资产总计 Total Assets	流动资产合计 Total Current Assets	负债合计 Total Liabilities	所有者权益合计 Total Creditors' Equity	营业收入 Business Revenue	营业成本 Business Cost
9	8478993	2185352	5929584	2549409	3105115	2852959
24	11120432	3376958	9789795	1291137	4186882	3711785
2	977308	540408	686995	290313	591495	434943
	89188	25110	58063	31125	3508	3426
2	153327	83595	101809	51518	83260	73737
5	2018424	726456	1245017	737604	815380	600191
5	14059258	3499237	8424754	5634503	9419859	8130866
9	6715954	1951877	4724858	1991095	4312026	4132835
	1448095	857404	925505	522590	777326	644628
4	1694829	1022839	1193770	495934	664787	537549
6	6408884	4649792	4690754	1710507	2578138	2195410
6	421415	245176	333505	87909	595635	541922
1	2888073	1643550	1546621	1341451	1443388	1171468
3	2134102	1222909	1694829	439273	1090400	909289
2	109417	55357	107174	2244	32855	29189
	32967	29812	11605	21362	22562	12792
2	1574624	900748	1138340	436284	978465	848640
1	289735	230845	249302	40433	172376	148455
82	48477048	10700895	35853029	12624015	23131238	20841632
52	40832895	7739982	30038540	10794352	19977602	18059926
17	6342882	2571832	5132206	1210674	2859181	2533521
13	1301271	389081	682282	618989	294456	248185

10-5 续表2

单位：万元

指　　标	Item	税金及附加 Taxes and Extra Charges
总　计	**Total**	**3633189**
按工业行业大类分	Grouped by Sector	
采矿业	Mining	2862228
煤炭开采和洗选业	Coal Mining and Dressing	2838088
石油和天然气开采业	Petroleum and Natural Gas Extraction	7080
黑色金属矿采选业	Ferrous Metals Mining and Dressing	16039
有色金属矿采选业	Nonferrous Metals Mining and Dressing	908
非金属矿采选业	Nonmetal Minerals Mining and Dressing	71
开采专业及辅助性活动	Petroleum, Coal and Other Fuels Processing	42
其他采矿业	Other Mining Industry	
制造业	Manufacturing	646420
农副食品加工业	Farm Products Processing	127
食品制造业	Food Manufacturing	238
酒、饮料和精制茶制造业	Wine, Beverages and Refined Tea Manufacturing	248857
烟草制品业	Tobacoo Products Manfacturing	213344
纺织业	Textile Industry	186
纺织服装、服饰业	Textile, Wearing Apparel and Accessories	1072
皮革、毛皮、羽毛及其制品和制鞋业	Leather, Fur, Feather and its products and Footwear	
木材加工和木、竹、藤、棕、草制品业	Timber Processing, Bamboo, Cane, Palm Fiber and Straw Products	
家具制造业	Furniture Manufacturing	
造纸和纸制品业	Paper Making and Paper Products	
印刷和记录媒介复制业	Printing and Record Medium Reproduction	280
文教、工美、体育和娱乐用品制造业	Culture, Education, Art and Crafts, Sport and Entertainment Products	2

continued

(10 000 yuan)

销售费用 Costs of Sales	管理费用 Costs of Administration	财务费用 Costs of Finance	利润总额 Total Profits	亏损企业亏损总额 Total Loss of Lossmaking Enterprises	应交增值税 Value Added Taxes Payable	平均用工人数(万人) Average Employees (10 000 persons)
3483779	**6147726**	**4990029**	**5556160**	**3760375**	**3925665**	**103.0**
2339906	4032533	2899309	4479620	2258705	2894896	65.2
2334452	3963625	2865321	4300634	2234185	2851063	64.3
2697	31862	25170	169714	19705	21946	0.5
2607	28302	8460	12930		20678	0.2
	7672	361	-4715	4816	1137	0.2
150	111		6		111	
	961	-4	1051		-39	
971393	1546118	1062300	559633	914197	595444	27.0
898	8414	-543	2656	475	46	0.1
3298	4408	355	6993		946	0.1
277767	123798	-10267	266710	9155	125487	1.8
6477	29277	-3391	38822		42314	0.1
899	2618	-149	1336		627	0.1
3012	7742	469	1598	90	1905	0.3
223	4978	285	1174		456	0.1
135	546	1	296			

10-5 续表3

单位：万元

指　　标	Item	税金及附加 Taxes and Extra Charges
石油、煤炭及其他燃料加工业	Petroleum, Coal and Other Fuels Processing	22765
化学原料和化学制品制造业	Raw Chemical Materials and Chemical Products	24494
医药制造业	Medical and Pharmaceutical Products	4011
化学纤维制造业	Chemical Fiber	126
橡胶和塑料制品业	Rubber and Plastic Products	543
非金属矿物制品业	Nonmetal Mineral Products	7599
黑色金属冶炼和压延加工业	Smelting and Pressing of Ferrous Metals	56702
有色金属冶炼和压延加工业	Smelting and Pressing of Non-ferrous Metals	28525
金属制品业	Metal Prodcuts	3077
通用设备制造业	Ordinary Machinery Manufacturing	3497
专用设备制造业	Special Purpose Equipment Manufacturing	14525
汽车制造业	Automobile Manufacturing	2929
铁路、船舶、航空航天和其他运输设备制造业	Railroad, Marine, Aviation and Other Transport Equipments Manufacturing	7687
电气机械和器材制造业	Electrical Machinery and Equipment Manufacturing	3197
计算机、通信和其他电子设备制造业	Computers, Telecommunication and Other Electronic Equipments Manufacturing	258
仪器仪表制造业	Equipments and Instruments Manufacturing	181
其他制造业	Other Manufacturing	1057
废弃资源综合利用业	Comprehensive Utilization of Waste Resources	
金属制品、机械和设备修理业	Metal Products, Machinery and Equipment Repair	1142
电力、热力、燃气及水生产和供应业	Production and Supply of Electricity, Heat, Gas and Water	124541
电力、热力生产和供应业	Production and Supply of Electricity and Heat	109057
燃气生产和供应业	Production and Supply of Gas	7937
水的生产和供应业	Production and Supply of Water	7547

continued

(10 000 yuan)

销售费用 Costs of Sales	管理费用 Costs of Administration	财务费用 Costs of Finance	利润总额 Total Profits	亏损企业亏损总额 Total Loss of Loss-making Enterprises	应交增值税 Value Added Taxes Payable	平均用工人数（万人） Average Employees (10 000 persons)
88849	112515	123239	80	143512	46218	2.2
113218	251124	306465	–265057	348191	35369	4.6
80065	23192	13419	22970	327	7452	0.6
133	646	960	601			
1394	8209	2024	–4219	5569	1294	0.2
29646	65379	24583	83068	17021	20993	0.9
161727	210921	252174	357894	34063	145490	3.2
31852	145653	161942	–175106	220331	65176	2.4
10961	64503	8767	40533		8612	1.5
17565	61155	17520	14077	2051	10022	1.3
68393	164854	118405	–43999	99046	54949	2.8
9711	28596	342	10789	7310	7668	0.5
35236	106502	13369	112774	4326	17855	1.7
23335	54566	28269	32689	5975	–5785	0.9
777	4600	772	–2126	2492	350	0.2
1402	3725	–24	4199		1520	0.1
1841	44133	2699	47208	13945	542	0.9
2580	14063	615	3675	318	5940	0.5
172481	569075	1028420	516906	587473	435325	10.8
25005	444348	911098	496656	494452	399710	8.1
132572	73236	108357	47584	58082	26864	1.6
14904	51490	8965	–27334	34938	8752	1.2

10-6 外商投资和港澳台投资工业企业主要财务指标(2019年)

单位：万元

指　标	Item	单位数(个) Number of Enterprises (unit)	#亏损企业 Loss-making Enterprises
总　计	**Total**	**141**	**31**
按工业行业大类分	Grouped by Sector		
采矿业	Mining	15	3
煤炭开采和洗选业	Coal Mining and Dressing	11	3
石油和天然气开采业	Petroleum and Natural Gas Extraction	3	
黑色金属矿采选业	Ferrous Metals Mining and Dressing		
有色金属矿采选业	Nonferrous Metals Mining and Dressing		
非金属矿采选业	Nonmetal Minerals Mining and Dressing	1	
开采专业及辅助性活动	Mining Professional and Auxiliary Activities		
其他采矿业	Other Mining Industry		
制造业	Manufacturing	90	23
农副食品加工业	Farm Products Processing	1	
食品制造业	Food Manufacturing	5	2
酒、饮料和精制茶制造业	Wine, Beverages and Refined Tea Manufacturing	12	2
烟草制品业	Tobacoo Products Manfacturing		
纺织业	Textile Industry	1	1
纺织服装、服饰业	Textile, Wearing Apparel and Accessories		
皮革、毛皮、羽毛及其制品和制鞋业	Leather, Fur, Feather and its products and Footwear		
木材加工和木、竹、藤、棕、草制造业	Timber Processing,Bamboo,Cane,Palm Fiber and Straw Products		
家具制造业	Furniture Manufacturing		
造纸和纸制品业	Paper Making and Paper Products		
印刷和记录媒介复制业	Printing and Record Medium Reproduction		
文教、工美、体育和娱乐用品制造业	Culture, Education, Art and Crafts, Sport and Entertainment Products		

MAIN FINANCIAL INDICATORS OF INDUSTRIAL ENTERPRISES WITH HONG KONG, MACAO, TAIWAN AND FOREIGN FUNDS(2019)

(10 000 yuan)

资产总计 Total Assets	流动资产合计 Total Current Assets	负债合计 Total Liabilities	所有者权益合计 Total Creditors' Equity	营业收入 Business Revenue	营业成本 Business Cost
27168053	**15914105**	**17593349**	**9546986**	**16301513**	**13964761**
4055035	1584325	1929893	2123478	1597201	870616
3400432	1251960	1613583	1785185	1419445	763444
650255	328903	314103	336152	170286	104127
4348	3462	2208	2140	7469	3046
18506608	13021205	12738749	5741806	12846230	11626982
14978	7410	10184	4795	20918	17657
90642	45263	44048	46594	35033	30011
240431	102258	106339	134091	206186	161444
12892	7057	4050	8842	5841	5795

10-6 续表1

单位：万元

指　标	Item	单位数(个) Number of Enterprises (unit)
石油、煤炭及其他燃料加工业	Petroleum, Coal and Other Fuels Processing	9
化学原料和化学制品制造业	Raw Chemical Materials and Chemical Products	15
医药制造业	Medical and Pharmaceutical Products	2
化学纤维制造业	Chemical Fiber Manufacturing	
橡胶和塑料制品业	Rubber and Plastic Products	1
非金属矿物制品业	Nonmetal Mineral Products	6
黑色金属冶炼和压延加工业	Smelting and Pressing of Ferrous Metals	2
有色金属冶炼和压延加工业	Smelting and Pressing of Non-ferrous Metals	3
金属制品业	Metal Prodcuts	5
通用设备制造业	Ordinary Machinery Manufacturing	3
专用设备制造业	Special Purpose Equipment Manufacturing	7
汽车制造业	Automobile Manufacturing	4
铁路、船舶、航空航天和其他运输设备制造业	Railroad, Marine, Aviation and Other Transport Equipment Manufacturing	3
电气机械和器材制造业	Electrical Machinery and Equipment Manufacturing	3
计算机、通信和其他电子设备制造业	Computers, Telecommunication and Other Electronic Equipments Manufacturing	5
仪器仪表制造业	Equipments and Instruments Manufacturing	1
其他制造业	Other Manufacturing	
废弃资源综合利用业	Comprehensive Utilization of Waste Resources	1
金属制品、机械和设备修理业	Metal products, Machinery and Equipment Repair	1
电力、热力、燃气及水生产和供应业	Production and Supply of Electricity, Heat, Gas and Water	36
电力、热力生产和供应业	Production and Supply of Electricity and Heat	26
燃气生产和供应业	Production and Supply of Gas	7
水的生产和供应业	Production and Supply of Water	3

continued

(10 000 yuan)

#亏损企业 Loss-making Enterprises	资产总计 Total Assets	流动资产合计 Total Current Assets	负债合计 Total Liabilities	所有者权益合计 Total Creditors' Equity	营业收入 Business Revenue	营业成本 Business Cost
2	1694723	863094	1156038	538685	1462933	1267138
6	1914214	354682	1415262	498953	488375	375916
	137758	50660	47470	90288	84485	16838
	33868	24286	7817		28816	23951
1	290974	31357	233820	57153	151086	96306
1	1806	1335	1177	629	8662	7641
1	1709634	659239	909376	800258	993086	890419
	83013	51823	56822	26191	111011	86030
1	20245	12149	10007	10239	23629	19970
3	78633	62873	43050	35583	50360	39027
1	27188	19425	21841	5347	20686	16991
	353909	294826	180916	172993	249201	176840
1	649580	506684	262838	386742	293261	240846
1	11026911	9869333	8171146	2855765	8546392	8117121
	69065	41211	43536	25529	35438	23843
	43368	6453	4844	38524	23778	7283
	12777	9789	8169	4608	7056	5917
5	4606410	1308574	2924707	1681703	1858083	1467163
4	3957585	1013973	2528693	1428891	1560641	1242797
1	435664	237479	273338	162327	245210	190672
	213161	57122	122677	90484	52232	33694

10-6 续表2

单位：万元

指　标	Item	税金及附加 Taxes and Extra Charges
总　计	**Total**	**182877**
按工业行业大类分	Grouped by Sector	
采矿业	Mining	97984
煤炭开采和洗选业	Coal Mining and Dressing	97187
石油和天然气开采业	Petroleum and Natural Gas Extraction	571
黑色金属矿采选业	Ferrous Metals Mining and Dressing	
有色金属矿采选业	Nonferrous Metals Mining and Dressing	
非金属矿采选业	Nonmetal Minerals Mining and Dressing	227
开采专业及辅助性活动	Mining Professional and Auxiliary Activities	
其他采矿业	Other Mining Industry	
制造业	Manufacturing	67431
农副食品加工业	Farm Products Processing	43
食品制造业	Food Manufacturing	323
酒、饮料和精制茶制造业	Wine, Beverages and Refined Tea Manufacturing	1918
烟草制品业	Tobacoo Products Manfacturing	
纺织业	Textile Industry	41
纺织服装、服饰业	Textile, Wearing Apparel and Accessories	
皮革、毛皮、羽毛及其制品和制鞋业	Leather, Fur, Feather and its products and Footwear	
木材加工和木、竹、藤、棕、草制造业	Timber Processing,Bamboo,Cane,Palm Fiber and Straw Products	
家具制造业	Furniture Manufacturing	
造纸和纸制品业	Paper Making and Paper Products	
印刷和记录媒介复制业	Printing and Record Medium Reproduction	
文教、工美、体育和娱乐用品制造业	Culture, Education, Art and Crafts, Sport and Entertainment Products	

continued

(10 000 yuan)

销售费用 Costs of Sales	管理费用 Costs of Administration	财务费用 Costs of Finance	利润总额 Total Profits	亏损企业亏损总额 Total Loss of Loss-making Enterprises	应交增值税 Value Added Taxes Payable	平均用工人数(万人) Average Employees (10 000 persons)
205698	**375205**	**206529**	**1261313**	**195233**	**327140**	**12.9**
27878	96126	11401	534085	17047	126513	1.8
26443	89466	12078	440322	17047	125276	1.7
792	5944	-677	93016		471	0.1
643	715	0.1	747		767	
157483	250076	96501	564804	71594	153185	10.3
1527	1145	-59	1073		10	
1651	3744	904	-3577	5788	-206	0.1
25185	6137	1221	12775	1730	5478	0.2
77	188	20	-275	275	191	

10-6 续表3

单位：万元

指　　标	Item	税金及附加 Taxes and Extra Charges
石油、煤炭及其他燃料加工业	Petroleum, Coal and Other Fuels Processing	13924
化学原料和化学制品制造业	Raw Chemical Materials and Chemical Products	3078
医药制造业	Medical and Pharmaceutical Products	1529
化学纤维制造业	Chemical Fiber Manufacturing	
橡胶和塑料制品业	Rubber and Plastic Products	154
非金属矿物制品业	Nonmetal Mineral Products	2249
黑色金属冶炼和压延加工业	Smelting and Pressing of Ferrous Metals	373
有色金属冶炼和压延加工业	Smelting and Pressing of Non-ferrous Metals	8804
金属制品业	Metal Prodcuts	546
通用设备制造业	Ordinary Machinery Manufacturing	182
专用设备制造业	Special Purpose Equipment Manufacturing	354
汽车制造业	Automobile Manufacturing	81
铁路、船舶、航空航天和其他运输设备制造业	Railroad, Marine, Aviation and Other Transport Equipment Manufacturing	1183
电气机械和器材制造业	Electrical Machinery and Equipment Manufacturing	1787
计算机、通信和其他电子设备制造业	Computers, Telecommunication and Other Electronic Equipments Manufacturing	30392
仪器仪表制造业	Equipments and Instruments Manufacturing	136
其他制造业	Other Manufacturing	
废弃资源综合利用业	Comprehensive Utilization of Waste Resources	287
金属制品、机械和设备修理业	Metal products, Machinery and Equipment Repair	50
电力、热力、燃气及水生产和供应业	Production and Supply of Electricity, Heat, Gas and Water	17461
电力、热力生产和供应业	Production and Supply of Electricity and Heat	16198
燃气生产和供应业	Production and Supply of Gas	587
水的生产和供应业	Production and Supply of Water	676

continued

(10 000 yuan)

销售费用 Costs of Sales	管理费用 Costs of Administration	财务费用 Costs of Finance	利润总额 Total Profits	亏损企业亏损总额 Total Loss of Loss-making Enterprises	应交增值税 Value Added Taxes Payable	平均用工人数（万人）Average Employees (10 000 persons)
50515	40121	9511	99558	3026	38288	0.6
5026	31831	55455	13530	45475	12404	0.4
36770	8271	89	14623		8171	0.1
1340	1218	-6	837		920	
3305	10636	10019	28464	532	9384	0.1
372	437	14	-125	148	101	
2969	11249	20852	35808	322	24661	0.2
7428	5449	1626	5247		-3474	0.2
1399	1186	100	844	818	-2	
1288	4212	347	3941	1237	1986	0.1
1467	1236	494	19	93	785	0.1
6019	12164	3614	45270		6126	0.1
8237	6452	3653	25065	820	7726	0.2
2070	95893	-11900	266675	11330	40015	7.8
423	847	473	5980		233	
415	7090	78	8556		162	
	569		519		226	
20337	29003	98627	162425	106592	47442	0.8
687	11333	90031	136999	105008	44501	0.6
19251	13986	5143	16383	1585	2379	0.2
399	3685	3452	9043		562	0.1

10-7 大中型工业企业主要财务指标(2019年)

单位：万元

指 标	Item	单位数(个) Number of Enterprises (unit)	#亏损企业 Loss-making Enterprises
总 计	**Total**	**1193**	**364**
按工业行业大类分	Grouped by Sector		
采矿业	Mining	549	163
煤炭开采和洗选业	Coal Mining and Dressing	532	158
石油和天然气开采业	Petroleum and Natural Gas Extraction	3	
黑色金属矿采选业	Ferrous Metals Mining and Dressing	10	1
有色金属矿采选业	Nonferrous Metals Mining and Dressing	4	4
非金属矿采选业	Nonmetal Minerals Mining and Dressing		
开采专业及辅助性活动	Mining Professional and Auxiliary Activities		
其他采矿业	Other Mining Industry		
制造业	Manufacturing	556	158
农副食品加工业	Farm Products Processing	13	4
食品制造业	Food Manufacturing	16	2
酒、饮料和精制茶制造业	Wine, Beverages and Refined Tea Manufacturing	11	1
烟草制品业	Tobacoo Products Manfacturing	1	
纺织业	Textile Industry	3	1
纺织服装、服饰业	Textile, Wearing Apparel and Accessories	6	1
皮革、毛皮、羽毛及其制品和制鞋业	Leather, Fur, Feather and its products and Footwear		
木材加工和木、竹、藤、棕、草制品业	Timber Processing, Bamboo, Cane, Palm Fiber and Straw Products		
家具制造业	Furniture Manufacturing		
造纸和纸制品业	Paper Making and Paper Products	1	
印刷和记录媒介复制业	Printing and Record Medium Reproduction	4	
文教、工美、体育和娱乐用品制造业	Culture, Education, Art and Crafts, Sport and Entertainment Products	2	

MAIN FINANCIAL INDICATORS OF LARGE AND MEDIUM-SIZED INDUSTRIAL ENTERPRISES(2019)

(10 000 yuan)

资产总计 Total Assets	流动资产合计 Total Current Assets	负债合计 Total Liabilities	所有者 权益合计 Total Creditors' Equity	营业收入 Business Revenue	营业成本 Business Cost
337150849	**137912826**	**240916647**	**96234196**	**165664874**	**132403758**
180113945	68250751	128793201	51320739	54885828	34971026
175856763	66731094	126793158	49063601	53566121	34024248
2062456	906379	983733	1078723	487738	283820
1989924	520025	878151	1111773	766694	609330
204801	93254	138159	66642	65275	53627
125174733	62405307	88916791	36257939	92023265	80045207
675955	284048	432824	243131	1346592	1238937
718608	309466	361221	357388	662839	526542
2161337	1626314	997521	1163816	1533057	557921
494343	301716	112124	382219	458856	167459
72462	50094	34335	38127	120928	109028
251234	148799	160904	90330	192689	154162
89784	60496	39460	50324	162658	155368
112892	55608	64136	48756	51962	36029
49529	32559	27748	21782	29635	24107

10-7 续表1

单位：万元

指　　标	Item	单位数(个) Number of Enterprises (unit)
石油、煤炭及其他燃料加工业	Petroleum, Coal and Other Fuels Processing	99
化学原料和化学制品制造业	Raw Chemical Materials and Chemical Products	59
医药制造业	Medical and Pharmaceutical Products	24
化学纤维制造业	Chemical Fiber Manufacturing	1
橡胶和塑料制品业	Rubber and Plastic Products	6
非金属矿物制品业	Nonmetal Mineral Products	71
黑色金属冶炼和压延加工业	Smelting and Pressing of Ferrous Metals	56
有色金属冶炼和压延加工业	Smelting and Pressing of Non-ferrous Metals	31
金属制品业	Metal Prodcuts	34
通用设备制造业	Ordinary Machinery Manufacturing	14
专用设备制造业	Special Purpose Equipment Manufacturing	28
汽车制造业	Automobile Manufacturing	18
铁路、船舶、航空航天和其他运输设备制造业	Railroad, Marine, Aviation and Other Transport Equipments Manufacturing	16
电气机械和器材制造业	Electrical Machinery and Equipment Manufacturing	13
计算机、通信和其他电子设备制造业	Computers, Telecommunication and Other Electronic Equipments Manufacturing	17
仪器仪表制造业	Equipments and Instruments Manufacturing	4
其他制造业	Other Manufacturing	5
废弃资源综合利用业	Comprehensive Utilization of Waste Resources	
金属制品、机械和设备修理业	Metal Products, Machinery and Equipment Repair	3
电力、热力、燃气及水生产和供应业	Production and Supply of Electricity, Heat, Gas and Water	88
电力、热力生产和供应业	Production and Supply of Electricity and Heat	59
燃气生产和供应业	Production and Supply of Gas	17
水的生产和供应业	Production and Supply of Water	12

continued

(10 000 yuan)

#亏损企业 Loss-making Enterprises	资产总计 Total Assets	流动资产合计 Total Current Assets	负债合计 Total Liabilities	所有者权益合计 Total Creditors' Equity	营业收入 Business Revenue	营业成本 Business Cost
30	24461920	12298719	18528364	5933555	19188592	16933567
27	14473962	4559992	11767024	2706938	6261322	5463753
1	3417079	1769906	1550587	1866492	1743421	903494
	89188	25110	58063	31125	3508	3426
3	256364	116805	221830	34533	156120	138941
23	3428916	1565640	2698381	730535	1730585	1338398
21	29983626	10974528	20510202	9473424	29572027	26298423
15	11121508	3899878	7910014	3211494	7248338	6724190
5	1968125	1181370	1207509	760615	1304458	1087691
1	1788545	1095544	1280844	507701	785561	631197
7	6094197	4382654	4650637	1443559	2288290	1924622
5	3573834	2273535	2495112	1078722	3545502	3233922
3	3150102	1888291	1710027	1440075	1641536	1319117
1	2472480	1518674	1729274	743205	1269186	1060094
5	12327366	10815425	8952345	3375021	9584459	9032373
	231264	150546	166340	64924	85356	65842
2	1574624	900748	1138340	436284	978465	848640
	135490	118844	111625	23865	77323	67965
43	31862172	7256769	23206655	8655517	18755781	17387526
30	25430782	4527477	18319556	7111225	16293295	15219534
6	5400327	2374260	4343232	1057095	2215936	1961730
7	1031063	355031	543866	487197	246549	206262

10-7 续表2

单位：万元

指　标	Item	税金及附加 Tax and Extra Charges
总　计	**Total**	**4460340**
按工业行业大类分	Grouped by Sector	
采矿业	Mining	3478396
煤炭开采和洗选业	Coal Mining and Dressing	3447702
石油和天然气开采业	Petroleum and Natural Gas Extraction	5083
黑色金属矿采选业	Ferrous Metals Mining and Dressing	24065
有色金属矿采选业	Nonferrous Metals Mining and Dressing	1545
非金属矿采选业	Nonmetal Minerals Mining and Dressing	
开采专业及辅助性活动	Mining Professional and Auxiliary Activities	
其他采矿业	Other Mining Industry	
制造业	Manufacturing	891274
农副食品加工业	Farm Products Processing	1468
食品制造业	Food Manufacturing	3374
酒、饮料和精制茶制造业	Wine, Beverages and Refined Tea Manufacturing	266594
烟草制品业	Tobacoo Products Manfacturing	213344
纺织业	Textile Industry	221
纺织服装、服饰业	Textile, Wearing Apparel and Accessories	1336
皮革、毛皮、羽毛及其制品和制鞋业	Leather, Fur, Feather and its products and Footwear	
木材加工和木、竹、藤、棕、草制品业	Timber Processing,Bamboo,Cane,Palm Fiber and Straw Products	
家具制造业	Furniture Manufacturing	
造纸和纸制品业	Paper Making and Paper Products	2057
印刷和记录媒介复制业	Printing and Record Medium Reproduction	597
文教、工美、体育和娱乐用品制造业	Culture, Education, Art and Crafts, Sport and Entertainment Products	174

continued

(10 000 yuan)

销售费用 Costs of Sales	管理费用 Costs of Administration	财务费用 Costs of Finance	利润总额 Total Profits	亏损企业亏损总额 Total Loss of Loss-making Enterprises	应交增值税 Value Added Taxes Payable	平均用工人数(万人) Average Employees (10 000 persons)
5065805	**8084403**	**5481344**	**9969306**	**3845044**	**5602818**	**154.5**
2468532	4800865	3175350	6420829	2256495	3648717	78.5
2454890	4725756	3147974	6126802	2238856	3590236	77.0
1165	19336	7457	249130		18503	0.4
12190	45050	18300	50852	11684	37973	0.9
288	10723	1619	-5955	5955	2005	0.3
2445973	2797374	1726431	3357892	1215420	1608585	65.9
9972	19693	15691	60947	22792	396	1.3
40338	26208	4358	65283	2281	16485	1.0
297374	127497	-11285	286175	1467	133707	2.1
6477	29277	-3391	38822		42314	0.1
3402	5569	27	1661	116	1518	0.3
11631	12476	4295	7693	90	4121	0.5
6531	8832	-108	961		16272	0.1
4246	7932	754	4062		1777	0.2
2004	1811	259	555		1498	0.1

10-7 续表3

单位：万元

指　　标	Item	税金及附加 Tax and Extra Charges
石油、煤炭及其他燃料加工业	Petroleum, Coal and Other Fuels Processing	107602
化学原料和化学制品制造业	Raw Chemical Materials and Chemical Products	33301
医药制造业	Medical and Pharmaceutical Products	17975
化学纤维制造业	Chemical Fiber Manufacturing	126
橡胶和塑料制品业	Rubber and Plastic Products	877
非金属矿物制品业	Nonmetal Mineral Products	13408
黑色金属冶炼和压延加工业	Smelting and Pressing of Ferrous Metals	108624
有色金属冶炼和压延加工业	Smelting and Pressing of Non-ferrous Metals	37378
金属制品业	Metal Prodcuts	5160
通用设备制造业	Ordinary Machinery Manufacturing	3875
专用设备制造业	Special Purpose Equipment Manufacturing	13118
汽车制造业	Automobile Manufacturing	11445
铁路、船舶、航空航天和其他运输设备制造业	Railroad, Marine, Aviation and Other Transport Equipments Manufacturing	8556
电气机械和器材制造业	Electrical Machinery and Equipment Manufacturing	4522
计算机、通信和其他电子设备制造业	Computers, Telecommunication and Other Electronic Equipments Manufacturing	34046
仪器仪表制造业	Equipments and Instruments Manufacturing	418
其他制造业	Other Manufacturing	1057
废弃资源综合利用业	Comprehensive Utilization of Waste Resources	
金属制品、机械和设备修理业	Metal Products, Machinery and Equipment Repair	625
电力、热力、燃气及水生产和供应业	Production and Supply of Electricity, Heat, Gas and Water	90670
电力、热力生产和供应业	Production and Supply of Electricity and Heat	79482
燃气生产和供应业	Production and Supply of Gas	6659
水的生产和供应业	Production and Supply of Water	4530

continued

(10 000 yuan)

销售费用 Costs of Sales	管理费用 Costs of Administration	财务费用 Costs of Finance	利润总额 Total Profits	亏损企业亏损总额 Total Loss of Loss-making Enterprises	应交增值税 Value Added Taxes Payable	平均用工人数(万人) Average Employees (10 000 persons)
591012	485262	366671	792190	210669	435872	8.9
175034	307086	380276	-150087	361488	80487	5.8
488564	108031	23429	158187	108	85289	2.2
133	646	960	601			
8177	6172	3936	-8713	9437	1156	0.4
71636	95043	52287	152894	45635	68201	3.5
382779	575806	475737	1306747	78697	430339	12.3
95075	197406	207520	-46431	245804	131383	3.8
27096	83753	15274	72548	7095	19056	2.5
14910	67362	22249	30940	949	11958	1.5
66387	163355	125904	-64924	118367	50974	2.8
53041	119764	10127	93423	65773	3276	2.1
39832	116840	16474	140729	11137	23149	2.0
35703	60188	25987	38699	759	861	1.3
7642	118778	-14137	318698	18811	39912	10.0
4856	4423	457	5750		4268	0.1
1841	44133	2699	47208	13945	542	0.9
283	4033	-17	3275		3776	0.3
151300	486164	579563	190585	373129	345516	10.0
20138	387155	488082	178747	312190	308541	7.7
116642	53927	85070	34341	33619	30108	1.3
14519	45083	6411	-22503	27320	6867	1.0

10-8 工业企业主要效益指标(2019年)
MAIN BENEFIT INDICATORS OF INDUSTRIAL ENTERPRISES(2019)

单位：% (%)

指　标	Item	亏损面 Range of Deficits	资产负债率 Ratio of Debts to Assets	营业收入利润率 Ratio of Profits to Business Revenue
总　计	**Total**	**29.0**	**72.0**	**5.46**
一、按登记注册类型分	Grouped by Registered Kind			
内资企业	Civil Funded Enterprises	29.3	72.5	5.27
国有企业	State-owned Enterprises	36.0	69.7	1.77
集体企业	Collective-owned Enterprises	26.7	94.1	9.98
股份合作企业	Share Holding Cooperative Enterprises	100.0	66.5	-2.22
联营企业	Joint Owned Enterprises			
有限责任公司	Limited Liability Corporations	30.4	75.1	6.12
国有独资公司	State Sole Funed Corporations	22.8	71.3	7.37
其他有限责任公司	Other Limited Liability Corporations	31.1	75.9	5.89
股份有限公司	Share Holding Limited Corporations	17.7	56.0	7.18
私营企业	Private Enterprises	29.1	73.5	4.07
私营独资企业	Private-funed Enterprises	24.1	77.0	1.77
私营合伙企业	Private Partnership Enterprises	25.0	58.0	7.51
私营有限责任公司	Private Limited Liability Corporations	29.6	74.6	4.01
私营股份有限公司	Private Share Holding Limited Corporations	23.5	62.8	4.94
其他企业	Others			
港、澳、台商投资企业	Enterprises Funded by Hong Kong, Macao and Taiwan	18.5	74.1	1.95
合资经营企业(港或澳、台资)	Joint Venture Enterprises	27.3	76.5	1.00
合作经营企业(港或澳、台资)	Cooperative Enterprises			
港澳台商独资企业	Solely Owned Enterprises	5.3	52.7	31.69
港澳台商投资股份有限公司	Share Holding Limited Corporations		65.9	30.16
其他港澳台商独资企业	Others			
外商投资企业	Foreign Funded Enterprises	24.1	55.0	15.41
中外合资经营企业	Joint Venture Enterprises	25.9	62.5	12.65
中外合作经营企业	Cooperative Enterprises		40.6	26.88
外资企业	Solely Owned Enterprises	26.1	49.4	14.97
外商投资股份有限公司	Share Holding Limited Corporations		38.4	0.36
其他外商投资企业	Others		55.8	4.04

10-8 续表1 continued

单位：%　　　　(%)

指　标	Item	亏损面 Range of Deficits	资产负债率 Ratio of Debts to Assets	营业收入利润率 Ratio of Profits to Business Revenue
二、在总计中: 亏损企业	Of the Total: Loss-making Enterprises	100.0	95.8	-13.63
在总计中: 国有控股企业	Of the Total: State-Controlled Share Holding Enterprises	29.1	72.6	5.40
在总计中: 轻工业	Of the Total: Light Industry	22.8	52.5	7.13
重工业	Heavy Industry	30.1	72.7	5.37
在总计中: 大型企业	Of the Total: Large Enterprises	18.5	68.0	6.33
中型企业	Medium-sized Enterprises	34.5	79.0	5.21
小型企业	Small Enterprises	28.5	73.8	3.27
微型企业	Microenterprises	29.2	75.9	6.47
三、按工业行业大类分	Grouped by Sector			
采矿业	Mining	35.4	73.0	9.18
煤炭开采和洗选业	Coal Mining and Dressing	36.5	73.6	9.00
石油和天然气开采业	Petroleum and Natural Gas Extraction	47.4	58.3	28.63
黑色金属矿采选业	Ferrous Metals Mining and Dressing	20.6	59.8	7.06
有色金属矿采选业	Nonferrous Metals Mining and Dressing	54.2	66.7	0.93
非金属矿采选业	Nonmetal Minerals Mining and Dressing	25.0	73.6	10.81
开采专业及辅助性活动	Mining Professional and Auxiliary Activities		93.6	3.85
其他采矿业	Other Mining Industry			
制造业	Manufacturing	26.0	70.0	3.50
农副食品加工业	Farm Products Processing	18.2	55.3	3.79
食品制造业	Food Manufacturing	17.3	49.4	7.45
酒、饮料和精制茶制造业	Wine, Beverages and Refined Tea Manufacturing	25.5	49.3	15.57
烟草制品业	Tobacoo Products Manfacturing		22.7	8.46
纺织业	Textile Industry	41.7	53.9	1.22
纺织服装、服饰业	Textile,Wearing Apparel and Accessories	11.8	63.9	3.67
皮革、毛皮、羽毛及其制品和制鞋业	Leather, Fur, Feather and Related Products and Footwear		14.8	5.18
木材加工和木、竹、藤、棕、草制品业	Timber Processing,Bamboo,Cane,Palm Fiber and Straw Products	50.0	28.9	4.28

10-8 续表2 continued

单位：% (%)

指　标	Item	亏损面 Range of Deficits	资产负债率 Ratio of Debts to Assets	营业收入利润率 Ratio of Profits to Business Revenue
家具制造业	Furniture Manufacturing	50.0	31.7	4.83
造纸和纸制品业	Paper Making and Paper Products	27.6	65.3	0.52
印刷和记录媒介复制业	Printing and Record Medium Reproduction	20.8	56.7	2.73
文教、工美、体育和娱乐用品制造业	Culture, Education, Art and Crafts, Sport and Entertainment Products	33.3	106.3	-0.58
石油、煤炭及其他燃料加工业	Petroleum, Coal and Other Fuels Processing	32.9	75.9	4.01
化学原料和化学制品制造业	Raw Chemical Materials and Chemical Products	28.0	79.2	-1.03
医药制造业	Medical and Pharmaceutical Products	22.2	48.3	7.93
化学纤维制造业	Chemical Fiber Manufacturing		65.1	17.12
橡胶和塑料制品业	Rubber and Plastic Products	25.7	66.3	-0.33
非金属矿物制品业	Nonmetal Mineral Products	30.3	73.6	5.47
黑色金属冶炼和压延加工业	Smelting and Pressing of Ferrous Metals	41.4	68.6	4.22
有色金属冶炼和压延加工业	Smelting and Pressing of Non-ferrous Metals	45.2	71.2	-0.52
金属制品业	Metal Prodcuts	15.7	56.1	3.44
通用设备制造业	Ordinary Machinery Manufacturing	16.4	67.8	3.41
专用设备制造业	Special Purpose Equipment Manufacturing	15.6	72.5	0.07
汽车制造业	Automobile Manufacturing	42.1	70.4	2.23
铁路、船舶、航空航天和其他运输设备制造业	Railroad, Marine, Aviation and Other Transport Equipments Manufacturing	18.9	54.8	8.45
电气机械和器材制造业	Electrical Machinery and Equipment Manufacturing	22.9	67.7	3.22
计算机、通信和其他电子设备制造业	Computers, Telecommunication and Other Electronic Equipments Manufacturing	37.5	72.1	3.35
仪器仪表制造业	Equipments and Instruments Manufacturing	3.8	56.1	9.24
其他制造业	Other Manufacturing	33.3	72.3	4.84
废弃资源综合利用业	Comprehensive Utilization of Waste Resources	60.0	52.7	1.45
金属制品、机械和设备修理业	Metal products, Machinery and Equipment Repair	6.7	81.9	2.83
电力、热力、燃气及水生产和供应业	Production and Supply of Electricity, Heat, Gas and Water	27.5	73.6	3.31
电力、热力生产和供应业	Production and Supply of Electricity and Heat	26.1	73.5	3.52
燃气生产和供应业	Production and Supply of Gas	28.4	78.1	2.72
水的生产和供应业	Production and Supply of Water	43.3	53.0	-3.57

10-9 国有控股工业企业主要效益指标(2019年)

MAIN BENEFIT INDICATORS OF STATE-HOLDING INDUSTRIAL ENTERPRISES(2019)

单位：%　　(%)

指 标	Item	亏损面 Range of Deficits	资产负债率 Ratio of Debts to Assets	营业收入利润率 Ratio of Profits to Business Revenue
总 计	**Total**	**29.1**	**72.6**	**5.40**
按工业行业大类分	Grouped by Sector			
采矿业	Mining	34.8	73.4	9.56
煤炭开采和洗选业	Coal Mining and Dressing	34.2	74.0	9.42
石油和天然气开采业	Petroleum and Natural Gas Extraction	63.6	59.5	25.67
黑色金属矿采选业	Ferrous Metals Mining and Dressing		25.2	2.91
有色金属矿采选业	Nonferrous Metals Mining and Dressing	66.7	59.1	-14.27
非金属矿采选业	Nonmetal Minerals Mining and Dressing		96.5	0.31
开采专业及辅助性活动	Mining Professional and Auxiliary Activities		93.6	3.85
其他采矿业	Other Mining Industry			
制造业	Manufacturing	23.0	69.7	1.70
农副食品加工业	Farm Products Processing	20.0	68.3	9.60
食品制造业	Food Manufacturing		68.9	7.37
酒、饮料和精制茶制造业	Wine, Beverages and Refined Tea Manufacturing	22.2	48.9	19.96
烟草制品业	Tobacoo Products Manfacturing		22.7	8.46
纺织业	Textile Industry		40.5	3.93
纺织服装、服饰业	Textile, Wearing Apparel and Accessories	20.0	64.5	2.04
皮革、毛皮、羽毛及其制品和制鞋业	Leather, Fur, Feather and its products and Footwear			
木材加工和木、竹、藤、棕、草制品业	Timber Processing, Bamboo, Cane, Palm Fiber and Straw Products			
家具制造业	Furniture Manufacturing			
造纸和纸制品业	Paper Making and Paper Products			
印刷和记录媒介复制业	Printing and Record Medium Reproduction		68.8	3.93
文教、工美、体育和娱乐用品制造业	Culture, Education, Art and Crafts, Sport and Entertainment Products		194.0	15.50

10-9 续表 continued

单位：% (%)

指　　标	Item	亏损面 Range of Deficits	资产负债率 Ratio of Debts to Assets	营业收入利润率 Ratio of Profits to Business Revenue
石油、煤炭及其他燃料加工业	Petroleum, Coal and Other Fuels Processing	36.0	69.9	
化学原料和化学制品制造业	Raw Chemical Materials and Chemical Products	45.3	88.0	-6.33
医药制造业	Medical and Pharmaceutical Products	33.3	70.3	3.88
化学纤维制造业	Chemical Fiber		65.1	17.12
橡胶和塑料制品业	Rubber and Plastic Products	20.0	66.4	-5.07
非金属矿物制品业	Nonmetal Mineral Products	12.2	61.7	10.19
黑色金属冶炼和压延加工业	Smelting and Pressing of Ferrous Metals	45.5	59.9	3.80
有色金属冶炼和压延加工业	Smelting and Pressing of Non-ferrous Metals	45.0	70.4	-4.06
金属制品业	Metal Prodcuts		63.9	5.21
通用设备制造业	Ordinary Machinery Manufacturing	16.0	70.4	2.12
专用设备制造业	Special Purpose Equipment Manufacturing	10.2	73.2	-1.71
汽车制造业	Automobile Manufacturing	50.0	79.1	1.81
铁路、船舶、航空航天和其他运输设备制造业	Railroad, Marine, Aviation and Other Transport Equipments Manufacturing	6.7	53.6	7.81
电气机械和器材制造业	Electrical Machinery and Equipment Manufacturing	20.0	79.4	3.00
计算机、通信和其他电子设备制造业	Computers, Telecommunication and Other Electronic Equipments Manufacturing	50.0	98.0	-6.47
仪器仪表制造业	Equipments and Instruments Manufacturing		35.2	18.61
其他制造业	Other Manufacturing	40.0	72.3	4.82
废弃资源综合利用业	Comprehensive Utilization of Waste Resources			
金属制品、机械和设备修理业	Metal Products, Machinery and Equipment Repair	7.1	86.0	2.13
电力、热力、燃气及水生产和供应业	Production and Supply of Electricity, Heat, Gas and Water	28.1	74.0	2.23
电力、热力生产和供应业	Production and Supply of Electricity and Heat	24.0	73.6	2.49
燃气生产和供应业	Production and Supply of Gas	33.3	80.9	1.66
水的生产和供应业	Production and Supply of Water	54.2	52.4	-9.28

10-10 外商投资和港澳台投资工业企业主要效益指标(2019年)

MAIN BENEFIT INDICATORS OF INDUSTRIAL ENTERPRISES WITH HONG KONG, MACAO, TAIWAN AND FOREIGN FUNDS(2019)

单位：%　　(%)

指　　标	Item	亏损面 Range of Deficits	资产负债率 Ratio of Debts to Assets	营业收入利润率 Ratio of Profits to Business Revenue
总　计	**Total**	**22.0**	**64.8**	**7.74**
采矿业	Mining	20.0	47.6	33.44
煤炭开采和洗选业	Coal Mining and Dressing	27.3	47.5	31.02
石油和天然气开采业	Petroleum and Natural Gas Extraction		48.3	54.62
黑色金属矿采选业	Ferrous Metals Mining and Dressing			
有色金属矿采选业	Nonferrous Metals Mining and Dressing			
非金属矿采选业	Nonmetal Minerals Mining and Dressing		50.8	10.00
开采专业及辅助性活动	Mining Professional and Auxiliary Activities			
其他采矿业	Other Mining Industry			
制造业	Manufacturing	25.6	68.8	4.40
农副食品加工业	Farm Products Processing		68.0	5.13
食品制造业	Food Manufacturing	40.0	48.6	-10.21
酒、饮料和精制茶制造业	Wine, Beverages and Refined Tea Manufacturing	16.7	44.2	6.20
烟草制品业	Tobacoo Products Manfacturing			
纺织业	Textile Industry	100.0	31.4	-4.71
纺织服装、服饰业	Textile, Wearing Apparel and Accessories			
皮革、毛皮、羽毛及其制品和制鞋业	Leather, Fur, Feather and Related Products and Footwear			
木材加工和木、竹、藤、棕、草制品业	Timber Processing,Bamboo,Cane,Palm Fiber and Straw Products			
家具制造业	Furniture Manufacturing			
造纸和纸制品业	Paper Making and Paper Products			
印刷和记录媒介复制业	Printing and Record Medium Reproduction			
文教、工美、体育和娱乐用品制造业	Culture, Education, Art and Crafts, Sport and Entertainment Products			

10-10 续表 continued

单位：%　　(%)

指　　标	Item	亏损面 Range of Deficits	资产负债率 Ratio of Debts to Assets	营业收入利润率 Ratio of Profits to Business Revenue
石油、煤炭及其他燃料加工业	Petroleum, Coal and Other Fuels Processing	22.2	68.2	6.81
化学原料和化学制品制造业	Raw Chemical Materials and Chemical Products	40.0	73.9	2.77
医药制造业	Medical and Pharmaceutical Products		34.5	17.31
化学纤维制造业	Chemical Fiber Manufacturing			
橡胶和塑料制品业	Rubber and Plastic Products		23.1	2.90
非金属矿物制品业	Nonmetal Mineral Products	16.7	80.4	18.84
黑色金属冶炼和压延加工业	Smelting and Pressing of Ferrous Metals	50.0	65.2	-1.45
有色金属冶炼和压延加工业	Smelting and Pressing of Non-ferrous Metals	33.3	53.2	3.61
金属制品业	Metal Prodcuts		68.5	4.73
通用设备制造业	Ordinary Machinery Manufacturing	33.3	49.4	3.57
专用设备制造业	Special Purpose Equipment Manufacturing	42.9	54.8	7.83
汽车制造业	Automobile Manufacturing	25.0	80.3	0.09
铁路、船舶、航空航天和其他运输设备制造业	Railroad, Marine, Aviation and Other Transport Equipment Manufacturing		51.1	18.17
电气机械和器材制造业	Electrical Machinery and Equipment Manufacturing	33.3	40.5	8.55
计算机、通信和其他电子设备制造业	Computers, Telecommunication and Other Electronic Equipments Manufacturing	20.0	74.1	3.12
仪器仪表制造业	Equipments and Instruments Manufacturing		63.0	16.87
其他制造业	Other Manufacturing			
废弃资源综合利用业	Comprehensive Utilization of Waste Resources		11.2	35.98
金属制品、机械和设备修理业	Metal products, Machinery and Equipment Repair		63.9	7.35
电力、热力、燃气及水生产和供应业	Production and Supply of Electricity, Heat, Gas and Water	13.9	63.5	8.74
电力、热力生产和供应业	Production and Supply of Electricity and Heat	15.4	63.9	8.78
燃气生产和供应业	Production and Supply of Gas	14.3	62.7	6.68
水的生产和供应业	Production and Supply of Water		57.6	17.31

10-11 大中型工业企业主要效益指标(2019年)

MAIN BENEFIT INDICATORS OF LARGE AND MEDIUM-SIZED INDUSTRIAL ENTERPRISES(2019)

单位：% (%)

指 标	Item	亏损面 Range of Deficits	资产负债率 Ratio of Debts to Assets	营业收入利润率 Ratio of Profits to Business Revenue
总 计	**Total**	**30.5**	**71.5**	**6.02**
按工业行业大类分	Grouped by Sector			
采矿业	Mining	29.7	71.5	11.70
煤炭开采和洗选业	Coal Mining and Dressing	29.7	72.1	11.44
石油和天然气开采业	Petroleum and Natural Gas Extraction		47.7	51.08
黑色金属矿采选业	Ferrous Metals Mining and Dressing	10.0	44.1	6.63
有色金属矿采选业	Nonferrous Metals Mining and Dressing	100.0	67.5	-9.12
非金属矿采选业	Nonmetal Minerals Mining and Dressing			
开采专业及辅助性活动	Mining Professional and Auxiliary Activities			
其他采矿业	Other Mining Industry			
制造业	Manufacturing	28.4	71.0	3.65
农副食品加工业	Farm Products Processing	30.8	64.0	4.53
食品制造业	Food Manufacturing	12.5	50.3	9.85
酒、饮料和精制茶制造业	Wine, Beverages and Refined Tea Manufacturing	9.1	46.2	18.67
烟草制品业	Tobacoo Products Manfacturing		22.7	8.46
纺织业	Textile Industry	33.3	47.4	1.37
纺织服装、服饰业	Textile,Wearing Apparel and Accessories	16.7	64.1	3.99
皮革、毛皮、羽毛及其制品和制鞋业	Leather, Fur, Feather and its products and Footwear			
木材加工和木、竹、藤、棕、草制品业	Timber Processing,Bamboo,Cane,Palm Fiber and Straw Products			
家具制造业	Furniture Manufacturing			
造纸和纸制品业	Paper Making and Paper Products		44.0	0.59
印刷和记录媒介复制业	Printing and Record Medium Reproduction		56.8	7.82
文教、工美、体育和娱乐用品制造业	Culture, Education, Art and Crafts, Sport and Entertainment Products		56.0	1.87

10-11 续表 continued

单位：%　　(%)

指　　标	Item	亏损面 Range of Deficits	资产负债率 Ratio of Debts to Assets	营业收入利润率 Ratio of Profits to Business Revenue
石油、煤炭及其他燃料加工业	Petroleum, Coal and Other Fuels Processing	30.3	75.7	4.13
化学原料和化学制品制造业	Raw Chemical Materials and Chemical Products	45.8	81.3	-2.40
医药制造业	Medical and Pharmaceutical Products	4.2	45.4	9.07
化学纤维制造业	Chemical Fiber Manufacturing		65.1	17.12
橡胶和塑料制品业	Rubber and Plastic Products	50.0	86.5	-5.58
非金属矿物制品业	Nonmetal Mineral Products	32.4	78.7	8.83
黑色金属冶炼和压延加工业	Smelting and Pressing of Ferrous Metals	37.5	68.4	4.42
有色金属冶炼和压延加工业	Smelting and Pressing of Non-ferrous Metals	48.4	71.1	-0.64
金属制品业	Metal Prodcuts	14.7	61.4	5.56
通用设备制造业	Ordinary Machinery Manufacturing	7.1	71.6	3.94
专用设备制造业	Special Purpose Equipment Manufacturing	25.0	76.3	-2.84
汽车制造业	Automobile Manufacturing	27.8	69.8	2.63
铁路、船舶、航空航天和其他运输设备制造业	Railroad, Marine, Aviation and Other Transport Equipments Manufacturing	18.8	54.3	8.57
电气机械和器材制造业	Electrical Machinery and Equipment Manufacturing	7.7	69.9	3.05
计算机、通信和其他电子设备制造业	Computers, Telecommunication and Other Electronic Equipments Manufacturing	29.4	72.6	3.33
仪器仪表制造业	Equipments and Instruments Manufacturing		71.9	6.74
其他制造业	Other Manufacturing	40.0	72.3	4.82
废弃资源综合利用业	Comprehensive Utilization of Waste Resources			
金属制品、机械和设备修理业	Metal products, Machinery and Equipment Repair		82.4	4.24
电力、热力、燃气及水生产和供应业	Production and Supply of Electricity, Heat, Gas and Water	48.9	72.8	1.02
电力、热力生产和供应业	Production and Supply of Electricity and Heat	50.8	72.0	1.10
燃气生产和供应业	Production and Supply of Gas	35.3	80.4	1.55
水的生产和供应业	Production and Supply of Water	58.3	52.8	-9.13

主要统计指标解释

工业 指从事自然资源的开采，对采掘品和农产品进行加工和再加工的物质生产部门。具体包括：(1)对自然资源的开采，如采矿、晒盐等(但不包括禽兽捕猎和水产捕捞)；(2)对农副产品的加工、再加工，如粮油加工、食品加工、缫丝、纺织、制革等；(3)对采掘品的加工、再加工，如炼铁、炼钢、化工生产、石油加工、机器制造、木材加工等，以及电力、燃气及水的生产和供应等；(4)对工业品的修理、翻新，如机器设备的修理等。

工业统计调查单位为工业法人单位。

工业法人单位指从事工业生产经营活动的法人单位。工业法人单位应同时具备以下条件：①依法成立，有自己的名称、组织机构和场所，能够独立承担民事责任；②独立拥有（或授权）使用资产，承担负债，有权与其他单位签订合同；③具有包括资产负债表在内的帐户，或者能够根据需要编制帐户。

企业（单位）登记注册类型 是以在工商行政管理机关登记注册的各类企业为划分对象，以工商行政管理部门对企业登记注册的类型为依据，将企业登记注册类型分为内资企业、港澳台商投资企业和外商投资企业三大类。内资企业包括国有企业、集体企业、股份合作企业、联营企业、有限责任公司、股份有限公司、私营企业和其他企业；港澳台商投资企业和外商投资企业分别包括合资经营企业、合作经营企业、独资经营企业和股份有限公司等。对不在工商行政管理部门进行登记注册的行政机关、事业单位和社会团体，主要按其经费来源和管理方式进行划分。

国有企业 指企业全部资产归国家所有，并按《中华人民共和国企业法人登记管理条例》规定登记注册的非公司制的经济组织。不包括有限责任公司中的国有独资公司。

集体企业 指企业资产归集体所有，并按《中华人民共和国企业法人登记管理条例》规定登记注册的经济组织。

股份合作企业 指以合作制为基础，由企业职工共同出资入股，吸收一定比例的社会资产投资组建，实行自主经营，自负盈亏，共同劳动，民主管理，按劳分配与按股分红相结合的一种集体经济组织。

联营企业 指两个及两个以上相同或不同所有制性质的企业法人或事业单位法人，按自愿、平等、互利的原则，共同投资组成的经济组织。联营企业包括国有联营企业、集体联营企业、国有与集体联营企业和其他联营企业。

有限责任公司 指根据《中华人民共和国公司登记管理条例》规定登记注册，由两个以上、五十个以下的股东共同出资，每个股东以其所认缴的出资额对公司承担有限责任，公司以其全部资产对其债务承担责任的经济组织。有限责任公司包括国有独资公司以及其他有限责任公司。

股份有限公司 指根据《中华人民共和国公司登记管理条例》规定登记注册，其全部注册资本由等额股份构成并通过发行股票筹集资本，股东以其认购的股份对公司承担有限责任，公司以其全部资产对其债务承担责任的经济组织。

私营企业 指由自然人投资设立或由自然人控股，以雇佣劳动为基础的营利性经济组织。包括按照《公司法》、《合伙企业法》、《私营企业暂行条例》规定登记注册的私营有限责任公司、私营股份有限公司、私营合伙企业和私营独资企业。

其他企业 指上述企业之外的其他内资经济组织。

合资经营企业（港或澳、台资） 指港澳台地区投资者与内地企业依照《中华人民共和国中外合资经营企业法》及有关法律的规定，按合同规定的比例投资设立、分享利润和分担风险的企业。

合作经营企业（港或澳、台资） 指港澳台地区投资者与内地企业依照《中华人民共和国中外合作经营企业法》及有关法律的规定，依照合作合同的约定进行投资或提供条件设立、分配利润和分担风险的企业。

港澳台商独资经营企业 指依照《中华人民共和国外资企业法》及有关法律的规定，在内地由港澳台地区投资者全额投资设立的企业。

港澳台商投资股份有限公司 指根据国家有关规定，经原外经贸部依法批准设立，其中港、澳、台商的股本占公司注册资本的比例达25%以上的股份有限公司。凡其中港、澳、台商的股本占公司注册资本的比例小于25%的，属于内资企业中的股份有限公司。

其他港澳台商投资企业 指在中国境内参照《外国企业或个人在中国境内设立合伙企业管理办法》和《外商投资合伙企业登记管理规定》，依法设立的港、澳、台商投资合伙企业等。

中外合资经营企业 指外国企业或外国人与中国内地企业依照《中华人民共和国中外合资经营企业法》及有关法律的规定，按合同规定的比例投资设立、分享利润和分担风险的企业。

中外合作经营企业 指外国企业或外国人与中国内地企业依照《中华人民共和国中外合作经营企业法》及有关法律的规定，依照合作合同的约定进行投资或提供条件设立、分配利润和分担风险的企业。

外资企业 指依照《中华人民共和国外资企业法》及有关法律的规定，在中国内地由外国投资者全额投资设立的企业。

外商投资股份有限公司 指根据国家有关规定，经原外经贸部依法批准设立，其中外资的股本占公司注册资本的比例达25% 以上的股份有限公司。凡其中外资股本占公司注册资本的比例小于 25%的，属于内资企业中的股份有限公司。

其他外商投资企业 指在中国境内依照《外国企业或个人在中国境内设立合伙企业管理办法》和《外商投资合伙企业登记管理规定》，依法设立的外商投资合伙企业等。

国有控股企业 即原来的国有及国有控股企业，根据企业实收资本中国有经济成分的出资人的实际投资情况，或国有经济成分的出资人对企业资产的实际控制、支配程度进行分类。以下情况为国有控股：(1)在企业的全部实收资本中，国有经济成分的出资人拥有的实收资本（股本）所占企业全部实收资本（股本）的比例大于 50%的国有绝对控股。(2)在企业的全部实收资本中，国有经济成分的出资人拥有的实收资本（股本）所占比例虽未大于 50%，但相对大于其他任何一方经济成分的出资人所占比例的国有相对控股；或者虽不大于其他经济成分，但根据协议规定拥有企业实际控制权的国有协议控股。(3)投资双方各占 50%，且未明确由谁绝对控股的企业，若其中一方为国有经济成分的，一律按国有控股处理。

轻工业 主要提供生活消费品和制作手工工具的工业。按其所使用的原料不同，可分为两大类：(1)以农产品为原料的轻工业，是指直接或间接以农产品为基本原料的轻工业。主要包括食品制造、饮料制造、烟草加工、纺织、缝纫、皮革和毛皮制作、造纸以及印刷等工业；(2)以非农产品为原料的轻工业，是指以工业品为原料的轻工业。主要包括文教体育用品、化学药品制造、合成纤维制造、日用化学制品、日用玻璃制品、日用金属制品、手工工具制造、医疗器械制造、文化和办公用机械制造等工业。

重工业 指为国民经济各部门提供物质技术基础的主要生产资料的工业。按其生产性质和产品用途，可以分为下列三类：(1)采掘工业，是指对自然资源的开采，包括石油开采、煤炭开采、金属矿开采、非金属矿开采和木材采伐等工业；(2)原材料工业，指向国民经济各部门提供基本材料、动力和燃料的工业。包括金属冶炼及加工、炼焦及焦炭、化学、化工原料、水泥、人造板以及电力、石油和煤炭加工等工业；(3)加工工业，是指对工业原材料进行再加工制造的工业。包括装备国民经济各部门的机械设备制造工业、金属结构、水泥制品等工业，以及为农业提供的生产资料如化肥、农药等工业。

根据上述划分原则，修理业中以重工业产品为修理作业对象的划为重工业，反之划为轻工业。从 2003 年起轻、重工业内部不再细划分。

资产总计 指企业过去的交易或者事项形成的、由企业拥有或者控制的、预期会给企业带来经济利益的资源。资产一般按流动性（资产的变现或耗用时间长短）分为流动资产和非流动资产。其中流动资产可分为货币资金、交易性金融资产、应收票据、应收账款、预付款项、其他应收款、存货等；非流动资产可分为长期股权投资、固定资产、无形资产及其他非流动资产等。

流动资产合计 资产满足以下条件之一应归为流动资产：(1)预计在一个正常营业周期中变现、出售或耗用，主要包括存货、应收账款等；(2)主要为交易目的而持有；(3)预计在资产负债表日起一年内（含一年）变现；(4)自资产负债日起一年内，交换其他资产或清偿负债的能力不受限制的现金或现金等价物。包括货币资金、应收票据、应收账款、存货等项目。

负债合计 指企业过去的交易或者事项形成的，预期会导致经济利益流出企业的现时义务。负债一般按偿还期长短分为流动负债和非流动负债。

所有者权益合计 指企业资产扣除负债后由所有者享有的剩余权益。公司的所有者权益又称股东权益。包括实收资本、资本公积、盈余公积、未分配利润等。

营业收入 指企业从事销售商品、提供劳务和让渡资产使用权等生产经营活动形成的经济利益流入。

营业成本 指企业从事销售商品、提供劳务和让渡资产使用权等生产经营活动发生的实际成本。

税金及附加 指企业因从事生产经营活动按税法规定应缴纳的消费税、城市维护建设税、资源税、环境保护税、教育费附加及房产税、土地使用税、车船使用税、印花税等相关税费。

销售费用 指企业在销售商品和材料、提供劳务的过程中发生的各种费用，包括保险费、包装费、展览费和广告费、商品维修费、预计产品质量保证损失、运输费、装卸费等以及为销售本企业商品而专设的销售机构（含销售网点、售后服务网点等）的职工薪酬、业务费、折旧费等经营费用。

管理费用 指企业为组织和管理企业生产经营所发生的费用，包括企业在筹建期间内发生的开办费、董事会和行政管理部门在企业经营管理中发生的，或者应当由企业统一负担的公司经费等。

财务费用 指企业为筹集生产经营所需资金等而发生的筹资费用，包括企业生产经营期间发生的利息支出（减利息收入）、汇兑损失（减汇兑收益）以及相关的手续费等。

利润总额 指企业在一定会计期间的经营成果，是生产经营过程中各种收入扣除各种耗费后的盈余，反映企业在报告期内实现的盈亏总额。利润总额为营业利润加上营业外收入，减去营业外支出后的金额。

应交增值税 指按照税法规定，以销售货物、服务、无形资产、不动产或提供加工、修理修配劳务的增值额和货物进口金额为计税依据而课征的一种流转税。

平均用工人数 指报告期企业平均实际拥有的、参与本企业生产经营活动的人员数。

亏损面 指亏损企业单位数占全部工业企业单位数的比重。计算公式为：

亏损面=亏损企业单位数/全部工业企业单位数×100%。

资产负债率 又称举债经营比率,反映企业利用债权人提供资金进行经营活动的能力，也是衡量企业负债水平及经营风险程度的重要指标。计算公式：

资产负债率=负债总额/资产总额×100%

营业收入利润率 指企业实现的利润与同期营业收入的比率。该指标既可考核企业利润计划的完成情况，又可比较各企业之间或不同时期的经营管理水平。计算公式：

营业收入利润率=利润总额/营业收入×100%

Explanatory Notes on Main Statistical Indicators

Industry refers to the material production sector which is engaged in the extraction of natural resources and processing and reprocessing of minerals and agricultural products, including (1) extraction of natural resources, such as mining, salt production (but not including hunting and fishing); (2) processing and reprocessing of farm and sideline produces, such as grain and oil processing, food processing, silk reeling, spinning and weaving and leather making; (3) processing and reprocessing of mineral products, such as steel making, iron smelting, chemicals manufacturing, petroleum processing, machine building, timber processing, and production and supply of electricity, gas and water; (4) repairing and renovating of industrial products such as the machinery.

In industrial surveys, the units of enquiry are industrial corporate units.

Industrial corporate units refer to corporate units engaging in industrial production and operation activities, which meet the following requirements: (1) They are established legally, having their own names, organizations, location, and are able to take civil liability independently; (2) They possess (or are authorized to use) assets independently, assume liabilities and are entitled to sign contracts with other units; (3) They have accounts including the balance sheets or can compile the accounts according to the need.

Registration Status of Enterprises (Units) Enterprises are classified into 3 categories, namely domestic-funded enterprises, enterprises with investment from Hong Kong, Macao and Taiwan, and enterprises with foreign investment, according to the registration status of an enterprise in industrial and commercial administration agencies. Domestic-funded enterprises include State-owned enterprises, collective-owned enterprises, cooperative enterprises, joint ownership enterprises, limited liability corporations, share-holding corporations Ltd., private enterprises and other enterprises. Included in the enterprises with investment from Hong Kong, Macao and Taiwan and enterprises with foreign investment are joint-venture enterprises, cooperative enterprises, sole investment enterprises and share-holding corporations Ltd. For government agencies, institutions and social organizations which are not registered in industrial and commercial administration agencies, they are classified mainly by their sources of funding and manner of management.

State-owned Enterprises refer to non-corporation economic units where the entire assets are owned by the State and which have been registered in accordance with the Regulation of the People's Republic of China on the Management of Registration of Corporate Enterprises. Not included from this category are solely State-funded corporations in the limited liability corporations.

Collective-owned Enterprises refer to economic units where the assets are owned collectively and which have been registered in accordance with the Regulation of the People's Republic of China on the Management of Registration of Corporate Enterprises.

Cooperative Enterprises refer to a form of collective economic units (enterprises) where capitals come mainly from employees as their shares, with certain proportion of capital from the outside, where production is organized on the basis of independent operation, independent accounting for profits and losses, joint work, democratic management, and a distribution system that integrates remuneration according to work with dividend according to capital share.

Joint Ownership Enterprises refer to economic units established by two or more corporate enterprises or corporate institutions of the same or different ownership, through joint investment on the basis of voluntary participation, equality, and mutual benefits. They include State joint ownership enterprises; collective joint ownership enterprises; joint State-collective enterprises; and other joint ownership enterprises.

Limited Liability Corporations refer to economic units established with investment from 2-50 investors and registered in accordance with the Regulation of the People's Republic of China on the Management of Registration of Corporations, each investor bearing limited liability to the corporation depending on its share of investment, and the corporation bearing liability to its debt to the maximum of its total assets. Limited liability corporations include solely State-funded limited liability corporations and other limited liability corporations.

Share-holding Corporations Ltd. refer to economic units registered in accordance with the Regulation of the People's Republic of China on the Management of Registration of Corporations, with total registered capital divided into equal shares and raised through issuing stocks. Each investor bears limited liability to the corporation depending on the holding of shares, and the corporation bears liability to its debt to the maximum of its total assets.

Private Enterprises refer to profit-making economic units invested and established by natural persons, or controlled by natural persons using employed labour. Included in this category are private limited liability corporations, private share-holding corporations Ltd., private partnership enterprises and private-funded enterprises registered in accordance with the Company Law, the Law on Partnership Business and Interim Regulations on Private Enterprises.

Other Domestic-funded Enterprises refer to domestic-funded economic units other than those mentioned above.

Joint Venture Enterprises (Funded by Hong Kong, Macao or Taiwan) are enterprises established by investors from Hong Kong, Macao and Taiwan with enterprises in the mainland of China in accordance with the Law of the People's Republic of China on Sino-foreign Equity Joint Ventures and other relevant laws, where the establishment of the investment and the sharing of profits and risks are stipulated under joint venture contracts.

Cooperative Enterprises (Funded by Hong Kong, Macao or Taiwan) established by investors from Hong Kong, Macao and Taiwan with enterprises in the mainland of China in accordance with the Law of the People's Republic of China on Sino-foreign Contractual Joint Venture and other relevant laws, where the investment or provision of facilities and the sharing of profits and risks are stipulated under cooperative contracts.

Enterprises with Sole Investment from Hong Kong, Macao and Taiwan refer to enterprises established in the mainland of China with exclusive investment from investors from Hong Kong, Macao and Taiwan in accordance with the Law of the People's Republic of China on Wholly Foreign-owned Enterprises and other relevant laws.

Share-holding Corporations Ltd. with Investment from Hong Kong, Macao and Taiwan refer to share-holding corporations Ltd. established with the approval from the former Ministry of Foreign Trade and Economic Relations in line with relevant State regulations, where the share of investment from Hong Kong, Macao or Taiwan businessmen exceeds 25% of the total registered capital of the corporation. In case the share of investment from Hong Kong, Macao or Taiwan is less than 25% of the total registered capital, the enterprise is to be classified as domestic-funded share-holding corporation Ltd.

Other Enterprises with Funds from Hong Kong, Macao and Taiwan refer to partnership enterprises with investments from Hong Kong, Macao and Taiwan established within the territory of China in accordance with Administrative Measures on the Establishment of Partnership Enterprises in China by Foreign Enterprises or Foreign Individuals and Regulations for the Administration of the Registration of Foreign-invested Partnership Enterprises.

Joint Venture Enterprises with Foreign Investment refer to enterprises jointly established by foreign enterprises or foreigners with enterprises in the mainland of China in accordance with the Law of the People's Republic of China on Sino-foreign Equity Joint Ventures and other relevant laws, where the sharing of investment, profits and risks is stipulated under contract.

Cooperative Enterprises with Foreign Investment refer to enterprises jointly established by foreign enterprises or foreigners with enterprises in the mainland of China in accordance with the Law of the People's Republic of China on Sino-foreign Contractual Joint Venture and other relevant laws, where the investment or provision of facilities and the sharing of profits and risks are stipulated under cooperative contracts.

Enterprises with Sole Foreign Investment refer to enterprises established in the mainland of China with exclusive investment from foreign investors in accordance with the Law of the People's Republic of China on Wholly Foreign-owned Enterprises and other relevant laws.

Share-holding Corporations Ltd. with Foreign Investment refer to share-holding corporations Ltd. established with the approval from the former Ministry of Foreign Trade and Economic Relations in line with relevant State regulations, where the share of investment from foreign investors exceeds 25% of the total registered capital of the corporation. In case the share of foreign investment is less than 25% of the total registered capital, the enterprise is to be classified as domestic-funded share-holding corporation Ltd.

Other Enterprises with Foreign Funds refer to partnership enterprises established within the territory of China in accordance with Administrative Measures on the Establishment of Partnership Enterprises in China by Foreign Enterprises or Foreign Individuals and Regulations for the Administration of the Registration of Foreign-invested Partnership Enterprises.

State-holding Enterprises cover the original state-owned enterprises and state-holding enterprises. They are classified according to the actual investment made by the contributor of state-owned part in the paid-in capital of the enterprises, or the degree of control or dominance of the contributor on the assets of the enterprises. The following cases are regarded as state-holding: (1) Absolute state-holding in which the contributors of state-owned parts possess more than 50% of all the paid-in capital (stocks) of the enterprises; (2) Relative state-holding in which the contributors of state-owned parts possess no more than 50% of the paid-in capital (stocks) of the enterprises, but more than that of any other contributors; or agreed state-holding in which the contributors of state-owned parts possess no more than other contributors but have actual control over the enterprises according to agreements; (3) In the case both contributors possess 50% and it is not clear which one is in absolute holding position, the enterprise is regarded as state-holding enterprise if one of the contributor has state-owned elements.

Light Industry refers to the industry that produces consumer goods and hand tools. It consists of two categories depending on the raw materials used:

(1)Industries using farm products as raw materials. These are branches of light industry which directly or indirectly use farm products as basic raw materials, including the manufacture of food and beverages, tobacco processing, textile, clothing, fur and leather manufacturing, paper making, printing, etc. (2)Industries using non farm products as raw materials. These are branches of light industry which use manufactured goods as raw materials, including the manufacture of cultural, educational articles and sports goods chemicals synthetic fiber chemical products for daily use glass products for daily use metal products for daily use hand tools medical apparatus and instruments and the manufacture of cultural and clerical machinery.

Heavy Industry refers to the industry which produces capital goods and provides various sectors of the national economy with necessary material and technical basis. It consists of the following three branches according to the purpose of production or the use of products: (1)Mining and Quarrying Industry refers to the industry that extracts natural resources including extraction of petroleum coal metal and non-metal ores and logging. (2)Raw Materials Industry refers to the industry that provides various sectors of the national economy with raw materials fuels and power. It includes smelting and processing of metals, coking and coke, chemistry, chemical materials and building materials such as cement, plywood and power, petroleum refining and coal dressing. (3)Manufacturing Industry refers to the industry that processes raw materials. It includes machine building industry, metal structure industry, cement products industry, which equips sectors of the national economy, and chemical fertilizers industry and pesticides industry, which supplies productive materials for agriculture.

According to the above principle of classification the repairing trades which are engaged primarily in repairing products of heavy industry are classified into heavy industry while those engaged in repairing products of light industry are classified into light industry. It is not divided further in the interior of light industry and heavy industry from 2003.

Total Assets refer to all resources that are owned or controlled by enterprises through previous trades or transactions with expectation of making economic profits. Classified by the degree of liquidity, total assets include current assets and non-current assets. Current assets can be classified into monetary capital, trading financial assets, notes receivable, accounts receivable, advanced payments, other receivables and inventories. Non-current assets can be divided into long-term equity investment, fixed assets, intangible assets and other non-current assets.

Total Current Assets refer to the assets that meet one of the following requirements: (1) expected to be cashed, sold or used in a normal operation cycle, mainly including inventory and accounts receivable; (2) be owned for trading purpose mainly; (3) expected to be cashed in one year (including one year) from the day of the Balance Sheet; (4) unlimited cash or cash equivalents that can be exchanged with other assets or being capable of settling debts during one year since the day of the Balance Sheet. Included are monetary capital, notes receivable, accounts receivable and inventories.

Total Liabilities refer to payable liabilities of enterprises that accumulated from previous trades or transactions with expectation of economic profits leaking out. In terms of payment, it can be divided into liquid liabilities and long-term liabilities.

Total Creditors' Equity refers to the residual interest in the assets of an enterprise after deducting all its liabilities. Creditors' equity of a company is also known as shareholders' equity. Included are paid-in capital, capital reserve, surplus reserve, undistributed profits, etc.

Business Revenue refers to the economic benefits enterprises gained in the production and operating activities such as selling products, providing services and alienating the right to use assets.

Business Cost refers to the actual cost occurred in the production and operating activities of enterprises such as selling products, providing services and alienating the right to use assets.

Taxes and Extra Charges refer to the relevant taxes and fees that enterprises should bear in the production and operating activities according to the tax law, including consumption tax, city maintenance and construction tax, resources tax, environmental protection tax, extra charge of education, real estate tax, land use tax, vehicle and vessel use tax, stamp tax, etc.

Costs of Sales refers to the cost during the sale of goods and materials, providing labour services, including insurance, packing, exhibition fees and advertising fees, merchandise maintenance costs, expected product quality guarantee loss, transportation fees, handling fees, and operating expenses for the sales of the company's products such as employee compensation, business expenses, depreciation costs for dedicated sales offices (including sales outlets, after-sales service outlets, etc.).

Administrative Expenses refers to the expenses for the organization and management of enterprise operating, including the start-up costs during the construction of enterprises, funds occurred during enterprises operating by board of directors and executive management in the enterprise management, or burden by enterprises.

Financial Expenses refers to cost of raising fund for enterprises to raise funds for production and operation, including interest payments (a reduction in interest income), exchange loss (less exchange gains) and related fees during the period of production.

Total Profits refers to the operation results in a certain accounting period, and it is the balance of various incomes minus various spending in the course of operation, reflecting the total profits and losses of enterprises in reference period. It is balance of business profits plus non-business income, minus non-business expense.

Value Added Taxes Payable refers to the turnover taxes which is imposed on the added value of selling goods, services, intangible assets, real estate, or providing processing and repairing , and on imported value of import goods according to the tax laws.

Average Employees refers to the number of persons engaged in the enterprise production and operation activities in the reporting period, which are actually owned by the enterprise.

Range of Deficits refers to the proportion of loss-making enterprises in the number of all industrial enterprises. The formula is as follows:

Range of Deficits = (Number of loss-making enterprises ÷ Number of All Industrial Enterprises) ×100%

Ratio of Debts to Assets is also called leverage ratio. It reflects both the capability and the operation risk of the enterprises in making use of the capital from the creditors. It is calculated as follows:

Ratio of Debts to Assets = (Total Debts ÷ Total Assets) ×100%

Ratio of Profits to Business Revenue refers to the profits to the business revenue in the same period. This indicator can evaluate accomplishment of profits plan of enterprises, as well as compare management level of different enterprises or different periods. The formula is as follows:

Ratio of Profits to Business Revenue = (Total Profits ÷ Business Revenue) ×100%

建筑业

CONSTRUCTION

资料整理人员

张利云　陈烨松

建筑业
CONSTRUCTION

建筑业施工企业个数	Number of Construction Enterprises	2999	个	(unit)
建筑业总产值	Gross Output Value of Construction	4653.3	亿元	(100 million yuan)
建筑业竣工产值	Completed Output Value of Costruction	1675.3	亿元	(100 million yuan)
建筑业房屋竣工面积	Floor Space of Buildings Completed of Construction	3836	万平方米	(10 000 sq.m)

建筑业总产值构成(%)
Composition of Total Output Value of Construction (%)

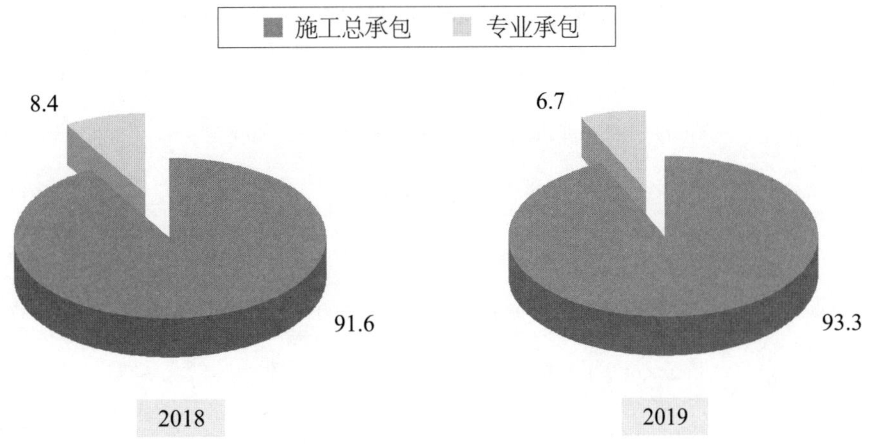

建筑业总产值(亿元)
Total Output Value of Construction (100 million yuan)

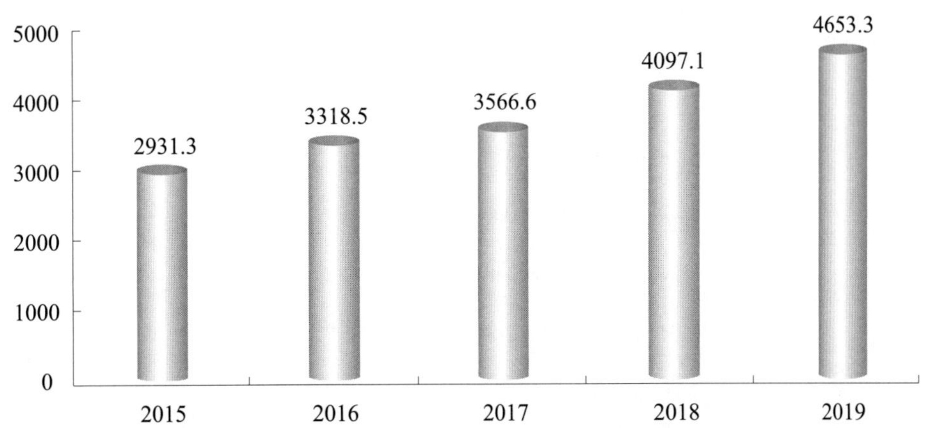

11-1 建筑施工企业主要经济指标

MAJOR ECONOMIC INDICATORS OF CONSTRUCTION ENTERPRISES

指 标	Item	2018	2019
施工企业个数(个)	Number of Construction Enterprises (unit)	2692	2999
从事建筑业活动的平均人数(万人)	Average Number of Employees Engaged in Construction Activities (10 000 persons)	109	113
建筑业企业期末人数(万人)	Number of Employees at The End of Period (10 000 persons)	79	81
固定资产原价(万元)	Original Value of Fixed Assets (10 000 yuan)	6711034	5376830
自有机械设备总台数(台)	Number of Machinery and Equipment Owned (set)	210382	194751
自有机械设备净值(万元)	Net Value of Machinery and Equipment Owned (10 000 yuan)	1479180	1229249
自有机械设备总功率(万千瓦)	Total Power of Machinery and Equipment Owned (10 000 kw)	733	682
建筑业总产值 (万元)	Output Value of Construction (10 000 yuan)	40970544	46532791
竣工产值 (万元)	Output Value of Buildings Completed (10 000 yuan)	15073803	16753240
本年折旧 (万元)	Depreciation in This Year (10 000 yuan)	561487	464417
施工面积 (万平方米)	Floor Space of Buildings under Construction (10 000 sq.m)	16640	16990
竣工面积 (万平方米)	Floor Space of Buildings Completed (10 000 sq.m)	3755	3836
营业利润 (万元)	Profits of Business (10 000 yuan)	976468	958873
管理费用 (万元)	Costs of Administration (10 000 yuan)	1764889	1751356
利润总额 (万元)	Total Profits (10 000 yuan)	961049	1000544
按总产值计算的劳动生产率(元/人)	Labor Productivity in Terms of Total Output Value (yuan/person)	375727	411623
实收资本 (万元)	Capitals Hold (10 000 yuan)	9575115	10556253
资产总计 (万元)	Total Assets (10 000 yuan)	59473477	68772551
负债合计 (万元)	Total Liabilities (10 000 yuan)	45422702	51791179
所有者权益合计 (万元)	Total Creditors Equity (10 000 yuan)	14050775	16981371
竣工率(按产值计算) (%)	Rate of Completed (by Output Value) (%)	36.8	36.0
技术装备率(元/人)	Value of Machines per Laborer (yuan/person)	18810	15201
动力装备率(千瓦/人)	Power of Machines per Laborer (kw/person)	9.3	8.4
资产负债率(%)	Ratio of Debts to Assets (%)	76.4	75.3
产值利润率(%)	Ratio of Profit to Gross Output Value (%)	2.3	2.2

11-2 建筑业企业总产值和竣工产值(2019年)

GROSS OUTPUT VALUE AND COMPLETED VALUE OF CONSTRUCTION ENTERPRISES(2019)

单位：万元 (10 000 yuan)

指 标	Item	建筑业总产值 Total Output Value	#建筑工程 Construction	#安装工程 Installation	竣工产值 Output Value of Buildings Completed
总 计	**Total**	**46532791**	**40433551**	**4637440**	**16753240**
#国有及国有控股	State Owned and State Controlling Share	26708091	24067864	1966346	7502234
按登记注册类型分	**Grouped by Registered Kind**				
内资企业	Civil Funded Enterprises	46490168	40392461	4635908	16713333
国有企业	State-owned Enterprises	708193	566875	98242	363422
集体企业	Collective-owned Enterprises	332232	294393	31555	271394
股份合作企业	Share Cooperative Enterprises				
联营企业	Joint Ownership Enterprises				
有限责任公司	Limited Responsibility Corporations	30161174	26820085	2532531	9025869
国有独资公司	Company Exclusively with Investment from State	5670909	5167417	239031	2003583
其他有限责任公司	Other Limited Responsibility Company	24490265	21652668	2293500	7022286
股份有限公司	Share-holding Limited Corporations	401634	356328	18525	47531
私营企业	Private-owned Enterprises	14886935	12354781	1955055	7005117
私营独资企业	Enterprise Exclusively with Investment from Private	2665	2130	185	2364
私营合伙企业	Private Partnership Enterprises				
私营有限责任公司	Private Limited Responsibility Corporations	12727567	10821306	1376657	6622256
私营股份有限公司	Private Share-holding Limited Corporations	2156704	1531346	578213	380497
其他企业	Other Enterprises				
港、澳、台商投资企业	Enterprises Funded by Hong Kong, Macao and Taiwan	5238	5238		4054
外商投资企业	Foreign Funded Enterprises	37385	35853	1532	35853
按国民经济行业分	**Grouped by Economic Sector**				
房屋和土木工程建筑业	Housing and Civil Engineering Construction	42850330	38483585	3322490	15048183
房屋工程建筑	Housing	21769396	19733310	1597889	8583323
土木工程建筑	Civil Engineering	21080934	18750275	1724601	6464860
建筑安装业	Building Installation	2294274	858380	1176724	979028
建筑装饰业	Building Fiting and Decoration	530313	403079	77141	293763
其他建筑业	Other Construction	857874	688508	61086	432266
按隶属关系分	**Grouped by Subordination**				
中 央	Central Enterprises	13839831	12699284	1011930	2495697
地 方	Local Enterprises	12161487	10503543	1198441	4598333
其 他	Others	20531474	17230725	2427069	9659211
按企业资质等级分	**Grouped by Qualification Criteria**				
施工总承包	Overall Contract	43399848	38308586	3899214	15269850
专业承包	Specialized Contract	3132943	2124965	738227	1483390

11-3 按主要用途分的房屋建筑竣工面积(2019年)

单位：平方米

指 标	Item	总 计 Total	住宅房屋 Residential Buildings
总 计	**Total**	**38364113**	**26602529**
#国有及国有控股	State Owned and State Controlling Share	15778187	10742485
按登记注册类型分	**Grouped by Registered Kind**		
内资企业	Civil Funded Enterprises	38364113	26602529
国有企业	State-owned Enterprises	1175907	848844
集体企业	Collective-owned Enterprises	728959	670658
股份合作企业	Share Cooperative Enterprises		
联营企业	Joint Ownership Enterprises		
有限责任公司	Limited Responsibility Corporations	19911140	13816298
国有独资公司	Company Exclusively with Investment from State	4801714	3455640
其他有限责任公司	Other Limited Responsibility Company	15109426	10360658
股份有限公司	Share-holding Limited Corporations	253941	249141
私营企业	Private-owned Enterprises	16294166	11017588
私营独资企业	Enterprise Exclusively with Investment from Private		
私营合伙企业	Private Partnership Enterprises		
私营有限责任公司	Private Limited Responsibility Corporations	14766181	10504432
私营股份有限公司	Private Share-holding Limited Corporations	1527985	513156
其他企业	Other Enterprises		
港、澳、台商投资企业	Enterprises Funded by Hong Kong, Macao and Taiwan		
外商投资企业	Foreign Funded Enterprises		
按国民经济行业分	**Grouped by Economic Sector**		
房屋和土木工程建筑业	Housing and Civil Engineering Construction	37455472	26459190
房屋工程建筑	Housing	35459154	25448649
土木工程建筑	Civil Engineering	1996318	1010541
建筑安装业	Building Installation	764245	98363
建筑装饰业	Building Fiting and Decoration	85316	9717
其他建筑业	Other Construction	59080	35259
按隶属关系分	**Grouped by Subordination**		
中 央	Central Enterprises	3395225	2035937
地 方	Local Enterprises	13355116	9588289
其 他	Others	21613772	14978303
按企业资质等级分	**Grouped by Qualification Criteria**		
施工总承包	Overall Contract	37227232	26513461
专业承包	Specialized Contract	1136881	89068

FLOOR SPACE OF BUILDINGS COMPLETED BY MAJOR USE(2019)

(sq.m)

商业及服务用房屋 Commercial and Service Buildings	办公用房 Oiffices	科研、教育、医疗用房屋 Scientific Research, Education and Healthcare Buildings	文化、体育、娱乐用房屋 Culture, Sports and Entertaninment Buildings	厂房及建筑物 Factory Buildings	仓 库 Warehouses	其他未列明的房屋建筑物 Other Unlisted Buildings
2964964	**1524699**	**2302109**	**338143**	**2874438**	**120481**	**1636750**
857322	764875	1384306	250871	1016685	11600	750043
2964964	1524699	2302109	338143	2874438	120481	1636750
3969	22019	52986	4762	52213	999	190115
1863	17489	1125	100	30517	400	6807
1313402	1032216	1729205	253463	1184948	11960	569648
303988	155457	611524	103661	139610	521	31313
1009414	876759	1117681	149802	1045338	11439	538335
				4800		
1645730	452975	518793	79818	1601960	107122	870180
842349	428975	493778	79818	1449473	107122	860234
803381	24000	25015		152487		9946
2873589	1501229	2287629	337723	2293171	119209	1583732
2864385	1424055	2278630	337723	1548111	109241	1448360
9204	77174	8999		745060	9968	135372
58478	20590	10000		548036	1012	27766
31835	2580	4230		21172		15782
1062	300	250	420	12059	260	9470
237496	116925	150370	67874	569230	3195	214198
669124	633506	1292311	184490	432751	11028	543617
2058344	774268	859428	85779	1872457	106258	878935
2721404	1483771	2254759	333723	2206096	118554	1595464
243560	40928	47350	4420	668342	1927	41286

11-4 按主要用途分的房屋建筑竣工价值(2019年)

单位：万元

指 标	Item	总 计 Total	住宅房屋 Residential Buildings
总 计	**Total**	**6975526**	**4595527**
#国有及国有控股	State Owned and State Controlling Share	3071697	1753269
按登记注册类型分	**Grouped by Registered Kind**		
内资企业	Civil Funded Enterprises	6975526	4595527
国有企业	State-owned Enterprises	182992	131369
集体企业	Collective-owned Enterprises	129904	118918
股份合作企业	Share Cooperative Enterprises		
联营企业	Joint Ownership Enterprises		
有限责任公司	Limited Responsibility Corporations	3795173	2244146
国有独资公司	Company Exclusively with Investment from State	879592	526148
其他有限责任公司	Other Limited Responsibility Company	2915582	1717998
股份有限公司	Share-holding Limited Corporations	23460	22305
私营企业	Private-owned Enterprises	2843997	2078789
私营独资企业	Enterprise Exclusively with Investment from Private		
私营合伙企业	Private Partnership Enterprises		
私营有限责任公司	Private Limited Responsibility Corporations	2593288	1997065
私营股份有限公司	Private Share-holding Limited Corporations	250709	81724
其他企业	Other Enterprises		
港、澳、台商投资企业	Enterprises Funded by Hong Kong, Macao and Taiwan		
外商投资企业	Foreign Funded Enterprises		
按国民经济行业分	**Grouped by Economic Sector**		
房屋和土木工程建筑业	Housing and Civil Engineering Construction	6894593	4577006
房屋工程建筑	Housing	6415821	4351055
土木工程建筑	Civil Engineering	478771	225951
建筑安装业	Building Installation	54720	9938
建筑装饰业	Builing Fiting and Decoration	15576	2051
其他建筑业	Other Construction	10638	6533
按隶属关系分	**Grouped by Subordination**		
中 央	Central Enterprises	852010	348468
地 方	Local Enterprises	2402561	1551849
其 他	Others	3720955	2695210
按企业资质等级分	**Grouped by Qualification Criteria**		
施工总承包	Overall Contract	6898442	4590290
专业承包	Specialized Contract	77084	5237

VALUE OF BUILDINGS COMPLETED BY MAJOR USE(2019)

(10 000 yuan)

商业及服务用房屋 Commercial and Service Buildings	办公用房 Oiffices	科研、教育、医疗用房屋 Scientific Research, Education and Healthcare Buildings	文化、体育、娱乐用房屋 Culture, Sports and Entertaninment Buildings	厂房及建筑物 Factory Buildings	仓 库 Warehouses	其他未列明的房屋建筑物 Other Unlisted Buildings
535296	**320355**	**508446**	**106622**	**506807**	**21794**	**380679**
175450	190226	333439	93593	277743	2540	245436
535296	320355	508446	106622	506807	21794	380679
688	6114	11263	996	10874	230	21458
222	3448	78	50	5981	50	1157
274721	238305	422559	94350	292614	2462	226018
72641	46662	152884	27091	42376	52	11737
202079	191643	269674	67259	250237	2410	214281
				1155		
259666	72488	74547	11226	196183	19053	132046
128210	69888	67646	11226	174155	19053	126046
131456	2600	6901		22028		6000
531135	317592	507487	106500	466733	21701	366438
529743	291984	505884	106500	255685	19995	354974
1392	25608	1603		211048	1705	11464
3001	1997	500		34111	43	5130
1103	704	408		3272		8039
56	62	50	122	2692	51	1072
51873	22565	31784	48829	184042	602	163848
139536	175848	321075	45075	83488	2096	83594
343888	121941	155587	12718	239277	19097	133237
525079	315323	506451	105481	461005	21618	373196
10217	5031	1995	1141	45802	176	7483

11-5 建筑业企业房屋建筑面积(2019年)

FLOOR SPACE OF BUILDINGS CONSTRUCTED BY CONSTRUCTION ENTERPRISES(2019)

单位: 平方米 (sq.m)

指　标	Item	房屋建筑施工面积 Floor Space of Buildings under Construction	#本年新开工面积 Newly Started This Year
总　计	**Total**	**169903178**	**58729412**
#国有及国有控股	State Owned and State Controlling Share	100065681	28168815
按登记注册类型分	**Grouped by Registered Kind**		
内资企业	Civil Funded Enterprises	169903178	58729412
国有企业	State-owned Enterprises	3474379	1626284
集体企业	Collective-owned Enterprises	1709288	753309
股份合作企业	Share Cooperative Enterprises		
联营企业	Joint Ownership Enterprises		
有限责任公司	Limited Responsibility Corporations	113921139	33077214
国有独资公司	Company Exclusively with Investment from State	21074679	6256477
其他有限责任公司	Other Limited Responsibility Company	92846460	26820737
股份有限公司	Share-holding Limited Corporations	746909	431431
私营企业	Private-owned Enterprises	50051463	22841174
私营独资企业	Enterprise Exclusively with Investment from Private		
私营合伙企业	Private Partnership Enterprises		
私营有限责任公司	Private Limited Responsibility Corporations	41251879	19300975
私营股份有限公司	Private Share-holding Limited Corporations	8799584	3540199
其他企业	Other Enterprises		
港、澳、台商投资企业	Enterprises Funded by Hong Kong, Macao and Taiwan		
外商投资企业	Foreign Funded Enterprises		
按国民经济行业分	**Grouped by Economic Sector**		
房屋和土木工程建筑业	Housing and Civil Engineering Construction	168248113	57977775
房屋工程建筑	Housing	160659071	55272386
土木工程建筑	Civil Engineering	7589042	2705389
建筑安装业	Building Installation	1321592	536506
建筑装饰业	Building Fiting and Decoration	301001	197306
其他建筑业	Other Construction	32472	17825
按隶属关系分	**Grouped by Subordination**		
中　央	Central Enterprises	31939092	11682560
地　方	Local Enterprises	70718792	17545877
其　他	Others	67245294	29500975
按企业资质等级分	**Grouped by Qualification Criteria**		
施工总承包	Overall Contract	168047660	57600065
专业承包	Specialized Contract	1855518	1129347

11-6 建筑业企业机械设备情况(2019年)
MACHINARY AND EQUIPMENT OF CONSTRUCTION ENTERPRISES(2019)

指 标	Item	自有机械设备年末总台数(台) Number of Machinery and Equipment Owned(unit)	自有机械设备年末总功率(千瓦) Total Power of Machinery and Equipment Owned(kw)	自有机械设备净值(万元) Net Value of Machinery and Equipment Owned (10 000 yuan)
总 计	**Total**	**194751**	**6819808**	**1229249**
#国有及国有控股	State Owned and State Controlling Share	78330	3942074	653321
按登记注册类型分	**Grouped by Registered Kind**			
内资企业	Civil Funded Enterprises	194681	6817681	1226039
国有企业	State-owned Enterprises	10172	241602	29212
集体企业	Collective-owned Enterprises	6259	81315	14066
股份合作企业	Share Cooperative Enterprises			
联营企业	Joint Ownership Enterprises			
有限责任公司	Limited Responsibility Corporations	82992	4066309	720827
国有独资公司	Company Exclusively with Investment from State	12272	674574	70675
其他有限责任公司	Other Limited Responsibility Company	70720	3391735	650152
股份有限公司	Share-holding Limited Corporations	1881	32055	5800
私营企业	Private-owned Enterprises	93377	2396400	456134
私营独资企业	Enterprise Exclusively with Investment from Private	34	346	388
私营合伙企业	Private Partnership Enterprises			
私营有限责任公司	Private Limited Responsibility Corporations	91035	2337196	440596
私营股份有限公司	Private Share-holding Limited Corporations	2308	58858	15151
其他企业	Other Enterprises			
港、澳、台商投资企业	Enterprises Funded by Hong Kong, Macao and Taiwan	18	2000	200
外商投资企业	Foreign Funded Enterprises	52	127	3010
按国民经济行业分	**Grouped by Economic Sector**			
房屋和土木工程建筑业	Housing and Civil Engineering Construction	169651	6406148	1134365
房屋工程建筑	Housing	100001	2338706	376499
土木工程建筑	Civil Engineering	69650	4067442	757866
建筑安装业	Building Installation	13027	252302	55070
建筑装饰业	Building Fiting and Decoration	6468	76626	9629
其他建筑业	Other Construction	5605	84732	30185
按隶属关系分	**Grouped by Subordination**			
中 央	Central Enterprises	34675	2596463	467305
地 方	Local Enterprises	39390	1166981	155996
其 他	Others	120686	3056364	605949
按企业资质等级分	**Grouped by Qualification Criteria**			
施工总承包	Overall Contract	171941	6454493	1113227
专业承包	Specialized Contract	22810	365315	116022

11-7 建筑业企业劳动生产率(2019年)
LABOR PRODUCTIVITY OF CONSTRUCTION ENTERPRISES(2019)

指 标	Item	企业个数(个) Number of Enterprises (unit)	从事建筑业活动的平均人数(人) Average Number of Employees (person)	按总产值计算的劳动生产率(元/人) Labor Productivity in Terms of Total Output Value (yuan/person)	人均竣工产值(元/人) Per Capita Output Value of Buildings Completed (yuan/person)
总 计	**Total**	**2999**	**1130472**	**411623**	**148197**
#国有及国有控股	State Owned and State Controlling Share	290	559283	477542	134140
按登记注册类型分	**Grouped by Registered Kind**				
内资企业	Civil Funded Enterprises	2995	1130053	411398	147899
国有企业	State-owned Enterprises	69	27099	261336	134109
集体企业	Collective-owned Enterprises	62	13206	251577	205508
股份合作企业	Share Cooperative Enterprises				
联营企业	Joint Ownership Enterprises				
有限责任公司	Limited Responsibility Corporations	504	648476	465109	139186
国有独资公司	Company Exclusively with Investment from State	55	84937	667661	235891
其他有限责任公司	Other Limited Responsibility Company	449	563539	434580	124610
股份有限公司	Share-holding Limited Corporations	22	12393	324081	38353
私营企业	Private-owned Enterprises	2338	428879	347113	163336
私营独资企业	Enterprise Exclusively with Investment from Private	6	211	126280	112038
私营合伙企业	Private Partnership Enterprises				
私营有限责任公司	Private Limited Responsibility Corporations	2273	369518	344437	179213
私营股份有限公司	Private Share-holding Limited Corporations	59	59150	364616	64327
其他企业	Other Enterprises				
港、澳、台商投资企业	Enterprises Funded by Hong Kong, Macao and Taiwan	2	69	759116	587580
外商投资企业	Foreign Funded Enterprises	2	350	1068149	1024366
按国民经济行业分	**Grouped by Economic Sector**				
房屋和土木工程建筑业	Housing and Civil Engineering Construction	1948	1033551	414593	145597
房屋工程建筑	Housing	1098	557240	390665	154033
土木工程建筑	Civil Engineering	850	476311	442588	135728
建筑安装业	Building Installation	518	51684	443904	189426
建筑装饰业	Building Fiting and Decoration	377	19584	270789	150001
其他建筑业	Other Construction	156	25653	334415	168505
按隶属关系分	**Grouped by Subordination**				
中 央	Central Enterprises	53	310856	445217	80285
地 方	Local Enterprises	258	227057	535614	202519
其 他	Others	2688	592559	346488	163008
按企业资质等级分	**Grouped by Qualification Criteria**				
施工总承包	Overall Contract	1807	1035353	419179	147484
专业承包	Specialized Contract	1192	95119	329371	155951

11-8 建筑业企业资本金及资产(2019年)

CAPITAL AND ASSETS OF CONSTRUCTION ENTERPRISES(2019)

单位：万元 (10 000 yuan)

指 标	Item	实收资本 Capitals Hold	资产总计 Total Assets	#流动资产合计 Total Circulating Assets	#固定资产原价 Original Value of Fixed Assets
总 计	**Total**	**10556253**	**68772551**	**52990236**	**5376830**
#国有及国有控股	State Owned and State Controlling Share	5228653	49577225	36860429	2992388
按登记注册类型分	**Grouped by Registered Kind**				
内资企业	Civil Funded Enterprises	10553254	68764935	52983065	5373172
国有企业	State-owned Enterprises	180272	1127810	974840	160460
集体企业	Collective-owned Enterprises	82428	516070	462931	55493
股份合作企业	Share Cooperative Enterprises				
联营企业	Joint Ownership Enterprises				
有限责任公司	Limited Responsibility Corporations	5843153	52549493	39305148	3398944
国有独资公司	Company Exclusively with Investment from State	1777164	15667498	9013692	433649
其他有限责任公司	Other Limited Responsibility Company	4065990	36881994	30291456	2965295
股份有限公司	Share-holding Limited Corporations	147233	847512	736528	30358
私营企业	Private-owned Enterprises	4300167	13724050	11503618	1727918
私营独资企业	Enterprise Exclusively with Investment from Private	1351	2315	1141	1483
私营合伙企业	Private Partnership Enterprises				
私营有限责任公司	Private Limited Responsibility Corporations	4153543	12857826	10726018	1662568
私营股份有限公司	Private Share-holding Limited Corporations	145273	863909	776459	63867
其他企业	Other Enterprises				
港、澳、台商投资企业	Enterprises Funded by Hong Kong, Macao and Taiwan	1999	5265	4886	3515
外商投资企业	Foreign Funded Enterprises	1000	2351	2284	143
按国民经济行业分	**Grouped by Economic Sector**				
房屋和土木工程建筑业	Housing and Civil Engineering Construction	9234116	63720601	48834834	4784403
房屋工程建筑	Housing	4005590	24107929	19248243	1570485
土木工程建筑	Civil Engineering	5228526	39612672	29586591	3213918
建筑安装业	Building Installation	776716	3173076	2525727	354557
建筑装饰业	Building Fiting and Decoration	304707	788564	687478	81069
其他建筑业	Other Construction	240713	1090310	942197	156801
按隶属关系分	**Grouped by Subordination**				
中 央	Central Enterprises	2399325	24237845	19832873	1871918
地 方	Local Enterprises	2609946	23625550	15546279	1038095
其 他	Others	5546982	20909156	17611084	2466817
按企业资质等级分	**Grouped by Qualification Criteria**				
施工总承包	Overall Contract	9148893	63740844	48670509	4756398
专业承包	Specialized Contract	1407360	5031707	4319727	620432

11-9 建筑业企业负债及所有者权益(2019年)

LIABILITIES AND CREDITORS' EQUITY OF CONSTRUCTION ENTERPRISES(2019)

单位：万元 (10 000 yuan)

指标	Item	负债合计 Total Liabilities	#流动负债 Liquid Liabilities	#非流动负债合计 Illiquid Liabilities	所有者权益合计 Total Creditors' Equity
总计	**Total**	**51791179**	**47308608**	**4221504**	**16981371**
#国有及国有控股	State Owned and State Controlling Share	39873824	35886845	3970917	9703400
按登记注册类型分	**Grouped by Registered Kind**				
内资企业	Civil Funded Enterprises	51786109	47303667	4221375	16978826
国有企业	State-owned Enterprises	1008828	901568	99059	118982
集体企业	Collective-owned Enterprises	417222	415137	311	98848
股份合作企业	Share Cooperative Enterprises				
联营企业	Joint Ownership Enterprises				
有限责任公司	Limited Responsibility Corporations	41844376	37868271	3886937	10705116
国有独资公司	Company Exclusively with Investment from State	11821333	9012734	2808429	3846166
其他有限责任公司	Other Limited Responsibility Company	30023044	28855537	1078508	6858951
股份有限公司	Share-holding Limited Corporations	483346	481645	1001	364166
私营企业	Private-owned Enterprises	8032337	7637045	234067	5691713
私营独资企业	Enterprise Exclusively with Investment from Private	274	274		2041
私营合伙企业	Private Partnership Enterprises				
私营有限责任公司	Private Limited Responsibility Corporations	7381575	7023325	198284	5476251
私营股份有限公司	Private Share-holding Limited Corporations	650488	613447	35783	213422
其他企业	Other Enterprises				
港、澳、台商投资企业	Enterprises Funded by Hong Kong, Macao and Taiwan	4260	4131	129	1005
外商投资企业	Foreign Funded Enterprises	810	810		1541
按国民经济行业分	**Grouped by Economic Sector**				
房屋和土木工程建筑业	Housing and Civil Engineering Construction	48533633	44407289	3898111	15186968
房屋工程建筑	Housing	17404693	15815745	1418212	6703237
土木工程建筑	Civil Engineering	31128941	28591544	2479898	8483731
建筑安装业	Building Installation	2089544	1768786	297421	1083532
建筑装饰业	Building Fiting and Decoration	437260	417775	14892	351303
其他建筑业	Other Construction	730742	714758	11080	359568
按隶属关系分	**Grouped by Subordination**				
中 央	Central Enterprises	20148268	19758252	390016	4089577
地 方	Local Enterprises	18392512	14951532	3382801	5233038
其 他	Others	13250399	12598825	448687	7658757
按企业资质等级分	**Grouped by Qualification Criteria**				
施工总承包	Overall Contract	48759690	44391793	4140881	14981154
专业承包	Specialized Contract	3031490	2916815	80623	2000217

11-10 建筑业企业收入及成本情况(2019年)

REVENUE AND COST OF CONSTRUCTION ENTERPRISES(2019)

单位：万元 (10 000 yuan)

指 标	Item	营业收入 Revenue of Business	#主营业务收入 Revenue of Major Business	主营业务成本 Cost of Major Business
总 计	**Total**	**46880175**	**46292709**	**42229247**
#国有及国有控股	State Owned and State Controlling Share	27722111	27483914	24776195
按登记注册类型分	**Grouped by Registered Kind**			
内资企业	Civil Funded Enterprises	46874208	46286742	42223919
国有企业	State-owned Enterprises	706099	699726	652843
集体企业	Collective-owned Enterprises	347376	334643	318232
股份合作企业	Share Cooperative Enterprises			
联营企业	Joint Ownership Enterprises			
有限责任公司	Limited Responsibility Corporations	31030356	30723907	27782614
国有独资公司	Company Exclusively with Investment	5371830	5297499	4274205
其他有限责任公司	Other Limited Responsibility Company	25658526	25426408	23508410
股份有限公司	Share-holding Limited Corporations	366408	366392	326892
私营企业	Private-owned Enterprises	14423970	14162074	13143338
私营独资企业	Enterprise Exclusively with Investment from Private	1811	1811	1624
私营合伙企业	Private Partnership Enterprises			
私营有限责任公司	Private Limited Responsibility Corporations	12355802	12101843	11143716
私营股份有限公司	Private Share-holding Limited Corporations	2066357	2058420	1997998
其他企业	Other Enterprises			
港、澳、台商投资企业	Enterprises Funded by Hong Kong, Macao and Taiwan	4526	4526	4220
外商投资企业	Foreign Funded Enterprises	1441	1441	1109
按国民经济行业分	**Grouped by Economic Sector**			
房屋和土木工程建筑业	Housing and Civil Engineering Construction	42726069	42189683	38587530
房屋工程建筑	Housing	20606581	20379598	18494460
土木工程建筑	Civil Engineering	22119488	21810085	20093069
建筑安装业	Building Installation	2680625	2648730	2357356
建筑装饰业	Building Fiting and Decoration	607767	603028	541990
其他建筑业	Other Construction	865714	851269	742372
按隶属关系分	**Grouped by Subordination**			
中 央	Central Enterprises	15155767	15084615	14182296
地 方	Local Enterprises	11744358	11645943	9955286
其 他	Others	19980050	19562151	18091665
按企业资质等级分	**Grouped by Qualification Criteria**			
施工总承包	Overall Contract	43480649	42983678	39321786
专业承包	Specialized Contract	3399526	3309031	2907461

11-11 建筑业企业费用情况(2019年)
EXPENSES OF CONSTRUCTION ENTERPRISES(2019)

单位：万元 (10 000 yuan)

指 标	Item	销售费用 Sales Expenses	管理费用 Administrative Expenses	财务费用 Financial Expenses
总 计	**Total**	**90416**	**1751356**	**317508**
#国有及国有控股	State Owned and State Controlling Share	13824	1015955	256892
按登记注册类型分	**Grouped by Registered Kind**			
内资企业	Civil Funded Enterprises	90416	1751067	317494
国有企业	State-owned Enterprises	3446	35368	646
集体企业	Collective-owned Enterprises	754	11151	313
股份合作企业	Share Cooperative Enterprises			
联营企业	Joint Ownership Enterprises			
有限责任公司	Limited Responsibility Corporations	19615	1171504	264455
国有独资公司	Company Exclusively with Investment	1668	246110	151917
其他有限责任公司	Other Limited Responsibility Company	17947	925395	112539
股份有限公司	Share-holding Limited Corporations	7013	12419	143
私营企业	Private-owned Enterprises	59589	520625	51937
私营独资企业	Enterprise Exclusively with Investment from Private		22	8
私营合伙企业	Private Partnership Enterprises			
私营有限责任公司	Private Limited Responsibility Corporations	58806	502522	49575
私营股份有限公司	Private Share-holding Limited Corporations	783	18081	2354
其他企业	Other Enterprises			
港、澳、台商投资企业	Enterprises Funded by Hong Kong, Macao and Taiwan		196	13
外商投资企业	Foreign Funded Enterprises		93	
按国民经济行业分	**Grouped by Economic Sector**			
房屋和土木工程建筑业	Housing and Civil Engineering Construction	65242	1455861	289340
房屋工程建筑	Housing	31403	697415	104516
土木工程建筑	Civil Engineering	33838	758446	184824
建筑安装业	Building Installation	13456	179504	21171
建筑装饰业	Building Fiting and Decoration	4441	41461	4346
其他建筑业	Other Construction	7278	74531	2651
按隶属关系分	**Grouped by Subordination**			
中 央	Central Enterprises	5549	355734	37615
地 方	Local Enterprises	14984	593138	201335
其 他	Others	69883	802485	78559
按企业资质等级分	**Grouped by Qualification Criteria**			
施工总承包	Overall Contract	61849	1494724	304314
专业承包	Specialized Contract	28567	256632	13194

11-12 建筑业企业薪酬及利润情况(2019年)

REMUNERATION AND PROFITS OF CONSTRUCTION ENTERPRISES(2019)

单位：万元 (10 000 yuan)

指 标	Item	应付职工薪酬 Remuneration Payable	营业利润 Business Profits	其他业务利润 Profits of Other Business
总　计	**Total**	**3212538**	**958873**	**82710**
#国有及国有控股	State Owned and State Controlling Share	1688331	525329	65826
按登记注册类型分	**Grouped by Registered Kind**			
内资企业	Civil Funded Enterprises	3212268	958561	82710
国有企业	State-owned Enterprises	98957	5678	1460
集体企业	Collective-owned Enterprises	40673	2469	1299
股份合作企业	Share Cooperative Enterprises			
联营企业	Joint Ownership Enterprises			
有限责任公司	Limited Responsibility Corporations	1930892	582818	68786
国有独资公司	Company Exclusively with Investment from State	277274	48202	22211
其他有限责任公司	Other Limited Responsibility Company	1653618	534616	46575
股份有限公司	Share-holding Limited Corporations	17283	10185	5
私营企业	Private-owned Enterprises	1124463	357411	11162
私营独资企业	Enterprise Exclusively with Investment from Private	91	140	
私营合伙企业	Private Partnership Enterprises			
私营有限责任公司	Private Limited Responsibility Corporations	1016395	333934	10912
私营股份有限公司	Private Share-holding Limited Corporations	107977	23337	250
其他企业	Other Enterprises			
港、澳、台商投资企业	Enterprises Funded by Hong Kong, Macao and Taiwan	65	79	
外商投资企业	Foreign Funded Enterprises	205	232	
按国民经济行业分	**Grouped by Economic Sector**			
房屋和土木工程建筑业	Housing and Civil Engineering Construction	2880862	820176	74258
房屋工程建筑	Housing	1448406	416212	25276
土木工程建筑	Civil Engineering	1432456	403964	48982
建筑安装业	Building Installation	208037	109763	7607
建筑装饰业	Building Fiting and Decoration	51856	7892	139
其他建筑业	Other Construction	71783	21041	706
按隶属关系分	**Grouped by Subordination**			
中　央	Central Enterprises	789977	294809	28281
地　方	Local Enterprises	792835	206486	38341
其　他	Others	1629727	457578	16088
按企业资质等级分	**Grouped by Qualification Criteria**			
施工总承包	Overall Contract	2874187	828619	76622
专业承包	Specialized Contract	338351	130253	6089

11-13 建筑业企业利润及税金情况(2019年)
PROFITS AND TAXES OF CONSTRUCTION ENTERPRISES(2019)

单位：万元 (10 000 yuan)

指 标	Item	利润总额 Total Profits	主营业务税金及附加 Taxes and Extra Charges of Major Business	应交增值税 Value-added Taxes Payable
总 计	**Total**	**1000544**	**186980**	**942643**
#国有及国有控股	State Owned and State Controlling Share	562749	84715	483615
按登记注册类型分	**Grouped by Registered Kind**			
内资企业	Civil Funded Enterprises	1000227	186956	942443
国有企业	State-owned Enterprises	7796	6465	20456
集体企业	Collective-owned Enterprises	2328	2358	8625
股份合作企业	Share Cooperative Enterprises			
联营企业	Joint Ownership Enterprises			
有限责任公司	Limited Responsibility Corporations	624781	96125	583562
国有独资公司	Company Exclusively with Investment from State	54532	24648	135260
其他有限责任公司	Other Limited Responsibility Company	570249	71477	448302
股份有限公司	Share-holding Limited Corporations	10159	1391	6409
私营企业	Private-owned Enterprises	355163	80617	323392
私营独资企业	Enterprise Exclusively with Investment from Private	140	17	127
私营合伙企业	Private Partnership Enterprises			
私营有限责任公司	Private Limited Responsibility Corporations	332401	69639	305620
私营股份有限公司	Private Share-holding Limited Corporations	22623	10961	17645
其他企业	Other Enterprises			
港、澳、台商投资企业	Enterprises Funded by Hong Kong, Macao and Taiwan	84	17	151
外商投资企业	Foreign Funded Enterprises	233	7	49
按国民经济行业分	**Grouped by Economic Sector**			
房屋和土木工程建筑业	Housing and Civil Engineering Construction	859147	172222	828008
房屋工程建筑	Housing	420555	105383	495867
土木工程建筑	Civil Engineering	438593	66838	332141
建筑安装业	Building Installation	112637	8985	71736
建筑装饰业	Building Fiting and Decoration	7530	2795	13519
其他建筑业	Other Construction	21230	2979	29380
按隶属关系分	**Grouped by Subordination**			
中 央	Central Enterprises	316828	37035	119721
地 方	Local Enterprises	219896	44199	354379
其 他	Others	463820	105747	468543
按企业资质等级分	**Grouped by Qualification Criteria**			
施工总承包	Overall Contract	867106	171735	877762
专业承包	Specialized Contract	133438	15246	64881

主要统计指标解释

签订的合同额　指建筑业企业在报告期直接同建设单位签订的各种国内工程合同的总价款和以前年度同建设单位签订的各种国内工程合同的未完工程跨入本年度继续施工工程合同的总价款余额。

本年新签合同额　指建筑业企业在报告期内同建设单位直接新签订的各种国内工程合同的总价款，不包括与其他建筑业企业新签的分包合同额。

建筑业总产值　指以货币表现的建筑业企业在一定时期内生产的建筑业产品和服务的总和。建筑业总产值包括建筑工程产值、安装工程产值和其他产值三部分内容。

竣工产值　一般是以单位工程为对象，当该工程按照设计所规定的工程内容全部完成，达到了设计规定的交工条件，经有关部门检查验收鉴定合格的单位工程价值，即为竣工产值。竣工产值包括范围应是报告期内竣工单位工程从开工到竣工的全部自行完成的价值，竣工产值不包括附属辅助企业或内部核算的其他单位为外单位生产和服务的价值。

房屋施工面积　指报告期内施工的全部房屋建筑面积。包括本期新开工的房屋建筑面积、上期跨入本期继续施工的房屋建筑面积、上期停缓建在本期恢复施工的房屋建筑面积、本期竣工的房屋建筑面积以及本期施工后又停缓建的房屋建筑面积。

房屋竣工面积　指报告期内房屋建筑按照设计要求已全部完工，达到住人和使用条件，经验收鉴定合格或达到竣工验收标准，可正式移交使用的各栋房屋建筑面积的总和。

房屋竣工价值　指在报告期内按规定已经上报竣工的房屋本身的建造价值。一般按房屋设计和预算规定的内容计算。一般按结算价格（或中标价）计算。

资产总计　指企业过去的交易或者事项形成的、由企业拥有或者控制的、预期会给企业带来经济利益的资源。资产一般按流动性分为流动资产和非流动资产。

负债合计　指企业过去的交易或者事项形成的，预期会导致经济利益流出企业的现时义务。负债一般按偿还期长短分为流动负债和非流动负债。

所有者权益合计　指企业资产扣除负债后由所有者享有的剩余权益。公司的所有者权益又称股东权益。包括实收资本、资本公积、盈余公积、未分配利润等。

主营业务收入　指企业经营主要业务所实现的收入。

销售费用　指企业从事施工生产活动过程中发生的各项费用，包括应由企业负担的运输费、装卸费、包装费、保险费、维修费、展览费、差旅费、广告费和其他经费。

营业利润　指企业从事生产经营活动所取得的利润。

利润总额　指企业在一定会计期间的经营成果，是生产经营过程中各种收入扣除各种耗费后的盈余，反映企业在报告期内实现的亏盈总额。利润总额为营业利润加上营业外收入，减去营业外支出后的金额。

应付职工薪酬　指企业为获得职工提供的服务或解除劳动关系而给予的各种形式的报酬或补偿。包括职工工资、奖金、津贴和补贴，职工福利费，医疗保险费、养老保险费、失业保险费、工伤保险费和生育保险费等社会保险费，住房公积金，工会经费和职工教育经费，带薪缺勤，利润分享计划，非货币性福利，辞退福利和其他为获得职工提供的服务而给予的报酬或补偿。

应交增值税　指按照税法规定，以销售货物、服务、无形资产、不动产或提供加工、修理修配劳务的增值额和货物进口金额为计税依据而课征的一种流转税。

Explanatory Notes on Main Statistical Indicators

Contract Amount Signed refers to the total contract amount for domestic projects that construction enterprises signed directly with the constructed units in the reference period and the remaining sum of contract amount for domestic projects that construction enterprises signed in the previous years, with construction project are in process and extending to continue in current year.

Contract Amount Newly Signed This Year refers to total amount of domestic project contracts that construction enterprises newly signed directly with constructed units in the reference period, excluding subcontracts that construction enterprises newly signed with other construction enterprises.

Gross Output Value of Construction refers to total of construction products and services, expressed in money terms, completed by construction enterprises during a given period of time. It includes three parts: output value of construction projects, output value of installation projects and output value of others.

Output Value of Buildings Completed refers to the value of unit project that is completed in accordance with the requirements of the design, up to the standard for handing in, and has been checked and accepted by concerned departments as qualified one. It includes entire value of the completed project from start to completing in the reference period. If a project is under construction in two years, the output value of building completed should include completed value last year. Some large projects, such as large factory building, senior hotel, pipelines, roads, railways, which can be constructed by span, layer or fragment and can be put into use separately by contract, can calculate their output value separately. It excludes the value of products and services which affiliated enterprises or other inner accounting units provide to outer units.

Floor Space of Buildings under Construction refers to total floor space of buildings under construction during the reference period, including newly started buildings, buildings started earlier and continued during the reference period, and buildings suspended earlier but restarted during the reference period, buildings completed during the reference period, and buildings under construction and then suspended during the reference period.

Floor Space of Buildings Completed refers to the floor space of buildings that are completed in the reference period in accordance with the requirement of the design, up to the standard for being resided in and put into use, and have been checked and accepted by concerned departments as qualified ones or up to the standard of buildings completed and can be handed over fore putting into use.

Value of Buildings Completed refers to the constructing value of buildings which have reported completing in accordance with the requirement in reference period. Generally, it calculates by stipulated items in design and budget. It can report in term of settling value or value of attaining contract.

Total Assets refer to resources, formed by former transaction or events, owned or controlled by enterprises, and it can bring economic profits in future. Total assets normally include liquid assets and illiquid assets.

Total Liabilities refer to the debts, formed by former transaction or events, and it can bring economic profits in future. The liabilities include liability include liquid liabilities and illiquid liabilities by terms of repayment.

Creditors' Equity refers to the residual equity enjoyed by the owners, which equals to assets deducting liabilities, including capital hold, capital accumulation fund, surplus accumulation fund and undistributed profit.

Revenue of Major Business refers to the revenue enterprises achieved from the major business.

Sales Expenses refer to kinds of costs through constructing activities, which include costs of transport, loading and unloading, packing, insurance, maintaining, showing, business trip, advertisement and others.

Profits of Business refer to profits realized through the business of enterprises.

Total Profits refer to business results of enterprises in a certain account period, i.e. enterprises' business surplus of income deduct losses in the production and operation process, reflecting total profits and losses during the reference period. Total profits equal business profits plus non-business income, and minus non-business expenses.

Remuneration Payable of Staff and Workers refers to all kinds of payments and compensation that enterprises pay staff and workers for getting services or terminating labor relations. It includes wages, bonus, allowances, subsides, welfare fees, health insurance premiums, endowment insurance premiums, unemployment insurance premiums, employment injury insurance premiums, birth insurance premiums, housing provident funds, labor union expenditures, educational expenditures, paid absence, profit-sharing plan, non-monetary welfare, termination benefits, etc.

Value Added Taxes Payable refers to the turnover taxes which is imposed on the added value of selling goods, services, intangible assets, real estate, or providing processing and repairing, and on imported value of import goods according to the tax laws.

房地产

REAL ESTATE

资料整理人员

郝志军　宋雅静

房地产
REAL ESTATE

房地产开发投资	Investment in Real Estate Development	1656.5	亿元	(100 million yuan)
#住　宅	Residential Buildings	1296.5	亿元	(100 million yuan)
房屋施工面积	Floor Space of Buildings under Construction	19548.5	万平方米	(10 000 sq.m)
#住　宅	Residential Buildings	14323.8	万平方米	(10 000 sq.m)
房屋竣工面积	Floor Space of Buildings Completed	2739.2	万平方米	(10 000 sq.m)
#住　宅	Residential Buildings	1985.3	万平方米	(10 000 sq.m)

房地产开发投资构成 (%)
Composition of Investment in Real Estate Development (%)

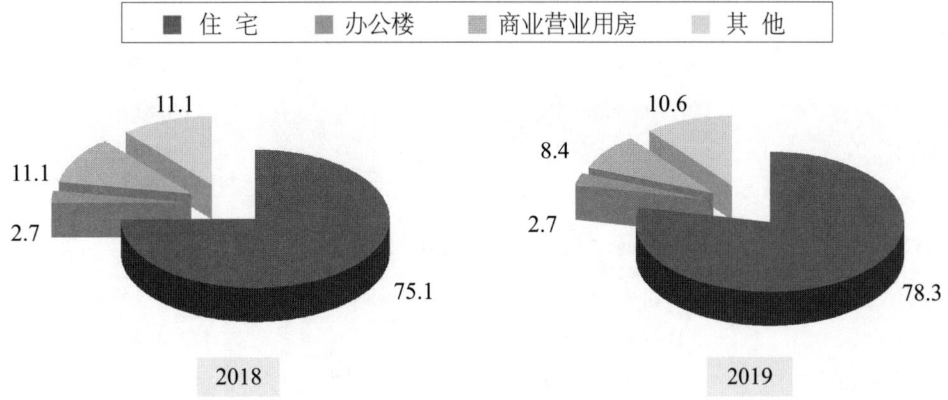

房地产开发投资（亿元）
Investment in Real Estate Development (100 million yuan)

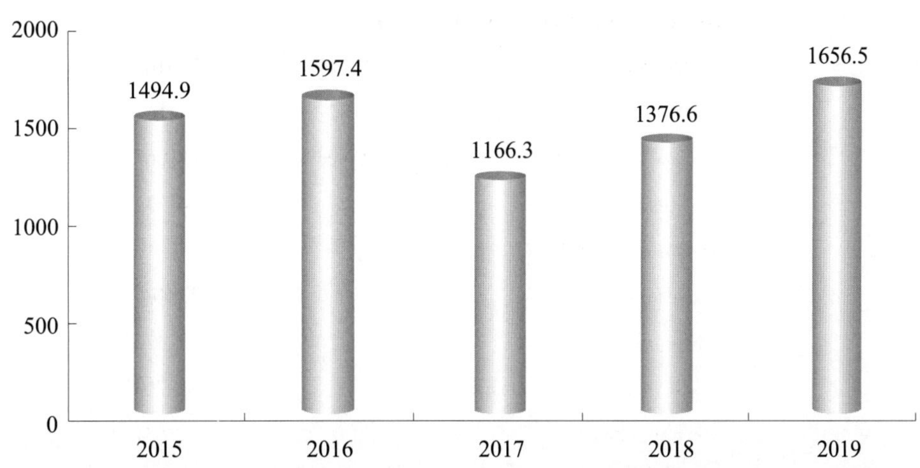

12-1 房地产开发企业主要指标
MAJOR INDICATORS OF REAL ESTATE DEVELOPMENT ENTERPRISES

单位：万元 (10 000 yuan)

指 标	Item	2018	2019
一、企业个数(个)	**Number of Enterprises (unit)**	**2418**	**2389**
二、本年完成投资	**Investment Completed This Year**	**13765808**	**16565005**
按工程用途分	Grouped by Use of Projects		
住 宅	Residential Buildings	10337564	12964760
办公楼	Office Buildings	367745	452789
商业营业用房	Buildings for Business Operation	1531545	1384146
其 他	Other Expenses	1528954	1763310
三、本年新增固定资产	**Newly Increased Fixed Assets This Year**	**4180690**	**9593261**
四、本年购置土地面积(平方米)	**Land Area Purchased This Year (sq.m)**	**2863793**	**5663619**
五、本年实际到位资金	**Actual Funds in Place This Year**	**18066247**	**21594238**
国内贷款	Domestic Loans	1293369	1475901
自筹资金	Self-raised Fund	6801394	9762385
定金及预收款	Deposit and Pre Payment	6038146	6404649
个人按揭贷款	Individual Mortgage Loans	3024244	2712848
其他到位资金	Others	909094	1238455
六、房屋建筑面积(平方米)	**Floor Space of Buildings (sq.m)**		
房屋施工面积	Floor Space of Buildings Under Construction	169471135	195485452
#住 宅	Residential Buildings	123145485	143237617
本年新开工面积	Floor Space of Buildings Newly Started Construction This Year	38725376	48790890
#住 宅	Residential Buildings	29572355	37716996
房屋竣工面积	Floor Space of Buildings Completed	14079469	27392161
#住 宅	Residential Buildings	10945022	19852854
七、商品房销售(平方米)	**Selling of Commercial Buildings (sq.m)**		
商品房销售面积	Floor Space of Commercial Buildings Sold	23610186	23661143
#住 宅	Residential Buildings	22158597	21693266
商品房销售额(万元)	Sales of Commercial Buildings (10 000 yuan)	16106793	16317570
#住 宅	Residential Buildings	14733766	14523970
八、经营状况	**Operation Condition**		
资产总计	Total Assets	123844497	136762122
营业收入	Business Revenue	10547257	13265106
#主营业务收入	Revenue of Major Business	8876438	12272443
营业利润	Business Profits	288182	710538
利润总额	Total Profits	222750	652792
九、从业人员平均人数(人)	**Average Number of Employees (person)**	**53690**	**52009**

12-2 房地产开发企业完成投资
COMPLETED INVESTMENT OF REAL ESTATE ENTERPRISES

单位：万元 (10 000 yuan)

年 份 Year	本年完成投资 Investement Completed This Year	住 宅 Residential Buildings	办公楼 Office Buildings	商业营业用房 Buildings for Business Operation	其 他 Others
1990	28486	24635	342	2108	1401
1991	32642	27132			5510
1992	51869	41963	1473	1451	6982
1993	129685	102732		2362	24591
1994	116512	87606	2964	6169	19773
1995	150866	101914	12353	13841	22758
1996	147893	107111	6442	7471	26869
1997	181736	151687	6258	6990	16801
1998	278653	199862	9774	21609	47408
1999	350458	270496	7771	30307	41884
2000	394556	272280	19201	48178	54897
2001	466464	288916	17639	67861	92048
2002	674331	369041	46104	88518	170668
2003	950740	473991	53641	211630	211478
2004	1449898	846989	110917	353485	138507
2005	1779937	1168931	107448	274199	229359
2006	2086231	1558224	83778	238224	206005
2007	2589251	1902509	51973	245495	389274
2008	3279807	2287311	81888	389808	520800
2009	4772748	3778904	106264	437877	449703
2010	5922376	4574340	125367	604588	618081
2011	7901982	6153199	172888	736434	839461
2012	10104513	7356137	227958	1392518	1127900
2013	13086275	9588469	484284	1825554	1187968
2014	14035549	10106901	692123	1913124	1323401
2015	14948719	10983176	855037	1712127	1398379
2016	15973532	11410813	751536	2172920	1638263
2017	11662833	8463841	356003	1477912	1365077
2018	13765808	10337564	367745	1531545	1528954
2019	16565005	12964760	452789	1384146	1763310

12-3 房地产开发企业施工、销售和待售情况(2019年)

指 标	Item	合 计 Total	住 宅 Residential Buildings
房屋施工面积（平方米）	Floor Space of Buildings under Construction (sq.m)	195485452	143237617
#本年新开工面积	Buildings Newly Started Construction This Year	48790890	37716996
房屋竣工面积（平方米）	Floor Space of Buildings Completed (sq.m)	27392161	19852854
#不可销售面积	Buildings Unable to be Sold	2508448	1003470
住宅竣工套数（套）	Sets of Residential Buildings Completed (set)		173581
房屋竣工价值（万元）	Value of Buildings Completed (10 000 yuan)	8593701	5643359
房屋出租面积（平方米）	Floor Space of Buildings Leased (sq.m)	70334	
商品房销售面积(平方米)	Floor Space of Commercial Residential Buildings Sold (sq.m)	23661143	21693266
现 房	Completed Buildings	4884321	4204210
期 房	Forward Delivery Buildings	18776822	17489056
商品房销售额（万元）	Sales of Commercial Buildings (10 000 yuan)	16317570	14523970
现 房	Completed Buildings	2169416	1761968
期 房	Forward Delivery Buildings	14148154	12762002
商品住宅销售套数(套)	Sets of Commercial Residential Buildings Sold (set)		182563
现 房	Completed Buildings		35946
期 房	Forward Delivery Buildings		146617
待售面积 （平方米）	Floor Space for Sale (sq.m)	9662549	5711451
#待售1-3年面积	Floor Space for Sale in 1-3 Years	3286546	1990998
待售3年以上面积	Floor Space for Sale More Than 3 Years	3059097	1698555

BUILDINGS UNDER CONSTRUCTION, SELLING AND FOR SALE OF REAL ESTATE DEVELOPMENT ENTERPRISES(2019)

#90平方米及以下住房 90 sq.m and Below	#144平方米以上住房 Above 144 sq.m	#别墅、高档公寓 Villas and High-grade Apartment Buildings	办公楼 Office Buildings	商业营业用房 Buildings for Business Operation	其 他 Others
23716611	26884329	1774511	5540418	19939378	26768039
3650213	6409474	286743	738740	3603785	6731369
3517800	3779995	103904	835125	3580703	3123479
149709	50337		120602	491262	893114
45833	21032	865			
1079881	1062364	43066	644344	1642884	663114
				57034	13300
1808067	3793722	267649	434882	906992	626003
513021	761683	30862	139706	305302	235103
1295046	3032039	236787	295176	601690	390900
1152324	3412952	286012	425025	1053754	314821
167460	397691	19385	106674	227184	73590
984864	3015261	266627	318351	826570	241231
22927	21719	2545			
6561	4273	197			
16366	17446	2348			
1156413	1553719	128598	330726	2165174	1455198
386142	627516	19514	168544	756033	370971
354794	580379	67084	124946	809731	425865

12-4 房地产开发企业投资完成情况(2019年)

单位：万元

指　标	Item	企业个数(个) Number of Enterprises (unit)
总　计	**Total**	**2389**
按登记注册类型	**Grouped by Type of Registration Status**	
内　资	Domestic-Funded Enterprises	2378
国　有	State-owned Enterprises	40
集　体	Collective-owned Enterprises	4
股份合作	Share Cooperative Enterprises	
国有联营	State Joint Ownership Enterprises	
集体联营	Collective Joint Ownership Enterprises	
国有与集体联营	Joint State-collective Enterprises	
其他联营	Other Joint Ownership Enterprises	
国有独资公司	State-funded Corporations	51
其他有限责任公司	Other Limited Liability Corporations	520
股份有限公司	Share Corporations Ltd.	22
私营独资	Private-funded Enterprises	
私营合伙	Private Partnership Enterprises	
私营有限责任公司	Private Limited Liability Corporations	1711
私营股份有限公司	Private Share-holding Corporations Ltd.	30
其　他	Others	
港澳台投资	Enterprises with Investment from Hong Kong, Macao and Taiwan	6
合资经营	Joint-venture Enterprises	3
合作经营	Cooperative Enterprises	
独　资	Enterprises with Sole Investment	2
股份有限	Share Corporations Ltd.	1
其　他	Others	
外商投资	Enterprises with Foreign Investment	5
合资经营	Joint-Venture Enterprises	2
合作经营	Cooperative Enterprises	
外　资	Enterprises with Sole Foreign Investment	3
股份有限	Share Corporations Ltd.	
其　他	Others	
按控股情况分	**Grouped by Share Holding**	
国有控股	State Holding Enterprises	198
集体控股	Collective-owned Holding Enterprises	29
私人控股	Private Holding Enterprises	2039
港澳台商控股	Hongkong, Macao and Taiwan Holding Enterprises	4
外商控股	Foreign Holding Enterprises	6
其　他	Others	113

COMPLETED INVESTMENT OF REAL ESTATE DEVELOPMENT ENTERPRISES(2019)

(10 000 yuan)

计划总投资 Total Planned Investment	自开始建设累计完成投资 Accumulative Investment Completed Since Starting of Construction	本年完成投资 Investment Completed This Year	建筑工程 Construction	安装工程 Installation
127002220	**72459859**	**16565005**	**9598065**	**1351804**
125331870	71771412	16487128	9524355	1351200
1579876	1006009	281378	94420	4535
29907	2790	2790	1000	300
5023134	2526445	781154	403153	20307
59801078	29119516	7043825	3935956	515882
709464	610472	175724	105289	15993
57420847	37906460	8124544	4918535	786498
767564	599720	77713	66002	7685
1245589	424182	48417	48209	208
901317	223894	1543	1543	
195516	144669	9131	8923	208
148756	55619	37743	37743	
424761	264265	29460	25501	396
424761	264265	29460	25501	396
24609333	14799553	2591462	1439751	147940
1161436	872524	178329	111938	34562
86297067	50674276	12050812	6923153	1072467
1065272	369607	46874	46666	208
424761	264265	29460	25501	396
13444351	5479634	1668068	1051056	96231

12-4 续表1

单位：万元

指　标	Item	设备工器具购置 Purchase of Equipment and Instruments
总　计	**Total**	**200297**
按登记注册类型	**Grouped by Type of Registration Status**	
内　资	Domestic-Funded Enterprises	196734
国　有	State-owned Enterprises	1556
集　体	Collective-owned Enterprises	290
股份合作	Share Cooperative Enterprises	
国有联营	State Joint Ownership Enterprises	
集体联营	Collective Joint Ownership Enterprises	
国有与集体联营	Joint State-collective Enterprises	
其他联营	Other Joint Ownership Enterprises	
国有独资公司	State-funded Corporations	3040
其他有限责任公司	Other Limited Liability Corporations	85016
股份有限公司	Share Corporations Ltd.	1878
私营独资	Private-funded Enterprises	
私营合伙	Private Partnership Enterprises	
私营有限责任公司	Private Limited Liability Corporations	104367
私营股份有限公司	Private Share-holding Corporations Ltd.	587
其　他	Others	
港澳台投资	Enterprises with Investment from Hong Kong, Macao and Taiwan	
合资经营	Joint-venture Enterprises	
合作经营	Cooperative Enterprises	
独　资	Enterprises with Sole Investment	
股份有限	Share Corporations Ltd.	
其　他	Others	
外商投资	Enterprises with Foreign Investment	3563
合资经营	Joint-Venture Enterprises	
合作经营	Cooperative Enterprises	
外　资	Enterprises with Sole Foreign Investment	3563
股份有限	Share Corporations Ltd.	
其　他	Others	
按控股情况分	**Grouped by Share Holding**	
国有控股	State Holding Enterprises	22649
集体控股	Collective-owned Holding Enterprises	9989
私人控股	Private Holding Enterprises	144882
港澳台商控股	Hongkong, Macao and Taiwan Holding Enterprises	
外商控股	Foreign Holding Enterprises	3563
其　他	Others	19214

continued

(10 000 yuan)

其他费用 Other Expenses	#旧建筑物购置费 Purchse of old Building	#土地购置费 Purchase of Land	住宅 Residential Buildings	#90平方米及以下住房 90 sq.m and Below
5414839	**20635**	**4460481**	**12964760**	**1899516**
5414839	20635	4460481	12898048	1885782
180867		73377	223438	8145
1200		1200	590	
354654	9916	232604	529445	114853
2506971	3052	2061334	5518044	799690
52564		47537	151975	7468
2315144	7667	2041839	6402729	947148
3439		2590	71827	8478
			48417	1543
			1543	1543
			9131	
			37743	
			18295	12191
			18295	12191
981122	9916	625944	1855830	336842
21840		21829	143294	19187
3910310	10719	3390909	9568133	1292860
			46874	
			18295	12191
501567		421799	1332334	238436

12-4 续表2

单位：万元

指标	Item	#144平方米以上住房 Above 144 sq.m
总　计	**Total**	**2661762**
按登记注册类型	**Grouped by Type of Registration Status**	
内　资	Domestic-Funded Enterprises	2614343
国　有	State-owned Enterprises	873
集　体	Collective-owned Enterprises	400
股份合作	Share Cooperative Enterprises	
国有联营	State Joint Ownership Enterprises	
集体联营	Collective Joint Ownership Enterprises	
国有与集体联营	Joint State-collective Enterprises	
其他联营	Other Joint Ownership Enterprises	
国有独资公司	State-funded Corporations	37411
其他有限责任公司	Other Limited Liability Corporations	1290137
股份有限公司	Share Corporations Ltd.	59803
私营独资	Private-funded Enterprises	
私营合伙	Private Partnership Enterprises	
私营有限责任公司	Private Limited Liability Corporations	1213124
私营股份有限公司	Private Share-holding Corporations Ltd.	12595
其　他	Others	
港澳台投资	Enterprises with Investment from Hong Kong, Macao and Taiwan	46874
合资经营	Joint-venture Enterprises	
合作经营	Cooperative Enterprises	
独　资	Enterprises with Sole Investment	9131
股份有限	Share Corporations Ltd.	37743
其　他	Others	
外商投资	Enterprises with Foreign Investment	545
合资经营	Joint-Venture Enterprises	
合作经营	Cooperative Enterprises	
外　资	Enterprises with Sole Foreign Investment	545
股份有限	Share Corporations Ltd.	
其　他	Others	
按控股情况分	**Grouped by Share Holding**	
国有控股	State Holding Enterprises	300857
集体控股	Collective-owned Holding Enterprises	39060
私人控股	Private Holding Enterprises	1951834
港澳台商控股	Hongkong, Macao and Taiwan Holding Enterprises	46874
外商控股	Foreign Holding Enterprises	545
其　他	Others	322592

continued

(10 000 yuan)

#别墅、高档公寓 Villas and Highgrade Apartment Buildings	办公楼 Office Buildings	商业营业用房 Buildings for Business Operation	其他 Others	本年新增固定资产 Newly Increased Fixed Assets This Year
143055	**452789**	**1384146**	**1763310**	**9593261**
105312	452789	1382762	1753529	9593261
	59	13855	44026	50052
		1000	1200	
	31346	47311	173052	318445
47192	202181	548016	775584	2910256
	434	18802	4513	57542
58120	218759	749214	753842	6238989
	10	4564	1312	17977
37743				
37743				
		1384	9781	
		1384	9781	
2216	103062	186582	445988	932130
	1455	19885	13695	181115
72469	342695	1048614	1091370	7550989
37743				
		1384	9781	
30627	5577	127681	202476	929027

12-5 房地产开发企业资金来源情况(2019年)

单位：万元

指 标	Item	上年末结余资金 Remaining Funds at The End of Last Year
总 计	**Total**	**5851180**
按登记注册类型	**Grouped by Type of Registration Status**	
内 资	Domestic-Funded Enterprises	5838097
国 有	State-owned Enterprises	15103
集 体	Collective-owned Enterprises	
股份合作	Share Cooperative Enterprises	
国有联营	State Joint Ownership Enterprises	
集体联营	Collective Joint Ownership Enterprises	
国有与集体联营	Joint State-collective Enterprises	
其他联营	Other Joint Ownership Enterprises	
国有独资公司	State-funded Corporations	640378
其他有限责任公司	Other Limited Liability Corporations	2587598
股份有限公司	Share Corporations Ltd.	66646
私营独资	Private-funded Enterprises	
私营合伙	Private Partnership Enterprises	
私营有限责任公司	Private Limited Liability Corporations	2515653
私营股份有限公司	Private Share-holding Corporations Ltd.	12719
其 他	Others	
港澳台投资	Enterprises with Investment from Hong Kong, Macao and Taiwan	5184
合资经营	Joint-venture Enterprises	
合作经营	Cooperative Enterprises	
独 资	Enterprises with Sole Investment	14
股份有限	Share Corporations Ltd.	5170
其 他	Others	
外商投资	Enterprises with Foreign Investment	7899
合资经营	Joint-Venture Enterprises	
合作经营	Cooperative Enterprises	
外 资	Enterprises with Sole Foreign Investment	7899
股份有限	Share Corporations Ltd.	
其 他	Others	
按控股情况分	**Grouped by Share Holding**	
国有控股	State Holding Enterprises	1711869
集体控股	Collective-owned Holding Enterprises	159445
私人控股	Private Holding Enterprises	3348063
港澳台商控股	Hongkong, Macao and Taiwan Holding Enterprises	5184
外商控股	Foreign Holding Enterprises	7899
其 他	Others	618720

SOURCE OF FUNDS FOR REAL ESTATE DEVELOPMENT ENTERPRISES(2019)

(10 000 yuan)

本年实际到位资金 Actual Funds in Place This Year	国内贷款 Domestic Loans	自筹资金 Self-raised Funds	定金及预付款 Deposit and Pre Payment	个人按揭贷款 Individual Mortgage	其他到位资金 Others
21594238	**1475901**	**9762385**	**6404649**	**2712848**	**1238455**
21501493	1466501	9755292	6380181	2687103	1212416
264040	2750	228038	22410		10842
2790		2790			
1005182	122022	160263	335993	88255	298649
9870239	836416	4335738	2867800	1307132	523153
203138		56485	67918	34962	43773
10073568	505313	4924904	3070816	1237086	335449
82536		47074	15244	19668	550
55355		1543	11704	16069	26039
1543		1543			
16069				16069	
37743			11704		26039
37390	9400	5550	12764	9676	
37390	9400	5550	12764	9676	
3384668	271346	937083	1077408	299695	799136
204566		85580	79427	39559	
14985623	1027855	7445665	4302287	1801514	408302
53812			11704	16069	26039
37390	9400	5550	12764	9676	
2928179	167300	1288507	921059	546335	4978

12-6 房地产开发企业土地购置、开发和待售情况(2019年)

单位：平方米

指 标	Item	待开发土地面积 Land Area Pending Development
总 计	**Total**	**8380528**
按登记注册类型	**Grouped by Type of Registration Status**	
内 资	Domestic-Funded Enterprises	8306250
国 有	State-owned Enterprises	
集 体	Collective-owned Enterprises	52494
股份合作	Share Cooperative Enterprises	
国有联营	State Joint Ownership Enterprises	
集体联营	Collective Joint Ownership Enterprises	
国有与集体联营	Joint State-collective Enterprises	
其他联营	Other Joint Ownership Enterprises	
国有独资公司	State-funded Corporations	86724
其他有限责任公司	Other Limited Liability Corporations	3425536
股份有限公司	Share Corporations Ltd.	23904
私营独资	Private-funded Enterprises	
私营合伙	Private Partnership Enterprises	
私营有限责任公司	Private Limited Liability Corporations	4688362
私营股份有限公司	Private Share-holding Corporations Ltd.	29230
其 他	Others	
港澳台投资	Enterprises with Investment from Hong Kong, Macao and Taiwan	74278
合资经营	Joint-venture Enterprises	74278
合作经营	Cooperative Enterprises	
独 资	Enterprises with Sole Investment	
股份有限	Share Corporations Ltd.	
其 他	Others	
外商投资	Enterprises with Foreign Investment	
合资经营	Joint-Venture Enterprises	
合作经营	Cooperative Enterprises	
外 资	Enterprises with Sole Foreign Investment	
股份有限	Share Corporations Ltd.	
其 他	Others	
按控股情况分	**Grouped by Share Holding**	
国有控股	State Holding Enterprises	596037
集体控股	Collective-owned Holding Enterprises	62086
私人控股	Private Holding Enterprises	6940286
港澳台商控股	Hongkong, Macao and Taiwan Holding Enterprises	
外商控股	Foreign Holding Enterprises	
其 他	Others	782119

LAND PURCHASING, DEVELOPING AND FOR SALE OF REAL ESTATE DEVELOPMENT ENTERPRISES(2019)

(sq.m)

本年购置土地面积 Land Area Purchased This Year	本年土地成交价款(万元) Deal Value of Land This Year (10 000 yuan)	待售面积 Land Area for Sale	#待售面积(一年至三年) Land Area for Sale in 1-3 Years	#待售面积(三年以上) Land Area for Sale More Than Three Years
5663619	**2707788**	**9662549**	**3286546**	**3059097**
5663619	2707788	9615659	3286546	3012207
		35934	13503	16392
23600	1200			
363055	154217	105222	50019	22367
2252063	1912719	3261018	1093282	1419079
23736	13495	64333	20000	
2972925	623780	5943787	2097286	1458383
28240	2377	205365	12456	95986
		46890		46890
		46890		46890
589003	226161	433335	277145	117315
34017	2386	126259	62278	2986
4013638	1058384	8246523	2686942	2419949
		7377		
1026961	1420857	849055	260181	518847

12-7 房地产开发企业施工和销售情况(2019年)

单位：平方米

指　标	Item	房屋施工面积 Floor Space of Buildings under Construction	住　宅 Residential Buildings
总　计	**Total**	**195485452**	**143237617**
按登记注册类型	**Grouped by Type of Registration Status**		
内　资	Domestic-Funded Enterprises	193270283	142351143
国　有	State-owned Enterprises	2789820	2365118
集　体	Collective-owned Enterprises	9500	6000
股份合作	Share Cooperative Enterprises		
国有联营	State Joint Ownership Enterprises		
集体联营	Collective Joint Ownership Enterprises		
国有与集体联营	Joint State-collective Enterprises		
其他联营	Other Joint Ownership Enterprises		
国有独资公司	State-funded Corporations	7546373	5453021
其他有限责任公司	Other Limited Liability Corporations	73148428	54183140
股份有限公司	Share Corporations Ltd.	1777518	1268933
私营独资	Private-funded Enterprises		
私营合伙	Private Partnership Enterprises		
私营有限责任公司	Private Limited Liability Corporations	106491008	77895855
私营股份有限公司	Private Share-holding Corporations Ltd.	1507636	1179076
其　他	Others		
港澳台投资	Enterprises with Investment from Hong Kong, Macao and Taiwan	1728676	787587
合资经营	Joint-venture Enterprises	1311169	445027
合作经营	Cooperative Enterprises		
独　资	Enterprises with Sole Investment	297507	222560
股份有限	Share Corporations Ltd.	120000	120000
其　他	Others		
外商投资	Enterprises with Foreign Investment	486493	98887
合资经营	Joint-Venture Enterprises		
合作经营	Cooperative Enterprises		
外　资	Enterprises with Sole Foreign Investment	486493	98887
股份有限	Share Corporations Ltd.		
其　他	Others		
按控股情况分	**Grouped by Share Holding**		
国有控股	State Holding Enterprises	33189187	24439000
集体控股	Collective-owned Holding Enterprises	1870754	1447802
私人控股	Private Holding Enterprises	141867554	103360986
港澳台商控股	Hongkong, Macao and Taiwan Holding Enterprises	1519507	689260
外商控股	Foreign Holding Enterprises	486493	98887
其　他	Others	16551957	13201682

CONSTRUCTION AND SALES OF REAL ESTATE DEVELOPMENT ENTERPRISES(2019)

(sq.m)

#90平方米及以下住房 90 sq.m and Below	#144平方米以上住房 Above 144 sq.m	#别墅、高档公寓 Villas and High-grade Apartment Buildings	办公楼 Office Buildings	商业营业用房 Buildings for Business Operation	其 他 Others
23716611	**26884329**	**1774511**	**5540418**	**19939378**	**26768039**
23611539	26196476	1654511	5047394	19552123	26319623
1071850	6488		15522	74528	334652
	6000			3500	
1051501	209687		469305	364477	1259570
8720117	12023663	1029123	2239612	6408676	10317000
181819	102050		5067	152097	351421
12317027	13591584	601308	2315523	12286258	13993372
269225	257004	24080	2365	262587	63608
98327	652391	120000	389700	177262	374127
98327	346700		389700	154455	321987
	185691			22807	52140
	120000	120000			
6745	35462		103324	209993	74289
6745	35462		103324	209993	74289
5540057	3721747	423482	1378772	2284326	5087089
286174	591401		28468	134531	259953
15726451	18674087	828676	3510309	15958114	19038145
	652391	120000	389700	73407	367140
6745	35462		103324	209993	74289
2157184	3209241	402353	129845	1279007	1941423

12-7 续表1

单位：平方米

指　标	Item	本年新开工面积 Floor Space of Builings Newly Started Construction	住　宅 Residential Buildings
总　计	**Total**	**48790890**	**37716996**
按登记注册类型	**Grouped by Type of Registration Status**		
内　资	Domestic-Funded Enterprises	48790890	37716996
国　有	State-owned Enterprises	695204	637092
集　体	Collective-owned Enterprises	9500	6000
股份合作	Share Cooperative Enterprises		
国有联营	State Joint Ownership Enterprises		
集体联营	Collective Joint Ownership Enterprises		
国有与集体联营	Joint State-collective Enterprises		
其他联营	Other Joint Ownership Enterprises		
国有独资公司	State-funded Corporations	2305764	1699232
其他有限责任公司	Other Limited Liability Corporations	18265408	14328251
股份有限公司	Share Corporations Ltd.	363356	250901
私营独资	Private-funded Enterprises		
私营合伙	Private Partnership Enterprises		
私营有限责任公司	Private Limited Liability Corporations	26994463	20689474
私营股份有限公司	Private Share-holding Corporations Ltd.	157195	106046
其　他	Others		
港澳台投资	Enterprises with Investment from Hong Kong, Macao and Taiwan		
合资经营	Joint-venture Enterprises		
合作经营	Cooperative Enterprises		
独　资	Enterprises with Sole Investment		
股份有限	Share Corporations Ltd.		
其　他	Others		
外商投资	Enterprises with Foreign Investment		
合资经营	Joint-Venture Enterprises		
合作经营	Cooperative Enterprises		
外　资	Enterprises with Sole Foreign Investment		
股份有限	Share Corporations Ltd.		
其　他	Others		
按控股情况分	**Grouped by Share Holding**		
国有控股	State Holding Enterprises	5800649	4336919
集体控股	Collective-owned Holding Enterprises	213413	161011
私人控股	Private Holding Enterprises	37506063	28898296
港澳台商控股	Hongkong, Macao and Taiwan Holding Enterprises		
外商控股	Foreign Holding Enterprises		
其　他	Others	5270765	4320770

continued

(sq.m)

#90平方米及以下住房 90 sq.m and Below	#144平方米以上住房 Above 144 sq.m	#别墅、高档公寓 Villas and High-grade Apartment Buildings	办公楼 Office Buildings	商业营业用房 Buildings for Business Operation	其 他 Others
3650213	**6409474**	**286743**	**738740**	**3603785**	**6731369**
3650213	6409474	286743	738740	3603785	6731369
14183	2466			13906	44206
	6000			3500	
234321	117701		62567	123301	420664
1694959	2764159	6394	199928	1301738	2435491
	228			42954	69501
1704291	3488262	280349	473880	2075744	3755365
2459	30658		2365	42642	6142
567428	327886	494	92237	452438	919055
10717	15031			8562	43840
2683520	5146855	286249	626975	2883294	5097498
388548	919702		19528	259491	670976

12-7 续表2

单位：平方米

指 标	Item	房屋竣工面积 Floor Space of Buildings Completed	住 宅 Residential Buildings
总 计	**Total**	**27392161**	**19852854**
按登记注册类型	**Grouped by Type of Registration Status**		
内 资	Domestic-Funded Enterprises	27392161	19852854
国 有	State-owned Enterprises	196344	150647
集 体	Collective-owned Enterprises		
股份合作	Share Cooperative Enterprises		
国有联营	State Joint Ownership Enterprises		
集体联营	Collective Joint Ownership Enterprises		
国有与集体联营	Joint State-collective Enterprises		
其他联营	Other Joint Ownership Enterprises		
国有独资公司	State-funded Corporations	823745	481351
其他有限责任公司	Other Limited Liability Corporations	7136419	5212461
股份有限公司	Share Corporations Ltd.	211265	124250
私营独资	Private-funded Enterprises		
私营合伙	Private Partnership Enterprises		
私营有限责任公司	Private Limited Liability Corporations	18931216	13816725
私营股份有限公司	Private Share-holding Corporations Ltd.	93172	67420
其 他	Others		
港澳台投资	Enterprises with Investment from Hong Kong, Macao and Taiwan		
合资经营	Joint-venture Enterprises		
合作经营	Cooperative Enterprises		
独 资	Enterprises with Sole Investment		
股份有限	Share Corporations Ltd.		
其 他	Others		
外商投资	Enterprises with Foreign Investment		
合资经营	Joint-Venture Enterprises		
合作经营	Cooperative Enterprises		
外 资	Enterprises with Sole Foreign Investment		
股份有限	Share Corporations Ltd.		
其 他	Others		
按控股情况分	**Grouped by Share Holding**		
国有控股	State Holding Enterprises	2200979	1391198
集体控股	Collective-owned Holding Enterprises	395460	290226
私人控股	Private Holding Enterprises	23168368	17020407
港澳台商控股	Hongkong, Macao and Taiwan Holding Enterprises		
外商控股	Foreign Holding Enterprises		
其 他	Others	1627354	1151023

continued

(sq.m)

#90平方米及以下住房 90 sq.m and Below	#144平方米以上住房 Above 144 sq.m	#别墅、高档公寓 Villas and High-grade Apartment Buildings	办公楼 Office Buildings	商业营业用房 Buildings for Business Operation	其 他 Others
3517800	**3779995**	**103904**	**835125**	**3580703**	**3123479**
3517800	3779995	103904	835125	3580703	3123479
58293				4314	41383
222866	18818		142925	94579	104890
795062	887170	78308	464096	620973	838889
21645	17889		5067	48708	33240
2412031	2836786	25596	223037	2803869	2087585
7903	19332			8260	17492
522894	33104		451375	131677	226729
45629	97200		28468	21998	54768
2757293	3477920	25596	271258	3227911	2648792
191984	171771	78308	84024	199117	193190

12-7 续表3

单位：万元

指　标	Item	房屋竣工价　值 Value of Buildings Completed	住　宅 Residential Buildings
总　计	**Total**	**8593701**	**5643359**
按登记注册类型	**Grouped by Type of Registration Status**		
内　资	Domestic-Funded Enterprises	8593701	5643359
国　有	State-owned Enterprises	50002	36819
集　体	Collective-owned Enterprises		
股份合作	Share Cooperative Enterprises		
国有联营	State Joint Ownership Enterprises		
集体联营	Collective Joint Ownership Enterprises		
国有与集体联营	Joint State-collective Enterprises		
其他联营	Other Joint Ownership Enterprises		
国有独资公司	State-funded Corporations	289611	99550
其他有限责任公司	Other Limited Liability Corporations	2707372	1684823
股份有限公司	Share Corporations Ltd.	57541	40489
私营独资	Private-funded Enterprises		
私营合伙	Private Partnership Enterprises		
私营有限责任公司	Private Limited Liability Corporations	5471198	3769106
私营股份有限公司	Private Share-holding Corporations Ltd.	17977	12572
其　他	Others		
港澳台投资	Enterprises with Investment from Hong Kong, Macao and Taiwan		
合资经营	Joint-venture Enterprises		
合作经营	Cooperative Enterprises		
独　资	Enterprises with Sole Investment		
股份有限	Share Corporations Ltd.		
其　他	Others		
外商投资	Enterprises with Foreign Investment		
合资经营	Joint-Venture Enterprises		
合作经营	Cooperative Enterprises		
外　资	Enterprises with Sole Foreign Investment		
股份有限	Share Corporations Ltd.		
其　他	Others		
按控股情况分	**Grouped by Share Holding**		
国有控股	State Holding Enterprises	881793	312833
集体控股	Collective-owned Holding Enterprises	181115	147603
私人控股	Private Holding Enterprises	6765461	4691314
港澳台商控股	Hongkong, Macao and Taiwan Holding Enterprises		
外商控股	Foreign Holding Enterprises		
其　他	Others	765332	491609

continued

(10 000 yuan)

#90平方米及以下住房 90 sq.m and Below	#144平方米以上住房 Above 144 sq.m	#别墅、高档公寓 Villas and High-grade Apartment Buildings	办公楼 Office Buildings	商业营业用房 Buildings for Business Operation	其 他 Others
1079881	**1062364**	**43066**	**644344**	**1642884**	**663114**
1079881	1062364	43066	644344	1642884	663114
12283				2428	10755
54220	3657		148459	25392	16210
274595	259383	40296	420057	413643	188849
7292	11700		1520	12947	2585
729315	784006	2770	74308	1186940	440844
2176	3618			1534	3871
132429	7275		494582	41774	32604
33702	6971		7403	12566	13543
812182	968868	2770	92047	1401619	580481
101568	79250	40296	50312	186925	36486

12-7 续表4

单位：平方米

指　标	Item	商品房销售面积 Floor Space of Commercial Buildings Sold	住　宅 Residential Buildings
总　计	**Total**	**23661143**	**21693266**
按登记注册类型	**Grouped by Type of Registration Status**		
内　资	Domestic-Funded Enterprises	23622066	21654354
国　有	State-owned Enterprises	33276	30113
集　体	Collective-owned Enterprises		
股份合作	Share Cooperative Enterprises		
国有联营	State Joint Ownership Enterprises		
集体联营	Collective Joint Ownership Enterprises		
国有与集体联营	Joint State-collective Enterprises		
其他联营	Other Joint Ownership Enterprises		
国有独资公司	State-funded Corporations	544527	392464
其他有限责任公司	Other Limited Liability Corporations	9998076	9067676
股份有限公司	Share Corporations Ltd.	175846	169717
私营独资	Private-funded Enterprises		
私营合伙	Private Partnership Enterprises		
私营有限责任公司	Private Limited Liability Corporations	12528142	11652678
私营股份有限公司	Private Share-holding Corporations Ltd.	342199	341706
其　他	Others		
港澳台投资	Enterprises with Investment from Hong Kong, Macao and Taiwan	39077	38912
合资经营	Joint-venture Enterprises		
合作经营	Cooperative Enterprises		
独　资	Enterprises with Sole Investment	35667	35667
股份有限	Share Corporations Ltd.	3410	3245
其　他	Others		
外商投资	Enterprises with Foreign Investment		
合资经营	Joint-Venture Enterprises		
合作经营	Cooperative Enterprises		
外　资	Enterprises with Sole Foreign Investment		
股份有限	Share Corporations Ltd.		
其　他	Others		
按控股情况分	**Grouped by Share Holding**		
国有控股	State Holding Enterprises	2146251	1767945
集体控股	Collective-owned Holding Enterprises	197421	186754
私人控股	Private Holding Enterprises	18445816	17080107
港澳台商控股	Hongkong, Macao and Taiwan Holding Enterprises	39077	38912
外商控股	Foreign Holding Enterprises	1577	1047
其　他	Others	2831001	2618501

continued

(sq.m)

#90平方米及以下住房 90 sq.m and Below	#144平方米以上住房 Above 144 sq.m	#别墅、高档公寓 Villas and High-grade Apartment Buildings	办公楼 Office Buildings	商业营业用房 Buildings for Business Operation	其　他 Others
1808067	**3793722**	**267649**	**434882**	**906992**	**626003**
1808067	3754810	264404	434882	906992	625838
3820				1039	2124
103793	32730		27659	42896	81508
649905	1812565	198634	150432	438717	341251
8563	35210			1346	4783
1024993	1839932	65770	256791	422501	196172
16993	34373			493	
	38912	3245			165
	35667				
	3245	3245			165
242980	320578	62156	76489	140426	161391
880	33756			7389	3278
1391421	2826487	108152	351751	640697	373261
	38912	3245			165
502	545			530	
172284	573444	94096	6642	117950	87908

12-7 续表5

单位：万元

指 标	Item	商品房销售额 Sales of Commercial Buildings	住 宅 Residential Buildings
总 计	**Total**	**16317570**	**14523970**
按登记注册类型	**Grouped by Type of Registration Status**		
内 资	Domestic-Funded Enterprises	16272085	14478679
国 有	State-owned Enterprises	11580	10122
集 体	Collective-owned Enterprises		
股份合作	Share Cooperative Enterprises		
国有联营	State Joint Ownership Enterprises		
集体联营	Collective Joint Ownership Enterprises		
国有与集体联营	Joint State-collective Enterprises		
其他联营	Other Joint Ownership Enterprises		
国有独资公司	State-funded Corporations	459606	333308
其他有限责任公司	Other Limited Liability Corporations	8652966	7663841
股份有限公司	Share Corporations Ltd.	120105	114459
私营独资	Private-funded Enterprises		
私营合伙	Private Partnership Enterprises		
私营有限责任公司	Private Limited Liability Corporations	6862191	6192016
私营股份有限公司	Private Share-holding Corporations Ltd.	165637	164933
其 他	Others		
港澳台投资	Enterprises with Investment from Hong Kong, Macao and Taiwan	45485	45291
合资经营	Joint-venture Enterprises		
合作经营	Cooperative Enterprises		
独 资	Enterprises with Sole Investment	39811	39811
股份有限	Share Corporations Ltd.	5674	5480
其 他	Others		
外商投资	Enterprises with Foreign Investment		
合资经营	Joint-Venture Enterprises		
合作经营	Cooperative Enterprises		
外 资	Enterprises with Sole Foreign Investment		
股份有限	Share Corporations Ltd.		
其 他	Others		
按控股情况分	**Grouped by Share Holding**		
国有控股	State Holding Enterprises	1837479	1453330
集体控股	Collective-owned Holding Enterprises	155565	134603
私人控股	Private Holding Enterprises	11687365	10553509
港澳台商控股	Hongkong, Macao and Taiwan Holding Enterprises	45485	45291
外商控股	Foreign Holding Enterprises	731	421
其 他	Others	2590945	2336816

continued

(10 000 yuan)

#90平方米及以下住房 90 sq.m and Below	#144平方米以上住房 Above 144 sq.m	#别墅、高档公寓 Villas and High-grade Apartment Buildings	办公楼 Office Buildings	商业营业用房 Buildings for Business Operation	其 他 Others
1152324	**3412952**	**286012**	**425025**	**1053754**	**314821**
1152324	3367661	280532	425025	1053754	314627
1160				1243	215
82136	26655		42306	40949	43043
537053	1890714	205179	150859	654192	184074
4243	31838			2119	3527
521469	1395768	75353	231860	354547	83768
6263	22686			704	
	45291	5480			194
	39811				
	5480	5480			194
194317	272948	72293	99040	218895	66214
777	28110			18683	2279
793346	2377053	115052	317068	637681	179107
	45291	5480			194
212	209			310	
163672	689341	93187	8917	178185	67027

12-8 房地产开发企业财务状况(2019年)

单位：万元

指 标	Item	固定资产原 价 Original Value of Fixed Assets
总 计	**Total**	**2409266**
按登记注册类型	**Grouped by Type of Registration Status**	
内 资	Domestic-Funded Enterprises	2344079
国 有	State-owned Enterprises	23190
集 体	Collective-owned Enterprises	39
股份合作	Share Cooperative Enterprises	
国有联营	State Joint Ownership Enterprises	
集体联营	Collective Joint Ownership Enterprises	
国有与集体联营	Joint State-collective Enterprises	
其他联营	Other Joint Ownership Enterprises	
国有独资公司	State-funded Corporations	781405
其他有限责任公司	Other Limited Liability Corporations	473448
股份有限公司	Share Corporations Ltd.	23771
私营独资	Private-funded Enterprises	
私营合伙	Private Partnership Enterprises	
私营有限责任公司	Private Limited Liability Corporations	1027805
私营股份有限公司	Private Share-holding Corporations Ltd.	14421
其 他	Others	
港澳台投资	Enterprises with Investment from Hong Kong, Macao and Taiwan	2228
合资经营	Joint-venture Enterprises	1808
合作经营	Cooperative Enterprises	
独 资	Enterprises with Sole Investment	235
股份有限	Share Corporations Ltd.	186
其 他	Others	
外商投资	Enterprises with Foreign Investment	62958
合资经营	Joint-Venture Enterprises	1177
合作经营	Cooperative Enterprises	
外 资	Enterprises with Sole Foreign Investment	61781
股份有限	Share Corporations Ltd.	
其 他	Others	
按控股情况分	**Grouped by Share Holding**	
国有控股	State Holding Enterprises	996701
集体控股	Collective-owned Holding Enterprises	9594
私人控股	Private Holding Enterprises	1237314
港澳台商控股	Hongkong, Macao and Taiwan Holding Enterprises	734
外商控股	Foreign Holding Enterprises	81170
其 他	Others	83753

FINANCIAL CONDITION OF REAL ESTATE DEVELOPMENT ENTERPRISES(2019)

(10 000 yuan)

累计折旧 Accumulative Depreciation	#本年折旧 Depreciation of This Year	资产总计 Total Assets	负债合计 Total Liabilities	所有者权益合计 Total Creditors' Equity	#实收资本 Paid-in Capital
569983	**118655**	**136762122**	**122393280**	**14368841**	**11806833**
553095	115170	135472591	121377317	14095274	11531785
7537	712	1818237	1635609	182628	46545
13	5	49977	49664	313	1031
39225	35403	13948862	10243298	3705564	1993389
138077	30486	57417234	52143215	5274019	4136645
9721	802	1304187	1111838	192349	61396
352640	46959	60029496	55283236	4746260	5243123
5882	805	904598	910456	-5859	49656
1846	284	597282	347908	249374	222272
1524	252	188433	74693	113741	111972
199	21	276369	185533	90836	96687
123	12	132479	87682	44797	13613
15042	3200	692249	668055	24194	52776
1117	1	81328	58971	22356	2666
13924	3200	610921	609084	1837	50110
80386	43626	31523134	25789265	5733870	3203022
2929	273	1104143	926889	177253	85951
435920	65756	88668442	81408087	7260354	7586420
611	60	570177	334702	235475	210300
21233	4401	903962	884668	19293	62304
28904	4539	13992265	13049669	942596	658835

12-8 续表1

单位：万元

指　标	Item	营业收入 Business Revenue
总　计	**Total**	**13265106**
按登记注册类型	**Grouped by Type of Registration Status**	
内　资	Domestic-Funded Enterprises	13112755
国　有	State-owned Enterprises	47369
集　体	Collective-owned Enterprises	50
股份合作	Share Cooperative Enterprises	
国有联营	State Joint Ownership Enterprises	
集体联营	Collective Joint Ownership Enterprises	
国有与集体联营	Joint State-collective Enterprises	
其他联营	Other Joint Ownership Enterprises	
国有独资公司	State-funded Corporations	726910
其他有限责任公司	Other Limited Liability Corporations	6406393
股份有限公司	Share Corporations Ltd.	383053
私营独资	Private-funded Enterprises	
私营合伙	Private Partnership Enterprises	
私营有限责任公司	Private Limited Liability Corporations	5472275
私营股份有限公司	Private Share-holding Corporations Ltd.	76706
其　他	Others	
港澳台投资	Enterprises with Investment from Hong Kong, Macao and Taiwan	142781
合资经营	Joint-venture Enterprises	592
合作经营	Cooperative Enterprises	
独　资	Enterprises with Sole Investment	5967
股份有限	Share Corporations Ltd.	136222
其　他	Others	
外商投资	Enterprises with Foreign Investment	9569
合资经营	Joint-Venture Enterprises	5045
合作经营	Cooperative Enterprises	
外　资	Enterprises with Sole Foreign Investment	4524
股份有限	Share Corporations Ltd.	
其　他	Others	
按控股情况分	**Grouped by Share Holding**	
国有控股	State Holding Enterprises	3383954
集体控股	Collective-owned Holding Enterprises	163596
私人控股	Private Holding Enterprises	8220168
港澳台商控股	Hongkong, Macao and Taiwan Holding Enterprises	142189
外商控股	Foreign Holding Enterprises	10234
其　他	Others	1344965

continued

(10 000 yuan)

#主营业务收入 Revenue of Major Business	土地转让收入 Land Transferred Revenue	商品房屋销售收入 Sales Revenue of Commercial Buildings	自持物业收入 Revenue from Self-owned Real Estate		其他收入 Other Revenue
				房屋出租收入 Revenue from Buildings Leasing	
12272443	**125745**	**11103396**	**108094**	**79363**	**935208**
12125244	125745	10960806	105978	77248	932714
46267		41556	1173	1173	3539
50		50			
713644		464622	1545	1412	247478
5921869	23900	5225459	56581	33457	615929
312586		311390	130	130	1067
5054122	101845	4843086	45747	40442	63444
76706		74644	803	635	1258
142746		142228	142	142	376
592		450	142	142	
5967		5626			341
136187		136152			35
4453		362	1973	1973	2118
4453		362	1973	1973	2118
3322827		2546346	27176	17382	749305
158582	8900	147661	1070	1070	951
7506000	116845	7135062	74974	56043	179119
142154		141778			376
5356		1242	1996	1996	2118
1137524		1131308	2878	2873	3339

12-8 续表2

单位：万元

指 标	Item	营业成本 Business Costs
总 计	**Total**	**10492060**
按登记注册类型	**Grouped by Type of Registration Status**	
内 资	Domestic-Funded Enterprises	10374681
国 有	State-owned Enterprises	36980
集 体	Collective-owned Enterprises	37
股份合作	Share Cooperative Enterprises	
国有联营	State Joint Ownership Enterprises	
集体联营	Collective Joint Ownership Enterprises	
国有与集体联营	Joint State-collective Enterprises	
其他联营	Other Joint Ownership Enterprises	
国有独资公司	State-funded Corporations	602734
其他有限责任公司	Other Limited Liability Corporations	5084542
股份有限公司	Share Corporations Ltd.	296027
私营独资	Private-funded Enterprises	
私营合伙	Private Partnership Enterprises	
私营有限责任公司	Private Limited Liability Corporations	4321726
私营股份有限公司	Private Share-holding Corporations Ltd.	32634
其 他	Others	
港澳台投资	Enterprises with Investment from Hong Kong, Macao and Taiwan	105179
合资经营	Joint-venture Enterprises	735
合作经营	Cooperative Enterprises	
独 资	Enterprises with Sole Investment	5412
股份有限	Share Corporations Ltd.	99033
其 他	Others	
外商投资	Enterprises with Foreign Investment	12200
合资经营	Joint-Venture Enterprises	3732
合作经营	Cooperative Enterprises	
外 资	Enterprises with Sole Foreign Investment	8468
股份有限	Share Corporations Ltd.	
其 他	Others	
按控股情况分	**Grouped by Share Holding**	
国有控股	State Holding Enterprises	2734436
集体控股	Collective-owned Holding Enterprises	146915
私人控股	Private Holding Enterprises	6492650
港澳台商控股	Hongkong, Macao and Taiwan Holding Enterprises	104445
外商控股	Foreign Holding Enterprises	14078
其 他	Others	999535

continued

(10 000 yuan)

#主营业务成本 Costs of Major Business	税金及附加 Tax and Extra Charges	营业利润 Business Profits	利润总额 Total Profits	所得税费用 Income Taxes Expenses	从业人员期末人数(人) Employees at The End of Period (person)
9826944	**563881**	**710538**	**652792**	**257472**	**52291**
9709689	553721	726116	668782	247914	51907
36821	2256	-1945	89	218	1349
37	5	-337	-338		286
600705	16862	66651	63853	8090	1739
4666719	254918	517443	517007	127726	15536
251652	14606	56038	55982	12151	439
4121121	263792	94304	38243	99615	32047
32634	1282	-6039	-6054	115	511
105109	6927	26025	25774	7727	153
735	1	-524	-524		54
5342	770	-2588	-2461	536	58
99033	6156	29137	28759	7192	41
12146	3233	-41603	-41764	1831	231
3732	181	124	124	111	44
8414	3052	-41726	-41888	1720	187
2690146	126376	377074	379337	62765	7080
142137	2984	616	1728	1834	701
6006055	358996	209652	140706	141602	40322
104375	6926	26549	26298	7727	99
14025	4071	-42455	-42629	1830	236
870206	64528	139102	147352	41715	3853

主要统计指标解释

房地产开发投资 指各种登记注册类型的房地产开发法人单位统一开发的住宅、厂房、仓库、饭店、宾馆、度假村、写字楼、办公楼等房屋建筑物，配套的服务设施，土地开发工程（如道路、给水、排水、供电、供热、通讯、平整场地等基础设施工程）和土地购置的投资；不包括单纯的土地开发和交易活动。

本年实际到位资金 指房地产开发企业实际拨入的，用于房地产开发的各种货币资金。包括国内贷款、利用外资、自筹资金、定金及预付款、个人按揭贷款和其他资金。

本年土地购置面积 指在本年内通过各种方式获得土地使用权的土地面积。

本年土地成交价款 指进行土地使用权交易活动的最终金额。在土地一级市场，是指土地最后的划拨款、“招拍挂”价格和出让价；在土地二级市场是指土地转让、出租、抵押等最后确定的合同价格。土地成交价款与土地购置面积同口径，可以计算土地的平均购置价格。

房屋新开工面积 指报告期内新开工建设的房屋建筑面积，以单位工程为核算对象，即整栋房屋的全部建筑面积，不能分割计算。不包括在上期开工跨入报告期继续施工的房屋建筑面积和上期停缓建而在本期恢复施工的房屋建筑面积。房屋的开工应以房屋正式开始破土刨槽（地基处理或打永久桩）的日期为准。

房屋竣工面积 指报告期内房屋建筑按照设计要求已全部完工，达到住人和使用条件，经验收鉴定合格或达到竣工验收标准，可正式移交使用的各栋房屋建筑面积的总和。

房屋竣工价值 指报告期内按规定已经上报竣工的房屋本身的建造价值。一般按房屋设计和预算规定的内容计算。包括竣工房屋本身的基础、结构、屋面、装修以及水、电、卫等附属工程的建筑价值；也包括作为房屋建筑组成部分而列入房屋建筑工程预算内的设备（如电梯、通风设备等）的购置和安装费用。不包括厂房内的工艺设备、工艺管线的购置和安装，工艺设备基础的建造；室外的水、暖、电、卫、道路工程、挡土墙等环境工程的费用；办公和生活用家具的购置等费用；购置土地的费用；迁移补偿费和场地平整的费用及城市建设配套投资。

房屋竣工价值不仅包括该竣工房屋在报告期内完成的价值，也包括跨年施工的房屋在本期以前完成的价值。未竣工而转让给其他单位的房屋建筑工程，出让单位不计算竣工价值，待接受单位继续施工并符合竣工条件后，由接受单位计算其竣工价值，包括出让单位在出让前所完成的价值。房屋竣工价值一般按结算价格（或中标价）计算。

商品房销售面积 指报告期内出售商品房屋的合同总面积（即双方签署的正式买卖合同中所确定的建筑面积）。商品房销售面积由现房销售面积和期房销售面积两部分组成。

商品房销售额 指报告期内出售商品房屋的合同总价款（即双方签署的正式买卖合同中所确定的合同总价）。该指标与商品房销售面积同口径，由现房销售额和期房销售额两部分组成。

待售面积 指报告期末已竣工的可供销售或出租的商品房屋建筑面积中，尚未销售或出租的商品房屋建筑面积，包括以前年度竣工和本期竣工的房屋面积，但不包括报告期已竣工的拆迁还建、统建代建、公共配套建筑、房地产公司自用及周转房等不可销售或出租的房屋面积。按照商品房待售时间的长短可以划分为待售一年以下、待售一到三年（含一年）和待售三年以上（含三年）。

Explanatory Notes on Main Statistical Indicators

Investment in Real Estate Development refers to investment by real estate development corporation units of various types of ownership in the construction of buildings, such as residential buildings, factory buildings, warehouses, hotels, guesthouses, holiday villages, office buildings, complementary service facilities, land development projects and land purchase, such as roads, water supply, water drainage, power supply, heating supply, telecommunications, land leveling and other infrastructural projects. It does not include activities in pure land transactions.

Actual Funds in Place This Year refers to all kinds of monetary funds real estate enterprises actually invested for real estate development, including domestic loans, foreign investment, self-raising fund, down payment and advance payment, personal mortgage loans and other funds.

Land Area Purchased This Year refers to the land area which has been got the land use right by all means.

Value of Land Transaction This Year refers to the final value of land use right in the land transaction. It refers to the final appropriations of land, remising price and transfer price in primary land market, while it refers to the contract price of land transfer, lease and mortgage in the secondary land market. Value of land transaction has the same coverage with land area purchased, which can be used to calculate the average price of land purchased.

Floor Space of Buildings Newly Started This Year refers to the total floor space area of the buildings started in the year by re al estate development companies. It excludes the buildings started in previous years and continued in the year, and the buildings susp ended in previous years but restarted in the year. The start of a construction is defined by the date of ground breaking or pile driving.

Floor Space of Buildings Completed refers to the floor space of all buildings completed in the reference period, which has been appraised, accepted or reached the designed standards and transferred to owner units.

Value of Buildings Completed refers to construction value of completed buildings which has been reported in the reference period. It is usually calculated by the contents of building design and budget, including the construction value of completed buildings' backbone, structure, roof, decoration and appurtenant works such as water, electricity and sanitation. The purchasing and installation charges of budgetary facilities, such as elevators and ventilating devices, as a part of the composition of buildings, are also included in the value of completed buildings. The costs of purchasing and installation of plant processing equipments and pipelines and basic construction, costs of environmental projects outdoors, such as water, heating, electricity, sanitation, road projects and retaining walls, costs of purchasing of office and life furniture, costs of land purchasing, costs of residence moving and site formation and costs of supporting investment of urban construction are not included in the value of completed buildings.

Value of buildings completed includes not only value of buildings completed in the reference period, but also includes the previous value of buildings extended the previous period to the current period. The building value of construction projects, which uncompleted and transferred to other units, cannot be calculated by the transferred units. It should be calculated by the receiving units after the projects are completed and reached the relevant standards. Value of buildings completed is usually calculated at the settlement price or the bidding price.

Floor Space of Commercial Buildings Sold refers to total contracted area of commercialized buildings sold, i.e. area of floor space as designated in the formal contracts signed by both sides, during the reference time. It consists of floor space of completed buildings sold and forward delivery buildings sold.

Sales of Commercial Buildings refers to the total contracted value, i.e. value of commercialized buildings as designated in the contract signed by both sides, during the reference period. This indicator has the same coverage with the area of commercialized buildings sold, and it consists of sales of completed buildings and sales of forward delivery buildings.

Floor Space for Sale refers to the floor space of commercial buildings hasn't been sold or leased which is marketable or rentable in the reference period. It includes floor space of building which has been completed in the previous and current period, excluding floor space of completed buildings, such as relocation building, buildings built for employees by the government agencies and institutions units, auxiliary facilities of public buildings, buildings of real estate enterprises for self use, temporary houses, which cannot be sold or rent. Floor space for sale can be divided into floor space for sale less than a year, floor space for sale in 1-3 years, floor space for sale more than 3years according to the sales time.

13

批发和零售业

WHOLESALE AND RETAIL TRADE

资料整理人员

雷士伟　张艳芳　张艳君　邓　娜　郭俊凯

批发和零售业
WHOLESALE AND RETAIL TRADE

社会消费品零售总额	Total Retail Sales of Consumer Goods	7030.5	亿元	(100 million yuan)
城　镇	Town	5807.3	亿元	(100 million yuan)
乡　村	Village	1223.2	亿元	(100 million yuan)

社会消费品零售总额构成(%)
Composition of Total Retail Sales of Consumer Goods (%)

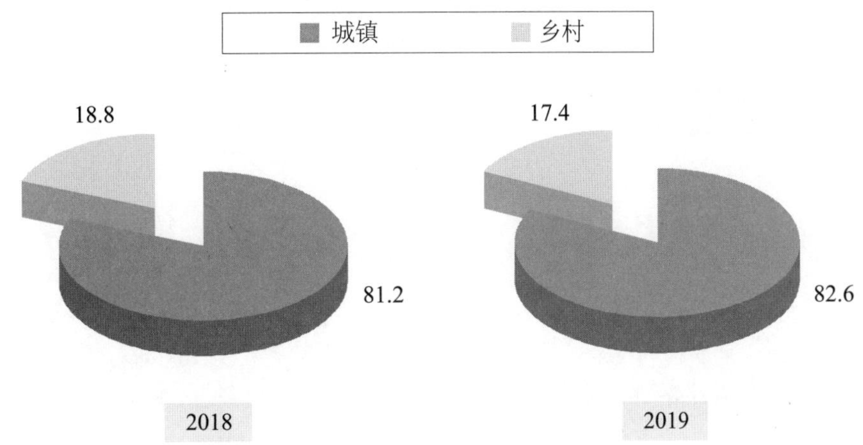

社会消费品零售总额(亿元)
Total Retail Sales of Consumer Goods (100 million yuan)

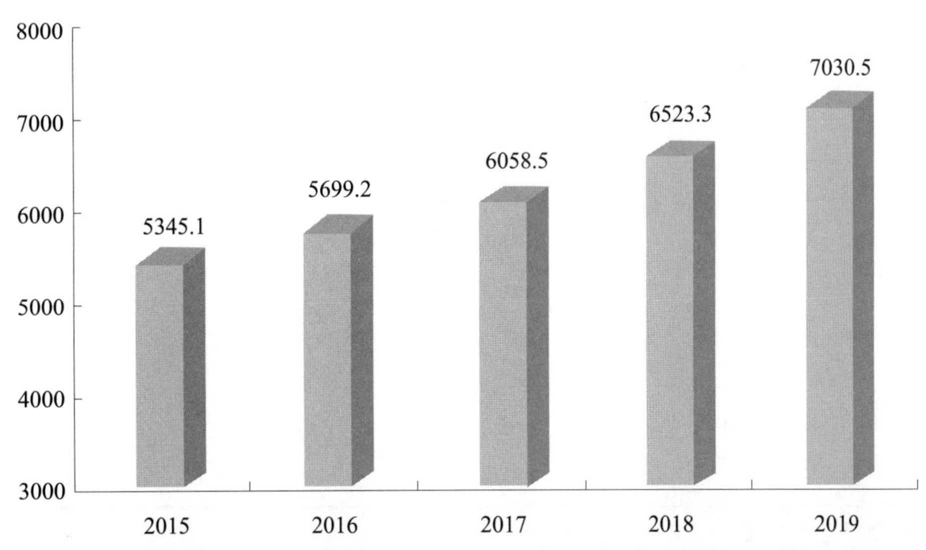

13-1 主要年份社会消费品零售总额
TOTAL RETAIL SALES OF CONSUMER GOODS IN MAJOR YEARS

单位：万元 (10 000 yuan)

年 份 Year	社会消费品零售总额 Total Retail Sales of Consumer Goods	市 City	县 County	县以下 Below County
1952	57436	19536	37900	
1957	119600	52278	67322	
1962	146532	59686	86846	
1965	153257	57252	96005	
1970	190949	63853	127096	
1975	265190	108543	133713	22934
1978	323837	121772	113985	88080
1980	426597	163154	122191	141252
1985	894413	394784	278646	220983
1990	1580415	848543	413831	318041
1995	3700291	2097078	847914	755299
2000	6927050	4064919	1458760	1403372
2001	7448622	4473751	1486665	1488206
2002	8224337	4949494	1631444	1643399
2003	9481701	6127870	1757629	1596201
2004	11488364	7541053	2056225	1891086
2005	13227915	8518777	2473620	2235518
2006	15255403	9916013	2822249	2517141
2007	18126034	11818174	3335190	2972670
2008	22353311	14574359	4135363	3643589
2009	25786488	16043280	5321536	4421671
2010	30270955	24356011	5914944	
2011	35373104	28894590	6478514	
2012	40605496	33178694	7426802	
2013	46039562	37557812	8481750	
2014	50912784	41509151	9403633	
2015	53451365	43561024	9890341	
2016	56992471	46474433	10518039	
2017	60585324	49424218	11161106	
2018	65232605	52949234	12283371	
2019	70304842	58073157	12231685	

注：(1)2010年起分区域划分为城镇和乡村。
(2)根据第四次经济普查结果对1992年以后的数据进行了修订。

Notes: (1)Regions are divided into town and village since 2010.
(2)Data after 1992 has been revised according to the results of the Fourth China Economic Census.

13-2 社会消费品零售总额
TOTAL RETAIL SALES OF CONSUMER GOODS

单位：亿元　　(100 million yuan)

指　标	Item	2018	2019
社会消费品零售总额	**Total Retail Sales of Consumer Goods**	**6523.3**	**7030.5**
#网上零售额	Online Retail Sales	532.0	563.6
#实物商品网上零售额	Online Retail Sales in Goods	255.3	304.0
按销售地区分	By Selling Region		
城　镇	Town	5294.9	5807.3
#城　区	Urban Area	3771.7	3946.8
乡　村	Village	1228.3	1223.2
按消费形态分	By Consumption Pattern		
商品零售	Retail Sales	5928.7	6388.0
餐饮收入	Catering Income	594.7	642.5

注：2018年数据根据第四次经济普查结果修订。
Note：Data of 2018 has been revised according to the results of the Fourth China Economic Census.

13-3 限额以上连锁批发零售业经营情况(2019年)
MANAGEMENT OF CHAIN ENTERPRISES ABOVE DESIGNATED SIZE IN WHOLESALE AND RETAIL TRADE(2019)

指　标	Item	合 计 Total	直营店 Regular Chain	加盟店 Franchise Chain
一、门店总数 (个)	**Number of Stores (uint)**	**5496**	**3228**	**2268**
二、年末零售业营业面积 (平方米)	**Business Area of Retail at Year-end (sq.m)**	**2602773**	**2444455**	**158318**
三、年末从业人员 (人)	**Employees at Year-end (person)**	**40701**	**30270**	**10431**
四、商品购进总额 (万元)	**Total Purchases Value (10 000 yuan)**	**3421429**	**3147493**	**273936**
#统一配送商品购进额	Value of Unified Distribution	2021205	1844104	177101
#自有配送中心配送商品购进额	Disrtibuted by Owned Distribution Center	1074366	900079	174287
非自有配送中心配送商品购进额	Distributed by Other Distribution Center	2401	2401	
五、商品销售总额 (万元)	**Total Sales Value (10 000 yuan)**	**4826229**	**4531735**	**294494**
#零售额	Retail Sales	3849111	3554617	294494

13-4 限额以上批发和零售业法人企业经营情况(2019年)

单位：万元

指 标	Item	法 人 企业数 (个) Number of Corporation Enterprises (unit)
总 计	**Total**	**3534**
一、批发业	**Wholesale Trade**	**1460**
1.按登记注册类型分	Grouped by Registered Kind	
内资企业	Civil Funded Enterprises	1454
国有企业	State-owned Enterprises	31
集体企业	Collective-owned Enterprises	16
有限责任公司	Limited Responsibility Corporations	348
国有独资公司	Company Exclusively with Investment from State	77
其他有限责任公司	Other Limited Responsibility Company	271
股份有限公司	Share-holding Limited Corporations	15
私营企业	Private-owned Enterprises	1042
私营独资企业	Enterprise Exclusively with Investment from Private	9
私营合伙企业	Private Partnership Enterprises	1
私营有限责任公司	Private Limited Responsibility Corporations	1021
私营股份有限公司	Private Share-holding Limited Corporations	11
其他企业	Others	2
港、澳、台商投资企业	Enterprises Funded by HongKong, Macao and Taiwan	5
合资经营企业(港或澳、台资)	Joint Venture Enterprises	3
港、澳、台商独资经营企业	Solely Owned Entersprises	2
外商投资企业	Foreign Funded Enterprises	1
中外合资经营企业	Joint Venture Enterprises	1
2.按批发行业小类分	Grouped by Wholesale Trade	
农、林、牧、渔产品批发	Wholesale of Agricultural, Forestry, Animal Husbandry and Fishery Products	35
食品、饮料及烟草制品批发	Wholesale of Food, Beverage and Tobaccos	140
#米、面制品及食用油批发	Rice, Flour and Edible Oil	21
烟草制品批发	Tobacoo Products Manufacturing	14
纺织、服装及家庭用品批发	Wholesale of Textiles, Garments and Family Articles	30
#服装批发	Wholesale of Garments	10
文化、体育用品及器材批发	Wholesale of Culture, Sports Articles and Equipments	23
医药及医疗器材批发	Wholesale of Medicines and Medical Appliances	134
#西药批发	Wholesale of Western Medicine	73
中药批发	Wholesale of Chinese Traditional Medicine	28

MANAGEMENT OF CORPORATION ENTERPRISES ABOVE DESIGNATED SIZE IN WHOLESALE AND RETAIL TRADE(2019)

(10 000 yuan)

从业人员期末人数(人) Number of Employees at The End of Period (person)	商品购进额 Total Purchases Value	#进口 Imports	商品销售额 Total Sales Value	#通过公共网络实现的商品销售额 by Public Network	#通过非自营平台实现的商品销售额 by Non-self-operating Platform
215928	**108631981**	**927148**	**119407032**	**2882251**	**62445**
84394	**92741145**	**731905**	**99417536**	**2235604**	**28276**
83520	91639087	266095	98246149	2235604	28276
7332	2576921		3701054	1647215	4153
2193	158449		713630		
43332	64014234	150846	66364597	160464	5529
12097	18999628	77549	19339740	128681	
31235	45014606	73297	47024857	31782	5529
1044	3325562	427	3603707	116848	
29559	21559096	114821	23858183	311078	18594
219	24417		27956		
72	78720		84171		
28228	21198271	114821	23395379	286356	18594
1040	257688		350677	24721	
60	4827		4980		
839	1079165	448272	1138458		
247	999657	448272	1029056		
592	79508		109402		
35	22893	17538	32929		
35	22893	17538	32929		
3365	296772		352432		
14775	5162379		6897090	1807533	4153
992	262932		287627	847	
6588	2626597		3781397	1776116	4153
2495	1386384		1476208	11433	920
1484	141641		175302	920	920
970	635878		691495		
13796	4311801	33520	4733977	62368	9927
9500	3378941	33093	3538209	37460	9927
2974	530169		712636	20955	

13-4 续表1

单位：万元

指　标	Item	法　人企业数(个) Number of Corporation Enterprises (unit)
矿产品、建材及化工产品批发	Wholesale of Mineral Products, Building and Chemical Products	872
#煤炭及制品批发	Coal and Related Products	533
石油及制品批发	Petroleum and Related Products	49
金属及金属矿批发	Metals and Metals Materials	166
建材批发	Building Materials	51
化肥批发	Chemical Fertilizer	16
机械设备、五金产品及电子产品批发	Wholesale of Machinery, Hardwaresand Electronic Products	193
#汽车及零配件批发	Motor Vehicles and Parts	75
计算机、软件及辅助设备批发	Computer, Sofeware and Accessories	10
贸易经纪与代理	Trade Brokerage and Agency	2
其他批发业	Other Wholesales	31
3.按控股情况分	Grouped by Share Holding	
国有控股	State Holding Enterprises	274
集体控股	Collective-owned Holding Enterprises	32
私人控股	Private Holding Enterprises	1110
港澳台商控股	Hongkong, Macao and Taiwan Holding Enterprises	5
其　他	Others	36
4.按经营形式分	Grouped by Management Form	
独立门店	Independent Stores	1019
连锁总店(总部)	Chain Headquarters	7
连锁直营店	Direct Chain Stores	
其　他	Others	434
5.按单位规模分	Grouped by Enterprise Size	
大　型	Large-size	61
中　型	Medium-size	451
小　型	Small-size	703
微　型	Micro-size	245
二、零售业	**Retail Trade**	**2074**
1.按登记注册类型分组	Grouped by Registered Kind	
内资企业	Civil Funded Enterprises	2061
国有企业	State-owned Enterprises	31
集体企业	Collective-owned Enterprises	44
股份合作企业	Share Cooperative Enterprises	1
联营企业	Joint Owned Enterprises	1

continued

(10 000 yuan)

从业人员期末人数(人) Number of Employees at The End of Period (person)	商品购进额 Total Purchases Value	#进口 Imports	商品销售额 Total Sales Value	#通过公共网络实现的商品销售额 by Public Network	#通过非自营平台实现的商品销售额 by Non-self-operating Platform
41144	77640662	679566	81524110	340664	13246
32872	41945347	117673	45002948	280261	11531
1861	2307699		2445602		
3549	15099734	553920	15393798		
1239	12947007	7973	13063927		
462	4634888		4823867		
6740	2987998	18820	3374910	13606	30
1931	1933799		2087005	3812	30
345	93334		102180		
13	20340		21613		
1096	298932		345702		
40448	63174393	599546	66040504	1924526	9682
5221	1190991		1981046		
34241	25249957	132360	27756194	311078	18594
879	169678		204505		
3491	2939900		3419327		
51232	54985616	592110	58241077	928641	7363
2450	2510829		2670095	34853	5529
30712	35244700	139795	38506364	1272111	15384
29893	24728959		27653791	1797162	
35769	50136358	276589	52655780	398118	24093
16554	12036447	6742	12978563	40325	4183
2178	5839381	448575	6129401		
131534	**15890837**	**195243**	**19989496**	**646647**	**34169**
129508	15582251	179541	19639127	643198	34081
1484	179733		196028	11464	
1670	132947		180367	650	
39	9478		11221		
11	458		417		

13-4 续表2

单位：万元

指　标	Item	法　人 企业数 (个) Number of Corporation Enterprises (unit)
有限责任公司	Limited Responsibility Corporations	336
国有独资公司	Company Exclusively with Investment from State	30
其他有限责任公司	Other Limited Responsibility Company	306
股份有限公司	Share-holding Limited Corporations	36
私营企业	Private-owned Enterprises	1607
私营独资企业	Enterprise Exclusively with Investment from Private	144
私营合伙企业	Private Partnership Enterprises	14
私营有限责任公司	Private Limited Responsibility Corporations	1419
私营股份有限公司	Private Share-holding Limited Corporations	30
其他企业	Others	5
港、澳、台商投资企业	Enterprises Funded by HongKong, Macao and Taiwan	8
合资经营企业(港或澳、台资)	Joint Venture Enterprises	3
港、澳、台商独资经营企业	Solely Owned Enterspprises	5
外商投资企业	Foreign Funded Enterprises	5
中外合资经营企业	Joint Venture Enterprises	3
外资企业	Enterprises with Sole Foreign Investment	2
2.按零售行业小类分	Grouped by Wholesale Trade	
综合零售	General Retail Sales Trade	326
百货零售	Daily Goods	158
超级市场零售	Supermarkets	157
便利店零售	Covenience Stores	3
其他综合零售	Others	8
食品、饮料及烟草制品专门零售	Retail of Food, Beverage and Tobaccos	139
纺织、服装及日用品专门零售	Retail of Textiles, Garments and Daily Articles	108
#服装零售	Garments	90
文化、体育用品及器材专门零售	Retail of Culture, Sports Articles and Equipments	69
#图书、报刊零售	Books and Mangzines	35
医药及医疗器材专门零售	Retail of Medicines and Medical Appliances	142
#西药零售	Western Medicines	123
中药零售	Traditional Chinese Medicines	12
汽车、摩托车、零配件和燃料及其他动力销售	Retail of Motor Vehicles, Motorcycles, Feuls, Parts and Others	935
#汽车新车零售	New Motor Vehicles	627
汽车旧车零售	Used Motor Vehicles	10
家用电器及电子产品专门零售	Retail of Household Electronic Equipments and Products	209
#日用家电零售	Household Appliance	118
计算机、软件及辅助设备零售	Computer, Software and Auxiliary Equipments	46
通信设备零售	Communication Equipments	33

continued

(10 000 yuan)

从业人员期末人数(人) Number of Employees at The End of Period (person)	商品购进额 Total Purchases Value	#进口 Imports	商品销售额 Total Sales Value	#通过公共网络实现的商品销售额 by Public Network	#通过非自营平台实现的商品销售额 by Non-self-operating Platform
34157	3552173	86621	4776190	303681	5810
2572	174494	28	205203	748	
31585	3377679	86593	4570987	302933	5810
8314	2201476	30	3187504	615	
83390	9496610	92890	11273305	314105	24002
2596	219824	881	254681	119	
233	11269		13431		
77482	9047634	85261	10715476	308931	23185
3079	217883	6749	289717	5055	817
443	9377		14095	12682	4269
1295	224045	15561	254731	3176	
338	98342	15561	99652		
957	125703		155080	3176	
731	84541	140	95638	273	89
169	9105	140	16990		
562	75436		78648	273	89
40912	2652575	1016	3195139	19319	6142
15934	1525093	881	1837921	8515	6142
24425	1078416	135	1299869	10305	
355	21343		31559	499	
198	27723		25790		
6083	592034		673968	55897	2567
9835	732071	208	985629	36645	
8170	610125	208	814223	3828	
3833	292778	751	357803	6375	2059
2467	205978		202290	1762	1762
17415	643687	1323	923700	24444	820
16513	558372	800	827353	21315	820
792	76063		81717		
41904	9163663	191914	11602568	40008	1075
25750	5974944	191914	6927016	25161	1075
174	49821		60067		
5367	1010119		1227298	284410	1168
3743	768117		942348	280392	267
721	77121		95721	3118	1
631	119528		134648		

13-4 续表3

单位：万元

指　　标	Item	法　人 企业数 (个) Number of Corporation Enterprises (unit)
五金、家具及室内装饰材料专门零售	Retail of Hardwares, Furniture and Room Decorative Building	60
货摊、无店铺及其他零售业	Retail of Stall, Non-store and Others	86
3.按控股情况分	Grouped by Share Holding	
国有控股	State Holding Enterprises	157
集体控股	Collective-owned Holding Enterprises	70
私人控股	Private Holding Enterprises	1769
港澳台商控股	Hongkong, Macao and Taiwan Holding Enterprises	9
外商控股	Foreign Holding Enterprises	4
其　他	Others	58
4.按经营形式分	Grouped by Management Form	
独立门店	Independent Stores	1850
连锁总店	Chain Headquarters	79
连锁直营店	Direct Chain Stores	20
连锁加盟店	Franchise Chain Stores	3
其　他	Others	122
5.按单位规模分	Grouped by Enterprise Size	
大　型	Large-size	45
中　型	Medium-size	570
小　型	Small-size	1017
微　型	Micro-size	442
6.按零售业态分	Grouped by Retail Format	
有店铺零售	Store-based	1986
食杂店	Grocery Store	7
便利店	Convenient Store	23
折扣店	Discount Store	
超　市	Supermarket	185
大型超市	Hypermarket	45
仓储会员店	Warehouse Club	5
百货店	Department Store	140
专业店	Specialized Shop	921
专卖店	Exclusive Shop	549
家居建材商店	Home Center	21
购物中心	Shopping Center	53
厂家直销中心	Factory Outlet Center	37
无店铺零售	Non-store	88
#网上商店	Online	37

continued

(10 000 yuan)

从业人员期末人数(人) Number of Employees at The End of Period (person)	商品购进额 Total Purchases Value	#进口 Imports	商品销售额 Total Sales Value	#通过公共网络实现的商品销售额 by Public Network	#通过非自营平台实现的商品销售额 by Non-self-operating Platform
1364	346017		447636	1453	
4821	457894	30	575757	178096	20338
22973	3372917	800	4787008	19699	43
4385	445875		558180	22037	359
96117	11019534	119124	13397713	588208	29410
1423	281481	66208	316311	3176	
673	78598		87742	273	89
5458	680217	9110	824810	572	
95998	11871439	194520	15018541	207561	23735
19433	2192569		2648609	256821	1268
10225	883044		1131557	58017	803
201	14168		24930	123	
5677	929617	723	1165859	124125	8364
39038	4179429		5905752	198708	511
65018	7383332	143586	8950863	247795	10502
25016	3679244	45408	4207483	176102	16851
2462	648831	6248	925397	24042	6305
128076	15483198	195243	19507890	466652	14626
205	13576		14347		
2303	560859		658734	6668	
10820	487966	1016	548258	4892	694
16614	858599		1068497	10572	89
145	11812		12736		
15652	1261891		1561959	8031	3369
48683	6304604	46779	8316968	331181	4006
23389	4814386	145919	5649798	67319	4248
607	177109		241125		
6697	768743	208	928897	2742	1991
2961	223652	1321	506572	35247	230
3458	407639		481606	179995	19543
2126	144209		185363	153809	19049

13-4 续表4

单位：万元

指　标	Item	批发额 Wholesale Value
总　计	**Total**	**98742308**
一、批发业	**Wholesale Trade**	**96936780**
1.按登记注册类型分	Grouped by Registered Kind	
内资企业	Civil Funded Enterprises	95765578
国有企业	State-owned Enterprises	3695135
集体企业	Collective-owned Enterprises	711922
有限责任公司	Limited Responsibility Corporations	64829874
国有独资公司	Company Exclusively with Investment from State	19313458
其他有限责任公司	Other Limited Responsibility Company	45516416
股份有限公司	Share-holding Limited Corporations	3538264
私营企业	Private-owned Enterprises	22986291
私营独资企业	Enterprise Exclusively with Investment from Private	24455
私营合伙企业	Private Partnership Enterprises	81367
私营有限责任公司	Private Limited Responsibility Corporations	22647572
私营股份有限公司	Private Share-holding Limited Corporations	232898
其他企业	Others	4092
港、澳、台商投资企业	Enterprises Funded by HongKong, Macao and Taiwan	1138274
合资经营企业(港或澳、台资)	Joint Venture Enterprises	1028872
港、澳、台商独资经营企业	Solely Owned Entersprises	109402
外商投资企业	Foreign Funded Enterprises	32929
中外合资经营企业	Joint Venture Enterprises	32929
2.按批发行业小类分	Grouped by Wholesale Trade	
农、林、牧、渔产品批发	Wholesale of Agricultural, Forestry, Animal Husbandry and Fishery Products	348475
食品、饮料及烟草制品批发	Wholesale of Food, Beverage and Tobaccos	6602806
#米、面制品及食用油批发	Rice, Flour and Edible Oil	269554
烟草制品批发	Tobacoo Products Manufacturing	3763824
纺织、服装及家庭用品批发	Wholesale of Textiles, Garments and Family Articles	1151344
#服装批发	Wholesale of Garments	155330
文化、体育用品及器材批发	Wholesale of Culture, Sports Articles and Equipments	683682
医药及医疗器材批发	Wholesale of Medicines and Medical Appliances	4577972
#西药批发	Wholesale of Western Medicine	3391200
中药批发	Wholesale of Chinese Traditional Medicine	703934

continued

(10 000 yuan)

#出　口 Exports	零售额 Retail Value	#通过公共网络实现的商品零售额 by Public Network	#通过非自营平台实现的商品零售额 by Non-self -operating Platform	期末商品库存额 Total Value of Storing at the End of Period	服务营业额 Turnover of Services	年末零售营业面积(平方米) Retail Operating Area at Year-end (sq.m)
139223	**20501981**	**668361**	**39380**	**5292449**	**247595**	**10237673**
129335	**2322863**	**48046**	**7471**	**3350884**	**50613**	**1174058**
128395	2322678	48046	7471	3182386	48385	1173358
	5918			188702		32373
	1707			4323		28946
23040	1469559	10132	5529	1602907	4658	671906
	18157			159251	168	28922
23040	1451403	10132	5529	1443656	4490	642984
	62741	6502		70803	1524	67618
105355	781865	31413	1942	1315532	42203	372215
	3501			1471		15092
	2804			1010		
102188	657781	6692	1942	1300805	41508	264843
3167	117780	24721		12246	694	92280
	888			119		300
940	185			163452	2229	700
940	185			146599	2229	700
				16853		
				5046		
				5046		
3459	3957			181044		48133
6838	294284	26364		832170	23180	355265
	18073	847		74311	24	9933
	17573	220		190188	17431	6901
5813	305966	1054	920	86761		8310
	5980	920	920	35432		4140
17825	7812			88832		5004
985	148596	10289	5529	386840	6067	90096
985	141072	10132	5529	288108	6044	69912
	7230			44299	22	9707

13-4 续表5

单位：万元

指 标	Item	批发额 Wholesale Value
矿产品、建材及化工产品批发	Wholesale of Mineral Products, Building and Chemical Products	80001332
#煤炭及制品批发	Coal and Related Products	43697011
石油及制品批发	Petroleum and Related Products	2343689
金属及金属矿批发	Metals and Metals Materials	15345270
建材批发	Building Materials	13033766
化肥批发	Chemical Fertilizer	4820583
机械设备、五金产品及电子产品批发	Wholesale of Machinery, Hardwaresand Electronic Products	3212554
#汽车及零配件批发	Motor Vehicles and Parts	2026269
计算机、软件及辅助设备批发	Computer, Sofeware and Accessories	99595
贸易经纪与代理	Trade Brokerage and Agency	18806
其他批发业	Other Wholesales	339809
3.按控股情况分	Grouped by Share Holding	
国有控股	State Holding Enterprises	64617207
集体控股	Collective-owned Holding Enterprises	1944063
私人控股	Private Holding Enterprises	26793135
港澳台商控股	Hongkong, Macao and Taiwan Holding Enterprises	204320
其 他	Others	3365180
4.按经营形式分	Grouped by Management Form	
独立门店	Independent Stores	56597323
连锁总店(总部)	Chain Headquarters	2517963
连锁直营店	Direct Chain Stores	
其 他	Others	37821494
5.按单位规模分	Grouped by Enterprise Size	
大 型	Large-size	27379649
中 型	Medium-size	51318174
小 型	Small-size	12586781
微 型	Micro-size	5652177
二、零售业	**Retail Trade**	**1805528**
1.按登记注册类型分组	Grouped by Registered Kind	
内资企业	Civil Funded Enterprises	1804298
国有企业	State-owned Enterprises	7352
集体企业	Collective-owned Enterprises	1179
股份合作企业	Share Cooperative Enterprises	
联营企业	Joint Owned Enterprises	

continued

(10 000 yuan)

#出口 Exports	零售额 Retail Value	#通过公共网络实现的商品零售额 by Public Network	#通过非自营平台实现的商品零售额 by Non-self-operating Platform	期末商品库存额 Total Value of Storing at the End of Period	服务营业额 Turnover of Services	年末零售营业面积(平方米) Retail Operating Area at Year-end (sq.m)
60785	1411883	7754	1022	1568210	14996	593086
1875	1210263	7754	1022	785989	7386	344883
	99661			130188	2683	171957
40699	42863			528641	2272	40661
	30161			69569	2102	17181
6832	3284			30206		655
23419	141665	2585		201940	6014	66699
	48578			71915	1063	33838
	2585			9671		704
10211	2806			105		280
	5893			4982	358	7185
14610	1391201	16634	5529	1644217	7769	197271
	5525			38996		29351
105355	868721	31413	1942	1518363	42803	642240
	185			35828		700
9370	54147			112861	41	300196
65760	1546122	2191	920	2085064	39051	904706
	152132	34853	5529	237291		111952
63575	624609	11003	1022	1028529	11562	157400
6838	274143	24721		1309949	4369	169240
50510	1308878	19772	7471	1342616	40752	523350
66927	383091	3553		481301	3230	464435
5061	356750			217018	2264	17033
9888	**18179118**	**620315**	**31909**	**1941565**	**196982**	**9063615**
9888	17829979	616866	31820	1911936	196241	8925736
	188676	11464		10393	261	55598
	178964	650		11461		72922
	11221			270		220
	417			69		

13-4 续表6

单位：万元

指　标	Item	批发额 Wholesale Value
有限责任公司	Limited Responsibility Corporations	288014
国有独资公司	Company Exclusively with Investment from State	409
其他有限责任公司	Other Limited Responsibility Company	287605
股份有限公司	Share-holding Limited Corporations	716415
私营企业	Private-owned Enterprises	791338
私营独资企业	Enterprise Exclusively with Investment from Private	22265
私营合伙企业	Private Partnership Enterprises	53
私营有限责任公司	Private Limited Responsibility Corporations	705708
私营股份有限公司	Private Share-holding Limited Corporations	63312
其他企业	Others	
港、澳、台商投资企业	Enterprises Funded by HongKong, Macao and Taiwan	
合资经营企业(港或澳、台资)	Joint Venture Enterprises	
港、澳、台商独资经营企业	Solely Owned Entersprises	
外商投资企业	Foreign Funded Enterprises	1230
中外合资经营企业	Joint Venture Enterprises	1230
外资企业	Enterprises with Sole Foreign Investment	
2.按零售行业小类分	Grouped by Wholesale Trade	
综合零售	General Retail Sales Trade	9934
百货零售	Daily Goods	5062
超级市场零售	Supermarkets	3707
便利店零售	Covenience Stores	
其他综合零售	Others	1165
食品、饮料及烟草制品专门零售	Retail of Food, Beverage and Tobaccos	101620
纺织、服装及日用品专门零售	Retail of Textiles, Garments and Daily Articles	28344
#服装零售	Garments	22620
文化、体育用品及器材专门零售	Retail of Culture, Sports Articles and Equipments	11416
#图书、报刊零售	Books and Mangzines	4376
医药及医疗器材专门零售	Retail of Medicines and Medical Appliances	139837
#西药零售	Western Medicines	79226
中药零售	Traditional Chinese Medicines	53101
汽车、摩托车、零配件和燃料及其他动力销售	Retail of Motor Vehicles, Motorcycles, Feuls, Parts and Others	1183383
#汽车新车零售	New Motor Vehicles	251972
汽车旧车零售	Used Motor Vehicles	20456
家用电器及电子产品专门零售	Retail of Household Electronic Equipments and Products	123903
#日用家电零售	Household Appliance	51740
计算机、软件及辅助设备零售	Computer, Software and Auxiliary Equipments	31279
通信设备零售	Communication Equipments	34350

continued

(10 000 yuan)

#出　口 Exports	零售额 Retail Value	#通过公共网络实现的商品零售额 by Public Network	#通过非自营平台实现的商品零售额 by Non-self-operating Platform	期末商品库存额 Total Value of Storing at the End of Period	服务营业额 Turnover of Services	年末零售营业面积 (平方米) Retail Operating Area at Year-end (sq.m)
	4488176	291422	5451	476604	30563	2084349
	204794	748		28036	1416	67890
	4283382	290674	5451	448568	29147	2016459
	2471089	412		101326	55547	1281666
9888	10477342	300236	22100	1311675	109869	5407905
	232142	119		21483	393	284768
	13378			1095		21145
9888	10005416	295162	22039	1262288	107975	4780157
	226405	4955	61	26810	1502	321835
	14095	12682	4269	139	1	23076
	254731	3176		21374	486	101899
	99652			16391		12890
	155080	3176		4983	486	89009
	94408	273	89	8255	255	35980
	15760			1151	255	9675
	78648	273	89	7104		26305
	3184982	17764	5384	221454	11758	2835669
	1832860	6960	5384	109437	5690	1740818
	1296161	10305		108993	6068	1048149
	31559	499		1137		37042
	24401			1887		9660
3142	572348	53485	1452	77354	4348	251301
	957285	36645		147546	5627	822536
	791603	3828		119221	3117	763596
	343947	6375	2059	120315	1160	79380
	197914	1762	1762	43373	855	51990
	783404	20738	440	200062	818	427141
	748127	20738	440	184023	818	411169
	28616			12151		13912
	10418910	37810	1075	1047007	162288	3662541
	6675045	25161	1075	886719	107686	1643973
	39611			3180		8839
3741	1103392	271809	1167	97044	7314	534588
3741	890608	269918	267	73878	5133	472563
	64442	991	1	12378	1865	6908
	100296			9112	193	8434

13-4 续表7

单位：万元

指　标	Item	批发额 Wholesale Value
五金、家具及室内装饰材料专门零售	Retail of Hardwares, Furniture and Room Decorative Building	33969
货摊、无店铺及其他零售业	Retail of Stall, Non-store and Others	173123
3.按控股情况分	Grouped by Share Holding	
国有控股	State Holding Enterprises	874423
集体控股	Collective-owned Holding Enterprises	5998
私人控股	Private Holding Enterprises	861434
港澳台商控股	Hongkong, Macao and Taiwan Holding Enterprises	
外商控股	Foreign Holding Enterprises	1230
其　他	Others	62443
4.按经营形式分	Grouped by Management Form	
独立门店	Independent Stores	1265053
连锁总店	Chain Headquarters	135690
连锁直营店	Direct Chain Stores	94944
连锁加盟店	Franchise Chain Stores	
其　他	Others	309841
5.按单位规模分	Grouped by Enterprise Size	
大　型	Large-size	634561
中　型	Medium-size	596580
小　型	Small-size	405341
微　型	Micro-size	169046
6.按零售业态分	Grouped by Retail Format	
有店铺零售	Store-based	1681499
食杂店	Grocery Store	8535
便利店	Convenient Store	70600
折扣店	Discount Store	
超　市	Supermarket	16570
大型超市	Hypermarket	13241
仓储会员店	Warehouse Club	6913
百货店	Department Store	1637
专业店	Specialized Shop	1165431
专卖店	Exclusive Shop	288549
家居建材商店	Home Center	2493
购物中心	Shopping Center	202
厂家直销中心	Factory Outlet Center	107330
无店铺零售	Non-store	124029
#网上商店	Online	20167

continued

(10 000 yuan)

#出　口 Exports	零售额 Retail Value	#通过公共网络实现的商品零售额 by Public Network	#通过非自营平台实现的商品零售额 by Non-self-operating Platform	期末商品库存额 Total Value of Storing at the End of Period	服务营业额 Turnover of Services	年末零售营业面积(平方米) Retail Operating Area at Year-end (sq.m)
	412217	1318		17857	103	354161
3005	402634	174372	20332	12925	3566	96298
	3912585	19463	43	221849	55419	1922346
	551958	21678		54342	2637	285414
9888	12531654	562471	27509	1473579	130845	6258584
	316311	3176		30844	741	109024
	86512	273	89	8086		35155
	762366	572		152350	7339	429466
6883	13748638	197724	23728	1604298	153929	7118529
	2512919	245548	528	208298	3594	1293947
	1036614	58017	803	48713	31901	364969
	24930	123		1901		16667
3005	856018	118904	6850	78355	7558	269503
	5271192	198525	511	276145	55694	2434055
2879	8354283	233601	8998	1056949	102364	4117355
4004	3802142	168497	16095	507487	37600	2168500
3005	751501	19692	6305	100984	1324	343705
9888	17821541	444392	13128	1905435	194186	8860507
	5812			871	772	9876
	588135	6668		19885	28832	166797
	531688	4892	694	71072	839	417637
	1055255	10572	89	83068	646	850329
	5823			4144		100505
	1560098	6476	2610	91672	12542	1619460
3944	7149352	316585	3625	759968	52426	3335717
	5358810	61210	3888	747780	93306	1163261
	238631			5155	103	270041
	928696	2742	1991	85022	2791	763618
5944	399242	35247	230	36799	1930	163266
	357577	175923	18781	36130	2796	203108
	165196	153709	18287	10358	891	49432

13-5 限额以上批发和零售业法人企业财务状况(2019年)

单位：万元

指 标	Item	年初存货 Beginning Inventory
总 计	**Total**	**5158837**
一、批发业	**Wholesale Trade**	**3361377**
1.按登记注册类型分	Grouped by Registered Kind	
内资企业	Civil Funded Enterprises	3204776
国有企业	State-owned Enterprises	190902
集体企业	Collective-owned Enterprises	29116
有限责任公司	Limited Responsibility Corporations	1456048
国有独资公司	Company Exclusively with Investment from State	238050
其他有限责任公司	Other Limited Responsibility Company	1217998
股份有限公司	Share-holding Limited Corporations	103883
私营企业	Private-owned Enterprises	1424027
私营独资企业	Enterprise Exclusively with Investment from Private	1693
私营合伙企业	Private Partnership Enterprises	291
私营有限责任公司	Private Limited Responsibility Corporations	1406672
私营股份有限公司	Private Share-holding Limited Corporations	15371
其他企业	Others	799
港、澳、台商投资企业	Enterprises Funded by HongKong, Macao and Taiwan	152458
合资经营企业(港或澳、台资)	Joint Venture Enterprises	130966
港、澳、台商独资经营企业	Solely Owned Entersprises	21492
外商投资企业	Foreign Funded Enterprises	4143
中外合资经营企业	Joint Venture Enterprises	4143
2.按批发行业小类分	Grouped by Wholesale Trade	
农、林、牧、渔产品批发	Wholesale of Agricultural, Forestry, Animal Husbandry and Fishery Products	182980
食品、饮料及烟草制品批发	Wholesale of Food, Beverage and Tobaccos	593013
#米、面制品及食用油批发	Rice, Flour and Edible Oil	65976
烟草制品批发	Tobacoo Products Manufacturing	193300
纺织、服装及家庭用品批发	Wholesale of Textiles, Garments and Family Articles	139287
#服装批发	Wholesale of Garments	44843
文化、体育用品及器材批发	Wholesale of Culture, Sports Articles and Equipments	93193
医药及医疗器材批发	Wholesale of Medicines and Medical Appliances	353820
#西药批发	Wholesale of Western Medicine	273141
中药批发	Wholesale of Chinese Traditional Medicine	40722

FINANCIAL CONDITION OF CORPORATION ENTERPRISES IN WHOLESALE AND RETAIL TRADE ABOVE DESIGNATED SIZE(2019)

(10 000 yuan)

流动资产合计 Total Circulating Assets	#应收帐款 Accounts Receivable	#存货 Inventory	固定资产原价 Original Value of Fixed Assets	累计折旧 Accumulated Depreciation	#本年折旧 Depreciation This Year	资产总计 Total Assets
46989886	**6566454**	**5149173**	**6863258**	**2733517**	**757720**	**63283266**
39812099	**5664124**	**3443780**	**3943525**	**1585892**	**518971**	**52273685**
39464603	5624489	3276577	3907689	1571393	517558	51858785
984702	17233	171324	387350	211287	17475	1216567
199373	30918	31312	78226	46225	1871	241648
26522710	3125759	1671021	2488173	982753	419210	34962983
7025306	590950	231093	1335289	472993	340121	10399337
19497404	2534809	1439928	1152885	509760	79089	24563647
3331595	212968	68762	119193	33440	4075	4805115
8424803	2237412	1333975	833261	297599	74888	10629842
6224	2529	1049	2820	1311	225	14777
4794	3612	1010	1856	1116	108	5563
8312990	2206546	1319769	789732	276594	71335	10457809
100795	24726	12148	38854	18579	3221	151693
1421	199	184	1486	89	39	2631
314353	34803	162157	32140	13765	1223	377422
287203	32697	144411	7705	5902	189	331417
27150	2107	17746	24435	7864	1034	46006
33143	4831	5046	3696	734	190	37479
33143	4831	5046	3696	734	190	37479
380522	87511	182489	81544	28601	3124	504531
2272250	156964	772357	542386	282342	33753	2738374
115763	11960	74763	36117	13598	1844	149006
1013847	11910	173229	390406	214622	17465	1230985
529004	174642	88388	7733	3672	-184	575458
83753	24652	35176	4695	2851	-402	98240
376226	74085	87875	43016	21492	1956	491995
2685182	1293824	372856	133519	53776	16481	2918734
2045014	960406	276669	104582	38794	10946	2239297
328113	131022	44725	17616	7666	2652	350094

13-5 续表1

单位：万元

指　标	Item	年初存货 Beginning Inventory
矿产品、建材及化工产品批发	Wholesale of Mineral Products, Building and Chemical Products	1735209
#煤炭及制品批发	Coal and Related Products	1019252
石油及制品批发	Petroleum and Related Products	115486
金属及金属矿批发	Metals and Metals Materials	478261
建材批发	Building Materials	73334
化肥批发	Chemical Fertilizer	26938
机械设备、五金产品及电子产品批发	Wholesale of Machinery, Hardwaresand Electronic Products	233276
#汽车及零配件批发	Motor Vehicles and Parts	68786
计算机、软件及辅助设备批发	Computer, Sofeware and Accessories	9083
贸易经纪与代理	Trade Brokerage and Agency	241
其他批发业	Other Wholesales	30358
3.按控股情况分	Grouped by Share Holding	
国有控股	State Holding Enterprises	1451776
集体控股	Collective-owned Holding Enterprises	55682
私人控股	Private Holding Enterprises	1647103
港澳台商控股	Hongkong, Macao and Taiwan Holding Enterprises	42123
其　他	Others	163354
4.按经营形式分	Grouped by Management Form	
独立门店	Independent Stores	1920362
连锁总店(总部)	Chain Headquarters	207686
连锁直营店	Direct Chain Stores	
其　他	Others	1233328
5.按单位规模分	Grouped by Enterprise Size	
大　型	Large-size	1133494
中　型	Medium-size	1504399
小　型	Small-size	500487
微　型	Micro-size	222997
二、零售业	**Retail Trade**	**1797460**
1.按登记注册类型分组	Grouped by Registered Kind	
内资企业	Civil Funded Enterprises	1768881
国有企业	State-owned Enterprises	13192
集体企业	Collective-owned Enterprises	17850
股份合作企业	Share Cooperative Enterprises	225
联营企业	Joint Owned Enterprises	28

continued

(10 000 yuan)

流动资产合计 Total Circulating Assets	#应收帐款 Accounts Receivable	#存货 Inventory	固定资产原价 Original Value of Fixed Assets	累计折旧 Accumulated Depreciation	#本年折旧 Depreciation This Year	资产总计 Total Assets
31974984	3200944	1709637	2914642	1106556	444301	42918509
27132986	2235378	929065	2476773	920266	404557	36985715
487625	163461	127386	99471	53567	12453	693197
2500830	330999	527597	214630	88463	13035	3105543
1116513	337130	71955	71056	27540	10032	1206616
309620	56314	30109	15502	4474	867	336005
1527872	661027	224890	185763	75852	17247	2016156
685104	378374	71884	21607	14081	7774	752803
42724	18625	9588	1187	777	111	43474
972	741	105	59	23	7	1008
65088	14386	5183	34865	13579	2287	108920
26330500	2911073	1672837	2499478	1021969	400724	34204041
1368644	70903	74141	270147	131217	10807	2004299
11127463	2476354	1545268	969841	353490	95807	14213929
72680	27133	34533	32941	14531	1233	99705
905957	178336	116318	169489	64560	10359	1743522
21348950	3255372	2080200	1636889	728603	117646	27315166
914088	29338	226521	83067	37288	5620	1046609
17549061	2379414	1137059	2223569	820002	395704	23911910
16125170	1535574	1325776	1955941	782811	367140	20961438
17473810	2746506	1386185	1340552	564440	105459	22777633
4266142	963952	504225	523938	171220	33285	6274310
1946977	418092	227593	123094	67422	13087	2260304
7177788	**902331**	**1705393**	**2919733**	**1147625**	**238749**	**11009581**
7087838	891892	1677904	2875184	1119998	236918	10893790
37401	7283	9925	39913	18236	1755	91173
39447	3175	12794	34751	12418	1298	59491
1211	44	239	493	239	139	1506
306		69	264	235	5	335

13-5 续表2

单位：万元

指　标	Item	年初存货 Beginning Inventory
有限责任公司	Limited Responsibility Corporations	394952
国有独资公司	Company Exclusively with Investment from State	16118
其他有限责任公司	Other Limited Responsibility Company	378834
股份有限公司	Share-holding Limited Corporations	92740
私营企业	Private-owned Enterprises	1249622
私营独资企业	Enterprise Exclusively with Investment from Private	21688
私营合伙企业	Private Partnership Enterprises	1320
私营有限责任公司	Private Limited Responsibility Corporations	1199885
私营股份有限公司	Private Share-holding Limited Corporations	26729
其他企业	Others	272
港、澳、台商投资企业	Enterprises Funded by HongKong, Macao and Taiwan	20742
合资经营企业(港或澳、台资)	Joint Venture Enterprises	15606
港、澳、台商独资经营企业	Solely Owned Enterspprises	5136
外商投资企业	Foreign Funded Enterprises	7838
中外合资经营企业	Joint Venture Enterprises	2095
外资企业	Enterprises with Sole Foreign Investment	5743
2.按零售行业小类分	Grouped by Wholesale Trade	
综合零售	General Retail Sales Trade	214071
百货零售	Daily Goods	73973
超级市场零售	Supermarkets	137964
便利店零售	Covenience Stores	777
其他综合零售	Others	1357
食品、饮料及烟草制品专门零售	Retail of Food, Beverage and Tobaccos	76725
纺织、服装及日用品专门零售	Retail of Textiles, Garments and Daily Articles	101892
#服装零售	Garments	78334
文化、体育用品及器材专门零售	Retail of Culture, Sports Articles and Equipments	89767
#图书、报刊零售	Books and Mangzines	23746
医药及医疗器材专门零售	Retail of Medicines and Medical Appliances	130246
#西药零售	Western Medicines	115155
中药零售	Traditional Chinese Medicines	13366
汽车、摩托车、零配件和燃料及其他动力销售	Retail of Motor Vehicles, Motorcycles, Feuls, Parts and Others	1059242
#汽车新车零售	New Motor Vehicles	880457
汽车旧车零售	Used Motor Vehicles	6036
家用电器及电子产品专门零售	Retail of Household Electronic Equipments and Products	94853
#日用家电零售	Household Appliance	70341
计算机、软件及辅助设备零售	Computer, Software and Auxiliary Equipments	11738
通信设备零售	Communication Equipments	11365

continued

(10 000 yuan)

流动资产合计 Total Circulating Assets	#应收帐款 Accounts Receivable	#存货 Inventory	固定资产原价 Original Value of Fixed Assets	累计折旧 Accumulated Depreciation	#本年折旧 Depreciation This Year	资产总计 Total Assets
1681061	301781	383274	695338	276987	65770	2677704
94092	18438	19216	48534	19537	3692	141148
1586969	283344	364058	646804	257450	62078	2536556
318294	6487	124138	753124	302092	38207	1123973
5005078	571265	1147154	1347734	509384	129379	6930331
96480	21583	19858	27025	10457	2692	115714
5225	878	1572	2529	637	58	8483
4812759	537705	1090176	1275566	481246	120692	6671864
90614	11099	35549	42613	17044	5937	134271
5041	1857	312	3567	409	364	9277
71969	9914	19972	32852	21718	2107	88293
23566	1551	15363	12468	6028	1129	32010
48402	8363	4609	20384	15690	978	56283
17981	525	7517	11698	5908	–276	27498
3760	248	1183	6569	3247	–872	8879
14221	277	6335	5129	2662	596	18619
1774808	82164	226557	595587	225406	65295	2722660
843935	29171	70987	271233	104792	24049	1352577
921675	51954	151940	319988	119479	41032	1354837
4906	34	1160	681	216	74	7882
4292	1005	2470	3685	920	140	7365
263140	50643	89524	103279	34240	5161	435346
511583	43983	93162	148786	64822	7339	671321
324744	30468	72056	132657	60655	6759	459625
293542	41545	103711	110249	48634	6482	424166
144566	36290	26701	80560	33190	4889	221360
408040	106647	137853	37136	19421	9715	513123
355246	85446	124111	32831	17551	8252	456523
34975	7242	11980	3871	1619	1357	38545
3084574	338232	922737	1542733	643640	116506	4941683
2347760	239260	733288	517932	235181	48449	2950107
14710	3755	3838	2608	1404	564	16728
402956	93646	96285	39589	16323	2490	440405
275269	49249	73750	32812	12521	1847	308189
52308	18703	12233	3894	1932	428	54241
37215	15138	8601	2278	1394	162	39261

13-5 续表3

单位：万元

指　标	Item	年初存货 Beginning Inventory
五金、家具及室内装饰材料专门零售	Retail of Hardwares, Furniture and Room Decorative Building	14789
货摊、无店铺及其他零售业	Retail of Stall, Non-store and Others	15875
3.按控股情况分	Grouped by Share Holding	
国有控股	State Holding Enterprises	212107
集体控股	Collective-owned Holding Enterprises	61756
私人控股	Private Holding Enterprises	1405703
港澳台商控股	Hongkong, Macao and Taiwan Holding Enterprises	25955
外商控股	Foreign Holding Enterprises	6857
其　他	Others	84540
4.按经营形式分	Grouped by Management Form	
独立门店	Independent Stores	1482940
连锁总店	Chain Headquarters	177732
连锁直营店	Direct Chain Stores	55791
连锁加盟店	Franchise Chain Stores	1566
其　他	Others	79431
5.按单位规模分	Grouped by Enterprise Size	
大　型	Large-size	256097
中　型	Medium-size	888108
小　型	Small-size	543904
微　型	Micro-size	109352
6.按零售业态分	Grouped by Retail Format	
有店铺零售	Store-based	1769524
食杂店	Grocery Store	1628
便利店	Convenient Store	25103
折扣店	Discount Store	
超　市	Supermarket	64692
大型超市	Hypermarket	110235
仓储会员店	Warehouse Club	5181
百货店	Department Store	57791
专业店	Specialized Shop	696915
专卖店	Exclusive Shop	711360
家居建材商店	Home Center	2708
购物中心	Shopping Center	46027
厂家直销中心	Factory Outlet Center	47885
无店铺零售	Non-store	27937
#网上商店	Online	8496

continued

(10 000 yuan)

流动资产合计 Total Circulating Assets	#应收帐款 Accounts Receivable	#存货 Inventory	固定资产原价 Original Value of Fixed Assets	累计折旧 Accumulated Depreciation	#本年折旧 Depreciation This Year	资产总计 Total Assets
135724	76365	15920	65389	21366	12150	247341
303421	69107	19644	276986	73772	13612	613535
842010	114289	225711	1116899	445573	77220	2222927
157277	47610	57433	71225	30856	8309	247463
5628876	694797	1296224	1593043	607135	144730	7817196
108619	10623	28371	36399	22361	1968	129326
16344	304	7317	8775	5207	-298	22174
419102	32748	89856	85270	35130	6420	557108
5430231	726002	1371293	2172046	853345	160691	8277851
1030846	89245	189428	289349	137769	34342	1445123
280050	16110	65525	196935	65185	16394	549866
5567	141	1830	2326	276	18	7681
431094	70834	77317	259077	91050	27304	729061
1722433	79512	299671	964747	387432	72804	3173698
3182187	380441	834728	1351336	539567	106076	4889147
1844330	337195	468374	511866	176773	50564	2388061
428838	105183	102621	91783	43854	9305	558675
6961172	846511	1670018	2884319	1135490	234828	10736749
5438	2674	2057	6566	2248	253	14707
96149	4302	40325	90643	37433	3614	210188
216065	33575	75479	85205	37063	6970	308934
820898	53841	110671	227553	85429	34873	1159314
30479	2767	4095	6051	2695	186	34305
832691	17510	63009	332618	124385	20824	1302675
2478605	412127	685256	1407648	535685	103907	4233993
1945866	231214	613898	456174	202617	37361	2409521
52624	35724	4079	38416	14215	11047	135905
360820	24121	24661	100410	45736	10035	545046
121540	28655	46490	133036	47984	5758	382161
216615	55820	35375	35414	12135	3921	272832
42054	7702	8124	8175	2491	657	61702

13-5 续表4

单位：万元

指　标	Item	流动负债合　计 Total Liquid Liabilities
总　计	**Total**	**42530378**
一、批发业	**Wholesale Trade**	**34612333**
1.按登记注册类型分	Grouped by Registered Kind	
内资企业	Civil Funded Enterprises	34421492
国有企业	State-owned Enterprises	300992
集体企业	Collective-owned Enterprises	169330
有限责任公司	Limited Responsibility Corporations	23273273
国有独资公司	Company Exclusively with Investment from State	6857342
其他有限责任公司	Other Limited Responsibility Company	16415931
股份有限公司	Share-holding Limited Corporations	2716233
私营企业	Private-owned Enterprises	7960934
私营独资企业	Enterprise Exclusively with Investment from Private	10281
私营合伙企业	Private Partnership Enterprises	-82
私营有限责任公司	Private Limited Responsibility Corporations	7847139
私营股份有限公司	Private Share-holding Limited Corporations	103596
其他企业	Others	730
港、澳、台商投资企业	Enterprises Funded by HongKong, Macao and Taiwan	181284
合资经营企业(港或澳、台资)	Joint Venture Enterprises	172991
港、澳、台商独资经营企业	Solely Owned Entersprises	8293
外商投资企业	Foreign Funded Enterprises	9557
中外合资经营企业	Joint Venture Enterprises	9557
2.按批发行业小类分	Grouped by Wholesale Trade	
农、林、牧、渔产品批发	Wholesale of Agricultural, Forestry, Animal Husbandry and Fishery Products	260145
食品、饮料及烟草制品批发	Wholesale of Food, Beverage and Tobaccos	1282680
#米、面制品及食用油批发	Rice, Flour and Edible Oil	98342
烟草制品批发	Tobacoo Products Manufacturing	293236
纺织、服装及家庭用品批发	Wholesale of Textiles, Garments and Family Articles	490892
#服装批发	Wholesale of Garments	25279
文化、体育用品及器材批发	Wholesale of Culture, Sports Articles and Equipments	306092
医药及医疗器材批发	Wholesale of Medicines and Medical Appliances	2245726
#西药批发	Wholesale of Western Medicine	1743405
中药批发	Wholesale of Chinese Traditional Medicine	278114

continued

(10 000 yuan)

负债合计 Total Liabilities	所有者权益合计 Total Creditors' Equity	#实收资本 Capital Hold	#个人资本 Individual	营业收入 Business Revenue	主营业务收入 Revenue of Major Business	营业成本 Business Costs	税金及附加 Taxes and Extra Charges	其他业务利润 Profits of Other Business
48973520	**14258175**	**12389056**	**2399667**	**106216305**	**102936316**	**100470535**	**645040**	**351961**
39926667	**12307058**	**7987007**	**848403**	**89017575**	**86166507**	**84575878**	**595302**	**171558**
39735821	12083003	7795474	837106	87984071	85135139	83588163	594560	169760
301659	914907	24781	4850	3268414	3266670	2330105	440695	745
186989	54659	29867		634842	632048	559946	1509	2086
27310180	7628792	3478900	78322	59285357	56581926	57392514	111599	79908
8403438	1979629	764384	1000	17785265	17717535	17380016	60017	12143
18906742	5649164	2714516	77322	41500092	38864391	40012498	51581	67766
3381860	1423066	747897	5114	3349228	3342641	3187882	3485	5525
8554403	2059678	3513549	748620	21441560	21307185	20113673	37265	81495
10322	4455	4818	2167	25199	25199	23127	105	
-82	5645	15	15	84171	84171	77894	107	
8439758	2002290	3482031	736268	20998892	20870931	19714688	35828	81495
104405	47288	26686	10170	333299	326883	297964	1226	
730	1900	480	200	4669	4669	4043	6	
181289	196133	183533	6296	1004360	1002231	965493	641	1792
172991	158426	158889	6296	908279	906155	882860	299	1804
8298	37708	24644		96081	96076	82633	343	-12
9557	27921	8000	5000	29144	29138	22223	101	6
9557	27921	8000	5000	29144	29138	22223	101	6
273473	231058	77618	44648	341370	338840	288343	393	1244
1349543	1388831	185542	35303	5864627	5852824	4347870	464319	5200
108990	40015	30205	5920	272448	272335	258001	164	284
293263	937722	13958	5	3322728	3321143	2353448	456579	542
563372	11733	32496	7610	1343919	1334941	1308330	1142	481
95928	2231	11462	2060	154802	154415	142952	427	235
307335	184660	46160	11636	635233	633924	595026	766	448
2279047	638643	426845	86109	4207655	4189587	3722160	10149	19835
1774909	463468	334369	67584	3155422	3139118	2889673	6541	13148
279522	70449	44775	4443	629809	629281	480822	2352	4439

13-5 续表5

单位：万元

指　标	Item	流动负债合　计 Total Liquid Liabilities
矿产品、建材及化工产品批发	Wholesale of Mineral Products, Building and Chemical Products	28542617
#煤炭及制品批发	Coal and Related Products	24172831
石油及制品批发	Petroleum and Related Products	488001
金属及金属矿批发	Metals and Metals Materials	2217897
建材批发	Building Materials	1004165
化肥批发	Chemical Fertilizer	274582
机械设备、五金产品及电子产品批发	Wholesale of Machinery, Hardwaresand Electronic Products	1436520
#汽车及零配件批发	Motor Vehicles and Parts	650729
计算机、软件及辅助设备批发	Computer, Sofeware and Accessories	27811
贸易经纪与代理	Trade Brokerage and Agency	462
其他批发业	Other Wholesales	47199
3.按控股情况分	Grouped by Share Holding	
国有控股	State Holding Enterprises	22180679
集体控股	Collective-owned Holding Enterprises	1195803
私人控股	Private Holding Enterprises	10345616
港澳台商控股	Hongkong, Macao and Taiwan Holding Enterprises	50572
其　他	Others	838694
4.按经营形式分	Grouped by Management Form	
独立门店	Independent Stores	18198415
连锁总店(总部)	Chain Headquarters	929241
连锁直营店	Direct Chain Stores	
其　他	Others	15484676
5.按单位规模分	Grouped by Enterprise Size	
大　型	Large-size	14468445
中　型	Medium-size	14749136
小　型	Small-size	3760443
微　型	Micro-size	1634309
二、零售业	**Retail Trade**	**7918046**
1.按登记注册类型分组	Grouped by Registered Kind	
内资企业	Civil Funded Enterprises	7830343
国有企业	State-owned Enterprises	43957
集体企业	Collective-owned Enterprises	25516
股份合作企业	Share Cooperative Enterprises	735
联营企业	Joint Owned Enterprises	357

continued

(10 000 yuan)

负债合计 Total Liabilities	所有者权益合计 Total Creditors' Equity	#实收资本 Capital Hold	#个人资本 Individual	营业收入 Business Revenue	主营业务收入 Revenue of Major Business	营业成本 Business Costs	税金及附加 Taxes and Extra Charges	其他业务利润 Profits of Other Business
33581405	9302084	6948852	597733	73259270	70479316	71139085	113064	134303
28971390	7981520	5777607	309424	40860179	38116152	39105641	83126	102720
537863	154473	125779	29265	2157297	2147344	2069855	3402	1869
2261702	843320	729398	179877	13603667	13588996	13430954	18575	5432
1068020	138595	161801	37494	11556333	11546743	11493700	4912	5165
277731	58274	47328	1626	4375018	4373831	4360538	1642	46
1521016	491596	230410	57592	3026815	2998689	2869668	4398	9791
700465	49898	56883	12689	1865145	1846373	1818689	1761	4850
27811	15663	11270	2708	88981	88608	79912	148	1
462	546	218	218	19015	19015	18000	16	
51013	57907	38867	7554	319672	319372	287398	1056	257
26274472	7910590	3164686	18421	59218993	56533288	56750069	543718	82537
1346064	654349	182029	14	1797827	1791119	1659018	3747	2286
11352431	2844403	3988170	811594	24744630	24592973	23215544	42502	84255
50577	49128	33633	6296	183575	183570	166618	431	-13
902154	841368	613159	7027	3057220	3050229	2770994	4884	2493
21752484	5530954	5196091	546345	51567516	49137254	49315805	239649	73348
933912	112698	78282	61274	2372134	2354920	2219732	42789	3570
17240271	6663407	2712634	240783	35077925	34674333	33040342	312864	94641
15927625	5033814	1795873	117000	25273633	24947330	22780640	518063	66980
17350028	5426208	2582708	336427	46922569	44474508	45606754	54264	77409
4723442	1539057	1203898	308655	11361802	11319349	10811806	18550	21316
1925573	307979	2404528	86322	5459570	5425321	5376679	4425	5853
9046853	**1951117**	**4402049**	**1551264**	**17198730**	**16769809**	**15894657**	**49738**	**180403**
8948941	1933238	4368137	1551264	16897260	16477440	15643878	47781	174548
74727	16446	8944		181659	177983	168270	1049	1939
30732	28734	7661	148	133219	132958	107740	612	705
735	771	200		9867	9867	9415	26	
357	-22	273		369	369	336	4	

13-5 续表6

单位：万元

指　标	Item	流动负债合　计 Total Liquid Liabilities
有限责任公司	Limited Responsibility Corporations	1863035
国有独资公司	Company Exclusively with Investment from State	69434
其他有限责任公司	Other Limited Responsibility Company	1793601
股份有限公司	Share-holding Limited Corporations	899487
私营企业	Private-owned Enterprises	4996023
私营独资企业	Enterprise Exclusively with Investment from Private	73358
私营合伙企业	Private Partnership Enterprises	5781
私营有限责任公司	Private Limited Responsibility Corporations	4827743
私营股份有限公司	Private Share-holding Limited Corporations	89142
其他企业	Others	1233
港、澳、台商投资企业	Enterprises Funded by HongKong, Macao and Taiwan	47518
合资经营企业(港或澳、台资)	Joint Venture Enterprises	21276
港、澳、台商独资经营企业	Solely Owned Entersprises	26242
外商投资企业	Foreign Funded Enterprises	40186
中外合资经营企业	Joint Venture Enterprises	21042
外资企业	Enterprises with Sole Foreign Investment	19144
2.按零售行业小类分	Grouped by Wholesale Trade	
综合零售	General Retail Sales Trade	1956141
百货零售	Daily Goods	688793
超级市场零售	Supermarkets	1243349
便利店零售	Covenience Stores	18804
其他综合零售	Others	5196
食品、饮料及烟草制品专门零售	Retail of Food, Beverage and Tobaccos	277280
纺织、服装及日用品专门零售	Retail of Textiles, Garments and Daily Articles	547174
#服装零售	Garments	383319
文化、体育用品及器材专门零售	Retail of Culture, Sports Articles and Equipments	170375
#图书、报刊零售	Books and Mangzines	104892
医药及医疗器材专门零售	Retail of Medicines and Medical Appliances	367923
#西药零售	Western Medicines	322426
中药零售	Traditional Chinese Medicines	29600
汽车、摩托车、零配件和燃料及其他动力销售	Retail of Motor Vehicles, Motorcycles, Feuls, Parts and Others	3784914
#汽车新车零售	New Motor Vehicles	2309218
汽车旧车零售	Used Motor Vehicles	9435
家用电器及电子产品专门零售	Retail of Household Electronic Equipments and Products	345818
#日用家电零售	Household Appliance	259828
计算机、软件及辅助设备零售	Computer, Software and Auxiliary Equipments	23642
通信设备零售	Communication Equipments	31936

continued

(10 000 yuan)

负债合计 Total Liabilities	所有者权益合计 Total Creditors' Equity	#实收资本 Capital Hold	#个人资本 Individual	营业收入 Business Revenue	主营业务收入 Revenue of Major Business	营业成本 Business Costs	税金及附加 Taxes and Extra Charges	其他业务利润 Profits of Other Business
2164823	521810	1961763	1040039	3988612	3881270	3596436	11687	38045
75940	65209	29537	220	191389	187507	157521	531	1721
2088883	456601	1932226	1039819	3797223	3693763	3438915	11157	36324
1093036	68789	34504	402	2768177	2657534	2903718	3553	4218
5583273	1288693	2347478	510466	9801260	9603364	8846420	30848	129642
81323	34291	18649	10480	228618	228341	206947	546	176
6267	2147	1852	1411	12083	12071	10460	24	
5404287	1209380	2290125	484544	9298968	9102166	8392413	29280	128843
91395	42876	36852	14030	261591	260786	236600	998	623
1259	8018	7315	210	14099	14095	11544	1	
56554	31739	17431		231436	223584	189797	1813	5344
21276	10734	10000		87564	85027	79240	1009	860
35278	21005	7431		143872	138557	110558	804	4484
41359	-13861	16481		70034	68785	60982	144	510
21102	-12223	13833		16183	15221	14299	56	
20257	-1638	2648		53851	53564	46683	87	510
2457791	273135	363902	69104	2626406	2520396	2229288	11071	81108
1147692	215329	243911	40778	1435297	1393228	1238983	8106	23936
1286059	66668	117390	27322	1136582	1073638	941846	2848	57107
18804	-10922	600		29493	29397	24947	39	
5236	2061	2001	1004	25035	24134	23512	78	65
317403	117180	78288	13521	618861	611060	548495	1314	1936
578329	92863	574121	15960	793987	773227	639736	3940	13323
409950	49547	564289	15059	642218	623156	520549	3338	11628
194106	192135	87698	5030	332988	326905	259624	3914	3358
108848	112513	57283	981	194348	188382	142301	1307	3231
388122	124919	101800	17074	842036	837140	694880	2693	4242
342460	114083	91727	15017	755808	751069	617863	2421	3992
29603	8943	8620	1239	72885	72731	66414	219	247
4202067	761045	2915024	1303342	10305302	10105246	10034045	20618	64770
2456800	480000	2681149	1233051	6224712	6142474	5885203	13943	56894
13369	2889	3510	2325	54642	54398	51911	61	82
357742	83112	90950	39412	835273	803908	745669	4185	2810
268097	40242	51790	17289	574957	545828	507646	1955	1368
24431	29810	24966	15172	88417	88368	79144	1847	163
33139	6420	8742	5451	122878	121403	116443	288	541

13-5 续表7

单位：万元

指　标	Item	流动负债合　计 Total Liquid Liabilities
五金、家具及室内装饰材料专门零售	Retail of Hardwares, Furniture and Room Decorative Building	150650
货摊、无店铺及其他零售业	Retail of Stall, Non-store and Others	317771
3.按控股情况分	Grouped by Share Holding	
国有控股	State Holding Enterprises	1567128
集体控股	Collective-owned Holding Enterprises	179686
私人控股	Private Holding Enterprises	5717433
港澳台商控股	Hongkong, Macao and Taiwan Holding Enterprises	64829
外商控股	Foreign Holding Enterprises	38904
其　他	Others	348297
4.按经营形式分	Grouped by Management Form	
独立门店	Independent Stores	5864576
连锁总店	Chain Headquarters	1064345
连锁直营店	Direct Chain Stores	485830
连锁加盟店	Franchise Chain Stores	5138
其　他	Others	498157
5.按单位规模分	Grouped by Enterprise Size	
大　型	Large-size	2690700
中　型	Medium-size	3294727
小　型	Small-size	1694036
微　型	Micro-size	238584
6.按零售业态分	Grouped by Retail Format	
有店铺零售	Store-based	7731595
食杂店	Grocery Store	7614
便利店	Convenient Store	187429
折扣店	Discount Store	
超　市	Supermarket	221036
大型超市	Hypermarket	1116426
仓储会员店	Warehouse Club	22988
百货店	Department Store	717433
专业店	Specialized Shop	2965184
专卖店	Exclusive Shop	1745484
家居建材商店	Home Center	79494
购物中心	Shopping Center	391337
厂家直销中心	Factory Outlet Center	277169
无店铺零售	Non-store	186451
#网上商店	Online	42083

continued

(10 000 yuan)

负债合计 Total Liabilities	所有者权益合计 Total Creditors' Equity	#实收资本 Capital Hold	#个人资本 Individual	营业收入 Business Revenue	主营业务收入 Revenue of Major Business	营业成本 Business Costs	税金及附加 Taxes and Extra Charges	其他业务利润 Profits of Other Business
165548	79094	34707	13658	252439	249984	215839	953	2377
385745	227634	155558	74163	591437	541942	527080	1049	6479
1896013	365261	746147	4491	4231316	4058343	4182935	8332	17830
207983	39455	31192	3263	432334	427962	384449	1356	3806
6329414	1429415	3500524	1538010	11433802	11209998	10359377	34708	149866
73925	55402	25584		286017	278054	240144	1897	5344
40018	-17843	7648		62936	61798	54175	103	510
497706	67835	80125	5290	734554	715974	659609	3314	3047
6749082	1520257	4172943	1489766	13035831	12800131	12065465	40869	127889
1227109	218014	92266	26603	2113749	2057163	1927105	4937	14381
511586	38280	29294	786	991675	945656	879748	1970	35190
6246	1435	2055	495	23423	23259	18803	33	165
552830	173132	105492	33615	1034052	943601	1003536	1929	2778
2960475	251075	209503	43227	4947458	4736478	4728372	11651	56706
3888039	1001109	2418296	196016	7841661	7660175	7108172	23827	104850
1809154	578311	1604161	1222315	3646613	3616491	3352971	11119	16303
389186	120623	170088	89706	762999	756665	705141	3141	2544
8841864	1883274	4332221	1524373	16761086	16335027	15500304	49045	176370
10493	3524	1800	530	14609	14609	13094	78	
203082	7105	26315	2905	560925	548726	536435	1006	210
238133	68691	60531	22933	503151	493020	427336	1293	7918
1148975	10338	85937	7075	965465	918619	805202	2022	45063
23088	11217	2300	700	12425	12405	11712	13	
1143274	169646	709282	27537	1163373	1115099	999126	6959	29701
3297953	967323	2857124	1257673	7186414	7029479	6797647	18894	35880
1900484	461405	478029	163717	5085462	4956962	4772357	12372	45847
87644	45711	20690	6060	91774	89446	77397	671	2373
445489	99558	63935	30247	716784	697007	596210	3672	9234
343249	38756	26277	4995	460706	459656	463788	2065	144
204989	67843	69828	26892	437644	434782	394353	693	4033
44319	17383	15185	7007	169057	166892	147063	319	3775

13-5 续表8

单位：万元

指　标	Item	销售费用 Costs of Sales
总　计	**Total**	**2841940**
一、批发业	**Wholesale Trade**	**1829820**
1.按登记注册类型分	Grouped by Registered Kind	
内资企业	Civil Funded Enterprises	1812704
国有企业	State-owned Enterprises	51482
集体企业	Collective-owned Enterprises	59482
有限责任公司	Limited Responsibility Corporations	874046
国有独资公司	Company Exclusively with Investment from State	202113
其他有限责任公司	Other Limited Responsibility Company	671934
股份有限公司	Share-holding Limited Corporations	84875
私营企业	Private-owned Enterprises	742728
私营独资企业	Enterprise Exclusively with Investment from Private	1022
私营合伙企业	Private Partnership Enterprises	539
私营有限责任公司	Private Limited Responsibility Corporations	727571
私营股份有限公司	Private Share-holding Limited Corporations	13595
其他企业	Others	91
港、澳、台商投资企业	Enterprises Funded by HongKong, Macao and Taiwan	16540
合资经营企业(港或澳、台资)	Joint Venture Enterprises	9365
港、澳、台商独资经营企业	Solely Owned Entersprises	7175
外商投资企业	Foreign Funded Enterprises	576
中外合资经营企业	Joint Venture Enterprises	576
2.按批发行业小类分	Grouped by Wholesale Trade	
农、林、牧、渔产品批发	Wholesale of Agricultural, Forestry, Animal Husbandry and Fishery Products	19936
食品、饮料及烟草制品批发	Wholesale of Food, Beverage and Tobaccos	382415
#米、面制品及食用油批发	Rice, Flour and Edible Oil	11869
烟草制品批发	Tobacoo Products Manufacturing	51985
纺织、服装及家庭用品批发	Wholesale of Textiles, Garments and Family Articles	28658
#服装批发	Wholesale of Garments	16940
文化、体育用品及器材批发	Wholesale of Culture, Sports Articles and Equipments	14077
医药及医疗器材批发	Wholesale of Medicines and Medical Appliances	252871
#西药批发	Wholesale of Western Medicine	106228
中药批发	Wholesale of Chinese Traditional Medicine	122681

continued

(10 000 yuan)

管理费用 Costs of Administration	财务费用 Costs of Finance	#利息收入 Interest revenues	#利息费用 Interest Expenses	营业利润 Business Profits	利润总额 Total Profits	所得税费用 Income Tax Expenses	应付职工薪酬(本年贷方累计发生额) Remuneration Payable (Accumulated Credit Balance of The Year)	应交增值税 Added Taxes Payable
1499787	**545974**	**129111**	**500568**	**798786**	**825820**	**285902**	**1345617**	**725199**
971933	**393280**	**122697**	**418937**	**1173080**	**1197188**	**254889**	**775658**	**554551**
965224	390631	122016	418787	1156243	1180454	250443	765546	551323
135911	−29720	30101	163	341426	345767	89628	112610	123424
13099	1600	145	973	−691	214	349	8784	4220
523796	281576	80124	300286	405318	443909	124151	391925	262159
183581	107356	58928	153902	−35964	−4841	18732	84946	104247
340215	174220	21196	146385	441283	448751	105419	306979	157911
19335	22224	5906	25236	155344	154846	482	16849	13068
272864	114943	5741	92121	254544	235416	35824	235172	148449
515	132		128	297	295		599	1135
922	−2		−2	4711	4725	1625	349	606
263917	114028	5725	91292	237417	217794	30891	227474	141210
7510	785	15	703	12120	12601	3308	6750	5498
219	8		8	302	302	8	206	4
4954	2757	681	150	12239	12164	3304	9314	2512
2444	2860	554	127	8742	8711	2454	3090	1154
2510	−103	127	23	3497	3453	850	6224	1358
1755	−108			4597	4570	1143	798	715
1755	−108			4597	4570	1143	798	715
12917	1620	1081	1844	22288	25022	359	10707	549
190564	−22900	32998	6168	520998	532315	136703	189637	172735
6517	723	−940	1598	−167	1801	57	4679	493
138498	−30795	31370	58	354618	358489	92982	113863	127673
12465	3038	110	2284	−10796	−10755	931	14735	3643
6400	165	175	101	−11986	−12055	16	8420	1107
13965	311	1255	844	13068	13061	1703	6896	1218
100216	38173	4439	38171	81289	80163	22439	103893	53245
68675	31759	4167	33134	53448	52955	15386	65363	35608
13247	3725	205	3111	4027	3557	1265	28013	7119

13-5 续表9

单位：万元

指 标	Item	销售费用 Costs of Sales
矿产品、建材及化工产品批发	Wholesale of Mineral Products, Building and Chemical Products	1056055
#煤炭及制品批发	Coal and Related Products	927536
石油及制品批发	Petroleum and Related Products	33540
金属及金属矿批发	Metals and Metals Materials	50856
建材批发	Building Materials	19015
化肥批发	Chemical Fertilizer	4242
机械设备、五金产品及电子产品批发	Wholesale of Machinery, Hardwaresand Electronic Products	71644
#汽车及零配件批发	Motor Vehicles and Parts	24069
计算机、软件及辅助设备批发	Computer, Sofeware and Accessories	5056
贸易经纪与代理	Trade Brokerage and Agency	771
其他批发业	Other Wholesales	3392
3.按控股情况分	Grouped by Share Holding	
国有控股	State Holding Enterprises	680396
集体控股	Collective-owned Holding Enterprises	83720
私人控股	Private Holding Enterprises	835273
港澳台商控股	Hongkong, Macao and Taiwan Holding Enterprises	10145
其 他	Others	219854
4.按经营形式分	Grouped by Management Form	
独立门店	Independent Stores	979347
连锁总店(总部)	Chain Headquarters	22182
连锁直营店	Direct Chain Stores	
其 他	Others	828291
5.按单位规模分	Grouped by Enterprise Size	
大 型	Large-size	724181
中 型	Medium-size	781140
小 型	Small-size	284462
微 型	Micro-size	40037
二、零售业	**Retail Trade**	**1012120**
1.按登记注册类型分组	Grouped by Registered Kind	
内资企业	Civil Funded Enterprises	980528
国有企业	State-owned Enterprises	9871
集体企业	Collective-owned Enterprises	6706
股份合作企业	Share Cooperative Enterprises	
联营企业	Joint Owned Enterprises	22

continued

(10 000 yuan)

管理费用 Costs of Administration	财务费用 Costs of Finance	#利息收入 Interest revenues	#利息费用 Interest Expenses	营业利润 Business Profits	利润总额 Total Profits	所得税费用 Income Tax Expenses	应付职工薪酬(本年贷方累计发生额) Remuneration Payable (Accumulated Credit Balance of The Year)	应交增值税 Added Taxes Payable
583669	353041	92819	350937	512832	522623	86422	398694	303327
493922	280654	84027	291035	421792	432178	77027	317556	251353
12252	7298	828	7769	30227	31160	3913	22177	23930
42204	44604	5876	33732	37089	33369	1178	27874	17032
19277	11537	777	10097	5232	7305	2367	7049	2281
4227	5215	212	4698	451	650	342	2881	2698
49673	19487	−9979	18283	33708	33326	5529	44451	16151
8954	13314	−10486	14667	598	288	1333	12623	9236
1844	296	−1	90	1093	1302	278	6656	1051
28				200	200	14	56	131
8438	510	−26	406	−508	1235	790	6589	3552
570747	207920	110877	292653	826066	867892	203693	435507	339148
43070	12559	1729	4043	27119	25458	2268	30003	9427
321157	157551	8939	109874	292219	272379	41250	268937	173050
3133	504	129	23	2719	2666	850	8419	2667
32946	14717	1024	12336	24626	28463	6813	32345	30222
514632	227887	40673	225643	422719	452109	138436	411864	244194
26236	13912	4334	15539	46519	46898	8955	26368	16586
431065	151481	77690	177755	703842	698182	107498	337426	293770
445808	146597	78696	166237	816601	830368	174035	340053	271800
354147	161746	21829	166531	344296	358753	55509	258480	177969
142013	59904	22456	70452	19491	18166	22680	149714	95607
29964	25034	−284	15717	−7308	−10099	2665	27411	9175
527854	**152694**	**6414**	**81631**	**−374294**	**−371369**	**31013**	**569959**	**170648**
517915	152067	5989	80863	−381617	−379250	28158	561018	166968
6098	549	−108	262	−2783	−1571	303	5147	963
9665	414	−80	288	8802	9072	307	4829	1880
313	3	2		110	113		364	173
7	1			−1	−1			1

13-5 续表10

单位：万元

指　标	Item	销售费用 Costs of Sales	管理费用 Costs of Administration
有限责任公司	Limited Responsibility Corporations	277072	137413
国有独资公司	Company Exclusively with Investment from State	18797	8535
其他有限责任公司	Other Limited Responsibility Company	258275	128878
股份有限公司	Share-holding Limited Corporations	153411	35943
私营企业	Private-owned Enterprises	533320	328168
私营独资企业	Enterprise Exclusively with Investment from Private	7973	9016
私营合伙企业	Private Partnership Enterprises	848	521
私营有限责任公司	Private Limited Responsibility Corporations	510561	311005
私营股份有限公司	Private Share-holding Limited Corporations	13939	7627
其他企业	Others	126	309
港、澳、台商投资企业	Enterprises Funded by HongKong, Macao and Taiwan	22566	8148
合资经营企业(港或澳、台资)	Joint Venture Enterprises	4045	1138
港、澳、台商独资经营企业	Solely Owned Entersprises	18521	7010
外商投资企业	Foreign Funded Enterprises	9026	1791
中外合资经营企业	Joint Venture Enterprises	2590	683
外资企业	Enterprises with Sole Foreign Investment	6436	1108
2.按零售行业小类分	Grouped by Wholesale Trade		
综合零售	General Retail Sales Trade	246374	123807
百货零售	Daily Goods	106851	74579
超级市场零售	Supermarkets	128459	48320
便利店零售	Covenience Stores	10234	551
其他综合零售	Others	831	356
食品、饮料及烟草制品专门零售	Retail of Food, Beverage and Tobaccos	35095	20481
纺织、服装及日用品专门零售	Retail of Textiles, Garments and Daily Articles	74281	51464
#服装零售	Garments	55220	44733
文化、体育用品及器材专门零售	Retail of Culture, Sports Articles and Equipments	46157	16536
#图书、报刊零售	Books and Mangzines	35909	9839
医药及医疗器材专门零售	Retail of Medicines and Medical Appliances	104370	32101
#西药零售	Western Medicines	99577	28839
中药零售	Traditional Chinese Medicines	3788	2003
汽车、摩托车、零配件和燃料及其他动力销售	Retail of Motor Vehicles, Motorcycles, Feuls, Parts and Others	423528	223029
#汽车新车零售	New Motor Vehicles	184544	147277
汽车旧车零售	Used Motor Vehicles	1626	862
家用电器及电子产品专门零售	Retail of Household Electronic Equipments and Products	52120	24793
#日用家电零售	Household Appliance	41312	16393
计算机、软件及辅助设备零售	Computer, Software and Auxiliary Equipments	3454	3814
通信设备零售	Communication Equipments	3067	2670

continued

(10 000 yuan)

财务费用 Costs of Finance	#利息收入 Interest revenues	#利息费用 Interest Expenses	营业利润 Business Profits	利润总额 Total Profits	所得税费用 Income Tax Expenses	应付职工薪酬(本年贷方累计发生额) Remuneration Payable (Accumulated Credit Balance of The Year)	应交增值税 Added Taxes Payable
32916	2342	19689	-45580	-43645	13603	164271	40734
74	262	118	3453	3819	1074	12762	3113
32842	2080	19571	-49033	-47465	12528	151509	37621
9128	34	2145	-342203	-345920	64	56856	33582
109050	3799	58478	-2073	594	13881	327584	89635
780	9	391	2190	2184	166	28141	1570
9	2	1	-184	-189	3	689	81
106413	3758	57558	-4745	-2548	13425	291838	86111
1847	30	528	667	1147	287	6916	1873
6		1	2110	2107	1	1967	1
-179	365	10	9813	10034	2493	5371	2992
-12	52		2144	2318	402	2591	1311
-166	313	10	7669	7716	2090	2781	1681
806	59	759	-2490	-2153	362	3569	688
676	8	676	-2122	-1944		1165	15
131	51	83	-369	-210	362	2405	673
54946	877	30322	-8369	-9077	7299	143284	19739
34140	1470	19310	210	331	6243	42544	11894
20540	-593	10895	-2358	-3215	1054	97150	6265
144			-6410	-6384		3186	1460
123		118	189	190	2	403	121
2676	53	2265	12313	14794	3190	18502	8850
3915	685	1103	20324	20472	6077	36265	13592
3163	409	759	14827	14955	4082	29190	8343
1681	129	985	7883	8582	2432	26429	2477
-58	116	1	7407	7751	1932	19918	73
2661	919	2709	11517	11875	2506	61207	14960
2173	951	2230	10951	11293	2466	57983	13617
460	-32	478	168	164	15	2910	952
72278	2938	36946	-435630	-434503	7250	232722	94908
55187	2636	29293	-40880	-35452	4191	137492	57878
136	1	93	46	119	11	656	152
3964	178	989	-3057	-1921	291	25435	7067
3334	128	841	-4258	-3114	85	18578	4997
147	8	90	1233	1226	109	2784	999
273	2	59	279	269	62	2800	346

13-5 续表11

单位：万元

指　标	Item	销售费用 Costs of Sales
五金、家具及室内装饰材料专门零售	Retail of Hardwares, Furniture and Room Decorative Building	9815
货摊、无店铺及其他零售业	Retail of Stall, Non-store and Others	20381
3.按控股情况分	Grouped by Share Holding	
国有控股	State Holding Enterprises	293974
集体控股	Collective-owned Holding Enterprises	16927
私人控股	Private Holding Enterprises	627910
港澳台商控股	Hongkong, Macao and Taiwan Holding Enterprises	24324
外商控股	Foreign Holding Enterprises	8526
其　他	Others	39708
4.按经营形式分	Grouped by Management Form	
独立门店	Independent Stores	672602
连锁总店	Chain Headquarters	191663
连锁直营店	Direct Chain Stores	100946
连锁加盟店	Franchise Chain Stores	952
其　他	Others	45958
5.按单位规模分	Grouped by Enterprise Size	
大　型	Large-size	421440
中　型	Medium-size	416429
小　型	Small-size	148792
微　型	Micro-size	25460
6.按零售业态分	Grouped by Retail Format	
有店铺零售	Store-based	995062
食杂店	Grocery Store	231
便利店	Convenient Store	36240
折扣店	Discount Store	
超　市	Supermarket	47777
大型超市	Hypermarket	119025
仓储会员店	Warehouse Club	442
百货店	Department Store	73554
专业店	Specialized Shop	462938
专卖店	Exclusive Shop	173528
家居建材商店	Home Center	6155
购物中心	Shopping Center	51249
厂家直销中心	Factory Outlet Center	23924
无店铺零售	Non-store	17059
#网上商店	Online	9212

continued

(10 000 yuan)

管理费用 Costs of Administration	财务费用 Costs of Finance	#利息收入 Interest revenues	#利息费用 Interest Expenses	营业利润 Business Profits	利润总额 Total Profits	所得税费用 Income Tax Expenses	应付职工薪酬(本年贷方累计发生额) Remuneration Payable (Accumulated Credit Balance of The Year)	应交增值税 Added Taxes Payable
9542	3076	245	1214	12753	12963	251	5158	2939
26100	7498	390	5098	7974	5447	1718	20956	6115
85339	15455	1447	7406	–332027	–333430	9776	124358	42317
21399	2304	–109	1375	7169	7401	344	13469	3163
376356	126619	4261	67837	–56476	–53207	15550	395953	104034
9049	443	391	629	10633	10958	2828	6965	2953
1379	794	53	744	–1816	–1536	362	2834	687
33497	6974	370	3640	–3856	–3637	2141	24175	17446
426174	125387	4554	71802	–224634	–218485	24437	407905	107298
53681	15868	1523	6967	–83534	–83958	5272	86711	20134
14388	6529	8	522	–13821	–17050	495	47378	4041
1142	128			2366	2365	2	809	1085
32469	4783	329	2340	–54672	–54241	808	27155	38091
109059	34169	447	7850	–321360	–326553	10804	167891	51492
268000	87111	4802	59795	–41599	–34910	14673	265927	77288
127694	27013	763	11229	–12958	–12148	3515	105637	31742
23102	4401	402	2757	1624	2243	2021	30504	10126
507518	147774	5677	79499	–373994	–372024	30815	554849	167103
974	165		65	182	184	7	272	25
8118	1277	114	379	–22472	–22155	1061	13086	6357
20635	4920	49	2513	1519	3193	1092	46860	3723
30885	15775	–569	8858	–3457	–5719	1155	63319	5944
509	46	5	13	–264	–200	4	519	76
75997	28528	911	17166	4952	4944	3767	36028	9275
188950	45425	2723	22978	–304757	–307617	12427	229553	82914
120092	38911	1209	22664	–20335	–16151	5566	122388	52471
5296	1581	63	386	820	803	70	3260	1564
41275	9112	801	3316	15691	15961	5605	23390	6533
14787	2035	371	1161	–45873	–45267	62	16175	–1779
20336	4920	736	2133	–300	655	198	15110	3545
12358	1682	23	333	–2036	–1788	96	9489	1936

13-6 限额以上批发零售业商品销售类值(2019年)

SALES VALUE OF ENTERPRISES ABOVE DESIGNATED SIZE IN WHOLESALE AND RETAIL TRADE BY CATEGORY OF COMMODITIES(2019)

单位：万元 (10 000 yuan)

指 标	Item	销售额 Sales Value	批发额 Wholesale	零售额 Retail
总 计	**Total**	**105265392**	**84769854**	**20495539**
一、批发业	**Wholesale Trade**	**84633751**	**83411101**	**1222650**
1.粮油、食品类	Grain, Oil and Food	1299231	1065946	233285
2.饮料类	Beverages	120710	96346	24365
3.烟酒类	Tobacco and Liquor	5443376	5291508	151868
4.服装、鞋帽、针纺织品类	Clothing, Shoes and Hats, Textiles	189008	180629	8378
服装类	Clothing	161888	158308	3580
鞋帽类	Footwear and Hats	20567	18335	2232
针纺织品	Knitwear and Textiles	6553	3986	2567
5.化妆品类	Cosmetics	2387	327	2060
6.金银珠宝类	Gold, Silver and Jewellery	247807	241679	6128
7.日用品类	Articles for Daily Use	57211	43188	14024
8.五金、电料类	Hardware and Electrical Materials	72262	38127	34135
9.体育、娱乐用品类	Sports and Recreation Articles	39892	39778	114
10.书报杂志类	Newspapers and Magazines	174317	174068	249
11.电子出版物及音像制品类	Electronic Publications and Audiovisual Products	11034	11034	
12.家用电器和音像器材类	Household Appliances and Audiovisual Equipments	1228869	927506	301363
13.中西药品类	Traditional Chinese and Western Medicine	4154093	3992707	161387
#西 药	Western Medicine	3281551	3142559	138992
中草药及中成药类	Traditional Chinese Medicine	435608	413218	22390
14.文化办公用品类	Culture and Office Articles	241197	231138	10059
#计算机及其配套产品	Computer and Corollarty Equipment	7585	7269	316
15.家具类	Furnitures			
16.通讯器材类	Communication Equipment	67975	41107	26868
17.煤炭及制品类	Coal and Related Products	31981146	31964679	16467
18.木材及制品类	Timber and Related Products	21326	21326	
19石油及制品类	Petroleum and Related Products	2215620	2129995	85625
20.化工材料及制品类	Chemical Materials and Related Products	4159219	4159219	
#化肥类	Chemical Fertilizer	944862	944862	
21.金属材料类	Metal Materials	25060215	25060215	
22.建筑及装潢材料类	Building and Decoration Materials	257572	229248	28324
23.机电产品及设备类	Mechanical and Electrical Products and Equipments	1620349	1616830	3518
#农机类	Farm Machineries	21687	21687	
24.汽车类	Automobiles	1883987	1836238	47749
25.种子饲料类	Seeds and Forages	132117	132117	
26.棉麻类	Cotton and Hemp	177		177
27.其他类	Others	3952655	3886147	66508

13-6 续表 continued

单位：万元 (10 000 yuan)

指　标	Item	销售额 Sales Value	批发额 Wholesale	零售额 Retail
二、零售业	**Retail Trade**	**20631641**	**1358752**	**19272889**
1.粮油、食品类	Grain, Oil and Food	1841567	26971	1814596
2.饮料类	Beverages	227868	6480	221389
3.烟酒类	Tobacco and Liquor	616129	54861	561269
4.服装、鞋帽、针纺织品类	Clothing, Shoes and Hats, Textiles	2026104	22215	2003889
服装类	Clothing	1602206	20424	1581782
鞋帽类	Footwear and Hats	281087	1756	279331
针纺织品	Knitwear and Textiles	142811	35	142776
5.化妆品类	Cosmetics	279700	23	279677
6.金银珠宝类	Gold, Silver and Jewellery	354864		354864
7.日用品类	Articles for Daily Use	385051	8953	376097
8.五金、电料类	Hardware and Electrical Materials	194675	25006	169669
9.体育、娱乐用品类	Sports and Recreation Articles	35370	70	35301
10.书报杂志类	Newspapers and Magazines	206000	7456	198544
11.电子出版物及音像制品类	Electronic Publications and Audiovisual Products	7743		7743
12.家用电器和音像器材类	Household Appliances and Audiovisual Equipments	1124115	17897	1106218
13.中西药品类	Traditional Chinese and Western Medicine	866292	92927	773365
#西　药	Western Medicine	523576	39743	483833
中草药及中成药类	Traditional Chinese Medicine	111563	5391	106172
14.文化办公用品类	Culture and Office Articles	127601	16611	110990
#计算机及其配套产品	Computer and Corollarty Equipment	60986	11230	49756
15.家具类	Furnitures	406791	2	406789
16.通讯器材类	Communication Equipment	149218	9009	140210
17.煤炭及制品类	Coal and Related Products	77408	40489	36919
18.木材及制品类	Timber and Related Products	1935	1935	
19.石油及制品类	Petroleum and Related Products	4231365	820249	3411115
20.化工材料及制品类	Chemical Materials and Related Products	8121	8121	
#化肥类	Chemical Fertilizer	6105	6105	
21.金属材料类	Metal Materials	10785	10785	
22.建筑及装潢材料类	Building and Decoration Materials	209618	2525	207093
23.机电产品及设备类	Mechanical and Electrical Products and Equipments	48227	5816	42412
#农机类	Farm Machineries	733	733	
24.汽车类	Automobiles	6428449	71625	6356824
25.种子饲料类	Seeds and Forages			
26.棉麻类	Cotton and Hemp	237		237
27.其他类	Others	766409	108727	657682

13-7 亿元以上商品交易市场基本情况(2019年)

BASIC STATISTICS ON COMMODITY EXCHANGE MARKETS OF TRANSACTION VOLUME OVER 100 MILLION YUAN(2019)

市　场	Market	市场数量(个) Number of Markets (unit)	年末出租摊位数(个) Number of Stalls at Year-end (unit)	营业面积(平方米) Area of Bussiness (sq.m)	成交额(万元) Volume of Transaction (10 000 yuan)
总　计	**Total**	**30**	**24840**	**2511492**	**6886436**
一、按市场类别分组	Grouped by Market Category				
1.综合市场	Comprehensive Markets	12	16452	1712687	5616798
综合贸易市场	Comprehensive Commercial Markets	12	16452	1712687	5616798
生产资料综合市场	Productive Materials Comprehensive Markets	1	100	23000	11200
工业消费品综合市场	Industrial Consumable Comprehensive Markets	1	201	59720	10331
农产品综合市场	Farm Products Comprehensive Markets	7	3448	399347	1297530
其他综合市场	Others	3	12703	1230620	4297737
2.专业市场	Special Markets	18	8388	798805	1269638
农产品市场	Farm Products Comprehensive Markets	5	2433	247080	709699
蔬菜市场	Vegetables Markets	3	2026	206200	622699
干鲜果品市场	Dried and Fresh Melons and Fruits Markets	2	407	40880	87000
食品、饮料及烟酒市场	Food, Beverages, Tobacco and Liquor Markets	1	99	3000	11372
纺织、服装、鞋帽市场	Textiles, Clothing, Shoes and Hats Markets	9	4786	370727	427164
服装市场	Clothing Markets	8	4446	341727	416164
鞋帽市场	Shoes and Hats Markets	1	340	29000	11000
家具、五金及装饰材料市场	Furniture, Hardware and Decoration Materials	3	1070	177998	121403
家具市场	Markets Furniture Markets	1	531	134192	61398
装饰材料市场	Decoration Materials Markets	2	539	43806	60005
二、按经营方式分组	Grouped by Business Style				
1.以批发为主	Wholesale mainly	25	23066	2114494	6500900
2.以零售为主	Retail mainly	5	1774	396998	385536
三、按经营环境分组	Grouped by Business Environment				
1.露天式	Open-air Markets	4	1619	236800	206692
2.封闭式	Enclosed Markets	21	19330	2051072	6477266
3.其　他	Others	5	3891	223620	202478

13-8 亿元以上商品交易市场按摊位分类成交情况(2019年)

CLASSIFICATION OF COMMODITY EXCAHNGE MARKETS OF TRANSACTION VOLUME OVER 100 MILLION YUAN(2019)

类 别	Classification	年末出租摊位数(个) Number of Stalls at Year-end (unit)	成交额(万元) Volume of Transaction (10 000 yuan)
总 计	**Total**	**24840**	**6886436**
1.粮油、食品类	Grain, Oil and Food	6447	2621505
#粮油类	Grain and Oil	752	362632
肉禽蛋类	Meat, Poultry and Eggs	492	131441
水产品类	Aquatic Products	240	52671
蔬菜类	Vegetables	2706	940021
干鲜果品类	Dried and Fresh Fruits	1538	503348
2.饮料类	Beverages	189	18164
3.烟酒类	Tobacco and Liquor	325	360048
4.服装、鞋帽、针纺织品类	Clothing, Shoes, Hats and Textiles	10343	1109630
服装类	Clothing	7138	845575
鞋帽类	Footwear and Hats	1726	162338
针纺织品类	Knitwear and Textiles	1479	101717
5.化妆品类	Cosmetics	222	1733
6.金银珠宝类	Gold, Silver and Jewellery	2	32
7.日用品类	Articles for Daily Use	1506	561362
8.五金、电料类	Hardware and Electrical Materials	586	258128
9.体育、娱乐用品类	Sports and Recreational Articles	9	402
10.电子出版物及音像制品类	Electronic Publication and Audiovisual Products	4	65
11.家用电器和音像器材类	Household Appliances and Audiovisual Equipments	40	2760
#能效等级为1和2级的商品	EEI of Level Ⅰ and Ⅱ	12	1221
#智能家用电器和音像器材	Intelligent Products	18	989
12.中西药品类	Traditional Chinese and Western Medicine	1	4
13.文化办公用品类	Cultural and Official Articles	23	2347
14.家具类	Furniture	1151	74910
15.通讯器材类	Communication Equipments	5	11
16.化工材料及制品类	Raw Chemical Materials and Related Products	4	230
17.金属材料类	Metal Materials	120	635200
18.建筑及装潢材料类	Building and Decoration Materials	1785	743065
19.汽车类	Automobiles	32	421913
20.其他类	Others	2046	74927

13-9 城市商业综合体基本情况(2019年)

项 目	Item	商户数(个) Commercial Tenants (unit)	法 人 Corporations
自营、联营部分的经营情况	**Operation of Self-support and Pool**		
合 计	**Total**	**832**	**607**
一、零售业	**Retail Trade**	**738**	**594**
1.百货零售	Reatail of General Merchandise	21	11
2.超级市场零售	Supermarket Retail	3	2
3.食品、饮料及烟草制品零售	Retail of Food, Beverage and Tobaccos	31	
4.服装鞋帽针纺织品零售	Retail of Clothing, Shoes, Hats and Textiles	629	545
5.化妆品零售	Retail of Cosmetics	43	32
6.日用品零售	Retail of Daily Articles	1	
7.家用电器及电子产品零售	Retail of Household Electronic Equipments and Products	4	1
8.其 他	Others	6	3
二、餐饮业	**Catering Services**	**66**	**4**
三、服务业	**Services**	**28**	**9**
1.电影放映	Motion Picture Projection	4	2
2.室内娱乐活动	Indoor Recreation	11	5
3.理发及美容服务	Hairdressing and Beauty Services	9	
4.其 他	Others	4	2

BASIC STATISTICS ON URBAN COMMERCIAL COMPLEXES(2019)

分支机构 Branches	个体户 Individuals	商户从业人员期末人数(人) Employees at The Year-end	商户商品销售额(商户营业额)(万元) Sales Value (Business Volume) (10 000 yuan)		营业面积 (平方米) Operating Area (sq.m)
			本 年 This Year	上 年 Last Year	
9	**216**	**4041**	**163179**	**157156**	**143179**
7	**137**	**3464**	**153916**	**148732**	**105236**
3	7	45	3214	1173	2361
	1	482	21669	19170	22146
	31	306	6402	6393	4185
	84	2373	113258	111055	66612
2	9	179	6019	6957	3028
1		18	630	600	288
1	2	42	1433	2106	5094
	3	19	1291	1278	1522
2	**60**	**337**	**4299**	**3351**	**8440**
	19	**240**	**4964**	**5073**	**29503**
	2	61	2227	2160	8529
	6	133	2298	2548	17473
	9	25	71	66	529
	2	21	368	299	2972

13-9 续表

项 目	Item	商户数(个) Commercial Tenants (unit)	法 人 Corporations	分支机构 Branches
租赁部分的经营情况	**Operation of Lease**			
合 计	**Total**	**4290**	**869**	**232**
一、零售业	**Retail Trade**	**2815**	**564**	**142**
1.百货零售	Reatail of General Merchandise	172	48	4
2.超级市场零售	Supermarket Retail	19	9	5
3.食品、饮料及烟草制品零售	Retail of Food, Beverage and Tobaccos	87	6	7
4.服装鞋帽针纺织品零售	Retail of Clothing, Shoes, Hats and Textiles	2084	384	85
5.化妆品零售	Retail of Cosmetics	147	21	8
6.日用品零售	Retail of Daily Articles	61	14	5
7.家用电器及电子产品零售	Retail of Household Electronic Equipments and Products	98	44	10
8.其 他	Others	147	38	18
二、餐饮业	**Catering Services**	**906**	**164**	**44**
三、服务业	**Services**	**569**	**141**	**46**
1.电影放映	Motion Picture Projection	22	16	3
2.教育培训	Education and Training	92	28	5
3.室内娱乐活动	Indoor Recreation	129	29	6
4.理发及美容服务	Hairdressing and Beauty Services	103	11	6
5.健身休闲活动	Fitness and Leisure Activities	36	10	11
6.其 他	Others	187	47	15

continued

个体户 Individuals	商户从业人员期末人数(人) Employees at The Year-end	租金总额(万元) Total Rental (10 000 yuan)		商户商品销售额(商户营业额)(万元) Sales Value (Business Volume) (10 000 yuan)		营业面积(平方米) Operating Area (sq.m)
		本年 This Year	上年 Last Year	本年 This Year	上年 Last Year	
3189	**28568**	**97752**	**65535**	**956754**	**671614**	**1127389**
2109	**13968**	**64260**	**42286**	**678371**	**484688**	**650977**
120	1203	5441	3791	112447	103020	138867
5	2306	5731	3274	117775	82359	136601
74	396	1316	724	9751	6195	8615
1615	7687	39417	27121	301819	198979	296000
118	684	2590	1563	24109	17406	17755
42	351	1456	1333	12181	10807	9822
44	519	3060	1574	44097	21505	27441
91	822	5249	2906	56192	44417	15876
698	**9407**	**19620**	**13050**	**181316**	**121850**	**188414**
382	**5193**	**13872**	**10199**	**97067**	**65076**	**287998**
3	570	3383	2697	20897	16714	83850
59	946	1710	1089	8553	5780	35473
94	1236	3561	2598	18277	16951	81518
86	795	1506	843	7482	4861	10957
15	508	1347	1050	9164	7865	31867
125	1138	2365	1922	32694	12905	44333

13-10 私营企业基本情况(2019年)

BASIC STATISTICS ON PRIVATE-OWNED ENTERPRISES(2019)

单位：户 (household)

指　标	Item	年末实有户数 Real Number of Enterprises at Year-end	#本年开业 Openning at This Year	从业人员(人) Employees (person)	注册资金(万元) Registered Capital (10 000 yuan)
总　计	**Total**	**604648**	**135721**	**1747908**	**319393569**
农、林、牧、渔业	Farming, Forestry, Animal Husbandry and Fishery	27266	3554	90210	13183468
采矿业	Mining	5117	471	75731	6599848
制造业	Manufacturing	46159	5791	453986	35111842
电力、热力、燃气及水生产和供应业	Production and Supply of Electricity, Heat, Gas and Water	4427	679	24561	7869222
建筑业	Construction	51394	15405	117053	33303448
交通运输、仓储和邮政业	Transport, Storage and Post	22362	3768	69585	9038325
信息传输、软件和信息技术服务业	Information Transmission, Software and Information Technology Services	22930	4323	25490	8032013
批发和零售业	Wholesale and Retail Trade	232053	48057	540007	93863923
住宿和餐饮业	Hotels and Catering Services	11595	3057	35750	3631039
金融业	Financial Industry	5622	406	35324	23845674
房地产业	Real Estate	20553	5110	53421	18493332
租赁和商务服务业	Lease and Business Affairs Services	67931	15947	98591	29167277
科学研究和技术服务业	Scientific Reseach and Technical Services	41156	15603	47916	23688889
水利、环境和公共设施管理业	Water, Environmental Protection and Public Facility Management	3458	1153	6804	2670221
居民服务、修理和其他服务业	Resident Services, Repair and Other Services	20140	4290	36386	4496928
教　育	Education	3803	2016	8619	543789
卫生和社会工作	Health Care and Social Work	2865	1067	7709	1186769
文化、体育和娱乐业	Culture, Sports and Recreation	14661	4970	17098	3972258
其他行业	Others	1156	54	3667	695305

13-11 个体工商业基本情况(2019年)
BASIC STATISTICS ON INDIVIDUAL BUSINESS(2019)

单位：户 (household)

指 标	Item	年末实有户数 Real Number of Households at Year-end	#本年开业 Openning at This Year	从业人员(人) Employees (person)	注册资金(万元) Registered Capital (10 000 yuan)
总 计	**Total**	**1801762**	**336933**	**4162908**	**13071696**
农、林、牧、渔业	Farming, Forestry, Animal Husbandry and Fishery	28237	6068	86960	690896
采矿业	Mining	629	31	3366	28231
制造业	Manufacturing	72322	8579	236558	622395
电力、热力、燃气及水生产和供应业	Production and Supply of Electricity, Heat, Gas and Water	855	49	1914	9841
建筑业	Construction	8707	2910	35637	147226
交通运输、仓储和邮政业	Transport, Storage and Post	143577	43357	267676	1797511
信息传输、软件和信息技术服务业	Information Transmission, Software and Information Technology Services	7455	963	15164	66851
批发和零售业	Wholesale and Retail Trade	1023895	157370	2140510	6246463
住宿和餐饮业	Hotels and Catering Services	269904	70299	717271	1805588
金融业	Financial Industry	505	36	1478	8447
房地产业	Real Estate	614	163	1974	4400
租赁和商务服务业	Lease and Business Affairs Services	19594	4501	57178	240023
科学研究和技术服务业	Scientific Reseach and Technical Services	1806	283	4635	15043
水利、环境和公共设施管理业	Water, Environmental Protection and Public Facility Management	2637	54	6131	12021
居民服务、修理和其他服务业	Resident Services, Repair and Other Services	200513	38514	529997	1185032
教 育	Education	894	88	2914	8844
卫生和社会工作	Health Care and Social Work	8636	1363	18744	55342
文化、体育和娱乐业	Culture, Sports and Recreation	10846	2282	34427	126345
其他行业	Others	136	23	374	1194

主要统计指标解释

批发业 指向其他批发或零售单位（含个体经营者）及其他企事业单位、机关团体等批量销售生活用品、生产资料的活动，以及从事进出口贸易和贸易经纪与代理的活动。

零售业 指百货商店、超级市场、专门零售商店、品牌专卖店、售货摊等主要面向最终消费者（如居民等）的销售活动，以互联网、邮政、电话、售货机等方式的销售活动，还包括在同一地点，后面加工生产，前面销售的店铺（如面包房）。

批发和零售业法人企业 指具备如下条件的批发零售贸易企业：(1)依法成立，有自己的名称、组织机构和场所，能够承担民事责任；(2)独立拥有和使用资产，承担负债，有权与其他单位签订合同；(3)独立核算盈亏，并能够编制包括资产负债表在内的全部会计帐户。

限额以上批发企业 年主营业务收入 2000 万元及以上为限额以上批发企业。

限额以上零售企业 年主营业务收入 500 万元及以上为限额以上零售企业。

社会消费品零售总额 指企业（单位、个体户）通过交易直接售给个人、社会集团非生产、非经营用的实物商品金额，以及提供餐饮服务所取得的收入金额。个人包括城乡居民和入境人员，社会集团包括机关、社会团体、部队、学校、企事业单位、居委会或村委会等。

批发和零售业零售额 指批发和零售业企业、产业活动单位和个体户售给城乡居民用于生活消费和社会集团用于公共消费的商品金额。

门店总数 指该连锁企业所拥有的全部门店（包括直营店和加盟店）数量。其中，总店（如果总公司有门店的话）作为一个直营店处理。此外，有的地区分出控股店，控股店按直营店统计。

连锁总店（总部） 负责连锁企业资源（商号、商誉、经营模式、服务标准、管理模式等）的开发、配置、控制或使用等功能的企业核心管理机构。连锁经营是指经营同类商品或服务，使用统一商号的若干店铺，在同一总店（总部）的管理下，采取统一采购或特许经营等方式实现规模效益的组织形式，包括直营连锁、特许连锁和自愿连锁三种形式。

直营店 由连锁企业总部投资开设，按连锁经营管理模式，由总店（总部）统一管理，按照总店（总部）的指示和服务规范要求，承担日常销售业务的店铺。

加盟店 在特许连锁中，被特许人获得特许人授权后，使用其商标、商号、经营模式、专利和专有技术等经营资源建立的，按照总店（总部）的指示和服务规范要求，承担日常销售业务的店铺，也包括自愿连锁的成员店。

零售业态 指零售企业（单位）为满足不同的消费需求进行相应的要素组合而形成的不同经营形态；分类原则是，零售业态按零售店铺的结构特点，根据其经营方式、商品结构、服务功能，以及选址、商圈、规模、店堂设施、目标顾客和有无固定营业场所进行分类。

零售业态从总体上可以分为有店铺零售业态和无店铺零售业态两类。按照零售业态分类原则分为食杂店、便利店、折扣店、超市、大型超市、仓储会员店、百货店、专业店、专卖店、家居建材商店、购物中心、厂家直销中心、电视购物、邮购、网上商店、自动售货亭、电话购物等 17 种零售业态。

商品购进额 指从本企业以外的单位和个人购进(包括从国外直接进口)作为转卖或加工后转卖的商品金额(含增值税)。本指标反映批发和零售业从国内外市场上购进商品的总价。

商品销售额 指对本单位以外的单位和个人出售的商品金额（包括售给本单位消费用的商品，含增值税），在批发零售业中本指标反映在国内市场上销售商品以及出口商品的总量。

期末商品库存额 对于批发和零售业法人单位和个体经营户，是指报告期末取得所有权的全部商品金额（含增值税）；对于批发和零售业产业活动单位，是指报告期末实际在库且归属法人具有所有权的全部商品金额（含增值税）。该指标反映批发和零售业商品库存情况，以及对市场商品供应的保证程度。

服务营业额 指批发和零售业单位在经营活动中，因提供服务取得的收入（含增值税），包括贸易经济代理服务、拍卖服务、汽车维修和装饰服务、各种商务服务和商品代理、互联网交易平台服务、场地和商品租赁、充电服务等。

城市商业综合体 指以区域为中心、以购物中心为主导，融合了商业零售、餐饮、休闲养生、娱乐、文化、教育等多项城市主要功能活动，面向各类生活消费人群、提供综合性服务的大型建筑综合体。城市商业综合体除具备以上特征外，还应同时满足以下几个条件：(1)由企业有计划地管理运营，有统一的名称，如**中心、**广场、**城等。(2)涵盖超市、百货、专业店、专卖店等商品零售业态，正餐、快餐等餐饮业态，以及文化、娱乐、健身、培训等两项及以上主要服务业态。(3)营业面积不少于1万平方米且独立开展经营活动的商户不少于50个。(4)具备专门的停车场所，专供在城市商业综合体内进行消费的顾客使用。

亿元以上商品交易市场 指年成交额在亿元及以上的商品交易市场。商品交易市场是指经有关部门和组织批准设立，有固定场所、设施，有经营管理部门和监管人员，若干市场经营者入内，常年或实际开业三个月以上，集中、公开、独立地进行生活消费品、生产资料等现货商品交易以及提供相关服务的交易场所，包括各类消费品市场、生产资料市场等。

Explanatory Notes on Main Statistical Indicators

Wholesale Trade refers to the activities of wholesaler selling commodities in bulk for daily use and capital goods to other wholesale and retail enterprises, institutions and government offices, including the activities of wholesaler engaged in import and export and acting as a trade agent.

Retail Trade refers to the activities of department store, supermarket, franchised store, brand store, retail stall and on-the-spot-making-selling store selling commodities to the final consumers (citizens) by any means including internet, post, telephone, sales machine.

Wholesale and Retail Corporation Enterprises refer to the wholesale and retail trade enterprises satisfy the conditions as follow: (1) They are established legally, having their own names, organizations, location, able to take civil liability; (2) They possess and use their assets independently, assume liabilities, and are entitled to sign contracts with other units; (3) They are financially independent and compile their own balance sheets.

Wholesale Enterprises above Designated Size refer to wholesale enterprises whose annual revenue of major business amounts to 20 million yuan and over.

Retail Trade Enterprises above Designated Size refer to retail enterprises whose annual revenue of major business amounts to 5 million yuan and over.

Total Retail Sales of Consumer Goods refer to the amount obtained by enterprises (units, self-employed individuals) through direct sales of non-production and non-business physical commodity to individuals, social institutions, and revenue from providing catering services. Individuals include rural and urban households, population from abroad, and social institutions include government agencies, social organizations, military units, schools, institutions, neighborhood (village) committees.

Total Retail Sales of Wholesale and Retail Trade refer to the amount obtained by wholesale and retail enterprises, active units and self-employed individuals through sales to residents and social groups for mass consumption.

The Number of Stores refers to the total number of stores owned by the chain enterprises, including direct stores and franchises. The headquarter (if there has one) is counted as a direct store. In addition, there are some holding stores in some regions, and these stores are also counted as direct stores.

Chain Head Stores (Headquarters) refer to the core leading stores responsible for development, allocation, administration and utilization of resources (name of stores, brand of stores, operation model, service standard, management way, etc.) of chain stores. Chain stores refer to the stores engaged in providing homogeneous commodities or services, with the central leadership of head stores (headquarters) and guided by common policies, conduct centralized purchase and efficiency through standardized operation. The chain stores include direct chain stores, franchise chain stores and voluntary chain stores.

Direct Chain stores refer to stores that are invested and set up by the headquarters of chain enterprises. They are under the unified management of the head stores (headquarters) according to the chain operation management mode, and undertake the daily sales business according to the instructions and service specification requirements of the head stores (headquarters).

Franchise Chain Stores In the franchise chain, the franchisee, after being authorized by the franchisor, uses its trademark, trade name, business model, patent and proprietary technology and other business resources to undertake daily sales business in accordance with the instructions and service specification requirements of the head stores (headquarters). The member stores of voluntary chain are also included.

Retail Trade Format refers to the different business forms which combined by corresponding factors to satisfy different consumption needs. It is classified according to retail stores' structure characters, such as business form, commodities' structure, service function, address, business circle, scale, store facilities, target customers and whether having a fixed business place.

Retail trade format can be divided into store-based and non-store retail. It can be classified into 17 forms as the following: grocery store, convenient store, discount store, supermarket, hypermarket, warehouse club, department store, specialized shop, exclusive shop, home centre, shopping centre, factory outlet centre, TV shopping, mail shopping, web shop, vending machine and telephone shopping.

Value of Commodities Purchases refers to the value of commodities purchasing by enterprises from other units or individuals with value-added tax, including direct import form abroad, for the purpose of re-selling, either with or without further processing of the commodities purchased. It reflects the total commodities value that wholesale and retail trade purchased from the domestic and abroad market.

Value of Commodities Sales refers to the value of commodities sold by the units to other units or individuals with value-added tax, including goods sold for self consumption. It reflects the total commodities amount sold and exported in domestic market in

Wholesale and retail trade.

Total Value of Storing at The End of Period refers to total possessed commodities value including value-added tax for the wholesale and retail corporation units and individuals at the end of report period. And it refers to the total commodities value at the end of report period, including value-added tax, which are in stock and belong to the corporation units for the wholesale and retail active units. It reflects the goods stock of the wholesale and retail trade and the guarantee degree of goods supply to the market.

Turnover of Services refers to the income (including value-added taxes) obtained by wholesale and retail enterprises in business activities due to the provision of services, including trade brokerage services, auction services, automobile maintenance and decoration services, various business services and commodity agency, internet trading platform services, venue and commodity leasing ,charging services, etc.

Urban Commercial Complexes refers to a large-scale building complex which is based on the regional center, and is mainly shopping center. It integrates many major urban functional activities such as commercial retail, catering, leisure and health care, entertainment, culture, education, etc., and provides comprehensive services for all kinds of consumer groups. In addition to the above characteristics, the urban commercial complex should also meet the following conditions: (1) It should be managed and operated by the enterprises in a planned way, and have a unified name, such as ** center, ** square, and ** city. (2) It covers supermarkets, department stores, specialized stores, exclusive stores and other commodity retail formats, catering formats such as dinner and fast food, and two or more major service formats such as culture, entertainment, fitness and training. (3) The business area is not less than 10000 square meters, and there are no less than 50 independent businesses. (4) There is a special parking space for customers to consume in the urban commercial complex.

Commodities Trading Market over 100 Million Yuan refers to the commodity market with an annual transaction at and above 100 million yuan. Commodities trading market refers market that is approved by related government departments, which has fixed sites, facilities, managers and administration offices, traders, and has operated for more than three months. It is a place where the commodities including the articles for daily consumption, productive materials, goods transactions and services are traded in a centralized, independent and open way. And it includes consumer market, materials market and etc.

14

住宿、餐饮业和旅游

HOTELS, CATERING SERVICES AND TOURISM

资料整理人员

雷士伟　张艳君　邓　娜　郭俊凯

住宿、餐饮业和旅游
HOTELS, CATERING SERVICES AND TOURISM

住宿、餐饮业营业额	Business Volume of Hotels and Catering Services	1033207	万元	(10 000 yuan)
接待国内游客人数	Domestic Tourists	83390	万人次	(10 000 person-times)
接待入境过夜游客人数	Inbound Overnight Tourists	76.2	万人次	(10 000 person-times)
旅游总收入	Total Income of Tourism	8026.9	亿元	(100 million yuan)
旅游外汇收入	Foreign Exchange Earnings from Tourism	40995	万美元	(USD 10 000)

旅游总收入（亿元）
Total Income of Tourism (100 million yuan)

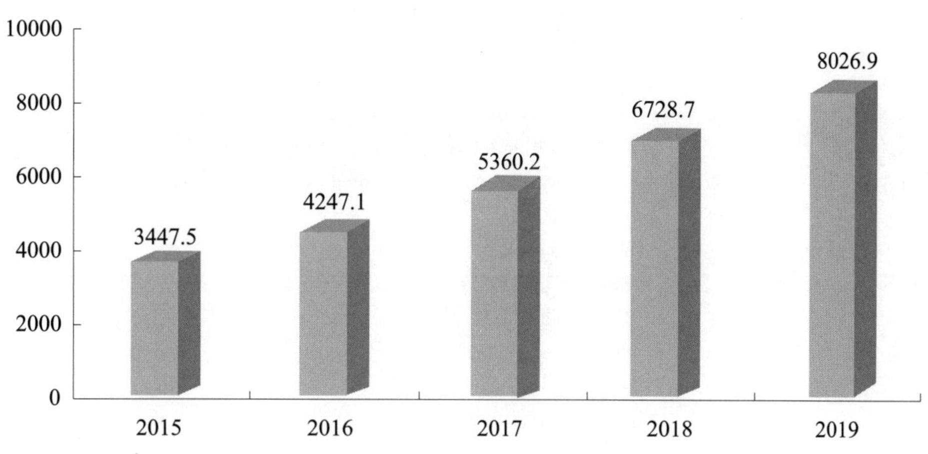

接待国内游客人数（万人次）
Domestic Tourists (10 000 person-times)

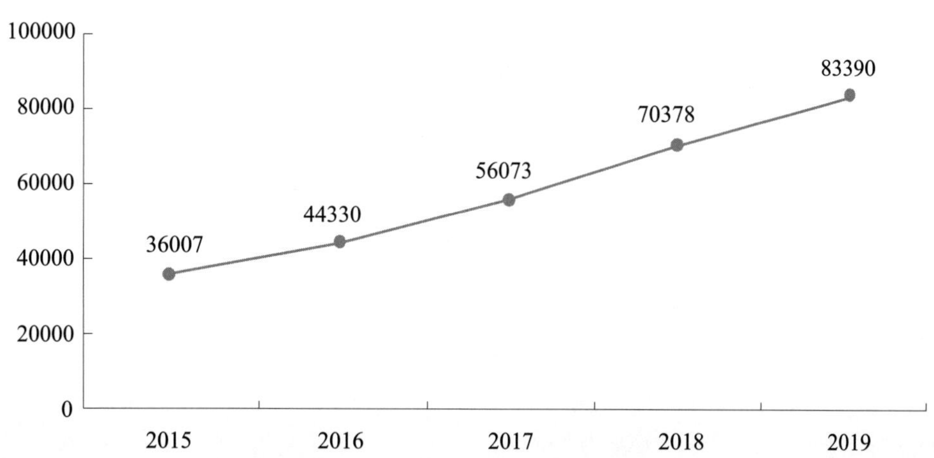

14-1 限额以上住宿和餐饮业法人企业经营情况(2019年)

单位：万元

指　标	Item	法人企业数(个) Number of Corporation Enterprises (unit)
总　计	**Total**	**848**
一、住宿业	**Hotels**	**377**
1.按登记注册类型分	Grouped by Registered Kind	
内资企业	Civil Funded Enterprises	377
国有企业	State-owned Enterprises	34
集体企业	Collective-owned Enterprises	7
有限责任公司	Limited Responsibility Corporations	77
国有独资公司	Company Exclusively with Investment from State	5
其他有限责任公司	Other Limited Responsibility Corporations	72
股份有限公司	Share-holding Limited Corporations	6
私营企业	Private-owned Enterprises	253
私营独资企业	Enterprise Exclusively with Investment from Private	24
私营合伙企业	Private Partnership Enterprises	2
私营有限责任公司	Private Limited Responsibility Corporations	225
私营股份有限公司	Private Share-holding Limited Corporations	2
2.按住宿行业小类分组	Grouped by Hotels	
旅游饭店	Tourist Hotels	180
一般旅馆	Ordinary Hotels	187
经济型连锁酒店	Economical Chain Hotels	24
其他一般旅馆	Others	163
露营地服务	Campsite Services	1
其他住宿业	Others	9
3.按控股情况分	Grouped by Share Holding	
国有控股	State Holding Enterprises	55
集体控股	Collective-owned Holding Enterprises	11
私人控股	Private Holding Enterprises	287
其　他	Others	15
4.按经营形式分	Grouped by Management Form	
独立门店	Independent Stores	328
连锁直营店	Direct Chain Stores	6
连锁加盟店	Franchise Chain Stores	18
其　他	Others	25
5.按单位规模分	Grouped by Enterprise Size	
大　型	Large-size	5
中　型	Medium-size	42
小　型	Small-size	313
微　型	Micro-size	17
6.按星级分	Grouped by Stars	
五　星	Five Star	16
四　星	Four Star	45
三　星	Three Star	58
二　星	Two Star	20
其　他	Others	238

MANAGEMENT OF HOTELS AND CATERING CORPORATION ENTERPRISES ABOVE DESIGNATED SIZE(2019)

(10 000 yuan)

从业人员期末人数(人) Number of Employees at The End of Period (person)	营业额 Business Volume	客房收入 Revenue of Guest Room	#通过公共网络实现的客房收入 by Public Network	通过非自营平台实现的客房收入 by Non-self-operating Platform
73087	**1033207**	**311385**	**30005**	**9411**
33009	**436357**	**224809**	**24003**	**8564**
33009	436357	224809	24003	8564
6649	86959	37030	1983	414
322	2637	1845	320	
10007	134493	60757	5573	1816
728	7513	3420	525	137
9279	126979	57337	5048	1679
602	8057	3546	62	
15429	204212	121632	16065	6334
1237	15603	9414	232	
38	600	473		
13827	184871	110382	15703	6204
327	3138	1363	130	130
20437	283737	129781	9606	2304
11782	143563	89606	12323	6133
820	14297	10966	2033	1591
10962	129266	78641	10290	4541
63	329	167	24	
727	8728	5255	2051	128
9016	113538	50518	2223	527
812	8568	4294	320	
18885	245414	144488	18901	6767
1994	33754	11189	1500	921
30062	393585	196114	18240	6333
263	6499	6345	727	
414	10908	10218	3349	1417
2270	25364	12132	1687	814
3002	54465	17139	2115	480
11055	158509	73307	7367	2370
18688	218747	130847	13617	5160
264	4637	3516	904	553
4179	68214	29286	3844	386
6242	76678	34749	1025	83
5932	70557	28245	1288	435
904	9759	5542	885	667
15752	211149	126987	16962	6994

14-1 续表1

单位：万元

指　标	Item	法人企业数(个) Number of Corporation Enterprises (unit)
二、餐饮业	**Catering**	**471**
1.按登记注册类型分	Grouped by Registered Kind	
内资企业	Civil Funded Enterprises	469
国有企业	State-owned Enterprises	20
集体企业	Collective-owned Enterprises	4
股份合作企业	Share Cooperative Enterprises	1
有限责任公司	Limited Responsibility Corporations	65
国有独资公司	Company Exclusively with Investment from State	2
其他有限责任公司	Other Limited Responsibility Company	63
股份有限公司	Share-holding Limited Corporations	6
私营企业	Private-owned Enterprises	373
私营独资企业	Enterprise Exclusively with Investment from Private	49
私营合伙企业	Private Partnership Enterprises	1
私营有限责任公司	Private Limited Responsibility Corporations	317
私营股份有限公司	Private Share-holding Limited Corporations	6
港、澳、台商投资企业	Enterprises Funded by HongKong, Macao and Taiwan	1
港、澳、台商独资经营企业	Solely Owned Enperprises	1
外商投资企业	Foreign Funded Enterprises	1
外资企业	Enterprises Funded by Foreign Invetments	1
2.按餐饮行业小类分组	Grouped by Catering Services	
正餐服务	Dinner	458
快餐服务	Fast Food	9
餐饮配送及外卖送餐服务	Catering Delivery and Takeout Delivery	2
其他餐饮业	Others	2
3.按控股情况分	Grouped by Share Holding	
国有控股	State Holding Enterprises	25
集体控股	Collective-owned Holding Enterprises	6
私人控股	Private Holding Enterprises	412
港澳台商控股	Hongkong, Macao and Taiwan Holding Enterprises	1
外商控股	Foreign Holding Enterprises	1
其　他	Others	19
4.按经营形式分	Grouped by Management Form	
独立门店	Independent Stores	430
连锁总店(总部)	Chain Headquarters	6
连锁直营店	Direct Chain Stores	1
连锁加盟店	Franchise Chain Stores	1
其　他	Others	33
5.按单位规模分	Grouped by Enterprise Size	
大　型	Large-size	3
中　型	Medium-size	49
小　型	Small-size	381
微　型	Micro-size	38

continued

(10 000 yuan)

从业人员期末人数(人) Number of Employees at The End of Period (person)	营业额 Business Volume	客房收入 Revenue of Guest Room	#通过公共网络实现的客房收入 by Public Network	通过非自营平台实现的客房收入 by Non-self-operating Platform
40078	**596851**	**86576**	**6002**	**847**
34198	499363	86576	6002	847
1723	15953	5233	107	14
246	2943	1372	39	
43	463	144		
5624	90901	15221	3056	398
225	3205	1150	121	
5399	87696	14072	2935	398
355	2092	518	85	
26207	387011	64088	2715	435
2032	24132	4649	37	
16	191			
23547	353445	56278	2560	435
612	9244	3161	118	
1532	29177			
1532	29177			
4348	68310			
4348	68310			
33297	479217	86151	5777	647
6708	114931	425	225	200
33	1402			
40	1302			
2469	24350	6938	386	14
335	4853	1522	39	
29392	442155	71265	3339	435
1532	29177			
4348	68310			
1381	21910	4931	2169	398
29499	419748	80988	5933	847
7708	128029			
184	2277			
33	570			
2654	46227	5588	69	
6882	111267			
11604	199666	34074	4328	505
21352	276424	52367	1673	343
240	9494	135		

14-1 续表2

单位：万元

指　标	Item	餐费收入 Revenue of Dining	#通过公共网络实现的餐费收入 by Public Network
总　计	**Total**	**653687**	**28919**
一、住宿业	**Hotels**	**166999**	**4362**
1.按登记注册类型分	Grouped by Registered Kind		
内资企业	Civil Funded Enterprises	166999	4362
国有企业	State-owned Enterprises	41797	353
集体企业	Collective-owned Enterprises	792	
有限责任公司	Limited Responsibility Corporations	54678	578
国有独资公司	Company Exclusively with Investment from State	3253	
其他有限责任公司	Other Limited Responsibility Corporations	51425	578
股份有限公司	Share-holding Limited Corporations	2219	
私营企业	Private-owned Enterprises	67512	3431
私营独资企业	Enterprise Exclusively with Investment from Private	6002	125
私营合伙企业	Private Partnership Enterprises		
私营有限责任公司	Private Limited Responsibility Corporations	59789	3230
私营股份有限公司	Private Share-holding Limited Corporations	1722	76
2.按住宿行业小类分组	Grouped by Hotels		
旅游饭店	Tourist Hotels	121688	2197
一般旅馆	Ordinary Hotels	42225	1964
经济型连锁酒店	Economical Chain Hotels	2742	
其他一般旅馆	Others	39483	1964
露营地服务	Campsite Services	144	
其他住宿业	Others	2941	201
3.按控股情况分	Grouped by Share Holding		
国有控股	State Holding Enterprises	43388	339
集体控股	Collective-owned Holding Enterprises	3467	
私人控股	Private Holding Enterprises	82655	3908
其　他	Others	18706	95
4.按经营形式分	Grouped by Management Form		
独立门店	Independent Stores	156020	4156
连锁直营店	Direct Chain Stores	50	
连锁加盟店	Franchise Chain Stores	240	7
其　他	Others	10689	199
5.按单位规模分	Grouped by Enterprise Size		
大　型	Large-size	31484	804
中　型	Medium-size	67828	1530
小　型	Small-size	66904	2027
微　型	Micro-size	783	2
6.按星级分	Grouped by Stars		
五　星	Five Star	34784	122
四　星	Four Star	31034	331
三　星	Three Star	31592	349
二　星	Two Star	3838	2
其　他	Others	65752	3560

continued

(10 000 yuan)

#通过非自营平台实现的餐费收入 by Non-self-operating Platform	商品销售额收入 Revenue of Sales of Commodities	其他收入 Other Revenue	#外卖送餐服务收入 Takeout Delivery	客房数(间) Rooms (unit)	床位数(个) Beds (unit)	餐位数(位) Tables (unit)	年末餐饮营业面积(平方米) Operating Area of Catering Services at Year-end(sq.m)
11213	**11211**	**56924**	**179**	**79891**	**130319**	**401844**	**2242159**
1365	**3549**	**41000**	**52**	**48962**	**82634**	**120948**	**906128**
1365	3549	41000	52	48962	82634	120948	906128
21	202	7930	52	5324	9405	17653	94315
				1018	1902	1079	2782
	643	18415		10926	18384	30076	257014
	112	729		697	1208	2164	4773
	531	17686		10229	17176	27912	252241
	40	2251		866	1378	1575	9306
1345	2664	12404		30828	51565	70565	542711
	147	41		2187	4175	5913	38809
		127		169	278		4460
1269	2483	12217		28221	46678	63612	497396
76	34	19		251	434	1040	2046
344	1988	30280	52	24931	42783	72242	526348
1021	1540	10192		22981	38166	37870	332073
	107	484		2400	3662	1393	25239
1021	1433	9709		20581	34504	36477	306834
	11	7		32	59	174	788
1	11	520		1018	1626	10662	46919
	419	19212		8407	14798	23459	137798
	15	791		1817	3293	2661	22587
1345	3051	15219		34941	58059	82881	636064
	15	3844		2175	3688	7280	87972
1364	3203	38248	52	42945	73248	104484	807096
	71	32		1285	2035	175	10950
1	93	358		1837	2610	545	5691
	182	2362		2895	4741	15744	82391
240	268	5575		1704	2806	8026	31773
834	298	17076	52	10459	16954	37331	249314
292	2909	18087		35851	61357	74924	615524
	74	263		948	1517	667	9517
21	109	4035	52	4382	7228	11652	129945
	441	10455		7465	12374	21305	131844
	769	9952		6317	11581	22441	151168
	114	265		1924	3560	5637	42392
1345	2117	16293		28874	47891	59913	450779

14-1 续表3

单位：万元

指 标	Item	餐费收入 Revenue of Dining	#通过公共网络实现的餐费收入 by Public Network
二、餐饮业	**Catering**	**486689**	**24556**
1.按登记注册类型分	Grouped by Registered Kind		
内资企业	Civil Funded Enterprises	389202	8778
国有企业	State-owned Enterprises	9824	27
集体企业	Collective-owned Enterprises	1333	
股份合作企业	Share Cooperative Enterprises	265	
有限责任公司	Limited Responsibility Corporations	69713	1940
国有独资公司	Company Exclusively with Investment from State	1853	2
其他有限责任公司	Other Limited Responsibility Company	67860	1938
股份有限公司	Share-holding Limited Corporations	1509	169
私营企业	Private-owned Enterprises	306558	6641
私营独资企业	Enterprise Exclusively with Investment from Private	18969	81
私营合伙企业	Private Partnership Enterprises	191	
私营有限责任公司	Private Limited Responsibility Corporations	281976	6312
私营股份有限公司	Private Share-holding Limited Corporations	5422	249
港、澳、台商投资企业	Enterprises Funded by HongKong, Macao and Taiwan	29177	15778
港、澳、台商独资经营企业	Solely Owned Enterprises	29177	15778
外商投资企业	Foreign Funded Enterprises	68310	
外资企业	Enterprises Funded by Foreign Invetments	68310	
2.按餐饮行业小类分组	Grouped by Catering Services		
正餐服务	Dinner	370858	8678
快餐服务	Fast Food	114209	15878
餐饮配送及外卖送餐服务	Catering Delivery and Takeout Delivery	319	
其他餐饮业	Others	1302	
3.按控股情况分	Grouped by Share Holding		
国有控股	State Holding Enterprises	16162	40
集体控股	Collective-owned Holding Enterprises	1497	
私人控股	Private Holding Enterprises	351752	7146
港澳台商控股	Hongkong, Macao and Taiwan Holding Enterprises	29177	15778
外商控股	Foreign Holding Enterprises	68310	
其 他	Others	15683	1565
4.按经营形式分	Grouped by Management Form		
独立门店	Independent Stores	318708	5339
连锁总店(总部)	Chain Headquarters	127795	17585
连锁直营店	Direct Chain Stores	2229	42
连锁加盟店	Franchise Chain Stores	570	
其 他	Others	37387	1591
5.按单位规模分	Grouped by Enterprise Size		
大 型	Large-size	111267	17100
中 型	Medium-size	156791	3649
小 型	Small-size	211038	3446
微 型	Micro-size	7592	362

continued

(10 000 yuan)

#通过非自营平台实现的餐费收入 by Non-self-operating Platform	商品销售额收入 Revenue of Sales of Commodities	其他收入 Other Revenue	#外卖送餐服务收入 Takeout Delivery	客房数(间) Rooms (unit)	床位数(个) Beds (unit)	餐位数(位) Tables (unit)	年末餐饮营业面积(平方米) Operating Area of Catering Services at Year-end(sq.m)
9848	**7661**	**15925**	**127**	**30929**	**47685**	**280896**	**1336031**
2336	7661	15925	127	30929	47685	265979	1290060
	143	753		1342	2542	6941	56785
		238		253	431	670	10866
		54		24	51	300	2000
506	1938	4030		2951	4996	28173	186931
		203		167	215	618	2800
506	1938	3827		2784	4781	27555	184131
	59	6		257	454	3341	20078
1830	5521	10844	127	26102	39211	226554	1013400
43	200	314		1382	2466	19183	69515
						360	900
1786	5321	9869	127	24004	35468	202255	906629
		662		716	1277	4756	36356
7512						5117	16971
7512						5117	16971
						9800	29000
						9800	29000
2241	6611	15596	121	29729	45485	259281	1280077
7607	50	246	6	1200	2200	21537	55546
	1000	82					
						78	408
	165	1085		1340	2452	7805	71557
	1235	599		350	601	904	11866
1844	5924	13215	127	28112	42519	247266	1149694
7512						5117	16971
						9800	29000
492	337	960		586	1093	7606	45665
1583	5407	14645	79	20777	36770	235817	1217276
7512		234				23528	70281
42		48	48			1450	7000
						236	510
711	2254	997		10152	10915	19865	40964
7512						18938	49992
1484	2186	6615	48	5224	8481	46805	305779
852	4223	8795	79	25603	39014	202746	955608
	1252	515		102	190	12407	24652

14-2 限额以上住宿和餐饮业法人企业主要财务状况(2019年)

单位：万元

指　标	Item	年初存货 Beginning Inventory
总　计	**Total**	**72466**
一、住宿业	**Hotels**	**30096**
1.按登记注册类型分	Grouped by Registered Kind	
内资企业	Civil Funded Enterprises	30096
国有企业	State-owned Enterprises	4048
集体企业	Collective-owned Enterprises	220
有限责任公司	Limited Responsibility Corporations	6971
国有独资公司	Company Exclusively with Investment from State	531
其他有限责任公司	Other Limited Responsibility Corporations	6440
股份有限公司	Share-holding Limited Corporations	1084
私营企业	Private-owned Enterprises	17774
私营独资企业	Enterprise Exclusively with Investment from Private	1031
私营合伙企业	Private Partnership Enterprises	2
私营有限责任公司	Private Limited Responsibility Corporations	16644
私营股份有限公司	Private Share-holding Limited Corporations	97
2.按住宿行业小类分组	Grouped by Hotels	
旅游饭店	Tourist Hotels	19445
一般旅馆	Ordinary Hotels	10019
经济型连锁酒店	Economical Chain Hotels	417
其他一般旅馆	Others	9602
露营地服务	Campsite Services	5
其他住宿业	Others	628
3.按控股情况分	Grouped by Share Holding	
国有控股	State Holding Enterprises	5473
集体控股	Collective-owned Holding Enterprises	1161
私人控股	Private Holding Enterprises	20485
其　他	Others	979
4.按经营形式分	Grouped by Management Form	
独立门店	Independent Stores	27874
连锁直营店	Direct Chain Stores	41
连锁加盟店	Franchise Chain Stores	185
其　他	Others	1997
5.按单位规模分	Grouped by Enterprise Size	
大　型	Large-size	2015
中　型	Medium-size	6503
小　型	Small-size	21301
微　型	Micro-size	277
6.按星级分	Grouped by Stars	
五　星	Five Star	4034
四　星	Four Star	7624
三　星	Three Star	4698
二　星	Two Star	990
其　他	Others	12751

FINANCIAL CONDITION OF HOTELS AND CATERING CORPORATION ENTERPRISES ABOVE DESIGNATED SIZE(2019)

(10 000 yuan)

流动资产合计 Total Circulating Assets	#应收帐款 Accounts Receivable	#存货 Inventory	固定资产原价 Original Value of Fixed Assets	累计折旧 Accumulated Depreciation	#本年折旧 Depreciation This Year	资产总计 Total Assets
1015163	**148954**	**72817**	**1806212**	**809470**	**115068**	**2654741**
538147	**84674**	**34965**	**1306868**	**573935**	**78512**	**1639708**
538147	84674	34965	1306868	573935	78512	1639708
73218	6258	3827	309481	136695	16316	302505
3307	2248	122	15078	4985	339	13302
149719	28270	9781	507023	234433	31787	534198
3541	1457	508	30604	14812	940	20676
146179	26814	9273	476419	219621	30847	513521
4441	632	1045	28513	12335	4881	23936
307462	47265	20190	446773	185487	25189	765768
12808	1865	1103	13200	5280	1142	27379
211	1	8	106	95	95	1100
288032	44115	19005	430449	177441	23923	730227
6412	1285	75	3018	2670	28	7062
345036	51764	22789	1029420	466428	57676	1100341
180239	30657	11546	270521	105621	20316	515900
16371	927	361	12201	3678	457	55528
163868	29731	11186	258320	101944	19858	460372
7515	61	87	158	31	27	9437
5357	2191	543	6769	1854	493	14031
76535	11174	6962	500241	213840	19265	451211
9008	4358	1035	36856	13983	1035	44331
379685	63682	23781	558393	242249	38454	950519
42105	2972	1125	52398	33700	11490	70780
489242	76671	32737	1253729	548235	76047	1537138
2443	329	59	5646	1149	244	13456
4228	553	89	3025	2296	369	9826
42234	7121	2081	44468	22254	1851	79288
46708	3344	2129	231959	113421	13120	192368
150732	14828	7407	444037	162793	29408	562761
327171	65082	25231	622667	288403	35803	832723
13537	1420	199	8205	9318	181	51856
80331	6936	3625	291281	127626	13094	313357
111287	10740	7318	306233	152731	14888	356186
84530	9759	7141	186376	98609	18393	229702
15302	1253	878	27560	13370	1325	33038
246698	55985	16004	495418	181598	30812	707425

14-2 续表1

单位：万元

指　标	Item	年初存货 Beginning Inventory
二、餐饮业	**Catering**	**42370**
1.按登记注册类型分	Grouped by Registered Kind	
内资企业	Civil Funded Enterprises	41467
国有企业	State-owned Enterprises	1697
集体企业	Collective-owned Enterprises	376
股份合作企业	Share Cooperative Enterprises	6
有限责任公司	Limited Responsibility Corporations	4825
国有独资公司	Company Exclusively with Investment from State	241
其他有限责任公司	Other Limited Responsibility Company	4585
股份有限公司	Share-holding Limited Corporations	915
私营企业	Private-owned Enterprises	33648
私营独资企业	Enterprise Exclusively with Investment from Private	1595
私营合伙企业	Private Partnership Enterprises	6
私营有限责任公司	Private Limited Responsibility Corporations	31343
私营股份有限公司	Private Share-holding Limited Corporations	704
港、澳、台商投资企业	Enterprises Funded by HongKong, Macao and Taiwan	312
港、澳、台商独资经营企业	Solely Owned Enterprises	312
外商投资企业	Foreign Funded Enterprises	591
外资企业	Enterprises Funded by Foreign Invetments	591
2.按餐饮行业小类分组	Grouped by Catering Services	
正餐服务	Dinner	40596
快餐服务	Fast Food	1270
餐饮配送及外卖送餐服务	Catering Delivery and Takeout Delivery	232
其他餐饮业	Others	271
3.按控股情况分	Grouped by Share Holding	
国有控股	State Holding Enterprises	1366
集体控股	Collective-owned Holding Enterprises	625
私人控股	Private Holding Enterprises	37942
港澳台商控股	Hongkong, Macao and Taiwan Holding Enterprises	312
外商控股	Foreign Holding Enterprises	591
其　他	Others	727
4.按经营形式分	Grouped by Management Form	
独立门店	Independent Stores	38741
连锁总店(总部)	Chain Headquarters	1414
连锁直营店	Direct Chain Stores	206
连锁加盟店	Franchise Chain Stores	186
其　他	Others	1823
5.按单位规模分	Grouped by Enterprise Size	
大　型	Large-size	1047
中　型	Medium-size	11844
小　型	Small-size	28177
微　型	Micro-size	1301

continued

(10 000 yuan)

流动资产合计 Total Circulating Assets	#应收帐款 Accounts Receivable	#存货 Inventory	固定资产原价 Original Value of Fixed Assets	累计折旧 Accumulated Depreciation	#本年折旧 Depreciation This Year	资产总计 Total Assets
477016	**64280**	**37851**	**499344**	**235536**	**36556**	**1015034**
472222	64189	36818	477132	226132	35230	967301
6845	1712	1625	25355	13638	3353	24629
2393	1264	387	7163	2096	366	8205
82	1	2	170	91	16	199
68193	16027	4687	95337	56956	6721	140976
3289	252	239	10111	7944	128	5981
64903	15775	4448	85226	49012	6594	134995
13235	1966	782	2264	1597	105	16511
381475	43218	29336	346844	151754	24669	776782
14637	2046	1180	16334	7561	890	29847
16	12	3	100	45	2	87
346701	36576	27572	310944	138470	22713	711596
20121	4585	582	19467	5678	1065	35252
1981	68	369	10685	2717	972	29939
1981	68	369	10685	2717	972	29939
2813	23	665	11526	6688	354	17793
2813	23	665	11526	6688	354	17793
456292	61160	35977	472602	224357	34983	944207
19626	3090	1502	26232	11043	1551	69279
536	5	314	348	33	4	910
563	25	58	163	104	18	637
19968	11892	1365	28052	17321	559	37752
5115	1274	559	7816	5333	3086	14576
431047	47633	33166	424445	194092	27872	886128
1981	68	369	10685	2717	972	29939
2813	23	665	11526	6688	354	17793
12899	2619	875	7082	4103	466	20244
427012	49470	33575	443166	206817	25108	887113
17888	9637	1814	25046	10549	1663	65518
684	24	214	448	406	51	2222
404	47	175	208	165	41	905
31029	5102	2074	30475	17600	9693	59275
6973	133	1178	23191	9999	1359	51145
155296	21109	11940	193847	112009	13695	304790
306548	41657	23319	280314	109743	18593	639819
8200	1381	1413	1992	3785	2909	19279

14-2 续表2

单位：万元

指　标	Item	流动负债合　计 Liquid Liabilities
总　计	**Total**	**2014104**
一、住宿业	**Hotels**	**1241402**
1.按登记注册类型分	Grouped by Registered Kind	
内资企业	Civil Funded Enterprises	1241402
国有企业	State-owned Enterprises	183458
集体企业	Collective-owned Enterprises	8535
有限责任公司	Limited Responsibility Corporations	377636
国有独资公司	Company Exclusively with Investment from State	12114
其他有限责任公司	Other Limited Responsibility Corporations	365522
股份有限公司	Share-holding Limited Corporations	17855
私营企业	Private-owned Enterprises	653919
私营独资企业	Enterprise Exclusively with Investment from Private	22322
私营合伙企业	Private Partnership Enterprises	1155
私营有限责任公司	Private Limited Responsibility Corporations	626486
私营股份有限公司	Private Share-holding Limited Corporations	3956
2.按住宿行业小类分组	Grouped by Hotels	
旅游饭店	Tourist Hotels	877489
一般旅馆	Ordinary Hotels	350198
经济型连锁酒店	Economical Chain Hotels	34998
其他一般旅馆	Others	315200
露营地服务	Campsite Services	263
其他住宿业	Others	13452
3.按控股情况分	Grouped by Share Holding	
国有控股	State Holding Enterprises	277060
集体控股	Collective-owned Holding Enterprises	31984
私人控股	Private Holding Enterprises	799959
其　他	Others	84078
4.按经营形式分	Grouped by Management Form	
独立门店	Independent Stores	1154787
连锁直营店	Direct Chain Stores	10419
连锁加盟店	Franchise Chain Stores	6924
其　他	Others	69273
5.按单位规模分	Grouped by Enterprise Size	
大　型	Large-size	176525
中　型	Medium-size	426932
小　型	Small-size	608190
微　型	Micro-size	29755
6.按星级分	Grouped by Stars	
五　星	Five Star	154295
四　星	Four Star	213034
三　星	Three Star	219998
二　星	Two Star	27166
其　他	Others	626908

continued

(10 000 yuan)

负债合计 Total Liabilities	所有者权益 Creditors' Equity	#实收资本 Capital Hold	#个人资本 Individual
2439913	**223542**	**888115**	**245430**
1522960	**127429**	**508122**	**126319**
1522960	127429	508122	126319
233177	69328	103011	36147
8535	4767	768	
492142	53605	183450	28353
28063	-7386	5718	
464079	60991	177731	28353
19719	4217	9449	1407
769388	-4488	211445	60412
23944	3436	8969	5105
1156	-202	204	204
738981	-9475	201972	54983
5308	1753	300	120
1110987	308	322068	52969
392543	123083	179179	73250
45432	10095	12871	7002
347111	112988	166308	66249
4813	4624	5000	
14617	-586	1876	100
364194	86924	140296	36575
35420	8911	9679	120
952713	8580	278376	73901
95887	-25107	29679	15723
1413010	134808	478783	117481
10818	2638	4672	3704
7728	2098	3744	1343
91404	-12116	20924	3791
202590	-10222	29651	10146
539750	23011	201908	47095
726859	105718	267368	61192
53761	8923	9195	7887
225137	88220	140476	13032
316686	38905	112584	55864
259152	-17807	61796	5818
27918	5120	10080	5482
694068	12991	183186	46123

14-2 续表3

单位：万元

指　标	Item	流动负债合　计 Liquid Liabilities
二、餐饮业	**Catering**	**772702**
1.按登记注册类型分	Grouped by Registered Kind	
内资企业	Civil Funded Enterprises	749098
国有企业	State-owned Enterprises	11933
集体企业	Collective-owned Enterprises	6307
股份合作企业	Share Cooperative Enterprises	22
有限责任公司	Limited Responsibility Corporations	134269
国有独资公司	Company Exclusively with Investment from State	479
其他有限责任公司	Other Limited Responsibility Company	133790
股份有限公司	Share-holding Limited Corporations	21108
私营企业	Private-owned Enterprises	575460
私营独资企业	Enterprise Exclusively with Investment from Private	24097
私营合伙企业	Private Partnership Enterprises	
私营有限责任公司	Private Limited Responsibility Corporations	520866
私营股份有限公司	Private Share-holding Limited Corporations	30497
港、澳、台商投资企业	Enterprises Funded by HongKong, Macao and Taiwan	16768
港、澳、台商独资经营企业	Solely Owned Enterprises	16768
外商投资企业	Foreign Funded Enterprises	6836
外资企业	Enterprises Funded by Foreign Invetments	6836
2.按餐饮行业小类分组	Grouped by Catering Services	
正餐服务	Dinner	737042
快餐服务	Fast Food	34343
餐饮配送及外卖送餐服务	Catering Delivery and Takeout Delivery	955
其他餐饮业	Others	362
3.按控股情况分	Grouped by Share Holding	
国有控股	State Holding Enterprises	23206
集体控股	Collective-owned Holding Enterprises	8938
私人控股	Private Holding Enterprises	697752
港澳台商控股	Hongkong, Macao and Taiwan Holding Enterprises	16768
外商控股	Foreign Holding Enterprises	6836
其　他	Others	16399
4.按经营形式分	Grouped by Management Form	
独立门店	Independent Stores	696254
连锁总店(总部)	Chain Headquarters	37960
连锁直营店	Direct Chain Stores	2164
连锁加盟店	Franchise Chain Stores	328
其　他	Others	35997
5.按单位规模分	Grouped by Enterprise Size	
大　型	Large-size	26041
中　型	Medium-size	253687
小　型	Small-size	485425
微　型	Micro-size	7549

continued

(10 000 yuan)

负债合计 Total Liabilities	所有者权益 Creditors' Equity	#实收资本 Capital Hold	#个人资本 Individual
916953	**96113**	**379993**	**119111**
885639	79696	373254	114111
15661	8969	11792	140
7104	1375	2375	5
22	177	100	100
159641	-19213	81814	11024
4936	1045	5067	
154705	-20258	76747	11024
21399	-4888	4230	460
681813	93276	272943	102383
28193	1654	8866	5655
2	85	52	52
622251	87652	247975	90626
31367	3885	16050	6050
23406	6533	5000	5000
23406	6533	5000	5000
7909	9884	1739	
7909	9884	1739	
872189	70051	366324	108721
43444	25836	13365	10240
955	-46	180	150
365	272	124	
32625	5127	13251	140
15289	-584	10375	5
813414	70618	337859	110938
23406	6533	5000	5000
7909	9884	1739	
19540	704	6203	3028
821227	64064	348372	110750
48483	17035	8829	5060
2164	58	1000	1000
328	577	600	
44751	14379	21192	2301
33752	17393	6799	5060
325210	-20419	126078	19598
541307	98513	243304	92636
16685	627	3813	1818

14-2 续表4

单位：万元

指　标	Item	营业收入 Business Revenue
总　计	**Total**	**1015083**
一、住宿业	**Hotels**	**441299**
1.按登记注册类型分	Grouped by Registered Kind	
内资企业	Civil Funded Enterprises	441299
国有企业	State-owned Enterprises	90634
集体企业	Collective-owned Enterprises	2340
有限责任公司	Limited Responsibility Corporations	131798
国有独资公司	Company Exclusively with Investment from State	8955
其他有限责任公司	Other Limited Responsibility Corporations	122842
股份有限公司	Share-holding Limited Corporations	8101
私营企业	Private-owned Enterprises	208426
私营独资企业	Enterprise Exclusively with Investment from Private	15076
私营合伙企业	Private Partnership Enterprises	585
私营有限责任公司	Private Limited Responsibility Corporations	189800
私营股份有限公司	Private Share-holding Limited Corporations	2965
2.按住宿行业小类分组	Grouped by Hotels	
旅游饭店	Tourist Hotels	293163
一般旅馆	Ordinary Hotels	139376
经济型连锁酒店	Economical Chain Hotels	13519
其他一般旅馆	Others	125858
露营地服务	Campsite Services	320
其他住宿业	Others	8441
3.按控股情况分	Grouped by Share Holding	
国有控股	State Holding Enterprises	112014
集体控股	Collective-owned Holding Enterprises	8076
私人控股	Private Holding Enterprises	248327
其　他	Others	32077
4.按经营形式分	Grouped by Management Form	
独立门店	Independent Stores	400027
连锁直营店	Direct Chain Stores	6277
连锁加盟店	Franchise Chain Stores	10414
其　他	Others	24581
5.按单位规模分	Grouped by Enterprise Size	
大　型	Large-size	68224
中　型	Medium-size	154699
小　型	Small-size	213302
微　型	Micro-size	5074
6.按星级分	Grouped by Stars	
五　星	Five Star	73303
四　星	Four Star	77438
三　星	Three Star	67671
二　星	Two Star	9342
其　他	Others	213545

continued

(10 000 yuan)

#主营业务收入 Revenue in Major Business	营业成本 Business Costs	税金及附加 Taxes and Extra Charges	其他业务利润 Profits of Other Business	销售费用 Costs of Sales
1002356	**442809**	**16421**	**19256**	**361061**
432288	**162869**	**9050**	**12862**	**154980**
432288	162869	9050	12862	154980
89764	23757	2549	9383	28649
2340	1251	83	1	608
127134	57211	2116	1740	52386
7056	4234	119		2981
120078	52977	1997	1740	49405
7731	3154	209	2	1879
205318	77496	4093	1737	71459
15075	8455	185	211	4252
585	350	2		189
186697	67647	3880	1522	65929
2961	1044	26	4	1089
286922	112741	6846	11857	102053
136802	47837	2014	1005	48558
13140	3395	105	−5	4265
123663	44442	1909	1010	44293
320	142	1		20
8244	2150	188		4349
108121	44226	2960	8302	44568
8038	3041	90	34	2928
244616	88417	4303	3765	88081
31338	17384	530	−45	7645
391614	148270	8477	12671	138308
6178	2068	40	1	4230
10085	3778	58	11	2545
24411	8753	475	179	9898
68224	15541	3425	9275	12623
152446	57119	2158	−1218	63842
206646	88198	3396	4806	76617
4973	2011	72		1899
72666	20787	2155	−382	21170
74322	30482	1309	2292	27335
66285	31658	1695	697	25767
9342	3340	84	181	3702
209673	76602	3808	10074	77007

14-2 续表5

单位：万元

指　标	Item	营业收入 Business Revenue
二、餐饮业	**Catering**	**573784**
1.按登记注册类型分	Grouped by Registered Kind	
内资企业	Civil Funded Enterprises	477951
国有企业	State-owned Enterprises	15095
集体企业	Collective-owned Enterprises	2751
股份合作企业	Share Cooperative Enterprises	448
有限责任公司	Limited Responsibility Corporations	85977
国有独资公司	Company Exclusively with Investment from State	3037
其他有限责任公司	Other Limited Responsibility Company	82941
股份有限公司	Share-holding Limited Corporations	1977
私营企业	Private-owned Enterprises	371702
私营独资企业	Enterprise Exclusively with Investment from Private	23582
私营合伙企业	Private Partnership Enterprises	186
私营有限责任公司	Private Limited Responsibility Corporations	339016
私营股份有限公司	Private Share-holding Limited Corporations	8919
港、澳、台商投资企业	Enterprises Funded by HongKong, Macao and Taiwan	27524
港、澳、台商独资经营企业	Solely Owned Enterprises	27524
外商投资企业	Foreign Funded Enterprises	68310
外资企业	Enterprises Funded by Foreign Invetments	68310
2.按餐饮行业小类分组	Grouped by Catering Services	
正餐服务	Dinner	458382
快餐服务	Fast Food	112844
餐饮配送及外卖送餐服务	Catering Delivery and Takeout Delivery	1267
其他餐饮业	Others	1291
3.按控股情况分	Grouped by Share Holding	
国有控股	State Holding Enterprises	22865
集体控股	Collective-owned Holding Enterprises	4212
私人控股	Private Holding Enterprises	424038
港澳台商控股	Hongkong, Macao and Taiwan Holding Enterprises	27524
外商控股	Foreign Holding Enterprises	68310
其　他	Others	20966
4.按经营形式分	Grouped by Management Form	
独立门店	Independent Stores	400868
连锁总店(总部)	Chain Headquarters	125617
连锁直营店	Direct Chain Stores	2139
连锁加盟店	Franchise Chain Stores	570
其　他	Others	44591
5.按单位规模分	Grouped by Enterprise Size	
大　型	Large-size	109457
中　型	Medium-size	192379
小　型	Small-size	263796
微　型	Micro-size	8153

continued

(10 000 yuan)

#主营业务收入 Revenue in Major Business	营业成本 Business Costs	税金及附加 Taxes and Extra Charges	其他业务利润 Profits of Other Business	销售费用 Costs of Sales
570068	**279940**	**7371**	**6393**	**206080**
474234	235516	7332	6393	171359
15033	8893	202	529	5314
2703	865	60	2	1325
396	195	7		172
84402	41610	855	1594	30914
3037	873	90		900
81366	40737	765	1594	30015
1971	1005	37	121	717
369728	182948	6173	4148	132917
23542	12180	288	133	6364
186	170			
337081	165911	5633	4015	124526
8919	4688	252		2026
27524	8738	21		15368
27524	8738	21		15368
68310	35685	17		19354
68310	35685	17		19354
454669	224026	7287	6364	165883
112841	54235	67	29	39571
1267	1070	2		114
1291	608	14		512
22674	13735	235	669	6994
4165	1933	63	2	2033
420878	205282	6790	5419	154778
27524	8738	21		15368
68310	35685	17		19354
20649	11088	156	299	6026
397234	189631	6761	6384	149007
125572	64600	171		42410
2139	847	7		1375
538	247			303
44585	24615	431	9	12985
109457	51616	58		39813
190587	88851	5039	766	75853
261872	134068	2224	5627	88746
8152	5405	49		1669

14-2 续表6

单位：万元

指　标	Item	管理费用 Costs of Administration
总　计	**Total**	**243766**
一、住宿业	**Hotels**	**153301**
1.按登记注册类型分	Grouped by Registered Kind	
内资企业	Civil Funded Enterprises	153301
国有企业	State-owned Enterprises	43700
集体企业	Collective-owned Enterprises	1495
有限责任公司	Limited Responsibility Corporations	40861
国有独资公司	Company Exclusively with Investment from State	3150
其他有限责任公司	Other Limited Responsibility Corporations	37711
股份有限公司	Share-holding Limited Corporations	2847
私营企业	Private-owned Enterprises	64398
私营独资企业	Enterprise Exclusively with Investment from Private	2724
私营合伙企业	Private Partnership Enterprises	35
私营有限责任公司	Private Limited Responsibility Corporations	60843
私营股份有限公司	Private Share-holding Limited Corporations	796
2.按住宿行业小类分组	Grouped by Hotels	
旅游饭店	Tourist Hotels	101564
一般旅馆	Ordinary Hotels	49414
经济型连锁酒店	Economical Chain Hotels	3809
其他一般旅馆	Others	45604
露营地服务	Campsite Services	276
其他住宿业	Others	2047
3.按控股情况分	Grouped by Share Holding	
国有控股	State Holding Enterprises	40113
集体控股	Collective-owned Holding Enterprises	3305
私人控股	Private Holding Enterprises	78601
其　他	Others	7530
4.按经营形式分	Grouped by Management Form	
独立门店	Independent Stores	140470
连锁直营店	Direct Chain Stores	1063
连锁加盟店	Franchise Chain Stores	3813
其　他	Others	7955
5.按单位规模分	Grouped by Enterprise Size	
大　型	Large-size	32031
中　型	Medium-size	50363
小　型	Small-size	69968
微　型	Micro-size	939
6.按星级分	Grouped by Stars	
五　星	Five Star	35690
四　星	Four Star	27956
三　星	Three Star	16380
二　星	Two Star	4139
其　他	Others	69136

continued

(10 000 yuan)

财务费用 Costs of Finance	#利息收入 Interest Revenues	#利息费用 Interest Expenses	营业利润 Business Profits	利润总额 Total Profits	所得税费用 Income Tax Expenses	应付职工薪酬（本年贷方累计发生额）Remuneration Payable (Accumulated Credit Balance of The Year)	应交增值税 Value-added Taxes Payable
32452	**2676**	**20146**	**-74247**	**-65673**	**4555**	**258458**	**21488**
19284	**2475**	**9790**	**-55211**	**-53555**	**945**	**126685**	**10555**
19284	2475	9790	-55211	-53555	945	126685	10555
544	77	567	-9010	-7122	115	36548	2117
17		9	-410	-384		1040	94
6212	348	2208	-26360	-26464	557	37150	3316
53		36	-1637	-1455	3	3598	323
6159	348	2172	-24724	-25008	554	33552	2993
144	1	16	-500	-2117	18	2437	120
12368	2049	6991	-18931	-17468	255	49510	4908
384	7	331	192	181	37	3548	452
1	1		8	8		101	2
11974	2041	6661	-19132	-17662	213	44751	4383
10				4	5	1110	71
13785	2126	6144	-41785	-42130	505	86408	8039
5150	340	3317	-12750	-11015	438	37766	2304
69	26	31	1530	840	351	1676	212
5081	315	3287	-14280	-11854	86	36090	2092
252		251	-371	-119		235	10
98	9	78	-305	-291	2	2276	203
1897	407	1750	-22912	-21105	121	37836	3021
95	1	78	-578	-540	14	2189	193
14868	2051	7877	-23703	-24722	419	60570	5623
2419	4	73	-3429	-3285	295	8604	741
17005	2435	9050	-49639	-47567	891	116368	9210
12		9	-1058	-1056	4	1487	76
86	23	68	84	-516	14	1532	196
2181	17	664	-4598	-4416	36	7298	1073
646	70	26	4743	4726	96	19000	2142
9235	2290	5097	-28981	-28076	238	48485	3480
9108	114	4377	-30523	-29139	593	59014	4832
295	1	291	-450	-1066	17	186	101
4079	2025	418	-7024	-3773	141	18698	1481
5710	42	4366	-15379	-14936	111	24379	1799
3212	33	1065	-10938	-9676	126	25303	1346
200	26	61	-1930	-1825	15	2313	155
6084	349	3880	-19941	-23346	553	55993	5774

14-2 续表7

单位：万元

指　标	Item	管理费用 Costs of Administration
二、餐饮业	**Catering**	**90465**
1.按登记注册类型分	Grouped by Registered Kind	
内资企业	Civil Funded Enterprises	83873
国有企业	State-owned Enterprises	4468
集体企业	Collective-owned Enterprises	781
股份合作企业	Share Cooperative Enterprises	27
有限责任公司	Limited Responsibility Corporations	16156
国有独资公司	Company Exclusively with Investment from State	1552
其他有限责任公司	Other Limited Responsibility Company	14604
股份有限公司	Share-holding Limited Corporations	503
私营企业	Private-owned Enterprises	61939
私营独资企业	Enterprise Exclusively with Investment from Private	3902
私营合伙企业	Private Partnership Enterprises	2
私营有限责任公司	Private Limited Responsibility Corporations	55547
私营股份有限公司	Private Share-holding Limited Corporations	2488
港、澳、台商投资企业	Enterprises Funded by HongKong, Macao and Taiwan	1064
港、澳、台商独资经营企业	Solely Owned Enterprises	1064
外商投资企业	Foreign Funded Enterprises	5528
外资企业	Enterprises Funded by Foreign Invetments	5528
2.按餐饮行业小类分组	Grouped by Catering Services	
正餐服务	Dinner	82694
快餐服务	Fast Food	7546
餐饮配送及外卖送餐服务	Catering Delivery and Takeout Delivery	107
其他餐饮业	Others	119
3.按控股情况分	Grouped by Share Holding	
国有控股	State Holding Enterprises	5132
集体控股	Collective-owned Holding Enterprises	967
私人控股	Private Holding Enterprises	71111
港澳台商控股	Hongkong, Macao and Taiwan Holding Enterprises	1064
外商控股	Foreign Holding Enterprises	5528
其　他	Others	4300
4.按经营形式分	Grouped by Management Form	
独立门店	Independent Stores	75179
连锁总店(总部)	Chain Headquarters	8414
连锁直营店	Direct Chain Stores	
连锁加盟店	Franchise Chain Stores	2
其　他	Others	6870
5.按单位规模分	Grouped by Enterprise Size	
大　型	Large-size	7642
中　型	Medium-size	32216
小　型	Small-size	49095
微　型	Micro-size	1512

continued

(10 000 yuan)

财务费用 Costs of Finance	#利息收入 Interest Revenues	#利息费用 Interest Expenses	营业利润 Business Profits	利润总额 Total Profits	所得税费用 Income Tax Expenses	应付职工薪酬（本年贷方累计发生额） Remuneration Payable (Accumulated Credit Balance of The Year)	应交增值税 Value-added Taxes Payable
13168	**201**	**10356**	**–19036**	**–12119**	**3611**	**131773**	**10933**
12589	192	10356	–28491	–21369	1322	111214	11273
43		2	–3856	–1921	15	5760	431
4			–285	–276	1	835	43
1			47	47	2	130	14
1440	48	1136	–5123	–205	429	22198	2436
–22	27		–348	–350		1176	22
1462	21	1136	–4776	145	429	21023	2414
87		85	–456	–453		776	50
11014	143	9133	–18819	–18562	874	81514	8299
224	1	146	622	329	52	4566	418
1			13	13	10	43	
10466	137	8681	–18596	–18084	812	74388	7581
323	5	306	–857	–819		2517	300
583	5		1707	1590	379	10619	–340
583	5		1707	1590	379	10619	–340
–4	4		7747	7661	1910	9940	
–4	4		7747	7661	1910	9940	
12518	187	10284	–29793	–22767	950	107992	11201
648	14	71	10747	10611	2658	23574	–321
1			–27	1		126	16
1			37	37	3	81	36
24	37	1	–3268	–2217	19	7448	433
4	–1		–787	–788	1	863	82
12274	154	10177	–22154	–17183	1283	91735	9799
583	5		1707	1590	379	10619	–340
–4	4		7747	7661	1910	9940	
278	1	177	–683	–675	20	8735	818
12235	187	10296	–27793	–20617	936	97821	9804
694	10		9302	9096	2293	26020	91
6			–97	–87		721	61
2			–17	–16		120	4
231	4	59	–431	–496	382	7092	974
664	9		9638	9433	2288	24337	–183
5403	75	4909	–11555	–6629	484	43662	4266
6992	116	5360	–16636	–14448	839	63153	6712
109		87	–483	–474	–1	621	139

14–3 限额以上连锁住宿餐饮业经营情况(2019年)
MANAGEMENT OF CHAIN ENTERPRISES ABOVE DESIGNATED SIZE IN HOTELS AND CATERING SERVICES(2019)

指 标	Item	合 计 Total	直营店 Regular Chain	加盟店 Franchise Chain
一、门店总数 (个)	**Number of Stores (uint)**	**111**	**107**	**4**
二、年末餐饮业营业面积 (平方米)	**Business Area of Catering at Year–end (sq.m)**	**42535**	**41715**	**820**
三、年末从业人员 (人)	**Employees at Year–end (person)**	**4708**	**4626**	**82**
四、年末经营餐饮业务餐位数 (位)	**Number of Catering Tables at Year–end (uint)**	**12024**	**11900**	**124**
五、商品购进总额 (万元)	**Total Purchases Value (10 000 yuan)**	**38730**	**38445**	**285**
#统一配送商品购进额	Value of Unified Distribution	36305	36305	
自有配送中心配送商品购进额	Disrtibuted by Owned Distribution Center	35685	35685	
非自有配送中心配送商品购进额	Distributed by Other Distribution Center	620	620	
六、营业收入 (万元)	**Business Revenue (10 000 yuan)**	**75599**	**74493**	**1106**
餐费收入	Revenue of Dining	75599	74493	1106

14–4 主要年份旅游接待人数
NUMBER OF TOURISTS IN MAJOR YEARS

年 份 Year	接待国内游客人数 (万人次) Domestic Tourists (10 000 person–times)	接待入境过夜游客人数 (人次) Inbound Overnight Tourists (person–time)	外国人 Foreigners	华 侨 Overseas Chinese	港澳台同胞 Compatriots from Hong Kong, Macao and Taiwan	#台湾同胞 Compatriots from Taiwan
1985	360	34327	26066	1523	6738	2628
1990	465	46777	26983	908	18886	10786
1995	977	71199	51513	1106	18580	10035
2000	2905	165282	116578		48704	21460
2005	6545	421458	253986		167472	64970
2010	12497	1302856	820935		481921	178480
2011	14975	1553208	982522		570686	213088
2012	19434	1891758	1204155		687603	261330
2013	24605	2126372	1350399		775973	296177
2014	29951	564770	361272		203498	82258
2015	36007	593772	380390		213382	86425
2016	44330	629836	404221		225615	91981
2017	56073	670023	434686		235337	96628
2018	70378	713466	465950		247516	103753
2019	83390	762230	498047		264183	106216

注：2014年起，海外旅游相关指标采用新口径，后同。
Note: Oversea tourism and related indicators have adopted a new coverage since 2014. The same applies to the following.

14-5 主要年份旅游收入
TOTAL INCOME OF TOURISM IN MAJOR YEARS

单位：亿元 (100 million yuan)

年 份 Year	旅游总收入 Total Income of Tourism	国内旅游收入 Revenue from Domestic Tourism	旅游外汇收入 (万美元) Foreign Exchange Earnings from Tourism (USD 10 000)	国内旅游人均花费 (元) Per Capita Expenditure of Domestic Tourists (yuan)
1985	0.48	0.36	146	10
1990	2.80	2.22	458	48
1995	16.71	15.00	2062	154
2000	81.35	77.21	4991	266
2005	291.99	281.91	11622	447
2010	1083.46	1052.26	46460	861
2011	1342.59	1305.10	56720	879
2012	1813.01	1766.28	72024	903
2013	2305.44	2253.65	82268	966
2014	2846.51	2829.29	28073	855
2015	3447.50	3428.91	29710	884
2016	4247.12	4227.97	31738	963
2017	5360.21	5338.61	35014	907
2018	6728.70	6699.46	37798	947
2019	8026.92	7999.35	40995	886

14-6 旅游外汇收入(2019年)
FOREIGN EXCHANGE EARNINGS FROM INTERNATIONAL TOURISM(2019)

单位：万美元 (USD 10 000)

项 目	Item	合 计 Total	外国人 Foreigners	香港同胞 Hong Kong Compatriots	澳门同胞 Macao Compatriots	台湾同胞 Taiwan Compatriots
总 计	**Total**	**40994.5**	**26639.7**	**5546.4**	**2572.2**	**6236.2**
1.长途交通	Long Distance Transportation	11343.5	7371.2	1534.7	711.8	1725.7
飞 机	Airplane	5329.4	3463.2	721.0	334.4	810.8
火 车	Railway	3689.5	2397.5	499.2	231.5	561.3
汽 车	Highway	2324.5	1510.5	314.5	145.9	353.6
2.住 宿	Accommodation	6478.5	4210.4	876.4	406.4	985.3
3.餐 饮	Catering	6272.2	4076.0	848.7	393.6	953.9
4.景区游览	Visiting	7019.6	4561.7	949.7	440.5	1067.7
5.娱 乐	Recreation	3296.0	2141.8	446.0	206.8	501.4
6.购 物	Shopping	4222.8	2744.1	571.4	265.0	642.3
7.市内交通	Urban Transportation	901.9	586.1	122.0	56.6	137.2
8.邮电通讯	Post and Communication	926.5	602.1	125.4	58.0	141.0
9.其 他	Others	533.6	346.3	72.1	33.5	81.7

14-7 旅游四星级以上饭店(2019年)
TOURIST HOTELS ABOVE FOUR STAR GRADE(2019)

名 称	Name	地 址	Address
五星级	**5 Star**		
山西国贸大饭店	Shanxi World Trade Hotel	太原市府西街69号	No.69, Fuxi St., Taiyuan
万狮京华大酒店	Grand Metropark Wanshi Hotel	太原平阳路126号	No.126, Pingyang Rd., Taiyuan
晋祠国宾馆	Jinci Hotel	太原晋祠路中段669号	No.669, Middle Section of Jinci Rd., Taiyuan
丽华大酒店	Lihua Grand Hotel	太原长风街1号	No.1, Changfeng St., Taiyuan
金地豪生大酒店	Howard Johnson Jindi Plaza	大同市平城街88号	No.88, Pingcheng St., Datong
宏源国际饭店	Hongyuan International Hotel	灵石高速路口	Lingshi Highway Intersection
万豪美悦国际酒店	Wanhaomeiyue International Hotel	榆次迎宾西街中段	West Yingbin St., Yuci
阳泉煤业(集团)有限责任公司药林宾馆	Yaolin Hotel of Yangquan Coal Industry (Group) Co., Ltd.	阳泉平定县张庄镇南后峪村	South Houyu Vil., Zhangzhuang Town, Pingding County, Yangquan
益东国际酒店	Yidong International Hotel	长治市西一环路	Weat First Ring Rd., Changzhi
东明国际大酒店	Dongming International Hotel	长治市紫金东街369号	No.369, East Ziji St., Changzhi
万通源大酒店	Wantongyuan Hotel	朔州市开发北路68号	No.68, North Kaifa Rd., Shuozhou
阳城环城凯斯顿酒店	Huancheng Caston Hotel	阳城县南环路	South Ring Rd., Yangcheng
东兴帝豪酒店	Royal Dongxing Hotel	孝义市崇文大街181号	No.181, Chongwen St., Xiaoyi
海纳温泉国际酒店	Haina Wenquan International Hotel	运城永济河东大道南段	South Hedong Av., Yongji, Yuncheng
阳城美韵花园大酒店	Yangcheng Meiyun Garden Hotel	阳城县新阳西街	West Xinyang St., Yangcheng
五台山五峰宾馆	Wutai Mountain Wufeng Hotel	五台山台怀镇车钩	Taihuai Town, Wutai Mountain, Xinzhou
四星级	**4 Star**		
山西大酒店	Shanxi Grand Hotel	太原新建南路5号	No.5, South Xinjian Rd., Taiyuan
山西愉园大酒店	Shanxi Yuyuan Hotel	太原开化寺街148号	No.148, Kaihuasi St.,Taiyuan
三晋国际饭店	Sanjin International Hotel	太原迎泽大街30号	No.30, Yingze St., Taiyuan
黄河京都大酒店	Yellow River Jingdu Hotel	太原平阳路17号	No.17, Pinyang Rd., Taiyuan
山西鑫阳光大酒店	Shanxi Xinyangguang Hotel	太原北大街47号	No.47, North St., Taiyuan
山西晋协宾馆	Shanxi Jinxie Hotel	太原东缉虎营35号	No.35, Dongjihuying, Taiyuan

14-7 续表1 continued

名　称	Name	地　址	Address
西山大厦	Xishan Hotel	太原西矿街318号	No.318, Xikuang St., Taiyuan
太原铁道大厦	Taiyuan Railway Hotel	太原迎泽南街19号	No.19, South Yingze St., Taiyuan
云水国际大酒店	Yunshui International Hotel	太原平阳路48号	No.48, Pingyang Rd., Taiyuan
太原金辇酒店	Taiyuan Jinnian Hotel	太原滨河东路北段22号	No.22, North Section of East Binhe Rd., Taiyuan
山西滨河饭店	Shanxi Binhe Hotel	太原市府西街103号	No.103, Fuxi St., Taiyuan
泰瑞国际商务酒店	Tairui International Commercial Hotel	太原长风街7号	No.7, Chengfeng St., Taiyuan
宏安国际酒店	Hongan International Hotel	大同迎宾西路28号	No.28, West Yingbin Rd., Datong
大同宾馆	Datong Hotel	大同迎宾西路37号	No.37, West Yingbin Rd., Datong
悦龙休闲商务酒店	Yuelong Leisure and Commercial Hotel	大同市操场城街5号	No.5, Caochang Cheng St., Datong
大同国宾大酒店	Datong Presidential Hotel	大同御河西路898号	No.898, West Yuhe Rd., Datong
花园大饭店	Huayuan Hotel	大同大南街59号	No.59, Danan St., Datong
浩海国际酒店	Haohai International Hotel	大同新建南路46号	No.46, South Xinjian Rd., Datong
雁北宾馆	Yanbei Hotel	大同御河北路甲1号	No. Jia1, North Yuhe Rd., Datong
晨光国际酒店	Chenguang International Hotel	大同迎宾东路68号	No.68, West Yingbin Rd., Datong
北冰洋大酒店	Beibingyang Hotel	阳泉北大街80号	No.80, North St., Yangquan
山西泉美国际大酒店	Shanxi quanmei International Hotel	阳泉市南大西街15号楼	No.15 Building South West Street, Yangquan
祥禾大酒店	Xianghe Grand Hotel	阳泉市开发区烟台路1号	No.1 Yantai Rd., Development Zone, Yangquan
鹏宇国际大酒店	Pengyu International Hotel	长治市长兴中路509号	No.509, Changxing Middle Rd., Changzhi
财苑大厦	Caiyuan Hotel	长治市长兴中路305号	No.305, Changxing Middle Rd., Changzhi
晋城大酒店	Jincheng Grand Hotel	晋城凤台西街88号	No.88, West Fengtai St., Jincheng
太平洋大酒店	Pacific Ocean Hotel	晋城凤台西街59号	No.59, West Fengtai St., Jincheng
颐宾大酒店	Yibin Hotel	晋城前西街58号	No.58, Qianxi St., Jincheng
晋城高都大酒店	Jincheng Gaodu Grand Hotel	晋城新市东街8号	No.8, East Xinshi St., Jincheng
晋城阳光大酒店	Jincheng Sunshine Hotel	晋城市泽州路76号	No.76, Zezhou Rd., Jincheng
棋源山庄	Qiyuan Mountain Village	晋城陵川县棋子山风景区	Qizishan Scenic Spot, Lingchuan, Jincheng
兰花大酒店	Lanhua Hotel	晋城凤台东街2288号	No.2288, East Fengtai St., Jincheng
泽州大酒店	Zezhou Hotel	晋城市凤台西街2839号	No.2839 West Feitai St., Jincheng

14-7 续表2 continued

名　称	Name	地　址	Address
皇城相府贵宾楼	Xianfu Grand Hotel	晋城市阳城北留皇城村	Huangcheng Vil., Beiliu, Yangcheng, Jincheng
万通源平鲁宾馆	Wantongyuan Pinglu Hotel	朔州市平鲁区胜利南路	South Shengli Rd., Pinglu District, Shuozhou
平朔宾馆	Pingshuo Hotel	朔州平朔生活区	Living District , Pingshuo, Shuozhou
圣厚源大酒店	Shenghouyuan Hotel	朔州开发北路安泰街2号	No.2, Antai St., North Kaifa Rd., Shuozhou
玉龙国际酒店	Yulong International Hotel	右玉县新建大街北侧	North of Xinjian St., Youyu
颐景国际大酒店	Yijing International Hotel	晋中市榆次区西顺城街71号	No.71, Xishuncheng St., Yuci District, Youyu
平遥峰岩大酒店	Pingyao Fengyan Hotel	晋中市平遥县曙光路峰岩广场	Fengyan Square, Shuguang Rd., Pingyao, Jinzhong
介休市正达海悦酒店	Jiexiu Zhengdahaiyue Hotel	晋中市介休市北坛东路25号	No.25, East Beitan Rd., Jiexiu, Jinzhong
介休市锦源大酒店	Jiexiu Jinyuan Hotel	晋中市介休市区北坛中路	Middle Beitan Rd., Jiexiu, Jinzhong
天都大酒店	Tiandu Hotel	河津市振兴东路	East Zhenxing Rd., Hejin
芮城惠阳大酒店	Ruicheng Huiyang Hotel	芮城县洞宾东街8号	No.8, East Dongbin St., Ruicheng
五台山银海山庄	Wutai Mountain Yinhai Village	忻州五台山台怀镇	Taihuai Town, Wutai Mountain, Xinzhou
原平市宾馆	Yuanping Hotel	忻州原平前进西街57号	No.57, West Qianjin St., Yuanping, Xinzhou
花卉山庄	Huahui Mountain Village	忻州五台山大车沟	Dachegou, Wutai Mountain, Xinzhou
繁峙县嘉盛伦大酒店	Fansi Jiashenglun Hotel	忻州市繁峙县向阳北路	North Xiangyang Rd., Fanshi, Xinzhou
金鼎大酒店	Jinding Grand Hotel	忻州市定襄县晋昌大街	Jinchang St., Dingxiang, Xinzhou
侯马华翔大酒店	Houma Huangxiang Hotel	临汾市侯马市火车站南侧	South of Houma Railway Station, Linfen
金海湾大酒店	Jinhaiwan Hotel	临汾市向阳西路西段	West Section of West Xiangyang Rd., Linfen
思麦尔国际酒店	Smir International Hotel	临汾市鼓楼东大街40号	No.40, East Gulou Dong St., Linfen
山西丁陶国际大酒店	Shixi Dingtao International Hotel	临汾市襄汾县兴农路公园南侧	South of XingnongRd. Park, Xiangfen, Linfen
华强大酒店	Huaqiang Grand Hotel	侯马市呈王东路69号	No.69, East Chengwang Rd., Houma
吕梁国际宾馆	Lvliang International Hotel	离石区滨河南东路2号	No.2, South Binhe Rd. , Lishi District
贾家庄裕和花园酒店	Jiajiazhuang Yuhe Garden Hotel	吕梁市汾阳县贾家庄腾飞路	Tengfei Rd., Jiajia Vil., Fenyang, Lvliang
东兴酒店	Dongxing Hotel	孝义市府前街55号	No.55, Fuqian St., Xiaoyi

主要统计指标解释

住宿业 指为旅行者提供短期留宿场所的活动，有些单位只提供住宿，也有些单位提供住宿、饮食、商务、娱乐一体的服务。

餐饮业 指通过即时制作加工、商业销售和服务性劳动等，向消费者提供食品和消费场所及设施的服务。

限额以上住宿企业 年主营业务收入200万元及以上为限额以上住宿企业。

限额以上餐饮企业 年主营业务收入200万元及以上为限额以上餐饮企业。

住宿业单位星级评定情况 星级等级指根据《旅游饭店星级的划分与评定》（GB/T14308-2010）标准，经过有关旅游管理权威部门评定（验收）后授予的“星级”称号填写，分为一星级到五星级5个标准。

营业额 指住宿和餐饮业单位在经营活动中因提供服务或销售商品等取得的全部收入（含增值税），收入主要来源于提供客房、餐费服务、商品销售和其他服务，如商务服务。不包括多产业法人企业附营的其他行业产业活动单位的餐费收入、商品销售收入等各项收入。

客房收入 指住宿和餐饮业单位在经营活动中因提供住宿服务取得的收入（含增值税）。不包括多产业法人企业附营的其他行业产业活动单位的客房收入。

餐费收入 指本单位为顾客提供就餐服务取得的收入（含增值税）。包括：经烹饪、调制加工后出售的各种食品，如主食、炒菜、凉拌菜等的收入。不包括多产业法人企业附营的其他行业产业活动单位的餐费收入。

商品销售额 指对本单位以外的单位和个人出售的商品金额（包括售给本单位消费用的商品，含增值税）。在住宿和餐饮业中，本指标反映住宿和餐饮业单位出售商品的销售总额（含增值税），不包括法人企业附营的其他行业产业活动单位的商品销售额。

其他收入 指提供客房、餐饮服务、商品销售以外的其他服务获得的收入（含增值税），如商品服务、健身娱乐等。

入境过夜游客 指在中国（大陆）的旅游住宿单位内至少停留一夜的外国人、港澳台同胞。

国内游客 指报告期内在中国（大陆）观光游览、度假、探亲访友、就医疗养、购物、参加会议或从事经济、文化、体育、宗教活动的中国（大陆）居民，其出游的目的不是通过所从事的活动谋取报酬。

旅游外汇收入 入境游客在中国（大陆）境内旅行、游览过程中用于交通、参观游览、住宿餐饮、购物、娱乐等全部花费。

国内旅游收入 指国内游客在国内旅行、游览过程中用于交通、参观游览、住宿餐饮、购物、娱乐等全部花费。

Explanatory Notes on Main Statistical Indicators

Hotel Services refer to the accommodation services provided to visitors. Some units may provide only accommodation while others provide a combination of accommodation, meals, business services and recreational facilities.

Catering Services refer to the activities of providing foods, serving locations and facilities to customers through instant processing, commercial sales and service-type labor.

Hotel Enterprises above Designated Size refer to hotel enterprises whose annual revenue of major business amounts to 2 million yuan and over.

Catering Enterprises above Designated Size refer to catering enterprises whose annual revenue of major business amounts to 2 million yuan and over.

Star Rating of Hotels refers to hotels rated with stars as evaluated (accepted) by the relevant tourism authorities according to GB/T14308-2010 standard. Hotels can be divided into five standards from one-star to five-star.

Business Revenue refers to total revenue (including value-added tax) of hotels and catering services received from providing services or selling commodities through business activities, income comes mainly from providing hotels, catering services, selling of commodities and other services, such as commodity services. It does not include revenue such as meal fees, selling of commodities of other industrial units affiliated with multi industrial legal entities.

Room Revenue refers to business revenue (including value-added tax) hotel and catering enterprises got by providing lodging services. It does not include the revenue get from other industrial active units which belonging to the multi-industry enterprises.

Dinning Revenue refers to revenue (including value-added tax) hotel and catering enterprises got by providing customers catering services, including selling of cooked or prepared foods, such as staple food, cooked dishes, or cold dishes. It does not include the revenue get from other industrial units affiliated with multi industrial legal entities.

Commodity Sales refer to value of commodities sold by the units to other units and individuals (including goods sold for self -consumption, including the value-added tax). It reflects the total commodities value sold by hotel and catering units (including the value-added tax). It does not include the sales value get from other industrial units affiliated with multi industrial legal entities.

Other Revenue refers to other revenue (including value-added tax) hotel and catering enterprises got by providing other services, such as commodities service, fitness and entertainment.

Inbound Overnight Tourists refer to foreigners and compatriots from Hong Kong, Macao and Taiwan who come to China (the mainland) and stay in the tourist accommodation units for at least one night.

Domestic Tourists refer to residents of China (the mainland) who travel within China (the mainland) for sightseeing, vacation, visiting relatives, medical treatment, shopping, attending conference, or engaging in economic, cultural, sports and religious activities. And the purpose of their travelling isn’t for profits.

Foreign Exchange Earnings from Tourism refer to the total expenditures of inbound tourists during their stay in the mainland of China on transportation, sightseeing, accommodation, food, shopping and entertainment.

Revenue from Domestic Tourism refers to the total expenditures of domestic tourists during their stay in the mainland of China on transportation, sightseeing, accommodation, food, shopping and entertainment.

15

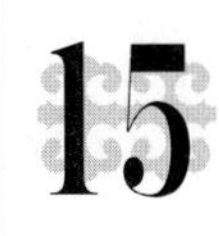

交通运输、邮电通信业

TRANSPORTATION, POST
AND TELECOMMUNICATION SERVICES

资料整理人员

阮并晶

交通运输、邮电通信业
TRANSPORTATION, POST AND TELECOMMUNICATION SERVICES

铁路营业里程	Length of Railways in Operation	5890	公里	(km)
公路通车里程	Length of Highways	144283	公里	(km)
货物周转量	Turnover Volume of Freight Traffic	4690.5	亿吨公里	(100 million ton-km)
旅客周转量	Turnover Volume of Passenger Traffic	395.6	亿人公里	(100 million person-km)
固定电话用户	Number of Fixed Telephone Subscribers	266.2	万户	(10 000 subscribers)
移动电话用户	Number of Mobile Telephone Subscribers	3987.2	万户	(10 000 subscribers)

民用汽车拥有量（万辆）
Number of Civil Motor Vihicles (10 000 units)

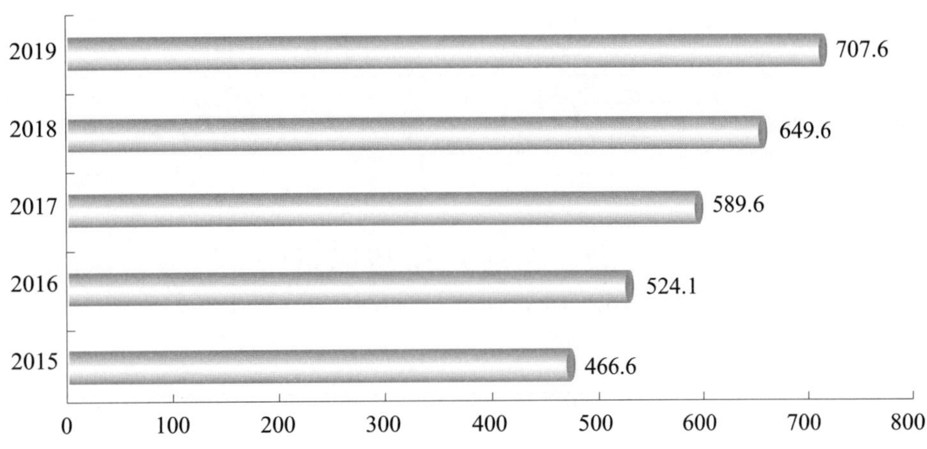

公路通车里程（公里）
Length of Highways (km)

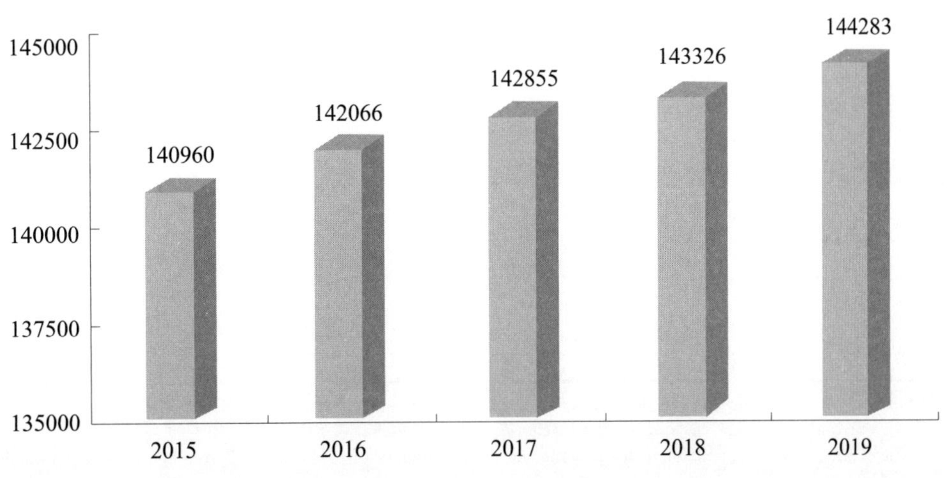

15-1　主要年份运输线路长度
LENGTH OF TRANSPORT ROUTES IN MAJOR YEARS

单位：公里　　(km)

年　份 Year	铁路营业里程 Length of Railways in Operation	公路通车里程 Length of Highways	#高速公路 Expressways	每百平方公里平均里程 Average Length Per Square Kilometre 铁　路 Railways	公　路 Highways
1978	2057	31868		1.3	20.3
1980	2129	27261		1.4	17.4
1985	2169	28762		1.4	18.4
1990	2330	30784		1.5	19.6
1995	2435	33644		1.6	21.5
2000	2511	55408	518	1.6	35.4
2005	3514	111227	1686	2.2	71.0
2010	3752	131644	3003	2.4	84.0
2011	3774	134808	4005	2.4	86.0
2012	3775	137771	5011	2.4	87.9
2013	3786	139434	5011	2.4	89.1
2014	4980	140436	5011	3.2	89.9
2015	5086	140960	5028	3.2	90.0
2016	5293	142066	5265	3.4	90.7
2017	5317	142855	5335	3.4	91.2
2018	5428	143326	5605	3.5	91.7
2019	5890	144283	5711	3.8	92.3

注：2005年起公路线路里程包括村道里程数；2006年起铁路营业里程包括国铁、合资和地方铁路。

Note：Length of highways and all-weather highways has included length of roads between villages since 2005. Length of railways has included length of national railways，joint-venture railways and local railways since 2006.

15-2　主要年份货运量
FREIGHT TRAFFIC IN MAJOR YEARS

单位：万吨　　(10 000 tons)

年　份 Year	合　计 Total	铁　路 Railways	#中央铁路 National Railways	公　路 Highways	水　运 Water Transport	民　航 Civil Aviation
1978	15620	9166	9166	6443	11	0.09
1980	18080	11067	11067	7004	9	0.15
1985	29181	16110	16092	13071		0.35
1990	50111	23332	23082	26706	72	0.55
1995	65962	26095	25718	39776	90	0.67
2000	86624	28779	28469	57813	31	0.60
2005	125367	49067	47697	76201	95	3.80
2010	124677	63836	60808	60819	18	4.49
2011	134441	69194	65695	65201	41	4.53
2012	144622	71437	68294	73150	30	4.84
2013	156048	73181	69894	82834	28	5.00
2014	164924	76411	75059	88491	17	5.07
2015	161772	70509	68268	91240	17	5.04
2016	167082	64861	62563	102200	16	5.49
2017	189521	74616	72285	114880	20	5.50
2018	211503	85260	82943	126213	23	6.15
2019	219312	91321	88448	127961	24	6.74

注：(1)2000年以前汽车货运量为交通系统内口径，2000年及以后为全社会口径。
(2)2008-2012年，2013年至今，公路运输量相关指标为五年一次专项调查数据，下同。

Notes：(1)The freight traffic of automobile is calculated by the coverage of traffic system before 2000, and refferred to total society from 2000.
(2)Traffic volume of highways and relative data from 2008 to 2012, from 2013 to now are obtained from two special surveys, which are conducted once every 5 years. The same applies to the follwing.

15-3 主要年份货物周转量
TURNOVER VOLUME OF FREIGHT TRAFFIC IN MAJOR YEARS

单位：万吨公里 (10 000 ton-km)

年 份 Year	合 计 Total	铁 路 Railways	#中央铁路 National Railways	公 路 Highways	水 运 Water Transport
1978	1896350	1784790	1784790	111483	77
1980	2253618	2096450	2096450	157126	42
1985	3609795	3086917	3086584	522878	
1990	5948295	4795516	4784200	1152520	259
1995	7179630	5363846	5346060	1815463	321
2000	8679954	5979696	5958000	2700206	52
2005	13625549	9697012	9599369	3927715	822
2010	23324205	13624714	13436905	9698896	595
2011	30827489	20355804	20153949	10471189	496
2012	33458466	21435390	21231815	12022480	596
2013	35923686	23137331	23117075	12785747	608
2014	37108069	23475689	23453328	13631956	423
2015	34385474	20637317	20478663	13747614	543
2016	35654565	21133151	20965576	14520591	823
2017	41850327	24262711	24096950	17586569	1047
2018	44894386	25815610	25651515	19077478	1298
2019	46904687	27747481	27541490	19155877	1328

注：2011年起，铁路为全行业数据，包括国家铁路(含控股)、非控股合资铁路及地方铁路。
Note: Volume of railways is calculated by the whole industry coverage from 2011, which includes national railways, non-shareholding joint venture railways and local railways.

15-4 主要年份旅客运输量和周转量
PASSENGER TRAFFIC AND TURNOVER VOLUME IN MAJOR YEARS

年 份 Year	客运量 (万人) Passenger Traffic (10 000 persons)	#铁 路 Railways	#公 路 Highways	旅客周转量 (万人公里) Passenger Kilometers (10 000 person-km)	#铁 路 Railways	#公 路 Highways
1978	4498	2124	2375	387366	270950	116416
1980	5865	2523	3342	497897	356420	141477
1985	10564	3391	7173	931783	621351	310432
1990	15960	3226	12728	1260441	668100	587953
1995	21337	3308	17956	1750989	806580	861061
2000	31818	2953	28821	2245807	833600	1358962
2005	40209	3433	36456	3295406	1056422	1809406
2010	39059	5746	32606	3715683	1558206	2157019
2011	39932	6219	32865	4158078	1957808	2199108
2012	40839	6208	33662	4229773	1923652	2306121
2013	34781	6294	28487	3864404	1898201	1966203
2014	34040	6949	27091	3843762	2023842	1819920
2015	30676	7393	22085	3799506	2154182	1645324
2016	27619	7530	18702	3604561	2193137	1411424
2017	26749	7664	17333	3737555	2232856	1503565
2018	25679	7958	15717	3939476	2342289	1596434
2019	24342	8153	14009	3955728	2366931	1588193

注：2009年起旅客周转量不包括民航数据。
Note: Passenger turnover volume doesn't include civil aviation data from 2009.

15-5 主要年份民用汽车拥有量
NUMBER OF CIVIL MOTOR VEHICLES IN MAJOR YEARS

单位：辆 (unit)

年份 Year	民用汽车总数 Total	#载货汽车 Trucks	#载客汽车 Passenger Vehicles	#个人 Individual	#载货 Trucks	#载客 Passenger Vehicles	每百公里公路平均汽车数 Average Number of Motor Vehicles Per 100 km
1978	45634	34383	8341				143.2
1980	70730	47872	10329				259.5
1985	129286	102033	20968	23664	21525	1884	449.5
1990	232665	174618	46390	46540	36084	10450	755.8
1995	332886	210157	106924	94987	54806	40131	989.4
2000	550148	278235	253481	235078	98837	135909	992.9
2005	1074350	379599	677746	587721	155570	430314	965.9
2010	2478905	558169	1899271	1865984	319589	1541432	1883.0
2011	2953253	612696	2316189	2301975	364040	1931590	2190.7
2012	3275805	567788	2708017	2697177	362482	2334695	2377.7
2013	3758528	582913	3175615	3180579	385930	2794649	2695.6
2014	4219470	591108	3628362	3661596	400345	3261251	3004.6
2015	4665842	571789	4094053	4137927	393407	3744520	3310.0
2016	5240814	595149	4645665	4720486	406394	4314092	3689.0
2017	5896070	639361	5256709	5327549	413659	4913890	4127.3
2018	6495704	702534	5793170	5873204	443827	5429377	4532.1
2019	7076377	763988	6312389	6396485	472023	5924462	4904.5

注：民用汽车总数和个人汽车数不包括三轮汽车和低速货车。

Note：Number of civil motor vehicles and number of private cars exclude tricars and lower-speed cars.

15-6 民用汽车拥有量(2019年)
NUMBER OF CIVIL MOTOR VEHICLES(2019)

单位：辆 (unit)

指标	Item	合计 Total	#营运 Business	#非营运 Non-business	#个人 Individual
一、民用汽车	Civil Motor Vehicles	7139293	671227	6466376	6441071
1.载客汽车	Passenger Vehicles	6312389	100410	6210289	5924462
#大型	Large	36061	25781	9222	613
中型	Medium	12156	3402	8122	2402
小型	Small	6136147	70529	6065618	5797082
微型	Mini	128025	698	127327	124365
#轿车	Cars	4423237	69722	4353515	4215053
2.载货汽车	Trucks	763988	538285	225703	472023
#重型	Heavy	308373	303978	4395	114063
中型	Medium	12682	10589	2093	6355
轻型	Light	441738	223457	218281	350493
微型	Mini	1195	261	934	1112
#普通载货汽车	Ordinary	301352	109960	191392	250817
3.其他汽车	Others	62916	32532	30384	44586
二、拖拉机	Tractors	384427			
三、摩托车	Motorcycles	389935	32738	357197	370554
四、载货挂车	Trailers	197703	197014	689	68182
五、其他类型车	Other Kinds of Vehicles	127	78	49	1

注：民用汽车拥有量包括三轮汽车和低速货车。

Note：Number of civil motor vehicles include tricars and lower-speed cars.

15-7 民用航空航线(2019年)
CIVIL AVIATION ROUTES(2019)

太原-北京	Taiyuan-Beijing	太原-珠海	Taiyuan-Zhuhai
太原-上海	Taiyuan-Shanghai	太原-南昌	Taiyuan-Nanchang
太原-广州	Taiyuan-Guangzhou	太原-桂林	Taiyuan-Guilin
太原-深圳	Taiyuan-Shenzhen	太原-温州	Taiyuan-Wenzhou
太原-西宁	Taiyuan-Xining	太原-合肥	Taiyuan-Hefei
太原-成都	Taiyuan-Chengdu	太原-丽江	Taiyuan-Lijiang
太原-青岛	Taiyuan-Qingdao	太原-徐州	Taiyuan-Xuzhou
太原-无锡	Taiyuan-Wuxi	太原-南昌-深圳	Taiyuan-Nanchang-Shenzhen
太原-南京	Taiyuan-Nanjing	太原-遵义-深圳	Taiyuan-Zunyi-Shenzhen
太原-厦门	Taiyuan-Xiamen	太原-恩施-深圳	Taiyuan-Enshi-Shenzhen
太原-长沙	Taiyuan-Changsha	太原-南京-泉州	Taiyuan-Nanjing-Quanzhou
太原-福州	Taiyuan-Fuzhou	太原-武汉-泉州	Taiyuan-Wuhan-Quanzhou
太原-杭州	Taiyuan-Hangzhou	太原-武汉-福州	Taiyuan-Wuhan-Fuzhou
太原-三亚	Taiyuan-Sanya	太原-武汉-厦门	Taiyuan-Wuhan-Xiamen
太原-昆明	Taiyuan-Kunming	太原-合肥-厦门	Taiyuan-Hefei-Xiamen
太原-海口	Taiyuan-Haikou	太原-长治-厦门	Taiyuan-Changzhi-Xiamen
太原-重庆	Taiyuan-Chongqing	太原-杭州-厦门	Taiyuan-Hangzhou-Xiamen
太原-天津	Taiyuan-Tianjin	太原-长沙-厦门	Taiyuan-Changsha-Xiamen
太原-琼海	Taiyuan-Qionghai	太原-长沙-珠海	Taiyuan-Changsha-Zhuhai
太原-大同	Taiyuan-Datong	太原-长沙-福州	Taiyuan-Changsha-Fuzhou
太原-宁波	Taiyuan-Ningbo	太原-南通-福州	Taiyuan-Nantong-Fuzhou
太原-兰州	Taiyuan-Lanzhou	太原-盐城-杭州	Taiyuan-Yancheng-Hangzhou
太原-大连	Taiyuan-Dalian	太原-杭州-三亚	Taiyuan-Hangzhou-Sanya
太原-贵阳	Taiyuan-Guiyang	太原-合肥-昆明	Taiyuan-Hefei-Kunming
太原-哈尔滨	Taiyuan-Harbin	太原-合肥-海口	Taiyuan-Hefei-Haikou
太原-海拉尔	Taiyuan-Hailar	太原-贵阳-海口	Taiyuan-Guiyang-Haikou

15-7 续表1 continued

太原-桂林-海口	Taiyuan-Guilin-Haikou	重庆-太原-北京	Chongqing-Taiyuan-Beijing
太原-长治-重庆	Taiyuan-Changzhi-Chongqing	上海-太原-呼和浩特	Shanghai-Taiyuan-Hohhot
太原-长治-南宁	Taiyuan-Changzhi-Nanning	西宁-太原-深圳	Xining-Taiyuan-Shenzhen
太原-南京-三亚	Taiyuan-Nanjing-Sanya	深圳-太原-呼和浩特	Shenzhen-Taiyuan-Hohhot
太原-长沙-台州	Taiyuan-Changsha-Taizhou	成都-太原-大连	Chengdu-Taiyuan-Dalian
太原-长沙-海口	Taiyuan-Changsha-Haikou	成都-太原-日照	Chengdu-Taiyuan-Rizhao
太原-宜宾-贵阳	Taiyuan-Yibin-Guiyang	成都-太原-大同	Chengdu-Taiyuan-Datong
太原-桂林-三亚	Taiyuan-Guilin-Sanya	乌鲁木齐-太原-青岛	Urumqi-Taiyuan-Qingdao
太原-鄂尔多斯-银川	Taiyuan-Erdos-Yinchuan	青岛-太原-兰州	Qingdao-Taiyuan-Lanzhou
太原-合肥-深圳	Taiyuan-Hefei-Shenzhen	南京-太原-乌鲁木齐	Nanjing-Taiyuan-Urumqi
太原-绵阳-南宁	Taiyuan-Mianyang-Nanning	长沙-太原-沈阳	Changsha-Taiyuan-Shenyang
太原-南昌-珠海	Taiyuan-Nanchang-Zhuhai	哈尔滨-太原-三亚	Harbin-Taiyuan-Sanya
太原-南昌-桂林	Taiyuan-Nanchang-Guilin	昆明-太原-长春	Kunming-Taiyuan-Changchun
太原-吕梁-南宁	Taiyuan-Lvliang-Nanning	昆明-太原-哈尔滨	Kunming-Taiyuan-Harbin
太原-宜昌-珠海	Taiyuan-Yichang-Zhuhai	昆明-太原-大同	Kunming-Taiyuan-Datong
太原-徐州-福州	Taiyuan-Xuzhou-Fuzhou	昆明-太原-呼和浩特	Kunming-Taiyuan-Hohhot
太原-南昌-厦门	Taiyuan-Nanchang-Xiamen	昆明-太原-大连	Kunming-Taiyuan-Dalian
太原-张家界-惠州	Taiyuan-Zhangjiajie-Huizhou	昆明-太原-沈阳	Kunming-Taiyuan-Shenyang
太原-南昌-广州	Taiyuan-Nanchang-Guangzhou	大连-太原-海口	Dalian-Taiyuan-Haikou
太原-济宁-宁波	Taiyuan-Jining-Ningbo	重庆-太原-沈阳	Chongqing-Taiyuan-Shenyang
太原-淮安-宁波	Taiyuan-Huai'an-Ningbo	重庆-太原-长春	Chongqing-Taiyuan-Changchun
太原-长沙-昆明	Taiyuan-Changsha-Kunming	大连-太原-银川	Dalian-Taiyuan-Yinchuan
太原-长治-海口	Taiyuan-Changzhi-Haikou	南宁-太原-大连	Nanning-Taiyuan-Dalian
太原-合肥-三亚	Taiyuan-Hefei-Sanya	哈尔滨-太原-南宁	Harbin-Taiyuan-Nanning
北京-太原-昆明	Beijing-Taiyuan-Kunming	贵阳-太原-哈尔滨	Guiyang-Taiyuan-Harbin
温州-太原-北京	Wenzhou-Taiyuan-Beijing	济南-太原-包头	Jinan-Taiyuan-Baotou

15-7 续表2 continued

榆林-太原-天津	Yulin-Taiyuan-Tianjin	南京-太原-呼和浩特	Nanjing-Taiyuan-Hohhot
南京-太原-呼和浩特	Nanjing-Taiyuan-Hohhot	杭州-太原-兰州	Hangzhou-Taiyuan-Lanzhou
南京-太原-兰州	Nanjing-Taiyuan-Lanzhou	成都-太原-营口	Chengdu-Taiyuan-Yingkou
南京-太原-银川	Nanjing-Taiyuan-Yinchuan	沈阳-太原-合肥	Shenyang-Taiyuan-Hefei
长沙-太原-大连	Changsha-Taiyuan-Dalian	包头-太原-桂林	Baotou-Taiyuan-Guilin
哈尔滨-太原-桂林	Harbin-Taiyuan-Guilin	沈阳-太原-琼海	Shenyang-Taiyuan-Qionghai
南京-太原-西宁	Nanjing-Taiyuan-Xining	北京首都-长治	Beijing Capital-Changzhi
天津-太原-西宁	Tianjin-Taiyuan-Xining	北京南苑-长治	Beijing Nanyuan-Changzhi
大连-太原-西宁	Dalian-Taiyuan-Xining	上海浦东-长治	Shanghai Pudong-Changzhi
乌鲁木齐-太原-烟台	Urumqi-Taiyuan-Yantai	广州-长治	Guangzhou-Changzhi
青岛-太原-绵阳	Qingdao-Taiyuan-Mianyang	广州-武汉-长治	Guangzhou-Wuhan-Changzhi
福州-太原-银川	Fuzhou-Taiyuan-Yinchuan	成都-长治	Chengdu-Changzhi
桂林-太原-沈阳	Guilin-Taiyuan-Shenyang	海口-长治-天津	Haikou-Changzhi-Tianjin
南昌-太原-银川	Nanchang-Taiyuan-Yinchuan	西安-长治-大连	Xi'an-Changzhi-Dalian
丽江-太原-哈尔滨	Lijiang-Taiyuan-Harbin	昆明-长治-沈阳	Kunming-Changzhi-Shenyang
海口-太原-乌海	Haikou-Taiyuan-Wuhai	昆明-长治-天津	Kunming-Changzhi-Tianjin
呼和浩特-太原-济南	Hohhot-Taiyuan-Jinan	天津-长治-桂林	Tianjin-Changzhi-Guilin
兰州-太原-烟台	Lanzhou-Taiyuan-Yantai	太原-长治-海口	Taiyuan-Changzhi-Haikou
无锡-太原-呼和浩特	Wuxi-Taiyuan-Hohhot	大同-北京	Datong-Beijing
长春-太原-兰州	Changchun-Taiyuan-Lanzhou	大同-上海	Datong-Shanghai
乌鲁木齐-太原-宁波	Urumqi-Taiyuan-Ningbo	银川-大同-北京南苑	Yinchuan-Datong-Beijing Nanyuan
合肥-太原-包头	Hefei-Taiyuan-Baotou	哈尔滨-大同-厦门	Harbin-Datong-Xiamen
南昌-太原-长春	Nanchang-Taiyuan-Changchun	西安-大同-沈阳	Xi'an-Datong-Shenyang
南宁-太原-满洲里	Nanning-Taiyuan-Manzhouli	天津-大同-呼和浩特	Tianjin-Datong-Hohhot
南宁-太原-海拉尔	Nanning-Taiyuan-Hailar	大同-武汉-广州	Datong-Wuhan-Guangzhou
宁波-太原-呼和浩特	Ningbo-Taiyuan-Hohhot	大同-大连	Datong-Dalian

15-7 续表3 continued

天津-大同-海口	Tianjin-Datong-Haikou	运城-昆明	Yuncheng-Kunming
大同-暹粒	Datong-Siem Reap	大连-运城-贵阳	Dalian-Yuncheng-Guiyang
大同-岘港	Datong-Da Nang	大连-运城-海口	Dalian-Yuncheng-Haikou
大同-曼谷	Datong-Bangkok	哈尔滨-运城-三亚	Harbin-Yuncheng-Sanya
大同-金边	Datong-Phnom Penh	天津-运城-桂林	Tianjin-Yuncheng-Guilin
吕梁-北京	Lvliang-Beijing	三亚-运城-哈尔滨	Sanya-Yuncheng-Harbin
吕梁-呼和浩特	Lvliang-Hohhot	运城-长沙-海口	Yuncheng-Changsha-Haikou
吕梁-长沙	Lvliang-Changsha	运城-成都	Yuncheng-Chengdu
吕梁-青岛	Lvliang-Qingdao	运城-上海	Yuncheng-Shanghai
吕梁-南京	Lvliang-Nanjing	天津-运城-香港	Tianjin-Yuncheng-Hong Kong
吕梁-西安	Lvliang-Xi'an	南京-运城-芭提雅	Nanjing-Yuncheng-Pattaya
吕梁-广州	Lvliang-Guangzhou	临汾-武汉	Linfen-Wuhan
吕梁-杭州	Lvliang-Hangzhou	临汾-北京	Linfen-Beijing
上海浦东-吕梁-兰州	Shanghai Pudong-Lvliang-Lanzhou	临汾-长春	Linfen-Changchun
重庆-吕梁-天津	Chongqi-Lvliang-Tianjin	呼和浩特-临汾-成都	Hohhot-Linfen-Chengdu
上海浦东-五台山-银川	Shanghai Pudong-Wutaishan-Yinchuan	临汾-昆明	Linfen-Kunming
		临汾-广州	Linfen-Guangzhou
广州/深圳-郑州-五台山	Guangzhou/Shenzhen-Zhengzhou-Wutaishan	上海-临汾-银川	Shanghai-Linfen-Yinchuan
		青岛-临汾-昆明	Qingdao-Linfen-Kunming
海口-桂林-五台山	Haikou-Guilin-Wutaishan	天津-临汾-海口	Tianjin-Linfen-Haikou
厦门-南京-五台山	Xiamen-Nanjing-Wutaishan	海口-桂林-临汾	Haikou-Guilin-Linfen
三亚-五台山-哈尔滨	Sanya-Wutaishan-Harbin	重庆-临汾-天津	Chongqing-Linfen-Tianjin
深圳-五台山-哈尔滨	Shenzhen-Wutaishan-Harbin	太原-海口-悉尼	Taiyuan-Haikou-Sydney
昆明-五台山-哈尔滨	Kunming-Wutaishan-Harbin	太原-成都-圣彼得堡	Taiyuan-Chengdu-Saint Petersburg
重庆-五台山-天津	Chongqi-Wutaishan-Tianjin		
济南-五台山-兰州	Jinan-Wutaishan-Lanzhou	太原-浦东-芝加哥	Taiyuan-Pudong-Chicago
运城-北京	Yuncheng-Beijing	太原-昆明-芭提雅	Taiyuan-Kunming-Pattaya
运城-广州	Yuncheng-Guangzhou	太原-昆明-合艾	Taiyuan-Kunming-Hat Yai
运城-珠海	Yuncheng-Zhuhai	大同-香港	Taiyuan-Hong Kong
重庆-运城-沈阳	Chongqing-Yuncheng-Shenyang	南京-五台山-曼谷	Nanjing-Wutaishan-Bangkok

15-8 国家铁路分货类运输量(2019年)

NATIONAL RAILWAY FREIGHT TRAFFIC BY CATEGORY OF CARGO(2019)

指 标	Item	货运量(万吨) Volume of Freight Traffic (10 000 tons)	货物周转量 (万吨公里) Turnover Volume of Freight Traffic (10 000 ton-km)	平均运程 (公里) Average Transport Mileage (km)
合 计	**Total**	**95140.6**	**42118788.9**	**443**
#煤 炭	Coal	73701.2	36888921.9	501
石 油	Petroleum	600.3	152280.0	254
焦 炭	Cake	3075.2	968804.5	315
金属矿石	Metal Ore	6075.7	1282410.7	211
钢铁及有色金属	Steel and Nonferrous Metal	2783.7	679873.6	244
非金属矿石	Nonmetal Ores	950.4	206340.6	217
磷矿石	Phosphate Rock	3.3	901.2	275
矿建材料	Mine Construction Materials	2938.4	213756.8	73
水 泥	Cement	0.3	156.5	454
木 材	Timber	7.8	2663.9	340
粮 食	Grain	420.6	220760.4	525
零 担	Sporadic Freight Transport	1.5	870.0	580
集装箱	Container Transport	3459.1	1139535.7	329

注：本表为太原铁路局数据。
Note: Data in the table is supplied by Taiyuan Railway Bureau.

15-9 地方铁路营运概况(2019年)
BASIC STATISTICS ON LOCAL RAILWAYS(2019)

线路名称 Name of Railway Lines	起迄地址 The Beginning and The End	线路长度(公里) Length of Railways (km)		机 车(台) Locomotives (unit)		
		延展里程 Length of Extention	正线里程 Length of the Truck Lines	合 计 Total	电 气 Electrical	内 燃 Diesel
总　计 Total		**452.0**	**327.1**	**39**	**17**	**22**
一、合资铁路 Joint Venture Railways		331.6	233.5	32	17	15
武沁铁路 Wuqin Railway	武乡-左权；沁县-沁源 Wuxiang-Zuoquan;Qinxian-Qinyuan	146.8	118.0	8		8
孝柳有限责任公司 Xiaoliu Railway Co., Ltd.	孝西-穆村 Xiaoxi-Mucun	184.8	115.5	24	17	7
二、地方铁路 Local Railways		120.5	93.6	7		7
宁静铁路 Ningjing Railway	宁武-静乐 Ningwu-Jingle	120.5	93.6	7		7

线路名称 Name of Railway Lines	货物运输 Freight Traffic		财务状况 Financial Situation			
	货运量 (万吨) Freight Traffic (10 000 tons)	货物周转量 (万吨公里) Turnover of Freight Traffic (10 000 ton-kms)	运输收入 (万元) Transportation Revenue (10 000 yuan)	运输支出 (万元) Transportation Expend (10 000 yuan)	实现利润 (万元) Profits (10 000 yuan)	上缴税金 (万元) Taxes (10 000 yuan)
总　计 Total	**2994**	**205991**	**229166**	**215608**	**18930**	**14754**
一、合资铁路 Joint Venture Railways	2645	197943	220332	206235	19416	14478
武沁铁路 Wuqin Railway	553	33103	14092	13656	402	370
孝柳有限责任公司 Xiaoliu Railway Co., Ltd.	2091	164841	206240	192579	19014	14108
二、地方铁路 Local Railways	350	8048	8834	9373	-487	276
宁静铁路 Ningjing Railway	350	8048	8834	9373	-487	276

15-10 邮电业务基本情况(2019年)

BASIC CONDITIONS OF POST AND TELECOMMUNICATION SERVICES(2019)

指 标	Item	2019
邮政行业业务总量 (亿元)	**Business Volume of Post Services (100 million yuan)**	**116.3**
函 件 (万件)	Number of Letters (10 000 pcs)	1204
包 裹 (万件)	Number of Parcels (10 000 pcs)	17
汇 兑 (万笔)	Number of Postal Money Orders (10 000 pcs)	27
机要邮件 (万件)	Number of Confidential Letters (10 000 pcs)	51
快 递 (万件)	Express Mail Services (10 000 pcs)	36414
订销报纸期发数 (万份)	Newspapers Circulation (10 000 copies)	209
订销报纸累计数 (万份)	Accumulative Total of Newspapers Circulation (10 000 copies)	58100
订销杂志期发数 (万份)	Magazines Circulation (10 000 copies)	89
订销杂志累计数 (万份)	Accumulative Total of Magazines Circulation (10 000 copies)	1877
电信业务总量 (亿元)	**Business Volume of Telecommunication Services (100 million yuan)**	**2375.2**
固定电话用户 (万户)	Number of Fixed Telephone Subscribers (10 000 subscribers)	266.2
移动电话用户 (万户)	Number of Mobile Telephone Subscribers (10 000 subscribers)	3987.2
#3G移动电话用户	3G Mobile Phone Subscribers	80.8
4G移动电话用户	4G Mobile Phone Subscribers	3202.4
移动短信 (亿条)	Mobile Short Information (100 million pcs)	502

15-11 主要年份邮电通信网

NETWORK OF POST AND TELECOMMUNICATION IN MAJOR YEARS

年 份 Year	邮政支局所 (处) Number of Branch Post Offices (unit)	#在农村 In Rural Area	邮路长度 (公里) Length of Postal Routes (km)	#铁 路 Railway Routes	#汽 车 Highway Routes
1978	1675	1444	143907	6840	17672
1980	1629	1380	141596	7304	17902
1985	1890	1591	146024	7024	21454
1990	1813	1456	146251	9482	20320
1995	1888	1454	157202	11062	30700
2000	1730	1239	203725	11564	45488
2005	1603	1045	181703	13738	48016
2010	1306	759	184998	15200	58698
2011	1526	853	213310	16066	81394
2012	1516	738	169908	16860	82490
2013	1483	773	150648	15358	58770
2014	1518	1072	87520	8306	68938
2015	1582	1158	86946	8392	74542
2016	1636	1194	93323	8306	83107
2017	1637	1191	104080		103414
2018	1639	1190	108802		108582
2019	1645	1182	115074		115074

注：2014年起，邮政实施网运改革，邮路长度采用新口径。

Note: Because of the post reform of network operation, length of postal routes has adopted a new coverage since 2014.

15-12 邮政邮路
POSTAL ROUTES

单位：公里 (km)

指 标	Item	2018	2019
邮路条数(条)	Number of Postal Routes (route)	592	642
#汽 车	Highway Postal Routes	589	642
邮路长度(单程)	Length of Postal Routes (one-way)	54401	57537
#汽 车	Automobile Postal Routes	54291	57537
农村邮路条数(条)	Number of Rural Postal Routes (route)	237	223
农村邮路长度(单程)	Length of Rural Postal Routes (one-way)	14167	13173
城市投递路线条数(条)	Number of Rural Delivery Routes (route)	2123	2977
城市投递路线长度(单程)	Length of Rural Delivery Routes (one-way)	38886	55502
农村投递路线条数(条)	Number of Rural Delivery Routes (route)	2118	2047
#摩托车	Motorcycles	1915	1846
自行车	Bicycles	22	22
农村投递线路长度(单程)	Length of Rural Delivery Routes (one-way)	109231	107925
#摩托车	Motorcycles	95759	95396
自行车	Bicycles	524	553

15-13 邮政局所、房屋、服务点
NUMBER OF POSTAL OFFICES, BUILDINGS AND SERVICE PLACES

单位：处 (unit)

指 标	Item	2018	2019
邮政支局所	Number of Branch Post Offices	1639	1645
#设在农村的	In Rural Area	1190	1182
#电子化支局	Electrical Branch Offices	1639	1645
#邮政支局	Nmber of Branch Post Offices	418	436
#自办邮政所	Number of Post Offices Operated by Post Department	547	553
代办邮政所	Number of Postal Agencies	674	656
邮政信筒信箱(个)	Post Boxes (unit)	1645	1726

主要统计指标解释

铁路营业里程 又称营业长度，指投入客货运输营业或临时营业的线路长度。

公路里程 指报告期末公路的实际长度。统计范围：包括城间、城乡间、乡（村）间能行驶汽车的公共道路，公路通过城镇街道的里程，公路桥梁长度、隧道长度、渡口宽度。不包括城市街道里程，断头路里程，农（林）业生产用道路里程，工（矿）企业等内部道路里程。统计原则：按已竣工验收或交付使用的实际里程计算；两条或多条公路共同经由同一路段的重复里程，只计算一次。

货（客）运量 指在一定时期内，各种运输工具实际运送的货物重量（旅客数量）。货运按吨计算，客运按人计算。货物不论运输距离长短、货物类别，均按实际重量统计。旅客不论行程远近或票价多少，均按一人一次客运量统计；半价票、儿童票也按一人统计。

货物（旅客）周转量 指在一定时期内，由各种运输工具运送的货物（旅客）数量与其相应运输距离的乘积之总和。该指标可以反映运输业生产的总成果，也是编制和检查运输生产计划，计算运输效率、劳动生产率以及核算运输单位成本的主要基础资料。计算货物周转量通常按发出站与到达站之间的最短距离，也就是计费距离计算。计算公式为：

货物（旅客）周转量=∑（货物（旅客）运输量×运输距离）

民用汽车拥有量 指报告期末，在公安交通管理部门按照《机动车注册登记工作规范》，已注册登记领有民用车辆牌照的全部汽车数量。汽车拥有量统计的主要分类：根据汽车结构分为载客汽车、载货汽车及其他汽车；根据汽车所有者不同分为个人(私人)汽车、单位汽车；根据汽车的使用性质分为营运汽车、非营运汽车；根据汽车大小规格不同，载客汽车分为大型、中型、小型和微型，载货汽车分为重型、中型、轻型和微型。

邮政、电信业务总量 指以货币形式表示的邮政、电信通信企业为社会提供各类邮政、电信通信服务的总数量。计算方法为各类业务的实物量分别乘以相应的不变单价，求出各类业务的货币量加总求得。没有不变单价的业务按其业务收入直接相加。

移动电话用户 指在电信运营企业营业网点办理开户登记手续，通过移动电话交换机进入移动电话网，占用移动电话号码的各类电话用户。包括各类签约用户、智能网预付费用户、无线上网卡用户。

固定电话用户 指在电信企业营业网点办理开户登记手续并已接入固定电话网上的全部电话用户。包括普通电话用户、无线市话用户、公用电话用户、窄带综合业务数字网（N—ISDN）用户、智能网专用接入终端用户等。

邮路 各邮政局所之间，邮政局所与车站、码头、机场、转运站、邮件处理中心、报刊社之间，邮区中心局与邮政局所及各邮区中心局之间由自办或委办人员按固定班期规定路线交换邮件（包括机要文件，下同）、报刊的路线。包括农村地区运邮兼投递的路线，不包括城市、农村地区纯投递路线。按运输方式可分为航空邮路、铁路邮路、汽车邮路、水路邮路和其他邮路等。

邮路长度 邮路由起点到终点的长度。单程长度统计法的计算方法是直线算单程，环型算全程；直环混合中直线部分算单程，环型部分算全程；Y 型三段相加算单程。

Explanatory Notes on Main Statistical Indicators

Length of Railways in Operation refers to the total length of the trunk line for passenger and freight transportation in full operation or temporary operation.

Length of Highways refers to the actual length of highways at the end of reference period. It covers public roads running vehicles among cities, city and rural areas, township (villages), highways passing through streets at small cities and towns, length of bridges and tunnels, width of ferry piers. It does not include the length of streets in cities, dead end highways, the length of streets built for agricultural (forest) production and inside factories (mines). It can only be calculated with the actual mileage having been completed, checked and accepted or put into operation. If two or more highways go the same section of the way, the length of the section is only calculated for once.

Freight (Passenger) Traffic refers to the weight of freight (number of passenger) transported with various means within a specific period of time. Freight transport is calculated in tons and passenger traffic is calculated in terms of number of persons. Freight transport is calculated in terms of the actual weight of the goods and takes no account of the type of freight and distance of travel. Passenger traffic is calculated by the principle that one person can be counted only once in one trip and takes no account of the travelling distance and ticket price. The passengers who travel with a half price ticket or a child's ticket is also calculated as one person.

Freight Ton-kilometers (Passenger-kilometers) refers to the sum of the product of the volume of transported cargo (passengers) multiplied by the transport distance. It is an important indicator to reflect the achievement of the transportation industry. This is an important indicator to show the total results of the transport industry; to prepare and examine the transport plan; and to serve as the main basic data for calculating the efficiency, labour productivity and unit cost of transport. Normally, the shortest distance between the departure station and the destination station (i.e., the payable distance) is the basis in calculating the freight ton-kilometres. The formula is as follows:

Freight ton-kilometers (passenger-kilometers) $= \sum$ freight (passenger) traffic $\times$ distance of transportation

Possession of Civil Motor Vehicles refer to the total numbers of vehicles that are registered and received vehicles license tags according to the *Work Standard for Motor Vehicles Registration* formulated by the Transport Management Office under the department of public security at the end of the reference period. They are divided into categories. According to the structure of motor vehicles, they are divided into passenger vehicles, trucks and others; according to ownership into private vehicles and vehicles for the unit's use; according to kind of usage into working vehicles and non-working vehicles; and according to size of vehicles into large passenger vehicles, medium-sized passenger vehicles, small passenger vehicles and mini passenger vehicles, heavy trucks, light-heavy trucks, light trucks and mini-trucks.

Business Volume of Post and Telecommunications refers to the total amount of postal and telecommunication services, expressed in value terms, provided by the post and telecommunications departments for society. Business volume of post and telecommunications is the sum of each service in kind multiplying with its correspondent unit price (constant price). Business without constant price add their business revenue directly.

Mobile Telephone Subscribers refer to persons who have gone through registration procedures in the operation points of enterprises engaged in telecommunications and are hence connected with the mobile telephone communication network through the mobile telephone switchboards and occupy mobile phone numbers. Included are various types of subscriber, prepaid users for intelligent network and wireless network card users.

Local Telephone Subscribers refer to all subscribers who have gone through registration procedures in the operation points of enterprises engaged in telecommunications and are hence connected to the local telecommunications service provider through fixed line network. Included are general subscribers, wireless local telephone subscribers, public telephones subscribers, N-ISDN subscribers and intelligent network terminal subscribers.

Postal Routes refer routes that self-run clerks or clients change mails, newspapers and magazines by fixed schedule and regular routes between post offices, post offices and stations, docks, airports, transfer stations, mail processing centers, newspaper agencies. It includes posting and delivering routes in rural areas, while excludes routes that only delivers in urban and rural areas. It can be divided into airway postal routes, railway postal routes, automobile postal routes, waterway postal routes and other postal routes according to transport means.

Length of Post Routes refers length of postal routes from the start point to the end point. The single length is calculated by the following method, that is, straight line route is calculated as single way, circle route as entire way, straight line and circle mixed route is calculated separately, and Y type route is calculated as the sum of three single lines.

16

教育、科技

EDUCATION, SCIENCE AND TECHNOLOGY

资料整理人员

徐永库　刘铁生　吴丹宁　王俊鹏

教育、科技
EDUCATION, SCIENCE AND TECHNOLOGY

普通高等学校数	Regular Institutions of Higher Education	82	所	(unit)
普通高等学校专任教师数	Full-time Teachers of Higher Education	4.3	万人	(10 000 persons)
普通高等学校在校学生数	Students Enrollment of Higher Education	80.2	万人	(10 000 persons)
普通高等学校毕业生数	Graduates of Higher Education	21.2	万人	(10 000 persons)
科学研究机构	Scientific Research Institutions	175	个	(unit)

研究生在校学生数（人）

Number of Postgraduate Enrollment (person)

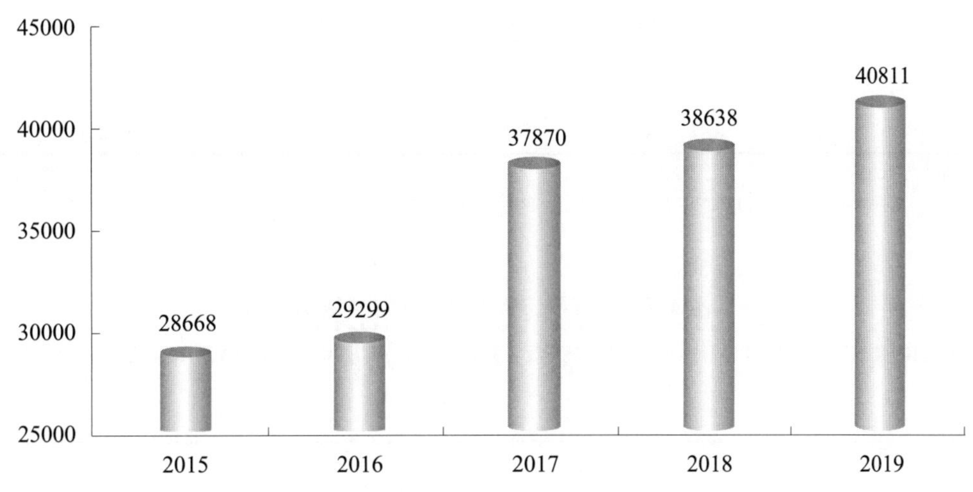

全社会R&D经费内部支出（亿元）

Total Internal Expenditures on R&D(100 million yuan)

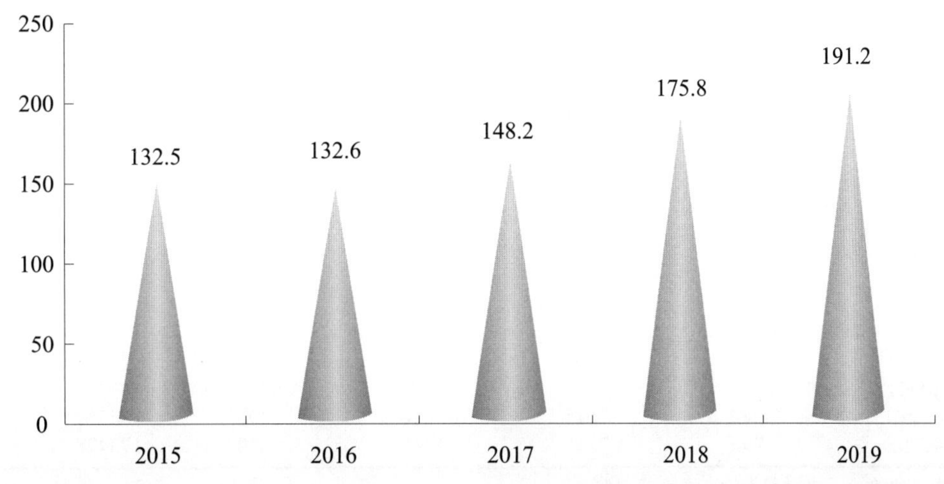

16-1 主要年份各类学校数
SCHOOLS BY LEVEL IN MAJOR YEARS

单位：所　　(unit)

年 份 Year	普通高等学校 Regular Instiutions of Higher Education	中等职业教育 Secondary Vocational Education	#普通中专 Regular Specialized Secondary Schools	#职业中学 Vocational Schools	#技工学校 Skilled Workers Schools	普通中学 Regular Secondary Schools	普通小学 Regular Primary Schools	特殊教育学校 Special Education Schools
1978	16	731	73	87	50	14062	33393	12
1980	16	3628	90	342	60	9895	37746	12
1985	22	746	113	408	70	4749	42394	12
1990	26	793	125	380	97	3944	42195	13
1995	26	791	129	377	110	3401	40795	63
2000	24	787	127	339	134	3346	37451	39
2005	59	629	73	309	106	3279	24339	40
2010	65	584	92	259	110	2747	12776	45
2011	66	573	93	249	111	2611	10936	51
2012	67	556	90	246	100	2534	10042	53
2013	70	507	92	234	62	2495	8946	56
2014	71	543	92	233	99	2418	6885	62
2015	79	542	92	233	98	2400	6403	64
2016	80	544	92	235	98	2353	6043	69
2017	80	535	92	238	86	2340	5646	73
2018	83	442	89	229	84	2299	5445	76
2019	82	429	88	230	86	2284	5312	80

注：2015年起，普通高等学校数含独立学院。
Note: Independent colleges has been included in regular institutions of higher education since 2015.

16-2 主要年份各类学校专任教师数
NUMBER OF FULL-TIME TEACHERS BY LEVEL OF SCHOOL IN MAJOR YEARS

单位：人　　(person)

年 份 Year	普通高等学校 Regular Instiutions of Higher Education	中等职业教育 Secondary Vocational Education	#普通中专 Regular Specialized Secondary Schools	#职业中学 Vocational Schools	#技工学校 Skilled Workers Schools	普通中学 Regular Secondary Schools	普通小学 Regular Primary Schools
1978	4244	5933	3246	330	938	103772	132785
1980	5077	7915	3991	1090	1386	104075	148255
1985	7417	14322	6176	4512	1931	92619	157251
1990	8963	22440	8295	6976	4165	108774	163693
1995	9140	24729	9161	8632	4446	113216	171860
2000	10466	26916	9823	10343	3655	127582	180362
2005	27862	25005	5687	11132	5500	159803	192271
2010	36492	26578	7437	12461	3542	172793	190538
2011	37527	28004	7877	13030	3888	175443	188820
2012	38124	29295	7903	13597	4365	176319	184326
2013	40764	28871	7943	13806	3652	177344	180548
2014	40317	30744	7793	13671	5803	176853	176840
2015	40406	32652	7830	13997	7485	175053	172957
2016	41301	32877	7853	14199	7583	173503	171535
2017	40971	30534	7691	14150	5338	172224	169057
2018	41910	28865	7615	14010	5491	172249	168018
2019	42798	28868	7316	14440	5620	173428	167801

注：小学专任教师包含九年一贯制学校和十二年一贯制学校。
Note: Primary full-time teachers include teachers who work in 9-year system or 12-year system schools.

16-3 主要年份各类学校在校学生数

STUDENTS ENROLMENT BY LEVEL OF SCHOOL IN MAJOR YEARS

单位：万人 (10 000 persons)

年 份 Year	普通高等学校(人) Regular Institutions of Higher Education (person)	中等职业教育 Secondary Vocational Education	#普通中专 Regular Specia-lized Secondary Schools	#职业中学 Vocational Schools	#技工学校 Skilled Workers Schools	普通中学 Regular Secondary Schools	#高 中 Senior	普通小学 Regular Primary Schools
1978	20940	4.73	2.90	0.64	1.19	194.28	58.45	377.36
1980	33104	8.38	4.61	2.12	1.65	179.55	31.06	384.16
1985	41946	14.58	5.14	7.58	1.86	156.97	22.87	335.20
1990	51309	21.47	8.68	8.78	4.01	145.08	22.31	297.40
1995	67420	26.40	10.74	10.51	5.15	150.97	19.04	327.04
2000	125674	37.19	19.65	13.62	3.92	199.75	33.72	343.60
2005	407036	46.58	20.15	17.04	9.39	261.15	71.37	350.26
2010	562924	56.51	20.73	24.65	11.13	253.67	82.29	291.06
2011	594469	61.94	18.33	22.32	11.08	249.55	85.27	277.19
2012	637330	60.00	17.85	21.45	11.68	235.74	85.50	261.76
2013	676817	50.46	16.38	19.40	6.82	213.99	84.85	229.64
2014	713218	51.03	15.37	18.39	11.10	204.68	82.78	224.50
2015	740245	43.59	13.99	17.91	10.62	192.06	79.37	226.95
2016	756287	43.82	12.12	17.83	10.03	184.65	75.38	227.09
2017	762974	42.95	11.55	17.73	10.02	180.21	71.97	228.12
2018	765580	39.25	9.99	16.90	9.05	181.69	67.93	228.50
2019	802005	38.41	9.36	17.05	8.75	180.20	66.01	229.33

注：中等职业教育学生数包含普通中专学校、成人中专学校、职业高中学校、技工学校、中等职业教育其他机构、附设中职班学生数，下表同。

Note: Students enrolment of secondary vocational education includes students of regular specialized secondary schools, adult specialized secondary schools, vocational senior schools, skilled workers schools, other institutions and attached classes of secondary vocational education. The same applies to the following.

16-4 主要年份各类学校招生数

NEW STUDENTS ENROLMENT BY LEVEL OF SCHOOL IN MAJOR YEARS

单位：人 (person)

年 份 Year	普通高等学校 Regular Institutions of Higher Education	中等职业教育 Secondary Vocational Education	#普通中专 Regular Specia-lized Secondary Schools	#职业中学 Vocational Schools	#技工学校 Skilled Workers Schools	普通中学 Regular Secondary Schools	#高 中 Senior	普通小学 Regular Primary Schools	特殊教育学校 Special Education Schools
1978	10744	29699	15531	5708	8460	884918	275642	879737	376
1980	8287	97500	18990	11696	8096	539613	65803	664927	234
1985	14107	95883	20864	37437	9122	529347	75238	548667	390
1990	15710	103887	28615	38566	14606	482926	78749	557803	503
1995	20926	116548	35898	46721	18817	552978	69774	642867	1110
2000	48041	157521	67975	52476	13823	726669	137662	631942	856
2005	127514	187674	75240	65842	40000	887403	263159	548755	743
2010	184399	274149	71680	134823	37303	852635	280984	451390	1088
2011	184602	217326	66613	87893	41030	795844	286680	440802	1339
2012	208122	214892	74147	87237	42475	755080	292630	440460	906
2013	215296	164653	64007	73583	21710	701819	288826	394203	729
2014	214394	170977	56337	71877	39134	634452	255585	347419	824
2015	222685	156124	46966	68497	37247	583570	248426	376640	913
2016	219954	145033	42662	65749	34020	620287	244539	383579	1153
2017	221360	141457	35438	62193	31765	597077	227416	379249	1441
2018	223904	126946	32314	56376	26475	600486	207013	400913	1353
2019	253357	136764	34010	62421	29819	602496	224654	398696	2226

16-5 主要年份各类学校毕业生数
GRADUATES BY LEVEL OF SCHOOL IN MAJOR YEARS

单位：人 (person)

年 份 Year	普通高等学校 Regular Institution of Higher Education	普通中专 Regular Specialized Secondary Schools	职业中学 Vocational Schools	技工学校 Skilled Workers Schools	普通中学(万人) Regular Secondary Schools (10 000 persons)	#高 中 Senior	普通小学(万人) Regular Primary Schools (10 000 persons)	特殊教育学校 Special Education Schools
1978	4523	11766	760	3813	75.26	19.11	62.09	145
1980		13563	4884	10649	84.83	28.31	59.05	104
1985	8499	16773	16941	6383	39.09	5.49	64.68	105
1990	15103	26768	31770	11708	47.63	7.27	51.31	475
1995	20312	31474	38238	15542	43.17	7.08	55.36	617
2000	19785	42356	48364	17652	56.18	7.86	64.09	604
2005	88344	54904	47546	18000	82.95	19.69	63.56	483
2010	165545	75255	87159	53002	83.48	25.94	57.35	895
2011	152680	77950	88946	40296	82.54	27.01	52.78	805
2012	162571	73455	90805	32335	86.39	28.53	54.73	882
2013	173259	69722	82314	25379	82.76	28.61	47.73	877
2014	174060	64534	77453	38239	72.22	27.35	38.81	616
2015	191273	63509	61759	37876	71.12	28.36	34.11	616
2016	199259	54538	70396	38454	69.54	28.44	38.03	738
2017	210429	38280	59706	29688	64.16	26.03	37.50	990
2018	216596	37817	60048	32742	58.61	24.76	40.15	992
2019	211772	36869	58666	29524	61.96	24.44	38.66	1123

16-6 普通本科分形式、分学科学生数(2019年)
STUDENTS OF REGULAR UNDERGRADUATE COURSES BY FORM AND BY FIELD OF STUDY(2019)

单位：人 (person)

项 目	Item	毕业生数 Number of Graduates	招生数 Number of New Students Enrolment	在校学生数 Number of Students Enrolment
总 计	**Total**	**121113**	**136292**	**515842**
#女	Female	68867	78329	290267
按形式分	By Form			
高中起点	Senior as Starting Point	109372	120076	474173
专科起点	Junior College as Starting Point	7959	13482	25242
第二学士学位	Second Bachelor's Degree			
按学科分	By Field of Study			
哲 学	Philosophy	56	76	221
经济学	Economics	4693	5077	20778
法 学	Law	4159	5302	18730
教育学	Education	5931	7824	27484
文 学	Literature	8987	10060	36584
#外 语	Foreign Language	3339	4363	16083
历史学	History	1446	1425	5471
理 学	Science	11476	11301	45344
工 学	Engineering	41599	47941	176639
农 学	Agriculture	2036	2340	8838
医 学	Medicine	9253	12085	46530
管理学	Administration	20404	20207	80631
艺术学	Art Theory	11073	12654	48592
总计中：师范生	Of the total：Teacher-training	18308	20062	72275

16-7 主要年份研究生数
NUMBER OF POSTGRADUATES IN MAJOR YEARS

单位：人 (person)

年份 Year	培养研究生的单位数(个) Institutions of Foster Postgraduates (unit)	招生数 New Students Enrolment	毕业生数 Graduates	在校学生数 Students Enrolment
1978	4	151		151
1980	6	15		218
1985	8	399	84	670
1990	9	219	288	688
1995	12	524	263	1336
2000	12	1190	466	2633
2005	12	4929	2069	12059
2010	12	8074	5929	23555
2011	12	8745	7330	24790
2012	12	9212	7771	26098
2013	13	9384	7754	27473
2014	14	9141	8492	27962
2015	14	9769	8795	28668
2016	14	10078	9118	29299
2017	15	12143	8983	37870
2018	15	12731	9593	38638
2019	16	14128	9978	40811

注：2017年起，在校研究生数包含在职人员申请硕士学位在校研究生数。
Note: Inservice personnels applying for master degree have been included in the enrolment since 2017.

16-8 研究生数(2019年)
NUMBER OF POSTGRADUATES(2019)

单位：人 (person)

项目	Item	招生数 New Students Enrolment	#攻读硕士学位 Master Degree	毕业生数 Graduates	#攻读硕士学位 Master Degree	在校学生数 Students Enrolment	#攻读硕士学位 Master Degree
总计	**Total**	**14128**	**13385**	**9978**	**9517**	**38620**	**35508**
全日制	Full-time	12362	11619	9469	9008	34315	31203
非全日制	Part-time	1766	1766	509	509	4305	4305
一、中央部门	**Central Departments**	**46**	**46**	**38**	**38**	**135**	**135**
全日制	Full-time	46	46	38	38	135	135
非全日制	Part-time						
二、地方部门	**Local Departments**	**14082**	**13339**	**9940**	**9479**	**38485**	**35373**
全日制	Full-time	12316	11573	9431	8970	34180	31068
非全日制	Part-time	1766	1766	509	509	4305	4305

注：本表在校研究生数不含在职人员申请硕士学位人数。
Note: The students enrollment does not include inservice personnels applying for master degree in this table.

16-9 高等教育学校学生数(2019年)

单位：人

指 标	Item	毕业生数 Graduates
研究生	Postgraduates	9978
博 士	Doctor Degree	461
硕 士	Master Degree	9517
普通本科、专科生	Students of Regular Undergraduate Course and Specialized Subject	211772
本 科	Students of Regular Undergraduate Course	121113
专 科	Students of Specialized Subject	90659
成人本科、专科生	Adult Education Students of Regular Undergraduate Course and Specialized Subject	24952
函授本科	Correspondence Education of Regular Undergraduate Course	10612
业余本科	Spare Time Education of Regular Undergraduate Course	4365
脱产本科	Released from Work for Education of Regular Undergraduate Course	257
函授专科	Correspondence Education of Specialized Subject	6592
业余专科	Spare Time Education of Specialized Subject	2239
脱产专科	Released from Work for Education of Specialized Subject	887
网络本科、专科生	Net Education Students of Regular Undergraduate Course and Specialized Subject	
本 科	Students of Regular Undergraduate Course	
专 科	Students of Specialized Subject	
在职人员攻读硕士学位	Persons Admitted to Master Degree Programme	
自考助学班	Guidance Class for Students Learning Themselves and Examination	
研究生课程进修班	Class for Advanced Studies of Postgraduate Course	
普通预科生	Students for Preparatory Course	
进修及培训	Advanced Study and Training	224486
留学生	Student Studing Abroad	295

NUMBER OF STUDENTS IN HIGHER EDUCATION INSTITUTIONS(2019)

(person)

	招生数 New Students Enrolment	在校生数 Students Enrolment
#授予学位数 Award Degree		
10057	14128	38620
428	743	3112
9629	13385	35508
119349	253357	802005
119349	136292	515842
	117065	286163
1649	40098	92344
	21444	45489
	7998	20478
		206
	7457	17673
	1549	5406
	1650	3092
1801		2191
		165
12	837	1782

16-10 普通高校分类别专任教师数(2019年)

FULL-TIME TEACHERS OF HIGHER EDUCATION INSTITUTIONS BY TYPE(2019)

单位：人 (person)

类别	Type	专任教师 Full-time Teachers	正高级 Senior	副高级 Sub-senior	中级 Middle	初级 Junior	无职称 No Rank
总计	**Total**	**42798**	**3019**	**11627**	**17872**	**6918**	**3362**
#女	Female	25677	1443	6604	10900	4517	2213
分类型:	By Type						
本科院校	Regular Undergraduate Course	30011	2747	8618	12573	3981	2092
专科院校	Specialized Subject	12787	272	3009	5299	2937	1270
分性质类别:	By Nature						
综合大学	Synthesize Universitys	10662	492	2838	4852	1726	754
理工院校	Science and Engineering Institutes	12627	1061	3468	5542	1823	733
农业院校	Agriculture Institutes	1984	261	538	790	382	13
林业院校	Forestry Institutes	197	5	51	79	55	7
医药院校	Medical Institutes	3727	398	1001	1502	618	208
师范院校	Teacher-Training Institutes	6115	373	1896	2297	764	785
语文院校	Chinese Institues	1235	58	298	474	299	106
财经院校	Finance and Economic Institutes	5245	337	1244	1917	1010	737
政法院校	Politics and Law Institutes	420	16	147	180	69	8
体育院校	Sports Institues	140	3	40	66	28	3
艺术院校	Art Institutes	446	15	106	173	144	8
分举办者:	By Owner						
1.地方公办	Departments of Local Government	35759	2449	10028	15549	5114	2619
教育部门	Education Departments	25976	2189	7475	11215	3317	1780
其他部门	Other Departments	9376	260	2470	4110	1721	815
地方企业	Local Enterprises	407		83	224	76	24
2.民 办	Run by Private Institutions	7039	570	1599	2323	1804	743

16-11 普通高校分科专任教师数(2019年)
FULL-TIME TEACHERS OF HIGHER EDUCATION INSTITUTIONS BY FIELD OF STUDY(2019)

单位：人 (person)

类 别	Type	专任教师 Full-time Teachers	正高级 Senior	副高级 Sub-senior	中 级 Middle	初 级 Junior	无职称 No Rank
总 计	**Total**	**42798**	**3019**	**11627**	**17872**	**6918**	**3362**
#女	Female	25677	1443	6604	10900	4517	2213
总计中：哲 学	Of the Total: Philosophy	1259	81	332	528	201	117
经济学	Economics	1884	143	535	681	301	224
法 学	Law	1940	113	501	842	312	172
教育学	Education	4595	178	1306	1917	810	384
文 学	Literature	5858	192	1354	2698	1197	417
历史学	History	562	46	167	240	67	42
理 学	Science	5020	469	1723	1995	489	344
工 学	Engineering	10620	906	2974	4584	1425	731
农 学	Agriculture	1032	154	378	373	87	40
医 学	Medicine	3196	399	920	1142	532	203
管理学	Administration	3370	212	798	1458	592	310
艺术学	Artistics	3462	126	639	1414	905	378

16-12 中等职业教育分科类学生情况(2019年)
STUDENTS IN SECONDARY VOCATIONAL EDUCATION BY FIELD OF STUDY(2019)

单位：人 (person)

类 别	Type	毕业生数 Number of Graduates	#获得职业资格证书 Having Occupation Credentials	招生数 Number of New Students Enrolment	#招收应届初中毕业生数 Fresh Graduates from Junior Schools	在校学生数 Number of Students Enrolment
总 计	**Total**	**107153**	**91546**	**106945**	**91342**	**296674**
#女	Female	50310	40708	47973	40900	134513
农林牧渔类	Farming,Forestry,Husbandry and Fishing	5417	2019	4117	2091	12627
资源环境类	Resource and Environment	1309	1079	777	495	1398
能源与新能源类	Engery and New Energy	107	107			54
土木水利类	Engineering	2903	2846	2995	2247	8123
加工制造类	Processing and Manufacture	11526	10711	8603	7820	25417
石油化工类	Petroleum Chemical	577	494	483	482	1232
轻纺食品类	Textile and Food	599	599	388	340	1197
交通运输类	Transportation	6624	6473	5725	4936	17914
信息技术类	Information Technology	25749	24362	30401	28264	78839
医药卫生类	Medicine and Hygiene	8738	6724	8571	5965	23965
休闲保健类	Recreation and Health Care	999	999	809	706	2311
财经商贸类	Economics,Finance and Business	9250	8145	8794	7345	23753
旅游服务类	Tourism Service	3945	3761	5194	4805	14091
文化艺术类	Culture and Art	16324	14957	19771	17914	54033
体育与健身	Sports and Fitness	1865	1743	2731	1620	7868
教育类	Education	6906	3171	3761	3435	12654
司法服务类	Judicial Service	1206	1143	924	589	2647
公共管理与服务类	Public Administration and Service	2609	1713	2476	1903	7694
其 他	Others	500	500	425	385	857

注：本表不含技工学校数。
Note: The coverage doesn't include skilled workers schools in this table.

16-13 普通中学学校数、班数(2019年)
NUMBER OF REGULAR SECONDARY SCHOOLS AND CLASSES(2019)

项 目	Item	学校数(所) Number of Schools (unit)	初级中学 Junior	高级中学 Senior	完全中学 Junior And Senior	九年一贯制学校 9 Year Education	十二年一贯制学校 12 Year Education	班数(班) Classes (class)	初中 Junior	高中 Senior
总 计	**Total**	**2284**	**1204**	**252**	**217**	**558**	**53**	**40320**	**26258**	**14062**
教育部门	Education Departments	1878	1105	192	156	421	4	30896	19768	11128
民 办	Run by Private Institutions	392	95	59	61	130	47	9371	6444	2927
地方企业	Local Enterprises	5	1	1		3		14	7	7
其他部门	Other Departments	9	3			4	2	39	39	
城 区	Urban Areas	620	250	82	150	107	31	17108	10327	6781
教育部门	Education Departments	458	214	59	114	67	4	12433	7155	5278
民 办	Run by Private Institutions	156	34	23	36	37	26	4643	3140	1503
地方企业	Local Enterprises	1				1		3	3	
其他部门	Other Departments	5	2			2	1	29	29	
镇 区	Township	975	577	149	48	185	16	18279	11875	6404
教育部门	Education Departments	822	538	120	37	127		15118	9728	5390
民 办	Run by Private Institutions	147	37	28	11	56	15	3144	2137	1007
地方企业	Local Enterprises	4	1	1		2		11	4	7
其他部门	Other Departments	2	1				1	6	6	
乡 村	Rural Areas	689	377	21	19	266	6	4933	4056	877
教育部门	Education Departments	598	353	13	5	227		3345	2885	460
民 办	Run by Private Institutions	89	24	8	14	37	6	1584	1167	417
地方企业	Local Enterprises									
其他部门	Other Departments	2				2		4	4	

16-14 普通中学学生数(2019年)
STUDENTS OF REGULAR SECONDARY SCHOOLS(2019)

单位：人 (person)

项目	Item	毕业生数 Number of Graduates	#高中 Senior	招生数 Number of New Students Enrolment	#高中 Senior	在校学生数 Number of Students Enrolment	#高中 Senior
总计	**Total**	**619633**	**244365**	**602496**	**224654**	**1802015**	**660092**
#女	Female	308200	127773	297635	117119	891880	343727
教育部门	Education Departments	479828	192807	458711	182979	1376559	530466
民办	Run by Private Institutions	139479	51558	143238	41475	424037	129305
地方企业	Local Enterprises	51		300	200	445	321
其他部门	Other Departments	275		247		974	
城区	Urban Areas	267558	116400	270759	109504	789534	317205
教育部门	Education Departments	197499	90198	196552	88341	575398	251385
民办	Run by Private Institutions	69842	26202	74021	21163	213363	65820
地方企业	Local Enterprises	7		9		33	
其他部门	Other Departments	210		177		740	
镇区	Township	287538	112656	271095	101534	826736	302841
教育部门	Education Departments	238526	93910	225679	87494	683960	257528
民办	Run by Private Institutions	48920	18746	45071	13840	142191	44992
地方企业	Local Enterprises	44		291	200	412	321
其他部门	Other Departments	48		54		173	
乡村	Rural Areas	64537	15309	60642	13616	185745	40046
教育部门	Education Departments	43803	8699	36480	7144	117201	21553
民办	Run by Private Institutions	20717	6610	24146	6472	68483	18493
地方企业	Local Enterprises						
其他部门	Other Departments	17		16		61	

16-15 中学学校教职工数(2019年)

TEACHERS AND STAFF OF SECONDARY SCHOOLS(2019)

单位：人 (person)

项 目	Item	教职工数 Total	#专任教师 Full-time Teachers	#行政人员 Administrative Personnel	#教辅人员 Teaching Assistants	代课教师 Substitute Teachers	兼任教师 Part-time Teachers
总 计	**Total**	**226739**	**191581**	**6485**	**13260**	**5816**	**971**
#女	Female	149022	131447	2174	7201	3857	598
#少数民族	Minority Nationality	333	291	10	11	8	
教育部门	Education Departments	170917	152248	3653	10822	5497	227
民 办	Run by Private Institutions	55451	39010	2800	2429	267	743
地方企业	Local Enterprises	108	97	7	3	46	1
其他部门	Other Departments	263	226	25	6	6	
城 区	Urban Areas	92915	77288	3424	5416	2082	364
教育部门	Education Departments	65488	58084	1927	4030	1815	99
民 办	Run by Private Institutions	27236	19042	1475	1382	267	265
地方企业	Local Enterprises	39	38				
其他部门	Other Departments	152	124	22	4		
镇 区	Township	100282	87174	2072	5435	2993	571
教育部门	Education Departments	82070	74012	1273	4764	2941	99
民 办	Run by Private Institutions	18090	13050	792	668		471
地方企业	Local Enterprises	69	59	7	3	46	1
其他部门	Other Departments	53	53			6	
乡 村	Rural Areas	33542	27119	989	2409	741	36
教育部门	Education Departments	23359	20152	453	2028	741	29
民 办	Run by Private Institutions	10125	6918	533	379		7
地方企业	Local Enterprises						
其他部门	Other Departments	58	49	3	2		

注：本表包括初级中学、九年一贯制学校、职业初中、完全中学、高级中学、十二年一贯制学校。

Note: Teachers and staff who work in junior schools, 9 year education schools, vocational junior schools, senior schools and 12 year education schools are included in the table.

16-16 职业高中分科类学生数(2019年)
STUDENTS OF VOCATIONAL HIGH SCHOOLS BY FIELD OF STUDY(2019)

单位：人 (person)

学科分类	Subject	毕业生数 Number of Graduates	招生数 Number of New Students Enrolment	在校学生数 Number of Students Enrolment
总　计	**Total**	**63031**	**64428**	**177049**
农林牧渔类	Farming,Forestry,Husbandry and Fishing	3078	1439	4443
资源环境类	Resource and Environment	395	637	1214
能源与新能源类	Engery and New Energy			
土木水利类	Engineering	1359	1075	3110
加工制造类	Processing and Manufacture	7131	5478	16698
石油化工类	Petrochemical Industry	573	466	1145
轻纺食品类	Textile and Food	593	360	1131
交通运输类	Transportation	4056	3540	11258
信息技术类	Information Technology	21230	23940	63409
医药卫生类	Medicine and Public Health	1685	1662	4715
休闲保健类	Recreation and Health Care	423	468	1225
财经商贸类	Economics,Finance and Business	4992	4533	13152
旅游服务类	Tourism Service	2590	3097	8672
文化艺术类	Culture and Art	11307	14569	37777
体育与健身	Sports and Fitness	459	313	1024
教育类	Education	484	320	1090
司法服务类	Judicial Service	439	218	765
公共管理与服务类	Public Administration and Service	1737	1888	5364
其　他	Others	500	425	857

16-17 职业高中分课程专任教师数

FULL-TIME TEACHERS OF VOCATIONAL HIGH SCHOOLS BY COURSE OF STUDY

单位：人 (person)

项　目	Item	2018	2019
总　计	**Total**	**14010**	**14440**
#女	Female	8690	9030
文化基础课	Cultural Basic	8173	8440
专业课	Specialized	5456	5595
农林牧渔类	Farming,Forestry,Husbandry and Fishing	139	115
资源环境类	Resource and Environment	50	49
能源与新能源类	Engery and New Energy	43	39
土木水利类	Engineering	127	111
加工制造类	Processing and Manufacture	520	552
石油化工类	Petrochemical Industry	92	86
轻纺食品类	Textile and Food	24	30
交通运输类	Transportation	297	316
信息技术类	Information Technology	1286	1264
医药卫生类	Medicine and Public Health	166	201
休闲保健类	Recreation and Health Care	23	21
财经商贸类	Economics,Finance and Business	463	447
旅游服务类	Tourism Service	292	297
文化艺术类	Culture and Art	1034	1107
体育与健身	Sports and Fitness	229	265
教育类	Education	236	258
司法服务类	Judicial Service	43	38
公共管理与服务类	Public Administration and Service	130	131
其　他	Others	262	268
实习指导课	Practical Courses	381	405

16-18 普通小学学生情况(2019年)

BASIC STATISTICS ON REGULAR PRIMARY SCHOOLS(2019)

单位：人 (person)

项 目	Item	学校数(所) Number of Schools (unit)	毕业生数 Number of Graduates	招生数 Number of New Students Enrolment	在校学生数 Number of Students Enrolment	预计毕业生数 Expected Number of Graduates
总 计	**Total**	**5312**	**386557**	**398696**	**2293318**	**347926**
#女	Female		184418	192553	1102670	166107
教育部门	Education Departments	5095	343832	352787	2040908	308469
民 办	Run by Private Institutions	207	41510	44901	247076	38605
地方企业	Local Enterprises	3	181	111	650	106
其他部门	Other Departments	7	1034	897	4684	746
城 区	Urban Areas	942	150235	183174	981531	141453
教育部门	Education Departments	846	131253	158214	859987	124331
民 办	Run by Private Institutions	90	18037	24162	117444	16465
地方企业	Local Enterprises		18	4	58	12
其他部门	Other Departments	6	927	794	4042	645
镇 区	Township	1466	153110	157914	914740	137823
教育部门	Education Departments	1396	137168	143052	824757	123416
民 办	Run by Private Institutions	69	15733	14692	89018	14251
地方企业	Local Enterprises	1	136	97	526	83
其他部门	Other Departments		73	73	439	73
乡 村	Rural Areas	2904	83212	57608	397047	68650
教育部门	Education Departments	2853	75411	51521	356164	60722
民 办	Run by Private Institutions	48	7740	6047	40614	7889
地方企业	Local Enterprises	2	27	10	66	11
其他部门	Other Departments	1	34	30	203	28

16-19 普通小学学校教职工数(2019年)
TEACHERS AND STAFF OF REGULAR PRIMARY SCHOOLS(2019)

单位：人 (person)

项　目	Item	教职工数 Total			代课教师 Substitute Teachers	兼任教师 Part-time Teachers
			#专任教师 Full-time Teachers	#行政人员 Adminis-trative Personnel		
总　计	**Total**	**167819**	**149648**	**3468**	**10205**	**758**
#女	Female	129369	120089	1206	8674	606
#少数民族	Minority Nationality	193	181	6	9	
教育部门	Education Departments	154030	140581	2804	10143	572
民　办	Run by Private Institutions	13547	8843	651		186
地方企业	Local Enterprises	4	4		58	
其他部门	Other Departments	238	220	13	4	
城　区	Urban Areas	55368	49622	1320	3477	112
教育部门	Education Departments	47516	44559	930	3473	63
民　办	Run by Private Institutions	7639	4864	379		49
地方企业	Local Enterprises					
其他部门	Other Departments	213	199	11	4	
镇　区	Township	61810	56354	1039	2962	233
教育部门	Education Departments	57783	53653	862	2919	211
民　办	Run by Private Institutions	4026	2700	177		22
地方企业	Local Enterprises	1	1		43	
其他部门	Other Departments					
乡　村	Rural Areas	50641	43672	1109	3766	413
教育部门	Education Departments	48731	42369	1012	3751	298
民　办	Run by Private Institutions	1882	1279	95		115
地方企业	Local Enterprises	3	3		15	
其他部门	Other Departments	25	21	2		

注：本表为小学、教学点数。
Note: The coverage includes primary schools and their relavent teaching schools in this table.

16-20 小学学龄人口入学率(2019年)
RATE OF SCHOOL-AGED CHILDREN ENROLLMENT(2019)

单位：人 (person)

项 目	Item	校内外学龄人口数 Total School-age Children in and out of School	在校学龄人口数 Total School-age Children in School	适龄人口入学率 (%) Rate of Enrolment
总 计	**Total**	**2271605**	**2270434**	**99.95**
#女 童	Female Children	1093475	1092875	99.95
城 区	Urban Areas	974468	968188	99.36
镇 区	Township	899143	907719	100.95
乡 村	Rural Areas	397994	394527	99.13

16-21 主要年份幼儿园基本情况
BASIC STATISTICS ON KINDERGARTENS IN MAJOR YEARS

单位：人 (person)

年 份 Year	幼儿园数(所) Number of Kindergartens (unit)	在园幼儿数 Number of Student Enrolment	教职工数 Number of Staff and Teachers	#专任教师 Full-time Teachers	平均每一教师负担幼儿数 Student-Teacher Ratio
1978	5997	305783	13243	6473	47
1980	7461	408471	17363	10390	39
1985	7731	592600	26855	20714	29
1990	7849	816087	38074	28922	28
1995	8477	1026401	45760	37483	27
2000	10856	1025982	51694	42565	24
2005	4619	641470	32666	21711	30
2010	4352	710297	42782	28509	25
2011	4908	820608	51472	33294	25
2012	5489	914797	58666	38194	24
2013	5882	951431	63684	41317	23
2014	6183	968237	68785	44475	22
2015	6450	982943	74823	48285	20
2016	6708	990985	79984	51110	19
2017	6937	1027546	86508	54796	19
2018	6973	987853	90319	56742	17
2019	7089	996978	99034	60555	17

16-22 幼儿园基本情况(2019年)
BASIC STATISTICS ON KINDERGARTENS(2019)

单位：人 (person)

项目	Item	园数(所) Number of Kindergartens (unit)	班数(个) Number of Classes (unit)	在园幼儿数 Number of Students Enrolment	教职工数 Number of Staff and Teachers	#专任教师 Full-time Teachers	平均每一教师负担幼儿数 Student-Teacher Ratio
总计	**Total**	**7089**	**43615**	**996978**	**99034**	**60555**	**17**
#女	Female			482041	92081	59749	9
教育部门	Education Departments	2233	17542	393916	23082	16193	25
其他部门	Other Departments	70	516	15429	1572	963	17
地方企业	Local Enterprises	128	996	27272	4751	2595	11
事业单位	Institutional Units	17	151	4553	679	339	14
部队	Troops	7	19	444	148	67	7
集体	Run by Collectives	1597	4931	91800	7632	4719	20
民办	Run by Private Institutions	3037	19460	463564	61170	35679	13
城区	Urban Areas	2013	14781	372434	51233	29687	13
教育部门	Education Departments	246	2712	88264	7467	5235	17
其他部门	Other Departments	32	322	10730	1295	765	15
地方企业	Local Enterprises	101	812	22154	3902	2095	11
事业单位	Institutional Units	16	144	4363	672	333	14
部队	Troops	6	14	326	120	52	7
集体	Run by Collectives	206	880	21093	2367	1365	16
民办	Run by Private Institutions	1406	9897	225504	35410	19842	12
镇区	Township	2141	15516	420419	33860	22513	19
教育部门	Education Departments	687	6519	191986	10658	7891	25
其他部门	Other Departments	23	151	4423	250	180	25
地方企业	Local Enterprises	21	138	3804	602	348	11
事业单位	Institutional Units	1	7	190	7	6	32
部队	Troops						
集体	Run by Collectives	369	1564	36238	2490	1680	22
民办	Run by Private Institutions	1040	7137	183778	19853	12408	15
乡村	Rural Areas	2935	13318	204125	13941	8355	25
教育部门	Education Departments	1300	8311	113666	4957	3067	38
其他部门	Other Departments	15	43	276	27	18	16
地方企业	Local Enterprises	6	46	1314	247	152	9
事业单位	Institutional Units						
部队	Troops	1	5	118	28	15	8
集体	Run by Collectives	1022	2487	34469	2775	1674	21
民办	Run by Private Institutions	591	2426	54282	5907	3429	16

16-23 特殊教育学校基本情况(2019年)

BASIC STATISTICS ON SPECIAL EDUCATION SCHOOLS(2019)

单位：人 (person)

类 别	Type	班数(个) Number of Classes (unit)	毕业生数 Number of Graduates	招生数 Number of New Students Enrolment	在校学生数 Number of Students Enrolment	教职工数 Number of Staff and Teachers	#专任教师 Full-time Teachers
总 计	**Total**	**975**	**2278**	**4046**	**18336**	**2304**	**1924**
#女	Female		918	1645	7296	1685	1498
视力残疾	Vision Deformity	40	147	140	820		
听力残疾	Hearing Deformity	166	522	544	2679		
智力残疾	Intelligence Deformity	593	896	1959	8356		
其他残疾	Others	176	713	1403	6481		
特殊教育学校	Special Education School	937	1094	2208	8374		
视力残疾	Vision Deformity	39	39	31	214		
听力残疾	Hearing Deformity	165	380	331	1479		
智力残疾	Intelligence Deformity	564	619	1400	5354		
其他残疾	Others	169	56	446	1327		
小学附设特教班	Class Attached Primary School	36	29	18	149		
视力残疾	Vision Deformity						
听力残疾	Hearing Deformity	1		1	12		
智力残疾	Intelligence Deformity	29	26	15	118		
其他残疾	Others	6	3	2	19		
小学随班就读	Learning with Other Children in Primary School		564	637	5135		
视力残疾	Vision Deformity		56	32	346		
听力残疾	Hearing Deformity		85	105	794		
智力残疾	Intelligence Deformity		138	220	1460		
其他残疾	Others		285	280	2535		
初中附设特教班	CLass Attached Junior Secondary School	2			8		
视力残疾	Vision Deformity	1					
听力残疾	Hearing Deformity						
智力残疾	Intelligence Deformity						
其他残疾	Others	1			8		
初中随班就读	Learning with Other Students in Junior Secondary School		452	753	2447		
视力残疾	Vision Deformity		44	63	221		
听力残疾	Hearing Deformity		47	94	328		
智力残疾	Intelligence Deformity		70	133	415		
其他残疾	Others		291	463	1483		

注：(1)总计中毕业生数、招生数、在校生数包括送教上门小学生数和送教上门初中学生数，表中未列出。

(2)其他残疾包括言语残疾、肢体残疾、精神残疾和多重残疾。

Notes:(1)Door-to-door primary school students and junior secondary school students are included in total graduates, entrants and enrolments but are not shown in this chart.

(2)Other disabilities include speech disability, physical disability, mental disability and multiple disability.

16-24 科学研究机构及人员(2019年)

INSTITUTIONS AND PERSONNELS OF SCIENTIFIC RESEARCH(2019)

项　目	Item	机　构（个）Institutions (unit)	职工人数（人）Employees (person)	从事科技活动人员（人）Personnels (person)	#大学本科及以上学历 Bachelor Degree and Above
总　计	**Total**	**175**	**12037**	**9322**	**7238**
按机构服务的国民经济行业分	**Grouped by Served Sector**				
农、林、牧、渔业	Farming, Forestry, Animal Husbandry and Fishery	64	3229	3001	2399
采矿业	Mining	6	1858	1038	580
制造业	Manufacturing	11	436	316	256
科学研究和技术服务业	Scientific Reseach and Technical Services	50	4688	3398	2688
水利、环境和公共设施管理业	Water, Environmental Protection and Public Facility Management	14	545	517	445
教　育	Education	2	165	165	156
卫生和社会工作	Health Care and Social Work	13	638	430	361
文化、体育和娱乐业	Culture, Sports and Recreation	8	344	323	236
公共管理、社会保障和社会组织	Public Management, Social Security and Social Organization	7	134	134	117
按机构所属学科分	**Grouped by Subject**				
自然科学领域	Natural Science	17	2234	1285	1043
农业科学领域	Agricultural Science	66	3215	2987	2350
医学科学领域	Medical Science	19	953	733	647
工程科学与技术领域	Engineering Science and Technology	44	4514	3326	2364
社会、人文科学领域	Social Science and Humanities	29	1121	991	834

16-25 主要年份公有经济企事业单位专业技术人员数
PROFESSIONAL AND TECHNICAL PERSONNELS OF PUBLIC ENTERPRISES AND INSTITUTIONS IN MAJOR YEARS

单位：人 (person)

年 份 Year	工程技术人员 Engineering	农业技术人员 Agriculture	卫生技术人员 Health Care	科学研究人员 Scientific Research
1952	4764	448	7196	105
1957	20010	3131	19883	379
1962	25777	5111	33155	1417
1965	28591	5498	37877	2174
1975	34998	5778	42016	3391
1978	51127	13671	46557	5906
1980	54683	10825	41755	5602
1985	112064	12641	63502	5837
1990	152920	14608	77013	5218
1995	167114	11808	82407	4789
2000	121751	17074	83886	3681
2001	125134	17549	86843	3463
2002	126244	17705	89348	3442
2003	124547	18596	90826	3794
2004	121807	20011	97924	4637
2005	127236	20191	100160	4118
2006	133263	20456	112702	4006
2007	137329	20280	113775	3903
2008	145019	20507	116453	4007
2009	146990	20840	119458	3958
2010	148829	23269	119979	3652
2011	153618	23823	122011	3613
2012	162442	25613	126525	4930
2013	167161	25931	123205	4077
2014	177869	25313	124146	4442
2015	183053	23736	123148	4597
2016	192515	22836	126100	4500
2017	192731	22509	123226	4716
2018	194462	20775	120265	4239
2019	196425	17898	120712	4798

16-26 省科学技术协会及所属学会工作情况(2019年)

PROVINCIAL SCIENCE AND TECHNOLOGY ASSOCIATION AND ITS BRANCHES(2019)

项　目	Item	省科协 Provincial Associations	省级学会 Provincial Learned Societies	地(市)科协 Prefectural (civic) Associations
一、机构与从业人员	**Organization and Personnel**			
机　构 (个)	Organization (unit)	1		11
从业人员 (人)	Personnel (person)	576		211
二、学术交流	**Academic Exchange**			
学术会议 (次)	Academic Meetings (time)	15	184	8
参加人员 (人次)	Participants (person-time)	4147	48737	2995
交流论文 (篇)	Papers Presented (piece)	1151	4761	60
#国内学术会议 (次)	Domestic Academic Meetings (time)	14	178	8
参加人员 (人次)	Participants (person-time)	3847	47277	2995
交流论文 (篇)	Papers Presented (piece)	1133	4383	60
国际学术会议 (次)	International Academic Meetings (time)	1	5	
参加人员 (人次)	Participants (person-time)	300	1260	
交流论文 (篇)	Papers Presented (piece)	18	343	
三、科学普及	**Science Universal**			
举办科普宣讲活动 (次)	Science Universal Lectures (time)	137	378	164
宣讲活动受众人数 (人次)	Participants (person-time)	5665478	1264796	404120
四、科技培训	**Science and Technology Training**			
举办实用技术培训 (次)	Practical Techniques Training (time)	31	3702	94
培训人数 (人次)	Persons Trained (person-time)	610	184323	8506
五、青少年科技活动	**Science and Technology Activity for Teenagers**			
举办青少年科普宣讲活动 (次)	Science Universal Lectures to teenagers (time)	2507	87	75
青少年科技竞赛 (次)	Teenagers Participating in Science and Technology Competitions (time)	5	10	23
参加人数 (人次)	Number of Participants (person-time)	14034	10280	193931

16-27 全社会R&D经费内部支出
TOTAL INTERNAL EXPENDITURES ON R&D

单位：万元 (10 000 yuan)

项　目	Item	2018	2019
总　计	**Total**	**1757822**	**1912215**
按活动类型分	**Grouped by Activities**		
基础研究	Basic Research	94939	104432
应用研究	Applied Research	212985	194753
试验发展	Experimental Development	1449898	1613030
按执行部门分	**Grouped by Executive Departments**		
企　业	Enterprises	1451797	1566717
科研机构	Research Institutions	176574	165436
高等院校	Higher Education	121134	159874
其　他	Others	8317	20188
按支出用途分	**Grouped by Object of Expenditure**		
日常性支出	General Expenses	1628459	1695841
#人员劳务费	Personnel Service Charges	415549	425714
资产性支出	Assets Expenses	129362	205765
#仪器和设备	Instruments and Equipments	108311	172374
按资金来源分	**Grouped by Sources of Funds**		
#政府资金	Government Appropriation Funds	284942	314127
企业资金	Self-raised Funds by Enterprises	1429856	1549281

16–28 规模以上工业企业研究与试验发展(R&D)活动基本情况

BASIC STATISTICS ON R&D ACTIVITIES OF INDUSTRIAL ENTERPRISES ABOVE DESIGNATED SIZE

指 标	Item	2018	2019
一、企业基本情况	**Statistics on Industrial Enterprises**		
有R&D活动企业数(个)	Number of Enterprises Having R&D Activities (unit)	445	530
有R&D活动企业所占比重(%)	Percentage of Enterprises Having R&D Activities to Total Number of Enterprises (%)	10.6	11.1
二、R&D活动情况	**Statistics on R&D Activities**		
R&D人员全时当量(万人年)	Full-time Equivalent of R&D Personnel (10 000 man-years)	2.7	2.7
R&D经费支出(亿元)	Expenditure on R&D (100 million yuan)	131.3	138.1
R&D经费支出与营业收入之比(%)	Percentage of Expenditure on R&D to Business Revenue (%)	0.6	0.6
R&D项目数(项)	R&D Projects (item)	3243	3826
R&D项目经费支出(亿元)	Expenditure on R&D Projects (100 million yuan)	119.4	139.1
三、企业办研发机构情况	**Statistics on Enterprise Research Institutions**		
机构数(个)	Number of Institutions (unit)	398	486
机构人员数(万人)	Personnel (10 000 persons)	2.8	3.1
机构经费支出(亿元)	Expenditure (100 million yuan)	58.5	82.9
四、新产品开发及生产情况	**Statistics on New Products Development and Production**		
新产品开发项目数(个)	Number of New Products (unit)	3913	4778
新产品开发经费支出(亿元)	Expenditure on New Products Development (100 million yuan)	135.4	140.3
新产品销售收入(亿元)	Sales Revenue of New Products (100 million yuan)	1941.3	1989.3
#新产品出口	Export	203.8	395.7
五、专利情况(件)	**Statistics on Patents (piece)**		
有效发明专利数	Number of Inventions in Force	7917	8619
六、技术获取和技术改造情况(亿元)	**Statistics on Technology Acquisition and Technology Reconstruction (100 million yuan)**		
引进国外技术经费支出	Expenditure for Acquisition of Foreign Technology	3.3	2.0
引进技术消化吸收经费支出	Expenditure for Assimilation of Technology	0.6	0.5
购买国内技术经费支出	Expenditure for Purchase of Domestic Technology	2.9	1.9
技术改造经费支出	Expenditure for Technical Renovation	47.5	64.7

16-29 按登记注册类型分规模以上工业企业研究与试验发展(R&D)活动及专利情况(2018年)

STATISTICS ON R&D ACTIVITIES AND PATENTS OF INDUSTRIAL ENTERPRISES ABOVE DESIGNATED SIZE BY REGISTRATION STATUS(2018)

登记注册类型	Status of Registration	R&D人员全时当量(人年) Full-time Equivalent of R&D Personnel (man-year)	R&D经费(万元) Expenditure on R&D (10 000 yuan)	有效发明专利数(件) Number of Inventions in Force (piece)
合　计	**Total**	**27228**	**1312531**	**7917**
#大中型工业企业	Large and Medium-sized Industrial Enterprises	24607	1233319	5914
内资企业	**Domestic Funded Enterprises**	**26609**	**1237892**	**7778**
国有企业	State-owned Enterprises	558	14150	898
集体企业	Collective-owned Enterprises			7
股份合作企业	Cooperative Enterprises	11	114	7
联营企业	Joint Ownership Enterprises			
国有联营企业	State Joint Ownership Enterprises			
有限责任公司	Limited Liability Corporations	18221	929261	4622
国有独资公司	State Sole Funded Corporations	6747	426148	2369
股份有限公司	Share-holding Corporations Ltd.	4546	133280	625
私营企业	Private Enterprises	3273	161088	1619
其他企业	Other Enterprises			
港、澳、台商投资企业	**Enterprises with Funds from Hong Kong, Macao and Taiwan**	**110**	**34641**	**19**
合资经营企业	Joint-venture Enterprises	49	1941	10
合作经营企业	Cooperative Enterprises			
独资经营企业	Enterprises with Sole Fund	60	32700	9
投资股份有限公司	Share-holding Corporations Ltd.			
外商投资企业	**Foreign Funded Enterprises**	**509**	**39999**	**120**
中外合资经营企业	Joint-venture Enterprises	133	19697	109
中外合作经营企业	Cooperation Enterprises			
外资企业	Enterprises with Sole Fund	376	20302	11
外商投资股份有限公司	Share-holding Corporations Ltd.			

16–30 按登记注册类型分规模以上工业企业研究与试验发展(R&D)活动及专利情况(2019年)

STATISTICS ON R&D ACTIVITIES AND PATENTS OF INDUSTRIAL ENTERPRISES ABOVE DESIGNATED SIZE BY REGISTRATION STATUS(2019)

登记注册类型	Status of Registration	R&D人员全时当量(人年) Full-time Equivalent of R&D Personnel (man-year)	R&D经费(万元) Expenditure on R&D (10 000 yuan)	有效发明专利数(件) Number of Inventions in Force (piece)
合　计	**Total**	**27478**	**1380813**	**8619**
#大中型工业企业	Large and Medium-sized Industrial Enterprises	21165	1124344	6345
内资企业	**Domestic Funded Enterprises**	**25019**	**1308488**	**8442**
国有企业	State-owned Enterprises	623	15974	961
集体企业	Collective-owned Enterprises			
股份合作企业	Cooperative Enterprises	4	41	7
联营企业	Joint Ownership Enterprises			
国有联营企业	State Joint Ownership Enterprises			
有限责任公司	Limited Liability Corporations	14757	797961	4624
国有独资公司	State Sole Funded Corporations	3341	271303	1845
股份有限公司	Share-holding Corporations Ltd.	4739	185702	1177
私营企业	Private Enterprises	4897	308810	1673
其他企业	Other Enterprises			
港、澳、台商投资企业	**Enterprises with Funds from Hong Kong, Macao and Taiwan**	**304**	**7263**	**48**
合资经营企业	Joint-venture Enterprises	255	4088	40
合作经营企业	Cooperative Enterprises			
独资经营企业	Enterprises with Sole Fund	49	3176	8
投资股份有限公司	Share-holding Corporations Ltd.			
外商投资企业	**Foreign Funded Enterprises**	**2155**	**65061**	**129**
中外合资经营企业	Joint-venture Enterprises	154	9287	90
中外合作经营企业	Cooperation Enterprises			
外资企业	Enterprises with Sole Fund	1904	49149	31
外商投资股份有限公司	Share-holding Corporations Ltd.	97	6626	8

16-31 按行业分规模以上工业企业研究与试验发展(R&D)活动及专利情况(2018年)

STATISTICS ON R&D ACTIVITIES AND PATENTS OF INDUSTRIAL ENTERPRISES ABOVE DESIGNATED SIZE BY INDUSTRIAL SECTOR(2018)

行业	Sector	R&D人员全时当量(人年) Full-time Equivalent of R&D Personnel (man-year)	R&D经费(万元) Expenditure on R&D (10 000 yuan)	有效发明专利数(件) Number of Inventions in Force (piece)
总计	**Total**	**27228**	**1312531**	**7917**
煤炭开采和洗选业	Mining and Washing of Coal	8410	311637	486
石油和天然气开采业	Extraction of Petroleum and Natural Gas	35	3573	70
黑色金属矿采选业	Mining and Processing of Ferrous Metal Ores		40	
有色金属矿采选业	Mining and Processing of Non-ferrous Metal Ores			
非金属矿采选业	Mining and Processing of Non-metal Ores	9	757	
农副食品加工业	Processing of Food from Agricultural Products	67	3531	24
食品制造业	Manufacture of Foods	151	4801	74
酒、饮料和精制茶制造业	Manufacture of Liquor, Beverages and Refined Tea	88	1954	77
烟草制品业	Manufacture of Tobacco	13	644	
纺织业	Manufacture of Textile			10
纺织服装、服饰业	Manufacture of Textile, Wearing Apparel and Accessories	1	412	78
皮革、毛皮、羽毛及其制品和制鞋业	Manufacture of Leather, Fur, Feather and Related Products and Footwear			
木材加工和木、竹、藤、棕、草制品业	Processing of Timber, Manufacture of Wood, Bamboo, Rattan, Palm and Straw Products			
家具制造业	Manufacture of Furniture			
造纸及纸制品业	Manufacture of Paper and Paper Products	23	2850	2
印刷和记录媒介复制业	Printing and Reproduction of Recording Media	38	863	1
文教、工美、体育和娱乐用品制造业	Manufacture of Articles for Culture, Education, Arts and Crafts, Sport and Entertainment Activities	80	1052	6
石油加工、炼焦及核燃料加工业	Processing of Petroleum, Coking and Processing of Nuclear Fuel	480	33727	63

16-31 续表 continued

行　业	Sector	R&D人员全时当量(人年) Full-time Equivalent of R&D Personnel (man-year)	R&D经费(万元) Expenditure on R&D (10 000 yuan)	有效发明专利数(件) Number of Inventions in Force (piece)
化学原料及化学制品制造业	Manufacture of Raw Chemical Materials and Chemical Products	1837	71256	382
医药制造业	Manufacture of Medicines	1671	40305	345
化学纤维制造业	Manufacture of Chemical Fibre	6	155	
橡胶和塑料制品业	Manufacture of Rubber and Plastics Products	141	2729	24
非金属矿物制品业	Manufacture of Non-metallic Mineral Products	487	17791	242
黑色金属冶炼和压延加工业	Smelting and Pressing of Ferrous Metals	4026	381796	793
有色金属冶炼和压延加工业	Smelting and Pressing of Non-ferrous Metals	519	16375	150
金属制品业	Manufacture of Metal Products	1608	54990	881
通用设备制造业	Manufacture of General Purpose Machinery	438	18365	460
专用设备制造业	Manufacture of Special Purpose Machinery	2042	106296	1148
汽车制造业	Manufacture of Automobiles	1228	46869	188
铁路、船舶、航空航天和其他运输设备制造业	Manufacture of Railway, Ship, Aerospace and Other Transport Equipments	840	34341	305
电气机械和器材制造业	Manufacture of Electrical Machinery and Apparatus	943	37771	423
计算机、通信和其他电子设备制造业	Manufacture of Computers, Communication and Other Electronic Equipment	1010	88050	319
仪器仪表制造业	Instruments and Meters	235	4587	234
其他制造业	Other Manufacturing	346	17280	259
废弃资源综合利用	Utilization of Waste Resources	9	530	
金属制品、机械和设备修理业	Repair Service of Metal Products, Machinery and Equipment	2	10	
电力、热力生产和供应业	Production and Supply of Electric Power and Heat Power	422	6968	849
燃气生产和供应业	Production and Supply of Gas	26	228	24
水的生产和供应业	Production and Supply of Water			

16-32 按行业分规模以上工业企业研究与试验发展(R&D)活动及专利情况(2019年)

STATISTICS ON R&D ACTIVITIES AND PATENTS OF INDUSTRIAL ENTERPRISES ABOVE DESIGNATED SIZE BY INDUSTRIAL SECTOR(2019)

行业	Sector	R&D人员全时当量(人年) Full-time Equivalent of R&D Personnel (man-year)	R&D经费(万元) Expenditure on R&D (10 000 yuan)	有效发明专利数(件) Number of Inventions in Force (piece)
总计	**Total**	**27478**	**1380813**	**8619**
煤炭开采和洗选业	Mining and Washing of Coal	7741	262632	503
石油和天然气开采业	Extraction of Petroleum and Natural Gas	41	4895	73
黑色金属矿采选业	Mining and Processing of Ferrous Metal Ores			
有色金属矿采选业	Mining and Processing of Non-ferrous Metal Ores	23	328	5
非金属矿采选业	Mining and Processing of Non-metal Ores	4	52	6
农副食品加工业	Processing of Food from Agricultural Products	37	2904	26
食品制造业	Manufacture of Foods	243	5076	72
酒、饮料和精制茶制造业	Manufacture of Liquor, Beverages and Refined Tea	85	24122	87
烟草制品业	Manufacture of Tobacco			
纺织业	Manufacture of Textile	80	801	5
纺织服装、服饰业	Manufacture of Textile, Wearing Apparel and Accessories	8	440	80
皮革、毛皮、羽毛及其制品和制鞋业	Manufacture of Leather, Fur, Feather and Related Products and Footwear			
木材加工和木、竹、藤、棕、草制品业	Processing of Timber, Manufacture of Wood, Bamboo, Rattan, Palm and Straw Products			
家具制造业	Manufacture of Furniture			
造纸及纸制品业	Manufacture of Paper and Paper Products	32	5049	21
印刷和记录媒介复制业	Printing and Reproduction of Recording Media	20	256	
文教、工美、体育和娱乐用品制造业	Manufacture of Articles for Culture, Education, Arts and Crafts, Sport and Entertainment Activities	51	492	7
石油加工、炼焦及核燃料加工业	Processing of Petroleum, Coking and Processing of Nuclear Fuel	566	37666	45

16-32 续表 continued

行　　业	Sector	R&D人员全时当量(人年) Full-time Equivalent of R&D Personnel (man-year)	R&D经　费(万元) Expenditure on R&D (10 000 yuan)	有效发明专利数(件) Number of Inventions in Force (piece)
化学原料及化学制品制造业	Manufacture of Raw Chemical Materials and Chemical Products	1709	62246	462
医药制造业	Manufacture of Medicines	1294	44571	434
化学纤维制造业	Manufacture of Chemical Fibre	4	238	
橡胶和塑料制品业	Manufacture of Rubber and Plastics Products	52	1526	77
非金属矿物制品业	Manufacture of Non-metallic Mineral Products	724	59466	439
黑色金属冶炼和压延加工业	Smelting and Pressing of Ferrous Metals	3566	428570	843
有色金属冶炼和压延加工业	Smelting and Pressing of Non-ferrous Metals	537	29738	145
金属制品业	Manufacture of Metal Products	1114	79764	892
通用设备制造业	Manufacture of General Purpose Machinery	855	29932	334
专用设备制造业	Manufacture of Special Purpose Machinery	1570	61924	1225
汽车制造业	Manufacture of Automobiles	1496	53512	210
铁路、船舶、航空航天和其他运输设备制造业	Manufacture of Railway, Ship, Aerospace and Other Transport Equipments	492	19344	283
电气机械和器材制造业	Manufacture of Electrical Machinery and Apparatus	1338	56819	674
计算机、通信和其他电子设备制造业	Manufacture of Computers, Communication and Other Electronic Equipment	2979	82147	391
仪器仪表制造业	Instruments and Meters	185	4211	186
其他制造业	Other Manufacturing	80	9102	200
废弃资源综合利用	Utilization of Waste Resources	11	987	
金属制品、机械和设备修理业	Repair Service of Metal Products, Machinery and Equipment	70	1224	5
电力、热力生产和供应业	Production and Supply of Electric Power and Heat Power	373	8858	887
燃气生产和供应业	Production and Supply of Gas	97	1923	2
水的生产和供应业	Production and Supply of Water			

16-33 按登记注册类型分规模以上工业企业新产品开发及生产情况(2018年)

NEW PRODUCTS DEVELOPMENT AND PRODUCTION OF INDUSTRIAL ENTERPRISES ABOVE DESIGNATED SIZE BY REGISTRATION STATUS(2018)

登记注册类型	Status of Registration	新产品开发项目数(项) New Products (unit)	新产品开发经费支出(万元) Expenditure on New Products Development (10 000 yuan)	新产品销售收入(万元) Sales Revenue of New Products (10 000 yuan)	#出口 Exports
合　计	**Total**	**3913**	**1354351**	**19413025**	**2038313**
#大中型工业企业	Large and Medium-sized Industrial Enterprises	2608	1228251	18042565	2001815
内资企业	**Domestic Funded Enterprises**	**3748**	**1290324**	**17837749**	**1683107**
国有企业	State-owned Enterprises	90	18011	70600	
集体企业	Collective-owned Enterprises	1	22	4255	2930
股份合作企业	Cooperative Enterprises	4	148	1550	
联营企业	Joint Ownership Enterprises				
国有联营企业	State Joint Ownership Enterprises				
有限责任公司	Limited Liability Corporations	2186	1006924	15176300	1588589
国有独资公司	State Sole Funded Corporations	786	426851	6515745	1371639
股份有限公司	Share-holding Corporations Ltd.	392	82264	898655	11992
私营企业	Private Enterprises	1075	182955	1686388	79596
其他企业	Other Enterprises				
港、澳、台商投资企业	**Enterprises with Funds from Hong Kong, Macao and Taiwan**	**67**	**34862**	**344534**	**227439**
合资经营企业	Joint-venture Enterprises	15	1846	4483	1280
合作经营企业	Cooperative Enterprises				
独资经营企业	Enterprises with Sole Fund	52	33016	340051	226158
投资股份有限公司	Share-holding Corporations Ltd.				
外商投资企业	**Foreign Funded Enterprises**	**98**	**29165**	**1230742**	**127767**
中外合资经营企业	Joint-venture Enterprises	50	15414	649610	121535
中外合作经营企业	Cooperation Enterprises				
外资企业	Enterprises with Sole Fund	48	13751	581132	6232
外商投资股份有限公司	Share-holding Corporations Ltd.				

16-34 按登记注册类型分规模以上工业企业新产品开发及生产情况(2019年)

NEW PRODUCTS DEVELOPMENT AND PRODUCTION OF INDUSTRIAL ENTERPRISES ABOVE DESIGNATED SIZE BY REGISTRATION STATUS(2019)

登记注册类型	Status of Registration	新产品开发项目数(项) New Products (unit)	新产品开发经费支出(万元) Expenditure on New Products Development (10 000 yuan)	新产品销售收入(万元) Sales Revenue of New Products (10 000 yuan)	#出口 Exports
合　计	**Total**	**4778**	**1403231**	**19892632**	**3957160**
#大中型工业企业	Large and Medium-sized Industrial Enterprises	2781	1088739	17392193	3875865
内资企业	**Domestic Funded Enterprises**	**4573**	**1338857**	**18248681**	**3498853**
国有企业	State-owned Enterprises	157	22163	117365	9265
集体企业	Collective-owned Enterprises	1	125	4342	2863
股份合作企业	Cooperative Enterprises	3	93	1448	
联营企业	Joint Ownership Enterprises				
国有联营企业	State Joint Ownership Enterprises				
有限责任公司	Limited Liability Corporations	2136	884183	14040025	3285420
国有独资公司	State Sole Funded Corporations	599	299931	5690045	927587
股份有限公司	Share-holding Corporations Ltd.	673	143983	1447277	87556
私营企业	Private Enterprises	1603	288310	2638224	113750
其他企业	Other Enterprises				
港、澳、台商投资企业	**Enterprises with Funds from Hong Kong, Macao and Taiwan**	**78**	**7433**	**97859**	**11048**
合资经营企业	Joint-venture Enterprises	56	4712	19957	11048
合作经营企业	Cooperative Enterprises				
独资经营企业	Enterprises with Sole Fund	22	2721	77902	
投资股份有限公司	Share-holding Corporations Ltd.				
外商投资企业	**Foreign Funded Enterprises**	**127**	**56942**	**1546093**	**447259**
中外合资经营企业	Joint-venture Enterprises	47	7416	314476	3085
中外合作经营企业	Cooperation Enterprises				
外资企业	Enterprises with Sole Fund	75	42900	1025785	362841
外商投资股份有限公司	Share-holding Corporations Ltd.	5	6626	205831	81333

16-35 按行业分规模以上工业企业新产品开发及生产情况(2018年)

NEW PRODUCTS DEVELOPMENT AND PRODUCTION OF INDUSTRIAL ENTERPRISES ABOVE DESIGNATED SIZE BY INDUSTRIAL SECTOR(2018)

行业	Sector	新产品开发项目数(项) New Products (unit)	新产品开发经费支出(万元) Expenditure on New Products Development (10 000 yuan)	新产品销售收入(万元) Sales Revenue of New Products (10 000 yuan)	#出口 Exports
总计	**Total**	**3913**	**1354351**	**19413025**	**2038313**
煤炭开采和洗选业	Mining and Washing of Coal	420	256614	3133516	27110
石油和天然气开采业	Extraction of Petroleum and Natural Gas	17	626	52755	
黑色金属矿采选业	Mining and Processing of Ferrous Metal Ores	2	638		
有色金属矿采选业	Mining and Processing of Non-Ferrous Metal Ores	3	479	27455	
非金属矿采选业	Mining and Processing of Non-metal Ores	1	757		
农副食品加工业	Processing of Food from Agricultural Products	21	3295	23590	
食品制造业	Manufacture of Foods	96	8299	28652	14
酒、饮料和精制茶制造业	Manufacture of Liquor, Beverages and Refined Tea	217	56683	416480	
烟草制品业	Manufacture of Tobacco	3	1334	83	
纺织业	Manufacture of Textile	3	1250	1611	41
纺织服装、服饰业	Manufacture of Textile, Wearing Apparel and Accessories	10	1424	10878	
皮革、毛皮、羽毛及其制品和制鞋业	Manufacture of Leather, Fur, Feather and Related Products and Footwear				
木材加工和木、竹、藤、棕、草制品业	Processing of Timber, Manufacture of Wood, Bamboo, Rattan, Palm and Straw Products				

16-35 续表1 continued

行　业	Sector	新产品开发项目数(项) New Products (unit)	新产品开发经费支出(万元) Expenditure on New Products Development (10 000 yuan)	新产品销售收入(万元) Sales Revenue of New Products (10 000 yuan)	#出口 Exports
家具制造业	Manufacture of Furniture				
造纸和纸制品业	Manufacture of Paper and Paper Products	3	3397	2303	
印刷和记录媒介复制业	Printing and Reproduction of Recording Media	11	1199	15781	2373
文教、工美、体育和娱乐用品制造业	Manufacture of Articles for Culture, Education, Arts and Crafts, Sport and Entertainment Activities	12	1326	11939	259
石油加工、炼焦及核燃料加工业	Processing of Petroleum, Coking and Processing of Nuclear Fuel	29	12949	26815	1027
化学原料及化学制品制造业	Manufacture of Raw Chemical Materials and Chemical Products	286	69209	692016	5219
医药制造业	Manufacture of Medicines	406	47084	704400	79332
化学纤维制造业	Manufacture of Chemical Fibres	4	88		
橡胶和塑料制品业	Manufacture of Rubber and Plastics Products	42	5243	51032	16856
非金属矿物制品业	Manufacture of Non-metallic Mineral Products	179	28162	276895	12314
黑色金属冶炼和压延加工业	Smelting and Pressing of Ferrous Metals	170	357528	6611058	1196359
有色金属冶炼和压延加工业	Smelting and Pressing of Non-ferrous Metals	71	25518	544029	
金属制品业	Manufacture of Metal Products	309	57313	679145	15607
通用设备制造业	Manufacture of General Purpose Machinery	157	17986	279544	3345

16-35 续表2 continued

行　业	Sector	新产品开发项目数(项) New Products (unit)	新产品开发经费支出(万元) Expenditure on New Products Development (10 000 yuan)	新产品销售收入(万元) Sales Revenue of New Products (10 000 yuan)	#出口 Exports
专用设备制造业	Manufacture of Special Purpose Machinery	408	94038	902317	211620
汽车制造业	Manufacture of Automobiles	189	64460	2065180	65568
铁路、船舶、航空航天和其他运输设备制造业	Manufacture of Railway, Ship, Aerospace and Other Transport Equipments	76	49913	869279	34122
电气机械和器材制造业	Manufacture of Electrical Machinery and Apparatus	259	55418	816184	133638
计算机、通信和其他电子设备制造业	Manufacture of Computers, Communication and Other Electronic Equipment	298	100295	1041919	233510
仪器仪表制造业	Manufacture of Measuring Instruments and Machinery	107	8181	40351	
其他制造业	Other Manufacture	30	18608	78817	
废弃资源综合利用	Utilization of Waste Resources	2	731		
金属制品、机械和设备修理业	Repair Service of Metal Products, Machinery and Equipment				
电力、热力生产和供应业	Production and Supply of Electric Power and Heat Power	64	3709	9002	
燃气生产和供应业	Production and Supply of Gas	8	596		
水的生产和供应业	Production and Supply of Water				

16-36 按行业分规模以上工业企业新产品开发及生产情况(2019年)

NEW PRODUCTS DEVELOPMENT AND PRODUCTION OF INDUSTRIAL ENTERPRISES ABOVE DESIGNATED SIZE BY INDUSTRIAL SECTOR(2019)

行业	Sector	新产品开发项目数(项) New Products (unit)	新产品开发经费支出(万元) Expenditure on New Products Development (10 000 yuan)	新产品销售收入(万元) Sales Revenue of New Products (10 000 yuan)	#出口 Exports
总计	**Total**	**4778**	**1403231**	**19892632**	**3957160**
煤炭开采和洗选业	Mining and Washing of Coal	380	232418	2413288	1443449
石油和天然气开采业	Extraction of Petroleum and Natural Gas	9	3475	51887	
黑色金属矿采选业	Mining and Processing of Ferrous Metal Ores				
有色金属矿采选业	Mining and Processing of Non-Ferrous Metal Ores	2	48	16773	
非金属矿采选业	Mining and Processing of Non-metal Ores	1	52		
农副食品加工业	Processing of Food from Agricultural Products	24	5665	14912	3437
食品制造业	Manufacture of Foods	88	7868	21403	9
酒、饮料和精制茶制造业	Manufacture of Liquor, Beverages and Refined Tea	114	33327	229275	
烟草制品业	Manufacture of Tobacco	2	576	1411	
纺织业	Manufacture of Textile	9	1845	26087	5061
纺织服装、服饰业	Manufacture of Textile, Wearing Apparel and Accessories	5	1710	16064	
皮革、毛皮、羽毛及其制品和制鞋业	Manufacture of Leather, Fur, Feather and Related Products and Footwear				
木材加工和木、竹、藤、棕、草制品业	Processing of Timber, Manufacture of Wood, Bamboo, Rattan, Palm and Straw Products				

16-36 续表1 continued

行　业	Sector	新产品开发项目数（项）New Products (unit)	新产品开发经费支出（万元）Expenditure on New Products Development (10 000 yuan)	新产品销售收入（万元）Sales Revenue of New Products (10 000 yuan)	#出口 Exports
家具制造业	Manufacture of Furniture				
造纸和纸制品业	Manufacture of Paper and Paper Products	10	7226	98621	
印刷和记录媒介复制业	Printing and Reproduction of Recording Media	16	801	15783	2422
文教、工美、体育和娱乐用品制造业	Manufacture of Articles for Culture, Education, Arts and Crafts, Sport and Entertainment Activities	11	1117	10795	299
石油加工、炼焦及核燃料加工业	Processing of Petroleum, Coking and Processing of Nuclear Fuel	51	24668	520466	
化学原料及化学制品制造业	Manufacture of Raw Chemical Materials and Chemical Products	333	76184	876867	16374
医药制造业	Manufacture of Medicines	533	52862	754650	85557
化学纤维制造业	Manufacture of Chemical Fibres	6	232		
橡胶和塑料制品业	Manufacture of Rubber and Plastics Products	82	6783	55965	18850
非金属矿物制品业	Manufacture of Non-metallic Mineral Products	242	46724	553584	29007
黑色金属冶炼和压延加工业	Smelting and Pressing of Ferrous Metals	158	325599	5428158	929722
有色金属冶炼和压延加工业	Smelting and Pressing of Non-ferrous Metals	86	32273	1639682	2390
金属制品业	Manufacture of Metal Products	414	102488	619497	61726
通用设备制造业	Manufacture of General Purpose Machinery	205	25677	312257	4586

16-36 续表2 continued

行　业	Sector	新产品开发项目数(项) New Products (unit)	新产品开发经费支出(万元) Expenditure on New Products Development (10 000 yuan)	新产品销售收入(万元) Sales Revenue of New Products (10 000 yuan)	#出口 Exports
专用设备制造业	Manufacture of Special Purpose Machinery	531	89353	836766	66574
汽车制造业	Manufacture of Automobiles	211	74524	1375380	30816
铁路、船舶、航空航天和其他运输设备制造业	Manufacture of Railway, Ship, Aerospace and Other Transport Equipments	163	62338	931377	77724
电气机械和器材制造业	Manufacture of Electrical Machinery and Apparatus	397	76645	1053465	110228
计算机、通信和其他电子设备制造业	Manufacture of Computers, Communication and Other Electronic Equipment	359	77229	1889099	1066595
仪器仪表制造业	Manufacture of Measuring Instruments and Machinery	144	11602	99039	2335
其他制造业	Other Manufacture	50	9200	5184	
废弃资源综合利用	Utilization of Waste Resources	6	627		
金属制品、机械和设备修理业	Repair Service of Metal Products, Machinery and Equipment	12	1625	6107	
电力、热力生产和供应业	Production and Supply of Electric Power and Heat Power	116	7759	18793	
燃气生产和供应业	Production and Supply of Gas	8	2712		
水的生产和供应业	Production and Supply of Water				

主要统计指标解释

普通高等学校 指按照国家规定的审批程序批准举办，通过全国统一招生考试招收高级中等学校毕业生和具有同等学历者，实施高等教育，培养高等专门人材的学校。包括大学、专门学院、专科学院和短期职业大学。

成人高等学校 指按照国家规定的审批程序批准举办，招收在职高中毕业或同等学历者，利用多种形式对成人实施高等教育，培训相当普通高等学校专科或本科毕业水平的专门人才的学校。包括广播电视大学、职工高等学校、农民高等学校、干部管理学院、教育学院、独立函授学院以及普通高等学校举办的函授、夜大等。

小学学龄儿童入学率 指调查范围内已入小学学习的学龄儿童数占全部小学学龄儿童总数（包括弱智儿童在内，但不包括盲聋哑儿童）的比重。计算公式是：

$$\text{小学学龄儿童入学率}=\frac{\text{已入学的小学学龄儿童数}}{\text{校内外小学学龄儿童总数}}\times 100\%$$

工程技术人员 指在国民经济各行业从事工程技术工作的自然科学技术的专业人员。包括：高级工程师、工程师、助理工程师、技术员和未评定职称的技术人员。

农业技术人员 指在国民经济各行业从事农业技术工作的自然科学技术的专业人员。包括：高级农艺师、农艺师、助理农艺师、技术员和未评定职称的技术人员。

卫生技术人员 指在国民经济各行业从事卫生医务工作的自然科学技术的专业人员。包括：正副主任医师、主治医师、医师、医（护）士和未评定职称的技术人员。

科学研究人员 指在国民经济各行业从事科学技术活动的自然科学技术的专业人员。包括：正副研究员、助理研究员、实习研究员、技术员和未评定职称的技术人员。

R&D 项目 指在当年立项并开展研究工作、以前年份立项仍继续进行研究的研发项目或课题，包括当年完成和年内研究工作已告失败的研发项目或课题。

R&D 人员全时当量 是国际上通用的、用于比较科技人力投入的指标。指 R&D 全时人员（全年从事 R&D 活动累积工作时间占全部工作时间的 90%及以上人员）工作量与非全时人员按实际工作时间折算的工作量之和。例如：有两个 R&D 全时人员和三个 R&D 非全时人员(工作时间分别为 0.2 年、0.3 年和 0.7 年)，则 R&D 人员全时当量为 1+1+0.2+0.3+0.7=3.2 人年。

Explanatory Notes on Main Statistical Indicators

Regular Institutions of Higher Education refer to educational establishments set up according to the government evaluation and approval procedures, enrolling graduates from senior secondary schools and providing higher education courses and training for senior professionals. They include full-time universities, colleges, institutions of higher professional education, institutions of higher vocational education and others.

Institutions of Higher Education for Adults refer to educational establishments, set up in line with relevant rules approved by the government, enrolling staff and workers with senior secondary school or equivalent education, and providing higher education courses in many forms of correspondence, spare time, or full time for adults. Professionals thus trained receive a qualification equivalent to graduates studying regular courses at regular universities, colleges and professional colleges. Institutions of higher learning for adults include schools of higher education for staff and workers, schools of higher education for peasants, colleges for management cadres, pedagogical colleges, independent correspondence colleges, Radio and TV universities and other educational establishments.

Enrollment Rate of Primary School-age Children refers to the proportion of school age children enrolled at schools to the total number of school age children both in and outside schools (including retarded children, but excluding blind, deaf and mute children). The formula is:

$$\text{Enrollment Rate of Primary School-age Children}=\frac{\text{Total Primary School - age Children at School}}{\text{Total Primary School - age Children}}\times 100\%$$

Engineering Personnel refer to the persons who are engaged in engineering science and technology in different sectors of the national economy, including senior engineers, engineers, assistant engineers, technicians and technical personal without professional titles.

Agricultural Personnel refer to the persons who are working on the science of agriculture in different sectors of the national economy, including senior agronomists, agronomists, assistant agronomists, technicians and technical personnel without professional titles.

Public Health Personnel refer to those personnel engaged in medical and health work in different sectors of the national economy, including director doctors and their deputies, doctors in charge, doctors, paramedics, nurses and technical personnel without professional title.

Scientific Research Personnel refers to the persons who are engaged in scientific and technical activities in different sectors of the national economy, including research fellows and their deputies, assistant research fellows, research trainees, technicians and technical personnel without professional titles.

R&D Projects refers to the R&D projects or subjects set up and implemented at the reference year, and the R&D projects or subjects set up in former years and under implementation, including those finished and failed at the reference year.

Full-time Equivalent of R&D Personnel is an international indicator to compare R&D manpower input. It refers to the sum of the workload of full-time persons, whose work time on R&D isn't less than 90% on the whole work time, and the converted workload of part-time persons according to the actual working time. For instance, if there are 2 full-time persons and 3 part-time persons whose working time are respectively 0.2 year, 0.3 year, and 0.7 year, the full-time equivalent are 1+1+0.2+0.3+0.7=3.2 person-years.

17

文化、体育、卫生、环保

CULTURE, SPORTS, PUBLIC HEALTH AND ENVIRONMENTAL PROTECTION

资料整理人员

刘铁生　王俊鹏　樊梅洁　吕　洁

文化、体育、卫生、环保
CULTURE, SPORTS, PUBLIC HEALTH AND ENVIRONMENTAL PROTECTION

文化馆数	Number of Cultural Centers	130	个	(unit)
公共图书馆数	Number of Public Libraries	128	个	(unit)
图书出版总印数	Number of Books Published	11185	万册	(10 000 copies)
医院数	Number of Hospitals	1398	个	(unit)
废水排放总量	Total Volume of Waste Water	19913.6	万吨	(10 000 tons)

卫生技术人员构成(%)

Composition of Medical Technical Personnels (%)

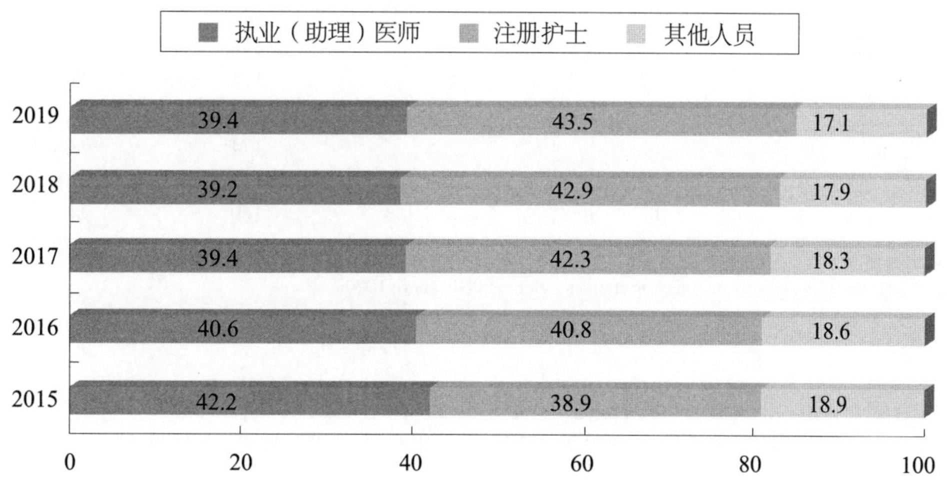

报纸总印数（万份）

Total Printed Copies of Newspapers (10 000 copies)

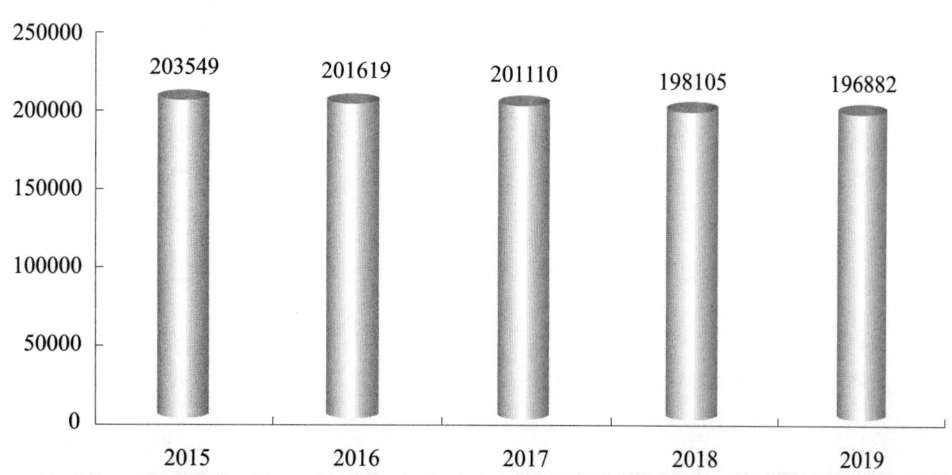

17-1 主要年份广播、电视台(站)数

NUMBER OF RADIO AND TELEVISION STATIONS IN MAJOR YEARS

单位：个 (unit)

年 份 Year	无 线 Radio Broadcast		电视广播 Telecast		人口覆盖率 (%) Population Coverage Rate (%)	
	广播电台 Broadcasting Stations	中、短波转播发射台 Transmission and Relaying Stations of Medium and Short Wave	电视台 Television Stations	100W以上(含100W)调频、电视发射台 Transmission Stations above 100W (100W included)	广 播 Radio	电 视 TV
1980	1	10	1	11	44.5	46.6
1985	3	12	6	16	43.0	60.0
1990	14	20	25	36	51.0	78.0
1995	53	21	31	46	68.0	84.1
2000	8	17	12	53	90.0	95.2
2005	10	15	12	309	91.8	95.8
2010	7	15	8	151	93.3	97.5
2011	4	15	6	148	93.6	97.7
2012	2	15	4	148	95.4	98.1
2013	1	15	3	145	96.8	98.5
2014	1	15	2	178	98.0	99.0
2015		13	2	192	98.5	99.3
2016		13	2	190	98.6	99.4
2017		15	2	174	98.8	99.6
2018		15	2	170	98.8	99.6
2019		17		169	98.9	99.6

注：2006年以前电视台和转播台为1000瓦以上口径。
Note: Coverage of TV transmission stations and relaying stations before 2006 is above 1000w.

17-2 文化艺术机构和人员数(2019年)

INSTITUTIONS AND PERSONNELS OF CULTURE AND ART(2019)

类 别	Type	机构数(个) Institutions (unit)	文化部门 State-owned Units	其他部门 Non-state-owned Units	从业人员(人) Persons (person)	文化部门 State-owned Units	其他部门 Non-state-owned Units
总 计	**Total**	**7620**	**2322**	**5298**	**79892**	**22899**	**56993**
艺术业	Art Performance Troupes	779	151	628	22570	7360	15210
艺术表演场馆	Art Performance Places	137	81	56	1712	1141	571
图书馆业	Libraries	128	127	1	1670	1619	51
群众文化服务业	Mass Culture Services	1540	1540		4385	4385	
艺术展览机构	Art Exibition Institutions	42	41	1	269	264	5
艺术教育业	Art Education	18	18		1310	1310	
文化市场经营机构	Business Institutions of Culture Market	4584		4584	40722		40722
文艺科研	Art Research	36	36		1258	1258	
文化行政主管部门	Administrative Department for Culture	130	130		2580	2580	
其 他	Others	226	198	28	3416	2982	434

注：文化市场经营机构不含非公有制艺术表演团体。
Note: Business institutions of culture market don't include non-public ownership art troupes.

17-3 主要年份广播剧、电视剧、电影故事片制作情况

PRODUCTION OF RADIO PLAYS, TELEVISION PLAYS AND FEATURE FILMS IN MAJOR YEARS

年 份 Year	广 播 剧 Radio Plays		电 视 剧 TV Plays		电影故事片 (部) Feature Films (unit)
	部 Unit	时 长 Hour	部 Unit	集 数 Part	
1985	13	50	18	39	2
1987	12	16	13	46	1
1988	9	37	14	111	2
1989	6	9	24	102	1
1990	5	14	28	122	
1995			12	80	1
2000	5	8	3	42	
2005	7	353	19	371	18
2010	25	1133	2	32	6
2011			2	67	8
2012			1	50	18
2013			7	199	12
2014		4819	8	211	11
2015		5593	7	221	15
2016		6624	9	314	26
2017		9047	13	206	24
2018		11198	5	145	
2019		18579	5	44	

注：2014年起，广播剧类广播节目统计口径由集数改为时长。

Note:The coverage of radio plays has changed into length of play from the part of play since 2014.

17-4 主要年份国有文化艺术、文物单位数

INSTITUTION NUMBER OF STATE-OWNED CULTURE, ART AND CULTURAL RELICS IN MAJOR YEARS

单位：个 (unit)

年 份 Year	国有艺术表演团体 State-owned Art Troupes	文化馆 Cultural Centers	公共图书馆 Public Libraries	博物馆 Museums
1978	147	124	61	15
1980	162	126	72	19
1985	175	129	103	56
1990	169	130	111	67
1995	162	130	119	67
2000	159	130	121	76
2005	156	131	122	86
2010	167	131	126	89
2011	162	131	126	89
2012	163	131	126	92
2013	155	131	127	98
2014	163	131	126	99
2015	157	131	126	131
2016	150	131	127	140
2017	149	131	128	140
2018	152	130	128	152
2019	151	130	128	158

注：2015年起，博物馆包含民办博物馆、行业博物馆。

Note: Museums include non-state-owned museums and industrial museums from 2015.

17-5 国有艺术表演团体演出情况(2019年)
PERFORMANCE OF STATE-OWNED ART TROUPES(2019)

单位：千场 (1 000 shows)

类 别	Type	国内演出场次 Number of Performances in Domestic	#到农村演出场次 Shows in Rural Areas	国内演出观众人次(千人次) Number of Spectators (1 000 person-times)
总 计	**Total**	**32.79**	**27.43**	**28990**
按登记注册类型分	**By Status of Registration**			
国有经营剧团	State-owned	17.23	13.49	16102
集体经营剧团	Collective-owned	10.86	9.98	9272
其 他	Others	4.70	3.97	3615
按剧种分	**By Type of Art**			
话剧、儿童剧、滑稽剧类	Drama, Children's Play and Comedy	2.07	1.61	1074
#儿童剧	Children's Play Troupes	1.88	1.58	938
歌舞、音乐类	Song and Dance	2.49	1.12	1913
京剧、昆曲类	Peking Opera and Kunqu Opera	0.15	0.06	75
#京 剧	Peking Opera	0.15	0.06	75
地方戏曲类	Local Opera	26.89	24.12	24727
杂技、魔术、马戏类	Acrobatics, Magic and Circus	0.06	0.03	30
曲艺类	Folk Arts	0.33	0.12	300
综艺性艺术表演团体	Comprehensive Art Performance	0.80	0.37	870

17-6 国有艺术表演团体收入和支出(2019年)
REVENUE AND EXPENDITURE OF STATE-OWNED ART TROUPES(2019)

单位：千元 (1 000 yuan)

类 别	Type	剧团(个) Number of Art Troupes (unit)	#国家经费补贴剧团 Government Subsidies	总收入 Total Revenue	#演出收入 Revenue from Performances	总支出 Total Expenditures
总 计	**Total**	**151**	**130**	**601330**	**211350**	**717142**
按登记注册类型分	**By Status of Registration**					
国有经营剧团	State-owned	86	78	495080	150436	576554
集体经营剧团	Collective-owned	53	41	76057	38035	88880
其 他	Others	12	11	30193	22879	51708
按剧种分	**By Type of Art**					
话剧、儿童剧、滑稽剧类	Drama, Children Play and Comedy	3	3	23688	12724	35743
#儿童剧	Children's Play	1	1	2626	39	2701
歌舞、音乐类	Song and Dance	21	15	146426	53614	169502
京剧、昆曲类	Peking Opera and Kunqu Opera	1	1	16591	14055	25595
#京 剧	Peking Opera	1	1	16591		25595
地方戏曲类	Local Opera	117	102	368413	116238	420316
杂技、魔术、马戏类	Acrobatics, Magic and Circus	1	1	6302	2742	6411
曲艺类	Folk Arts	2	2	3844	3134	7767
综艺性艺术表演团体	Comprehensive Art Performance	6	6	36066	8843	51808

17-7 文化馆(站)业务活动及经费

ACTIVITIES AND FUNDS OF MASS ART CENTERS AND CULTURAL CENTERS

项 目	Item	2018	2019
单位数 (个)	Number of Units (unit)	1539	1540
举办展览 (个)	Number of Exhibtions (unit)	3772	3778
举办培训班 (次)	Training Courses (time)	14829	19573
组织文艺活动次数 (次)	Art Performances (time)	25036	27172
总支出 (千元)	Total Expenditures (1 000 yuan)	357492	426636
#商品和服务支出	Expenditures on Goods and Services	50380	54739

17-8 公共图书馆业务活动及经费(2019年)

ACTIVITIES AND FUNDS OF PUBLIC LIBRARIES(2019)

项 目	Item	总 计 Total	省级公共图书馆 Public Libraries at Provincial Level	地市级公共图书馆 Public Libraries at Prefecture Level	县级公共图书馆 Public Libraries at County Level
总藏量(千册)	Total Collections (1 000 volumes)	20262	3143	5614	11506
书架单层总长度(千米)	Total Length of Bookshelves (1 000 m)	272	37	95	140
有效借书证数(千个)	Number of Valid Library Cards (1 000 unit)	1553	443	807	303
总流通人次(千人次)	Total Number of Circulation Books (1 000 person-times)	20304	1379	9053	9872
#书刊文献外借人次	Borrowing from Libraries	6664	521	3021	3123
为读者服务举办各种活动次数(次)	Number of Service Activities Provided for Readers (time)	5738	476	1997	3265
参加人数(千人次)	Number of Readers Involved (1 000 person-times)	5087	498	3100	1489
电子阅览室终端数(个)	Number of Terminal in Electrical Reading Room (unit)	4703	267	915	3521
总支出 (千元)	Total Expenditures (1 000 yuan)	418613	82088	194737	141788
#新增藏量及数字资源购置费	Purchase Expenses of New Collections and Digital Resources	44685	4477	28368	11840
本年新增藏量(含电子图书) (千册)	New Collections (including Electronic Books) of The Year (1 000 volumes)	2506	198	1313	994
实际使用公用房屋建筑面积(千平方米)	Actual Usage Floor Space of Public Buildings (1 000 sq.m)	555	80	182	293
#书 库	Stock Rooms	85	13	21	52
阅览室座席(千个)	Seating Capacity of Reading Rooms (1 000 seats)	39	3	13	23

17-9 出版发行、文物、图书馆、群众文化事业机构和人员数(2019年)
INSTITUTIONS AND PERSONNELS OF PUBLISHING, CULTURAL RELICS, LIBRARY AND MASS CULTURE(2019)

项目	Item	机构数 (个) Number of Institutions (unit)	人数 (人) Number of Personnels (person)
出版发行业	Publishing Undertakings		
#出版社	Publishing Houses	7	640
国有书店	State-owned Book Stores	503	3676
文物业	Cultural Relics Undertakings	411	8906
博物馆	Museums	158	4438
文物机构	Cultural Relics Institutions	253	4468
图书馆业	Public Libraries Undertakings	128	1670
群众文化服务业	Mass Cultural Service	1540	4385
文化馆	Cultural Centers	130	1735
文化站	Cultural Stations	1410	2650
#乡镇文化站	Cultural Stations of Townships and Towns	1196	2195

17-10 博物馆、文物机构业务活动及经费(2019年)
ACTIVITIES AND FUNDS OF MUSEUMS AND CULTURAL RELICS INSTITUTIONS(2019)

项目	Item	总计 Total	文物保护管理机构 Protection and Management Institutions	其他文物机构 Other Institutions	博物馆 Museums	文物商店 Cultural Relics Shop	文物科研机构 Research Instituton of Relics
藏品(件)	Number of Collections (piece)	1760606	155784	16315	1375296	130482	82729
#一级品	Grade One	4116	429	86	3396		205
业务活动	Operation Activities						
陈列、展览(个)	Number of Displays and Exhibitions (unit)	534	13		521		
参观人数(千人次)	Number of Visitors (1 000 person-times)	35025	8444		24608		1973
本年收入合计(万元)	Total Revenue (10 000 yuan)	343896	47887	149625	104567	1443	40374
本年支出合计(万元)	Total Expenditures (10 000 yuan)	327545	45688	141729	103373	1068	35687
#经营支出	Expenditures on Goods and Services	7512	3561	2548	1206		197
项目支出	Project Expenses	217073	29263	87408	68629		31773

17-11 主要年份图书、期刊和报纸总印数
TOTAL PRINTED COPIES OF BOOKS, MAGAZINES AND NEWSPAPERS IN MAJOR YEARS

年份 Year	图书 Books		期刊 Magazines		报纸 Newspapers	
	种数(种) Number of Kinds (kind)	总印数(万册) Total Printed Copies (10 000 copies)	种数(种) Number of Kinds (kind)	总印数(万份) Total Printed Copies (10 000 copies)	种数(种) Number of Kinds (kind)	总印数(万份) Total Printed Copies (10 000 copies)
1978	290	6422	16	598	14	17869
1980	361	9055	33	1905	10	17590
1985	550	9991	110	7981	72	55174
1990	989	12166	129	2815	39	54361
1991	1381	14079	130	3086	42	46872
1992	1782	14163	139	3589	49	70047
1993	2261	13058	151	4001	55	73240
1994	2108	12300	158	3948	56	62568
1995	1728	13919	164	3586	59	59254
1996	1783	14654	160	3119	59	58363
1997	1741	15109	158	3199	59	66262
1998	1639	14016	157	2792	56	71954
1999	2214	15487	152	2816	57	69108
2000	1894	10105	165	2659	59	62815
2001	2177	11800	187	3030	66	101712
2002	2505	13264	195	4290	65	140950
2003	2004	11098	198	4208	67	160553
2004	1950	11398	202	4641	60	195992
2005	1683	10081	200	5914	60	329713
2006	1813	9337	199	4441	60	206067
2007	1979	11764	199	5434	60	210541
2008	2586	10535	199	3950	77	163296
2009	2629	11187	200	3402	77	183273
2010	3032	13183	200	4000	77	206698
2011	3401	13887	200	3428	77	202664
2012	4002	14789	198	3733	77	208938
2013	4025	13452	198	3384	77	219694
2014	3458	12866	200	2930	60	214620
2015	3832	12439	200	2573	60	203549
2016	3513	9860	201	2421	60	201619
2017	3517	10899	201	2217	60	201110
2018	3304	10174	201	2259	60	198105
2019	3380	11185	201	2250	60	196882

注：本表2008年至2013年报纸相关数据包含高校校报。
Note：Newspaper data from 2008 to 2013 include college newspaper.

17-12 体育局系统从业人员数(2019年)

EMPLOYEES OF SPORTS BUREAU(2019)

单位：人 (person)

类 别	Type	合 计 Total	行政机关职工合计 Staff and Workers of Administrative Agencies	运动项目管理部门 Administrative Departments of Sports Programmes	职业运动技术学院 Professional Sports Technique College	体育运动学 校 Physical Education and Sports Schools
总 计	**Total**	**4460**	**829**	**973**	**194**	**867**
公务员	Civil Servants	511	511			
教练员	Coaches	771	31	123	28	253
运动员	Athletes	635		635		
科研人员	Scientific and Technical Personnel	44				
医务人员	Medical Personnel	38			3	8
文化教师	Teachers	671			112	370
管理人员	Administrative Personnel	986	35	153	42	108
工勤人员	Logistics Personnel	222	32	14	5	49
其他人员	Others	582	220	48	4	79

类 别	Type	业余体校 Sparetime Sports Schools	体 育 场 馆 Stadiums and Gymnasiums	训 练 基 地 Training Bases	科研所 Scientific Research Institutes	其 他 Others
总 计	**Total**	**636**	**202**	**16**	**52**	**691**
公务员	Civil Servants					
教练员	Coaches	261	7	5		63
运动员	Athletes					
科研人员	Scientific and Technical Personnel				39	5
医务人员	Medical Personnel	4				23
文化教师	Teachers	140				49
管理人员	Administrative Personnel	115	118	8	11	396
工勤人员	Logistics Personnel	42	30			50
其他人员	Others	74	47	3	2	105

17-13 主要年份体育场地数
STADIUMS AND GYMNASIUMS IN MAJOR YEARS

单位：个 (unit)

年 份 Year	体育场 Stadiums	体育馆 Gymnasiums	有看台的灯光球场 Illuminated Fields with Fixed Seating	运动场 Playgrounds	航空机场 Aviation Airporter	射击场 Shooting Range	游泳池 Swimming Pools
1978	16	3	100	61	3	7	30
1980	17	3	127	68	3	7	31
1985	20	2	169	85	3	12	46
1990	29	7	216	140	3	14	72
1995	38	7	239	131	3	15	75
2000	38	7	239	131	3	15	75
2005	104	34	201	189	3	13	142
2010	104	34	201	189	3	13	142
2011	104	34	201	189	3	13	142
2012	104	34	201	189	3	13	142
2013	104	34	201	189	3	13	142
2014	99	87	356	1743	2	9	151
2015	104	90	368	1826	2	9	153
2016	104	90	368	1826	3	9	153
2017	106	98	372	1949	3	9	163
2018	232	112		3320	3	8	276
2019	239	116		3452	3	8	286

注：2018年数据为依据第四次全国经济普查结果修订后数据。
Note: The data of 2018 has been revised according to the Fourth National Economic Census.

17-14 分项目等级运动员发展人数(2019年)

CERTIFIED ATHLETES BY TYPE OF SPORTS(2019)

单位：人 (person)

运动项目	Item	人数合计 Number of Persons	国际级运动健将 Master of Sports in International Level	#女 Female	一级 First Grade	#女 Female	二级 Second Grade	#女 Female
总　计	**Total**	**2276**	**7**	**4**	**775**	**365**	**1494**	**545**
田　径	Track and Field	362			25	11	337	81
游　泳	Swimming	94			22	9	72	39
水　球	Water Polo	10			6	6	4	2
跳　水	Diving							
体　操	Gymnastics	10			6	4	4	2
艺术体操	Artistic Gymnastics	2			2	2		
蹦　床	Trampoline	32	1	1	24	24	7	4
举　重	Weightlifting	36			9	3	27	2
拳　击	Boxing	46			14	2	32	3
国际式摔跤	International Wrestling	154	1		50	11	103	21
中国式摔跤	Chinese-style Wrestling	70			38	16	32	13
柔　道	Judo	116	1	1	48	27	67	28
跆拳道	Kickboxing	48	2	1	27	12	19	8
自行车	Cycle Racing	42			20	9	22	6
击　剑	Fencing	17			7	3	10	3
射　击	Shooting	39	1	1	20	12	18	4
射　箭	Sport Archery	27			6	4	21	7
足　球	Football	11					11	5
篮　球	Basketball	227			46	20	181	79
排　球	Volleyball	103			48	25	55	29
乒乓球	Table Tennis	183			60	32	123	56
羽毛球	Badminton	34			21	4	13	3
网　球	Tennis	63			9	7	54	18
手　球	Handball	59			54	24	5	3
曲棍球	Field Hockey							
棒　球	Baseball	4					4	
健美操	Bodybuilding Gymnastics	24			23	14	1	1
街　舞	Hip Hop							
软式网球	Soft Tennis	5			2	2	3	3
武　术	Wushu	181	1		47	18	133	38
蹼　泳	Fin Swimming							
摩托艇	Motorboat							
围　棋	Weiqi							
国际象棋	International Chess							
中国象棋	Chinese Chess							
橄榄球	Rugby Football	55			42	15	13	6
航空模型	Model Airplane	3					3	
其　他	Others	219			99	49	120	81

17-15 分项目等级裁判员发展人数(2019年)

CERTIFIED REFEREES BY TYPE OF SPORTS(2019)

单位：人 (person)

运动项目	Item	人数合计 Number of Persons	一级 First Grade	#女 Female	二级 Second Grade	#女 Female
总　计	**Total**	**4183**	**1066**	**348**	**3117**	**1076**
田　径	Track and Field	357			357	122
游　泳	Swimming	209	65	21	144	68
跳　水	Diving					
水　球	Water Polo	2	2			
花样游泳	Synchronised Swimming					
体　操	Gymnastics	6	2	2	4	3
艺术体操	Artistic Gymnastics	10	4	2	6	2
蹦　床	Trampoline	3	2	1	1	
举　重	Weightlifting	13			13	7
拳　击	Boxing	6			6	
国际式摔跤	International Wrestling	28			28	14
中国式摔跤	Chinese-style Wrestling	7	1		6	
柔　道	Judo	120			120	39
跆拳道	Kickboxing	153			153	5
自行车	Cycle Racing	16			16	2
击　剑	Fencing	36	1	1	35	19
马　术	Equestrian					
足　球	Football	94			94	13
篮　球	Basketball	789	125	23	664	148
排　球	Volleyball	108	58	21	50	23
乒乓球	Table Tennis	396	72	34	324	122
羽毛球	Badminton	265	96	19	169	74
网　球	Tennis	138	66	27	72	28
健美操	Bodybuilding Gymnastics	148	116	68	32	22
街　舞	Hip Hop					
软式网球	Soft Tennis					
武　术	Wushu	217			217	87
滑　水	Aquaplane					
潜　水	Dive					
蹼　泳	Fin Swimming					
摩托艇	Motorboat					
围　棋	Weiqi	257	34	7	223	102
国际象棋	International Chess	72	35	6	37	9
中国象棋	Chinese Chess	60	15	7	45	3
桥　牌	Bridge	12	9	1	3	1
台　球	Billiard					
门　球	Croquet					
龙　舟	Dragon boat					
钓　鱼	Angling					
风　筝	Kite Flying					
体育舞蹈	Physical Dancing	268	94	47	174	120
其　他	Others	393	269	61	124	43

17-16 主要年份运动员打破纪录情况
RECORDS BROKEN BY ATHLETES IN MAJOR YEARS

年份 Year	打破世界纪录 World Records Chalked Up			打破全国纪录 National Records Chalked Up			打破省纪录 Provincial Records Chalked Up		
	项数(项) Number of Events (item)	次数(次) Number of Times (time)	人数(人) Number of Persons (person)	项数(项) Number of Events (item)	次数(次) Number of Times (time)	人数(人) Number of Persons (person)	项数(项) Number of Events (item)	次数(次) Number of Times (time)	人数(人) Number of Persons (person)
1978				15	21	10	118	260	95
1980				11	31	4	123	233	132
1985				2	2	2	48	64	35
1990	1	1	1	7	10	7	106	152	62
1995				2	2	5	60	89	84
2000				3	4	6	70	78	57
2005				2	2	2	17	17	25
2010				2	2	2	5	8	8
2011							3	3	3
2012				1	1	1	11	11	3
2013							13	13	18
2014							4	5	4
2015							12	18	12
2016							8	8	7
2017							15	15	18
2018							14	14	22
2019	2	2	1	1	1	1	34	44	31

17-17 体育彩票、福利彩票发行情况
ISSUE OF SPORTS LOTTERY AND WELFARE LOTTERY

单位：万元 (10 000 yuan)

项目	Item	2018	2019
体育电脑彩票销售点 (个)	Computer Sale Place of Sports Lottery Ticket (unit)	3155	2788
体育彩票销售收入	Sale Revenue of Sports Lottery Ticket	428358	310802
#用于兑奖金额	Value of Exchanging Awards	282971	226027
福利彩票销售点(个)	Sale Place of Welfare Lottery Ticket (unit)	4186	3578
福利彩票销售收入	Sale Revenue of Welfare Lottery Ticket	407158	332313

17-18 主要年份卫生机构数

HEALTH CARE INSTITUTIONS IN MAJOR YEARS

单位：个 (unit)

年 份 Year	总 计 Total	#医 院 Hospitals	#门诊部(所) Outpatient Departments	#疾病预防控制中心 Centers for Disease Control and Prevention	#妇幼保健院(所、站) Maternity and Child Care Centers	#医学科学研究机构 Research Institutes of Medical Science
1978	4995	2302	2345	136	128	3
1980	5190	2346	2432	137	129	12
1985	5834	2468	2910	135	123	19
1990	6108	2573	3020	141	123	23
1995	5922	2590	2790	153	131	22
2000	3273	716	92	148	136	23
2005	3009	885	52	157	131	10
2010	11889	1201	106	147	133	6
2011	12004	1216	291	147	132	7
2012	11907	1215	317	135	132	7
2013	12040	1219	297	134	132	7
2014	12528	1234	284	134	133	7
2015	12903	1274	312	134	132	7
2016	13178	1393	355	136	134	7
2017	13549	1388	391	135	135	7
2018	13740	1368	406	135	134	6
2019	14048	1398	493	134	131	5

注：2011年起，卫生机构数不包括村卫生室数，后同。
Note：Rural clinics aren't included in health care institutions from 2011. The same applies to the following.

17-19 主要年份卫生机构床位数

NUMBER OF BEDS IN HEALTH CARE INSTITUTIONS IN MAJOR YEARS

单位：张 (unit)

年 份 Year	总 计 Total	医 院 Hospitals	其他卫生机 构 Other Institutions	平均每千人口拥有医院床位数 Number of Hospital Beds Per 1000 Population
1978	65426	63293	2133	2.69
1980	71702	69141	2561	2.89
1985	87768	82076	5692	3.34
1990	105324	98142	7182	3.45
1995	110422	101936	8486	3.37
2000	111880	77300	34580	2.38
2005	107968	81150	26818	2.42
2010	155973	108333	47640	3.09
2011	158459	111335	47124	3.11
2012	165294	119856	45438	3.32
2013	172620	128294	44326	3.54
2014	177442	133957	43485	3.67
2015	183209	140257	42952	3.83
2016	189778	147096	42682	4.00
2017	197527	154184	43343	4.16
2018	208298	163584	44714	4.40
2019	218120	174807	43313	4.69

17-20 主要年份卫生技术人员数

NUMBER OF MEDICAL TECHNICAL PERSONNELS IN MAJOR YEARS

单位：人 (person)

年 份 Year	卫生技术人员 Medical Technical Personnels	#执业(助理)医师 Licensed Assistant Doctors	#注册护士 Registered Nurses	平均每千人口拥有卫生技术人员数 Number of Medical Technical Personnel Per 1000 Population
1978	76475	35157	10775	3.16
1980	87815	40479	11561	3.54
1985	109596	48557	16488	4.17
1990	128465	60185	27956	4.52
1995	142239	68658	34907	5.68
2000	136224	64900	37057	4.19
2005	130955	58617	38117	3.90
2010	190917	85376	62251	5.45
2011	189283	82547	64793	5.27
2012	199601	87319	70337	5.54
2013	203385	88182	74849	5.62
2014	209491	89852	79055	5.63
2015	213995	90216	83344	5.84
2016	225770	91748	92139	6.13
2017	227939	89824	96317	6.16
2018	240655	94314	103335	6.47
2019	249278	98230	108345	6.68

17-21 卫生机构分类人员数

NUMBER OF PERSONNELS IN HEALTH CARE INSTITUTIONS BY CATEGORY

单位：人 (person)

人员分类	Type of Personnel	2018	2019
一、各类人员总计	**Total Personnel**	**289449**	**299082**
卫生技术人员	Medical Technical Personnel	240655	249278
其他技术人员	Other Technical Personnel	13488	13287
管理人员	Managerial Personnel	14102	15252
工勤人员	Logistics Workers	21204	21265
二、卫生技术人员	**Medical Technical Personnel**	**240655**	**249278**
执业(助理)医师	Licensed Assistant Doctors	94314	98230
#执业医师	Licensed Doctors	83613	86914
注册护士	Registered Nurses	103335	108345
药师(士)	Pharmacists	10706	10872
技师(士)	Technicians	12556	13406
其 他	Others	19744	18425

17-22 卫生机构、床位、人员数(2019年)

INSTITUTIONS, BEDS AND PERSONNELS IN HEALTH CARE INSTITUTIONS(2019)

类 别	Type	机构数(个) Institutions (unit)	床位数(张) Beds (unit)	人员合计(人) Personnel (person)	#卫生技术人员 Medical Technical Personnel
总 计	**Total**	**14048**	**218120**	**299082**	**249278**
一、医院合计	**Total Number of Hospitals**	**1398**	**174807**	**206494**	**171798**
综合医院	General Hospitals	662	116418	143622	120427
中医医院	Hospitals of Chinese Medicine	216	19627	21463	18150
中西医结合医院	Hospitals for Chinese and Western Medicine	35	3520	2949	2526
民族医院	Nationality Hospitals				
专科医院	Special Hospitals	480	34732	38086	30461
口腔医院	Stomatological Hospitals	49	533	2039	1584
眼科医院	Ophthalmology Hospitals	38	1924	2753	2003
耳鼻喉科医院	Otolaryngology Hospitals	6	278	317	249
肿瘤医院	Tumor Hospitals	4	2744	3682	3112
心血管病医院	Cardiovascular Hospitals	13	2453	2250	1969
血液病医院	Hematological Hospitals	1	60	51	47
妇产(科)医院	Maternity Hospitals	36	1697	2591	1995
儿童医院	Children Hospitals	5	1983	4272	3587
精神病医院	Mental Hospitals	37	6410	3816	2820
传染病院	Hospitals for Infections Diseases	7	1488	1887	1537
皮肤病医院	Dermatology Hospitals	9	235	234	179
结核病医院	Tuberculosis Hospitals	3	880	845	675
职业病医院	Occupational Disease Hospital	3	601	869	695
骨科医院	Orthopaedics Hospitals	58	3179	2720	2268
康复医院	Recovered Hospitals	24	1601	1064	823
整形外科医院	Plastics Hospitals	1	20	24	20
美容医院	Cosmetic Hospitals	10	199	418	287
其他专科医院	Other Specialized Hospitals	176	8447	8254	6611
护理院	Nursing Hospitals	5	510	374	234
二、社区卫生服务中心(站)	**Community Medical Service Centers and Stations**	**985**	**4318**	**13632**	**11849**
#社区卫生服务中心	Community Medical Service Centers	230	3592	7275	6215
三、卫生院合计	**Total Number of Health Centers**	**1589**	**34076**	**28436**	**22981**
街道卫生院	Urban Health Centers	276	2873	2356	1896
乡镇卫生院	Township Health Centers	1313	31203	26080	21085
中心卫生院	Central Health Centers	418	13435	10306	8448
乡卫生院	Other Township Health Centers	895	17768	15774	12637

注：卫生机构床位数为实有数。

Note: The number of beds in health care institutions is an actual data.

17-22 续表 continued

类别	Type	机构数(个) Institutions (unit)	床位数(张) Beds (unit)	人员合计(人) Personnel (person)	#卫生技术人员 Medical Technical Personnel
四、门诊部合计	**Total Number of Clinics**	**493**	**233**	**5762**	**5046**
综合门诊部	General Clinics	117	93	1943	1649
中医门诊部	Chinese Medicine Clinics	60	33	555	432
中西医结合门诊部	Chinese and Western Medicine Clinics	12		97	95
专科门诊部	Special Clinics	304	107	3167	2870
五、诊所、卫生所、医务室	**Clinics, Health Centers and Infirmaries**	**9075**		**20734**	**19908**
#诊　所	Clinics	8379		18379	17745
卫生所、医务室	Health Centres and Infirmaries	694		2350	2158
六、采供血机构	**Selection and Supplyment Blood Institutions**	**22**		**1314**	**1004**
七、妇幼保健院 (所、站)	**Maternity and Child Care Centers**	**131**	**3870**	**10551**	**8054**
1.省　属	Belong to Province	1			
省辖市(地区)属	Belong to City(prefecture) of Province	11	1317	3560	2872
地辖市属	Belong to City of Prefecture	34	642	2357	1735
县　属	Belong to County	81	1883	4496	3353
其　他	Others	4	28	138	94
2.妇幼保健院	Maternity and Child Care Hospitals	92	3617	9156	7073
妇幼保健所	Maternity and Child Care Institutes	6		132	99
妇幼保健站	Maternity and Child Care Stations	32	248	1252	871
生殖保健中心	Reproduction Care Centers	1	5	11	11
八、疾病预防控制中心(防疫站)	**Diseases Prevention and Control Center**	**134**		**4787**	**3352**
省　属	Belong to Province	1		224	179
省辖市(地区)属	Belong to City (prefecture) of Province	10		819	566
地辖市属	Belong to City of Prefecture	36		1240	898
县　属	Belong to County	75		1998	1317
其　他	Others	12		506	392
九、卫生监督所	**Sanitation Supervision Stations**	**128**		**3867**	**3128**
省　属	Belong to Province	1			
省辖市(地区)属	Belong to City (prefecture) of Province	11		469	326
地辖市属	Belong to City of Prefecture	32		905	689
县　属	Belong to County	84		2493	2113
其　他	Others				
十、医学科学研究机构	**Research Institutes of Medical Sciences**	**5**		**176**	**140**
十一、医学在职培训机构	**Medical In-service Training Institutes**	**3**		**16**	**12**
十二、健康教育所 (站、中心)	**Care Education Institutes**	**12**		**127**	**63**
十三、其他卫生机构	**Other Medical Institues**	**73**	**816**	**3186**	**1943**

17-23 医疗机构医疗服务量情况(2019年)
SERVICES QUANTITY IN HEALTH CARE INSTITUTIONS(2019)

类 别	Item	总诊疗人次 (万人次) Total Diagnosis and Treatment (10 000 person-times)	出院人数 (万人) Discharged Patients (10 000 persons)
总 计	**Total**	**13130.28**	**498.41**
#医 院	Hospital	6568.29	438.54
#综合医院	General Hospitals	4715.42	316.79
中医医院	Hospitals of Chinese Medicine	821.11	44.27
专科医院	Special Hospitals	971.07	71.39
卫生院	Commune Hospitals	1452.14	43.10
#乡镇卫生院	Town and Township Hospitals	1327.09	40.32
门诊部	Clinics	203.54	0.37
妇幼保健院 (所、站)	Maternity and Child Care Centers	421.00	12.15
专科疾病防治院 (所、站)	Special Disease Prevention Institutions	4.87	0.27

17-24 公证工作和调解
STATISTICS ON NOTARIZATION AND MEDIATION

项 目		Item	2018	2019
公证工作		**Notarization**		
公证处	(个)	Number of Notarization Offices(unit)	115	115
公证员(含公证员助理)	(人)	Notaries (Assistant Notaries) (person)	907	751
办理国内公证	(件)	Handle Civil Affair Notarization (case)	215086	296432
办理涉外及涉港澳台公证	(件)	Handle Foreign Nationals Notarization (case)	45039	41718
调解工作		**Mediation**		
专职人民调解员	(人)	Full-time People's Mediators (person)	11835	7896
人民调解委员会	(个)	Number of People Mediation Committees (unit)	32244	31237
调解人员	(人)	Number of Mediators (person)	100356	98013
调解各类纠纷	(件)	Mediation Various Quarrels (case)	160004	144593
防止民间纠纷引起自杀	(人)	Prevent Civil Quarrel Causing Committing Suicide (person)		
防止民间纠纷转化为刑事案件	(件)	Prevent Civil Quarrel Turning to Criminal Case (case)	40	

17-25 律师工作
STATISTICS ON LAWYERS

项 目	Item	2018	2019
律师事务所 (个)	Number of Law Offices (unit)	758	812
律师工作人员(注册) (人)	Number of Lawyers (person)	8937	10229
#专职律师	Full-time Lawyers	7525	8373
兼职律师	Part-time Lawyers	403	446
聘请常年法律顾问的单位 (个)	Number of Units with Permanent Legal Advisors (unit)	8165	9985
民事诉讼代理 (件)	Agent of Civil Cases (case)	54826	63588
行政诉讼代理 (件)	Agent of Administrative Action (case)	3263	2564
刑事辨护及代理 (件)	Agent and Defender of Criminal Cases (case)	11124	21517
非诉讼法律事务 (件)	Agent of Non-Litigious Legal Affairs (case)	7476	9249
咨询和代书 (件)	Agent of Legal Advisory Services (case)	49475	52292

17-26 主要年份婚姻登记数
MARRIAGE REGISTRATION IN MAJOR YEARS

单位：对 (couple)

年 份 Year	登记结婚数 Permitting Marriage Registration	#恢复结婚 Resuming Marriage	初婚数 (人) First Marriage (person)	再婚数 (人) Remarriage (person)	男 Male	女 Female	登记离婚数 Permitting Divorce Registration
1985	236206	1787	453433	18979	9400	9579	7615
1990	220581	1115	422721	18441	8770	9671	7471
1995	179300	1090	343561	15039	7566	7473	7100
2000	164639	981	313195	16083	8407	7676	7612
2005	189741	1222	354147	25563	12163	13400	17398
2010	360581	4481	675719	45443	24033	21410	26473
2011	339607	3330	633629	45585	21910	23675	31260
2012	362827	4102	677046	48608	22845	25763	35585
2013	384006	4725	710324	57688	26399	31289	41939
2014	350711	5216	637477	63945	29134	34811	47894
2015	346789	8992	623132	70446	31818	38628	54166
2016	300121	6943	530845	69397	31423	37974	58962
2017	287723	8884	502961	72485	32439	40046	65091
2018	278154	9410	475647	81403	45090	36313	70873
2019	254897	10262	426325	83761	46666	37095	73647

17-27 妇联组织情况
WOMEN'S FEDERATION ORGANIZATION

单位：个 (unit)

项 目	Item	2018	2019
地市妇联数	Number of Women's Federation of Prefecture and City	11	11
县(市)妇联数	Number of Women's Federation of County and City	118	117
乡妇联数	Number of Women's Federation of Township	1206	1194
街妇联数	Number of Women's Federation for Subdistrict Office	230	213
基层妇代会数	Number of Women's Federation of Basic Level	29221	27905
城市 (社区妇联)	Urban Areas (Women's Federation of Community)	2502	2550
农村妇联数	Rural Areas	26719	25355
非公有经济组织中妇女组织	Women's Federation in Non-Public Ownership Economic Organization	5496	5807
直属机关妇工委	Women's Council in Department Directly under Governments	3183	4136
高等院校妇女组织	Women's Orgaization in University	36	38
省级所属	Provincial Level	19	19
市级所属	City Level	17	19
民办高校	University Run by Private Insititutions		
民主党派妇委会数	Number of Women's Federation in Democratic Party	18	20

17-28 全省工业企业“三废”排放与治理情况
DISCHARGE AND TREATMENT OF WASTE WATER, WASTE GAS AND SOLID WASTES BY INDUSTRIAL ENTERPRISES

项 目	Item	2018	2019
废 水	**Waste Water**		
废水排放量 (万吨)	Volume of Waste Water (10 000 tons)	21872.0	19913.6
化学需氧量排放量(吨)	Volume of COD (ton)	9781.2	8247.5
氨氮排放量(吨)	Volume of Ammonia Nitrogen (ton)	791.8	663.0
废 气	**Waste Gas**		
废气排放量 (亿标立方米)	Total Volume of Waste Gas Emission (100 million cu.m)	34560.8	39374.1
二氧化硫排放量 (吨)	Volume of Sulphur Dioxide Emission (ton)	201712.5	153020.5
氮氧化物排放量 (吨)	Volume of Nitrogen Dioxide Emission (ton)	265974.2	226592.0
固体废物	**Solid Wastes**		
固体废物产生量 (万吨)	Volume of Solid Wastes Produced (10 000 tons)	36575.7	45361.5
固体废物综合利用量 (万吨)	Volume of Solid Wastes Utilized (10 000 tons)	12894.1	18016.0
固体废物综合利用率 (%)	Percentage of Solid Wastes Utilized (%)	35.2	38.7
固体废物处置量 (万吨)	Volume of Solid Wastes Treated (10 000 tons)	17776.5	21057.6
固体废物贮存量 (万吨)	Volume of Solid Wastes Accumulated (10 000 tons)	6167.5	7618.8
污染治理	**Pollution Treatment**		
当年污染治理施工项目总数 (个)	Number of Projects for Pollution Treatment in the Year (unit)	527	405
污染治理项目本年完成投资额 (万元)	Investment of the Project for Pollution Treatment in the Year (10 000 yuan)	387184.8	426034.3
治理废水	Treatment of Waste Water	44741.4	60466.4
治理废气	Treatment of Waste Gas	247103.9	254245.5
治理固体废物	Treatment of Solid Wastes	16846.8	19664.4
治理噪声	Noise Abatement	19.6	260.0
治理其他	Others	78473.1	91397.9

注：本表为初步统计数据。

Notes: Data in the table are preliminary statistics.

主要统计指标解释

艺术表演团体　指从事戏曲、音乐、舞蹈、杂技等专业艺术表演，有独立帐户，实行单独核算的团体。不包括半工半艺、半农半艺的业余团体。

文化馆　指专门从事群众文化活动的群众文化场馆。不包括临时抽调人员组成、没有编制的农村和街道文化工作队、服务站等。

文化市场经营机构　指经文化市场行政部门审批或已申报登记并领取相关许可证的、从事文化经营和文化服务活动的机构。

图书馆　指各类图书馆的管理与服务（对文献和信息的搜集、整理、存储、利用和管理，向社会公众开放并提供科学、文化等各种知识普及教育）。包括公共图书馆和各类机构内部举办的或单独举办的图书馆的管理与服务。不包括部队系统以及文化馆（文化中心、群众艺术馆）、文化站内设的图书室。

文化艺术研究机构　指有明确的研究方向和任务，有一定水平的学术带头人和一定数量、质量的研究人员，有开展工作的基本条件，主要进行文化艺术研究（含科技）的机构。

博物馆　指为了研究、教育、欣赏的目的，收藏、保护、展示人类活动和自然环境的见证物，向公众开放，非营利性、永久性社会服务机构，包括以博物馆（院）、纪念馆（舍）、美术（艺术）馆、科技馆、陈列馆等专有名称开展活动的单位。

艺术表演观众人数　指售票、包场演出或民族地区免费演出艺术表演观众人次数。不包括彩排审查和内部观摩演出的观看人次数。

等级运动员人数　指经考核正式批准授予等级运动员称号的人数。运动员等级分为国际级运动健将、运动健将、一级运动员、二级运动员、三级运动员、少年级运动员。

等级裁判员人数　指经考核正式批准授予等级裁判员称号的人数。裁判员等级分为国际裁判、国家级裁判、一级裁判、二级裁判、三级裁判。

体育场　指有 400 米跑道（中心含足球场），有固定道牙，路道 6 条以上，并有固定看台的田径场。以看台容纳观众人数分：甲级 25000 人以上，乙级 15000–25000 人，丙级 5000–15000 人，丁级 5000 人以下。

体育馆　指有固定看台可供篮球、排球、羽毛球、乒乓球、体操等项目训练比赛活动用的室内场地。以看台容纳观众人数分：甲级 6000 人以上，乙级 4000–6000 人，丙级 2000–4000 人，丁级 2000 以下。

工业废水排放量　指经过企业厂区所有排放口排到企业外部的工业废水量。包括生产废水、外排的直接冷却水、超标排放的矿井地下水和与工业废水混排的厂区生活污水，不包括独立外排的间接冷却水(清浊不分流的间接冷却水应计算在内)。

工业废气排放量　指企业厂区内燃料燃烧和生产工艺过程中产生的各种排入空气中含有污染物的气体总量，按标准状态［273 K，101325Pa］计算。

工业二氧化硫排放量　指企业在燃料燃烧和生产工艺过程中排入大气的二氧化硫总质量。工业中二氧化硫主要来源于化石燃料（煤、石油等）的燃烧，还包括硫矿石的冶炼或含硫酸、磷肥等生产的工业废气排放。

工业固体废物产生量　指企业在生产过程中产生的固体状、半固体状和高浓度液体状废弃物的总量、包括危险废物、冶炼废渣、粉煤灰、炉渣、煤矸石、尾矿、放射性废物和其他废物等；不包括矿山开采的剥离废石和掘进废石(煤矸石和呈酸性或碱性的废石除外)。酸性或碱性废石指采掘的废石其流经水、雨淋水的 PH 值小于 4 或 PH 值大于 10.5 者。

工业固体废物贮存量　指以综合利用或处置为目的，将固体废物暂时贮存或堆存在专设的贮存设施或专设的集中堆存场所内的数量。专设的固体废物贮存场所或贮存设施必须有防扩散、防流失、防渗漏、防止污染大气、水体的措施。

工业固体废物处置量　指将固体废物焚烧或者最终置于符合环境保护规定要求的场所，并不再回取的工业固体废物量(包括当年处置往年的工业固体废物累计贮存量)。处置方法有填埋(其中危险废物应安全填埋)、焚烧、专业贮存场(库)封场处理、 深层灌注、回填矿井等。

Explanatory Notes on Main Statistical Indicators

Art Performance Troupes refer to the troupes which are engaged in drama, music, dance, acrobatics or other art performance, have independent accounts with banks and have self-supporting accounting system. Amateur troupes which are engaged partly in industrial or agricultural activities and partly in art performance are not included.

Culture Centers refer to mass cultural centers which specialize in mass cultural activities. They do not include rural and street cultural teams or service stations that comprise of temporary transferred staff or personnel who do not have a personnel quota.

Business Institutions of Cultural Market refer to the institutions dealing in culture and cultural services, which registered and permitted with the relative certificate by cultural market administration.

Libraries refer to management and services of all kinds of libraries, that is, collect, collate, store and manage literature and information, supply various popular knowledge and education of science and culture openly. They include management and service that are carried out internally and singly by public libraries and all kinds of agencies, but don't include library rooms of army and culture centers or stations.

Culture and Art Research Institutions refer to institutions that mainly do research on culture and art. These institutions own academic leaders to a certain degree and research personnel to a certain quantity and quality, have the basic condition to carry out work under definite research direction and task.

Museums refer to social service agencies which collect, protect, exhibit the evidence of human's activities and natural environment in an open, non-profit and permanent way. They include museum, memorial hall, art gallery, science museum, exhibition hall and so on.

Number of Spectators at Art Performance refers to the number of attendants at commercial shows completely booked shows or free shows given in minority national areas and does not include the number of spectators at rehearsals for examination and internal shows for study.

Number of Athletes in Grades refers to the number of athletes who have been given titles through examination. The titles of athletes include international masters of sports, masters of sports, first grade athletes, second grade athletes, third grade athletes and young athletes.

Number of Referees in Grades refers to the number of referees who have been given titles after examination. They are classified into international referees, national referees, first grade referees, second grade referees and third grade referees.

Stadiums refer to athletic field which have 400-meter track around football field, fixed kerbs, road way above six and fixed stands. Stadiums are classified into the following types according to seating capacity: Class A seating 25000 people, Class B 15000 to 25000 people, Class C 5000 to 15000 people and Class D fewer than 5000 people.

Gymnasiums refer to indoor sports grounds with fixed seats for the training or competition of basketball, volleyball, badminton, table tennis, gymnastics and other sports events. Gymnasiums are classified into the following types according to seating capacity: Class A seating over 6000 people, Class B 4000 to 6000 people, Class C 2000 to 4000 people and class D fewer than 2000 people.

Volume of Industrial Waste Water Discharged refers to the volume of industrial waste water discharged through all outlets to the outside of industrial enterprises including waste water produced, direct-cooling water, underground water from mines that does not meet the standard and the domestic sewage mixed up with industrial waste water, excluding indirect-cooling water discharged separately.

Volume of Industrial Waste Gas Emission refers to total emission volume of polluted gas enterprises discharge into atmosphere from fuels burning and production process in the factory. It is measured by standard atmospheric pressure of [273K, 101325Pa].

Volume of Industrial Sulphur Dioxide Emission refers to dioxide emission volume enterprises discharge into atmosphere from fuels burning and production process. Industrial sulphur dioxide is mainly from burning of fossil fuels (coal, petroleum and etc). It is also from the emission of industrial waste gas which is produced during the process of smelting sulphur ores, sulphur acid or phosphate fertilizer.

Volume of Industrial Solid Wastes Produced refers to the total volume of solid semi-solid or high concentration liquid residue produced by industrial enterprises in their production process including dangerous wastes residues, melting waste slag, coal ash, gangue chemical residues, tailings, radioactive residues and other residues, but excluding stripped or dug stones in mining except gangue and acid or alkali stones which are stones washed or soaked by water with PH value smaller than 4 or larger than 10.5.

Volume of Industrial Solid Wastes Accumulated refers to the volume of industrial solid wastes temporarily stored up or piled with special facilities or piled in the special sites for the purpose of utilization or treatment in future. The special facilities or special sites for storing up solid wastes should have the measures against spreading or being washed away to other places, permeating the soil causing air pollution or water contamination.

Volume of Industrial Solid Wastes Treated refers to solid wastes disposed of in a non—recoverable place that meet the requirement of environmental protection such as burying (dangerous wastes should be buried safely), burning, piling in designated sites, pouring water into the deep strata, filling of old mines, etc, (including treatment of solid wastes piled up in the previous years).

18

城市概况

GENERAL SURVEY OF CITIES

资料整理人员

白鹏洲　马金兰　李悦榕　杨　敏　田　丹
窦　静

18-1 地级城市主要经济指标(2019年)
MAJOR ECONOMIC INDICATORS OF CITIES AT PREFECTURE LEVEL(2019)

指 标	Item	太原市区 Taiyuan Urban District	大同市区 Datong Urban District	阳泉市区 Yangquan Urban District
年末总户数 (万户)	Households at Year-end (10 000 households)	91.84	61.69	25.89
常住人口 (万人)	Resident Population (10 000 persons)	365.21	200.83	74.62
年出生人数 (人)	Birth Population of the Year (person)	35892	13594	6784
年死亡人数 (人)	Death Population (person)	7978	7287	4965
从业人员期末人数 (城镇单位) (人)	Employees in Urban Units at the End of Period (person)	946506	315881	153845
行政区域土地面积 (平方公里)	Area of Adiministrative Region (sq.km)	1500	3551	654
地区生产总值 (万元)	Gross Domestic Product (10 000 yuan)	37209068	10219886	4773162
第一产业	Primary Industry	167464	218681	19781
第二产业	Secondary Industry	13530441	4089864	2007384
第三产业	Tertiary Industry	23511163	5911341	2745997
工业经济指标	Economic Industrial Indicators			
工业企业数 (个)	Number of Industrial Enterprises (unit)	375	208	80
内资企业	Domestic Funded Enterprises	359	200	75
港澳台商投资企业	Enterprises Funded by Hong kong, Macao and Taiwan	3	3	2
外商投资企业	Foreign Funded Enterprises	13	5	3
流动资产合计 (万元)	Total Current Assets (10 000 yuan)	27736641	8452947	4107461
固定资产净额 (万元)	Net Value of Fixed Assets (10 000 yuan)	12770982	5846824	2427097
营业收入 (万元)	Business Revenue (10 000 yuan)	30085066	8038932	3202379
税金及附加 (万元)	Tax and Extra Charges (10 000 yuan)	472686	229705	152708
应交增值税 (万元)	Value Added Taxes Payable (10 000 yuan)	514150	310044	141832
利润总额 (万元)	Total Profits (10 000 yuan)	565366	-229408	237808
固定资产投资 (不含农户)(万元)	Investment in Fixed Assets (Excluding Rural Household) (10 000 yuan)	12268833	3896924	1202566
#房地产开发投资	Investment in Real Estate	6874712	1404378	157469
#住 宅	Residential Buildings	4982005	1091666	120105
商品房销售面积 (万平方米)	Floor Space of Commercial Houses Sold (10 000 sq.m)	665.30	217.30	30.40
商品房销售额 (万元)	Sales of Commercial Houses (10 000 yuan)	7778837	1269553	153417
社会消费品零售总额 (万元)	Total Retail Sales of Consumer Goods (10 000 yuan)	18401164	6079187	2016425
一般公共预算收入 (万元)	General Public Budget Revenue (10 000 yuan)	1034060	1098791	439849
一般公共预算支出 (万元)	General Public Budget Expenditure (10 000 yuan)	1929335	2143765	789051
在岗职工平均人数 (万人)	Average Number of Fully Employed Staff and Workers (10 000 persons)	88.92	28.41	15.00
在岗职工工资总额 (万元)	Total Wages of Full Employed Staff and Workers (10 000 yuan)	7524770	2005762	1030396
住户存款余额 (万元)	Balance of Residents Savings Deposits (10 000 yuan)	47939208	16469396	6425035

18-1 续表

指 标	Item	长治市区 Changzhi Urban District	晋城市区 Jincheng Urban District
年末总户数 (万户)	Households at Year-end (10 000 households)	51.84	14.21
常住人口 (万人)	Resident Population (10 000 persons)	168.53	50.48
年出生人数 (人)	Birth Population of the Year (person)	18175	5608
年死亡人数 (人)	Death Population (person)	8154	1050
从业人员期末人数 (城镇单位) (人)	Employees in Urban Units at the End of Period (person)	251069	127794
行政区域土地面积 (平方公里)	Area of Adiministrative Region (sq.km)	2631	
地区生产总值 (万元)	Gross Domestic Product (10 000 yuan)	9320852	3427381
第一产业	Primary Industry	209913	6015
第二产业	Secondary Industry	4642216	1038687
第三产业	Tertiary Industry	4468723	2382679
工业经济指标	Economic Industrial Indicators		
工业企业数 (个)	Number of Industrial Enterprises (unit)	241	44
内资企业	Domestic Funded Enterprises	231	38
港澳台商投资企业	Enterprises Funded by Hong kong, Macao and Taiwan	6	2
外商投资企业	Foreign Funded Enterprises	4	4
流动资产合计 (万元)	Total Current Assets (10 000 yuan)	8893527	2622968
固定资产净额 (万元)	Net Value of Fixed Assets (10 000 yuan)	6173589	1095420
营业收入 (万元)	Business Revenue (10 000 yuan)	10993894	2194183
税金及附加 (万元)	Tax and Extra Charges (10 000 yuan)	264829	22856
应交增值税 (万元)	Value Added Taxes Payable (10 000 yuan)	390326	36318
利润总额 (万元)	Total Profits (10 000 yuan)	779810	170917
固定资产投资 (不含农户)(万元)	Investment in Fixed Assets (Excluding Rural Household) (10 000 yuan)	3750370	1415401
#房地产开发投资	Investment in Real Estate	931385	566230
#住 宅	Residential Buildings	724849	435483
商品房销售面积 (万平方米)	Floor Space of Commercial Houses Sold (10 000 sq.m)	194.03	37.10
商品房销售额 (万元)	Sales of Commercial Houses (10 000 yuan)	1005326	221236
社会消费品零售总额 (万元)	Total Retail Sales of Consumer Goods (10 000 yuan)	4348199	2825083
一般公共预算收入 (万元)	General Public Budget Revenue (10 000 yuan)	986049	527681
一般公共预算支出 (万元)	General Public Budget Expenditure (10 000 yuan)	1743502	897816
在岗职工平均人数 (万人)	Average Number of Fully Employed Staff and Workers (10 000 persons)	23.83	11.06
在岗职工工资总额 (万元)	Total Wages of Full Employed Staff and Workers (10 000 yuan)	1518119	691444
住户存款余额 (万元)	Balance of Residents Savings Deposits (10 000 yuan)	12205084	7837752

continued

朔州市区 Shuozhou Urban District	晋中市区 Jinzhong Urban District	运城市区 Yuncheng Urban District	忻州市区 Xinzhou Urban District	临汾市区 Linfen Urban District	吕梁市区 Lvliang Urban District
26.49	22.66	23.83	23.33	26.64	10.98
74.18	67.18	72.15	56.73	99.25	34.07
9201	7115	7857	5137	8949	4235
6839	1889	2803	1877	3952	1416
97848	123520	124804	72667	108415	64687
4095	1318	1205	1982	1316	1339
5345338	3148992	2897140	1819814	3334150	1373410
152053	215905	185353	109500	79907	23385
2046197	862220	701767	487714	654026	477403
3147088	2070866	2010020	1222600	2600217	872622
83	175	62	41	59	25
78	163	61	40	57	24
1	4	1		1	
4	8		1	1	1
3485562	2355182	632653	839686	798729	1684697
9164484	1799704	293402	528128	1334959	
	3333323	827654	809159	1307703	1212203
262808	27867	5204	3126	35445	59640
302007	63250	16390	22260	43189	58471
441251	78604	3114	93329	2700	210686
1183411	2887723	1409284	546760	843339	528750
155420	1149311	807839	195442	594462	91889
133717	842046	677907	140732	454003	70832
42.40	140.80	101.32	24.20	131.68	16.38
170184	1108656	506401	106712	798550	79675
1768408	1999385	2796731	1268854	2814927	816884
580392	141628	184489	60002	182923	146126
961630	369655	684558	239886	449415	244196
8.83	9.80	9.11	6.80	8.27	4.94
664101	731581	534828	422079	609998	355345
6427878	7010545	4885917	4419660	7020519	2966987

18-2 地级城市公共服务及公用事业(2019年)

指 标	Item	太原市区 Taiyuan Urban District
中等职业教育学校数 (所)	Secondary Vocational Education Schools (unit)	73
普通中学学校数 (所)	Regular Secondary Schools (unit)	176
普通小学学校数 (所)	Regular Primary Schools (unit)	285
中等职业教育专任教师数 (人)	Full-Time Teachers of Secondary Vocational Education (person)	6136
普通中学专任教师数 (人)	Full-Time Teachers of Regular Secondary Schools (person)	16175
普通小学专任教师数 (人)	Full-Time Teachers of Regular Primary Schools (person)	15987
中等职业教育在校学生数 (人)	Students Enrollment of Secondary Vocational Education (person)	98430
普通中学在校学生数 (万人)	Students Enrollment of Regular Secondary Schools (10 000 persons)	16.41
普通小学在校学生数 (万人)	Students Enrollment of Regular Primary Schools (10 000 persons)	27.44
医院数 (个)	Number of Hospitals (unit)	118
医院床位数 (张)	Number of Hospital Beds (unit)	35935
执业(助理)医师数 (人)	Number of Licensed Assistant Doctors (person)	21871
注册护士数 (人)	Number of Registered Nurses (person)	26932
公共供水综合生产能力 (万立方米/日)	Comprehensive Production Capacity of Public Water Supply (10 000 cu.m/day)	
年末排水管道长度 (公里)	Lenth of Drainage Pipelines at Year End (km)	3264
年末实有城市道路面积 (万平方米)	Actual Area of City Roads at the Year End (10 000 sq.m)	6257
年末实有公共汽(电)车营运车辆数 (辆)	Number of Public Buses (Trolly Buses) under Operation at Year-end (unit)	3533
年末实有出租汽车运营车数 (辆)	Number of Taxis under Operation at Year-end (unit)	8292
公共汽(电)车客运总量 (万人次)	Number of Passengers Carried by Public Buses (Trolly Buses) (10 000 person-times)	34485
绿地面积 (公顷)	Green Area (ha)	13788
#公园绿地面积	Green Area of Parks	4601
建成区绿化覆盖面积 (公顷)	Green Coverage of Completed Areas (ha)	15617

PUBLIC SERVICES AND FACILITIES IN CITIES AT PREFECTURE LEVEL(2019)

大同市区 Datong Urban District	阳泉市区 Yangquan Urban District	长治市区 Changzhi Urban District	晋城市区 Jincheng Urban District	朔州市区 Shuozhou Urban District
20	11	25	6	7
107	38	95	32	35
176	61	224	63	49
1440	678	1901	797	227
9178	2954	9524	3159	4722
9032	2522	5771	1755	2904
13180	5109	24362	16704	5592
8.92	3.26	9.88	3.35	4.33
12.15	3.75	11.38	3.63	5.83
102	39	66	41	46
16021	5222	10719	5219	3882
7920	3039	6197	2668	1986
8535	3714	7102	3142	2168
63.00	35.22	20.88	16.00	5.00
635	225	938	516	520
	845	1392	744	818
1096	944	853	595	280
4955	1885	2469	1453	1274
22168	17062	13534	6994	2214
	2282	4331	2067	2513
	626	1189	617	575
	4143	4874	2185	2963

18-2 续表

指 标	Item	晋中市区 Jinzhong Urban District
中等职业教育学校数 (所)	Secondary Vocational Education Schools (unit)	10
普通中学学校数 (所)	Regular Secondary Schools (unit)	39
普通小学学校数 (所)	Regular Primary Schools (unit)	102
中等职业教育专任教师数 (人)	Full-Time Teachers of Secondary Vocational Education (person)	712
普通中学专任教师数 (人)	Full-Time Teachers of Regular Secondary Schools (person)	3396
普通小学专任教师数 (人)	Full-Time Teachers of Regular Primary Schools (person)	2723
中等职业教育在校学生数 (人)	Students Enrollment of Secondary Vocational Education (person)	15252
普通中学在校学生数 (万人)	Students Enrollment of Regular Secondary Schools (10 000 persons)	3.29
普通小学在校学生数 (万人)	Students Enrollment of Regular Primary Schools (10 000 persons)	5.20
医院数 (个)	Number of Hospitals (unit)	31
医院床位数 (张)	Number of Hospital Beds (unit)	4528
执业(助理)医师数 (人)	Number of Licensed Assistant Doctors (person)	2545
注册护士数 (人)	Number of Registered Nurses (person)	3089
公共供水综合生产能力 (万立方米/日)	Comprehensive Production Capacity of Public Water Supply (10 000 cu.m/day)	12.90
年末排水管道长度 (公里)	Lenth of Drainage Pipelines at Year End (km)	1088
年末实有城市道路面积 (万平方米)	Actual Area of City Roads at the Year End (10 000 sq.m)	
年末实有公共汽(电)车营运车辆数 (辆)	Number of Public Buses (Trolly Buses) under Operation at Year-end (unit)	687
年末实有出租汽车运营车数 (辆)	Number of Taxis under Operation at Year-end (unit)	1330
公共汽(电)车客运总量 (万人次)	Number of Passengers Carried by Public Buses (Trolly Buses) (10 000 person-times)	4307
绿地面积 (公顷)	Green Area (ha)	6334
#公园绿地面积	Green Area of Parks	986
建成区绿化覆盖面积 (公顷)	Green Coverage of Completed Areas (ha)	7758

continued

运城市区 Yuncheng Urban District	忻州市区 Xinzhou Urban District	临汾市区 Linfen Urban District	吕梁市区 Lvliang Urban District
24	10	18	11
55	34	59	23
83	89	125	49
1609	323	766	732
6832	3800	5964	2686
4275	3134	4422	2253
21915	6217	11877	4651
6.31	4.60	6.52	3.30
7.08	3.80	6.55	4.76
105	35	65	23
8965	3233	7768	2182
4396	1763	4206	1329
5336	1907	4968	1436
12.64	13.00	10.03	8.50
310	742	265	370
420	782		433
644	230	423	268
1801	712	1862	453
12279	2022	6075	
2165	1272	1981	1240
623	494	661	445
2492	1423	2128	1405

主要统计指标解释

公共供水综合生产能力　指年末按供水设施取水、净化、送水、出厂输水干管等环节设计能力计算的综合生产能力。包括在原设计能力的基础上，经挖、革、改增加的生产能力。计算时，以四个环节中最薄弱的环节为主确定能力。

年末实有城市道路面积　指道路实际铺装面积和与道路相通的广场、桥梁、隧道的铺装面积（统计时，将人行道面积单独统计）。人行道面积按道路两侧面积相加计算，包括步行街和广场，不含人车混行的道路。

年末实有公共汽（电）车营运车辆数　指年末实际运营的公共汽车、公共电车的数量。

年公共汽（电）车客运总量　指一年内公共汽车、公共电车总共搭载的人次。

绿地面积　指报告期末用作园林和绿化的各种绿地面积。包括公园绿地、生产绿地、防护绿地、附属绿地和其他绿地的面积。

Explanatory Notes on Main Statistical Indicators

Comprehensive Production Capacity of Public Water Supply refers to the designed overall production capacity of water facilities at the end of the year, covering the four segments of water collection, purification, conveyance, and outflow through trunk pipelines. Increased capacity through transformation and innovation projects is included as well. The capacity is determined mainly on the weakest of the above-mentioned four segments.

Actual Area of City Roads at the Year End refers to the actual pavement area of roads and the paving area of squares, bridges and tunnels connected with roads (The sidewalk area is counted separately.). The sidewalk area is counted on both side area of the roads, including pedestrian street and squares, but excluding mixed roads for people and vehicles.

Number of Public Buses (Trolley Buses) under Operation at Year-end refers to the actual number of operational public buses and trolley buses.

Number of Passengers Carried by Bus (Trolley Bus) in the Year refers to the total person-times of passengers carried by buses and trolley buses in the year.

Green Area refers to the total area occupied for green projects at the end of the reference period, including park green land, production green land, protection green land, green land attached to institutions, and other green areas.

19

地市篇

CITIES AT PREFECTURE LEVEL

19-1 国民经济核算主要指标(2019年)

MAJOR INDICATORS OF NATIONAL ECONOMIC ACCOUNTING(2019)

单位：万元 (10 000 yuan)

市 名 City		地区生产总值 Gross Domestic Product	第一产业 Primary Industry	第二产业 Secondary Industry	第三产业 Tertiary Industry	#工 业 Industry	#交通运输、仓储和邮政业 Transportation, Storage and Post	#批发和零售业 Wholesale and Retail Trade	人均地区生产总值(元) Per Capita GDP(yuan)
全 省	**Total**	**170266800**	**8247200**	**74530900**	**87488700**	**65695100**	**10068200**	**13616100**	**45724**
太原市	Taiyuan	40161904	301348	15186360	24674196	10703993	1843395	4123531	90421
大同市	Datong	13112069	619112	4907315	7585642	4169100	1213400	1091100	37902
阳泉市	Yangquan	7177102	103452	3273450	3800200	2840975	369044	629578	50689
长治市	Changzhi	16399173	505808	8749142	7144223	8246200	752400	1132200	47219
晋城市	Jincheng	13551562	475118	7360928	5715516	6889446	825062	770183	57714
朔州市	Shuozhou	10566800	536600	4229000	5801200	3991000	854000	978000	59269
晋中市	Jinzhong	14476159	1000848	6542701	6932610	5849062	1173062	1114167	42759
运城市	Yuncheng	15535353	2368010	5407422	7759921	4513125	943443	1271561	28951
忻州市	Xinzhou	9916758	740834	4356027	4819897	4016400	574500	498300	31260
临汾市	Linfen	14483799	964160	6284152	7235487	5747078	836718	1093610	32155
吕梁市	Lvliang	15070248	624363	9034027	5411859	8730400	695600	818400	38758

19-2 国民经济核算主要指标指数(2019年)

INDICES OF MAJOR INDICATORS OF NATIONAL ECONOMIC ACCOUNTING(2019)

上年=100 (last year=100)

市 名 City		地区生产总值 Gross Domestic Product	第一产业 Primary Industry	第二产业 Secondary Industry	第三产业 Tertiay Industry	#工 业 Industry	#交通运输、仓储和邮政业 Transportation, Storage and Post	#批发和零售业 Wholesale and Retail Trade
全 省	**Total**	**106.2**	**102.1**	**105.7**	**107.0**	**105.4**	**106.6**	**102.8**
太原市	Taiyuan	106.6	102.3	105.9	107.1	104.9	109.5	103.9
大同市	Datong	106.7	103.0	106.9	106.9	106.4	107.3	105.8
阳泉市	Yangquan	105.0	101.5	104.4	105.6	103.7	106.3	104.0
长治市	Changzhi	106.0	96.1	104.8	108.2	104.8	105.2	105.0
晋城市	Jincheng	106.5	98.7	107.8	105.7	107.7	104.7	102.6
朔州市	Shuozhou	106.5	103.1	109.0	105.1	109.1	107.5	101.3
晋中市	Jinzhong	106.3	103.2	104.9	108.0	104.6	105.2	102.4
运城市	Yuncheng	106.4	103.3	106.5	107.2	105.9	106.0	104.7
忻州市	Xinzhou	105.4	103.4	102.9	107.7	102.7	111.0	103.9
临汾市	Linfen	106.0	102.5	104.7	107.6	103.9	105.7	102.6
吕梁市	Lvliang	105.7	101.9	105.5	106.4	105.0	105.7	106.1

19-3 基本单位数(2018年)
NUMBER OF BASIC UNITS (2018)

单位：个 (unit)

市 名 City	法人单位数 Corporation Units			产业活动单位数 Active Units	
	合 计 Total	单产业法人 Single Industry	多产业法人 Multi-industry	合 计 Total	#多产业法人所属产业活动单位 Units Belong to Multi-industry Corporation
全 省 Total	**462193**	**445638**	**16555**	**547430**	**101792**
太原市 Taiyuan	129820	126363	3457	144017	17654
大同市 Datong	31059	29983	1076	37843	7860
阳泉市 Yangquan	14008	13076	932	17671	4595
长治市 Changzhi	39477	37900	1577	47742	9842
晋城市 Jincheng	29737	28355	1382	35788	7433
朔州市 Shuozhou	18656	17959	697	22499	4540
晋中市 Jinzhong	43254	41406	1848	52476	11070
运城市 Yuncheng	48866	47086	1780	59943	12857
忻州市 Xinzhou	28550	27550	1000	34134	6584
临汾市 Linfen	42191	40573	1618	51742	11169
吕梁市 Lvliang	36575	35387	1188	43575	8188

注：(1)表中数据来源于山西省第四次全国经济普查数据，汇总范围为从事第二、三产业的法人单位、产业活动单位和兼营第二、三产业活动的农、林、牧、渔业法人单位，后表同；
(2)本表不含注册未经营的单位数据，后表同；
(3)表中从业人数不含兼营第二、三产业的农、林、牧、渔业法人单位数据，后表同。

Notes: (1)Data in the table are obtained from the Fourth National Economic Census of Shanxi which carries out statistics on the secondary and tertiary industry corporation units, active units and corporation units of farming, forestry, animal husbandry and fishery that also engaged in secondary and teriary industries at part time. The same applies to the following.
(2)The units which have been registered but haven't been in operation are not included in the table. The same applies to the following.
(3)The employees in the table don't include those in farming, forestry, animal husbandry and fishery corporation units that also engaged in the secondary and teriary industries at part time. The same applies to the following.

19-4 按登记注册类型分基本单位数(2018年)
NUMBER OF BASIC UNITS BY REGISTRATION STATUS(2018)

单位：个 (unit)

市 名 City	法人单位数 Corporation Units				产业活动单位数 Active Units			
	合 计 Total	内资单位 Civil Funded	港澳台商投资单位 Funded by Hong Kong, Macao and Taiwan	外商投资单位 Foreign Funded	合 计 Total	内资单位 Civil Funded	港澳台商投资单位 Funded by Hong Kong, Macao and Taiwan	外商投资单位 Foreign Funded
全 省 Total	**462193**	**461562**	**219**	**412**	**547430**	**545228**	**1096**	**1106**
太原市 Taiyuan	129820	129572	86	162	144017	143331	293	393
大同市 Datong	31059	31011	16	32	37843	37701	73	69
阳泉市 Yangquan	14008	13991	8	9	17671	17599	41	31
长治市 Changzhi	39477	39435	13	29	47742	47639	41	62
晋城市 Jincheng	29737	29706	9	22	35788	35680	54	54
朔州市 Shuozhou	18656	18641	3	12	22499	22455	12	32
晋中市 Jinzhong	43254	43173	28	53	52476	52246	113	117
运城市 Yuncheng	48866	48819	11	36	59943	59679	147	117
忻州市 Xinzhou	28550	28535	7	8	34134	34050	43	41
临汾市 Linfen	42191	42149	21	21	51742	51520	143	79
吕梁市 Lvliang	36575	36530	17	28	43575	43328	136	111

19-5 按产业分基本单位数及从业人数(2018年)

NUMBER OF BASIC UNITS AND EMPLOYEES BY INDUSTRY(2018)

市名 City		法人单位 Corporation Units					
		单位数(个) Number of Units (unit)	#第二产业 Secondary Industry	#第三产业 Tertiary Industry	从业人数(人) Employees (person)	第二产业 Secondary Industry	第三产业 Tertiary Industry
全省	**Total**	**462193**	**73378**	**388779**	**7734887**	**3088038**	**4646849**
太原市	Taiyuan	129820	17220	112599	1899846	679712	1220134
大同市	Datong	31059	4740	26316	662965	277249	385716
阳泉市	Yangquan	14008	2499	11507	338152	170999	167153
长治市	Changzhi	39477	5820	33651	695031	313088	381943
晋城市	Jincheng	29737	3874	25859	587508	273626	313882
朔州市	Shuozhou	18656	2749	15904	338904	136136	202768
晋中市	Jinzhong	43254	9088	34159	711988	310142	401846
运城市	Yuncheng	48866	9701	39161	736515	273930	462585
忻州市	Xinzhou	28550	4578	23970	447622	146728	300894
临汾市	Linfen	42191	6389	35799	669781	226397	443384
吕梁市	Lvliang	36575	6720	29854	646575	280031	366544

市名 City		产业活动单位 Active Units		
		单位数(个) Number of Units (unit)	第二产业 Secondary Industry	第三产业 Tertiary Industry
全省	**Total**	**547430**	**79373**	**468057**
太原市	Taiyuan	144017	18543	125474
大同市	Datong	37843	5178	32665
阳泉市	Yangquan	17671	2841	14830
长治市	Changzhi	47742	6465	41277
晋城市	Jincheng	35788	4284	31504
朔州市	Shuozhou	22499	2968	19531
晋中市	Jinzhong	52476	9735	42741
运城市	Yuncheng	59943	10214	49729
忻州市	Xinzhou	34134	4966	29168
临汾市	Linfen	51742	7034	44708
吕梁市	Lvliang	43575	7145	36430

19-6 按行业分法人单位数(2018年)
NUMBER OF CORPORATION UNITS BY SECTOR(2018)

单位：个 (unit)

市 名 City	合 计 Total	#采矿业 Ming	#制造业 Manufacturing	#电力、热力、燃气及水生产和供应业 Production and Supply of Electricity, Heat, Gas and Water	#建筑业 Construction
全 省 Total	**462193**	**5942**	**36079**	**4452**	**28707**
太原市 Taiyuan	129820	374	5854	417	11115
大同市 Datong	31059	408	2485	587	1510
阳泉市 Yangquan	14008	195	1356	247	755
长治市 Changzhi	39477	494	2604	318	2572
晋城市 Jincheng	29737	379	1948	325	1346
朔州市 Shuozhou	18656	310	1334	268	939
晋中市 Jinzhong	43254	750	4923	332	3230
运城市 Yuncheng	48866	366	6131	316	3037
忻州市 Xinzhou	28550	804	2580	364	890
临汾市 Linfen	42191	783	2615	944	2148
吕梁市 Lvliang	36575	1079	4249	334	1165

市 名 City	#批发和零售业 Wholesale and Retail Trade	#交通运输、仓储和邮政业 Transport, Storage and Post	#住宿和餐饮业 Hotels and Catering Services	#信息传输、软件和信息技术服务业 Information Transmission, Software and Information Technology Services	#金融业 Financial Industry
全 省 Total	**141041**	**14626**	**8427**	**17399**	**2401**
太原市 Taiyuan	43547	2573	3480	9508	841
大同市 Datong	9749	992	601	771	179
阳泉市 Yangquan	4330	447	183	344	106
长治市 Changzhi	13289	1081	626	711	152
晋城市 Jincheng	10517	740	440	779	135
朔州市 Shuozhou	5803	713	265	319	109
晋中市 Jinzhong	11797	1691	764	1165	189
运城市 Yuncheng	13902	1916	784	1584	201
忻州市 Xinzhou	5904	1136	321	432	169
临汾市 Linfen	12729	1545	582	897	148
吕梁市 Lvliang	9474	1792	381	889	172

19-6 续表 continued

单位：个 (unit)

市 名 City	#房地产业 Real Estate	#租赁和商务服务业 Lease and Business Affairs Services	#科学研究和技术服务业 Scientific Reseach, and Technical Services	#水利、环境和公共设施管理业 Water, Environmental Protection and Public Facility Management	#居民服务、修理和其他服务业 Resident Services, Repair and Other Services
全 省 Total	**16757**	**45373**	**21099**	**5510**	**11377**
太原市 Taiyuan	5854	19417	9147	962	4006
大同市 Datong	1083	2560	1200	394	693
阳泉市 Yangquan	514	1038	536	109	314
长治市 Changzhi	1511	2705	1426	469	879
晋城市 Jincheng	910	2847	995	477	966
朔州市 Shuozhou	551	1425	564	247	420
晋中市 Jinzhong	1480	3249	1967	618	939
运城市 Yuncheng	1547	3823	1855	588	991
忻州市 Xinzhou	747	2230	837	475	443
临汾市 Linfen	1400	3525	1489	557	1011
吕梁市 Lvliang	1160	2554	1083	614	715

市 名 City	#教 育 Education	#卫生和社会工作 Health Care and Social Work	#文化、体育和娱乐业 Culture, Sports and Recreation	#公共管理、社会保障和社会组织 Public Management, Social Security and Social Organization
全 省 Total	**15682**	**6896**	**13635**	**59737**
太原市 Taiyuan	2612	1064	3918	4929
大同市 Datong	1212	626	887	4739
阳泉市 Yangquan	475	244	353	2347
长治市 Changzhi	1315	562	1175	6929
晋城市 Jincheng	947	401	1000	4031
朔州市 Shuozhou	734	370	420	3396
晋中市 Jinzhong	1681	721	1436	5500
运城市 Yuncheng	2178	884	1543	6294
忻州市 Xinzhou	1094	608	694	8040
临汾市 Linfen	1771	849	1330	6920
吕梁市 Lvliang	1663	567	879	6612

19-7 总户数、常住人口数(2019年)

NUMBER OF HOUSEHOLDS AND RESIDENT POPULATION(2019)

单位：人 (person)

市 名 City		总户数(户) Number of Households (household)	常住人口 Resident Population	按性别分 by Sex		按城镇乡村分 by Residence	
				男 性 Male	女 性 Famle	城镇人口 Urban	乡村人口 Rural
全 省	**Total**	**13058069**	**37292223**	**18978010**	**18314213**	**22207519**	**15084704**
太原市	Taiyuan	1239638	4461875	2231560	2230315	3803537	658338
大同市	Datong	1283214	3463020	1751311	1711709	2272342	1190678
阳泉市	Yangquan	532656	1417519	722798	694721	984835	432684
长治市	Changzhi	1191578	3478082	1760255	1717827	1908772	1569310
晋城市	Jincheng	834303	2353002	1176639	1176363	1430491	922511
朔州市	Shuozhou	669168	1784500	927206	857294	1026230	758270
晋中市	Jinzhong	1300981	3389484	1746244	1643240	1926699	1462785
运城市	Yuncheng	1692371	5372606	2713424	2659182	2752678	2619928
忻州市	Xinzhou	1319808	3172859	1642735	1530124	1675039	1497820
临汾市	Linfen	1519899	4508387	2288188	2220199	2414686	2093701
吕梁市	Lvliang	1474453	3890889	2017650	1873239	2012210	1878679

注：本表总户数为公安年报数。

Note: Number of households in the table are obtained from public security department.

19-8 城镇人口增加来源(2019年)

INCREASE SOURCES OF URBAN POPULATION(2019)

单位：人 (person)

市 名 City		合 计 Total	出 生 Birth	城镇人口迁入 Immigration of Urban Population	农业转移人口落户城镇 Immigration of Rural Population with Urban Residency	退出现役 Out of Commission	港澳台人员和华侨回内地(回国)定居及外国人、无国籍人入籍 Immigration of Hong Kong, Macao, Taiwan Population, Overseas Chinese,Aliens and Stateless Persons	其 他 Others
全 省	**Total**	**534329**	**156335**	**69240**	**299006**	**3716**	**1**	**6031**
太原市	Taiyuan	98580	35444	43177	18427	973	1	558
大同市	Datong	26540	14912	5024	5411	602		591
阳泉市	Yangquan	35499	6035	1669	27529	98		168
长治市	Changzhi	51610	15282	1873	33701	375		379
晋城市	Jincheng	31334	11227	1791	17987	202		127
朔州市	Shuozhou	22893	5860	1978	14621	120		314
晋中市	Jinzhong	62015	13877	4053	43420	410		255
运城市	Yuncheng	65686	14764	2903	47022	395		602
忻州市	Xinzhou	38618	9637	2235	25825	153		768
临汾市	Linfen	63726	14754	2712	44498	247		1515
吕梁市	Lvliang	37828	14543	1825	20565	141		754

注：本表为公安年报数。

Note: Data of the table are obtained from public security department.

19–9 城镇非私营单位就业人员和工资(2019年)

NUMBER AND WAGE OF EMPLOYEES IN URBAN NON–PRIVATE UNITS(2019)

市 名 City	就业人员 (人) Number of Employees (person)	工资总额 (万元) Total Wage (10 000 yuan)	平均工资 (元) Average Wage (yuan)	#在岗职工 Fully Employed
全 省 Total	**4410689**	**30603388**	**69551**	**72207**
太原市 Taiyuan	1014807	8151503	80060	82860
大同市 Datong	383258	2567491	67181	70638
阳泉市 Yangquan	216281	1376028	63788	65202
长治市 Changzhi	459734	2943761	64100	65172
晋城市 Jincheng	370375	2430865	66277	68461
朔州市 Shuozhou	191822	1266814	66205	69280
晋中市 Jinzhong	376550	2441558	65199	67511
运城市 Yuncheng	363272	2122913	58118	61815
忻州市 Xinzhou	239418	1514395	63496	65612
临汾市 Linfen	350993	2173639	62279	65203
吕梁市 Lvliang	346796	2284353	66739	69851

注：全省数据包含铁路单位数据。
Note：The data of railway units are included in the provincial data.

19–10 城镇非私营国有单位就业人员和工资(2019年)

NUMBER AND WAGE OF EMPLOYEES IN STAE–OWNED UNITS(2019)

市 名 City	就业人员 (人) Number of Employees (person)	工资总额 (万元) Total Wage (10 000 yuan)	平均工资 (元) Average Wage (yuan)	#在岗职工 Fully Employed
全 省 Total	**1737070**	**11848436**	**68447**	**70628**
太原市 Taiyuan	307674	2905338	94705	96963
大同市 Datong	154679	1056029	68188	70939
阳泉市 Yangquan	69366	469664	67896	70483
长治市 Changzhi	181998	1045990	57795	58702
晋城市 Jincheng	94076	611801	65717	67314
朔州市 Shuozhou	79682	471858	59249	61435
晋中市 Jinzhong	156343	1006908	64764	66665
运城市 Yuncheng	192154	1193988	62413	63963
忻州市 Xinzhou	145980	919419	62954	65715
临汾市 Linfen	188663	1138005	60577	61962
吕梁市 Lvliang	166455	1029437	62087	66063

19-11 城镇非私营集体单位就业人员和工资(2019年)
NUMBER AND WAGE OF EMPLOYEES IN COLLECTIVE-OWNED UNITS(2019)

市 名 City	就业人员 (人) Number of Employees (person)	工资总额 (万元) Total Wage (10 000 yuan)	平均工资 (元) Average Wage (yuan)	#在岗职工 Fully Employed
全 省 Total	**90632**	**479975**	**52354**	**54405**
太原市 Taiyuan	21982	121018	54581	57623
大同市 Datong	16933	68874	40034	40701
阳泉市 Yangquan	6022	37328	61103	62156
长治市 Changzhi	3680	12809	35326	35985
晋城市 Jincheng	5324	21434	40835	41744
朔州市 Shuozhou	3472	12391	35130	35244
晋中市 Jinzhong	4255	25862	62137	63680
运城市 Yuncheng	7388	43031	58048	62961
忻州市 Xinzhou	5970	28308	45688	47849
临汾市 Linfen	5380	26628	48644	49692
吕梁市 Lvliang	10226	82292	78032	83190

19-12 城镇非私营其他单位就业人员和工资(2019年)
NUMBER AND WAGE OF EMPLOYEES IN OTHER-OWNED UNITS(2019)

市 名 City	就业人员 (人) Number of Employees (person)	工资总额 (万元) Total Wage (10 000 yuan)	平均工资 (元) Average Wage (yuan)	#在岗职工 Fully Employed
全 省 Total	**2582987**	**18274977**	**70904**	**73939**
太原市 Taiyuan	685151	5125147	74361	77116
大同市 Datong	211646	1442589	68661	73067
阳泉市 Yangquan	140893	869036	61882	62799
长治市 Changzhi	274056	1884961	68635	69879
晋城市 Jincheng	270975	1797630	66969	69403
朔州市 Shuozhou	108668	782565	72339	76614
晋中市 Jinzhong	215952	1408788	65573	68225
运城市 Yuncheng	163730	885895	53187	58861
忻州市 Xinzhou	87468	566668	65692	66657
临汾市 Linfen	156950	1009006	64811	70156
吕梁市 Lvliang	170115	1172624	70671	72616

注：全省数据包含铁路单位数据。
Note: The data of railway units are included in the provincial data.

19-13 城镇非私营企业单位就业人员和工资(2019年)

NUMBER AND WAGE OF EMPLOYEES IN URBAN NON-PRIVATE ENTERPRISES(2019)

市名 City		就业人员(人) Number of Employees (person)	工资总额(万元) Total Wage (10 000 yuan)	平均工资(元) Average Wage (yuan)	#在岗职工 Fully Employed
全省	**Total**	**2816780**	**20097366**	**71362**	**74401**
太原市	Taiyuan	747232	5805502	77076	79890
大同市	Datong	246798	1630016	66298	70348
阳泉市	Yangquan	160748	998855	62242	63224
长治市	Changzhi	299862	2076979	69053	70233
晋城市	Jincheng	282153	1879313	67231	69642
朔州市	Shuozhou	115548	828922	71749	75583
晋中市	Jinzhong	220122	1460392	66682	69385
运城市	Yuncheng	185139	1015585	53920	59722
忻州市	Xinzhou	109622	698015	64120	65621
临汾市	Linfen	167392	1086991	65284	70320
吕梁市	Lvliang	184781	1286729	71099	73426

注：全省数据包含铁路单位数据。

Note: The data of railway units are included in the provincial data.

19-14 原保险保费收入(2019年)

PREMIUM OF PRIMARY INSURANCE(2019)

单位：万元 (10 000 yuan)

市名 City		合计 Total	财产险 Property Insurance	意外险 Accident Insurance	健康险 Health Insurace	寿险 Life Insurance
全省	**Total**	**8833372**	**2273597**	**185075**	**1457194**	**4917506**
本级	Provincial	1595	3	16	173	1403
太原市	Taiyuan	2474667	694682	69441	337588	1372956
大同市	Datong	680977	197019	12065	102541	369352
阳泉市	Yangquan	343612	78976	6149	63833	194653
长治市	Changzhi	703707	169901	11879	110329	411598
晋城市	Jincheng	504872	136744	8815	84255	275058
朔州市	Shuozhou	257957	91632	6155	41924	118246
晋中市	Jinzhong	767625	195785	12924	108954	449962
运城市	Yuncheng	1134265	249089	23383	236473	625320
忻州市	Xinzhou	439765	117749	9026	74110	238880
临汾市	Linfen	946176	199435	14677	189292	542772
吕梁市	Lvliang	578154	142582	10545	107722	317306

19-15 财政收支情况(2019年)

FINANCIAL REVENUE AND EXPENDITURE(2019)

单位:万元 (10 000 yuan)

市名 City		一般公共预算收入 General Public Budget Revenue	#国内增值税 Value-added Taxes	#企业所得税 Enterprises Income Taxes	#个人所得税 Individual Income Taxes
地区合计	**Total**	**16378817**	**4941247**	**1820926**	**257320**
太原市	Taiyuan	3866164	1040983	393830	90565
大同市	Datong	1301336	395330	220770	17638
阳泉市	Yangquan	573929	152401	51022	8082
长治市	Changzhi	1619482	508343	210491	20020
晋城市	Jincheng	1382122	390760	146987	12657
朔州市	Shuozhou	922886	321017	110743	12205
晋中市	Jinzhong	1630075	503379	112541	27260
运城市	Yuncheng	866265	291357	83739	14713
忻州市	Xinzhou	909300	269513	88497	14390
临汾市	Linfen	1380623	408785	157304	21861
吕梁市	Lvliang	1926635	659379	245002	17929

市名 City		一般公共预算支出 General Public Budget Expenditure	#一般公共服务 Public Services	#教育 Education	#社会保障和就业 Social Security and Employment
地区合计	**Total**	**38641818**	**3589830**	**5817980**	**5041778**
太原市	Taiyuan	6105530	564032	830649	754262
大同市	Datong	3633627	310212	541117	515822
阳泉市	Yangquan	1322650	131197	210066	200877
长治市	Changzhi	3545092	354684	537016	452323
晋城市	Jincheng	2525199	250835	375418	294822
朔州市	Shuozhou	1929168	180940	272249	246405
晋中市	Jinzhong	3710587	284305	538654	429335
运城市	Yuncheng	3741868	355186	674644	564779
忻州市	Xinzhou	3709444	353557	524133	522612
临汾市	Linfen	4112039	388128	584573	584856
吕梁市	Lvliang	4306614	416754	729461	475685

19-16 金融机构本外币各项存款和贷款余额(2019年)
BALANCE OF DEPOSITS AND LOANS IN FINANCIAL INSTITUTIONS(2019)

单位：亿元 (100 million yuan)

市名	City	各项存款 Balance of Deposits	#非金融企业存款 Non-financial Enterprises Deposits	#广义政府存款 Broad Government Deposits	各项贷款 Balance of Loans	#非金融企业及机关团体贷款 Loans to Non-financial Enterprises, Government Departments and Orgnizations	#票据融资 Bill Finance
全 省	**Total**	**38381.44**	**9718.58**	**5660.20**	**28119.37**	**22424.99**	**2063.39**
太原市	Taiyuan	13117.20	4846.00	2654.37	14063.12	11895.34	841.65
大同市	Datong	3181.01	644.97	293.15	1560.21	1230.81	218.81
阳泉市	Yangquan	1736.61	551.08	173.09	1134.65	1019.20	24.12
长治市	Changzhi	2964.60	750.23	308.10	1743.45	1415.41	151.40
晋城市	Jincheng	2631.31	768.31	475.30	1547.12	1186.37	93.15
朔州市	Shuozhou	1683.51	267.70	216.48	859.41	637.12	70.31
晋中市	Jinzhong	2976.14	487.75	302.76	2041.99	1500.79	124.22
运城市	Yuncheng	2488.45	313.65	285.71	1270.86	727.24	77.71
忻州市	Xinzhou	2357.95	256.07	298.69	1049.80	747.72	24.02
临汾市	Linfen	2708.61	408.50	334.94	1649.35	1186.73	219.50
吕梁市	Lvliang	2536.05	424.33	317.59	1199.41	878.25	218.50

19-17 万元地区生产总值能耗降低率
DECREASE RATE OF ENERGY CONSUMPTION PER 10 000 YUAN OF GDP

单位：% (%)

市名	City	2015	2016	2017	2018	2019
全 省	**Total**	**-5.31**	**-4.22**	**-3.37**	**-3.23**	**-2.72**
太原市	Taiyuan	-6.02	-5.42	-3.96	-3.64	-3.05
大同市	Datong	-5.48	-3.54	-2.27	-0.01	-4.64
阳泉市	Yangquan	-2.51	-3.23	-3.21	-3.32	-3.89
长治市	Changzhi	-3.50	-3.61	-3.93	-3.90	2.77
晋城市	Jincheng	-3.20	-1.45	-3.21	-3.63	6.28
朔州市	Shuozhou	-5.35	-5.52	-4.60	-3.71	-1.60
晋中市	Jinzhong	-3.72	-3.35	0.23	-3.32	-3.75
运城市	Yuncheng	-4.29	-3.22	1.71	2.49	-4.60
忻州市	Xinzhou	-4.51	-4.33	-3.81	-3.40	-3.49
临汾市	Linfen	-5.32	-5.34	-4.86	2.38	-4.06
吕梁市	Lvliang	-3.33	-3.21	-3.20	5.47	-2.69

注：本表正数表示上升，负数表示下降。
Note: The positive numbers means the energy consumption per 10 000 yuan of GDP is going up, while the negative ones means going down.

19-18 固定资产投资主要指标增长速度(2019年)
GROWTH RATE OF MAJOR INDICATORS OF INVESTMENT IN FIXED ASSETS(2019)

单位：%　　　　(%)

市名	City	本年完成投资 Investment Completed This Year	建筑安装工程 Construction and Installation	设备工器具购置 Purchase of Equipment and Instruments	其他 Others
全省	**Total**	**9.3**	**9.4**	**-3.7**	**24.4**
太原市	Taiyuan	10.2	4.7	19.9	21.3
大同市	Datong	10.5	15.0	-17.9	30.3
阳泉市	Yangquan	7.7	6.9	3.4	22.4
长治市	Changzhi	9.8	5.8	20.4	24.9
晋城市	Jincheng	10.4	7.1	-19.1	62.9
朔州市	Shuozhou	9.0	19.4	-2.1	-18.8
晋中市	Jinzhong	7.6	17.3	-19.9	-8.0
运城市	Yuncheng	7.1	6.1	-8.6	67.1
忻州市	Xinzhou	9.3	7.2	-15.9	119.3
临汾市	Linfen	14.4	5.2	52.9	33.3
吕梁市	Lvliang	11.2	24.6	-31.2	11.6

市名	City	新建 New Construction	扩建 Expansion	改建和技术改造 Reconstruction and Technical Reformation	其他 Others
全省	**Total**	**3.6**	**-15.4**	**33.9**	**13.4**
太原市	Taiyuan	-9.6	-52.8	34.4	37.5
大同市	Datong	15.8	38.9	24.6	-11.4
阳泉市	Yangquan	-8.4	-7.7	133.2	242.3
长治市	Changzhi	7.1	-13.0	62.7	-32.6
晋城市	Jincheng	12.3	-41.6	23.6	94.3
朔州市	Shuozhou	4.3	-2.4	54.5	483.3
晋中市	Jinzhong	2.9	-5.6	-5.0	-14.3
运城市	Yuncheng	-2.6	-26.8	26.8	13.5
忻州市	Xinzhou	11.2	-10.7	12.7	-35.6
临汾市	Linfen	16.1	35.2	27.5	45.8
吕梁市	Lvliang	5.9	-12.1	58.0	-15.9

注：本表新建项目投资中不含房地产投资。
Note: New construction investment in this table does not include real estate investment.

19-19 固定资产投资建设项目情况(2019年)
CONSTRUCTION PROJECTS OF INVESTMENT IN FIXED ASSETS(2019)

市名 City		施工项目(个) Projects Under Construction(unit)	#本年新开工 Newly Started This Year	本年投产项目(个) Number of Projects Completed and Put into Use This Year(unit)
全　省	**Total**	**10871**	**6250**	**4864**
太原市	Taiyuan	902	345	218
大同市	Datong	957	627	666
阳泉市	Yangquan	472	269	154
长治市	Changzhi	1222	782	699
晋城市	Jincheng	1032	637	357
朔州市	Shuozhou	596	344	197
晋中市	Jinzhong	1387	803	593
运城市	Yuncheng	1374	823	683
忻州市	Xinzhou	1017	509	412
临汾市	Linfen	861	537	400
吕梁市	Lvliang	1024	554	484

19-20 固定资产投资房屋面积(2019年)
FLOOR SPACE OF BUILDINGS UNDER INVESTMENT IN FIXED ASSETS(2019)

单位：平方米　　(sq.m)

市名 City		本年施工房屋面积 Floor Space of Buildings under Construction	#住宅 Residential Buildings	本年竣工房屋面积 Floor Space of Buildings Completed	#住宅 Residential Buildings
全　省	**Total**	**218579524**	**147685117**	**31555674**	**20892992**
太原市	Taiyuan	74210734	52296846	4849669	3280906
大同市	Datong	17182137	11091351	3958237	2085974
阳泉市	Yangquan	4262355	3348872	711729	548840
长治市	Changzhi	22084823	12232360	4269139	2275809
晋城市	Jincheng	11496863	8050512	1898196	1382557
朔州市	Shuozhou	4677559	3558668	1343667	1137588
晋中市	Jinzhong	21395685	14676691	4356491	3142909
运城市	Yuncheng	24092788	15968453	4271300	3211624
忻州市	Xinzhou	9110788	5447547	775090	369205
临汾市	Linfen	18413652	13397199	2980702	2215234
吕梁市	Lvliang	11652140	7616618	2141454	1242346

19-21 进出口贸易总额

TOTAL VALUE OF IMPORTS AND EXPORTS

单位：万元　　(10 000 yuan)

市名 City		2018			2019		
		进出口总额 Total	出口总额 Exports	进口总额 Imports	进出口总额 Total	出口总额 Exports	进口总额 Imports
全　省	**Total**	**13698749**	**8104138**	**5594611**	**14468887**	**8068699**	**6400188**
太原市	Taiyuan	10862892	6632484	4230408	11195625	6517172	4678453
大同市	Datong	375600	218851	156749	516589	346889	169700
阳泉市	Yangquan	70677	41452	29225	103038	52474	50564
长治市	Changzhi	74336	29875	44461	122320	54857	67463
晋城市	Jincheng	460464	126125	334339	729042	103645	625397
朔州市	Shuozhou	55807	31108	24699	80980	36530	44450
晋中市	Jinzhong	220473	190400	30074	207016	171430	35586
运城市	Yuncheng	770601	272897	497703	735803	279385	456419
忻州市	Xinzhou	172572	158055	14517	176205	146866	29339
临汾市	Linfen	197916	157588	40328	151416	142232	9184
吕梁市	Lvliang	437412	245303	192108	450852	217219	233633

19-22 利用外商直接投资额

UTILIZATION OF FOREIGN DIRECT INVESTMENT

单位：万美元　　(USD 10 000)

市名 City		2018		2019	
		合同金额 Contract Value	实际使用金额 Actual Value	合同金额 Contract Value	实际使用金额 Actual Value
全　省	**Total**	**411258**	**236171**	**244613**	**135904**
太原市	Taiyuan	42951	863	20151	9717
大同市	Datong	47907	18194	5593	7003
阳泉市	Yangquan	79	437	404	1936
长治市	Changzhi	214297	39656	250	40790
晋城市	Jincheng	36	28442	2029	30889
朔州市	Shuozhou	85		182236	4896
晋中市	Jinzhong	12094	34882	1820	20831
运城市	Yuncheng	960	1688	11347	1776
忻州市	Xinzhou	1966	4685	2247	3007
临汾市	Linfen	7658	18708	3467	922
吕梁市	Lvliang	83225	88616	15069	14139

19-23 农林牧渔业总产值(2019年)

GROSS OUTPUT VALUE OF FARMING, FORESTRY, ANIMAL HUSBANDRY AND FISHERY(2019)

按当年价格计算 (at current price)

市名 City		农林牧渔业总产值(万元) Total (10 000 yuan)	农业 Farming	林业 Forestry	牧业 Animal Husbandry	渔业 Fishery	农林牧渔专业及辅助性活动 Specializing and Supportive Activities for Agriculture, Forestry, Animal Husbandry and Fishery
全省	**Total**	**16265442**	**9367617**	**1013068**	**4785697**	**69090**	**1029970**
太原市	Taiyuan	573503	298794	91351	139981	3216	40161
大同市	Datong	1181366	526841	76915	509895	1111	66604
阳泉市	Yangquan	203364	89150	17371	86112	1497	9233
长治市	Changzhi	955359	504611	51101	329056	5109	65483
晋城市	Jincheng	887670	412299	36606	394224	3160	41382
朔州市	Shuozhou	1107758	545345	114921	368616	999	77877
晋中市	Jinzhong	1763484	982344	97325	572919	4876	106019
运城市	Yuncheng	4539171	3461340	60707	649096	28214	339814
忻州市	Xinzhou	1391055	721098	115695	474627	3300	76335
临汾市	Linfen	1874750	1210617	98232	448308	11079	106514
吕梁市	Lvliang	1232854	525841	157039	481823	1765	66387

19-24 农林牧渔业中间消耗(2019年)

INTERMEDIATE CONSUMPTION OF FARMING, FORESTRY, ANIMAL HUSBANDRY AND FISHERY(2019)

按当年价格计算 (at current price)

市名 City		农林牧渔业中间消耗(万元) Total (10 000 yuan)	农业 Farming	林业 Forestry	牧业 Animal Husbandry	渔业 Fishery	农林牧渔专业及辅助性活动 Specializing and Supportive Activities for Agriculture, Forestry, Animal Husbandry and Fishery
全省	**Total**	**7511097**	**4020322**	**545737**	**2385160**	**31503**	**528375**
太原市	Taiyuan	253159	121012	45502	64126	1354	21165
大同市	Datong	528486	223118	38457	233608	468	32836
阳泉市	Yangquan	95387	41009	8983	40057	630	4709
长治市	Changzhi	415880	204367	25178	152372	2151	31812
晋城市	Jincheng	391158	164920	18343	186573	1335	19988
朔州市	Shuozhou	531954	256312	57529	179043	420	38651
晋中市	Jinzhong	710940	337337	51349	265854	2076	54324
运城市	Yuncheng	1995347	1488659	31740	299108	11840	164000
忻州市	Xinzhou	611286	310063	57963	204475	1385	37400
临汾市	Linfen	859784	544778	48802	205844	4653	55707
吕梁市	Lvliang	575963	239784	78520	223059	743	33857

19-25 主要农作物播种面积(2019年)
SOWN AREAS OF MAJOR FARM CROPS(2019)

单位：公顷 (ha)

市 名 City		农作物总播种面积 Total Sown Area	#粮 食 Grain	#小 麦 Wheat	#玉 米 Corn	#油 料 Oil-bearing Crops	#蔬 菜 Vegetables	#瓜果类 Melons
全 省	**Total**	**3524418**	**3126167**	**546800**	**1715040**	**99764**	**180388**	**17239**
太原市	Taiyuan	81554	62918	62	30118	1550	11558	222
大同市	Datong	330102	283527		139696	16184	19644	2210
阳泉市	Yangquan	55221	53251		44569	149	1298	26
长治市	Changzhi	283847	252675	4240	212723	3560	16695	586
晋城市	Jincheng	172462	158075	42499	93765	3528	6044	69
朔州市	Shuozhou	341123	278987		153502	29408	12372	3234
晋中市	Jinzhong	281102	249852	6801	203953	1670	24570	842
运城市	Yuncheng	628781	532765	286911	211279	16343	45030	4666
忻州市	Xinzhou	467177	425559	239	221180	13486	17365	2256
临汾市	Linfen	532215	498678	204044	242981	6341	16690	2470
吕梁市	Lvliang	350835	329881	2004	161273	7546	9121	659

19-26 主要农作物产量(2019年)
OUTPUT OF MAJOR FARM CROPS(2019)

单位：吨 (ton)

市 名 City		粮 食 Grain	#小 麦 Wheat	#玉 米 Corn	油 料 Oil-bearing Crops	蔬 菜 Vegetables	#设施蔬菜 Greenhouse Vegetables	瓜果类 Melons
全 省	**Total**	**13618048**	**2262112**	**9393703**	**137007**	**8278305**	**2420349**	**545073**
太原市	Taiyuan	224230	316	141520	2437	640556	200239	5990
大同市	Datong	1231902		927905	17955	582311	207458	54950
阳泉市	Yangquan	207791		190317	123	57755	10792	293
长治市	Changzhi	1073614	18399	971867	5070	760162	200040	12943
晋城市	Jincheng	621417	160231	410765	6224	318723	85117	2161
朔州市	Shuozhou	1259947		997561	28085	600243	63297	101450
晋中市	Jinzhong	1454230	23937	1330718	2856	1733156	462123	36619
运城市	Yuncheng	2654486	1268225	1280990	37380	2068906	803075	184440
忻州市	Xinzhou	1927627	1225	1352286	18480	431041	25327	75133
临汾市	Linfen	2006483	786394	1116433	10765	884962	328259	57162
吕梁市	Lvliang	956320	3385	673341	7631	200491	34622	13933

19-27 水果、林业及渔业生产情况(2019年)

PRODUCTION OF FRUITS, FORESTRY AND FISHERY(2019)

市名 City		全年水果产量 (吨) Annual Output of Fruits (ton)	#苹果 Apples	年末果园面积 (公顷) Area of Orchards (ha)	当年造林面积 (公顷) Afforestation Area (ha)	水产品总产量 (吨) Total Aquatic Products (ton)	水产养殖面积 (公顷) Aquaculture Area (ha)
全省	**Total**	**8081591**	**4218827**	**374860**	**347355**	**46307**	**12418**
太原市	Taiyuan	81450	10902	8661	7349	2691	1157
大同市	Datong	56026	4127	7571	31509	870	1032
阳泉市	Yangquan	11905	7870	1521	4933	709	55
长治市	Changzhi	25291	11633	3798	12405	3818	1640
晋城市	Jincheng	73824	27886	4875	2220	1596	439
朔州市	Shuozhou	1483	327	1440	55211	639	299
晋中市	Jinzhong	388665	164276	25907	13413	3920	1184
运城市	Yuncheng	6297494	3323869	194684	6807	21658	2313
忻州市	Xinzhou	100319	12391	16706	63025	2316	798
临汾市	Linfen	857622	652082	58528	32367	5663	961
吕梁市	Lvliang	187514	3465	51170	27522	905	981

注：本表造林面积不包括省属九大林局数据；渔业数据不包括省属水库的数据。

Note: Coverage of afforestation area in this table doesn't include nine provincal forestry administration data. Fishery data doesn't include data of provincial reservoirs.

19-28 畜牧业生产情况(2019年)

NUMBER OF LIVESTOCK AND LIVESTOCK PRODUCTS(2019)

市名 City		大牲畜年末存栏 (头) Large Animals (head)	#牛 Cattle	猪年末存栏 (头) Hogs (head)	羊年末存栏 (只) Sheep and Goats (head)	家禽年末存栏 (只) Poultry (head)
全省	**Total**	**1188800**	**1038311**	**4514147**	**8688967**	**121289516**
太原市	Taiyuan	35200	33075	88449	273971	2888792
大同市	Datong	264616	212308	400024	1547608	5035820
阳泉市	Yangquan	7964	5386	78263	64726	2751600
长治市	Changzhi	55257	49429	324643	525964	16477227
晋城市	Jincheng	6819	6369	585036	295065	9731249
朔州市	Shuozhou	177341	158899	214898	1314324	2489732
晋中市	Jinzhong	114337	105677	528855	843145	18825808
运城市	Yuncheng	42156	40940	922424	673607	28336318
忻州市	Xinzhou	206813	162049	344814	1819354	6353726
临汾市	Linfen	74863	71615	586558	704324	13514328
吕梁市	Lvliang	203434	192564	440183	626879	14884916

19–28 续表 continued

市名 City		肉类总产量(吨) Output of Meat (ton)	#猪肉 Pork	#牛肉 Beef	#羊肉 Mutton	#禽肉 Poultry
全省	**Total**	**910168**	**567780**	**66078**	**80326**	**187431**
太原市	Taiyuan	22245	13775	1519	2910	3953
大同市	Datong	84491	56129	8915	13211	3715
阳泉市	Yangquan	12567	9747	260	487	1919
长治市	Changzhi	77573	43273	3373	3182	27268
晋城市	Jincheng	92573	72107	539	2084	17612
朔州市	Shuozhou	47924	20527	5936	19568	1277
晋中市	Jinzhong	146787	81128	16935	8651	39532
运城市	Yuncheng	134216	100978	2682	3937	25881
忻州市	Xinzhou	77719	45809	7777	18006	4524
临汾市	Linfen	97042	68391	4870	3702	18846
吕梁市	Lvliang	117031	55915	13272	4586	42903

市名 City		禽蛋产量(吨) Poultry Eggs (ton)	奶类产量(吨) Milk (ton)	#牛奶 Milk	山羊毛产量(吨) Output of Wool (ton)	#山羊绒 Cashmere
全省	**Total**	**1118151**	**922888**	**918140**	**2504**	**1149**
太原市	Taiyuan	30426	72351	72147	95	53
大同市	Datong	68368	237405	236596	509	271
阳泉市	Yangquan	44892	3390	3390	11	1
长治市	Changzhi	119192	9332	9195	93	28
晋城市	Jincheng	89127	182	182	84	25
朔州市	Shuozhou	24283	331902	331902	72	69
晋中市	Jinzhong	151498	132805	131508	173	51
运城市	Yuncheng	299830	28406	28406	33	8
忻州市	Xinzhou	84998	50059	50059	797	434
临汾市	Linfen	119474	33214	30914	207	54
吕梁市	Lvliang	86065	23842	23840	429	156

19-29 农业生产条件(2019年)
CONDITIONS OF AGRICULTURAL PRODUCTION(2019)

市 名 City		农业机械总动力(万千瓦) Total Power of Agricultural Machinery (10 000 kw)	大中型农用拖拉机(台) Large and Medium Tractors for Agriculture (unit)	小型农用拖拉机(台) Mini-tractors for Agriculture (unit)	联 合 收割机(台) Combine Harvesters (unit)
全 省	**Total**	**1517.57**	**104580**	**279847**	**32734**
太原市	Taiyuan	49.10	2581	5360	835
大同市	Datong	108.84	8418	14390	1975
阳泉市	Yangquan	34.77	1591	7886	358
长治市	Changzhi	121.71	10082	22430	2781
晋城市	Jincheng	61.30	4297	34646	1215
朔州市	Shuozhou	138.72	8736	12249	2663
晋中市	Jinzhong	175.96	10579	47376	3497
运城市	Yuncheng	306.06	18732	61423	8488
忻州市	Xinzhou	173.14	15613	29959	3299
临汾市	Linfen	216.85	16959	35879	6105
吕梁市	Lvliang	131.12	6992	8249	1518

市 名 City		年末有效灌溉面积(千公顷) Effective Irrigated Area at Year-end (1000 ha)	灌 溉 机电井数量(眼) Electromechanical Well for Irrigation (unit)	农村用电量(万千瓦小时) Electricity Consumption in Rural Areas (10 000 kwh)	农用化肥施用量(折纯量,吨) Agricultural Consumption of Chemical Fertilizers (ton)
全 省	**Total**	**1519.34**	**96161**	**1049000**	**1084085**
太原市	Taiyuan	47.07	2944	55350	23105
大同市	Datong	150.63	8965	42303	78777
阳泉市	Yangquan	8.97	136	57912	14654
长治市	Changzhi	97.18	9425	92102	109683
晋城市	Jincheng	48.38	673	78047	61914
朔州市	Shuozhou	154.64	8593	26954	72268
晋中市	Jinzhong	168.48	12000	124647	95904
运城市	Yuncheng	437.93	26067	284826	267081
忻州市	Xinzhou	145.18	8228	69372	134362
临汾市	Linfen	151.75	12998	108606	159505
吕梁市	Lvliang	109.13	6132	108881	66834

19-30 规模以上主要工业产品产量(2019年)
OUTPUT OF MAJOR INDUSTRIAL PRODUCTS OF ENTERPRISES ABOVE DESIGNATED SIZE(2019)

市名 City	原煤 (万吨) Coal (10 000 tons)	发电量 (亿千瓦小时) Electricity (100 million kwh)	生铁 (万吨) Pig Iron (10 000 tons)	粗钢 (万吨) Crude Steel (10 000 tons)	钢材 (万吨) Steel Products (10 000 tons)	焦炭 (万吨) Coke (10 000 tons)
全省 Total	**97109.4**	**3228.7**	**5557.1**	**6039.1**	**5594.2**	**9699.5**
太原市 Taiyuan	3572.8	319.0	1032.3	1307.6	1242.0	1123.4
大同市 Datong	12250.0	440.9	100.9	110.8		
阳泉市 Yangquan	4874.2	159.5				81.9
长治市 Changzhi	13041.7	315.4	538.8	608.1	528.2	1486.5
晋城市 Jincheng	11107.2	260.2	482.0	474.6	461.1	116.7
朔州市 Shuozhou	18010.3	381.7				
晋中市 Jinzhong	8511.1	234.2	304.8	305.3	223.3	1218.4
运城市 Yuncheng	981.2	199.4	1394.9	1605.9	1440.4	1189.8
忻州市 Xinzhou	6717.9	390.9	56.0	65.3	64.2	219.2
临汾市 Linfen	6201.6	241.6	1168.4	1206.6	1287.3	1687.9
吕梁市 Lvliang	11841.3	285.8	478.9	355.0	347.7	2575.7

市名 City	水泥 (万吨) Cement (10 000 tons)	平板玻璃 (万重量箱) Plate Glass (10 000-weightcases)	硫酸 (万吨) Sulfuric Acid (10 000 tons)	化学肥料 (万吨) Chemical Fertilizer (10 000 tons)	工业锅炉 (蒸发量吨) Industrial Boiler (Evaporate Capacity ton)	变压器 (万千伏安) Transformer (10 000 kva)
全省 Total	**4982.4**	**1846.9**	**49.5**	**398.5**	**4554**	**785.2**
太原市 Taiyuan	608.3				329	38.8
大同市 Datong	535.6					327.6
阳泉市 Yangquan	287.2				18	107.1
长治市 Changzhi	512.8	878.7		24.1	5	
晋城市 Jincheng	338.0		4.2	225.1		
朔州市 Shuozhou	418.0			26.3		
晋中市 Jinzhong	304.2			28.6	664	
运城市 Yuncheng	447.1		45.2	85.1		232.0
忻州市 Xinzhou	314.4				3538	79.7
临汾市 Linfen	596.0			0.8		
吕梁市 Lvliang	621.0	968.2		8.5		

19-30 续表 continued

市 名 City	泵(台) Pump (unit)	纱(吨) Yarn (ton)	布(万米) Cloth (10 000 m)	白 酒 (千升) Alcoholic Drink (kiloliter)	啤 酒 (千升) Beer (kiloliter)	机制纸及纸板 (吨) Machine-made Paper and Paperboard (ton)
全 省 Total	**95711**	**24891**	**2067.2**	**209323**	**180954**	**608967**
太原市 Taiyuan		1696		12373	130223	13969
大同市 Datong				7890		
阳泉市 Yangquan						
长治市 Changzhi				844		30270
晋城市 Jincheng		5240	1055.0			
朔州市 Shuozhou				1587	32654	
晋中市 Jinzhong	2827			9406	18077	426003
运城市 Yuncheng	92884	16915				138725
忻州市 Xinzhou						
临汾市 Linfen		1040	1012.2			
吕梁市 Lvliang				177223		

市 名 City	煤层气 (亿立方米) Coalbed Methane (100 million cu.m)	手 机 (万台) Mobile Phones (10 000 units)	化学药品 原药(吨) Chemical Medicine (ton)	食 醋 (吨) Vinegar (ton)	太阳能电池 (千瓦) Solar Cell (kw)	新能源汽车 (辆) New Energy Motor Vehicles (set)
全 省 Total	**64.1**	**1862.2**	**26749**	**488801**	**4841694**	**57764**
太原市 Taiyuan	1.1	1862.2	391	391058		
大同市 Datong			22657			
阳泉市 Yangquan	12.5					
长治市 Changzhi			903	4277	3038824	11
晋城市 Jincheng	46.6			11358		
朔州市 Shuozhou			1660			
晋中市 Jinzhong	2.3		3	56142	849964	57753
运城市 Yuncheng			546			
忻州市 Xinzhou					3658	
临汾市 Linfen	0.2					
吕梁市 Lvliang	1.4		589	25966	949248	

19-31 工业企业主要指标(2019年)
MAIN INDICATORS OF INDUSTRIAL ENTERPRISES(2019)

单位：亿元 (100 million yuan)

市名 City		单位数(个) Number of Enterprises (unit)	#亏损企业 Loss-making Enterprises	资产总计 Total Assets	流动资产合计 Total Circulating Funds
全　省	**Total**	**4793**	**1392**	**41560.3**	**17075.7**
省直报	Direct Report	2		1011.1	70.8
太原市	Taiyuan	534	108	6803.5	3256.5
大同市	Datong	335	91	2562.0	1053.7
阳泉市	Yangquan	186	65	1441.2	581.4
长治市	Changzhi	442	138	5933.3	2909.0
晋城市	Jincheng	345	109	4521.7	1928.4
朔州市	Shuozhou	304	98	2762.7	793.5
晋中市	Jinzhong	713	232	3461.4	1259.1
运城市	Yuncheng	550	140	2494.6	1155.4
忻州市	Xinzhou	420	80	2005.5	734.1
临汾市	Linfen	437	165	3264.5	1219.8
吕梁市	Lvliang	525	166	5298.9	2114.0

市名 City		负债合计 Total Liabilities	所有者权益合计 Total Creditors' Equity	营业收入 Business Revenue	营业成本 Business Cost
全　省	**Total**	**29913.2**	**11606.6**	**21334.7**	**17349.5**
省直报	Direct Report	644.7	366.4	1061.8	1015.6
太原市	Taiyuan	4854.7	1947.6	3733.9	3261.0
大同市	Datong	2309.1	251.8	1035.0	751.2
阳泉市	Yangquan	998.4	442.8	514.2	401.4
长治市	Changzhi	4280.3	1641.8	2471.9	1949.9
晋城市	Jincheng	2909.2	1612.3	1797.1	1389.9
朔州市	Shuozhou	1906.3	855.0	1019.7	690.5
晋中市	Jinzhong	2715.3	747.0	2279.5	1981.3
运城市	Yuncheng	1696.8	776.8	2112.7	1821.9
忻州市	Xinzhou	1372.4	630.7	791.6	597.6
临汾市	Linfen	2370.8	892.8	1906.1	1564.5
吕梁市	Lvliang	3855.4	1441.6	2611.4	1924.7

19-31 续表 continued

单位：亿元 (100 million yuan)

市 名 City		税金及附加 Tax and Extra Charges	销售费用 Costs of Sales	管理费用 Costs of Administration	财务费用 Costs of Finance	利润总额 Total Profits
全 省	**Total**	**490.3**	**661.3**	**970.2**	**683.2**	**1164.7**
省直报	Direct Report	2.1		21.3	11.7	11.6
太原市	Taiyuan	55.1	74.9	138.9	94.9	78.8
大同市	Datong	30.8	97.8	80.0	65.7	4.0
阳泉市	Yangquan	20.5	8.0	42.6	23.5	13.6
长治市	Changzhi	72.8	47.0	123.0	95.2	185.6
晋城市	Jincheng	52.8	32.5	115.2	76.5	182.5
朔州市	Shuozhou	42.1	109.1	52.4	45.8	89.2
晋中市	Jinzhong	40.4	76.3	86.0	62.6	28.6
运城市	Yuncheng	15.2	49.7	62.6	41.6	122.1
忻州市	Xinzhou	26.0	17.4	41.9	30.7	75.1
临汾市	Linfen	38.2	35.5	79.9	58.1	129.7
吕梁市	Lvliang	94.4	113.1	126.5	76.9	244.0

市 名 City		亏损企业亏损总额 Total Loss of Loss-making Enterprises	应交增值税 Value Added Taxes Payable	平均用工人数(万人) Average Employees (10 000 persons)	资产负债率(%) Ratio of Debts to Assets (%)	营业收入利润率(%) Ratio of Profits to Business Revenue (%)
全 省	**Total**	**490.2**	**667.4**	**187.0**	**72.0**	**5.46**
省直报	Direct Report		17.3	3.3	63.8	1.09
太原市	Taiyuan	76.1	65.8	29.0	71.4	2.11
大同市	Datong	125.1	38.4	15.9	90.1	0.38
阳泉市	Yangquan	25.4	21.0	8.7	69.3	2.65
长治市	Changzhi	46.4	85.8	22.9	72.1	7.51
晋城市	Jincheng	33.4	76.9	21.5	64.3	10.15
朔州市	Shuozhou	27.6	54.8	9.1	69.0	8.75
晋中市	Jinzhong	59.9	64.7	19.3	78.4	1.25
运城市	Yuncheng	18.6	37.6	15.2	68.0	5.78
忻州市	Xinzhou	16.8	32.4	7.1	68.4	9.49
临汾市	Linfen	28.7	56.2	14.9	72.6	6.80
吕梁市	Lvliang	32.2	116.7	20.1	72.8	9.34

19-32 国有控股工业企业主要指标(2019年)
MAIN INDICATORS OF STATE-HOLDING INDUSTRIAL ENTERPRISES(2019)

单位：亿元 (100 million yuan)

市名 City	单位数(个) Number of Enterprises (unit)	#亏损企业 Loss-making Enterprises	资产总计 Total Assets	流动资产合计 Total Circulating Funds
全省 Total	**1104**	**321**	**26946.2**	**9248.7**
省直报 Direct Report	2		1011.1	70.8
太原市 Taiyuan	156	38	4888.8	1822.5
大同市 Datong	104	26	1970.9	770.1
阳泉市 Yangquan	61	22	1165.4	435.9
长治市 Changzhi	117	35	4270.8	2107.8
晋城市 Jincheng	145	47	3638.6	1420.6
朔州市 Shuozhou	80	29	2123.1	503.3
晋中市 Jinzhong	111	41	1471.8	308.7
运城市 Yuncheng	66	16	927.9	360.9
忻州市 Xinzhou	85	15	1385.6	402.6
临汾市 Linfen	106	37	1876.5	552.9
吕梁市 Lvliang	71	15	2215.8	492.7

市名 City	负债合计 Total Liabilities	所有者权益合计 Total Creditors' Equity	营业收入 Business Revenue	营业成本 Business Cost
全省 Total	**19562.5**	**7368.9**	**10290.0**	**7939.1**
省直报 Direct Report	644.7	366.4	1061.8	1015.6
太原市 Taiyuan	3458.1	1426.5	2098.9	1769.6
大同市 Datong	1840.3	129.7	753.2	540.2
阳泉市 Yangquan	772.5	393.0	378.0	294.8
长治市 Changzhi	3134.2	1128.3	1458.4	1123.4
晋城市 Jincheng	2444.5	1194.1	1130.3	832.1
朔州市 Shuozhou	1465.3	657.9	670.5	424.4
晋中市 Jinzhong	1183.4	288.4	559.7	452.8
运城市 Yuncheng	728.8	199.1	461.6	379.7
忻州市 Xinzhou	966.9	417.3	397.5	272.3
临汾市 Linfen	1413.2	463.2	567.6	397.1
吕梁市 Lvliang	1510.7	705.1	752.7	436.9

19-32 续表 continued

单位：亿元 (100 million yuan)

市 名 City	税金及附加 Tax and Extra Charges	销售费用 Costs of Sales	管理费用 Costs of Administration	财务费用 Costs of Finance	利润总额 Total Profits
全 省 Total	**363.3**	**348.4**	**614.8**	**499.0**	**555.6**
省直报 Direct Report	2.1		21.3	11.7	11.6
太原市 Taiyuan	48.4	44.5	101.5	86.4	29.9
大同市 Datong	28.4	68.8	64.8	56.1	-12.3
阳泉市 Yangquan	17.2	3.1	34.5	16.0	8.3
长治市 Changzhi	54.7	16.1	78.0	67.3	123.6
晋城市 Jincheng	43.5	20.7	95.2	70.9	117.2
朔州市 Shuozhou	32.9	96.6	37.1	37.9	48.1
晋中市 Jinzhong	20.0	13.0	39.0	33.2	-6.3
运城市 Yuncheng	8.1	8.3	18.4	21.3	28.9
忻州市 Xinzhou	22.3	4.7	27.0	24.6	43.5
临汾市 Linfen	27.4	11.0	44.5	36.5	63.4
吕梁市 Lvliang	58.3	61.5	53.5	37.2	99.8

市 名 City	亏损企业亏损总额 Total Loss of Loss-making Enterprises	应交增值税 Value Added Taxes Payable	平均用工人数(万人) Average Employees (10 000 persons)	资产负债率(%) Ratio of Debts to Assets (%)	营业收入利润率(%) Ratio of Profits to Business Revenue (%)
全 省 Total	**376.0**	**392.6**	**103.0**	**72.6**	**5.40**
省直报 Direct Report		17.3	3.3	63.8	1.09
太原市 Taiyuan	65.9	45.6	16.9	70.7	1.42
大同市 Datong	116.9	31.4	12.1	93.4	-1.63
阳泉市 Yangquan	20.9	16.2	6.7	66.3	2.19
长治市 Changzhi	30.6	57.1	13.9	73.4	8.47
晋城市 Jincheng	29.4	52.9	13.4	67.2	10.37
朔州市 Shuozhou	21.8	37.2	4.7	69.0	7.17
晋中市 Jinzhong	38.8	22.3	8.0	80.4	-1.12
运城市 Yuncheng	13.0	12.7	4.8	78.5	6.26
忻州市 Xinzhou	11.8	20.8	3.6	69.8	10.95
临汾市 Linfen	18.6	30.2	8.0	75.3	11.16
吕梁市 Lvliang	8.3	49.2	7.6	68.2	13.26

19-33 外商投资和港澳台投资工业企业主要指标(2019年)

MAIN INDICATORS OF INDUSTRIAL ENTERPRISES WITH HONG KONG, MACAO, TAIWAN AND FOREIGN FUNDS(2019)

单位：亿元 (100 million yuan)

市名 City		单位数(个) Number of Enterprises (unit)	#亏损企业 Loss-making Enterprises	资产总计 Total Assets	流动资产合计 Total Circulating Funds
全省	**Total**	**141**	**31**	**2716.8**	**1591.4**
太原市	Taiyuan	20	3	1006.9	904.0
大同市	Datong	17	1	149.9	49.3
阳泉市	Yangquan	7	3	49.3	16.7
长治市	Changzhi	12	1	337.8	80.5
晋城市	Jincheng	17	3	487.8	273.7
朔州市	Shuozhou	6	2	98.2	23.1
晋中市	Jinzhong	20	6	68.8	19.8
运城市	Yuncheng	13	3	28.1	12.0
忻州市	Xinzhou	5	1	18.0	5.8
临汾市	Linfen	9	3	26.9	9.8
吕梁市	Lvliang	15	5	445.2	196.8

市名 City		负债合计 Total Liabilities	所有者权益合计 Total Creditors' Equity	营业收入 Business Revenue	营业成本 Business Cost
全省	**Total**	**1759.3**	**954.7**	**1630.2**	**1396.5**
太原市	Taiyuan	782.5	224.2	836.1	791.2
大同市	Datong	101.0	48.8	44.6	28.2
阳泉市	Yangquan	41.2	8.2	21.9	18.1
长治市	Changzhi	196.8	138.4	123.6	79.9
晋城市	Jincheng	207.6	280.2	264.7	203.1
朔州市	Shuozhou	65.6	32.6	34.1	24.5
晋中市	Jinzhong	68.3	0.6	43.1	33.8
运城市	Yuncheng	14.6	13.5	18.9	16.0
忻州市	Xinzhou	8.4	9.6	4.1	2.4
临汾市	Linfen	17.1	9.8	14.3	11.5
吕梁市	Lvliang	256.3	188.9	224.7	187.9

19-33 续表 continued

单位：亿元 (100 million yuan)

市 名 City		税金及附加 Tax and Extra Charges	销售费用 Costs of Sales	管理费用 Costs of Administration	财务费用 Costs of Finance	利润总额 Total Profits
全 省	**Total**	**18.3**	**20.6**	**37.5**	**20.7**	**126.1**
太原市	Taiyuan	2.0	5.8	10.3	0.0	22.2
大同市	Datong	0.3	1.4	3.2	3.0	8.6
阳泉市	Yangquan	0.9	0.8	1.1	1.3	–0.1
长治市	Changzhi	5.5	2.6	4.6	5.6	28.5
晋城市	Jincheng	5.8	0.6	7.3	0.5	48.9
朔州市	Shuozhou	0.4	0.1	0.2	2.8	6.2
晋中市	Jinzhong	0.6	4.5	2.3	2.3	–7.7
运城市	Yuncheng	0.2	0.6	0.9	0.3	0.7
忻州市	Xinzhou	0.0	0.1	0.2	0.3	1.2
临汾市	Linfen	0.1	0.7	1.2	0.4	0.1
吕梁市	Lvliang	2.6	3.6	6.5	4.2	17.4

市 名 City		亏损企业亏损总额 Total Loss of Loss-making Enterprises	应交增值税 Value Added Taxes Payable	平均用工人数(万人) Average Employees (10 000 persons)	资产负债率(%) Ratio of Debts to Assets (%)	营业收入利润率(%) Ratio of Profits to Business Revenue (%)
全 省	**Total**	**19.5**	**32.7**	**12.9**	**64.8**	**7.74**
太原市	Taiyuan	0.1	6.1	5.4	77.7	2.66
大同市	Datong	2.2	1.0	0.3	67.4	19.20
阳泉市	Yangquan	1.5	0.7	0.2	83.5	–0.42
长治市	Changzhi	1.2	7.4	0.7	58.3	23.06
晋城市	Jincheng	1.2	7.2	3.9	42.6	18.49
朔州市	Shuozhou	0.9	1.3	0.3	66.8	18.14
晋中市	Jinzhong	9.8	1.8	0.4	99.2	–17.74
运城市	Yuncheng	0.3	0.2	0.3	52.0	3.92
忻州市	Xinzhou	0.1			46.8	28.68
临汾市	Linfen	0.8	–0.2	0.2	63.6	0.67
吕梁市	Lvliang	1.6	7.1	1.3	57.6	7.76

19-34 大中型工业企业主要指标(2019年)

MAIN INDICATORS OF LARGE AND MEDIUM-SIZED INDUSTRIAL ENTERPRISES(2019)

单位：亿元 (100 million yuan)

市名 City		单位数(个) Number of Enterprises (unit)	#亏损企业 Loss-making Enterprises	资产总计 Total Assets	流动资产合计 Total Circulating Funds
全省	**Total**	**1193**	**364**	**33715.1**	**13791.3**
省直报	Direct Report	2		1011.1	70.8
太原市	Taiyuan	115	33	5967.9	2827.6
大同市	Datong	84	26	1893.7	815.1
阳泉市	Yangquan	53	26	1189.3	461.0
长治市	Changzhi	150	47	5020.4	2590.1
晋城市	Jincheng	141	42	4080.3	1789.3
朔州市	Shuozhou	84	32	1996.8	531.0
晋中市	Jinzhong	145	53	2450.1	770.0
运城市	Yuncheng	99	23	1863.7	862.0
忻州市	Xinzhou	55	11	1172.4	427.9
临汾市	Linfen	117	37	2658.2	982.5
吕梁市	Lvliang	148	34	4411.4	1664.0

市名 City		负债合计 Total Liabilities	所有者权益合计 Total Creditors' Equity	营业收入 Business Revenue	营业成本 Business Cost
全省	**Total**	**24091.7**	**9623.4**	**16566.5**	**13240.4**
省直报	Direct Report	644.7	366.4	1061.8	1015.6
太原市	Taiyuan	4299.7	1668.2	3137.3	2743.9
大同市	Datong	1744.0	149.7	824.8	584.8
阳泉市	Yangquan	799.9	389.4	391.3	301.2
长治市	Changzhi	3607.7	1412.7	1991.5	1521.0
晋城市	Jincheng	2572.5	1507.8	1500.0	1128.5
朔州市	Shuozhou	1318.9	677.9	707.8	452.0
晋中市	Jinzhong	1910.9	539.2	1338.9	1137.5
运城市	Yuncheng	1282.6	581.1	1682.4	1446.2
忻州市	Xinzhou	829.2	343.2	442.0	317.3
临汾市	Linfen	1904.2	754.1	1479.8	1182.8
吕梁市	Lvliang	3177.5	1233.9	2009.0	1409.8

19-34 续表 continued

单位：亿元 (100 million yuan)

市 名 City		税金及附加 Tax and Extra Charges	销售费用 Costs of Sales	管理费用 Costs of Administration	财务费用 Costs of Finance	利润总额 Total Profits
全 省	**Total**	**446.0**	**506.6**	**808.4**	**548.1**	**996.9**
省直报	Direct Report	2.1		21.3	11.7	11.6
太原市	Taiyuan	51.3	58.5	112.1	85.0	55.5
大同市	Datong	29.3	90.2	69.8	47.3	-3.1
阳泉市	Yangquan	19.3	3.8	37.6	18.1	7.3
长治市	Changzhi	70.5	30.5	109.5	84.1	177.7
晋城市	Jincheng	51.0	26.2	104.0	68.0	174.5
朔州市	Shuozhou	38.1	99.6	42.9	29.7	54.5
晋中市	Jinzhong	33.2	36.2	61.6	46.0	16.7
运城市	Yuncheng	12.6	36.4	48.3	30.7	109.4
忻州市	Xinzhou	17.1	8.5	27.4	18.5	50.3
临汾市	Linfen	34.8	22.4	66.8	45.6	125.8
吕梁市	Lvliang	86.7	94.3	107.4	63.5	216.7

市 名 City		亏损企业亏损总额 Total Loss of Loss-making Enterprises	应交增值税 Value Added Taxes Payable	平均用工人数(万人) Average Employees (10 000 persons)	资产负债率(%) Ratio of Debts to Assets (%)	营业收入利润率(%) Ratio of Profits to Business Revenue (%)
全 省	**Total**	**384.5**	**560.3**	**154.5**	**71.5**	**6.02**
省直报	Direct Report		17.3	3.3	63.8	1.09
太原市	Taiyuan	68.4	53.5	25.2	72.1	1.77
大同市	Datong	105.1	33.7	13.3	92.1	-0.38
阳泉市	Yangquan	23.7	18.5	7.6	67.3	1.87
长治市	Changzhi	36.9	79.9	20.0	71.9	8.92
晋城市	Jincheng	22.9	68.6	19.2	63.1	11.63
朔州市	Shuozhou	20.0	40.5	7.0	66.1	7.70
晋中市	Jinzhong	44.5	46.1	13.7	78.0	1.24
运城市	Yuncheng	10.4	30.6	11.5	68.8	6.50
忻州市	Xinzhou	11.8	20.7	4.3	70.7	11.39
临汾市	Linfen	20.1	48.4	12.4	71.6	8.50
吕梁市	Lvliang	20.7	102.6	17.0	72.0	10.78

19-35 建筑业企业总产值和竣工产值(2019年)
GROSS OUTPUT VALUE AND COMPLETED VALUE OF CONSTRUCTION ENTERPRISES(2019)

单位：万元 (10 000 yuan)

市名 City	总产值 Gross Output Value	#建筑工程 Construction	#安装工程 Installation	竣工产值 Completed Value
全省 Total	**46532791**	**40433551**	**4637440**	**16753240**
太原市 Taiyuan	31647907	27345013	3489134	9745493
大同市 Datong	2108313	1871958	169882	960660
阳泉市 Yangquan	1081728	982021	74487	440173
长治市 Changzhi	2365513	2021682	153050	1370465
晋城市 Jincheng	893735	774214	87481	626668
朔州市 Shuozhou	655864	508339	100480	400237
晋中市 Jinzhong	2913295	2684875	168755	662312
运城市 Yuncheng	1704989	1473402	155875	827481
忻州市 Xinzhou	1018017	823206	126560	613130
临汾市 Linfen	1198491	1108587	71362	437812
吕梁市 Lvliang	944941	840255	40375	668809

19-36 按主要用途分的房屋建筑竣工面积(2019年)
FLOOR SPACE OF BUILDINGS COMPLETED BY MAJOR USE(2019)

单位：平方米 (sq.m)

市名 City	总计 Total	#住宅房屋 Residential Buildings	#商业及服务用房屋 Commercial and Service Buildings	#办公用房 Oiffice Buildings	#科研、教育、医疗用房屋 Scientific Research, Education and Healthcare Buildings
全省 Total	**38364113**	**26602529**	**2964964**	**1524699**	**2302109**
太原市 Taiyuan	20160917	13031858	2113463	888201	1777117
大同市 Datong	3183931	2700856	206406	15222	15178
阳泉市 Yangquan	163461	109640	2243	8500	1375
长治市 Changzhi	3433149	2714895	19764	108068	83637
晋城市 Jincheng	1455471	1108014	42411	23567	35519
朔州市 Shuozhou	695707	504508	8478	98002	26198
晋中市 Jinzhong	1826772	1185408	82330	39707	37503
运城市 Yuncheng	2941640	2225867	241439	67886	164128
忻州市 Xinzhou	2167933	1679387	127398	59749	65524
临汾市 Linfen	944451	701740	36148	87184	13395
吕梁市 Lvliang	1390681	640356	84884	128613	82535

19-37 按主要用途分的房屋建筑竣工价值(2019年)

VALUE OF BUILDINGS COMPLETED BY MAJOR USE(2019)

单位：万元 (10 000 yuan)

市 名 City		总 计 Total	#住宅房屋 Residential Buildings	#商业及服务用房屋 Commercial and Service Buildings	#办公用房 Oiffice Buildings	#科研、教育、医疗用房屋 Scientific Research, Education and Healthcare Buildings
全 省	**Total**	**6975526**	**4595527**	**535296**	**320355**	**508446**
太原市	Taiyuan	4100114	2441272	398056	201486	420452
大同市	Datong	524580	444012	29568	2629	3110
阳泉市	Yangquan	40296	24317	512	3208	243
长治市	Changzhi	558902	419990	3241	18126	15859
晋城市	Jincheng	215843	176971	7659	3483	1386
朔州市	Shuozhou	110570	70749	1601	22217	5395
晋中市	Jinzhong	262711	180537	12643	7449	9173
运城市	Yuncheng	509106	387187	45182	12307	27548
忻州市	Xinzhou	299753	238796	16680	9055	10061
临汾市	Linfen	120574	93722	4946	9124	2516
吕梁市	Lvliang	233077	117974	15207	31272	12703

19-38 建筑业企业房屋建筑施工面积和竣工面积(2019年)

FLOOR SPACE OF BUILDINGS CONSTRUCTED AND COMPLETED BY CONSTRUCTION ENTERPRISES(2019)

单位：平方米 (sq.m)

市 名 City		房屋建筑施工面积 Floor Space of Buildings Under Construction	#本年新开工面积 Floor Space Started This Year	房屋建筑竣工面积 Floor Space of Buildings Completed
全 省	**Total**	**169903178**	**58729412**	**38364113**
太原市	Taiyuan	108398600	32490761	20160917
大同市	Datong	9010487	5945350	3183931
阳泉市	Yangquan	3252993	1513936	163461
长治市	Changzhi	17476723	4256132	3433149
晋城市	Jincheng	3900179	1141266	1455471
朔州市	Shuozhou	1464579	965583	695707
晋中市	Jinzhong	8047452	2330271	1826772
运城市	Yuncheng	9704610	5525367	2941640
忻州市	Xinzhou	3319961	1906149	2167933
临汾市	Linfen	2232302	1350277	944451
吕梁市	Lvliang	3095292	1304320	1390681

19-39 建筑业企业机械设备情况(2019年)

MACHINARY AND EQUIPMENT OF CONSTRUCTION ENTERPRISES(2019)

市 名 City	自有机械设备 年末总台数(台) Number of Machinery and Equipment Owned (unit)	自有机械设备 年末总功率(千瓦) Total Power of Machinery and Equipment Owned (kw)	自有机械设备 净值(万元) Net Value of Machinery and Equipment Owned (10 000 yuan)
全 省 Total	**194751**	**6819808**	**1229249**
太原市 Taiyuan	79725	3800293	665121
大同市 Datong	7927	677909	45340
阳泉市 Yangquan	6285	168202	19049
长治市 Changzhi	6499	188552	43792
晋城市 Jincheng	17458	177676	41032
朔州市 Shuozhou	5421	171584	43545
晋中市 Jinzhong	13764	612534	114239
运城市 Yuncheng	13926	310187	84753
忻州市 Xinzhou	22220	172946	51843
临汾市 Linfen	10644	214115	61731
吕梁市 Lvliang	10882	325810	58805

19-40 建筑业企业劳动生产率(2019年)

LABOR PRODUCTIVITY OF CONSTRUCTION ENTERPRISES(2019)

单位：元/人 (yuan/person)

市 名 City	企业个数(个) Number of Enterprises(unit)	从事建筑业活动的平均人数(人) Average Number of Employees Engaged in Construction Activities (person)	按总产值计算的劳动生产率 Labor Productivity in Terms of Total Output Value	人均竣工产值 Per Capita Output Value of Completed
全 省 Total	**2999**	**1130472**	**411623**	**148197**
太原市 Taiyuan	1372	738348	428631	131991
大同市 Datong	197	57057	369510	168368
阳泉市 Yangquan	100	26523	407845	165959
长治市 Changzhi	229	59335	398671	230971
晋城市 Jincheng	156	26485	337449	236612
朔州市 Shuozhou	128	22980	285406	174168
晋中市 Jinzhong	184	50916	572177	130079
运城市 Yuncheng	219	60106	283664	137670
忻州市 Xinzhou	126	31042	327948	197516
临汾市 Linfen	183	34642	345965	126382
吕梁市 Lvliang	105	23038	410166	290307

19-41 建筑业企业负债及所有者权益(2019年)

LIABILITIES AND CREDITORS' EQUITY OF CONSTRUCTION ENTERPRISES(2019)

单位：万元 (10 000 yuan)

市名 City	负债合计 Total Liabilities	#流动负债 Liquid Liabilities	#非流动负债合计 Illiquid Liabilities	所有者权益合计 Total Creditors' Equity
全省 Total	**51791179**	**47308608**	**4221504**	**16981371**
太原市 Taiyuan	38514299	34619677	3794022	11301547
大同市 Datong	1861816	1771173	50845	577372
阳泉市 Yangquan	1745301	1663562	41179	426363
长治市 Changzhi	2071334	1962876	101285	1155624
晋城市 Jincheng	1272809	1169488	102824	482158
朔州市 Shuozhou	709241	647925	53127	291357
晋中市 Jinzhong	2127310	2080133	16362	844268
运城市 Yuncheng	1077165	1040826	27611	568719
忻州市 Xinzhou	589472	579650	6056	379154
临汾市 Linfen	905990	888289	6231	558628
吕梁市 Lvliang	916443	885009	21962	396182

19-42 建筑业企业收入及成本情况(2019年)

REVENUE AND COST OF CONSTRUCTION ENTERPRISES(2019)

单位：万元 (10 000 yuan)

市名 City	营业收入 Revenue of Business	#主营业务收入 Revenue of Major Business	主营业务成本 Cost of Major Business
全省 Total	**46880175**	**46292709**	**42229247**
太原市 Taiyuan	32538409	32169925	29277702
大同市 Datong	1919209	1887966	1735249
阳泉市 Yangquan	961953	946179	862244
长治市 Changzhi	2308426	2293255	2079331
晋城市 Jincheng	823007	805669	706101
朔州市 Shuozhou	746362	712402	644458
晋中市 Jinzhong	2659666	2634512	2449473
运城市 Yuncheng	1688582	1685882	1565670
忻州市 Xinzhou	920178	893650	807826
临汾市 Linfen	1144565	1109298	1011573
吕梁市 Lvliang	1169818	1153972	1089622

19-43 建筑业企业资产(2019年)
ASSETS OF CONSTRUCTION ENTERPRISES(2019)

单位：万元 (10 000 yuan)

市 名 City		资产总计 Total Assets	#流动资产合计 Total Circulating Assets	#固定资产原价 Original Value of Fixed Assets
全 省	**Total**	**68772551**	**52990236**	**5376830**
太原市	Taiyuan	49815846	36797225	3099627
大同市	Datong	2439187	2123496	191728
阳泉市	Yangquan	2171664	1936651	167809
长治市	Changzhi	3226958	2764662	265670
晋城市	Jincheng	1754967	1471526	180787
朔州市	Shuozhou	1000598	815661	190588
晋中市	Jinzhong	2971578	2565410	411974
运城市	Yuncheng	1645884	1361433	267121
忻州市	Xinzhou	968625	831592	167478
临汾市	Linfen	1464618	1212793	242640
吕梁市	Lvliang	1312625	1109788	191408

市 名 City		累计折旧 Accumulated Depreciation	#本年折旧 Depreciation This Year	实收资本 Capitals Hold
全 省	**Total**	**2800000**	**464417**	**10556253**
太原市	Taiyuan	1750795	337785	6620252
大同市	Datong	91522	11679	430637
阳泉市	Yangquan	92134	6161	359589
长治市	Changzhi	109981	13163	638733
晋城市	Jincheng	87343	9212	333220
朔州市	Shuozhou	95385	16252	275838
晋中市	Jinzhong	198960	21341	554665
运城市	Yuncheng	113512	13761	393853
忻州市	Xinzhou	73028	10857	260431
临汾市	Linfen	119328	16054	412697
吕梁市	Lvliang	68012	8153	276337

19-44 建筑业企业费用情况(2019年)
EXPENSES OF CONSTRUCTION ENTERPRISES(2019)

单位：万元 (10 000 yuan)

市　名 City	销售费用 Sales Expenses	管理费用 Administrative Expenses	财务费用 Financial Expenses
全　省 Total	**90416**	**1751356**	**317508**
太原市 Taiyuan	38715	1164920	228081
大同市 Datong	7595	79237	8788
阳泉市 Yangquan	244	38780	19238
长治市 Changzhi	5225	107409	14965
晋城市 Jincheng	5906	61309	7993
朔州市 Shuozhou	6734	44561	1397
晋中市 Jinzhong	2843	69802	17010
运城市 Yuncheng	4696	67710	5613
忻州市 Xinzhou	14021	30664	2782
临汾市 Linfen	2387	54108	3121
吕梁市 Lvliang	2052	32857	8521

19-45 建筑业企业薪酬及利润情况(2019年)
REMUNERTION AND PROFITS OF CONSTRUCTION ENTERPRISES(2019)

单位：万元 (10 000 yuan)

市　名 City	应付职工薪酬 Remuneration Payable	营业利润 Business Profits	其他业务利润 Profits of Other Business
全　省 Total	**3212538**	**958873**	**82710**
太原市 Taiyuan	1709630	638219	62520
大同市 Datong	238716	38194	3332
阳泉市 Yangquan	106904	19674	1223
长治市 Changzhi	169811	68548	2494
晋城市 Jincheng	145159	19685	1927
朔州市 Shuozhou	107763	14409	939
晋中市 Jinzhong	186498	60383	995
运城市 Yuncheng	246897	34271	954
忻州市 Xinzhou	104104	26014	334
临汾市 Linfen	111021	20042	538
吕梁市 Lvliang	86035	19434	7454

19-46 建筑业企业利润及税金情况(2019年)
PROFITS AND TAXES OF CONSTRUCTION ENTERPRISES(2019)

单位：万元 (10 000 yuan)

市　名 City	利润总额 Total Profits	主营业务税金及附加 Taxes and Extra Charges of Major Business	应交增值税 Value-added Taxes Payable
全　省 Total	**1000544**	**186980**	**942643**
太原市 Taiyuan	671074	98980	541934
大同市 Datong	37325	14117	54052
阳泉市 Yangquan	19616	5028	29069
长治市 Changzhi	69328	13837	100860
晋城市 Jincheng	19918	5136	19554
朔州市 Shuozhou	17727	5684	28791
晋中市 Jinzhong	62834	7609	30917
运城市 Yuncheng	34854	6742	41782
忻州市 Xinzhou	26150	15606	31728
临汾市 Linfen	19935	6114	26165
吕梁市 Lvliang	21782	8127	37791

19-47 房地产开发投资(2019年)
INVESTMENT IN REAL ESTATE DEVELOPMENT(2019)

单位：万元 (10 000 yuan)

市　名 City	本年完成投资 Investment Completed This Yesr	#住　宅 Residential Buildings	建筑工程 Construction Projects	安装工程 Installation Projects	设备工器具购置 Purchase of Equipment and Instruments	其他费用 Others Expenses
全　省 Total	**16565005**	**12964760**	**9598065**	**1351804**	**200297**	**5414839**
太原市 Taiyuan	6982451	5381684	3546040	396307	31566	3008538
大同市 Datong	1474637	1153769	807000	182541	45887	439209
阳泉市 Yangquan	290939	230246	222500	25269	4885	38285
长治市 Changzhi	1283077	1001109	904163	77155	20689	281070
晋城市 Jincheng	772119	592301	399921	42137	3854	326207
朔州市 Shuozhou	303890	260158	201494	20777	3347	78272
晋中市 Jinzhong	2079706	1575699	1269667	260538	41590	507911
运城市 Yuncheng	1501344	1279732	1016476	140155	15888	328825
忻州市 Xinzhou	345779	250550	162014	42681	7551	133533
临汾市 Linfen	1087662	883119	742007	116079	18805	210771
吕梁市 Lvliang	443401	356393	326783	48165	6235	62218

19-48 房地产开发房屋销售额(2019年)
SALES OF BUILDINGS IN REAL ESTATE DEVELOPMENT(2019)

单位：万元 (10 000 yuan)

市名 City		商品房销售额 Sales of Commercial Buildings	住宅 Residential Buildings	#90平方米及以下住房 90 sq.m and Below	#144平方米以上住房 Above 144 sq.m
全　省	**Total**	**16317570**	**14523970**	**1152324**	**3412952**
太原市	Taiyuan	8294501	7195842	674220	2172145
大同市	Datong	1300958	1165797	73118	242206
阳泉市	Yangquan	213528	205444	11882	30862
长治市	Changzhi	1318086	1086112	63224	258592
晋城市	Jincheng	376685	359970	30065	50102
朔州市	Shuozhou	267010	245467	27035	24142
晋中市	Jinzhong	1753603	1603423	86435	253408
运城市	Yuncheng	1034801	987073	21631	135515
忻州市	Xinzhou	257231	236840	46659	37129
临汾市	Linfen	1234659	1180694	67169	162774
吕梁市	Lvliang	266508	257308	50886	46077

市名 City		#别墅、高档公寓 Villas and High-grade Apartment Buildings	办公楼 Office Buildings	商业营业用房 Buildings for Business Operation	其他 Other Buildings
全　省	**Total**	**286012**	**425025**	**1053754**	**314821**
太原市	Taiyuan	249880	316106	557232	225321
大同市	Datong	3912	11192	108846	15123
阳泉市	Yangquan		5062	1846	1176
长治市	Changzhi		62796	120335	48843
晋城市	Jincheng	6771	6890	9506	319
朔州市	Shuozhou		1207	14719	5617
晋中市	Jinzhong	3054	17480	127752	4948
运城市	Yuncheng	7530		47138	590
忻州市	Xinzhou	8971	546	15084	4761
临汾市	Linfen	5894	1466	45735	6764
吕梁市	Lvliang		2280	5561	1359

19-49 房地产开发房屋销售面积(2019年)
FLOOR SPACE OF BUILDINGS SOLD IN REAL ESTATE DEVELOPMENT(2019)

单位：平方米 (sq.m)

市名 City	商品房销售面积 Floor Space of Commercial Buildings Sold	住宅 Residential Buildings	#90平方米及以下住房 90 sq.m and Below	#144平方米以上住房 Above 144 sq.m
全省 Total	**23661143**	**21693266**	**1808067**	**3793722**
太原市 Taiyuan	7440037	6482520	651694	1575801
大同市 Datong	2254301	2033766	183112	343952
阳泉市 Yangquan	470019	456828	48282	53801
长治市 Changzhi	2724381	2347528	162935	464662
晋城市 Jincheng	695408	672242	42722	87674
朔州市 Shuozhou	740311	692746	80449	57044
晋中市 Jinzhong	2877487	2736959	134697	406991
运城市 Yuncheng	2612109	2555628	64716	314094
忻州市 Xinzhou	714512	676772	183010	88022
临汾市 Linfen	2467041	2391156	131084	300757
吕梁市 Lvliang	665537	647121	125366	100924

市名 City	#别墅、高档公寓 Villas and High-grade Apartment Buildings	办公楼 Office Buildings	商业营业用房 Buildings for Business Operation	其他 Other Buildings
全省 Total	**267649**	**434882**	**906992**	**626003**
太原市 Taiyuan	208722	257230	357944	342343
大同市 Datong	3410	32439	155378	32718
阳泉市 Yangquan		8437	2438	2316
长治市 Changzhi		75859	128388	172606
晋城市 Jincheng	9634	13528	8481	1157
朔州市 Shuozhou		2732	21325	23508
晋中市 Jinzhong	3551	37161	91376	11991
运城市 Yuncheng	16260		53946	2535
忻州市 Xinzhou	16720	1138	20924	15678
临汾市 Linfen	9352	2073	55745	18067
吕梁市 Lvliang		4285	11047	3084

19–50 房地产开发施工、竣工面积及价值(2019年)

FLOOR SPACE AND VALUE OF BUILDINGS UNDER CONSTRUCTION AND COMPLETED IN REAL ESTATE DEVELOPMENT(2019)

单位：平方米 (sq.m)

市 名 City	房屋施工面积 Floor Space of Buildings Under Construction	#住宅 Residential Buildings	房屋竣工面积 Floor Space of Buildings Completed	#住宅 Residential Buildings	房屋竣工价值(万元) Value of Buildings Completed (10 000 yuan)	#住宅 Residential Buildings
全 省 Total	**195485452**	**143237617**	**27392161**	**19852854**	**8593701**	**5643359**
太原市 Taiyuan	71863969	52037280	4596629	3198222	2114062	1118608
大同市 Datong	16673072	10997248	3887522	2052846	1509493	742905
阳泉市 Yangquan	3964647	3129672	617156	483640	157081	127165
长治市 Changzhi	15676856	11409955	2797753	1981096	673553	445337
晋城市 Jincheng	9492778	6870367	1748986	1276415	411875	323826
朔州市 Shuozhou	4355177	3545674	1283196	1128036	238560	206634
晋中市 Jinzhong	20076240	14426855	4215519	3107908	1474535	1033807
运城市 Yuncheng	19807793	15845585	3710743	3175302	830438	722919
忻州市 Xinzhou	7243359	5214579	496199	363835	96764	84416
临汾市 Linfen	17182126	12840322	2612239	1951745	742396	567635
吕梁市 Lvliang	9149435	6920080	1426219	1133809	344944	270107

19–51 社会消费品零售总额(2019年)

TOTAL RETAIL SALES OF CONSUMER GOODS(2019)

单位：万元 (10 000 yuan)

市 名 City	社会消费品零售总额 Total Retail Sales of Consumer Goods	城镇 Town	乡村 Village
全 省 Total	**70304842**	**58073157**	**12231685**
太原市 Taiyuan	17690125	16821373	868752
大同市 Datong	6879978	5297583	1582395
阳泉市 Yangquan	3098820	2704650	394170
长治市 Changzhi	6034149	4895543	1138606
晋城市 Jincheng	4675601	3953230	722372
朔州市 Shuozhou	3070695	2192635	878059
晋中市 Jinzhong	6035615	4713815	1321800
运城市 Yuncheng	7249866	5437399	1812466
忻州市 Xinzhou	4061600	2806912	1254688
临汾市 Linfen	6810715	5625651	1185065
吕梁市 Lvliang	4697679	3624367	1073312

19-52 旅游事业发展情况(2019年)
DEVELOPMENT OF TOURISM(2019)

市 名 City		接待入境过夜游客人数(人次) Inbound Overnight Tourists (person-time)	旅游外汇收入(万美元) Foreign Exchange Earnings from Tourism (USD 10 000)	接待国内游客人数(万人次) Domestic Tourists (10 000 person-times)	国内旅游收入(亿元) Revenue from Domestic Tourism (100 million yuan)
全 省	**Total**	**762230**	**40995**	**83390**	**7999.35**
太原市	Taiyuan	180499	11929	9545	1163.41
大同市	Datong	91250	5497	8386	758.46
阳泉市	Yangquan	6277	139	4863	420.10
长治市	Changzhi	28871	1785	6803	688.26
晋城市	Jincheng	17414	893	7327	668.21
朔州市	Shuozhou	7648	251	3538	316.24
晋中市	Jinzhong	277509	15118	11591	1178.01
运城市	Yuncheng	37480	1103	9768	830.30
忻州市	Xinzhou	65931	2252	6274	612.01
临汾市	Linfen	42954	1787	8343	766.81
吕梁市	Lvliang	6397	241	6952	597.54

19-53 公路通车里程(2019年)
LENGTH OF HIGHWAYS(2019)

单位：公里 (km)

市 名 City		公路通车里程 Length of Highways	在通车里程中 In Length of Highways					
			国道 State Class	省道 Province Class	县公路 County Class	乡公路 Township Class	专用公路 Special Purpose	村道 Village Class
全 省	**Total**	**144283**	**11394**	**6866**	**19944**	**48331**	**399**	**57349**
太原市	Taiyuan	7621	625	253	996	1701	95	3951
大同市	Datong	12751	749	772	2062	5355		3812
阳泉市	Yangquan	5713	418	321	757	879	4	3335
长治市	Changzhi	12078	992	692	1702	3789	47	4856
晋城市	Jincheng	9651	505	620	1159	3609	20	3738
朔州市	Shuozhou	10287	858	410	1361	3940	19	3699
晋中市	Jinzhong	16087	1279	681	2274	6457	50	5347
运城市	Yuncheng	15959	1236	707	2613	6219	62	5121
忻州市	Xinzhou	17516	1793	852	2122	6341	74	6333
临汾市	Linfen	19167	1653	718	2422	5566	28	8779
吕梁市	Lvliang	17453	1285	839	2476	4474		8379

19-54 公路等级里程(2019年)
LENGTH OF HIGHWAYS BY CLASS(2019)

单位：公里 (km)

市 名 City		等级里程 Expressway and Class I to IV Expressways	高 速 Express -way	一 级 First Class	二 级 Second Class
全 省	**Total**	**142660**	**5711**	**2768**	**15874**
太原市	Taiyuan	7519	287	229	939
大同市	Datong	12726	562	140	1222
阳泉市	Yangquan	5713	282	137	453
长治市	Changzhi	12021	382	135	1427
晋城市	Jincheng	9470	429	161	729
朔州市	Shuozhou	10202	453	218	1051
晋中市	Jinzhong	16052	625	543	2233
运城市	Yuncheng	15959	603	360	1921
忻州市	Xinzhou	17318	891	49	1823
临汾市	Linfen	18866	663	438	1931
吕梁市	Lvliang	16813	534	359	2144

市 名 City		三 级 Third Class	四 级 Fourth Class	等外里程 Highway Below class IV	等级里程占总里程的百分比 Percentage to Total Length of Highways(%)
全 省	**Total**	**20029**	**98277**	**1622**	**98.9**
太原市	Taiyuan	1288	4776	102	98.7
大同市	Datong	2381	8422	24	99.8
阳泉市	Yangquan	564	4277		100.0
长治市	Changzhi	1773	8305	57	99.5
晋城市	Jincheng	1563	6589	181	98.1
朔州市	Shuozhou	1548	6932	85	99.2
晋中市	Jinzhong	1569	11082	35	99.8
运城市	Yuncheng	2139	10936		100.0
忻州市	Xinzhou	1826	12730	198	98.9
临汾市	Linfen	3283	12552	301	98.4
吕梁市	Lvliang	2098	11677	640	96.3

19-55 公路路面里程(2019年)
LENGTH OF PAVED HIGHWAYS(2019)

单位：公里 (km)

市名 City		有铺装路面里程 Length of Paved Highways	占总里程(%) Percentage to Total Length of Highways	简易铺装路面里程 Length of Simply Paved Highways	占总里程(%) Percentage to Total Length of Highways	未铺装路面里程 Length of Non-paved Highways
全省	**Total**	**118043**	**81.8**	**13877**	**9.6**	**12363**
太原市	Taiyuan	6243	81.9	682	8.9	696
大同市	Datong	11530	90.4	200	1.6	1020
阳泉市	Yangquan	5364	93.9	146	2.6	203
长治市	Changzhi	10851	89.8	1023	8.5	203
晋城市	Jincheng	9024	93.5	414	4.3	213
朔州市	Shuozhou	7883	76.6	776	7.5	1629
晋中市	Jinzhong	11482	71.4	1563	9.7	3043
运城市	Yuncheng	12326	77.2	3566	22.3	67
忻州市	Xinzhou	15276	87.2	1004	5.7	1236
临汾市	Linfen	14288	74.5	2629	13.7	2250
吕梁市	Lvliang	13776	78.9	1874	10.7	1803

19-56 公路绿化里程(2019年)
LENGTH OF AFFOREST HIGHWAYS(2019)

单位：公里 (km)

市名 City		绿化里程 Length of Afforest Highways	占总里程(%) Percentage	在绿化里程中 In Length of Afforest Highways					
				国道 State Class	省道 Province Class	县公路 County Class	乡公路 Township Class	专用公路 Special Purpose	村道 Village Class
全省	**Total**	**61615**	**42.70**	**8580**	**4918**	**13628**	**20450**	**240**	**13799**
太原市	Taiyuan	2286	30.00	413	167	665	611	82	348
大同市	Datong	4470	35.06	484	596	1338	1578		475
阳泉市	Yangquan	1760	30.81	313	192	509	257	4	485
长治市	Changzhi	6439	53.31	732	539	1063	1959	46	2100
晋城市	Jincheng	2944	30.51	353	451	529	896	12	704
朔州市	Shuozhou	4341	42.19	675	295	931	1638	9	791
晋中市	Jinzhong	8378	52.08	1044	527	1989	3110	22	1686
运城市	Yuncheng	14305	89.64	1036	610	2280	5786	18	4575
忻州市	Xinzhou	4621	26.38	1355	523	1237	1384	30	91
临汾市	Linfen	7713	40.24	1175	506	2037	2552	17	1426
吕梁市	Lvliang	4358	24.97	1000	511	1050	679		1118

19-57 镇(乡)村通公路、通油路情况(2019年)

TRAFFIC CONNECTION OF TOWNS, TOWNSHIPS AND VILLAGES(2019)

单位：个 (unit)

市　名 City	行政村总数 Number of Administration Villages	通硬化路 Connect with Hardened Pavement	#通油路 Connect with Asphalt Highways	不通公路 Non-connect with Highways
全　省 Total	**25077**	**25076**	**25076**	**1**
太原市 Taiyuan	833	833	833	
大同市 Datong	1902	1902	1902	
阳泉市 Yangquan	926	926	926	
长治市 Changzhi	3283	3283	3283	
晋城市 Jincheng	2047	2046	2046	1
朔州市 Shuozhou	1540	1540	1540	
晋中市 Jinzhong	2571	2571	2571	
运城市 Yuncheng	2903	2903	2903	
忻州市 Xinzhou	3203	3203	3203	
临汾市 Linfen	2801	2801	2801	
吕梁市 Lvliang	3068	3068	3068	

市　名 City	乡、镇总数 Number of Townships and Towns	#通油路数 Connect With Asphalt Highways	镇通油路数 Number of Towns	乡通油路数 Number of Townships
全　省 Total	**1196**	**1196**	**564**	**632**
太原市 Taiyuan	52	52	21	31
大同市 Datong	99	99	33	66
阳泉市 Yangquan	32	32	20	12
长治市 Changzhi	132	132	68	64
晋城市 Jincheng	74	74	48	26
朔州市 Shuozhou	69	69	19	50
晋中市 Jinzhong	118	118	59	59
运城市 Yuncheng	136	136	81	55
忻州市 Xinzhou	185	185	59	126
临汾市 Linfen	151	151	75	76
吕梁市 Lvliang	148	148	81	67

19-58 邮政电信业务基本情况(2019年)

BASIC CONDITIONS OF POST AND TELECOMMUNICATION SERVICES (2019)

单位：万元 (10 000 yuan)

市名 City		邮政行业业务总量 Business Volume of Post Services	电信业务总量 Business Volume of Telecommunication Services	电话用户数(户) Number of Telephone Subscribers (subscriber)	固定 Fixed Telephone	移动 Mobile Telephone
全省	**Total**	**1163466**	**23751955**	**42533940**	**2661696**	**39872244**
太原市	Taiyuan	425040	5340974	9541405	836887	8704518
大同市	Datong	93301	2187164	3456947	177344	3279603
阳泉市	Yangquan	34859	790376	1758615	106125	1652490
长治市	Changzhi	61791	1868111	4049337	213438	3835899
晋城市	Jincheng	31001	1346171	2665121	175077	2490044
朔州市	Shuozhou	28295	1060239	1684421	97856	1586565
晋中市	Jinzhong	77173	2034930	4059488	264437	3795051
运城市	Yuncheng	184060	2769257	4837805	283367	4554438
忻州市	Xinzhou	65815	1608355	2951046	138709	2812337
临汾市	Linfen	86764	2519195	4134090	201739	3932351
吕梁市	Lvliang	75367	2199699	3395665	166717	3228948

19-59 普通小学基本情况(2019年)

BASIC STATISTICS ON REGULAR PRIMARY SCHOOLS(2019)

单位：人 (person)

市名 City		学校数(所) Number of Schools (unit)	毕业生数 Number of Graduates	招生数 Number of New Students Enrolment	在校学生数 Number of Students Enrolment	专任教师数 Number of Full-time Teachers
全省	**Total**	**5312**	**386557**	**398696**	**2293318**	**167801**
太原市	Taiyuan	448	46483	60414	325286	19986
大同市	Datong	348	33857	31300	190706	15930
阳泉市	Yangquan	236	13854	12562	77607	5140
长治市	Changzhi	503	35842	36239	206119	13758
晋城市	Jincheng	419	20195	18465	108273	8412
朔州市	Shuozhou	166	24669	21269	124901	8404
晋中市	Jinzhong	654	40784	38319	233781	15101
运城市	Yuncheng	771	47817	56571	304902	24749
忻州市	Xinzhou	423	32113	30088	179371	15304
临汾市	Linfen	778	45995	47436	270944	22015
吕梁市	Lvliang	566	44948	46033	271428	19002

19-60 普通中学基本情况(2019年)
BASIC STATISTICS ON REGULAR SECONDARY SCHOOLS(2019)

单位：人 (person)

市 名 City	学校数(所) Number of Schools (unit)			毕业生数 Number of Graduates		
	合 计 Total	初 中 Junior	高 中 Senior	合 计 Total	初 中 Junior	高 中 Senior
全 省 Total	**2284**	**1762**	**522**	**619633**	**375268**	**244365**
太原市 Taiyuan	227	136	91	68051	40874	27177
大同市 Datong	201	155	46	50163	29306	20857
阳泉市 Yangquan	82	66	16	22355	13786	8569
长治市 Changzhi	206	153	53	59944	36550	23394
晋城市 Jincheng	157	124	33	40124	23231	16893
朔州市 Shuozhou	86	60	26	40636	23962	16674
晋中市 Jinzhong	234	190	44	54879	35583	19296
运城市 Yuncheng	312	238	74	89234	53717	35517
忻州市 Xinzhou	228	191	37	49387	29897	19490
临汾市 Linfen	261	200	61	76048	46382	29666
吕梁市 Lvliang	290	249	41	68812	41980	26832

市 名 City	招生数 New Students Enrolment			在校学生数 Number of Students Enrolment		
	合 计 Total	初 中 Junior	高 中 Senior	合 计 Total	初 中 Junior	高 中 Senior
全 省 Total	**602496**	**377842**	**224654**	**1802015**	**1141923**	**660092**
太原市 Taiyuan	69327	42851	26476	201073	125225	75848
大同市 Datong	48274	31015	17259	148049	91038	57011
阳泉市 Yangquan	21951	13622	8329	65727	42162	23565
长治市 Changzhi	57179	35321	21858	169223	107199	62024
晋城市 Jincheng	33966	19883	14083	106274	63840	42434
朔州市 Shuozhou	40470	26386	14084	122793	78304	44489
晋中市 Jinzhong	62663	42230	20433	182750	124691	58059
运城市 Yuncheng	80645	49013	31632	243972	151375	92597
忻州市 Xinzhou	48097	30378	17719	144331	91332	52999
临汾市 Linfen	71536	43902	27634	215258	136760	78498
吕梁市 Lvliang	68388	43241	25147	202565	129997	72568

19-60 续表 continued

单位：人 (person)

市 名 City	专任教师数 Number of Full-time Teachers		
	合 计 Total	初 中 Junior	高 中 Senior
全 省 Total	**173428**	**109271**	**64157**
太原市 Taiyuan	19930	12111	7819
大同市 Datong	15306	9799	5507
阳泉市 Yangquan	5743	3764	1979
长治市 Changzhi	15207	9380	5827
晋城市 Jincheng	10729	6613	4116
朔州市 Shuozhou	10425	6102	4323
晋中市 Jinzhong	16385	11017	5368
运城市 Yuncheng	25057	15403	9654
忻州市 Xinzhou	14232	9148	5084
临汾市 Linfen	20666	13116	7550
吕梁市 Lvliang	19748	12818	6930

19-61 村卫生室情况(2019年)

MAIN INDICATORS OF RURAL CLINICS (2019)

单位：人 (person)

市 名 City	机构数(个) Institutions (unit)	执业(助理)医师 Licensed (Assistant) Doctors	注册护士 Registered Nurses	乡村医生 Rural Doctors	卫生员 Health Workers
全 省 Total	**28106**	**7493**	**480**	**31638**	**2400**
太原市 Taiyuan	949	740	21	1122	52
大同市 Datong	1785	548	8	2025	106
阳泉市 Yangquan	912	270	21	1163	108
长治市 Changzhi	3660	991	34	3373	371
晋城市 Jincheng	2252	403	25	2418	189
朔州市 Shuozhou	1733	301	18	1688	144
晋中市 Jinzhong	2885	707	86	3660	108
运城市 Yuncheng	3563	1131	80	3966	530
忻州市 Xinzhou	3397	433	41	4406	165
临汾市 Linfen	3485	1031	56	3828	266
吕梁市 Lvliang	3485	938	90	3989	361

19-62 卫生机构数(2019年)
HEALTH CARE INSTITUTIONS(2019)

单位：个 (unit)

市名 City	总计 Total	#医院 Hospitals	#疾病预防控制中心 Diseases Prevention and Control Centre	#妇幼保健院(所、站) Maternity and Child Care Centres
全省 Total	**14048**	**1398**	**134**	**131**
太原市 Taiyuan	2949	158	14	10
大同市 Datong	1398	132	12	12
阳泉市 Yangquan	654	47	6	7
长治市 Changzhi	934	104	14	14
晋城市 Jincheng	927	82	7	7
朔州市 Shuozhou	600	76	7	7
晋中市 Jinzhong	922	110	12	12
运城市 Yuncheng	2047	274	14	15
忻州市 Xinzhou	1076	113	15	15
临汾市 Linfen	1379	194	19	18
吕梁市 Lvliang	1162	108	14	14

19-63 卫生机构床位数和人员情况(2019年)
BEDS AND PERSONNELS IN HEALTH CARE INSTITUTIONS(2019)

单位：人 (person)

市名 City	卫生机构床位数(张) Beds (unit)	卫生技术人员 Medical Technical Personnels	#执业(助理)医师 Licensed (Assistant) Doctors	#注册护士 Registered Nurses
全省 Total	**218120**	**249278**	**98230**	**108345**
太原市 Taiyuan	39358	61814	23438	29947
大同市 Datong	22850	23133	9602	9666
阳泉市 Yangquan	7720	10485	3970	4748
长治市 Changzhi	19691	21957	8496	9622
晋城市 Jincheng	13675	14214	5672	5781
朔州市 Shuozhou	10045	8586	3520	3449
晋中市 Jinzhong	17789	19716	7315	8755
运城市 Yuncheng	34013	31019	12147	12859
忻州市 Xinzhou	14051	14640	5993	5575
临汾市 Linfen	23439	26937	10876	11379
吕梁市 Lvliang	15489	16777	7201	6564

19-64 城镇居民家庭生活基本情况(2019年)
BASIC LIVING CONDITIONS OF URBAN HOUSEHOLDS(2019)

单位：元 (yuan)

市 名 City	城镇居民人均可支配收入 Per Capita Disposable Income of Urban Households	工资性收入 Wages and Salaries	经营净收入 Net Business Income	财产净收入 Net Property Income	转移净收入 Net Transfer Income
全 省 Total	**33262**	**19697**	**2860**	**2253**	**8452**
太原市 Taiyuan	36362	20761	3337	3493	8771
大同市 Datong	32252	17713	5046	1712	7781
阳泉市 Yangquan	33582	21033	3098	1483	7968
长治市 Changzhi	34426	20734	2975	2538	8179
晋城市 Jincheng	34627	23972	2846	2430	5379
朔州市 Shuozhou	35100	21524	5052	1996	6528
晋中市 Jinzhong	35187	20232	5560	2604	6791
运城市 Yuncheng	31241	19264	2801	1504	7672
忻州市 Xinzhou	30375	20661	3217	1783	4714
临汾市 Linfen	32895	20547	5284	1589	5475
吕梁市 Lvliang	29181	19882	3061	1630	4608

市 名 City	城镇居民人均生活消费支出 Per Capita Living Expenditure of Urban Households	#食品烟酒 Food, Tobacco and Liquor	#衣 着 Clothing	#居 住 Residence	#教育文化娱乐 Education, Culture and Recreation
全 省 Total	**21159**	**5073**	**1801**	**4333**	**2938**
太原市 Taiyuan	21305	4508	1687	5183	3115
大同市 Datong	15062	4308	1574	2657	1835
阳泉市 Yangquan	21301	6065	1636	3416	2304
长治市 Changzhi	19575	4893	1994	1894	2541
晋城市 Jincheng	21850	4626	2206	5224	2770
朔州市 Shuozhou	18520	4412	1971	3678	3129
晋中市 Jinzhong	17593	4856	2164	2797	2569
运城市 Yuncheng	15807	3852	1660	3255	2010
忻州市 Xinzhou	16186	3862	1646	3496	2487
临汾市 Linfen	16862	4103	1719	3200	2275
吕梁市 Lvliang	17654	3837	1786	3849	2577

19-65 农村居民家庭生活基本情况(2019年)
BASIC LIVING CONDITIONS OF RURAL HOUSEHOLDS(2019)

单位：元 (yuan)

市 名 City	农村居民人均可支配收入 Per Capita Disposable Income of Rural Households	工资性收入 Wages and Salaries	经营净收入 Net Business Income	财产净收入 Net Property Income	转移净收入 Net Transfer Income
全 省 Total	**12902**	**6098**	**3396**	**210**	**3198**
太原市 Taiyuan	18377	10387	3745	624	3621
大同市 Datong	10725	4945	3277	164	2339
阳泉市 Yangquan	15390	9838	3013	155	2385
长治市 Changzhi	15151	6557	5546	253	2795
晋城市 Jincheng	14809	9357	2570	326	2556
朔州市 Shuozhou	14717	5897	5065	119	3636
晋中市 Jinzhong	14720	7949	4254	574	1943
运城市 Yuncheng	11997	5450	4071	478	1998
忻州市 Xinzhou	9183	3995	3090	497	1601
临汾市 Linfen	12809	5603	4818	152	2236
吕梁市 Lvliang	9963	5766	2085	196	1916

市 名 City	农村居民人均生活消费支出 Per Capita Living Expenditure of Rural Households	#食品烟酒 Food, Tobacco and Liquor	#衣 着 Clothing	#居 住 Residence	#教育文化娱乐 Education, Culture and Recreation
全 省 Total	**9728**	**2751**	**697**	**2171**	**1208**
太原市 Taiyuan	13228	3361	1052	3183	1526
大同市 Datong	8381	2574	593	1771	931
阳泉市 Yangquan	12030	3777	865	2308	1620
长治市 Changzhi	11339	3932	856	1579	1253
晋城市 Jincheng	10834	2361	836	2691	1266
朔州市 Shuozhou	9115	2885	508	1754	1232
晋中市 Jinzhong	9833	2911	796	1858	905
运城市 Yuncheng	9851	2598	706	2099	1107
忻州市 Xinzhou	7838	2828	521	1462	802
临汾市 Linfen	9528	2557	895	1914	1022
吕梁市 Lvliang	7553	2170	618	1621	771

19-66 全体居民人均可支配收入

单位：元

年 份 Year	太原市 Taiyuan	大同市 Datong	阳泉市 Yangquan	长治市 Changzhi	晋城市 Jincheng
1978		148	186	99	130
1979		170		112	147
1980		186	234	120	153
1981		205		113	161
1982	415	295		150	197
1983		355		214	262
1984		463		321	316
1985		501	578	376	384
1986		512	676	366	417
1987		572	759	406	460
1988		637	825	484	558
1989		741	1042	560	617
1990	1402	844	1279	613	680
1991		854	1456	670	675
1992		941	1683	740	801
1993		1053	2000	906	1011
1994		1522	2507	1136	1211
1995		1909	3011	1575	1785
1996		2455	3370	1925	2228
1997		2862	3573	2284	2686
1998		2887	3388	2480	2854
1999		2398	3580	2533	2895
2000	5372	2803	3395	2859	3365
2001	5760	2838	3741	3198	3511
2002	6491	3694	4360	3753	3959
2003	7239	4030	4860	4208	4489
2004	8192	4390	5743	4829	5106
2005	9158	5093	6822	5481	5652
2006	10139	5811	7736	6092	6372
2007	11827	6828	9021	7284	7623
2008	13134	8061	10335	8334	8718
2009	13493	8586	11254	9043	9502
2010	14909	9772	12560	10066	11185
2011	17489	11741	15042	12064	13272
2012	19671	13621	16498	13846	15157
2013	21801	14844	17911	15072	16515
2014	23579	16122	19419	16501	17905
2015	25408	17472	20793	17889	19352
2016	27169	18594	21951	19117	20578
2017	28935	19895	23422	20551	22039
2018	31031	21590	25134	22307	23855
2019	33563	23533	27126	24313	25897

PER CAPTIA DISPOSABLE INCOME OF THE PROVINCIAL HOUSEHOLDS

(yuan)

朔州市 Shuozhou	晋中市 Jinzhong	运城市 Yuncheng	忻州市 Xinzhou	临汾市 Linfen	吕梁市 Lvliang
			86	100	
			112		
			105	113	97
			106		101
			163		146
			262		233
		355	354		286
		334	351	510	332
		351	326	555	325
		358	345	596	331
		398	433	658	415
556		452	476	739	437
632	699	513	512	825	498
830		540	506	945	467
893		612	632	1068	550
1022		793	785	1266	670
1441		954	1022	1654	859
1682	1577	1282	1261	2171	1027
2117		1793	1395	2576	1280
2512		2083	1763	2769	1542
2741		2242	1891	2926	1607
2407		2246	1560	3170	1214
3207	2775	2345	1881	2744	1735
2773	2991	2669	1898	2989	1908
3726	3445	3225	2429	3337	2472
4151	3851	3624	2797	3720	2774
4613	4425	4057	3155	4324	3229
5334	5185	4611	3540	5035	3942
5982	5907	5154	4056	5661	4710
7239	6985	6080	4847	6456	5537
8551	8312	6931	5690	7240	6621
9803	9307	7494	6210	7977	7216
11469	10486	8231	7451	9237	7715
13075	12462	9874	8904	10941	9205
14866	14399	11425	10377	12624	10744
16204	15727	12470	11272	13779	11557
17599	17213	13697	12325	15052	12623
18975	18631	14922	13415	16347	13591
20113	19783	16001	14371	17438	14429
21581	21128	17153	15506	18764	15554
23204	22908	18707	16896	20192	16883
25237	24855	20406	18462	22107	18369

19-67 城镇居民人均可支配收入

单位：元

年 份 Year	太原市 Taiyuan	大同市 Datong	阳泉市 Yangquan	长治市 Changzhi	晋城市 Jincheng
1978	313	277	251	348	300
1979	362	301	278	351	303
1980	385	346	308	375	308
1981	418	372	341	386	315
1982	454	401	377	379	321
1983	479	435	418	407	330
1984	601	515	463	486	468
1985	646	624	575	665	508
1986	804	799	711	775	573
1987	933	875	828	828	712
1988	1104	930	902	1040	835
1989	1417	1233	1201	1161	1061
1990	1573	1396	1527	1276	1141
1991	1819	1476	1767	1506	1254
1992	2188	1506	2038	1588	1479
1993	2723	1691	2423	1895	1752
1994	3209	2519	2972	2365	2426
1995	3939	3238	3503	3017	3091
1996	4109	3845	3833	3478	3369
1997	5086	4438	3954	4192	4150
1998	5371	4160	3634	4107	4151
1999	5587	4241	3944	4142	4341
2000	5954	4499	4349	4484	4769
2001	6406	4896	4954	5110	5265
2002	7241	5903	6055	5984	5951
2003	8082	6443	6814	6796	6852
2004	9111	6896	8252	7763	7804
2005	10166	7975	9319	8649	8543
2006	11350	9054	10538	9563	9661
2007	13234	10574	12212	11602	11758
2008	14608	12526	13981	13254	13336
2009	14917	13171	15027	14280	14220
2010	16433	14419	16551	15675	16187
2011	19186	16937	19622	18429	18775
2012	21507	19361	21071	20639	21024
2013	23873	21316	23115	22682	23126
2014	25768	23043	24825	24565	24907
2015	27727	24771	26414	26407	26651
2016	29632	26273	27801	28094	28223
2017	31469	27981	29581	30060	30142
2018	33672	29911	31474	32024	32162
2019	36362	32252	33582	34426	34627

PER CAPTIA DISPOSABLE INCOME OF URBAN HOUSEHOLDS

(yuan)

朔州市 Shuozhou	晋中市 Jinzhong	运城市 Yuncheng	忻州市 Xinzhou	临汾市 Linfen	吕梁市 Lvliang
			286	260	
			318		
			345	377	243
			340		250
			373		297
			376		330
		467	436		390
		605	560	636	448
		727	634	745	477
		804	676	787	538
		946	877	836	651
1272	1016	1170	908	932	757
1364	1093	1259	974	1020	855
1489	1313	1387	1095	1208	951
1762	1357	1596	1278	1364	1144
2236	1668	2265	1541	1610	1336
3032	2099	2305	2193	2153	1804
3606	2550	2753	2407	2780	2038
3977	3015	3277	2462	3178	2225
4412	3116	3903	3067	3277	2587
4395	3288	4016	3160	3423	2706
4611	3405	4256	3498	3810	2993
4977	3961	4453	3696	4227	3774
5112	4491	5035	4075	4802	4682
6139	5309	6105	4821	5304	5706
6835	6046	6921	5469	6017	6394
7483	6930	7608	6131	7131	7153
8417	8015	8569	6724	8213	8095
9386	9164	9470	7746	9312	9186
11155	10832	11271	9022	10576	10679
13178	12996	12616	10572	11919	12697
14514	14578	13266	11459	13102	13707
16349	16319	14032	13958	14880	13901
18891	18947	16279	16041	17442	15857
21734	21464	18452	18213	19783	18203
23886	23589	20408	20016	21820	20005
25725	25652	22226	21735	23610	21485
27500	27525	24049	23452	25498	22903
28989	29149	25636	24987	27085	24180
30989	30927	27302	26536	28873	25704
32849	32947	29104	28341	30692	27323
35100	35187	31241	30375	32895	29181

19-68 城镇居民人均消费支出

单位：元

年 份 Year	太原市 Taiyuan	大同市 Datong	阳泉市 Yangquan	长治市 Changzhi	晋城市 Jincheng
1978	306	275	256	283	230
1979	340	300	277	295	236
1980	374	323	300	325	257
1981	389	383	325	337	299
1982	403	388	352	346	305
1983	418	414	384	366	315
1984	501	461	406	404	369
1985	585	567	540	533	451
1986	723	705	658	629	547
1987	846	752	739	655	671
1988	1070	958	910	868	838
1989	1261	1008	1166	1024	976
1990	1357	1101	1176	1040	1002
1991	1601	1149	1354	1147	1097
1992	1884	1304	1581	1253	1299
1993	2314	1489	1849	1555	1444
1994	2762	2129	2485	1854	1938
1995	3409	2874	2949	2397	2394
1996	3490	3335	2993	3033	2685
1997	4257	3526	3171	3570	2853
1998	4440	3382	3144	3125	2510
1999	4625	3443	3290	2901	2900
2000	5222	3444	3751	3373	3269
2001	5016	3589	3586	3698	3530
2002	5770	4076	3821	4217	4215
2003	6096	4269	4228	4624	4748
2004	6747	4489	5117	5110	5631
2005	7351	5078	6212	5530	5807
2006	8554	5375	6454	6467	6509
2007	10136	5881	7775	7816	7513
2008	9936	6567	8768	8140	9058
2009	10692	6631	8802	8649	9286
2010	10976	6964	10256	8980	10363
2011	11887	8410	11988	10438	12530
2012	12672	9234	12503	11753	14338
2013	13584	9803	12584	12483	14057
2014	14430	10494	12941	13319	14315
2015	15455	11342	13795	14411	16472
2016	16775	11785	15077	15724	17355
2017	18234	12776	13789	16997	18158
2018	19912	13936	17178	18288	20139
2019	21305	15062	21301	19575	21850

PER CAPTIA CONSUMPTION EXPENDITURE OF URBAN HOUSEHOLDS

(yuan)

朔州市 Shuozhou	晋中市 Jinzhong	运城市 Yuncheng	忻州市 Xinzhou	临汾市 Linfen	吕梁市 Lvliang
			245	236	
			293		178
			327	350	211
			343		231
			360		251
			376		291
		421	380		351
		608	530	598	438
		664	679	692	459
		814	659	732	468
		931	833	786	566
1009	796	1103	858	780	659
1173	841	1183	933	795	739
1102	1140	1173	1065	946	828
1299	1056	1278	1155	975	996
1687	1313	1347	1242	1147	1163
2083	1587	1811	1957	1492	1570
2747	1938	2165	2339	1940	1980
3370	2488	2925	2300	2344	2733
3507	2454	3212	2419	2527	2758
3396	2459	2792	2204	2492	2546
3639	2739	3342	2732	2653	2798
4121	3239	3028	2912	3027	3140
3663	3417	3308	2960	3263	3373
4346	3879	4171	3768	3959	4048
4473	4216	4489	3976	4197	4232
4875	4566	4498	4120	4748	4971
5417	5273	4743	4373	5257	6154
5998	5766	5386	4646	5897	6691
7562	6682	5639	5795	6625	6786
9178	7676	7334	7040	7498	8221
9372	8868	6803	8306	7922	8057
9480	9235	6263	8860	8824	8088
10808	10241	7743	9020	11133	9195
12381	10962	8034	9202	11436	9360
13347	11826	8822	9893	10506	10307
13633	12689	9863	10317	10523	12246
14096	13459	11228	11175	12502	12825
14364	14038	11405	12160	13388	13710
15585	15052	12327	13169	14665	14651
17036	16121	13641	14595	15759	15921
18520	17593	15807	16186	16862	17654

19-69 农村居民人均可支配收入

单位：元

年 份 Year	太原市 Taiyuan	大同市 Datong	阳泉市 Yangquan	长治市 Changzhi	晋城市 Jincheng
1978	116	95	132	62	114
1979	147	114	168	74	132
1980	156	112	171	78	138
1981	155	126	191	65	145
1982	259	245	227	109	183
1983	312	316	328	178	254
1984	458	435	478	290	298
1985	526	434	584	318	369
1986	556	351	599	279	397
1987	590	399	605	314	425
1988	660	464	642	361	519
1989	715	444	660	425	553
1990	763	515	684	463	611
1991	776	482	702	479	587
1992	864	598	810	544	695
1993	970	653	941	668	890
1994	1166	886	1224	831	1001
1995	1444	1039	1639	1211	1552
1996	2017	1512	2055	1518	2009
1997	2407	1766	2466	1770	2393
1998	2684	1982	2661	2032	2584
1999	2586	1068	2599	2084	2581
2000	2650	1495	2596	2209	2636
2001	2748	1255	2723	2436	2603
2002	3091	1856	2877	2662	2719
2003	3374	1986	3112	2902	2958
2004	3898	2216	3437	3284	3299
2005	4434	2412	3748	3599	3619
2006	4958	2684	4140	3922	3971
2007	5612	3062	4724	4452	4476
2008	6420	3389	5427	4991	4905
2009	6904	3629	5801	5396	5313
2010	7703	4112	6572	6032	5970
2011	8995	4996	7691	7177	7129
2012	10201	5710	8699	8218	8134
2013	11425	6441	9760	9229	9135
2014	12616	7137	10742	10311	10087
2015	13626	7708	11494	11095	10914
2016	14591	8217	12172	11863	11635
2017	15595	8862	12963	12705	12511
2018	16860	9710	14078	13818	13566
2019	18377	10725	15390	15151	14809

PER CAPTIA DISPOSABLE INCOME OF RURAL HOUSEHOLDS

(yuan)

朔州市 Shuozhou	晋中市 Jinzhong	运城市 Yuncheng	忻州市 Xinzhou	临汾市 Linfen	吕梁市 Lvliang
77	98	101	66	76	83
99	125	119	89	95	86
102	108	117	78	63	82
116	119	128	79	104	85
277	181	239	138	170	130
349	274	265	248	210	222
472	315	343	344	334	274
373	355	303	324	335	318
332	385	306	283	283	305
383	425	303	296	313	303
441	517	329	364	384	383
445	550	360	407	440	392
521	606	417	439	501	448
728	590	428	412	507	398
750	654	480	525	573	465
807	761	586	651	689	572
1098	1016	753	793	809	715
1229	1317	1054	1027	1130	869
1660	1703	1556	1170	1528	1128
2027	2032	1783	1480	1872	1368
2308	2161	1939	1608	2040	1418
1809	2104	1889	1108	2016	894
2229	2208	1966	1210	2201	1152
1490	2276	2011	1098	2328	1122
2317	2437	2168	1416	2476	1377
2535	2626	2334	1625	2681	1499
2813	2968	2604	1789	2995	1776
3103	3339	2827	1939	3351	2006
3427	3678	3075	2104	3628	2483
4185	4246	3420	2539	4103	2804
4780	4826	3839	2859	4439	3233
5181	5252	4156	3061	4802	3464
5974	5879	4741	3487	5351	3937
7108	6996	5690	4185	6158	4801
8097	8032	6458	4834	6983	5429
9149	9100	7285	5491	7862	6140
10137	10100	8125	6104	8755	6754
10816	10877	8718	6550	9376	7193
11478	11525	9365	7025	10005	7644
12305	12297	9992	7588	10742	8232
13423	13394	10916	8302	11630	9034
14717	14720	11997	9183	12809	9963

19-70 农村居民人均消费支出

单位：元

年 份 Year	太原市 Taiyuan	大同市 Datong	阳泉市 Yangquan	长治市 Changzhi	晋城市 Jincheng
1978		90	99		101
1979		98	124		113
1980		99	125		146
1981		108	138		146
1982		196	163		138
1983		287	239		180
1984		328	349		185
1985		319	418		291
1986		287	437		320
1987		299	436		357
1988		344	462		442
1989		338	475		443
1990		367	486		463
1991		389	498		507
1992		458	567		512
1993		564	871		579
1994		643	1055		623
1995		670	1085		1072
1996		821	1393		1096
1997		843	1438		1418
1998		863	1552		1316
1999	1657	945	1255		1252
2000	1657	917	1534		1364
2001	1639	887	1639		1547
2002	2092	898	1928	1441	1672
2003	2278	1052	2129	1494	1893
2004	2621	1124	2636	1791	2101
2005	2847	1411	2684	2176	2375
2006	3140	1476	3494	2607	2588
2007	3601	1758	3753	3124	2982
2008	4137	2058	3933	3756	3383
2009	4288	2085	3894	4077	3651
2010	4578	2721	4047	4670	3853
2011	6944	4118	4998	5636	5289
2012	7730	4640	5342	6651	6044
2013	8743	4993	6294	7323	7609
2014	9444	5454	7468	7996	7973
2015	10124	5961	7994	8524	8194
2016	10929	6292	8968	9025	9297
2017	11546	6814	9541	9611	9278
2018	12365	7623	10553	10398	10318
2019	13228	8381	12030	11339	10834

PER CAPTIA CONSUMPTION EXPENDITURE OF RURAL HOUSEHOLDS

(yuan)

朔州市 Shuozhou	晋中市 Jinzhong	运城市 Yuncheng	忻州市 Xinzhou	临汾市 Linfen	吕梁市 Lvliang
			57		70
			75		72
			69		65
			69		62
			117		68
	192		206		179
	228		292		180
	252		263		240
	283		235	256	269
	328		242	271	281
	375		287	330	326
399	428		346	354	337
459	496		364	390	381
412	507		321	403	318
444	518		404	403	405
471	692		533	511	928
527	792		642	561	981
690	1109		863	613	852
905	1191	1200	995	972	1079
819	1226	1150	1199	990	979
713	1145	1136	1243	904	943
851	1321	1136	946	965	884
807	1252	1171	1010	1051	1013
858	1306	1288	911	1119	1122
963	1535	1378	955	1204	1048
1556	1659	1416	1098	1339	1276
1683	1986	1587	1190	1668	1571
1743	2173	1855	1887	1859	1914
1904	2399	2260	2023	2107	2327
2327	2642	2531	2543	2551	2547
2974	2890	2846	2894	2894	3053
2827	3074	2904	3079	3118	3271
3369	3801	3010	3450	3422	3510
4922	5352	4141	4160	4281	4120
5544	5971	4671	4850	4483	4530
6941	6330	5569	5949	5113	5021
6431	6851	6126	6412	6009	5403
6837	7334	6838	6500	6623	5572
7698	7737	7513	6650	7664	5940
7759	8097	7730	6883	8157	6369
7923	8893	8710	7291	8863	7046
9115	9833	9851	7838	9528	7553

19-71 主要城市空气质量情况 (2019年)

AIR QUALITY IN MAJOR CITIES(2019)

市 名	City	空气质量达标天数(天) Days Reach the Standard of Air Quality (day)	细颗粒物($PM_{2.5}$)年平均浓度(μg/m^3) Annual Average Concentration of $PM_{2.5}$	可吸入颗粒物(PM_{10})年平均浓度(μg/m^3) Annual Average Concentration of PM_{10}	二氧化硫年平均浓度(μg/m^3) Annual Average Concentration of SO_2
全 省	**Total**	**232**	**48**	**93**	**24**
太原市	Taiyuan	200	56	107	22
大同市	Datong	318	32	73	30
阳泉市	Yangquan	221	51	88	23
长治市	Changzhi	229	47	84	16
晋城市	Jincheng	184	54	111	16
朔州市	Shuozhou	263	39	100	31
晋中市	Jinzhong	229	45	86	26
运城市	Yuncheng	198	61	100	15
忻州市	Xinzhou	259	41	79	29
临汾市	Linfen	174	62	103	28
吕梁市	Lvliang	280	39	87	29

市 名	City	二氧化氮年平均浓度(μg/m^3) Annual Average Concentration of NO_2	一氧化碳日均值第95百分位浓度(mg/m^3) Daily Average 95th Percentile Concentration of CO	臭氧(O_3)日最大8小时第90百分位浓度(μg/m^3) Daily Maximum 8 Hours Average 90th Percentile Concentration of O_3
全 省	**Total**	**39**	**2.2**	**180**
太原市	Taiyuan	50	1.9	186
大同市	Datong	34	3.0	147
阳泉市	Yangquan	42	2.0	186
长治市	Changzhi	34	2.1	187
晋城市	Jincheng	38	2.6	201
朔州市	Shuozhou	34	1.5	158
晋中市	Jinzhong	41	1.6	192
运城市	Yuncheng	28	2.7	181
忻州市	Xinzhou	43	1.9	171
临汾市	Linfen	39	3.1	204
吕梁市	Lvliang	45	1.6	163

20

县（市、区）篇

COUNTIES, CITIES
AND DISTRICTS AT COUNTY LEVEL

20-1 常住人口数(2019年)
RESIDENT POPULATION(2019)

单位：人 (person)

县(市、区)	Region	总户数(户) Number of Households (household)	常住人口 Resident Population	按性别分 by Sex 男 Male	女 Female	按城镇、乡村分 by Residence 城镇人口 Urban	乡村人口 Rural
太原市	**Taiyuan**						
小店区	Xiaodian	206339	863378	431976	431402	791162	72216
迎泽区	Yingze	161954	626027	307620	318407	610180	15847
杏花岭区	Xinghualing	190583	680318	335529	344789	656485	23833
尖草坪区	Jiancaoping	113440	440809	222153	218656	415216	25593
万柏林区	Wanbailin	177510	805338	396973	408365	786538	18800
晋源区	Jinyuan	68512	236286	118426	117860	158499	77787
清徐县	Qingxu	125643	358473	182416	176057	133183	225290
阳曲县	Yangqu	63933	124664	65800	58864	46145	78519
娄烦县	Loufan	53035	109859	57997	51862	44710	65149
古交市	Gujiao	78689	216723	112670	104053	161419	55304
大同市	**Datong**						
新荣区	Xinrong	54621	128457	67270	61187	49125	79332
平城区	Pingcheng	316864	941656	466111	475545	907662	33994
云冈区	Yungang	245409	743870	373274	370596	641482	102388
云州区	Yunzhou	80638	194289	98224	96065	84065	110224
阳高县	Yanggao	109075	267675	137758	129917	117389	150286
天镇县	Tianzhen	99497	230461	117880	112581	93553	136908
广灵县	Guangling	77680	191730	101161	90569	62590	129140
灵丘县	Lingqiu	102530	244428	126422	118006	83209	161219
浑源县	Hunyuan	136720	357367	180072	177295	151296	206071
左云县	Zuoyun	60180	163087	83139	79948	81971	81116
阳泉市	**Yangquan**						
城　区	Chengqu	76345	231500	115308	116192	229555	1945
矿　区	Kuangqu	88210	269134	136060	133074	268832	302
郊　区	Jiaoqu	94333	245578	127545	118033	178049	67529
平定县	Pingding	142152	345835	177133	168702	160537	185298
盂　县	Yuxian	131616	325472	166752	158720	147862	177610
长治市	**Changzhi**						
潞州区	Luzhou	230876	816216	408417	407799	738263	77953
上党区	Shangdang	120679	357509	176903	180606	150354	207155
屯留区	Tunliu	102357	274245	140226	134019	121867	152378
潞城区	Lucheng	76698	237383	120244	117139	143104	94279
襄垣县	Xiangyuan	89815	280595	142887	137708	148109	132486
平顺县	Pingshun	56787	151418	76124	75294	53348	98070
黎城县	Licheng	65685	163057	82373	80684	75202	87855
壶关县	Huguan	111858	300952	150601	150351	113052	187900
长子县	Zhangzi	130490	366994	185011	181983	133386	233608
武乡县	Wuxiang	75838	185852	97452	88400	72940	112912
沁　县	Qinxian	66753	179319	94314	85005	79393	99926
沁源县	Qinyuan	63742	164542	85703	78839	79754	84788

注：本表总户数为公安年报数。
Note：Number of households are obtained from public security department.

20-1 续表1 continued

单位：人 (person)

县(市、区)	Region	总户数(户) Number of Households (household)	常住人口 Resident Population	按性别分 by Sex 男 Male	女 Female	按城镇、乡村分 by Residence 城镇人口 Urban	乡村人口 Rural
晋城市	**Jincheng**						
城　区	Chengqu	142108	504797	255018	249779	504797	
沁水县	Qinshui	80211	218145	109678	108467	99946	118199
阳城县	Yangcheng	166278	394864	195575	199289	196171	198693
陵川县	Lingchuan	91370	237498	120486	117012	105888	131610
泽州县	Zezhou	191731	498186	250557	247629	251057	247129
高平市	Gaoping	162605	499512	245325	254187	272632	226880
朔州市	**Shuozhou**						
朔城区	Shuocheng	179758	529264	271842	257422	355242	174022
平鲁区	Pinglu	85182	212559	112888	99671	118186	94373
山阴县	Shanyin	102479	248006	128084	119922	138834	109172
应　县	Yingxian	130498	339196	176333	162863	140054	199142
右玉县	Youyu	49883	116087	63598	52489	65055	51032
怀仁市	Huairen	121368	339388	174461	164927	208859	130529
晋中市	**Jinzhong**						
榆次区	Yuci	226560	671877	335232	336645	537011	134866
榆社县	Yushe	57114	141009	76477	64532	60721	80288
左权县	Zuoquan	66905	167974	86367	81607	79754	88220
和顺县	Heshun	55969	147227	75008	72219	72377	74850
昔阳县	Xiyang	101985	230860	121030	109830	94960	135900
寿阳县	Shouyang	85751	213840	114487	99353	93747	120093
太谷县	Taigu	116668	313413	160163	153250	162425	150988
祁　县	Qixian	109012	275869	143682	132187	121824	154045
平遥县	Pingyao	210083	525491	269647	255844	255494	269997
灵石县	Lingshi	102821	274817	143667	131150	158295	116522
介休市	Jiexiu	168113	427107	220484	206623	290091	137016
运城市	**Yuncheng**						
盐湖区	Yanhu	238279	721476	361154	360322	536820	184656
临猗县	Linyi	170895	595810	301158	294652	273623	322187
万荣县	Wanrong	136522	458929	231641	227288	158821	300108
闻喜县	Wenxi	129558	422167	212824	209343	220726	201441
稷山县	Jishan	116938	363761	182256	181505	158771	204990
新绛县	Xinjiang	101914	348072	176541	171531	161124	186948
绛　县	Jiangxian	85699	292946	146599	146347	165513	127433
垣曲县	Yuanqu	87317	241613	122309	119304	130157	111456
夏　县	Xiaxian	110621	367931	187544	180387	136088	231843
平陆县	Pinglu	96871	268967	137497	131470	100727	168240
芮城县	Ruicheng	148868	412332	206997	205335	214625	197707
永济市	Yongji	141330	464169	232669	231500	253458	210711
河津市	Hejin	127559	414433	214235	200198	242225	172208
忻州市	**Xinzhou**						
忻府区	Xinfu	233341	567300	285328	281972	382059	185241
定襄县	Dingxiang	101989	225446	114469	110977	103109	122337
五台县	Wutai	138776	307198	158972	148226	131925	175273
代　县	Daixian	93261	221027	115042	105985	106782	114245

20-1 续表2 continued

单位：人 (person)

县(市、区)	Region	总户数(户) Number of Households (household)	常住人口 Resident Population	按性别分 by Sex		按城镇、乡村分 by Residence	
				男 Male	女 Female	城镇人口 Urban	乡村人口 Rural
繁峙县	Fanshi	116434	277153	145133	132020	135452	141701
宁武县	Ningwu	68079	166112	89090	77022	87743	78369
静乐县	Jingle	60324	161934	86291	75643	73354	88580
神池县	Shenchi	45386	109283	57384	51899	49287	59996
五寨县	Wuzhai	51526	111425	58371	53054	57076	54349
岢岚县	Kelan	38164	87063	45854	41209	45294	41769
河曲县	Hequ	64217	150033	78470	71563	80017	70016
保德县	Baode	65151	165897	87791	78106	77639	88258
偏关县	Pianguan	45815	115870	59863	56007	58957	56913
原平市	Yuanping	197345	507118	260677	246441	286345	220773
临汾市	**Linfen**						
尧都区	Yaodu	266387	992548	497685	494863	719436	273112
曲沃县	Quwo	65395	248694	124995	123699	109773	138921
翼城县	Yicheng	97303	323517	161971	161546	137500	186017
襄汾县	Xiangfen	182703	461630	230862	230768	204803	256827
洪洞县	Hongtong	275958	764781	390860	373921	349902	414879
古　县	Guxian	34453	96211	49778	46433	43513	52698
安泽县	Anze	33947	85697	44654	41043	38464	47233
浮山县	Fushan	48948	131493	65779	65714	56295	75198
吉　县	Jixian	40550	110693	57055	53638	44655	66038
乡宁县	Xiangning	81695	243718	128013	115705	100939	142779
大宁县	Daning	25791	67285	34663	32622	32151	35134
隰　县	Xixian	40621	108058	55601	52457	51103	56955
永和县	Yonghe	25069	66284	34462	31822	29987	36297
蒲　县	Puxian	37233	112146	58206	53940	55449	56697
汾西县	Fenxi	55440	150522	78207	72315	71924	78598
侯马市	Houma	80031	250379	126518	123861	171529	78850
霍州市	Huozhou	128375	294731	148879	145852	197263	97468
吕梁市	**Lvliang**						
离石区	Lishi	109808	340705	176707	163998	281254	59451
文水县	Wenshui	167910	440369	223974	216395	185198	255171
交城县	Jiaocheng	87033	239432	121550	117882	131844	107588
兴　县	Xingxian	102230	291122	153682	137440	131044	160078
临　县	Linxian	247559	598483	314942	283541	227478	371005
柳林县	Liulin	126876	332535	179513	153022	152861	179674
石楼县	Shilou	45596	116434	60813	55621	56445	59989
岚　县	Lanxian	68703	181333	93488	87845	73570	107763
方山县	Fangshan	62946	148943	77273	71670	60691	88252
中阳县	Zhongyang	58109	147130	77484	69646	93335	53795
交口县	Jiaokou	45409	124374	63767	60607	56986	67388
孝义市	Xiaoyi	184908	492769	250690	242079	343131	149638
汾阳市	Fenyang	167366	437260	223767	213493	218373	218887

20-2 城镇非私营单位就业人员和工资(2019年)

NUMBER AND WAGE OF EMPLOYEES IN URBAN NON-PRIVATE UNITS(2019)

县(市、区)	Region	就业人员(人) Employees (person)	工资总额(万元) Total Wage (10 000 yuan)	平均工资(元) Average Wage (yuan)	#在岗职工 Fully Employed
太 原 市	**Taiyuan**				
小店区	Xiaodian	163249	1316519	78335	85168
迎泽区	Yingze	164928	1407240	85992	90677
杏花岭区	Xinhualing	174745	1576370	91936	93660
尖草坪区	Jiancaoping	71356	565114	78298	80265
万柏林区	Wanbailin	171227	1515822	87503	88450
晋源区	Jinyuan	26249	183400	69723	71229
清徐县	Qingxu	28649	162852	56668	58189
阳曲县	Yanqu	11488	66769	58657	59220
娄烦县	Loufan	9238	53711	59245	62087
古交市	Gujiao	21177	130952	61700	63355
综合示范区	Comprehensive Reform Demonstration Zone	172501	1172753	67836	69233
大 同 市	**Datong**				
新荣区	Xinrong	9568	55741	58404	60339
平城区	Pingcheng	148227	936361	63741	68438
云冈区	Yungang	138739	1006206	72640	75263
云州区	Yunzhou	9923	56825	58474	60279
阳高县	Yanggao	10407	70194	66334	66422
天镇县	Tianzhen	6501	44074	68151	69573
广灵县	Guangling	7674	55682	72136	73375
灵丘县	Lingqiu	11311	64227	56707	59762
浑源县	Hunyuan	11065	81946	71933	72212
左云县	Zuoyun	20419	146735	70777	78215
开发区	Development Zone	9424	49501	53353	53613
阳 泉 市	**Yangquan**				
城　区	Chengqu	41407	267745	64211	65064
矿　区	Kuangqu	72406	518548	72077	72368
郊　区	Jiaoqu	40032	257278	64479	67122
平定县	Pingding	25673	144453	55931	59939
盂　县	Yuxian	36763	188004	51723	52307
长 治 市	**Changzhi**				
潞州区	Luzhou	155491	920743	60219	61959
上党区	Shangdang	41155	292042	70473	72152
屯留区	Tunliu	29720	194356	65161	65235
潞城区	Lucheng	29791	170364	56938	57407
襄垣县	Xiangyuan	75171	576551	74777	75354
平顺县	Pingshun	9592	47885	50479	52447
黎城县	Licheng	7758	43378	56240	56365
壶关县	Huguan	16076	83811	50629	50753
长子县	Zhangzi	32919	243526	74185	74250
武乡县	Wuxiang	18057	108301	59532	61750
沁　县	Qinxian	8001	46487	58182	58461
沁源县	Qinyuan	36003	216317	61290	61418

20-2 续表1

县(市、区)	Region	就业人员(人) Employees (person)	工资总额(万元) Total Wage (10 000 yuan)	平均工资(元) Average Wage (yuan)	#在岗职工 Fully Employed
晋城市	**Jincheng**				
城　区	Chengqu	127794	744216	59128	62538
沁水县	Qinshui	52320	453880	86628	88577
阳城县	Yangcheng	49680	314972	63901	64537
陵川县	Lingchuan	13283	74433	56763	58119
泽州县	Zezhou	65445	472240	72532	73705
高平市	Gaoping	61853	371125	60839	62050
朔州市	**Shuozhou**				
朔城区	Shuocheng	49885	293444	58955	62495
平鲁区	Pinglu	33787	294444	84996	85526
山阴县	Shanyin	18672	143481	77024	81796
应　县	Yingxian	14260	73947	51267	52043
右玉县	Yuoyu	9648	71785	74590	74675
怀仁市	Huairen	48685	264034	55734	58883
开发区	Development Zone	16885	125679	74446	80322
晋中市	**Jinzhong**				
榆次区	Yuci	123520	822555	66991	71972
榆社县	Yushe	12533	81914	66754	71320
左权县	Zuoquan	14834	83705	56896	56736
和顺县	Heshun	19765	136548	68745	68197
昔阳县	Xiyang	19922	127705	64128	65427
寿阳县	Shouyang	31119	223188	71929	72182
太谷县	Taigu	22392	145210	65993	66797
祁　县	Qixian	15477	92748	60461	60805
平遥县	Pingyao	27530	158641	58051	59225
灵石县	Lingshi	31713	200977	64042	64843
介休市	Jiexiu	57745	368369	63677	66342
运城市	**Yuncheng**				
盐湖区	Yanhu	124804	698477	55016	64676
临猗县	Linyi	15684	88738	57450	62652
万荣县	Wanrong	13011	81194	63142	59671
闻喜县	Wenxi	26062	154610	59690	59522
稷山县	Jishan	12699	70629	56094	62458
新绛县	Xinjiang	11259	69678	61174	61396
绛　县	Jiangxian	16484	98871	59126	59477
垣曲县	Yuanqu	25075	151901	60369	60953
夏　县	Xiaxian	11534	70115	61841	62665
平陆县	Pinglu	11552	66055	56783	58753
芮城县	Ruicheng	17317	112223	64682	64781
永济市	Yongji	25340	165210	63477	64697
河津市	Hejin	52451	295213	56882	58467

20–2 续表2

县(市、区)	Region	就业人员 (人) Employees (person)	工资总额 (万元) Total Wage (10 000 yuan)	平均工资 (元) Average Wage (yuan)	#在岗职工 Fully Employed
忻 州 市	**Xinzhou**				
忻府区	Xinfu	72667	432828	60000	61837
定襄县	Dingxiang	8639	50165	58236	60321
五台县	Wutai	11360	73656	65263	65799
代　县	Daixian	8962	52566	58348	66675
繁峙县	Fanshi	14339	77195	51563	54795
宁武县	Ningwu	23041	138552	61743	61843
静乐县	Jingle	10896	67480	62251	66125
神池县	Shenchi	6306	40919	64500	66509
五寨县	Wuzhai	6397	39577	61809	61909
岢岚县	Kelan	5109	31792	62669	65547
河曲县	Hequ	13483	119486	88943	90466
保德县	Baode	15446	127449	83126	84870
偏关县	Pianguan	7302	50335	69322	75557
原平市	Yuanping	32181	199239	62276	63236
五台山风景名胜区	Wutai Mount Scenic Area	3290	13156	39108	42770
临 汾 市	**Linfen**				
尧都区	Yaodu	108415	690876	63726	71201
曲沃县	Quwo	17942	94863	65086	71644
翼城县	Yicheng	17071	100087	58812	59198
襄汾县	Xiangfen	16133	94007	58611	59274
洪洞县	Hongtong	38937	249226	61585	61605
古　县	Guxian	10731	67793	63560	65678
安泽县	Anze	8974	55136	62181	63944
浮山县	Fushan	6672	36534	53164	53486
吉　县	Jixian	7645	44752	58097	59138
乡宁县	Xiangning	25548	165045	66422	66499
大宁县	Daning	4926	28321	57844	61697
隰　县	Xixian	7748	42791	55264	63984
永和县	Yonghe	4313	24507	57059	57417
蒲　县	Puxian	15374	94594	62009	63933
汾西县	Fenxi	5949	31541	52762	53328
侯马市	Houma	21994	129594	59008	60939
霍州市	Huozhou	32621	223973	67020	66957
吕 梁 市	**Lvliang**				
离石区	Lishi	64687	401863	62898	69981
文水县	Wenshui	24541	146044	60098	60934
交城县	Jiaocheng	18007	129977	73206	73782
兴　县	Xingxian	21517	162470	77290	79077
临　县	Linxian	24798	159633	65127	68166
柳林县	Liulin	43813	325664	73394	74359
石楼县	Shilou	5965	37110	62781	63953
岚　县	Lanxian	11897	79779	67313	67477
方山县	Fangshan	13472	95287	70426	71028
中阳县	Zhongyang	13723	96165	69796	70216
交口县	Jiaokou	10980	60198	55263	56577
孝义市	Xiaoyi	58264	369413	63409	67962
汾阳市	Fenyang	35132	220750	68545	72203

20-3 地区生产总值(2019年)
GROSS DOMESTIC PRODUCT(2019)

单位：万元 (10 000 yuan)

县(市、区)	Region	地区生产总值 Gross Domestic Product	第一产业 Primary Industry	第二产业 Secondary Industry	第三产业 Tertiary Industry	人均地区生产总值(元) Per Capita GDP (yuan)
太原市	**Taiyuan**					
小店区	Xiaodian	9996027	41864	4825236	5128927	116388
迎泽区	Yingze	8601614	3130	1008443	7590041	137959
杏花岭区	Xinghualing	7307771	5797	1470328	5831646	107918
尖草坪区	Jiancaoping	3407836	28674	2289069	1090093	77627
万柏林区	Wanbailin	4759791	3116	2484074	2272601	59424
晋源区	Jinyuan	754974	35664	240868	478442	32129
清徐县	Qingxu	1863574	84066	1101669	677839	52143
阳曲县	Yangqu	494756	55970	276264	162522	39817
娄烦县	Loufan	248994	22377	99949	126668	22739
古交市	Gujiao	435198	20399	214851	199948	20144
大同市	**Datong**					
新荣区	Xinrong	590971	42365	338203	210403	46024
平城区	Pingcheng	4136028	10152	803479	3322397	43990
云冈区	Yungang	3858963	54832	1990450	1813681	51906
云州区	Yunzhou	1252023	69729	613940	568354	64524
阳高县	Yanggao	510331	122815	122067	265449	19078
天镇县	Tianzhen	374746	75170	90921	208655	16284
广灵县	Guangling	407690	75294	126453	205943	21285
灵丘县	Lingqiu	506582	48581	152707	305294	20739
浑源县	Hunyuan	464205	89297	77160	297748	13003
左云县	Zuoyun	1007541	27888	591935	387718	61834
阳泉市	**Yangquan**					
城　区	Chengqu	2024177	2192	323323	1698662	87706
矿　区	Kuangqu	1519711	1089	1079034	439588	56491
郊　区	Jiaoqu	1228188	15118	605027	608043	50030
平定县	Pingding	1112228	47058	573643	491527	32166
盂　县	Yuxian	1292797	38008	692423	562366	39796
长治市	**Changzhi**					
潞州区	Luzhou	4560214	17787	1566041	2976386	56021
上党区	Shangdang	2161812	65187	1377000	719625	60590
屯留区	Tunliu	1317413	55485	897554	364374	48083
潞城区	Lucheng	1242811	30261	801621	410929	52442
襄垣县	Xiangyuan	2147786	46001	1451620	650165	76694
平顺县	Pingshun	230936	28270	58861	143805	15233
黎城县	Licheng	303581	22556	78276	202749	18634
壶关县	Huguan	536090	47720	189617	298753	17832
长子县	Zhangzi	1706323	89139	1125158	492026	46528
武乡县	Wuxiang	596831	34277	254457	308097	32121
沁　县	Qinxian	306154	45628	61618	198908	17094
沁源县	Qinyuan	1289451	23495	887446	378510	78378
晋城市	**Jincheng**					
城　区	Chengqu	3426739	5385	1038687	2382667	68150
沁水县	Qinshui	2195418	74875	1629856	490687	100756

20-3 续表1 continued

单位：万元 (10 000 yuan)

县(市、区)	Region	地区生产总值 Gross Domestic Product	第一产业 Primary Industry	第二产业 Secondary Industry	第三产业 Tertiary Industry	人均地区生产总值(元) Per Capita GDP (yuan)
阳城县	Yangcheng	2171845	84016	1266668	821161	55028
陵川县	Lingchuan	441862	51463	89277	301122	18621
泽州县	Zezhou	3019950	134163	2138420	747367	60753
高平市	Gaoping	2295739	125217	1198027	972496	46074
朔州市	**Shuozhou**					
朔城区	Shuocheng	3144883	76382	694109	2374392	59553
平鲁区	Pinglu	2178921	54968	1352088	771865	102787
山阴县	Shanyin	1360446	86441	522080	751925	54883
应　县	Yingxian	707541	154997	79693	472851	20838
右玉县	Youyu	912619	64579	408568	439472	78543
怀仁市	Huairen	2263792	99211	1172835	991746	66744
晋中市	**Jinzhong**					
榆次区	Yuci	3075352	139585	862221	2073546	45733
榆社县	Yushe	353947	48238	115611	190098	25159
左权县	Zuoquan	568753	45782	267435	255536	33904
和顺县	Heshun	577798	32340	289904	255554	39176
昔阳县	Xiyang	878377	50621	506336	321420	37976
寿阳县	Shouyang	1226418	98689	701370	426359	57256
太谷县	Taigu	1026207	201157	230044	595006	32744
祁　县	Qixian	872060	181819	178780	511460	31631
平遥县	Pingyao	1154389	114176	316543	723670	21999
灵石县	Lingshi	2343124	42382	1532518	768224	85267
介休市	Jiexiu	2444053	45299	1583108	815645	57445
运城市	**Yuncheng**					
盐湖区	Yanhu	2897834	186052	701767	2010015	40478
临猗县	Linyi	1427446	489792	224839	712815	23967
万荣县	Wanrong	772803	212807	167658	392338	16844
闻喜县	Wenxi	1385304	178974	648325	558005	32812
稷山县	Jishan	874889	133958	283939	456992	24068
新绛县	Xinjiang	1142554	181155	563035	398364	32834
绛　县	Jiangxian	611737	87648	182143	341946	20878
垣曲县	Yuanqu	653643	71261	254993	327389	27079
夏　县	Xiaxian	584258	184463	96170	303625	15884
平陆县	Pinglu	503957	95788	157435	250734	18729
芮城县	Ruicheng	902979	235834	213291	453854	21893
永济市	Yongji	1243550	218720	384008	640822	26789
河津市	Hejin	2500972	85383	1514684	900905	60389
忻州市	**Xinzhou**					
忻府区	Xinfu	1800620	87591	487714	1225315	31747
定襄县	Dingxiang	520482	47120	259890	213472	23091
五台县	Wutai	582623	48027	127983	406613	18966
代　县	Daixian	673255	30283	394809	248163	30461

20–3 续表2 continued

单位：万元 (10 000 yuan)

县(市、区)	Region	地区生产总值 Gross Domestic Product	第一产业 Primary Industry	第二产业 Secondary Industry	第三产业 Tertiary Industry	人均地区生产总值(元) Per Capita GDP (yuan)
繁峙县	Fanshi	720683	65776	344511	310396	26008
宁武县	Ningwu	671722	20839	382600	268283	40441
静乐县	Jingle	353327	40040	137064	176223	21820
神池县	Shenchi	279272	83511	42677	153084	25561
五寨县	Wuzhai	303277	44143	16601	242533	27223
岢岚县	Kelan	326959	39877	71885	215197	37556
河曲县	Hequ	1081379	30476	683200	367703	72099
保德县	Baode	832901	38102	513305	281495	50209
偏关县	Pianguan	341507	36116	165607	139783	29474
原平市	Yuanping	1426311	128935	727853	569523	28131
临汾市	**Linfen**					
尧都区	Yaodu	3337732	80340	654026	2603366	33691
曲沃县	Quwo	1097480	143288	622061	332131	44190
翼城县	Yicheng	709908	97755	180398	431756	21948
襄汾县	Xiangfen	1274786	152439	577957	544390	27619
洪洞县	Hongtong	1509920	90091	693684	726145	19746
古　县	Guxian	500779	21251	334676	144852	52085
安泽县	Anze	628426	30509	448268	149649	73380
浮山县	Fushan	411888	45754	221335	144799	31338
吉　县	Jixian	226685	68617	70570	87498	20498
乡宁县	Xiangning	1315563	38645	979301	297617	54040
大宁县	Daning	94005	15594	22245	56165	13982
隰　县	Xixian	179968	37798	25296	116874	16663
永和县	Yonghe	107583	24942	17972	64668	16243
蒲　县	Puxian	922419	24102	723277	175040	82357
汾西县	Fenxi	223143	30244	41245	151653	14831
侯马市	Houma	1145717	28321	265499	851896	45833
霍州市	Huozhou	794720	29920	406342	358459	26990
吕梁市	**Lvliang**					
离石区	Lishi	1370982	20602	477403	872977	40371
文水县	Wenshui	734354	123146	244225	366983	16692
交城县	Jiaocheng	913209	34949	624710	253550	38168
兴　县	Xingxian	1137383	41518	822695	273170	39062
临　县	Linxian	897203	89843	398324	409036	14969
柳林县	Liulin	2043262	33764	1431110	578388	61460
石楼县	Shilou	139699	27986	3556	108157	12000
岚　县	Lanxian	489723	33024	302282	154417	27020
方山县	Fangshan	502856	27589	351708	123559	33784
中阳县	Zhongyang	1070345	25306	818441	226598	72769
交口县	Jiaokou	547586	30268	377404	139914	44000
孝义市	Xiaoyi	3182297	67491	1984241	1130565	64721
汾阳市	Fenyang	2041222	68876	1197893	774453	46742

20-4 城乡居民收入(2019年)
INCOME OF URBAN AND RURAL HOUSEHOLDS(2019)

单位：元 (yuan)

县(市、区)	Region	居民人均可支配收入 Per Capita Disposable Income of Households	城镇居民人均可支配收入 Per Capita Disposable Income of Urban Households	农村居民人均可支配收入 Per Capita Disposible Income of Rural Households
太原市	**Taiyuan**			
小店区	Xiaodian		37750	
迎泽区	Yingze		37508	
杏花岭区	Xinghualing		37488	
尖草坪区	Jiancaoping		36142	
万柏林区	Wanbailin		36171	
晋源区	Jinyuan		36532	
清徐县	Qingxu	23984	34968	20732
阳曲县	Yangqu	16139	26699	10754
娄烦县	Loufan	14453	22931	8521
古交市	Gujiao	29231	33486	17272
大同市	**Datong**			
新荣区	Xinrong	14777	27062	10471
平城区	Pingcheng	33393	35366	17011
云冈区	Yungang	31900	34337	17027
云州区	Yunzhou	14554	22430	10682
阳高县	Yanggao	13960	23861	8803
天镇县	Tianzhen	13645	24179	8752
广灵县	Guangling	11736	24055	9185
灵丘县	Lingqiu	13684	29293	8806
浑源县	Hunyuan	14351	24929	9151
左云县	Zuoyun	20721	29773	13668
阳泉市	**Yangquan**			
城　区	Chengqu	34865	34865	
矿　区	Kuangqu	34386	34386	
郊　区	Jiaoqu	25398	28555	16265
平定县	Pingding	20989	30928	14743
盂　县	Yuxian	22107	33423	15349
长治市	**Changzhi**			
潞州区	Luzhou	35723	38105	20211
上党区	Shangdang	24086	34594	19082
屯留区	Tunliu	21876	29560	17656
潞城区	Lucheng	24192	31617	15623
襄垣县	Xiangyuan	26825	38816	17405
平顺县	Pingshun	11765	25160	7854
黎城县	Licheng	13714	20750	9785
壶关县	Huguan	11709	25212	7515
长子县	Zhangzi	20398	32386	15954
武乡县	Wuxiang	13207	25989	8195
沁　县	Qinxian	12433	21806	7488
沁源县	Qinyuan	24638	37113	16443

20–4 续表1 continued

单位：元 (yuan)

县(市、区)	Region	居民人均可支配收入 Per Capita Disposable Income of Households	城镇居民人均可支配收入 Per Capita Disposable Income of Urban Households	农村居民人均可支配收入 Per Capita Disposible Income of Rural Households
晋城市	**Jincheng**			
城　区	Chengqu	37023	37023	
沁水县	Qinshui	19892	30792	13113
阳城县	Yangcheng	22096	32069	14569
陵川县	Lingchuan	14262	21061	10309
泽州县	Zezhou	24677	35832	16595
高平市	Gaoping	25075	34623	15392
朔州市	**Shuozhou**			
朔城区	Shuocheng	28856	36437	16506
平鲁区	Pinglu	19542	27117	11426
山阴县	Shanyin	27524	36667	18184
应　县	Yingxian	17218	26653	11905
右玉县	Youyu	18287	26568	9106
怀仁市	Huairen	29018	37639	18050
晋中市	**Jinzhong**			
榆次区	Yuci	33704	37856	19877
榆社县	Yushe	12524	24206	6999
左权县	Zuoquan	15720	28909	7182
和顺县	Heshun	16124	26909	8370
昔阳县	Xiyang	15805	27548	11189
寿阳县	Shouyang	22523	36865	15040
太谷县	Taigu	26116	33266	20789
祁　县	Qixian	24356	34537	18830
平遥县	Pingyao	21008	32726	13557
灵石县	Lingshi	28994	40226	18914
介休市	Jiexiu	29275	37477	15503
运城市	**Yuncheng**			
盐湖区	Yanhu	27972	33822	13556
临猗县	Linyi	20735	30938	14408
万荣县	Wanrong	15090	27540	11071
闻喜县	Wenxi	20576	31923	11333
稷山县	Jishan	18196	29030	12316
新绛县	Xinjiang	20273	30936	13159
绛　县	Jiangxian	19626	27996	10710
垣曲县	Yuanqu	17883	28664	8508
夏　县	Xiaxian	14240	28055	9084
平陆县	Pinglu	13452	26214	8717
芮城县	Ruicheng	20842	31293	12373
永济市	Yongji	22824	31819	14742
河津市	Hejin	23372	31241	15076
忻州市	**Xinzhou**			
忻府区	Xinfu	23560	32755	11618
定襄县	Dingxiang	20692	32509	14425
五台县	Wutai	14083	28481	7676
代　县	Daixian	15487	28528	6843

20-4 续表2 continued

单位：元 (yuan)

县(市、区)	Region	居民人均可支配收入 Per Capita Disposable Income of Households	城镇居民人均可支配收入 Per Capita Disposable Income of Urban Households	农村居民人均可支配收入 Per Capita Disposible Income of Rural Households
繁峙县	Fanshi	18678	32416	9252
宁武县	Ningwu	16000	26550	6843
静乐县	Jingle	14045	25406	8177
神池县	Shenchi	14721	25535	9154
五寨县	Wuzhai	15966	25831	8827
岢岚县	Kelan	17980	29656	8159
河曲县	Hequ	18086	29903	8067
保德县	Baode	16722	31297	8516
偏关县	Pianguan	15269	24095	8180
原平市	Yuanping	22083	33261	12074
临汾市	**Linfen**			
尧都区	Yaodu	29962	37414	16347
曲沃县	Quwo	23138	35348	16590
翼城县	Yicheng	19188	32404	12796
襄汾县	Xiangfen	21125	32845	14718
洪洞县	Hongtong	19545	30848	13025
古　县	Guxian	20022	34036	11951
安泽县	Anze	18438	31358	11205
浮山县	Fushan	17907	32219	10322
吉　县	Jixian	11408	22572	6426
乡宁县	Xiangning	17987	32458	11509
大宁县	Daning	11801	21375	4485
隰　县	Xixian	14881	25323	7418
永和县	Yonghe	12194	24508	4774
蒲　县	Puxian	18674	29792	10421
汾西县	Fenxi	14774	29024	4962
侯马市	Houma	25498	31248	16413
霍州市	Huozhou	25583	32915	15026
吕梁市	**Lvliang**			
离石区	Lishi	28206	31648	7315
文水县	Wenshui	15259	23701	11387
交城县	Jiaocheng	17874	24105	11367
兴　县	Xingxian	11707	23218	5785
临　县	Linxian	9777	19771	6263
柳林县	Liulin	20892	33683	13317
石楼县	Shilou	9041	15719	4333
岚　县	Lanxian	10982	21833	6206
方山县	Fangshan	10913	23012	5579
中阳县	Zhongyang	18363	24569	8053
交口县	Jiaokou	14161	22137	8916
孝义市	Xiaoyi	30137	36532	18673
汾阳市	Fenyang	19705	26151	15484

20-5 财政收支情况(2019年)
FINANCIAL REVENUE AND EXPENDITURE(2019)

单位：万元 (10 000 yuan)

县(市、区)	Region	一般公共预算收入 General Public Budget Revenue	#国内增值税 Value-added Taxes	#企业所得税 Enterprises Income Taxes	#个人所得税 Individual Income Taxes	一般公共预算支出 General Public Budget Expenditure
太原市	**Taiyuan**					
小店区	Xiaodian	243697	73525	24581	5706	459760
迎泽区	Yingze	195162	54877	28508	5706	293604
杏花岭区	Xinghualing	155248	52897	14412	5257	267421
尖草坪区	Jiancaoping	141031	46358	10542	2629	262754
万柏林区	Wanbailin	232645	60292	26369	5150	388678
晋源区	Jinyuan	93344	18790	12180	934	293633
清徐县	Qingxu	143475	58739	19648	1293	330826
阳曲县	Yangqu	65369	10460	6581	463	225617
娄烦县	Loufan	42256	13469	636	234	169088
古交市	Gujiao	161072	60286	5146	1076	230575
综改示范区	Comprehensive Reform Demonstration Zone	366254	144574	24237	12548	537872
大同市	**Datong**					
新荣区	Xinrong	23823	8558	5804	276	121538
平城区	Pingcheng	87107	20274	6672	1916	241816
云冈区	Yungang	115818	27056	13610	652	278607
云州区	Yunzhou	24704	6763	553	1150	157093
阳高县	Yanggao	14770	4485	868	187	211196
天镇县	Tianzhen	24543	4206	1123	227	280291
广灵县	Guangling	25284	6004	3222	171	256600
灵丘县	Lingqiu	18793	5367	586	168	232610
浑源县	Hunyuan	15658	2631	540	170	335608
左云县	Zuoyun	103497	30219	14998	1003	173557
开发区	Development Zone	63379	29051	2809	419	78155
阳泉市	**Yangquan**					
城　区	Chengqu	30135	10712	4169	565	75650
矿　区	Kuangqu	27264	9526	4827	654	88828
郊　区	Jiaoqu	47933	11698	1811	507	170448
平定县	Pingding	47794	13664	1259	461	265617
盂　县	Yuxian	86286	22302	5795	836	267982
开发区	Development Zone	31638	11401	2353	416	39406
长治市	**Changzhi**					
潞州区	Luzhou	114863	18540	6140	1334	271277
上党区	Shangdang	202751	58111	33583	1387	286993

20-5 续表1 continued

单位：万元 (10 000 yuan)

县(市、区)	Region	一般公共预算收入 General Public Budget Revenue	#国内增值税 Value-added Taxes	#企业所得税 Enterprises Income Taxes	#个人所得税 Individual Income Taxes	一般公共预算支出 General Public Budget Expenditure
屯留区	Tunliu	110079	33386	15623	1012	206386
潞城区	Lucheng	79216	25627	11236	608	177255
襄垣县	Xiangyuan	175817	52444	20293	3201	278851
平顺县	Pingshun	11439	2740	1019	99	232813
黎城县	Licheng	21301	5426	1544	240	141586
壶关县	Huguan	22505	6189	2256	277	240115
长子县	Zhangzi	152987	44933	27604	1086	292530
武乡县	Wuxiang	49566	12197	3346	349	196056
沁　县	Qinxian	11239	1983	614	112	148366
沁源县	Qinyuan	131375	40967	15609	2026	197903
高新区	High-tech Zone	56001	13644	3282	199	73370
晋 城 市	**Jincheng**					
城　区	Chengqu	94848	14239	6726	872	245629
沁水县	Qinshui	188270	55966	21901	1178	280735
阳城县	Yangcheng	191086	54652	23179	1760	345548
陵川县	Lingchuan	18860	4246	1226	107	207562
泽州县	Zezhou	235833	70741	14094	1626	387298
高平市	Gaoping	220392	54729	14861	1178	406240
开发区	Development Zone	37201	3949	4246	245	70030
朔 州 市	**Shuozhou**					
朔城区	Shuocheng	80150	18918	3564	565	257244
平鲁区	Pinglu	126809	36235	17180	3529	227104
山阴县	Shanyin	150077	52078	28875	1115	257066
应　县	Yingxian	17757	4602	566	112	229128
右玉县	Youyu	44089	12840	1993	494	187608
怀仁市	Huairen	130571	49944	16400	2368	293736
开发区	Development Zone	65168	22739	8036	648	46812
晋 中 市	**Jinzhong**					
榆次区	Yuci	141628	46429	12221	2543	369655
榆社县	Yushe	36669	6093	1970	555	213444
左权县	Zuoquan	49234	8822	1298	338	186939
和顺县	Heshun	60058	13530	1267	964	185852
昔阳县	Xiyang	75038	22835	2677	444	187105
寿阳县	Shouyang	127226	40307	10406	919	240283
太谷县	Taigu	62021	18073	2458	772	240727

20-5 续表2 continued

单位：万元 (10 000 yuan)

县(市、区)	Region	一般公共预算收入 General Public Budget Revenue	#国内增值税 Value-added Taxes	#企业所得税 Enterprises Income Taxes	#个人所得税 Individual Income Taxes	一般公共预算支出 General Public Budget Expenditure
祁　县	Qixian	51097	11131	2519	263	207566
平遥县	Pingyao	78614	20359	4456	679	373766
灵石县	Lingshi	201279	79880	19202	9130	265059
介休市	Jiexiu	213026	100710	10713	2727	326452
示范区	Demonstration Zone	88981	29163	12727	1224	159952
运城市	**Yuncheng**					
盐湖区	Yanhu	110139	24586	4679	2493	315999
临猗县	Linyi	26378	6634	2006	448	261208
万荣县	Wanrong	18278	6231	1148	142	237661
闻喜县	Wenxi	60831	22846	9252	1810	248845
稷山县	Jishan	28800	9456	2285	180	176546
新绛县	Xinjiang	56398	20207	12675	302	211592
绛　县	Jiangxian	14735	4155	1124	192	179335
垣曲县	Yuanqu	32104	14279	808	228	205436
夏　县	Xiaxian	27624	3069	662	134	197003
平陆县	Pinglu	28537	8392	1727	168	205611
芮城县	Ruicheng	36563	12864	1429	426	204715
永济市	Yongji	48507	11817	2785	474	261836
河津市	Hejin	158100	59396	19025	2641	294317
开发区	Development Zone	34782	8382	2622	381	56201
忻州市	**Xinzhou**					
忻府区	Xinfu	60002	13965	6458	2409	239886
定襄县	Dingxiang	22039	10129	1340	195	154991
五台县	Wutai	65720	9956	1893	342	299890
代　县	Daixian	34018	10090	1210	1391	189013
繁峙县	Fanshi	31349	11315	2385	631	235591
宁武县	Ningwu	91259	20313	7565	598	252303
静乐县	Jingle	28748	4732	511	209	257018
神池县	Shenchi	16908	3594	1498	196	125254
五寨县	Wuzhai	26548	10338	709	135	154688
岢岚县	Kelan	18594	6352	1937	132	156446
河曲县	Hequ	100695	32734	16560	770	164940
保德县	Baode	81467	30639	6378	999	211210
偏关县	Pianguan	21101	5033	1911	240	200470
原平市	Yuanping	85071	26311	4536	1330	289870
开发区	Development Zone	18946	6408	1482	757	20362

20-5 续表3 continued

单位：万元 (10 000 yuan)

县(市、区)	Region	一般公共预算收入 General Public Budget Revenue	#国内增值税 Value-added Taxes	#企业所得税 Enterprises Income Taxes	#个人所得税 Individual Income Taxes	一般公共预算支出 General Public Budget Expenditure
临汾市	**Linfen**					
尧都区	Yaodu	182923	43226	12913	2690	449415
曲沃县	Quwo	42882	14942	3224	392	186483
翼城县	Yicheng	33196	7584	2138	253	213899
襄汾县	Xiangfen	75502	26758	11342	1074	311593
洪洞县	Hongtong	97092	26468	4799	2914	385846
古县	Guxian	47691	14986	8384	1418	118826
安泽县	Anze	66828	23912	9412	1152	131704
浮山县	Fushan	9255	1288	177	117	112062
吉县	Jixian	13825	3439	1706	468	138662
乡宁县	Xiangning	189760	56906	40672	1442	311909
大宁县	Daning	6199	1218	136	25	140500
隰县	Xixian	9565	2274	963	67	153199
永和县	Yonghe	12617	3212	1571	83	138189
蒲县	Puxian	118235	34492	15070	1164	188155
汾西县	Fenxi	8617	1148	189	54	152404
侯马市	Houma	52923	19153	3418	1350	177187
霍州市	Huozhou	54668	18023	489	1066	167921
临汾开发区	Development Zone	21593	5037	1782	439	38651
侯马开发区	Houma Development Zone	9403	2274	316	90	11184
吕梁市	**Lvliang**					
离石区	Lishi	146126	54551	13016	3527	244196
文水县	Wenshui	35114	12676	1444	627	239595
交城县	Jiaocheng	70716	24867	9114	1092	189729
兴县	Xingxian	177019	59357	30456	686	431153
临县	Linxian	78896	28383	8249	906	554435
柳林县	Liulin	287588	94364	34805	2929	397103
石楼县	Shilou	5169	1031	200	68	220562
岚县	Lanxian	55306	15279	4185	367	179990
方山县	Fangshan	51000	18892	3181	432	161232
中阳县	Zhongyang	117404	45179	15707	678	193028
交口县	Jiaokou	68103	19898	5740	217	129610
孝义市	Xiaoyi	289237	123070	20530	1608	359591
汾阳市	Fenyang	162348	46908	50274	1295	320898

20-6 固定资产投资增长速度

GROWTH RATE OF INVESTMENT IN FIXED ASSETS

单位：%　　　　(%)

县(市、区)	Region	2018	2019
太 原 市	**Taiyuan**		
小店区	Xiaodian	51.3	20.3
迎泽区	Yingze	7.2	4.1
杏花岭区	Xinghualing	25.7	16.6
尖草坪区	Jiancaoping	47.7	13.7
万柏林区	Wanbailin	18.8	6.7
晋源区	Jinyuan	63.5	-27.1
清徐县	Qingxu	48.2	80.6
阳曲县	Yangqu	31.5	17.0
娄烦县	Loufan	23.5	7.0
古交市	Gujiao	-15.3	17.5
大 同 市	**Datong**		
新荣区	Xinrong	13.9	12.2
平城区	Pingcheng	10.2	12.4
云冈区	Yungang	-4.8	21.7
云州区	Yunzhou	122.0	4.2
阳高县	Yanggao	17.7	12.5
天镇县	Tianzhen	-27.4	-14.3
广灵县	Guangling	16.2	15.9
灵丘县	Lingqiu	13.9	40.2
浑源县	Hunyuan	23.5	10.0
左云县	Zuoyun	16.0	-18.5
阳 泉 市	**Yangquan**		
城　区	Chengqu	1.7	1.5
矿　区	Kuangqu	2.4	13.3
郊　区	Jiaoqu	3.4	19.2
平定县	Pingding	-9.7	8.1
盂　县	Yuxian	-39.8	15.3
长 治 市	**Changzhi**		
潞州区	Luzhou	12.6	9.6
上党区	Shangdang	-7.8	25.1
屯留区	Tunliu	18.3	7.5
潞城区	Lucheng	11.2	9.3
襄垣县	Xiangyuan	10.7	6.9
平顺县	Pingshun	10.3	11.9
黎城县	Licheng	10.7	11.2
壶关县	Huguan	19.1	10.1
长子县	Zhangzi	11.0	8.1
武乡县	Wuxiang	10.4	10.9
沁　县	Qinxian	10.5	10.8
沁源县	Qinyuan	11.2	8.5

注：各县(市、区)投资不含跨省、市项目投资和农村农户投资。

Note: Investment in city and county doesn't include investment across provinces and cities, aparting from investment of rural pesant household.

20-6 续表1 continued

单位：% (%)

县(市、区)	Region	2018	2019
晋 城 市	**Jincheng**		
城　区	Chengqu	10.3	14.2
沁水县	Qinshui	10.3	13.7
阳城县	Yangcheng	10.4	13.0
陵川县	Lingchuan	13.1	15.7
泽州县	Zezhou	10.6	19.5
高平市	Gaoping	10.0	13.4
朔 州 市	**Shuozhou**		
朔城区	Shuocheng	29.2	10.8
平鲁区	Pinglu	11.2	2.8
山阴县	Shanyin	22.1	37.1
应　县	Yingxian	24.8	12.6
右玉县	Youyu	30.2	10.0
怀仁市	Huairen	0.9	6.6
晋 中 市	**Jinzhong**		
榆次区	Yuci	47.6	12.0
榆社县	Yushe	20.5	14.7
左权县	Zuoquan	1.7	0.7
和顺县	Heshun	13.4	1.4
昔阳县	Xiyang	10.1	3.5
寿阳县	Shouyang	-50.4	30.9
太谷县	Taigu	13.7	3.3
祁　县	Qixian	-20.4	-5.9
平遥县	Pingyao	10.9	3.1
灵石县	Lingshi	5.1	1.2
介休市	Jiexiu	-14.2	12.0
运 城 市	**Yuncheng**		
盐湖区	Yanhu	1.0	16.4
临猗县	Linyi	-36.9	11.2
万荣县	Wanrong	-21.8	3.4
闻喜县	Wenxi	-6.7	7.6
稷山县	Jishan	-18.3	7.7
新绛县	Xinjiang	2.7	14.4
绛　县	Jiangxian	-28.1	9.4
垣曲县	Yuanqu	-16.3	10.0
夏　县	Xiaxian	-8.2	-17.3
平陆县	Pinglu	-8.9	8.6
芮城县	Ruicheng	-51.8	36.9
永济市	Yongji	0.4	-23.7
河津市	Hejin	3.1	8.5
忻 州 市	**Xinzhou**		
忻府区	Xinfu	10.7	12.6
定襄县	Dingxiang	9.0	9.7
五台县	Wutai	9.3	9.3
代　县	Daixian	9.9	9.1

20-6 续表2 continued

单位：%　　(%)

县(市、区)	Region	2018	2019
繁峙县	Fanshi	9.0	9.5
宁武县	Ningwu	9.0	4.0
静乐县	Jingle	9.0	9.3
神池县	Shenchi	9.2	12.3
五寨县	Wuzhai	9.0	8.1
岢岚县	Kelan	9.5	12.4
河曲县	Hequ	9.5	3.5
保德县	Baode	9.6	8.9
偏关县	Pianguan	45.3	44.7
原平市	Yuanping	9.0	8.8
临汾市	**Linfen**		
尧都区	Yaodu	-17.4	-11.2
曲沃县	Quwo	-21.0	66.2
翼城县	Yicheng	-42.6	8.8
襄汾县	Xiangfen	-27.3	16.4
洪洞县	Hongtong	-46.2	11.2
古　县	Guxian	-44.1	9.3
安泽县	Anze	-52.2	13.2
浮山县	Fushan	-64.4	60.3
吉　县	Jixian	-40.9	12.9
乡宁县	Xiangning	-30.4	10.2
大宁县	Daning	26.4	19.1
隰　县	Xixian	2.1	-45.4
永和县	Yonghe	31.6	13.9
蒲　县	Puxian	-9.5	13.3
汾西县	Fenxi	-60.9	-22.9
侯马市	Houma	-21.2	11.4
霍州市	Huozhou	-44.1	-2.8
吕梁市	**Lvliang**		
离石区	Lishi	7.7	-11.9
文水县	Wenshui	9.4	-9.9
交城县	Jiaocheng	-4.5	20.1
兴　县	Xingxian	5.7	11.4
临　县	Linxian	18.9	10.4
柳林县	Liulin	-11.4	3.8
石楼县	Shilou	30.1	8.1
岚　县	Lanxian	5.9	0.6
方山县	Fangshan	20.9	4.9
中阳县	Zhongyang	-4.4	1.4
交口县	Jiaokou	10.2	-16.1
孝义市	Xiaoyi	-8.6	9.5
汾阳市	Fenyang	93.9	19.9

20-7 农林牧渔业总产值(2019年)
GROSS OUTPUT VALUE OF FARMING, FORESTRY, ANIMAL HUSBANDRY AND FISHERY(2019)

按当年价格计算 (at current price)

县(市、区)	Region	农林牧渔业总产值(万元) Total (10 000 yuan)	农业 Farming	林业 Forestry	牧业 Animal Husbandry	渔业 Fishery	农林牧渔专业及辅助性活动 Specializing and Supportive Activities for Agriculture, Forestry, Animal Husbandry and Fishery
太原市	**Taiyuan**						
小店区	Xiaodian	79675	36626	10197	27823	31	5000
迎泽区	Yingze	6303	186	5242	401	33	441
杏花岭区	Xinghualing	11772	2310	6922	1715		825
尖草坪区	Jiancaoping	54978	30718	11515	8725	172	3849
万柏林区	Wanbailin	6451	410	5374	196	19	452
晋源区	Jinyuan	65628	46768	2712	11185	367	4596
清徐县	Qingxu	156883	105870	2969	34092	2379	11573
阳曲县	Yangqu	108294	54340	15209	31093	65	7587
娄烦县	Loufan	43063	22924	9698	6895	529	3017
古交市	Gujiao	40226	16429	8294	12512	171	2821
大同市	**Datong**						
新荣区	Xinrong	82748	33301	9771	33438	38	6200
平城区	Pingcheng	19523	6600	745	10678		1500
云冈区	Yungang	99189	36835	2944	52768		6642
云州区	Yunzhou	133974	61475	5598	57019	666	9217
阳高县	Yanggao	256381	123530	4431	114194	124	14103
天镇县	Tianzhen	144153	62329	10265	63642		7916
广灵县	Guangling	131532	71185	7928	46104	143	6172
灵丘县	Lingqiu	95373	39992	6380	44644	138	4219
浑源县	Hunyuan	155224	68652	11701	67213	3	7656
左云县	Zuoyun	58063	22655	12415	20043		2949
阳泉市	**Yangquan**						
郊　区	Jiaoqu	29593	11885	4289	12089	23	1307
平定县	Pingding	91737	31082	6219	48997	1244	4197
盂　县	Yuxian	75761	42392	6863	22814	230	3462
长治市	**Changzhi**						
潞州区	Luzhou	33670	16921	1645	11986	419	2700
上党区	Shangdang	126627	58359	2954	56316	98	8900
屯留区	Tunliu	106731	66042	3965	28747	677	7300
潞城区	Lucheng	59059	29690	3598	22423		3348
襄垣县	Xiangyuan	87880	57410	4685	18268	427	7090
平顺县	Pingshun	51083	31400	5667	10808	8	3200
黎城县	Licheng	42937	19314	6287	13764	673	2900
壶关县	Huguan	89902	48051	4225	32184	42	5400
长子县	Zhangzi	164115	103672	3465	45515	1017	10445
武乡县	Wuxiang	63020	26329	3292	28359	540	4500
沁　县	Qinxian	87691	39851	4563	35231	1547	6500
沁源县	Qinyuan	42645	28380	3982	7023	61	3200

20-7 续表1 continued

按当年价格计算 (at current price)

县(市、区)	Region	农林牧渔业总产值(万元) Total (10 000 yuan)	农业 Farming	林业 Forestry	牧业 Animal Husbandry	渔业 Fishery	农林牧渔专业及辅助性活动 Specializing and Supportive Activities for Agriculture, Forestry, Animal Husbandry and Fishery
晋城市	**Jincheng**						
城区	Chengqu	10682	5029	3090	1516	40	1007
沁水县	Qinshui	139654	71487	8556	51261	1802	6549
阳城县	Yangcheng	156643	68570	7688	73010	117	7259
陵川县	Lingchuan	96348	50336	4057	37189	291	4475
泽州县	Zezhou	250156	94423	7134	136868	693	11039
高平市	Gaoping	234188	99189	6081	117646	218	11055
朔州市	**Shuozhou**						
朔城区	Shuocheng	151425	85760	10888	40875	502	13400
平鲁区	Pinglu	112820	64682	23209	17361	36	7532
山阴县	Shanyin	179288	85954	9027	72326	22	11960
应县	Yingxian	315804	195834	14613	84928	319	20110
右玉县	Youyu	133216	36008	49296	40442	74	7396
怀仁市	Huairen	208048	75184	7888	107922	47	17008
晋中市	**Jinzhong**						
榆次区	Yuci	241114	153041	7444	62160	858	17611
榆社县	Yushe	81046	45999	7401	20250	1219	6177
左权县	Zuoquan	76253	50690	2822	18071	519	4150
和顺县	Heshun	59834	30174	4295	20805	70	4490
昔阳县	Xiyang	91977	58316	6306	22292	150	4913
寿阳县	Shouyang	184771	139108	10806	23509	689	10660
太谷县	Taigu	360011	168081	29583	148116	319	13912
祁县	Qixian	289923	160209	7513	105558	138	16504
平遥县	Pingyao	206804	106693	5507	81992	692	11922
灵石县	Lingshi	77239	41968	9638	20426	60	5148
介休市	Jiexiu	94513	28066	6010	49742	162	10533
运城市	**Yuncheng**						
盐湖区	Yanhu	345222	286545	8153	29098	926	20500
临猗县	Linyi	972629	830698	2651	34119	161	105000
万荣县	Wanrong	400668	317886	4216	57020	1546	20000
闻喜县	Wenxi	331572	237941	10725	73826	81	9000
稷山县	Jishan	255380	126991	2435	112883	70	13000
新绛县	Xinjiang	349186	243836	2181	81857	162	21150
绛县	Jiangxian	169182	116204	17019	23448	12	12500
垣曲县	Yuanqu	137826	101638	3980	22764	1245	8200
夏县	Xiaxian	367146	292845	4927	35690	85	33600
平陆县	Pinglu	178903	139904	1795	26904		10300
芮城县	Ruicheng	448395	330343	6566	70250	1635	39600
永济市	Yongji	422364	323348	5498	46046	17724	29748
河津市	Hejin	166909	114104	3270	30471	156	18908

20-7 续表2 continued

按当年价格计算 (at current price)

县(市、区)	Region	农林牧渔业总产值(万元) Total (10 000 yuan)	农业 Farming	林业 Forestry	牧业 Animal Husbandry	渔业 Fishery	农林牧渔专业及辅助性活动 Specializing and Supportive Activities for Agriculture, Forestry, Animal Husbandry and Fishery
忻州市	**Xinzhou**						
忻府区	Xinfu	163732	104498	8299	39175	555	11205
定襄县	Dingxiang	87368	62702	4540	14065	445	5617
五台县	Wutai	86500	45518	5280	31277		4425
代　县	Daixian	59165	32690	5313	17114	588	3460
繁峙县	Fanshi	118617	32789	16333	65435	451	3610
宁武县	Ningwu	40452	10494	6305	21573		2081
静乐县	Jingle	74122	34496	16640	19815	202	2970
神池县	Shenchi	159070	73550	6666	68384		10470
五寨县	Wuzhai	85857	60331	6504	14077	183	4763
岢岚县	Kelan	73737	37262	9889	23202	3	3382
河曲县	Hequ	58927	31940	7786	16459	42	2700
保德县	Baode	70809	43548	6089	17834	164	3175
偏关县	Pianguan	68529	33402	11342	20688		3096
原平市	Yuanping	237713	117166	8655	97491	826	13574
临汾市	**Linfen**						
尧都区	Yaodu	156542	92192	9080	43712	2254	9303
曲沃县	Quwo	272754	209710	3860	37901	3173	18110
翼城县	Yicheng	191640	119276	4859	55565	217	11721
襄汾县	Xiangfen	299940	205883	6757	69105	2000	16195
洪洞县	Hongtong	177447	95944	6589	61938	1553	11424
古　县	Guxian	40794	28139	4117	6976		1563
安泽县	Anze	57540	42262	4178	7004	576	3520
浮山县	Fushan	87935	61625	4877	17864		3570
吉　县	Jixian	130053	106297	5093	11447	7	7208
乡宁县	Xiangning	75334	38921	4789	28395		3229
大宁县	Daning	30906	18218	6697	3911	149	1931
隰　县	Xixian	75679	47974	9650	14289		3766
永和县	Yonghe	50069	31077	8280	8111		2600
蒲　县	Puxian	50014	29077	5268	13631		2039
汾西县	Fenxi	59945	22333	3824	31203		2585
侯马市	Houma	57394	34732	4916	12523	1209	4014
霍州市	Huozhou	58974	24912	4318	25936	73	3735
吕梁市	**Lvliang**						
离石区	Lishi	38723	16058	7374	13554	22	1716
文水县	Wenshui	240306	90651	4605	128228	675	16146
交城县	Jiaocheng	73956	27413	8243	33396	231	4673
兴　县	Xingxian	86281	48222	19327	15879	73	2781
临　县	Linxian	170994	84391	29559	50762	63	6220
柳林县	Liulin	66850	29460	13826	20831	82	2651
石楼县	Shilou	53701	19832	14610	16466	36	2756
岚　县	Lanxian	62847	28449	20355	11142	172	2729
方山县	Fangshan	55983	28149	6682	18561	168	2424
中阳县	Zhongyang	52409	12915	6116	30779	72	2527
交口县	Jiaokou	63623	17945	7778	34889		3011
孝义市	Xiaoyi	137365	67109	8432	51770	54	10000
汾阳市	Fenyang	129818	55250	10133	55566	115	8754

20-8 农林牧渔业中间消耗(2019年)

INTERMEDIATE CONSUMPTION OF FARMING, FORESTRY, ANIMAL HUSBANDRY AND FISHERY(2019)

按当年价格计算 (at current price)

县(市、区)	Region	农林牧渔业中间消耗(万元) Total (10 000 yuan)	农业 Farming	林业 Forestry	牧业 Animal Husbandry	渔业 Fishery	农林牧渔专业及辅助性活动 Specializing and Supportive Activities for Agriculture, Forestry, Animal Husbandry and Fishery
太原市	**Taiyuan**						
小店区	Xiaodian	35398	15083	5126	12589	14	2586
迎泽区	Yingze	2957	85	2435	194	17	226
杏花岭区	Xinghualing	5563	948	3397	804		413
尖草坪区	Jiancaoping	24478	12584	5786	4001	85	2022
万柏林区	Wanbailin	3113	167	2614	93	9	229
晋源区	Jinyuan	27775	18800	1333	5054	182	2406
清徐县	Qingxu	67572	42926	1458	15723	1137	6329
阳曲县	Yangqu	48687	22971	7403	14335	28	3950
娄烦县	Loufan	19239	9426	4843	3140	258	1572
古交市	Gujiao	18437	7144	4117	5668	77	1430
大同市	**Datong**						
新荣区	Xinrong	37172	11985	5240	16943	15	2988
平城区	Pingcheng	8591	2965	372	4533		720
云冈区	Yungang	40770	14734	1599	21382		3055
云州区	Yunzhou	59499	25641	2799	26554	253	4254
阳高县	Yanggao	126780	61765	2314	55327	58	7317
天镇县	Tianzhen	65072	27425	5003	28639		4005
广灵县	Guangling	53220	26339	4085	19571	72	3154
灵丘县	Lingqiu	44767	15997	3275	23233	69	2193
浑源县	Hunyuan	61961	25348	5849	27073	1	3689
左云县	Zuoyun	28671	10782	6172	10272		1445
阳泉市	**Yangquan**						
郊　区	Jiaoqu	13814	5598	2301	5259	10	647
平定县	Pingding	42611	13785	3072	23104	522	2128
盂　县	Yuxian	36089	19848	3610	10735	98	1798
长治市	**Changzhi**						
潞州区	Luzhou	14478	5967	791	6191	234	1295
上党区	Shangdang	56922	22497	1559	28434	49	4382
屯留区	Tunliu	47853	26346	2126	15154	320	3907
潞城区	Lucheng	27047	11874	1933	11643		1598
襄垣县	Xiangyuan	38124	22407	2448	9703	231	3336
平顺县	Pingshun	21167	11062	2697	5849	4	1554
黎城县	Licheng	18803	6414	3410	7285	373	1322
壶关县	Huguan	39100	17813	2161	16791	19	2318
长子县	Zhangzi	69514	38131	1785	24073	540	4984
武乡县	Wuxiang	26510	8434	1636	13921	253	2266
沁　县	Qinxian	38813	13108	2266	19317	873	3250
沁源县	Qinyuan	17550	10055	2011	3854	30	1600

20-8 续表1 continued

按当年价格计算 (at current price)

县(市、区)	Region	农林牧渔业中间消耗(万元) Total (10 000 yuan)	农 业 Farming	林 业 Forestry	牧 业 Animal Husbandry	渔 业 Fishery	农林牧渔专业及辅助性活动 Specializing and Supportive Activities for Agriculture, Forestry, Animal Husbandry and Fishery
晋城市	**Jincheng**						
城 区	Chengqu	4777	2007	1549	718	17	487
沁水县	Qinshui	61397	29308	4278	23886	759	3167
阳城县	Yangcheng	68876	27427	3848	34043	50	3508
陵川县	Lingchuan	42576	20639	2033	17616	123	2165
泽州县	Zezhou	110281	37287	3582	63794	291	5326
高平市	Gaoping	103251	39569	3054	55199	94	5335
朔州市	**Shuozhou**						
朔城区	Shuocheng	71792	39654	5482	19792	202	6661
平鲁区	Pinglu	54052	30341	11636	8329	15	3731
山阴县	Shanyin	86818	40784	4543	35546	15	5930
应 县	Yingxian	150688	92158	7286	41121	133	9990
右玉县	Youyu	64906	16871	24621	19718	31	3665
怀仁市	Huairen	100266	35619	3962	52225	24	8437
晋中市	**Jinzhong**						
榆次区	Yuci	92942	54188	3999	25442	290	9024
榆社县	Yushe	29796	14421	3757	8135	319	3165
左权县	Zuoquan	28447	16954	1893	7134	340	2127
和顺县	Heshun	25305	11090	2194	9696	24	2301
昔阳县	Xiyang	38961	21668	3550	11175	50	2517
寿阳县	Shouyang	80885	55506	7949	11572	396	5462
太谷县	Taigu	152071	46357	13867	84578	140	7129
祁 县	Qixian	100056	48075	3850	39592	82	8457
平遥县	Pingyao	86815	40598	3175	36610	323	6109
灵石县	Lingshi	32348	14918	5019	9748	25	2638
介休市	Jiexiu	44077	13490	2474	22616	101	5397
运城市	**Yuncheng**						
盐湖区	Yanhu	148448	120635	4166	13472	396	9779
临猗县	Linyi	427292	360523	1378	15865	70	49455
万荣县	Wanrong	177261	138497	2178	26511	675	9400
闻喜县	Wenxi	148008	103465	5572	34522	40	4410
稷山县	Jishan	114802	55001	1271	52121	30	6380
新绛县	Xinjiang	157455	107532	1134	38145	69	10575
绛 县	Jiangxian	75034	49186	8970	10873	5	6000
垣曲县	Yuanqu	62055	45141	2071	10633	521	3690
夏 县	Xiaxian	164976	130023	2572	16453	35	15893
平陆县	Pinglu	77450	59320	935	12560		4635
芮城县	Ruicheng	190860	136432	3251	32596	682	17899
永济市	Yongji	188292	142262	2875	21226	7532	14397
河津市	Hejin	71618	46669	1714	14169	67	9000

20-8 续表2 continued

按当年价格计算 (at current price)

县(市、区)	Region	农林牧渔业中间消耗(万元) Total (10 000 yuan)	农业 Farming	林业 Forestry	牧业 Animal Husbandry	渔业 Fishery	农林牧渔专业及辅助性活动 Specializing and Supportive Activities for Agriculture, Forestry, Animal Husbandry and Fishery
忻州市	**Xinzhou**						
忻府区	Xinfu	70426	43546	3953	17204	233	5490
定襄县	Dingxiang	37384	26330	2201	5915	185	2752
五台县	Wutai	38198	19711	2575	13744		2168
代　县	Daixian	27117	14922	2745	7501	254	1695
繁峙县	Fanshi	52014	14093	7938	28202	185	1596
宁武县	Ningwu	18552	4444	3203	9886		1020
静乐县	Jingle	32568	13649	8406	8974	83	1455
神池县	Shenchi	70219	33306	3349	28434		5130
五寨县	Wuzhai	39284	27182	3291	6403	76	2333
岢岚县	Kelan	32136	15883	4976	9618	2	1657
河曲县	Hequ	27073	14917	3910	6905	19	1323
保德县	Baode	31088	18751	3052	7657	73	1555
偏关县	Pianguan	30833	14514	5698	9105		1517
原平市	Yuanping	101854	48310	4322	42234	336	6651
临汾市	**Linfen**						
尧都区	Yaodu	71590	42113	4802	18964	1020	4691
曲沃县	Quwo	120746	91363	1775	16834	1384	9390
翼城县	Yicheng	88196	52241	2277	27548	98	6032
襄汾县	Xiangfen	139593	92200	3427	34828	851	8287
洪洞县	Hongtong	81582	45593	3017	26646	677	5650
古　县	Guxian	18744	12918	1994	3069		764
安泽县	Anze	25360	18625	1882	2748	256	1849
浮山县	Fushan	40527	27559	2332	8721		1915
吉　县	Jixian	57987	47345	2188	4692	4	3759
乡宁县	Xiangning	35050	18507	2300	12653		1590
大宁县	Daning	14346	8708	2984	1614	74	965
隰　县	Xixian	35959	22884	4991	6240		1844
永和县	Yonghe	23789	14513	4431	3582		1263
蒲　县	Puxian	24871	14190	2881	6803		997
汾西县	Fenxi	28451	10576	1702	14837		1336
侯马市	Houma	27006	15246	2352	6930	532	1947
霍州市	Huozhou	27272	11210	2168	11910	31	1954
吕梁市	**Lvliang**						
离石区	Lishi	17214	7275	3676	5444	9	810
文水县	Wenshui	109633	38584	2297	59851	282	8619
交城县	Jiaocheng	36750	14037	4362	15831	104	2416
兴　县	Xingxian	43292	23770	11023	7160	30	1309
临　县	Linxian	77846	37476	14163	23263	29	2915
柳林县	Liulin	31689	14373	6791	9237	33	1254
石楼县	Shilou	24355	9179	6306	7459	14	1398
岚　县	Lanxian	28521	11715	10343	4964	72	1427
方山县	Fangshan	27224	13860	3371	8666	73	1255
中阳县	Zhongyang	25900	6297	2858	15391	29	1324
交口县	Jiaokou	31807	9439	4175	16730		1463
孝义市	Xiaoyi	65155	32198	3985	23670	22	5281
汾阳市	Fenyang	56577	21580	5171	25393	45	4388

20-9 主要粮食作物播种面积(2019年)

单位：公顷

县(市、区)	Region	粮食 Grain	#秋粮 Autumn Grain	谷物 Cereal	#小麦 Wheat	#玉米 Corn	#谷子 Millet
太原市	**Taiyuan**						
小店区	Xiaodian	2354	2318	2092	36	1168	
迎泽区	Yingze	101	101	55		25	17
杏花岭区	Xinghualing	486	486	362		13	52
尖草坪区	Jiancaoping	3681	3681	3277		2613	315
万柏林区	Wanbailin	266	266	142		80	32
晋源区	Jinyuan	1018	1018	840		692	
清徐县	Qingxu	16733	16707	15679	26	9225	22
阳曲县	Yangqu	21898	21898	20096		13680	5228
娄烦县	Loufan	9513	9513	4165		1367	1545
古交市	Gujiao	6868	6868	3197		1253	746
大同市	**Datong**						
新荣区	Xinrong	24563	24563	18429		5325	1169
平城区	Pingcheng	2360	2360	2162		1578	175
云冈区	Yungang	9854	9854	9397		6639	452
云州区	Yunzhou	31171	31171	26357		18485	2048
阳高县	Yanggao	48674	48674	42064		26847	4851
天镇县	Tianzhen	41568	41568	30665		23031	3231
广灵县	Guangling	28757	28757	23698		15277	3286
灵丘县	Lingqiu	34617	34617	26758		18766	3745
浑源县	Hunyuan	35979	35979	28666		19997	2653
左云县	Zuoyun	25743	25743	19469		3512	1190
开发区	Development Zone	241	241	240		240	
阳泉市	**Yangquan**						
城　区	Chengqu	291	291	246		246	
矿　区	Kuangqu	105	105	85		80	6
郊　区	Jiaoqu	4117	4117	3791		3454	315
平定县	Pingding	19946	19946	18926		17087	1749
盂　县	Yuxian	28792	28792	26387		23703	2358
长治市	**Changzhi**						
潞州区	Luzhou	7435	7427	7309	8	7136	114
上党区	Shangdang	16565	16350	16033	215	15004	634
屯留区	Tunliu	39502	38928	39102	574	37814	642
潞城区	Lucheng	16471	15806	16180	666	14505	591
襄垣县	Xiangyuan	28598	28395	28252	203	25772	2154
平顺县	Pingshun	9821	9230	8357	591	6557	1096
黎城县	Licheng	15004	14040	14325	964	12642	540
壶关县	Huguan	16669	16668	16125		15317	601
长子县	Zhangzi	34823	33927	33817	896	32626	283
武乡县	Wuxiang	28045	27928	24657	117	16843	6119
沁　县	Qinxian	25734	25727	24680	7	21219	2567
沁源县	Qinyuan	14008	14008	9451		7289	1194

SOWN AREAS OF MAJOR GRAIN CROPS(2019)

(ha)

#高 梁 Sorghum	#燕 麦 Oats	#荞 麦 Buckwheat	豆 类 Beans	#大 豆 Soybean	薯 类 Tubers	#马铃薯 Potato
888			254	254	8	
3		7	24	16	22	21
19		266	73	57	51	40
71		15	274	213	130	107
3	1	1	55	35	69	59
73			136	129	42	24
6406			317	109	738	9
351		173	1189	793	613	598
127	338	788	1312	635	4036	4036
58	80	497	1624	1208	2046	2046
2447	1433	2412	3143	2743	2992	2992
115			100	21	97	97
644	339	449	346	186	111	111
2385			4108	891	706	706
4213			4108	1130	2502	2502
1043	32		6565	1170	4338	4338
191	375	1023	2915	606	2144	2144
107	557	104	4309	2982	3550	3543
791	1907		4322	1037	2992	2992
786	6977	4198	3641	2522	2633	2633
					1	1
			11		35	
			10	6	10	4
2			123	64	203	81
23			330	299	691	181
28		4	676	405	1729	1639
51			77	77	49	46
3			217	190	315	247
72			16	16	385	364
418			184	184	107	40
23			122	117	224	169
49			228	211	1236	1155
173			564	555	115	65
15			77	43	467	463
13			38	30	968	612
690	3		947	901	2440	2332
888			549	455	505	359
264	264		1012	760	3546	3496

20-9 续表1

单位：公顷

县(市、区)	Region	粮食 Grain	#秋粮 Autumn Grain	谷物 Cereal	#小麦 Wheat	#玉米 Corn	#谷子 Millet
晋城市	**Jincheng**						
城区	Chengqu	1648	442	1420	1206	203	11
沁水县	Qinshui	22450	21141	21681	1309	18638	1498
阳城县	Yangcheng	29165	21426	28386	7740	17228	3344
陵川县	Lingchuan	22207	22152	20734	55	19150	1467
泽州县	Zezhou	47651	16309	42253	31342	8323	2560
高平市	Gaoping	34953	34106	32574	847	30223	1481
朔州市	**Shuozhou**						
朔城区	Shuocheng	55843	55546	51528		42346	1246
平鲁区	Pinglu	48668	43254	25244		3288	994
山阴县	Shanyin	55404	54132	50850		35603	3890
应县	Yingxian	51226	51226	46761		39785	1939
右玉县	Youyu	29295	28278	20615		4956	331
怀仁市	Huairen	38552	38552	33526		27525	1168
晋中市	**Jinzhong**						
榆次区	Yuci	26686	26537	25311	148	22628	1827
榆社县	Yushe	13592	13592	11753		8316	2458
左权县	Zuoquan	11609	11598	9661	11	6611	2006
和顺县	Heshun	11241	11241	9153		6890	797
昔阳县	Xiyang	22086	22086	20819		18408	2120
寿阳县	Shouyang	49796	49796	47752		45159	2257
太谷县	Taigu	22311	21665	21181	646	19071	1127
祁县	Qixian	23842	22567	22411	1275	20842	270
平遥县	Pingyao	36106	35920	33824	186	32265	943
灵石县	Lingshi	11265	9565	10603	1700	8044	469
介休市	Jiexiu	21317	18483	19330	2834	15720	388
运城市	**Yuncheng**						
盐湖区	Yanhu	33021	15345	28653	17676	10855	1
临猗县	Linyi	21101	10900	18534	10201	7873	
万荣县	Wanrong	36146	24266	30104	11880	16510	180
闻喜县	Wenxi	62950	21507	60413	41443	18359	71
稷山县	Jishan	44730	19370	44424	25360	19060	4
新绛县	Xinjiang	46904	20706	46317	26199	20090	12
绛县	Jiangxian	36492	16591	35881	19901	15937	43
垣曲县	Yuanqu	22475	9447	21357	13028	7539	673
夏县	Xiaxian	44800	23608	43959	21192	22471	278
平陆县	Pinglu	26883	9832	24816	17051	7725	39
芮城县	Ruicheng	62211	28240	58046	33971	23603	325
永济市	Yongji	64362	31638	62463	32724	27829	2
河津市	Hejin	30690	14405	29769	16285	13428	44

continued

(ha)

#高 梁 Sorghum	#燕 麦 Oats	#荞 麦 Buckwheat	豆 类 Beans	#大 豆 Soybean	薯 类 Tubers	#马铃薯 Potato
			209	209	19	5
229			353	339	416	217
14			505	383	275	121
			258	213	1215	1153
27			4682	4682	716	71
22			1384	1383	995	51
3229	2768	17	2460	765	1855	1855
	12491	5434	12131	1053	11293	11293
2197	2984	1738	3356	1813	1198	1198
1537	2983		2985	974	1481	1479
466	8533	2906	3555	2300	5125	5125
2489	2	1	4804	643	223	209
138	4	347	1116	941	259	153
663			1138	976	700	498
760	83	91	960	950	988	950
364	61	681	927	790	1161	1161
23			834	753	434	345
41		134	236	121	1808	1806
288			583	568	548	251
24			919	898	512	126
401	8		1186	1058	1096	484
186		59	357	219	306	197
358	1	5	1590	1559	398	140
121			3943	116	425	
154			1459	98	1108	
85			5089	878	953	
541			2105	249	432	43
			184	23	122	3
11			530	123	57	
			232	158	379	25
117			545	452	573	92
18			376	139	464	27
			1241	985	827	26
88			3452	409	714	
1651			1530	1322	368	6
13			539	152	381	47

20-9 续表2

单位：公顷

县(市、区)	Region	粮食 Grain	#秋粮 Autumn Grain	谷物 Cereal	#小麦 Wheat	#玉米 Corn	#谷子 Millet
忻州市	**Xinzhou**						
忻府区	Xinfu	45680	45680	44988		41621	2373
定襄县	Dingxiang	21779	21779	20881		18364	1651
五台县	Wutai	25221	25221	20989		15958	3744
代　县	Daixian	22706	22706	21818		18109	2618
繁峙县	Fanshi	36201	36201	30166		18614	4946
宁武县	Ningwu	9293	9293	4964		1621	385
静乐县	Jingle	23155	23155	12640		3542	2276
神池县	Shenchi	46828	46828	33674		16361	10415
五寨县	Wuzhai	38240	38240	34866		22131	11291
岢岚县	Kelan	21937	21937	11879		5111	4283
河曲县	Hequ	26069	26069	18708		7832	6169
保德县	Baode	23854	23854	12843		5313	3863
偏关县	Pianguan	28559	28559	19711		3962	8830
原平市	Yuanping	55443	55204	50758	239	42449	4754
五台山风景名胜区	Wutai Mount Scenic Area	596	596	372		192	
临汾市	**Linfen**						
尧都区	Yaodu	45681	20665	44786	25016	19198	119
曲沃县	Quwo	31132	14273	30526	16859	13550	1
翼城县	Yicheng	39377	17082	38979	22295	15966	691
襄汾县	Xiangfen	80466	34008	79339	46458	32770	74
洪洞县	Hongtong	83134	36627	81558	46507	34754	101
古　县	Guxian	16066	15236	15675	830	12952	728
安泽县	Anze	21210	21210	20786		20203	521
浮山县	Fushan	23527	12546	22918	10981	10320	757
吉　县	Jixian	6568	6563	4922	4	4037	692
乡宁县	Xiangning	22540	16176	17685	6363	9297	901
大宁县	Daning	9899	9897	8234	2	5800	1404
隰　县	Xixian	20620	20620	17723		14488	2140
永和县	Yonghe	21048	21014	19626	34	11427	4653
蒲　县	Puxian	14710	14709	12922		10695	862
汾西县	Fenxi	25902	15943	24058	9959	11511	815
侯马市	Houma	15109	6926	15109	8183	6926	
霍州市	Huozhou	21689	11137	20044	10552	9085	345
吕梁市	**Lvliang**						
离石区	Lishi	13337	13337	6260		3939	1551
文水县	Wenshui	30772	30568	29416	204	28705	202
交城县	Jiaocheng	7322	7210	5895	112	5329	221
兴　县	Xingxian	34754	34754	19909		8314	9014
临　县	Linxian	77838	77838	41667		27485	10787
柳林县	Liulin	24208	24195	12108	13	6308	3597
石楼县	Shilou	28596	28575	22992	21	14866	5323
岚　县	Lanxian	27278	27278	16955		9793	3433
方山县	Fangshan	12725	12725	6943		5585	714
中阳县	Zhongyang	9106	9106	4971		2963	1333
交口县	Jiaokou	9180	9178	7205	3	5519	1143
孝义市	Xiaoyi	16392	14927	14374	1466	10249	1480
汾阳市	Fenyang	38373	38187	36059	186	32218	2370

continued

(ha)

#高 梁 Sorghum	#燕 麦 Oats	#荞 麦 Buckwheat	豆 类 Beans	#大 豆 Soybean	薯 类 Tubers	#马铃薯 Potato
836	3		215	191	477	158
613		72	404	371	493	309
503	104		1209	1142	3023	2906
174	6	137	315	130	573	516
695	191	7	3707	3621	2327	2304
136	2528	6	2541	1539	1787	1787
509	3644		4734	2893	5781	5781
520	2847		6650	3044	6503	6503
1220	29		862	728	2511	2511
586	771	142	4670	1172	5387	5387
319	81	13	2954	2259	4407	4364
222			5404	4373	5608	5417
500	628	320	3767	3648	5081	5081
1566	952	3	2305	1331	2380	2183
					224	224
449			481	439	413	130
116			242	69	365	
27			104	65	294	87
32			646	417	481	13
169	3		552	439	1024	58
1164			249	48	142	128
62			132	102	293	171
853			348	265	261	82
78		18	1148	503	497	335
7		26	3392	1605	1462	1351
994			1336	545	329	133
573		34	1375	1047	1521	1488
3206			741	421	682	421
735	205	149	395	362	1392	1382
41		135	834	453	1010	566
58		4	1121	984	524	257
57	18	10	4917	4048	2160	2124
16			241	168	1116	938
13	25		605	355	822	798
1581	132	20	9844	6482	5000	4886
1048			21348	17576	14823	13991
726			9706	8522	2394	2069
2217	59	40	3568	1109	2036	1300
2434	488		2683	597	7640	7640
201			2133	1114	3649	3617
35	23	146	2486	2214	1648	1563
131	28	99	976	798	1000	874
662	131	159	1312	1075	706	433
715	32	5	1272	1137	1042	704

20-10 主要粮食作物产量(2019年)

单位：吨

县(市、区)	Region	粮食 Grain	#秋粮 Autumn Grain	谷物 Cereal	#小麦 Wheat	#玉米 Corn	#谷子 Millet
太原市	**Taiyuan**						
小店区	Xiaodian	8285	8106	7800	179	4663	
迎泽区	Yingze	100	100	47		23	17
杏花岭区	Xinghualing	913	913	513		25	82
尖草坪区	Jiancaoping	11713	11713	10873		9722	632
万柏林区	Wanbailin	552	552	322		213	67
晋源区	Jinyuan	4132	4132	3549		2376	
清徐县	Qingxu	71828	71690	67846	138	41682	33
阳曲县	Yangqu	93544	93544	90192		76055	12505
娄烦县	Loufan	19965	19965	7756		3727	1785
古交市	Gujiao	13198	13198	5500		3034	1394
大同市	**Datong**						
新荣区	Xinrong	74325	74325	60128		30727	2866
平城区	Pingcheng	15022	15022	14691		12931	444
云冈区	Yungang	54522	54522	53546		46604	1531
云州区	Yunzhou	105320	105320	99551		83596	3293
阳高县	Yanggao	264237	264237	248012		201194	13853
天镇县	Tianzhen	204095	204095	186820		169108	6062
广灵县	Guangling	180770	180770	167544		148865	8736
灵丘县	Lingqiu	109257	109257	94287		78160	8442
浑源县	Hunyuan	175900	175900	153956		140284	4789
左云县	Zuoyun	46771	46771	34191		14769	1815
开发区	Development Zone	1682	1682	1669		1669	
阳泉市	**Yangquan**						
城　区	Chengqu	1140	1140	1076		1075	
矿　区	Kuangqu	301	301	263		252	10
郊　区	Jiaoqu	14019	14019	13605		12843	720
平定县	Pingding	63800	63800	61480		58925	2476
盂　县	Yuxian	128531	128531	122151		117221	4520
长治市	**Changzhi**						
潞州区	Luzhou	35061	35026	34958	35	34087	635
上党区	Shangdang	71419	70215	70095	1205	66729	1759
屯留区	Tunliu	183844	180933	181719	2911	177540	1134
潞城区	Lucheng	73711	71806	73160	1905	69129	1090
襄垣县	Xiangyuan	109423	108855	108212	568	103063	4284
平顺县	Pingshun	42982	40029	38227	2953	32660	2254
黎城县	Licheng	44959	41500	44121	3460	39926	532
壶关县	Huguan	91216	91215	89797	1	88513	1173
长子县	Zhangzi	168053	162997	161591	5056	155985	523
武乡县	Wuxiang	70991	70706	66584	284	54518	9848
沁　县	Qinxian	123368	123347	120127	20	111263	4802
沁源县	Qinyuan	58587	58587	42427		38455	2000

OUTPUT OF MAJOR GRAIN CROPS(2019)

(ton)

#高 粱 Sorghum	#燕 麦 Oats	#荞 麦 Buckwheat	豆 类 Beans	#大 豆 Soybean	薯 类 Tubers	#马铃薯 Potato
2958			449	449	36	
1		6	34	18	19	18
42		364	176	116	224	209
217		45	706	571	135	115
8	1	1	87	65	143	130
648			356	337	227	165
25995			424	172	3557	31
979		268	1842	1139	1511	1496
267	581	1396	1946	1096	10263	10263
54	122	335	2662	2202	5036	5036
8522	2088	4948	5721	5255	8476	8476
582			222	60	110	110
2929	460	639	619	364	358	358
7347			3959	914	1810	1810
18773			7095	3457	9129	9129
2824	50		7026	1844	10249	10249
376	670	2038	4916	1079	8310	8310
244	939	205	7512	5311	7458	7421
2144	1802		6981	1686	14962	14962
1897	8380	6586	4579	3526	8001	8001
					14	14
			26		38	
			16	10	22	12
5			160	95	254	114
19	1		349	336	1971	481
41		5	842	532	5538	5411
202			38	37	64	38
5			588	569	737	616
134			43	43	2082	2044
1037			355	354	195	77
82			258	250	953	770
197			650	626	4105	3887
195			618	615	221	74
44			86	59	1333	1327
27			48	33	6415	4595
1067	2		772	743	3634	3536
4041			1201	1049	2040	1612
928	388		2412	1908	13748	13680

20-10 续表1

单位：吨

县(市、区)	Region	粮食 Grain	#秋粮 Autumn Grain	谷物 Cereal	#小麦 Wheat	#玉米 Corn	#谷子 Millet
晋城市	**Jincheng**						
城　区	Chengqu	5493	1356	5142	4137	983	22
沁水县	Qinshui	86410	82506	84659	3904	76924	3044
阳城县	Yangcheng	97383	68019	95481	29364	58016	7964
陵川县	Lingchuan	77500	77154	73596	346	69751	3426
泽州县	Zezhou	185183	65867	175159	119317	47468	8241
高平市	Gaoping	169447	166284	164169	3163	157624	3260
朔州市	**Shuozhou**						
朔城区	Shuocheng	265109	264434	252635		228742	3538
平鲁区	Pinglu	123695	112959	51248		19940	1471
山阴县	Shanyin	279254	277476	270685		245015	9202
应　县	Yingxian	288541	288541	277445		261587	5437
右玉县	Youyu	60554	59193	37226		23226	574
怀仁市	Huairen	242794	242794	236405		219051	3652
晋中市	**Jinzhong**						
榆次区	Yuci	147487	146673	144884	814	139233	3849
榆社县	Yushe	51357	51357	47858		40234	4606
左权县	Zuoquan	50750	50697	45259	53	38060	4028
和顺县	Heshun	61374	61374	54740		48593	2452
昔阳县	Xiyang	141271	141271	138303		133775	3944
寿阳县	Shouyang	342674	342674	336277		330060	5672
太谷县	Taigu	165355	161990	159630	3365	150916	3633
祁　县	Qixian	201045	194251	196797	6794	189090	781
平遥县	Pingyao	189880	189121	183138	759	178180	2684
灵石县	Lingshi	29117	28057	27857	1060	25337	674
介休市	Jiexiu	73921	62827	70119	11093	57241	533
运城市	**Yuncheng**						
盐湖区	Yanhu	132503	67191	127302	65312	61546	1
临猗县	Linyi	115252	70321	105514	44931	57811	
万荣县	Wanrong	142559	97610	129477	44949	72554	201
闻喜县	Wenxi	303140	125073	295776	178067	115529	234
稷山县	Jishan	246722	127652	246195	119071	127119	4
新绛县	Xinjiang	231985	114985	230849	117000	113742	36
绛　县	Jiangxian	158986	91445	156318	67542	88710	67
垣曲县	Yuanqu	82555	37834	76073	44720	29680	1418
夏　县	Xiaxian	244037	136852	240938	107186	133007	698
平陆县	Pinglu	99390	32508	94606	66883	27684	39
芮城县	Ruicheng	326164	172469	317757	153695	161962	1293
永济市	Yongji	383115	208923	375012	174192	191745	4
河津市	Hejin	188078	103400	184726	84678	99901	125

continued

(ton)

#高 粱 Sorghum	#燕 麦 Oats	#荞 麦 Buckwheat	豆 类 Beans	#大 豆 Soybean	薯 类 Tubers	#马铃薯 Potato
			284	283	67	25
780			536	515	1215	649
39			873	668	1029	470
			397	324	3507	3369
129			7151	7151	2873	289
122			2018	2016	3260	179
11777	5952	15	4657	1453	7817	7817
	18476	6584	21057	4621	51390	51390
5924	3657	2518	4518	2361	4052	4052
3534	6018		3323	130	7773	7763
1247	8232	3769	5521	3691	17808	17808
9670	7	2	5514	1261	875	778
375	15	462	1985	1796	618	357
2195			2142	1957	1358	1057
2657	164	216	2258	2246	3233	3127
2163	114	1222	2262	1942	4372	4372
32			1719	1604	1249	1097
63		267	457	314	5940	5935
1637			1920	1901	3806	1620
132			2927	2909	1322	466
1469	9		2391	2237	4351	1900
446		84	570	398	690	512
1235	1	4	3247	3224	555	154
442			3638	305	1564	
799			3162	269	6576	
107			7655	1830	5428	
1945			3167	790	4196	620
1			203	60	325	10
37			943	257	192	
			599	438	2070	174
255			1233	1065	5249	298
47			627	344	2473	89
			2280	1913	2504	77
493			4964	971	3442	
8016			5839	5365	2264	37
22			1143	437	2209	153

20-10 续表2

单位：吨

县(市、区)	Region	粮食 Grain	#秋粮 Autumn Grain	谷物 Cereal	#小麦 Wheat	#玉米 Corn	#谷子 Millet
忻州市	**Xinzhou**						
忻府区	Xinfu	301838	301838	298862		288254	6404
定襄县	Dingxiang	156980	156980	154007		145056	5554
五台县	Wutai	116151	116151	103629		89553	9323
代　县	Daixian	102033	102033	99599		90936	6231
繁峙县	Fanshi	98161	98161	88545		69246	10301
宁武县	Ningwu	20895	20895	11280		6810	793
静乐县	Jingle	67914	67914	34727		17923	5938
神池县	Shenchi	202455	202455	157541		95989	45862
五寨县	Wuzhai	224651	224651	209878		151991	50092
岢岚县	Kelan	79808	79808	50677		27256	18147
河曲县	Hequ	63689	63689	51386		29365	12308
保德县	Baode	62854	62854	34638		19360	8118
偏关县	Pianguan	84065	84065	58273		14751	30081
原平市	Yuanping	343768	342543	328966	1225	304510	12064
五台山风景名胜区	Wutai Mount Scenic Area	2366	2366	1490		1286	
临汾市	**Linfen**						
尧都区	Yaodu	192435	94331	190026	98104	90764	166
曲沃县	Quwo	159298	85727	157079	73571	82931	2
翼城县	Yicheng	173465	76360	171991	97106	73014	1759
襄汾县	Xiangfen	418566	213307	414768	205259	209250	149
洪洞县	Hongtong	348237	189747	343632	158490	184618	214
古　县	Guxian	36600	34360	36012	2240	29805	1252
安泽县	Anze	109456	109456	107461		106290	911
浮山县	Fushan	77567	47291	75409	30276	40047	1898
吉　县	Jixian	26503	26493	23286	10	20898	1779
乡宁县	Xiangning	76822	54029	67786	22793	41011	1669
大宁县	Daning	22023	22019	20307	4	16507	2182
隰　县	Xixian	52157	52157	46193		40770	3406
永和县	Yonghe	37621	37605	37434	15	26680	2700
蒲　县	Puxian	72630	72629	66704		58838	2531
汾西县	Fenxi	69511	42295	66492	27215	36058	1176
侯马市	Houma	86140	42662	86140	43479	42662	
霍州市	Huozhou	47451	19621	44554	27830	16290	378
吕梁市	**Lvliang**						
离石区	Lishi	26040	26040	17129		13925	2369
文水县	Wenshui	207283	206230	198142	1052	196196	275
交城县	Jiaocheng	36988	36299	32187	689	30469	578
兴　县	Xingxian	88603	88603	52343		25567	21872
临　县	Linxian	152012	152012	112237		91728	14436
柳林县	Liulin	48067	48056	28038	11	17668	6929
石楼县	Shilou	48801	48780	44032	21	33824	6861
岚　县	Lanxian	72977	72977	53721		39947	5470
方山县	Fangshan	52622	52622	36204		33312	1203
中阳县	Zhongyang	20028	20028	13975		11329	1941
交口县	Jiaokou	18903	18898	16781	5	14350	1643
孝义市	Xiaoyi	28892	27783	26810	1109	21496	2136
汾阳市	Fenyang	155106	154608	149741	498	143531	2932

continued

(ton)

#高 粱 Sorghum	#燕 麦 Oats	#荞 麦 Buckwheat	豆 类 Beans	#大 豆 Soybean	薯 类 Tubers	#马铃薯 Potato
3931	7		303	266	2672	895
2925		100	883	842	2091	1313
2993	201		2821	2730	9701	9391
604	17	322	594	282	1840	1780
3185	187	7	4686	4600	4930	4892
584	3083	9	3270	2025	6345	6345
1919	5002		7365	4974	25822	25821
2957	6694		14794	7510	30120	30120
7459	89		1854	1633	12919	12919
2407	1173	227	7551	2298	21580	21580
1553	173	30	3580	3004	8723	8667
807			11429	9868	16787	16420
1491	745	563	8136	7946	17656	17656
7580	935	5	3577	2430	11225	10666
					877	877
972			1405	1311	1004	228
575			380	79	1839	
113			216	126	1258	338
102			1599	1178	2199	71
275	5		1436	1214	3169	34
2715			323	66	265	245
260			472	331	1523	979
3182			431	317	1727	698
198		70	2263	1172	954	778
14		49	5771	3333	3265	3084
1602			1420	750	296	126
1693		14	1586	1486	4379	4314
8016			43	37	143	123
4353	480	291	1054	1000	4872	4836
56		235	1535	1075	1483	835
50		6	2048	1786	849	432
138	11	6	5129	4394	3782	3743
90			526	441	8614	7556
85	44		1581	1045	3221	3143
3776	115	27	13175	9805	23085	22923
4064			18426	14630	21350	20554
1803			16687	13632	3342	2911
2789	113	99	3383	1189	1386	958
6977	540		2814	751	16442	16442
1070			2485	1510	13933	13870
105	18	71	2878	2614	3174	3082
352	23	92	992	854	1130	1034
1556	146	85	1273	1058	809	410
2304	25	1	1246	1127	4119	2942

20-11 棉花生产基本情况(2019年)
BASIC STATISTICS ON COTTON PRODUCTION(2019)

县(市、区)	Region	播种面积 (公顷) Sown Area (ha)	总产量 (吨) Total Output (ton)	每公顷产量 (公斤) Output per ha (kg)
太原市	**Taiyuan**			
清徐县	Qingxu	1	1	2400
长治市	**Changzhi**			
潞城区	Lucheng	12	6	516
平顺县	Pingshun	12	25	2057
黎城县	Licheng	3	1	167
晋城市	**Jincheng**			
沁水县	Qinshui	56	51	918
阳城县	Yangcheng	2	2	1000
泽州县	Zezhou	1	1	1200
晋中市	**Jinzhong**			
榆次区	Yuci	1	0.3	429
平遥县	Pingyao	3	5	1500
运城市	**Yuncheng**			
盐湖区	Yanhu	502	640	1275
临猗县	Linyi	702	1193	1699
万荣县	Wanrong	397	351	885
闻喜县	Wenxi	6	8	1333
绛 县	Jiangxian	1	1	857
垣曲县	Yuanqu	65	105	1614
夏 县	Xiaxian	29	45	1555
平陆县	Pinglu	9	9	1011
芮城县	Ruicheng	32	45	1397
永济市	Yongji	351	414	1179
河津市	Hejin	1	1	900
临汾市	**Linfen**			
尧都区	Yaodu	5	5	1000
洪洞县	Hongtong	3	1	394
浮山县	Fushan	6	10	1793
大宁县	Daning	16	15	919
霍州市	Huozhou	12	6	467
吕梁市	**Lvliang**			
柳林县	Liulin	34	17	487

20-12 油料生产基本情况(2019年)

BASIC STATISTICS ON OIL-BEARING CROPS(2019)

县(市、区)	Region	油料合计 Oil-bearing Crops		胡麻籽 Benne		葵花籽 Sunflower Seeds	
		播种面积 (公顷) Sown Area (ha)	总产量 (吨) Total Output (ton)	播种面积 (公顷) Sown Area (ha)	总产量 (吨) Total Output (ton)	播种面积 (公顷) Sown Area (ha)	总产量 (吨) Total Output (ton)
太原市	**Taiyuan**						
小店区	Xiaodian	93	146			20	36
杏花岭区	Xinghualing	3	3			3	3
尖草坪区	Jiancaoping	64	124			51	95
万柏林区	Wanbailin						
晋源区	Jinyuan	457	668			368	551
清徐县	Qingxu	215	412			117	195
阳曲县	Yangqu	82	160	43	81	10	20
娄烦县	Loufan	424	620	284	355	55	127
古交市	Gujiao	212	306	110	174	69	110
大同市	**Datong**						
新荣区	Xinrong	2085	1973	1860	1700	53	66
平城区	Pingcheng	11	20	7	16	1	1
云冈区	Yungang	364	263	55	44	7	11
云州区	Yunzhou	529	687	13	20	117	196
阳高县	Yanggao	1633	2502			1500	2296
天镇县	Tianzhen	1786	2243	63	64	821	1135
广灵县	Guangling	811	1066	474	676	87	123
灵丘县	Lingqiu	1702	2233	886	1137	356	464
浑源县	Hunyuan	1236	1789	716	796	157	250
左云县	Zuoyun	6026	5181	882	752		
阳泉市	**Yangquan**						
郊　区	Jiaoqu	3				3	
平定县	Pingding	54	69			32	44
盂　县	Yuxian	91	54			18	34
长治市	**Changzhi**						
上党区	Shangdang	290	591			223	380
屯留区	Tunliu	100	153			100	153
潞城区	Lucheng	88	207	3	10	31	50
襄垣县	Xiangyuan	1213	1687			23	32
平顺县	Pingshun	51	78			13	38
黎城县	Licheng	317	370			222	204
壶关县	Huguan	367	441			72	185
武乡县	Wuxiang	466	331			17	15
沁　县	Qinxian	240	412				
沁源县	Qinyuan	428	801			134	287

20–12 续表1 continued

县(市、区)	Region	油料合计 Oil–bearing Crops		胡麻籽 Benne		葵花籽 Sunflower Seeds	
		播种面积 (公顷) Sown Area (ha)	总产量 (吨) Total Output (ton)	播种面积 (公顷) Sown Area (ha)	总产量 (吨) Total Output (ton)	播种面积 (公顷) Sown Area (ha)	总产量 (吨) Total Output (ton)
晋城市	**Jincheng**						
城　区	Chengqu	9	18			2	3
沁水县	Qinshui	671	1172			282	446
阳城县	Yangcheng	1791	3275			1087	2209
陵川县	Lingchuan	403	589			23	15
泽州县	Zezhou	569	1141			392	819
高平市	Gaoping	85	29			14	15
朔州市	**Shuozhou**						
朔城区	Shuocheng	733	1685	254	326	288	1128
平鲁区	Pinglu	9507	9840	9086	8868	259	696
山阴县	Shanyin	1866	2082	1194	1317	151	293
应　县	Yingxian	973	1877	243	114	730	1760
右玉县	Youyu	16269	12491	1800	1870	749	1435
怀仁市	Huairen	61	111	15	26	17	55
晋中市	**Jinzhong**						
榆次区	Yuci	58	64			45	49
榆社县	Yushe	492	950			317	679
左权县	Zuoquan	306	402			89	143
和顺县	Heshun	421	658	107	157	7	15
昔阳县	Xiyang	50	94			45	90
寿阳县	Shouyang	3	7			3	7
太谷县	Taigu	26	86			1	2
祁　县	Qixian	23	38			3	5
平遥县	Pingyao	178	397			40	67
灵石县	Lingshi	92	120	4	4	58	82
介休市	Jiexiu	22	39	1	1		
运城市	**Yuncheng**						
盐湖区	Yanhu	1588	3462			1312	3026
临猗县	Linyi	1652	4159			1496	3830
万荣县	Wanrong	1482	3387			736	1502
闻喜县	Wenxi	1059	2257			739	1784
稷山县	Jishan	147	339			103	270
新绛县	Xinjiang	451	980			385	866
绛　县	Jiangxian	457	1073			321	827
垣曲县	Yuanqu	749	1589			173	453
夏　县	Xiaxian	1599	3752			871	2340
平陆县	Pinglu	2542	4813			897	1657
芮城县	Ruicheng	2291	4551			824	2241
永济市	Yongji	1630	4784			799	2115
河津市	Hejin	697	2234			151	412

20-12 续表2 continued

县(市、区)	Region	油料合计 Oil-bearing Crops		胡麻籽 Benne		葵花籽 Sunflower Seeds	
		播种面积 (公顷) Sown Area (ha)	总产量 (吨) Total Output (ton)	播种面积 (公顷) Sown Area (ha)	总产量 (吨) Total Output (ton)	播种面积 (公顷) Sown Area (ha)	总产量 (吨) Total Output (ton)
忻州市	**Xinzhou**						
忻府区	Xinfu	96	295	2	5	19	41
定襄县	Dingxiang	126	298	2	3	122	291
五台县	Wutai	100	13	13	6	1	1
代　县	Daixian	84	113	29	32	20	36
繁峙县	Fanshi	809	1001	632	788	92	142
宁武县	Ningwu	1303	1486	1145	1309	6	8
静乐县	Jingle	2609	3163	2080	2572	143	224
神池县	Shenchi	3354	5284	2386	3535	968	1749
五寨县	Wuzhai	6	15	1	1	5	14
岢岚县	Kelan	848	702	621	552	71	59
河曲县	Hequ	1198	2365			40	64
保德县	Baode	565	902			316	492
偏关县	Pianguan	1715	1980	354	281	40	61
原平市	Yuanping	674	864	565	541	86	251
临汾市	**Linfen**						
尧都区	Yaodu	261	456			191	330
曲沃县	Quwo	460	850			260	444
翼城县	Yicheng	287	615			277	592
襄汾县	Xiangfen	751	2225			429	1465
洪洞县	Hongtong	166	361			117	262
古　县	Guxian	616	714			94	149
安泽县	Anze	236	447			21	58
浮山县	Fushan	270	582			215	464
吉　县	Jixian	589	914			426	723
乡宁县	Xiangning	868	1436			603	916
大宁县	Daning	346	475			227	325
隰　县	Xixian	375	333			359	324
永和县	Yonghe	413	122			223	86
蒲　县	Puxian	371	640	193	393	172	239
汾西县	Fenxi	238	442	21	31	189	368
侯马市	Houma	20	40			20	40
霍州市	Huozhou	74	112			58	84
吕梁市	**Lvliang**						
离石区	Lishi	482	330	9	8	71	65
文水县	Wenshui	96	285			11	31
交城县	Jiaocheng	65	166	9	10	4	10
兴　县	Xingxian	2419	2532	131	101	530	626
临　县	Linxian	1855	1295			783	607
柳林县	Liulin	633	673		1	232	229
石楼县	Shilou	272	300	2	1	59	108
岚　县	Lanxian	503	557	356	395	13	22
方山县	Fangshan	477	838			20	29
中阳县	Zhongyang	123	94	80	50	9	16
交口县	Jiaokou	526	332	246	138	1	7
孝义市	Xiaoyi	39	35	5	3		
汾阳市	Fenyang	57	194				

20–13 药材、蔬菜、瓜果生产情况(2019年)

PRODUCTION OF MEDICINAL MATERIALS, VEGETABLES AND MELONS(2019)

县(市、区)	Region	药材类 Medicinal Materials		蔬菜 Vegetables		瓜果类 Melons	
		播种面积(公顷) Sown Area (ha)	总产量(吨) Total Output (ton)	播种面积(公顷) Sown Area (ha)	总产量(吨) Total Output (ton)	播种面积(公顷) Sown Area (ha)	总产量(吨) Total Output (ton)
太原市	**Taiyuan**						
小店区	Xiaodian			1667	87204	27	254
迎泽区	Yingze			6	272		
杏花岭区	Xinghualing			48	1850		
尖草坪区	Jiancaoping		1	583	41348	17	621
万柏林区	Wanbailin	2	2	14	270		
晋源区	Jinyuan	95		1032	72196	16	126
清徐县	Qingxu	83	434	5806	322666	112	3353
阳曲县	Yangqu	383	3526	1747	72166	17	257
娄烦县	Loufan	420	1940	217	11687	24	1244
古交市	Gujiao	64	772	438	30897	9	136
大同市	**Datong**						
新荣区	Xinrong	32	96	248	11059	93	4150
平城区	Pingcheng			241	9928	10	393
云冈区	Yungang	28	4	1256	77149	122	3373
云州区	Yunzhou	69	209	8609	84684	996	22661
阳高县	Yanggao	421	3047	3960	232331	504	17004
天镇县	Tianzhen	318	2801	1456	41525	175	2875
广灵县	Guangling	245	675	2203	54697	181	1375
灵丘县	Lingqiu	77	354	460	13389	57	1379
浑源县	Hunyuan	657	876	1039	48187	60	1501
左云县	Zuoyun	327	485	172	9362	14	239
阳泉市	**Yangquan**						
城区	Chengqu			87	6561		
矿区	Kuangqu			50	1465	2	15
郊区	Jiaoqu	176	262	309	10021	2	11
平定县	Pingding	233	478	384	20794	9	42
盂县	Yuxian	79	806	469	18914	13	225
长治市	**Changzhi**						
潞州区	Luzhou	245	643	635	37871	6	127
上党区	Shangdang	287	1538	2382	138930	9	249
屯留区	Tunliu	33	129	2658	105801	24	512
潞城区	Lucheng	144	498	683	32194	1	30
襄垣县	Xiangyuan	235	3109	1027	61668	317	7364
平顺县	Pingshun	1821	4769	692	16955	4	53
黎城县	Licheng	296	323	363	8358	23	850
壶关县	Huguan	377	560	1584	73012	7	259
长子县	Zhangzi	5204	4864	4400	240347	7	224
武乡县	Wuxiang	218	1025	557	10175	86	1741
沁县	Qinxian	209	687	1093	19457	47	768
沁源县	Qinyuan	742	3012	622	15394	57	766

20-13 续表1 continued

县(市、区)	Region	药材类 Medicinal Materials		蔬 菜 Vegetables		瓜果类 Melons	
		播种面积 (公顷) Sown Area (ha)	总产量 (吨) Total Output (ton)	播种面积 (公顷) Sown Area (ha)	总产量 (吨) Total Output (ton)	播种面积 (公顷) Sown Area (ha)	总产量 (吨) Total Output (ton)
晋城市	**Jincheng**						
城　区	Chengqu	5	11	109	4628	1	51
沁水县	Qinshui	930	11666	973	51966	31	1308
阳城县	Yangcheng	1289	7922	1127	56645	21	497
陵川县	Lingchuan	1351	5053	1009	40568	1	11
泽州县	Zezhou	900	2409	1363	65277	12	256
高平市	Gaoping	194	849	1463	99639	3	38
朔州市	**Shuozhou**						
朔城区	Shuocheng	149	1281	1654	92934	137	5123
平鲁区	Pinglu	228	590	10	436	1	8
山阴县	Shanyin	21	188	854	39473	173	5520
应　县	Yingxian	96	910	7543	360778	1619	60432
右玉县	Youyu	110	915	58	2304	31	1019
怀仁市	Huairen	68	123	2145	100914	1274	29348
开发区	Development Zone			107	3404		
晋中市	**Jinzhong**						
榆次区	Yuci	105	619	5997	419781	101	4807
榆社县	Yushe	415	1618	966	67085	26	1048
左权县	Zuoquan	886	1246	594	23544	2	18
和顺县	Heshun	176	1277	294	20374		8
昔阳县	Xiyang	458	3562	767	42983		
寿阳县	Shouyang	129	823	4151	386800	91	3942
太谷县	Taigu	184	315	4665	371151	384	20814
祁　县	Qixian	25	38	3096	257730	63	3041
平遥县	Pingyao	389	698	2600	92506	154	2418
灵石县	Lingshi	893	1012	1031	30318	14	376
介休市	Jiexiu	104	345	410	20884	7	148
运城市	**Yuncheng**						
盐湖区	Yanhu	1996	3144	1816	62036	471	17312
临猗县	Linyi	195	1062	2603	84044	252	7794
万荣县	Wanrong	3397	24256	3036	118664	335	7186
闻喜县	Wenxi	6762	98297	4886	225169	833	26544
稷山县	Jishan	3122	8191	694	31456	10	382
新绛县	Xinjiang	1315	6893	9460	548229	13	477
绛　县	Jiangxian	2427	33771	752	33442	280	10062
垣曲县	Yuanqu	330	440	2111	68908	328	18450
夏　县	Xiaxian	3443	23192	9427	521702	746	34280
平陆县	Pinglu	477	725	1793	76522	180	6882
芮城县	Ruicheng	1771	25548	2864	108301	534	25823
永济市	Yongji	210	1597	3074	76853	444	16457
河津市	Hejin	710	23020	2517	113579	240	12791

20-13 续表2 continued

县(市、区)	Region	药材类 Medicinal Materials		蔬菜 Vegetables		瓜果类 Melons	
		播种面积 (公顷) Sown Area (ha)	总产量 (吨) Total Output (ton)	播种面积 (公顷) Sown Area (ha)	总产量 (吨) Total Output (ton)	播种面积 (公顷) Sown Area (ha)	总产量 (吨) Total Output (ton)
忻州市	**Xinzhou**						
忻府区	Xinfu	28	20	5731	122863	770	21664
定襄县	Dingxiang	20	49	4576	89374	643	27163
五台县	Wutai	595	3527	244	9322	1	77
代县	Daixian	2404	6	324	8255	84	2512
繁峙县	Fanshi	339	333	905	40526	187	5723
宁武县	Ningwu	5	1	80	1867	3	45
静乐县	Jingle	15	270	261	8544	59	1416
神池县	Shenchi			1334	29511		
五寨县	Wuzhai	186	172	85	4500	4	110
岢岚县	Kelan	174	185	242	7047	2	94
河曲县	Hequ	4	22	788	23450	247	8801
保德县	Baode	5	8	516	5696	125	2568
偏关县	Pianguan	104	58	177	3925	28	586
原平市	Yuanping	448	2212	2104	76143	101	4276
五台山风景名胜区	Wutai Mount Scenic Area	2	2		18	2	98
临汾市	**Linfen**						
尧都区	Yaodu	289	2522	914	55499	230	4614
曲沃县	Quwo	641	8970	4574	368782	204	7402
翼城县	Yicheng	381	3127	510	26310	161	5687
襄汾县	Xiangfen	1405	11634	2588	157971	198	5518
洪洞县	Hongtong	539	2114	1955	71882	30	781
古县	Guxian	775	5597	566	11196	139	1694
安泽县	Anze	1242	8147	860	33350	32	1392
浮山县	Fushan	481	8890	812	36351	369	11824
吉县	Jixian	2	820	825	20864	191	2934
乡宁县	Xiangning	138	152	699	5058	16	91
大宁县	Daning	37	477	186	2507	477	7804
隰县	Xixian	78	121	370	6830	233	3046
永和县	Yonghe	209	913	278	7841	44	624
蒲县	Puxian	248	2419	256	10398	8	237
汾西县	Fenxi	167	301	352	8395	24	645
侯马市	Houma	145	1540	443	33041	75	2102
霍州市	Huozhou	12	48	503	28687	38	767
吕梁市	**Lvliang**						
离石区	Lishi			375	3142	48	251
文水县	Wenshui	5	8	965	31805	74	2401
交城县	Jiaocheng	17	11	515	26897	7	146
兴县	Xingxian	215	170	251	3441	101	1515
临县	Linxian	54	26	2820	35820	96	2341
柳林县	Liulin	3	1	1055	17504	187	4775
石楼县	Shilou	103	46	594	5129	63	684
岚县	Lanxian	31	32	340	5639	8	155
方山县	Fangshan	299	224	569	18528	15	254
中阳县	Zhongyang	57	14	280	4051	1	14
交口县	Jiaokou	228	200	188	10529	1	22
孝义市	Xiaoyi	136	1371	668	30629	5	148
汾阳市	Fenyang	3		504	7377	52	1228

20-14 水果、林业及渔业生产情况(2019年)
PRODUCTION OF FRUITS, FORESTRY AND FISHERY(2019)

县(市、区)	Region	全年水果产量(吨) Annual Output of Fruits (ton)	#苹果 Apples	年末果园面积(公顷) Area of Orchards at Year-end (ha)	当年造林面积(公顷) Afforestation Area in the Year (ha)	水产品总产量(吨) Aquatic Products(ton)	水产养殖面积(公顷) Fishery-breeding Area (ha)
太原市	**Taiyuan**						
小店区	Xiaodian	992	40	490		19	5
迎泽区	Yingze	40		8		26	167
杏花岭区	Xinghualing	1100	446	489			
尖草坪区	Jiancaoping	20914	7438	1156		130	10
万柏林区	Wanbailin	273	3	166		15	13
晋源区	Jinyuan	2582	410	472		280	45
清徐县	Qingxu	50211	1082	3155	133	1487	291
阳曲县	Yangqu	3032	1106	1882	3008	44	37
娄烦县	Loufan	1506	276	202	2874	420	31
古交市	Gujiao	800	100	641	1134	171	32
大同市	**Datong**						
新荣区	Xinrong	199	93	472	734	28	4
平城区	Pingcheng	23		4			
云冈区	Yungang	5422	57	340	667		
云州区	Yunzhou	7922		1937	1814	512	910
阳高县	Yanggao	24748	307	2794	2133	103	21
天镇县	Tianzhen	8364	168	935	10152		
广灵县	Guangling	738		223	4460	110	53
灵丘县	Lingqiu	3487	585	472	2503	115	31
浑源县	Hunyuan	5109	2917	376	5133	2	13
左云县	Zuoyun	15		19	3913		
阳泉市	**Yangquan**						
城　区	Chengqu	10	10	3			
矿　区	Kuangqu	70	15	97			
郊　区	Jiaoqu	7584	5724	968	1540	9	1
平定县	Pingding	1681	525	223	2200	510	9
盂　县	Yuxian	2560	1596	230	1139	190	45
长治市	**Changzhi**						
潞州区	Luzhou	1328	827	172		310	68
上党区	Shangdang	947	652	829	67	70	7
屯留区	Tunliu	210	81	107	433	570	281
潞城区	Lucheng	4530	3417	269	507		
襄垣县	Xiangyuan	3648	1152	456	707	315	300
平顺县	Pingshun	5544	2800	165	3094	6	3
黎城县	Licheng	2690	1096	308	1767	269	16
壶关县	Huguan	814	245	115	500	30	1
长子县	Zhangzi	2635	761	394	948	805	310
武乡县	Wuxiang	1487	304	832	1168	400	298
沁　县	Qinxian	1327	263	120	2401	1031	355
沁源县	Qinyuan	132	34	31	813	12	1

注：本表造林面积不包括省属九大林局、市直单位数据；渔业生产情况不包括省属渔业单位、市直单位数据。

Note: The coverage of afforestation area in this table doesn't include data of nine privincial forestry administration and municipal units. Fishery production indicators don't include provincial and municipal fishery units data.

20-14 续表1 continued

县(市、区)	Region	全年水果产量(吨) Annual Output of Fruits (ton)	#苹果 Apples	年末果园面积(公顷) Area of Orchards at Year-end (ha)	当年造林面积(公顷) Afforestation Area in the Year (ha)	水产品总产量(吨) Aquatic Products(ton)	水产养殖面积(公顷) Fishery-breeding Area (ha)
晋城市	**Jincheng**						
城　区	Chengqu	861	104	55	67	20	3
沁水县	Qinshui	9991	8597	440	633	910	31
阳城县	Yangcheng	9084	1026	1067	300	39	98
陵川县	Lingchuan	4097	2619	367	633	147	32
泽州县	Zezhou	24887	8175	830	367	350	236
高平市	Gaoping	24904	7365	2117	220	110	39
朔州市	**Shuozhou**						
朔城区	Shuocheng	64	3	341	2306	129	25
平鲁区	Pinglu				20459	25	25
山阴县	Shanyin	262	52	143	1733	10	5
应　县	Yingxian	356	208	50	9800	190	15
右玉县	Youyu			3	20786	38	24
怀仁市	Huairen	800	64	903	127	30	30
晋中市	**Jinzhong**						
榆次区	Yuci	84802	76001	6307	673	646	132
榆社县	Yushe	2691	63	544	3066	871	354
左权县	Zuoquan	1015	242	155	1933	335	122
和顺县	Heshun	30		38	1474	67	61
昔阳县	Xiyang	4676	3657	540	2213	125	25
寿阳县	Shouyang	6533	860	923	2267	626	119
太谷县	Taigu	42454	13577	3287	580	469	182
祁　县	Qixian	135003	39778	7150	533	94	20
平遥县	Pingyao	107598	28226	6514	407	494	145
灵石县	Lingshi	1315	865	192	267	63	16
介休市	Jiexiu	2547	1009	258		130	8
运城市	**Yuncheng**						
盐湖区	Yanhu	695831	72389	21544	587	669	1368
临猗县	Linyi	2595614	1763668	72230		99	87
万荣县	Wanrong	885848	683665	30940	467	1379	213
闻喜县	Wenxi	46458	9365	2147	347	60	5
稷山县	Jishan	116424	16044	5447	720	58	5
新绛县	Xinjiang	83407	8505	3644	533	115	23
绛　县	Jiangxian	85040	15967	4084	700	12	1
垣曲县	Yuanqu	34449	14200	695	1100	948	14
夏　县	Xiaxian	263388	69020	8327	587	60	4
平陆县	Pinglu	344112	186985	9439	233		
芮城县	Ruicheng	518453	356336	15032	1067	1258	45
永济市	Yongji	584897	120749	19439	133	16880	543
河津市	Hejin	43574	6977	1716	333	120	5

20-14 续表2 continued

县(市、区)	Region	全年水果产量(吨) Annual Output of Fruits (ton)	#苹果 Apples	年末果园面积(公顷) Area of Orchards at Year-end (ha)	当年造林面积(公顷) Afforestation Area in the Year (ha)	水产品总产量(吨) Aquatic Products(ton)	水产养殖面积(公顷) Fishery-breeding Area (ha)
忻州市	**Xinzhou**						
忻府区	Xinfu	6588	1546	1064	1587	427	116
定襄县	Dingxiang	7592	1350	528	867	342	63
五台县	Wutai	3485	107	484	353		
代　县	Daixian	8758	868	610	2167	392	75
繁峙县	Fanshi	2747	478	2001	2133	220	172
宁武县	Ningwu				3366		
静乐县	Jingle	45	19	29	14300	155	42
神池县	Shenchi				4833		
五寨县	Wuzhai				4307	122	60
岢岚县	Kelan	1608	287	102	8693		
河曲县	Hequ	1699	138	1435	5366	27	3
保德县	Baode	25609	665	5780	3927	97	14
偏关县	Pianguan	1104	106	741	8760		
原平市	Yuanping	41084	6828	3933	2366	534	253
临汾市	**Linfen**						
尧都区	Yaodu	69072	39531	2103	666	1097	140
曲沃县	Quwo	90705	46974	2987		1617	219
翼城县	Yicheng	155646	135410	5190	100	113	77
襄汾县	Xiangfen	90313	64487	3194	1484	952	205
洪洞县	Hongtong	5172	2691	343	840	790	249
古　县	Guxian	1089	690	54	399		
安泽县	Anze	599	449	59	734	325	1
浮山县	Fushan	19055	14952	793	1160		
吉　县	Jixian	236619	235643	13699	1600	4	6
乡宁县	Xiangning	26936	23483	2383	1353		
大宁县	Daning	12225	10083	4982	6134	75	7
隰　县	Xixian	107535	53559	11427	8737		
永和县	Yonghe	16005	5811	9522	4827		
蒲　县	Puxian	3076	2434	777	3400		
汾西县	Fenxi	4743	330	283	933		
侯马市	Houma	4765	1891	202		640	56
霍州市	Huozhou	14068	13664	533		40	1
吕梁市	**Lvliang**						
离石区	Lishi	348	99	272	580	12	52
文水县	Wenshui	101928	304	3994	566	369	63
交城县	Jiaocheng	8084	518	455	1433	123	98
兴　县	Xingxian	11445	425	6483	10033	37	14
临　县	Linxian	56360	329	24670	2666	30	95
柳林县	Liulin	3306	503	4515	833	41	14
石楼县	Shilou	2724	178	10145	1068	19	20
岚　县	Lanxian	16	6	15	3560	84	64
方山县	Fangshan	295	127	170	2734	84	453
中阳县	Zhongyang	51	31	33	1981	35	40
交口县	Jiaokou	6	1	85	1234		
孝义市	Xiaoyi	702	92	162	367	23	44
汾阳市	Fenyang	2250	852	171	467	48	24

20-15 畜牧业生产情况(2019年)

县(市、区)	Region	大牲畜年末存栏(头) Large Animals at Year-end (head)	#牛 Cattle and Buffaloes	猪年末存栏(头) Hogs at Year-end (head)	羊年末存栏(只) Sheep and Goats at Year-end (head)	家禽年末存栏(只) Poultry at Year-end (head)
太原市	**Taiyuan**					
小店区	Xiaodian	9174	9161	10158	12058	376741
迎泽区	Yingze	161	125		2798	65240
杏花岭区	Xinghualing	74	51	2066	3105	155469
尖草坪区	Jiancaoping	5359	5331		13812	71988
万柏林区	Wanbailin	103	103		588	13133
晋源区	Jinyuan	2518	2516	3109	8042	427067
清徐县	Qingxu	4080	3919	38883	70719	583600
阳曲县	Yangqu	6945	6491	18529	84364	724392
娄烦县	Loufan	2950	2626	7473	47095	117195
古交市	Gujiao	3836	2752	8231	31390	353967
大同市	**Datong**					
新荣区	Xinrong	23072	20275	14465	111462	160012
平城区	Pingcheng	4485	4413	9737	11887	260473
云冈区	Yungang	20210	19715	19674	31755	616513
云州区	Yunzhou	17143	14533	36122	108913	2160242
阳高县	Yanggao	50227	41807	177144	229704	383204
天镇县	Tianzhen	40460	26577	41791	147591	245290
广灵县	Guangling	24318	16314	21756	170977	451663
灵丘县	Lingqiu	44745	34221	29276	372832	346853
浑源县	Hunyuan	32912	28530	36577	262841	342148
左云县	Zuoyun	6865	5744	13321	99124	62968
开发区	Development Zone	179	179	161	522	6454
阳泉市	**Yangquan**					
城 区	Chengqu	85	73	137	1053	114488
矿 区	Kuangqu	97	85	518	1280	24706
郊 区	Jiaoqu	574	388	20594	4914	437565
平定县	Pingding	2188	1117	27982	14137	1768524
盂 县	Yuxian	5020	3723	29032	43342	406317
长治市	**Changzhi**					
潞州区	Luzhou	1974	1888	9121	9446	549342
上党区	Shangdang	1714	1651	57710	16529	2358697
屯留区	Tunliu	4448	4198	28948	58030	970270
潞城区	Lucheng	3320	2295	35048	20635	543096
襄垣县	Xiangyuan	2851	2423	26507	34428	659186
平顺县	Pingshun	2766	1841	24385	17978	182022
黎城县	Licheng	3939	3322	24274	30314	570231
壶关县	Huguan	392	322	52656	20852	2035298
长子县	Zhangzi	3485	3431	35912	66668	2495370
武乡县	Wuxiang	10534	9777	13807	85066	2153043
沁 县	Qinxian	16005	15494	12024	60065	3619570
沁源县	Qinyuan	3829	2787	4251	105953	341102

NUMBER OF LIVESTOCK AND LIVESTOCK PRODUCTS(2019)

肉类总产量 (吨) Output of Meat (ton)	#猪 肉 Pork	#牛 肉 Beef	#羊 肉 Mutton	禽蛋产量 (吨) Poultry Eggs (ton)	奶类产量 (吨) Milk (ton)	#牛 奶 Milk
2570	1607	175	84	3780	34276	34276
41		17	16	207		
305	178	10	27	1038		
308		96	116	980	15621	15616
8		3	1	126	97	97
1270	560	68	65	5548	8807	8807
9056	6395	494	879	3697	5061	4863
4519	2746	367	967	9612	8246	8246
1533	862	166	343	980		
2634	1428	123	412	4458	242	242
4783	2071	1134	973	2108	13221	13221
1102	921	54	40	3567	8703	8691
3795	2416	736	295	11432	61806	61806
9661	5460	1356	1546	26276	23400	23385
22337	18587	1006	1772	3785	43675	43675
10509	7662	846	1195	4175	38629	38629
7462	3540	777	2251	5188	18795	18015
7145	4053	1076	1349	6114	4912	4912
13917	9823	1438	2185	4826	20617	20615
3730	1556	492	1604	870	3612	3612
50	40	2	3	28	34	34
21	4	1	2	1545	156	156
54	43	1	8	322	168	168
1999	1698	22	23	5721	1150	1150
5859	4278	21	106	30746	1917	1917
4633	3724	215	348	6558		
1927	1427	113	45	6645	3616	3490
11575	9526	87	107	29950	2105	2095
6790	4801	392	637	10466	36	36
5112	4301	129	200	5324	1892	1892
5850	3045	320	290	5026		
3079	2689	92	128	2149		
2795	2381	90	151	5263	341	340
9733	6434	22	150	10240	334	334
6880	5020	244	331	33329	362	362
12010	1827	253	445	1816	443	443
10504	1479	1553	317	7022	97	97
1317	344	76	381	1962	103	103

20-15 续表1

县(市、区)	Region	大牲畜年末存栏(头) Large Animals at Year-end (head)	#牛 Cattle and Buffaloes	猪年末存栏(头) Hogs at Year-end (head)	羊年末存栏(只) Sheep and Goats at Year-end (head)	家禽年末存栏(只) Poultry at Year-end (head)
晋城市	**Jincheng**					
城　区	Chengqu	515	515	749	7048	80295
沁水县	Qinshui	1798	1605	35695	112316	2210953
阳城县	Yangcheng	1083	1047	101570	39322	2571174
陵川县	Lingchuan	588	587	70018	28474	1196500
泽州县	Zezhou	2204	2039	187187	74138	2113032
高平市	Gaoping	631	576	189817	33767	1559295
朔州市	**Shuozhou**					
朔城区	Shuocheng	21622	16034	21708	112124	650100
平鲁区	Pinglu	9806	5481	12528	137620	46233
山阴县	Shanyin	59597	57215	14571	116223	257192
应　县	Yingxian	53730	51814	55436	204323	229608
右玉县	Youyu	14132	10649	11419	232454	133183
怀仁市	Huairen	16338	15590	98813	509791	1155961
开发区	Development Zone	2116	2116	423	1789	17455
晋中市	**Jinzhong**					
榆次区	Yuci	12373	12014	62023	103608	1586674
榆社县	Yushe	6879	6276	20305	91205	562730
左权县	Zuoquan	4981	4346	11229	84309	560245
和顺县	Heshun	17521	17224	9672	39463	668559
昔阳县	Xiyang	4544	3945	49226	38275	504415
寿阳县	Shouyang	2420	2208	21719	68617	930600
太谷县	Taigu	7528	7063	164884	126174	3923766
祁　县	Qixian	39821	39763	45432	74485	1999887
平遥县	Pingyao	13716	9702	62712	115234	5522602
灵石县	Lingshi	863	448	35536	45929	501217
介休市	Jiexiu	3691	2688	46117	55846	2065113
运城市	**Yuncheng**					
盐湖区	Yanhu	3131	3021	48963	89929	930175
临猗县	Linyi	1047	1028	77389	56330	1618793
万荣县	Wanrong	1809	1752	114355	43824	2241943
闻喜县	Wenxi	3066	2995	90295	73697	2721915
稷山县	Jishan	2332	2312	36496	42034	9938240
新绛县	Xinjiang	8865	8630	96628	44065	3916107
绛　县	Jiangxian	3205	3024	36119	52231	740068
垣曲县	Yuanqu	3740	3712	40562	76305	395321
夏　县	Xiaxian	2218	2163	72282	29955	2335846
平陆县	Pinglu	3348	3348	36937	54897	238618
芮城县	Ruicheng	2251	2131	117338	44092	1179371
永济市	Yongji	4474	4459	114300	38740	1183296
河津市	Hejin	2670	2365	40760	27508	896625

continued

肉类总产量 (吨) Output of Meat (ton)	#猪 肉 Pork	#牛 肉 Beef	#羊 肉 Mutton	禽蛋产量 (吨) Poultry Eggs (ton)	奶类产量 (吨) Milk (ton)	#牛 奶 Milk
115	3	36	39	958		
15203	3212	101	836	3518		
12301	9347	81	249	34626	13	13
7537	6084	54	204	11289		
32465	30098	214	510	21779	9	9
24952	23363	55	247	16958	161	161
4632	2883	513	798	9306	39482	39482
3739	2151	405	1014	448	3798	3798
4514	2093	1500	700	4041	137059	137059
8520	4870	1270	2182	2132	118390	118390
7310	2264	1614	3092	1621	3636	3636
19108	6228	633	11759	6451	19654	19654
101	38		25	284	9883	9883
16141	9731	446	685	13320	33665	33665
4851	1368	410	704	5610	24	24
4605	1790	484	1069	4818	2	2
3890	1062	2065	193	8256		
6266	4163	454	380	2632	213	213
3407	2323	176	482	9281	1354	1354
46586	35041	1159	1660	32142	11188	11188
22412	7979	10292	1360	22102	60997	60826
21771	8195	1310	1156	28138	16411	15311
7538	4822	25	428	2962	435	435
9319	4654	114	534	22234	8515	8489
5726	3533	134	462	7736	2515	2515
9915	8125	58	249	8768	2805	2805
9662	8089	136	185	40965	303	303
17286	11509	321	478	12599	437	437
8653	4400	65	210	130890	589	589
14145	11035	488	178	52742	6306	6306
6422	4570	302	377	3460	349	349
6013	4271	174	451	1588	52	52
9535	4966	196	166	12467	314	314
6690	5539	363	485	2897	2660	2660
20533	18292	152	341	7913	549	549
14908	12847	181	211	5892	9738	9738
4727	3802	113	146	11914	1788	1788

20-15 续表2

县(市、区)	Region	大牲畜年末存栏(头) Large Animals at Year-end (head)	#牛 Cattle and Buffaloes	猪年末存栏(头) Hogs at Year-end (head)	羊年末存栏(只) Sheep and Goats at Year-end (head)	家禽年末存栏(只) Poultry at Year-end (head)
忻州市	**Xinzhou**					
忻府区	Xinfu	12723	11714	28998	72386	408309
定襄县	Dingxiang	7759	6570	20736	41068	90284
五台县	Wutai	18415	17532	19891	87076	305919
代县	Daixian	19374	17227	11334	68972	147828
繁峙县	Fanshi	45499	38388	76236	149816	1163777
宁武县	Ningwu	13801	10224	41344	91412	26190
静乐县	Jingle	16205	9653	8599	81421	340300
神池县	Shenchi	9800	5806	12835	386318	102478
五寨县	Wuzhai	9477	6837	6506	124743	104869
岢岚县	Kelan	9297	7124	9586	170840	56867
河曲县	Hequ	10047	7329	17498	55239	476172
保德县	Baode	6855	4331	15760	80658	269849
偏关县	Pianguan	3745	1897	4654	153399	105317
原平市	Yuanping	18771	12909	70441	252636	2747159
五台山风景名胜区	Wutai Mount Scenic Area	5045	4508	396	3370	8408
临汾市	**Linfen**					
尧都区	Yaodu	5330	5201	54405	62168	1707925
曲沃县	Quwo	3595	3044	50189	50423	1332066
翼城县	Yicheng	9788	9751	68364	43456	532664
襄汾县	Xiangfen	2952	2865	96255	72923	2455200
洪洞县	Hongtong	9306	9236	78141	77350	2319646
古县	Guxian	1426	1114	15940	16632	101756
安泽县	Anze	3053	3011	7530	46809	296489
浮山县	Fushan	3524	3303	19433	50517	214497
吉县	Jixian	1024	927	16485	14971	122056
乡宁县	Xiangning	11818	11720	32314	63915	1000097
大宁县	Daning	1678	1253	19849	8087	75334
隰县	Xixian	2914	2571	29012	18678	287474
永和县	Yonghe	3006	2300	3143	56074	215701
蒲县	Puxian	8142	8134	27806	3252	232184
汾西县	Fenxi	2978	2977	22591	61281	1712450
侯马市	Houma	1515	1515	11592	22265	176261
霍州市	Huozhou	2814	2693	33509	35523	732528
吕梁市	**Lvliang**					
离石区	Lishi	8772	8272	12381	33416	500758
文水县	Wenshui	87897	87880	39740	63491	3135088
交城县	Jiaocheng	19298	18308	25219	30289	980939
兴县	Xingxian	7526	7354	24511	77419	401120
临县	Linxian	7747	7095	70816	155112	1846596
柳林县	Liulin	1825	1801	31083	44195	292471
石楼县	Shilou	4887	3685	17119	29604	536747
岚县	Lanxian	14383	10323	19785	35326	164743
方山县	Fangshan	23396	23109	16477	25902	929043
中阳县	Zhongyang	6937	6418	35830	21465	463719
交口县	Jiaokou	9765	7954	52377	29295	261864
孝义市	Xiaoyi	2696	2258	34791	27547	3355040
汾阳市	Fenyang	8305	8107	60054	53818	2016788

continued

肉类总产量(吨) Output of Meat (ton)	#猪肉 Pork	#牛肉 Beef	#羊肉 Mutton	禽蛋产量(吨) Poultry Eggs (ton)	奶类产量(吨) Milk (ton)	#牛奶 Milk
5101	3992	294	445	6499	26326	26326
3364	2663	278	324	708	2725	2725
5505	3438	1009	777	5515	48	48
2859	1587	510	669	1103	366	366
13488	9979	1458	1231	14402	8063	8063
4384	2553	457	689	532	49	49
2319	816	340	901	2295	17	17
12228	4133	1655	5671	815	750	750
1786	640	251	804	1155	163	163
3023	1038	352	1522	896	298	298
2188	1410	167	407	4298	5935	5935
2494	1550	92	683	1889	214	214
2997	847	251	1728	1554		
15692	11090	492	2135	43336	5105	5105
292	74	169	20			
7783	6255	160	241	16564	6392	6385
9036	5237	236	256	8804	3236	3217
14984	13944	378	282	5470	11178	11178
13991	12343	157	339	26959	1024	1024
9998	7019	733	480	24869	4923	3512
1532	1221	89	112	1081	107	
1147	494	239	113	2783		
3243	2247	489	269	4008	690	611
2435	1950	286	83	1953	23	23
4644	2920	531	308	9591	927	927
847	639	47	87	682	18	18
2759	2381	110	93	3442	275	274
1391	676	88	335	1713	45	45
2955	1519	910	22	1406	25	25
11507	1972	215	369	3577	111	95
2592	2288	90	88	2693	1789	1789
6199	5288	111	225	3879	2451	1791
2520	1692	159	240	3328	487	487
21160	5872	9202	525	21016	3600	3600
7196	4307	1151	354	5499	1535	1535
3592	2574	232	513	2208	51	51
9367	6563	181	1103	14541	6315	6315
3685	3309	76	233	2368	1225	1225
2654	1874	202	188	5666	321	321
2635	1722	238	258	785	39	39
2644	984	500	148	8093	594	594
7920	7050	217	99	2917	66	66
9794	8405	294	178	1203	22	22
29379	3939	89	185	5739	2479	2478
14485	7625	731	563	12702	7109	7109

20-16 农业生产条件(2019年)
CONDITIONS OF AGRICULTURAL PRODUCTION(2019)

县(市、区)	Region	年末有效灌溉面积(千公顷) Effective Irrigated Area at Year-end (1000 ha)	农村用电量(万千瓦小时) Electricity Consumption in Rural Areas (10 000 kwh)	农用化肥施用量(折纯量, 吨) Agricultural Consumption of Chemical Fertilizers (ton)	农用塑料薄膜使用量(吨) Agricultural Consumption of Plastic Films (ton)	农药使用量(吨) Agricultural Consumption of Farm Chemical (ton)
太原市	**Taiyuan**					
小店区	Xiaodian	6.98	5424	2500	156	45
迎泽区	Yingze	0.17	732	2		
杏花岭区	Xinghualing	0.03	5178	24	2	4
尖草坪区	Jiancaoping	4.37	9116	668	339	60
万柏林区	Wanbailin	0.50	2110	30	1	2
晋源区	Jinyuan	3.74	5644	751	124	34
清徐县	Qingxu	25.07	18633	10811	1548	268
阳曲县	Yangqu	4.23	4299	7002	1271	55
娄烦县	Loufan	1.20	720	709	72	6
古交市	Gujiao	0.78	3495	608	143	20
大同市	**Datong**					
新荣区	Xinrong	4.86	2194	1211	218	7
平城区	Pingcheng	4.46	6365	965	74	9
云冈区	Yungang	10.64	5962	2705	511	107
云州区	Yunzhou	21.37	3933	9176	1060	95
阳高县	Yanggao	30.56	4532	13713	2037	139
天镇县	Tianzhen	26.68	3008	14820	889	80
广灵县	Guangling	18.22	3199	8629	467	79
灵丘县	Lingqiu	12.25	5588	12099	432	76
浑源县	Hunyuan	18.54	6098	13898	925	105
左云县	Zuoyun	3.05	1182	1561	129	8
阳泉市	**Yangquan**					
郊　区	Jiaoqu	2.09	30122	645	70	29
平定县	Pingding	2.81	10697	3686	3	49
盂　县	Yuxian	3.70	9958	10274	170	97
长治市	**Changzhi**					
潞州区	Luzhou	8.68	19639	5009	334	36
上党区	Shangdang	10.30	12883	10163	78	47
屯留区	Tunliu	18.26	9993	22280	159	89
潞城区	Lucheng	5.20	6230	8828	158	54
襄垣县	Xiangyuan	9.13	9169	9706	228	70
平顺县	Pingshun	1.62	2645	3215	177	104
黎城县	Licheng	10.58	4483	4518	28	73
壶关县	Huguan	0.70	8255	8816	506	113
长子县	Zhangzi	16.19	9037	20649	737	262
武乡县	Wuxiang	6.40	3445	6067	107	40
沁　县	Qinxian	7.74	2413	8012	208	27
沁源县	Qinyuan	2.38	3912	2420	187	29

20-16 续表1 continued

县(市、区)	Region	年末有效灌溉面积(千公顷) Effective Irrigated Area at Year-end (1000 ha)	农村用电量(万千瓦小时) Electricity Consumption in Rural Areas (10 000 kwh)	农用化肥施用量(折纯量, 吨) Agricultural Consumption of Chemical Fertilizers (ton)	农用塑料薄膜使用量(吨) Agricultural Consumption of Plastic Films (ton)	农药使用量(吨) Agricultural Consumption of Farm Chemical (ton)
晋 城 市	**Jincheng**					
城　区	Chengqu	2.75	4126	388	7	4
沁水县	Qinshui	9.97	4336	9298	87	104
阳城县	Yangcheng	9.91	26807	10605	26	107
陵川县	Lingchuan	3.06	7586	13036	222	189
泽州县	Zezhou	11.39	15503	12055	67	191
高平市	Gaoping	11.30	19690	16532	290	237
朔 州 市	**Shuozhou**					
朔城区	Shuocheng	36.43	3731	12334	1493	99
平鲁区	Pinglu	0.90	877	6481	270	188
山阴县	Shanyin	27.61	3289	15714	1117	106
应　县	Yingxian	55.49	9505	23387	1715	215
右玉县	Youyu	3.00	2044	1800	94	25
怀仁市	Huairen	31.21	7445	12404	877	63
晋 中 市	**Jinzhong**					
榆次区	Yuci	25.24	19840	13400	958	308
榆社县	Yushe	5.59	710	2366	148	42
左权县	Zuoquan	7.43	4738	2295	199	25
和顺县	Heshun	5.97	2101	1879	567	72
昔阳县	Xiyang	5.67	3790	5248	113	79
寿阳县	Shouyang	5.52	6715	20012	1467	370
太谷县	Taigu	30.05	15504	16512	2384	286
祁　县	Qixian	27.34	18052	14522	789	331
平遥县	Pingyao	37.80	14619	13812	379	290
灵石县	Lingshi	2.83	10699	1776	30	26
介休市	Jiexiu	15.04	27881	4083	40	64
运 城 市	**Yuncheng**					
盐湖区	Yanhu	49.14	30903	20244	741	1057
临猗县	Linyi	84.59	38163	56348	1495	6266
万荣县	Wanrong	54.72	23198	14528	1868	1415
闻喜县	Wenxi	16.45	33136	24284	446	376
稷山县	Jishan	30.46	42942	14552	16	273
新绛县	Xinjiang	25.33	20127	23009	681	618
绛　县	Jiangxian	15.38	7802	24936	305	245
垣曲县	Yuanqu	8.17	4020	5270	302	197
夏　县	Xiaxian	23.78	17984	24489	2108	762
平陆县	Pinglu	17.16	6913	11404	83	321
芮城县	Ruicheng	48.41	16258	20257	196	1324
永济市	Yongji	46.05	19830	16553	1596	1116
河津市	Hejin	18.29	23551	11209	123	307

20-16 续表2 continued

县(市、区)	Region	年末有效灌溉面积(千公顷) Effective Irrigated Area at Year-end (1000 ha)	农村用电量(万千瓦小时) Electricity Consumption in Rural Areas (10 000 kwh)	农用化肥施用量(折纯量,吨) Agricultural Consumption of Chemical Fertilizers (ton)	农用塑料薄膜使用量(吨) Agricultural Consumption of Plastic Films (ton)	农药使用量(吨) Agricultural Consumption of Farm Chemical (ton)
忻 州 市	**Xinzhou**					
忻府区	Xinfu	35.53	12938	20300	371	180
定襄县	Dingxiang	21.72	9834	10308	206	65
五台县	Wutai	6.28	5710	6820	580	96
代　县	Daixian	17.77	4068	10959	215	82
繁峙县	Fanshi	14.52	9790	8367	390	45
宁武县	Ningwu	1.55	1326	269	45	12
静乐县	Jingle	1.55	1209	4489	266	34
神池县	Shenchi	1.73	542	12918	1057	26
五寨县	Wuzhai	4.20	1137	15664	1202	87
岢岚县	Kelan	1.83	950	4071	534	16
河曲县	Hequ	3.98	1976	6175	266	78
保德县	Baode	1.06	6657	3690	86	18
偏关县	Pianguan	1.11	993	5646	315	17
原平市	Yuanping	32.35	10328	24537	233	227
临 汾 市	**Linfen**					
尧都区	Yaodu	27.02	17814	19041	614	821
曲沃县	Quwo	15.73	12305	12408	1371	322
翼城县	Yicheng	12.32	8331	11607	219	271
襄汾县	Xiangfen	31.81	28301	27929	406	598
洪洞县	Hongtong	28.72	15838	24533	185	628
古　县	Guxian	1.07	1237	5750	49	46
安泽县	Anze	2.04	694	6647	239	43
浮山县	Fushan	3.66	3381	5533	152	98
吉　县	Jixian	3.45	408	6525	407	246
乡宁县	Xiangning	1.58	4742	9105	100	185
大宁县	Daning	2.50	305	2685	86	34
隰　县	Xixian	2.27	746	6325	138	80
永和县	Yonghe	1.56	423	2876	13	32
蒲　县	Puxian	2.56	2885	4771	317	18
汾西县	Fenxi	0.25	1655	1307	65	35
侯马市	Houma	8.31	4943	8886	184	92
霍州市	Huozhou	6.90	4598	3578	51	92
吕 梁 市	**Lvliang**					
离石区	Lishi	2.09	9009	2411	34	6
文水县	Wenshui	30.87	21951	10019	85	271
交城县	Jiaocheng	8.84	12641	2784	31	61
兴　县	Xingxian	5.38	2500	3488	27	18
临　县	Linxian	8.14	6009	15315	48	97
柳林县	Liulin	4.92	4670	3375	44	19
石楼县	Shilou	1.72	1224	4063	30	29
岚　县	Lanxian	4.30	2669	4750	687	33
方山县	Fangshan	2.54	2652	3196	71	17
中阳县	Zhongyang	0.65	6700	1746	18	7
交口县	Jiaokou		9494	2009	157	1
孝义市	Xiaoyi	11.17	10094	4426	29	31
汾阳市	Fenyang	28.51	19269	9253	61	86

20-17 农业机械年末拥有量(2019年)

AGRICULTURAL MACHINERY AT YEAR-END(2019)

县(市、区)	Region	农业机械总动力 (千瓦) Total Power of Agricultural Machinery (kw)	大中型农用拖拉机 (台) Large and Medium Tractors for Agriculture (unit)	小型农用拖拉机 (台) Mini-tractors for Agriculture (unit)	联合收割机 (台) Combine Harvesters (unit)
太原市	**Taiyuan**				
小店区	Xiaodian	52407	179	363	158
迎泽区	Yingze	507	2	19	
杏花岭区	Xinghualing	5695	7	155	1
尖草坪区	Jiancaoping	10253	55	105	9
万柏林区	Wanbailin	1600	7	16	1
晋源区	Jinyuan	40610	128	166	11
清徐县	Qingxu	167652	795	460	343
阳曲县	Yangqu	130755	992	3235	296
娄烦县	Loufan	27466	324	366	4
古交市	Gujiao	54051	92	475	12
大同市	**Datong**				
新荣区	Xinrong	74908	379	2755	92
平城区	Pingcheng	15789	7	30	21
云冈区	Yungang	132183	1040	840	192
云州区	Yunzhou	151096	1175	2836	258
阳高县	Yanggao	236031	1885	1672	368
天镇县	Tianzhen	140598	1062	1846	241
广灵县	Guangling	91986	975	538	295
灵丘县	Lingqiu	71053	629	109	145
浑源县	Hunyuan	95907	812	958	299
左云县	Zuoyun	78836	454	2806	64
阳泉市	**Yangquan**				
郊　区	Jiaoqu	45193	142	370	40
平定县	Pingding	112734	366	1147	75
盂　县	Yuxian	189790	1083	6369	243
长治市	**Changzhi**				
潞州区	Luzhou	54876	328	231	105
上党区	Shangdang	57891	448	294	81
屯留区	Tunliu	225165	1805	5391	677
潞城区	Lucheng	109664	927	1370	279
襄垣县	Xiangyuan	122807	1517	510	415
平顺县	Pingshun	50795	154	678	18
黎城县	Licheng	106568	625	6480	129
壶关县	Huguan	50277	474	445	118
长子县	Zhangzi	166002	945	1944	465
武乡县	Wuxiang	119304	1011	3469	115
沁　县	Qinxian	112855	1350	1008	328
沁源县	Qinyuan	40904	498	610	51

20-17 续表1 continued

县(市、区)	Region	农业机械总动力(千瓦) Total Power of Agricultural Machinery (kw)	大中型农用拖拉机(台) Large and Medium Tractors for Agriculture (unit)	小型农用拖拉机(台) Mini-tractors for Agriculture (unit)	联合收割机(台) Combine Harvesters (unit)
晋城市	**Jincheng**				
城　区	Chengqu	14394	102	79	20
沁水县	Qinshui	107337	702	8186	150
阳城县	Yangcheng	170744	752	15348	232
陵川县	Lingchuan	51110	537	1976	144
泽州县	Zezhou	187378	1261	6846	470
高平市	Gaoping	82018	943	2211	199
朔州市	**Shuozhou**				
朔城区	Shuocheng	345298	1379	2691	553
平鲁区	Pinglu	123295	548	1220	117
山阴县	Shanyin	302467	2581	1832	656
应　县	Yingxian	238333	1556	1951	514
右玉县	Youyu	132543	1195	3099	200
怀仁市	Huairen	245265	1477	1456	623
晋中市	**Jinzhong**				
榆次区	Yuci	254786	1497	3366	401
榆社县	Yushe	95218	489	3449	71
左权县	Zuoquan	90074	243	7397	40
和顺县	Heshun	92097	316	6928	58
昔阳县	Xiyang	130055	760	6584	74
寿阳县	Shouyang	253813	2938	4652	1083
太谷县	Taigu	213198	1023	6235	291
祁　县	Qixian	190000	1027	3987	609
平遥县	Pingyao	190006	930	3885	480
灵石县	Lingshi	100120	610	805	120
介休市	Jiexiu	150275	746	88	270
运城市	**Yuncheng**				
盐湖区	Yanhu	338346	1577	9060	601
临猗县	Linyi	440740	1397	21997	801
万荣县	Wanrong	224046	1517	2560	301
闻喜县	Wenxi	180038	1911	1182	631
稷山县	Jishan	203572	1581	1407	885
新绛县	Xinjiang	240769	1394	490	877
绛　县	Jiangxian	107141	664	968	339
垣曲县	Yuanqu	83707	832	1482	267
夏　县	Xiaxian	223354	1720	3814	714
平陆县	Pinglu	177227	949	8330	343
芮城县	Ruicheng	375323	1821	1089	1132
永济市	Yongji	358376	2592	8808	1147
河津市	Hejin	107922	777	236	450

20-17 续表2 continued

县(市、区)	Region	农业机械总动力(千瓦) Total Power of Agricultural Machinery (kw)	大中型农用拖拉机(台) Large and Medium Tractors for Agriculture (unit)	小型农用拖拉机(台) Mini-tractors for Agriculture (unit)	联合收割机(台) Combine Harvesters (unit)
忻州市	**Xinzhou**				
忻府区	Xinfu	238606	1966	1561	710
定襄县	Dingxiang	115903	740	1392	457
五台县	Wutai	100834	1158	4321	123
代　县	Daixian	100382	453	2079	278
繁峙县	Fanshi	142853	793	2164	322
宁武县	Ningwu	25797	285	760	10
静乐县	Jingle	60681	585	1726	18
神池县	Shenchi	174129	1656	4356	204
五寨县	Wuzhai	218341	4406	2545	266
岢岚县	Kelan	117685	1261	450	85
河曲县	Hequ	65464	393	1633	26
保德县	Baode	77494	75	342	10
偏关县	Pianguan	47513	407	1966	11
原平市	Yuanping	245708	1435	4664	779
临汾市	**Linfen**				
尧都区	Yaodu	216536	1071	1962	791
曲沃县	Quwo	220459	819	905	679
翼城县	Yicheng	229371	1498	3816	931
襄汾县	Xiangfen	290691	2086	1487	1385
洪洞县	Hongtong	283059	2524	2343	1202
古　县	Guxian	68976	964	1338	150
安泽县	Anze	66794	651	3379	81
浮山县	Fushan	86965	946	1835	232
吉　县	Jixian	95923	462	5669	11
乡宁县	Xiangning	139484	1174	2534	76
大宁县	Daning	40165	364	1844	10
隰　县	Xixian	99121	918	4457	33
永和县	Yonghe	46157	486	845	26
蒲　县	Puxian	45736	721	1128	27
汾西县	Fenxi	63726	755	916	52
侯马市	Houma	88661	616	63	230
霍州市	Huozhou	86642	904	1358	189
吕梁市	**Lvliang**				
离石区	Lishi	39723	175	287	7
文水县	Wenshui	224076	811	1429	517
交城县	Jiaocheng	80231	122	510	97
兴　县	Xingxian	82311	149	289	15
临　县	Linxian	172308	815	60	44
柳林县	Liulin	78221	189	512	23
石楼县	Shilou	65124	341	227	16
岚　县	Lanxian	85451	1040	1762	81
方山县	Fangshan	46930	236	934	17
中阳县	Zhongyang	55365	104	686	12
交口县	Jiaokou	64613	674	529	42
孝义市	Xiaoyi	60848	596	326	177
汾阳市	Fenyang	256048	1740	698	470

20-18 工业主要指标(2019年)

单位：万元

县(市、区)	Region	单位数(个) Number of Enterprises(unit)	资产总计 Total Assets
太原市	**Taiyuan**		
小店区	Xiaodian	48	2354509
迎泽区	Yingze	9	2485541
杏花岭区	Xinhualing	25	1210492
尖草坪区	Jiancaoping	86	15571923
万柏林区	Wanbailin	28	11884025
晋源区	Jingyuan	24	342342
清徐县	Qingxu	71	6233740
阳曲县	Yangqu	42	1004776
娄烦县	Loufan	10	775396
古交市	High-tech Zone	29	3520016
综合示范区	Comprehensive Reform Demonstration Zone	162	22651728
大同市	**Datong**		
新荣区	Xinrong	27	1198377
平城区	Pingcheng	30	2409934
云冈区	Yungang	85	11200903
云州区	Yunzhou	29	643589
阳高县	Yanggao	22	1171297
天镇县	Tianzhen	14	527011
广灵县	Guangling	17	638720
灵丘县	Lingqiu	28	755325
浑源县	Hunyuan	14	579585
左云县	Zuoyun	31	4779644
开发区	Development Zone	38	1715373
阳泉市	**Yangquan**		
城　区	Chengqu	11	594754
矿　区	Kuangqu	16	5361418
郊　区	Jiaoqu	54	2740641
平定县	Pingding	68	2731930
盂　县	Yuxian	37	2983257
长治市	**Changzhi**		
潞州区	Luzhou	84	6489555
上党区	Shangdang	70	5733670
屯留区	Tunliu	50	4809634
潞城区	Lucheng	40	3631859
襄垣县	Xiangyuan	55	26335666
平顺县	Pingshun	16	327366
黎城县	Licheng	11	394060
壶关县	Huguan	23	694050
长子县	Zhangzi	33	4052652
武乡县	Wuxiang	18	1366845
沁　县	Qinxian	6	329399
沁源县	Qinyuan	36	5168082

MAJOR INDUSTRIAL INDICATORS(2019)

(10 000 yuan)

负债合计 Total Liabilities	营业收入 Business Revenue	利润总额 Total Profits	应交增值税 Value Added Taxes Payable
1751739	1169867	37001	18774
1135229	823243	30886	33657
798594	510600	-9083	18802
8957748	10459067	377424	157062
9259621	4466355	-124221	154516
292925	194987	6232	6605
4541945	3574683	109082	67677
732762	918351	49631	12669
552877	315326	-9055	18172
3241345	1250220	1132	41229
17282380	13655884	318992	128368
1586301	630775	41021	12458
1507773	1534955	116620	45768
12028673	4369358	-438476	219360
459047	640961	9750	7574
917410	221098	-4683	4003
297747	118867	36999	2962
356106	245254	43727	10197
616679	249040	8115	7164
435976	72769	8788	-2564
3780788	1252921	171901	51937
1104221	1014339	45761	25431
298049	254120	18066	10981
2724304	1854143	182744	85173
1905922	1123034	39154	46722
2530666	1096858	-152058	23685
2524913	813459	48543	43386
4752241	3975769	295405	91540
3055680	2383153	415472	165348
3221472	3210666	55305	65140
2775376	1751728	29683	68390
19978747	7051664	426974	199297
193456	213180	15787	3792
276333	517505	15676	13658
630265	1193078	23549	5747
2613902	1839040	315046	124068
1262958	633610	10624	26464
221714	233040	-14888	-841
3821046	1716089	267734	95330

20-18 续表1

单位：万元

县(市、区)	Region	单位数(个) Number of Enterprises(unit)	资产总计 Total Assets
晋 城 市	**Jincheng**		
城　区	Chengqu	45	4428857
沁水县	Qinshui	58	19985678
阳城县	Yangcheng	73	4835831
陵川县	Lingchuan	18	463849
泽州县	Zezhou	76	9529118
高平市	Gaoping	75	5973959
朔 州 市	**Shuozhou**		
朔城区	Shuocheng	32	9720348
平鲁区	Pinglu	38	5059592
山阴县	Shanyin	50	5091767
应　县	Yingxian	42	518035
右玉县	Youyu	22	2455408
怀仁市	Huairen	107	2960310
经济开发区	Economic Development Zone	13	1821571
晋 中 市	**Jinzhong**		
榆次区	Yuci	175	5212173
榆社县	Yushe	13	451602
左权县	Zuoquan	20	1707165
和顺县	Heshun	17	1491174
昔阳县	Xiyang	29	3106929
寿阳县	Shouyang	45	3443932
太谷县	Taigu	70	1100086
祁　县	Qixian	50	595945
平遥县	Pingyao	62	2107876
灵石县	Lingshi	109	6317594
介休市	Jiexiu	123	9079822
运 城 市	**Yuncheng**		
盐湖区	Yanhu	62	1298277
临猗县	Linyi	39	612806
万荣县	Wanrong	32	574004
闻喜县	Wenxi	32	3221993
稷山县	Jishan	29	1217121
新绛县	Xinjiang	33	1786267
绛　县	Jiangxian	43	1120471
垣曲县	Yuanqu	23	1951207
夏　县	Xiaxian	24	542982
平陆县	Pinglu	22	729671
芮城县	Ruicheng	37	1518155
永济市	Yongji	56	1712825
河津市	Hejin	83	5816978
经济开发区	Economic Development Zone	35	2843006

continued

(10 000 yuan)

负债合计 Total Liabilities	营业收入 Business Revenue	利润总额 Total Profits	应交增值税 Value Added Taxes Payable
2516143	2239242	174038	36320
12845823	5401430	798072	213817
3274489	2478158	324220	132383
266934	154194	25573	8352
5147603	5202615	449733	287374
5041063	2495807	52882	90397
6179488	3572142	244064	196567
3976710	1273811	116486	81180
3435775	1832592	161966	69844
306132	279181	12265	4053
1469692	654741	68963	36549
2560887	1983269	207405	135097
1133885	600726	80701	24261
3654730	3404308	78604	63250
501034	511317	-63295	9921
1476617	409045	-26782	16363
1315358	469506	907	34295
2679887	900438	11372	51375
2389475	1502085	54739	82085
724852	841014	17141	34477
426911	538513	22807	7980
1720938	1526078	17684	47564
5120483	4256494	132373	114143
7142294	8436583	40428	185800
1041797	827654	3114	16390
432726	624634	29550	13583
236094	386137	11145	9071
1791314	3165894	347897	48145
691770	1287440	35806	17312
1139346	2428175	209721	51462
927886	832720	27256	7970
1336700	1127053	17486	35614
288980	268223	23588	3934
456072	443149	28793	15445
1180937	449877	40512	15070
1162025	1063033	33332	8113
4146589	6104029	377216	142694
2135326	2119307	35236	-8625

20-18 续表2

单位：万元

县(市、区)	Region	单位数(个) Number of Enterprises(unit)	资产总计 Total Assets
忻州市	**Xinzhou**		
忻府区	Xinfu	41	1533700
定襄县	Dingxiang	52	431190
五台县	Wutai	18	664935
代　县	Daixian	58	954449
繁峙县	Fanshi	53	1331328
宁武县	Ningwu	29	3038200
静乐县	Jingle	14	1263909
神池县	Shenchi	13	732018
五寨县	Wuzhai	12	121302
岢岚县	Kelan	21	762130
河曲县	Hequ	33	2539718
保德县	Baode	27	1847328
偏关县	Pianguan	8	457682
原平市	Yuanping	41	4377367
临汾市	**Linfen**		
尧都区	Yaodu	59	3158245
曲沃县	Quwo	27	4601396
翼城县	Yicheng	33	725011
襄汾县	Xiangfen	42	2078345
洪洞县	Hongtong	67	5512360
古　县	Guxian	26	1514365
安泽县	Anze	12	1389038
浮山县	Fushan	18	382229
吉　县	Jixian	6	167725
乡宁县	Xiangning	37	3128235
大宁县	Daning	3	69159
隰　县	Xixian	4	251759
永和县	Yonghe	3	118516
蒲　县	Puxian	42	3373004
汾西县	Fenxi	7	148013
侯马市	Houma	32	1404259
霍州市	Huozhu	19	4623060
吕梁市	**Lvliang**		
离石区	Lishi	29	3994640
文水县	Wenshui	58	2806129
交城县	Jiaocheng	55	2976156
兴　县	Xingxian	23	4903441
临　县	Linxian	23	2516517
柳林县	Liulin	46	11165540
石楼县	Shilou	4	128647
岚　县	Lanxian	22	2039534
方山县	Fangshan	15	979066
中阳县	Zhongyang	38	3125242
交口县	Jiaokou	26	1811883
孝义市	Xiaoyi	144	13357653
汾阳市	Fenyang	42	3184272

continued

(10 000 yuan)

负债合计 Total Liabilities	营业收入 Business Revenue	利润总额 Total Profits	应交增值税 Value Added Taxes Payable
1022400	809159	93329	22260
213119	569652	22140	13514
394416	281288	23037	17210
775411	542993	48688	22232
1021441	846312	84819	29725
2446047	574912	26781	31206
753132	171018	2688	7265
459180	96045	33582	6158
63835	73362	2133	522
471658	304038	38482	7567
1602567	1130121	213984	70679
984386	785453	141979	58510
253119	153641	58072	7121
3263440	1577668	-38635	30110
2606265	1307703	25700	43189
3602576	4573253	189549	25455
613707	511101	14407	16086
1214969	2933494	145072	62585
3766756	2235224	71155	51061
1105905	899719	76160	32930
688580	963179	171823	67059
303502	236677	12116	2711
78120	77112	10888	7548
1704573	1519430	430770	118059
59412	36630	1276	-2639
192086	16676	4653	523
91876	60701	8696	957
2706743	1462610	166481	84456
120741	108038	3281	-147
1177618	891910	2008	12617
3674213	1227624	-36941	39319
3234799	1447076	258447	71223
1945937	1718067	72419	20174
2482917	2248039	95528	43350
2795855	2170882	465613	148891
1731377	966853	108715	62468
8883618	3456727	543147	253665
91266	26424	8635	3
945450	782123	47202	37895
554313	728429	67174	49569
2112424	2037167	248993	99217
1133184	1334502	16412	29781
10804691	6864826	210443	206275
1838258	2332347	296764	144180

20-19 社会消费品零售总额(2019年)
TOTAL RETAIL SALES OF CONSUMER GOODS(2019)

单位：万元 (10 000 yuan)

县(市、区)	Region	社会消费品零售总额 Total Retail Sales of Consumer Goods	城镇 Town	乡村 Village
太原市	**Taiyuan**			
小店区	Xiaodian	5156605	5091169	65437
迎泽区	Yingze	4032401	3982350	50051
杏花岭区	Xinghualing	2392753	2362390	30363
尖草坪区	Jiancaoping	1119558	858121	261437
万柏林区	Wanbailin	2069296	2046249	23048
晋源区	Jinyuan	494470	450137	44333
清徐县	Qingxu	520241	312259	207983
阳曲县	Yangquan	142097	82411	59686
娄烦县	Loufan	50565	26791	23773
古交市	Gujiao	410614	307971	102642
综改示范区	Comprehensive Reform Demonstration Zone	1301525	1301525	
大同市	**Datong**			
新荣区	Xinrong	141236	82964	58273
平城区	Pingcheng	3576258	3090971	485287
云冈区	Yungang	1363723	1018086	345637
云州区	Yunzhou	185980	92155	93826
阳高县	Yanggao	123044	84708	38336
天镇县	Tianzhen	120064	68799	51265
广灵县	Guangling	113445	63931	49515
灵丘县	Lingqiu	349831	175978	173853
浑源县	Hunyuan	369993	224938	145055
左云县	Zuoyun	263864	155717	108147
开发区	Development Zone	272539	239337	33202
阳泉市	**Yangquan**			
城 区	Chengqu	1256209	1242599	13610
矿 区	Kuangqu	324403	323609	794
郊 区	Jiaoqu	435812	303506	132307
平定县	Pingding	521985	391166	130819
盂 县	Yuxian	560410	443769	116641

20-19 续表1 continued

单位：万元 (10 000 yuan)

县(市、区)	Region	社会消费品零售总额 Total Retail Sales of Consumer Goods	城 镇 Town	乡 村 Village
长 治 市	**Changzhi**			
潞州区	Luzhou	3559668	3490549	69118
上党区	Shangdang	318423	165200	153223
屯留区	Tunliu	239054	123294	115760
潞城区	Lucheng	231055	158595	72459
襄垣县	Xiangyuan	354717	268070	86648
平顺县	Pingshun	132260	74551	57709
黎城县	Licheng	146667	84953	61714
壶关县	Huguan	205103	89199	115904
长子县	Zhangzi	284701	132530	152170
武乡县	Wuxiang	183199	111099	72100
沁 县	Qinxian	144758	65569	79189
沁源县	Qinyuan	234545	131934	102611
晋 城 市	**Jincheng**			
城 区	Chengqu	2825083	2825083	
沁水县	Qinshui	267450	158001	109449
阳城县	Yangcheng	345937	237171	108766
陵川县	Lingchuan	167342	88970	78372
泽州县	Zezhou	486688	232600	254088
高平市	Gaoping	583102	411404	171698
朔 州 市	**Shuozhou**			
朔城区	Shuocheng	816425	582970	233455
平鲁区	Pinglu	338591	241772	96819
山阴县	Shanyin	405339	289433	115906
应 县	Yingxian	307492	219565	87927
右玉县	Youyu	154196	110104	44092
怀仁市	Huairen	802058	572711	229347
开发区	Development Zone	246593	176081	70513
晋 中 市	**Jinzhong**			
榆次区	Yuci	1999385	1561520	437865
榆社县	Yushe	113975	89014	24961
左权县	Zuoquan	151992	118706	33286
和顺县	Heshun	137746	107580	30166
昔阳县	Xiyang	263132	205506	57626

20-19 续表2 continued

单位：万元 (10 000 yuan)

县(市、区)	Region	社会消费品零售总额 Total Retail Sales of Consumer Goods	城镇 Town	乡村 Village
寿阳县	Shouyang	275557	215210	60347
太谷县	Taigu	408389	318952	89437
祁县	Qixian	436502	340908	95594
平遥县	Pingyao	649536	507288	142248
灵石县	Lingshi	680878	531766	149112
介休市	Jiexiu	918523	717366	201157
运城市	**Yuncheng**			
盐湖区	Yanhu	2636241	2131114	505127
临猗县	Linyi	634348	399639	234709
万荣县	Wanrong	374540	239706	134834
闻喜县	Wenxi	330481	234642	95840
稷山县	Jishan	239189	153081	86108
新降县	Xinjiang	465569	293309	172261
绛县	Jiangxian	177625	126114	51511
垣曲县	Yuanqu	292563	225274	67290
夏县	Xiaxian	304182	222053	82129
平陆县	Pinglu	273971	221916	52054
芮城县	Ruicheng	275929	201428	74501
永济市	Yongji	533935	491220	42715
河津市	Hejin	711292	497904	213388
忻州市	**Xinzhou**			
忻府区	Xinfu	1456070	1063256	392813
定襄县	Dingxiang	231413	148822	82591
五台县	Wutai	220280	151862	68418
代县	Daixian	115920	72486	43434
繁峙县	Fanshi	235848	146195	89653
宁武县	Ningwu	139613	90514	49099
静乐县	Jingle	126081	78775	47306
神池县	Shenchi	124046	84107	39939
五寨县	Wuzhai	136296	94313	41983
岢岚县	Kelan	122894	80864	42030
河曲县	Hequ	191253	127979	63274
保德县	Baode	214480	145513	68967
偏关县	Pianguan	69061	48264	20796
原平市	Yuanping	573468	400673	172795
五台山风景名胜区	Wutai Mount Scenic Area	104880	73289	31590

20-19 续表3 continued

单位：万元 (10 000 yuan)

县(市、区)	Region	社会消费品零售总额 Total Retail Sales of Consumer Goods	城镇 Town	乡村 Village
临汾市	**Linfen**			
尧都区	Yaodu	2750045	2271537	478508
曲沃县	Quwo	291624	240881	50743
翼城县	Yicheng	382495	315941	66554
襄汾县	Xiangfen	551662	455673	95989
洪洞县	Hongdong	756572	624928	131644
古　县	Guxian	110471	91249	19222
安泽县	Anze	107911	89134	18777
浮山县	Fushan	130103	107465	22638
吉　县	Jixian	91154	75293	15861
乡宁县	Xiangning	210569	173930	36639
大宁县	Daning	55346	45716	9630
隰　县	Xixian	103485	85479	18006
永和县	Yonghe	65497	54101	11397
蒲　县	Puxian	89872	74234	15638
汾西县	Fenxi	150792	124554	26238
侯马市	Houma	631091	521281	109810
霍州市	Huozhou	332028	274255	57773
吕梁市	**Lvliang**			
离石区	Lishi	704415	483909	220506
文水县	Wenshui	216328	148382	67946
交城县	Jiaocheng	201172	120652	80520
兴　县	Xingxian	162802	118810	43992
临　县	Linxian	454947	351001	103946
柳林县	Liulin	397812	317805	80007
石楼县	Shilou	33877	25397	8480
岚　县	Lanxian	112709	84497	28212
方山县	Fangshan	98257	78616	19641
中阳县	Zhongyang	143902	103591	40311
交口县	Jiaokou	81694	61240	20454
孝义市	Xiaoyi	1433846	1185307	248539
汾阳市	Fenyang	655918	545160	110758

中国统计出版社有限公司最新图书简目

(仅供参考,以实际出版为准)

统计资料

中国统计年鉴　中国统计摘要　中国第三产业统计年鉴
中国第三次全国农业普查综合资料　国际统计年鉴　金砖国家联合统计手册
中国-东盟国家统计手册　中国农村统计年鉴　中国县域统计年鉴
中国农产品价格调查年鉴　中国城市统计年鉴　中国价格统计年鉴
中国贸易外经统计年鉴　中国零售和餐饮连锁企业统计年鉴　中国商品交易市场统计年鉴
大中型批发零售和住宿餐饮企业统计年鉴　中国住户调查年鉴　中国工业统计年鉴
中国环境统计年鉴　中国能源统计年鉴　中国建筑业统计年鉴
中国房地产统计年鉴　投资领域统计年鉴　中国对外直接投资统计公报
中国人口和就业统计年鉴　中国劳动统计年鉴　中国社会统计年鉴
中国科技统计年鉴　中国高技术产业统计年鉴　全国企业创新调查年鉴
中国文化及相关产业统计年鉴　2018年时间利用调查资料　中国妇女儿童状况统计资料
中国基本单位统计年鉴　中国教育统计年鉴　中国教育经费统计年鉴
中国民族统计年鉴　中国残疾人事业统计年鉴　长江经济带发展统计年鉴

省级综合统计年鉴系列

北京 天津 河北 山西 内蒙古 辽宁 吉林 黑龙江 上海 江苏 浙江 安徽 福建 江西 山东 河南 湖北 湖南 广东 广西 海南 重庆 四川 贵州 云南 西藏 陕西 甘肃 青海 宁夏 新疆 新疆生产建设兵团

市(县)级综合统计年鉴系列

滨海新区 石家庄 唐山 邯郸 保定 沧州 邢台 廊坊 承德 衡水 秦皇岛 张家口 太原 大同 阳泉 长治 晋城 朔州 晋中 运城 忻州 临汾 吕梁 呼和浩特 鄂尔多斯 包头 沈阳 大连 长春 延吉 四平 白山 通化 哈尔滨 齐齐哈尔 黑龙江垦区 上海浦东新区 南京 无锡 徐州 常州 苏州 南通 连云港 淮安 盐城 扬州 镇江 泰州 宿迁 江阴 丹阳 海门 张家港 杭州 宁波 温州 嘉兴 湖州 绍兴 金华 衢州 舟山 台州 丽水 合肥 安庆 福州 厦门 宁德 漳州 龙岩 莆田 泉州 三明 南平 南昌 九江 上饶 新余 抚州 赣州 景德镇 济南 青岛 枣庄 潍坊 聊城 郑州 洛阳 平顶山 三门峡 南阳 商丘 信阳 济源 汝州 武汉 十堰 荆州 宜昌 荆门 咸宁 黄冈 长沙 鹰潭 广州 深圳 惠州 东莞 汕尾 湛江 肇庆 南宁 柳州 桂林 贵港 梧州 来宾 河池 防城港 海口 三亚 儋州 成都 内江 贵阳 黔南 毕节 昆明 文山 德宏 西安 延安 安康 铜川 汉中 商洛 银川 兰州 庆阳 乌鲁木齐 昌吉 阿勒泰 兵团一师、二师、三师、四师、六师、七师、八师、十师、十三师、十四师

调查年鉴系列

天津 内蒙古 上海 河南 湖北 湖南 广东 广西 重庆 四川 云南 甘肃 宁夏 南宁 贵港 昆明

统计方法应用/实用手册

Python数据分析基础（第二版）　非参数统计（第五版）　现代金融投资统计分析（第四版）
国民经济核算初级教程（第二版）　国民经济核算教程（第五版）　概率统计基础
全国统计专业技术资格考试系列考试用书：统计业务知识（第四版修订版）　统计业务知识学习指导与习题
全国统计专业技术资格考试系列考试用书：统计相关知识（第四版）　统计相关知识学习指导与习题

统计通俗读物/统计科普图书

领导干部统计知识问答　统计公文写作及会议办理实用手册　大数据在统计工作中的应用案例汇编
中国国民经济核算知识问答（修订版）　地区生产总值核算国际比较研究　新中国统计制度方法的发展与改革

重点图书

中国农业统计资料1949-2019　第四次全国经济普查地图集　中国经济普查年鉴2018
新编英汉汉英统计大词典　中国国民经济核算体系2016　国民经济行业分类注释
挑大学选专业2020—考研择校指南　挑大学选专业2020—高考志愿填报指南　中华医学统计百科全书